Endriss/Nicolini (Hrsg.)

Bilanzbuchhalter international

Unternehmens- und Beratungspraxis

Bilanzbuchhalter international

Rechnungslegung und Steuerung
bei internationaler Geschäftstätigkeit

Herausgegeben von

WP/StB Prof. Dr. Horst Walter Endriss
und Dr. Hans-J. Nicolini

unter Mitarbeit von:

Dr. Carsten Bruns
Dr. Norbert Dautzenberg
Dr. Sascha Dawo
Angelika Hecker
Dr. Eva-Maria Illigen-Günther
Prof. Dr. Hanno Kirsch
Prof. Dr. Horst Peters

2. Auflage

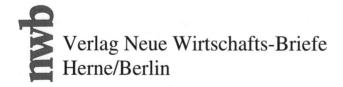

Verlag Neue Wirtschafts-Briefe
Herne/Berlin

ISBN 3-482-**51442**-9 – 2. Auflage 2004

Druck: medienHaus Plump GmbH, Rheinbreitbach

Vorwort

Autoren, Herausgeber und Verlag freuen sich, dass unser „Bilanzbuchhalter international" eine so große und freundliche Aufnahme gefunden hat. Die neue Prüfung ist inzwischen selbstverständlicher Teil des Fortbildungsangebotes im Steuer- und Rechnungswesen, sie kann an zahlreichen Industrie- und Handelskammern abgelegt werden.

Alle Beiträge sind grundlegend überarbeitet worden. So wird nicht nur eine Anpassung an den aktuellen Rechtsstand bzw. die neuesten Fassungen der Vorschriften erreicht, sondern so konnten auch die Erfahrungen berücksichtigt werden, die inzwischen mit den IHK-Prüfungen gewonnen worden sind.

Die Konzernrechnungslegung wird bei vermehrter internationaler Verflechtung eine noch weiter zunehmende Bedeutung erlangen. Dem wird durch ein zusätzlich eingefügtes Kapitel Rechnung getragen, das die „Konzernrechnungslegung nach IAS/IFRS" beschreibt. Eine integrierte Fallstudie erleichtert nicht nur das Verstehen, sondern bereitet auch optimal auf die Prüfung vor.

Die Weiterentwicklung der europäischen Integration wird angemessen berücksichtigt. Das Ertragsteuerrecht der EG ist jetzt in einem eigenen ausführlichen Abschnitt behandelt, die praktischen Änderungen in der Ausgestaltung der Außenwirtschaftspolitik sind eingearbeitet. Durch die Berücksichtigung der neuesten Entwicklungen auf dem Weg zu einer Europäischen Verfassung behält das Buch auch in diesem dynamischen Bereich auf Dauer seinen Wert als aktuelles Nachschlagewerk.

Zusätzlich zu den Darstellungen der Themenbereiche werden jetzt Aufgaben und Lösungen zu Übungszwecken bereitgestellt. Dieses hilfreiche Angebot soll die Sicherheit bei der Anwendung der behandelten Themen verbessern, was nicht nur der Vorbereitung auf die Prüfung dienen kann, sondern einer allgemeinen Überprüfung des bearbeiteten Stoffes dient.

So bleibt die Intention des Buches erhalten: Es soll der unmittelbaren Prüfungsvorbereitung dienen, ist aber auch eine umfassende grundsätzliche Einführung in die Probleme der internationalen Rechnungslegung, die eine Darstellung der Auswirkungen des eigenen Handels im internationalen Geschehen einbezieht.

Wir bitten weiterhin ausdrücklich unsere Leserinnen und Leser um kritische Hinweise und Anregungen.

Köln, im September 2004   Hans-J. Nicolini
                                                          Horst Walter Endriss

Autorenverzeichnis

Dr. Carsten Bruns
ist Leiter der Rechnungswesen Group Headquarters & Shared Services bei der Deutschen Telekom AG. In dieser Funktion verantwortet er mehr als 50 Abschlüsse, die nach HGB, IAS/IFRS und US-GAAP erstellt werden. Er hält seit 1996 Vorträge und Seminare und ist Autor und Herausgeber von mehr als 30 Publikationen, vorwiegend zur internationalen Rechnungslegung.

Dr. Norbert Dautzenberg
war seit Abschluss des Studiums der Betriebswirtschaftslehre langjährig als Wissenschaftlicher Mitarbeiter an der Universität zu Köln (Lehrstuhl für Allg. BWL und Betriebswirtschaftliche Steuerlehre, Prof. Dr. Herzig) tätig und arbeitet heute als freiberuflicher Dozent und wissenschaftlicher Gutachter.

Dr. Sascha Dawo
promovierte nach Abschluss des Studiums am Lehrstuhl von Prof. Dr. Karlheinz Küting und verantwortet zurzeit den Bereich Reporting und Systeme für den Einzelabschluss der Deutschen Telekom AG.

Angelika Hecker
hat Wirtschaftswissenschaften, Pädagogik, Psychologie, Philosophie und Völkerkunde studiert und ist als Referentin, Organisatorin und Leiterin von Fachkonferenzen, Seminaren und Studienreisen zu Themen der Europäischen Integration selbständig tätig.

Dr. Eva-Maria Illigen-Günther
promovierte nach Abschluss ihres Studiums der Volkswirtschaftslehre an der Universität Dortmund und leitet heute die Abteilung „Beteiligungsmanagement, Finanzvermögen, Stiftungen" der Kämmerei der Stadt Düsseldorf.

Prof. Dr. Hanno Kirsch
lehrt an der Fachhochschule Westküste, Heide, Controllingorientierte Unternehmensrechnung, Internationale Rechnungslegung und Steuern und ist Rektor an dieser Hochschule.

Prof. Dr. Horst Peters
absolvierte zunächst ein Studium der Wirtschaftsmathematik. Gegenwärtig vertritt Prof. Peters als hauptamtlich Lehrender an der Fachhochschule Düsseldorf das Fachgebiet Betriebswirtschaftslehre, insbesondere Wirtschaftsmathematik und Statistik.

Inhaltsübersicht

Vorwort V

Autorenverzeichnis VI

Inhaltsverzeichnis IX

Abkürzungsverzeichnis XXIV

A. Grundlagen der Bilanzierung nach IAS und US-GAAP
   (Dr. Carsten Bruns und Dr. Sascha Dawo) 1

B. Konzernrechnungslegung nach IAS/IFRS
   (CPA/StB Prof. Dr. Hanno Kirsch) 133

C. Internationales Steuerrecht
   (Dr. Norbert Dautzenberg) 209

D. Internationales Finanzmanagement
   (Prof. Dr. Horst Peters) 329

E. Außenwirtschaftstheorie und -politik
   (Dr. Eva-Maria Illigen-Günther) 437

F. Die Europäische Union
   (Angelika Hecker) 477

G. Internationale Organisationen
   (Angelika Hecker) 503

Stichwortverzeichnis 529

Inhaltsverzeichnis

Vorwort.. **V**

Autorenverzeichnis .... **VI**

Inhaltsübersicht.. **VII**

Abkürzungsverzeichnis... **XXIV**

A. Grundlagen der Bilanzierung nach IFRS und US-GAAP 1

I. Einleitung.. 3

II. Grundlagen der Anwendung internationaler Rechnungslegung
in Deutschland.. 5

   1. Bilanzrechtlicher Rahmen von IFRS und US-GAAP 5

      1.1 US-GAAP... 5

      1.2 IFRS 6

   2. Umstellung auf IFRS oder US-GAAP 8

      2.1 Vorbemerkung.. 8

      2.2 Umstellung auf IFRS und US-GAAP bis 2004 9

         2.2.1 Überleitungsrechnung 9

         2.2.2 Paralleler Konzernabschluss 12

         2.2.3 Befreiender Konzernabschluss nach § 292a HGB 13

      2.3 Umstellung auf IFRS und US-GAAP ab 2005 15

      2.4 Umstellungstechnik 17

         2.4.1 Vorbemerkung 17

         2.4.2 Umstellung auf die IFRS nach IFRS 1................................. 18

   3. Bestandteile des Jahresabschlusses nach IFRS und US-GAAP............... 21

      3.1 Überblick... 21

      3.2 Bilanz 22

      3.3 Gewinn- und Verlustrechnung 24

      3.4 Kapitalflussrechnung.. 26

      3.5 Eigenkapitalspiegel und Comprehensive Income............................ 28

3.6 Anhangangaben 29

3.7 Eingestellte Geschäftsbereiche (Discontinued Operations) 30

III. Aktiva 32

1. Immaterielle Vermögenswerte 32

   1.1 Geschäfts- oder Firmenwert..32

   1.2 Forschungs- und Entwicklungskosten 33

   1.3 Andere immaterielle Vermögenswerte 36

   1.4 Zugangsbewertung mit Anschaffungs- oder Herstellungskosten........37

   1.5 Alternative nach IFRS: Die Neubewertungsmethode 37

   1.6 Planmäßige Folgebewertung...38

2. Sachanlagevermögen...39

   2.1 Bestandteile des Sachanlagevermögens................................39

   2.2 Bewertung..39

      2.2.1 Zugangsbewertung mit Anschaffungs- oder
            Herstellungskosten 39

      2.2.2 Alternative nach IFRS: Die Neubewertungsmethode...............40

      2.2.3 Planmäßige Folgebewertung 42

      2.2.4 Außerplanmäßige Abschreibungen und Zuschreibungen
            (Impairment-Test) 43

   2.3 Investment Properties 51

      2.3.1 Abgrenzung 51

      2.3.2 Bewertung 51

   2.4 Leasing...52

3. Vorräte 56

   3.1 Bestandteile der Vorräte 56

   3.2 Bewertung der Vorräte...57

      3.2.1 Vorbemerkung..57

      3.2.2 Zugangsbewertung mit den Anschaffungskosten.................57

      3.2.3 Zugangsbewertung mit den Herstellungskosten.................57

      3.2.4 Vereinfachte Ermittlung der Anschaffungs- oder
            Herstellungskosten 61

3.2.5 Niederstwerttest 61

3.2.6 Anwendung von Verbrauchsfolgeverfahren 62

4. Forderungen 63

4.1 Überblick 63

4.2 Abrechnungsfähige Forderungen 64

4.2.1 Ansatz und Bewertung 64

4.2.2 Wertberichtigungen 66

4.3 Nicht abrechnungsfähige Forderungen aus
langfristigen Fertigungsaufträgen 66

4.3.1 Completed Contract-Methode 66

4.3.2 Percentage of Completion-Methode 67

5. Flüssige Mittel, Wertpapiere und Derivate 71

5.1 Flüssige Mittel 71

5.2 Wertpapiere 72

5.2.1 Überblick zur Bilanzierung von Wertpapieren 72

5.2.2 Held-to-maturity-Wertpapiere 73

5.2.3 Trading-Wertpapiere 74

5.2.4 Available-for-sale-Wertpapiere 74

5.3 Derivate 75

6. Latente Steuern 79

IV. Passiva 82

1. Eigenkapital 82

1.1 Bestandteile des Eigenkapitals 82

1.2 Abgrenzung des Eigenkapitals zum Fremdkapital 82

1.3 Anteile anderer Gesellschafter 83

1.4 Other Comprehensive Income 84

1.5 Eigene Anteile 86

2. Rückstellungen 86

2.1 Vorbemerkung 86

2.2 Rückstellungen für Pensionen und ähnliche Verpflichtungen 87

2.3 Drohverlustrückstellungen 91

2.4 Rückstellungen für Rückbaumaßnahmen 92

2.5 Rückstellungen für Restrukturierungsmaßnahmen 94

2.6 Übrige Rückstellungen 97

    2.6.1 Ansatz 97

    2.6.2 Bewertung 99

3. Verbindlichkeiten 100

V. Eventualverbindlichkeiten und Eventualforderungen 101

VI. Änderungen von Bilanzierungsmethoden und -parametern
sowie -fehlern 102

    1. Änderungen von Schätzungen 102

    2. Änderungen von Bilanzierungs- und Bewertungsmethoden 104

    3. Berichtigung von Fehlern 105

VII. Typische Unterschiede – dargestellt an einem praktischen Beispiel 105

VIII. Perspektiven 108

Übungsaufgaben mit Lösungshinweisen 111

Verzeichnis der zitierten Geschäftsberichte 132

B. Konzernrechnungslegung nach IAS/IFRS 133

I. Konsolidierungspflicht 135

II. Konsolidierungskreis 135

III. Währungsumrechnung 137

    1. Systematik der Währungsumrechnung 137

    2. Bestimmung der funktionalen Währung 138

    3. Umrechnung von Fremdwährungstransaktionen in
    die funktionale Währung 139

    4. Umrechnung von in funktionaler Währung erstellten
    Jahresabschlüssen in eine Berichtswährung 142

    5. Umrechnung von Abschlüssen aus Hochinflationsländern 144

IV. Kapitalkonsolidierung von Tochterunternehmen 145

    1. Vollkonsolidierung nach der Erwerbsmethode
    ohne Minderheitsanteile 145

1.1 Erstkonsolidierung 145

1.2 Folgekonsolidierung 147

1.3 Übergangsvorschriften auf IFRS 3 153

2. Vollkonsolidierung nach der Erwerbsmethode
mit Minderheitsanteilen 153

2.1 Erstkonsolidierung 153

2.2 Folgekonsolidierung 155

3. Gestaltungsspielräume des Asset-Impairment-Only-Approach 158

4. Sonderfälle der Kapitalkonsolidierung bei Tochterunternehmen 159

4.1 Sukzessive Konsolidierung 159

4.2 Nachträgliche Änderungen von Kaufpreis und Zeitwerten der
erworbenen Vermögenswerte, Schulden und Eventualschulden 163

5. Übergang zur IFRS-Konzerneröffnungsbilanz 165

5.1 Grundsatz der retrospektiven Anwendung 165

5.2 Ausnahmen vom Grundsatz der retrospektiven Anwendung 166

5.3 Fallstudie zur Erstellung der IFRS-Konzerneröffnungsbilanz
auf Basis einer HGB-Konzernbilanz 168

5.3.1 Allgemeine Angaben 168

5.3.2 Erläuterungen zum Unternehmenszusammenschluss 169

5.3.3 Erläuterungen zu den Bilanzposten der M-AG 170

5.3.4 Erläuterungen zu den Bilanzposten der T-GmbH 171

5.3.5 IFRS-Anpassungen der Buchwerte
des Mutterunternehmens 172

5.3.6 IFRS-Anpassungen der Buchwerte
des Tochterunternehmens 174

5.3.7 Erstellung der IFRS-Konzerneröffnungsbilanz 175

V. Kapitalkonsolidierung von Gemeinschafts- und assoziierten
Unternehmen 177

1. Quotenkonsolidierung 177

2. Equity-Konsolidierung 178

VI. Eliminierung konzerninterner Salden und konzerninterner Transaktionen .. 182

1. Schuldenkonsolidierung 182

2. Zwischenergebniskonsolidierung 184

3. Aufwands- und Ertragskonsolidierung 187

VII. Fallstudie zur Aufstellung eines IAS/IFRS-Konzernabschlusses 188

1. Ausgangssituation 188

2. Datenrahmen 188

3. Konzernbilanz zum 31.12.01 192

3.1 Konsolidierung von Tochter D 192

3.2 Konsolidierung von Joint Venture CH..194

3.3 Konsolidierung des assoziierten Unternehmens UK........................196

4. Konzernbilanz zum 31.12.02 197

4.1 Konsolidierung der Tochter D 197

4.2 Konsolidierung des Joint Ventures CH..198

4.3 Konsolidierung der UK..201

5. Konzern-GuV für die Zeit vom 1.1.02 bis 31.12.02 205

Literaturhinweise 207

C. Internationales Steuerrecht 209

I. Grundlagen..211

1. Bedeutung des „Internationalen Steuerrechts"..211

2. Gegenstand des „Internationalen Steuerrechts" 211

3. Doppelbesteuerungsproblematik als eine Kernproblematik des IStR 213

4. Das Problem der Minderbesteuerung 214

5. Entwicklungstendenzen im Internationalen Steuerrecht 217

II. Umsatzsteuer..217

1. Wirtschaftlicher Hintergrund des Bestimmungslandprinzips.................217

1.1 Notwendigkeit zur Verhinderung einer Doppelbesteuerung
mit indirekten Steuern 217

1.2 Möglichkeiten zur Vermeidung einer Doppelbelastung
mit indirekten Steuern 218

1.3 Rolle der Zollgrenzen für das Funktionieren des BLP....................219

1.4 Die Lage in der EU: drei verschiedene „Teilsysteme"
bei der Umsatzsteuer 220

1.5 Weitere, insbesondere formale Rahmenbedingungen
der Umsatzsteuer in der EU 222

2. Liefergeschäfte in das oder aus dem Drittlandsgebiet 224

2.1 Exporte ins Drittlandsgebiet 224

2.2 Importe aus dem Drittlandsgebiet 224

3. Liefergeschäfte mit anderen EU-Staaten 226

3.1 Grundgedanken 226

3.2 Alternative I: Besteuerung des Geschäfts beim Erwerber
im Bestimmungsland der Ware 227

3.3 Alternative II: Besteuerung des Lieferanten
im Bestimmungsland der Ware 230

3.4 Alternative III: Besteuerung des Lieferanten im Ursprungsland 230

3.5 Abweichungen vom allgemeinen System 231

3.6 Sonderfälle 232

4. Behandlung sonstiger Leistungen 232

4.1 Grundprinzip 232

4.2 Vereinfachungsmaßnahme I: Reverse-Charge-Verfahren
(§ 13b UStG) 232

4.3 Vereinfachungsmaßnahme II: Behandlung
der sog. „Katalogleistungen" 233

4.4 Vereinfachungsmaßnahme III: sog. „ID-Nummern-Leistungen" ... 234

5. Verbleibende Schwierigkeiten bei grenzüberschreitenden Geschäften .. 234

III. Das Doppelbesteuerungsproblem im Ertragsteuerrecht 236

1. Ursachen der Doppelbesteuerung 236

2. Wirtschaftliche Bedeutung der Doppelbesteuerung
im Ertragsteuerbereich 237

3. Methoden zur Milderung oder Beseitigung der Doppelbesteuerung 238

3.1 Abzugsmethode 238

3.2 Anrechnungsmethode 239

3.3 Freistellungsmethode 242

3.4 Pauschalierung 244

4. Doppelbesteuerungsabkommen 245

    4.1 Rechtliche Instrumente zur Beseitigung der Doppelbesteuerung 245

    4.2 Bedeutung des OECD-Musterabkommens 245

    4.3 Zusammenwirken von DBA und nationalem Steuerrecht 246

    4.4 Grundsätzlicher Inhalt eines DBA 247

        4.4.1 Aufbau der Abkommen 247

        4.4.2 Anwendungsbereich 247

        4.4.3 Begriffsbestimmungen 248

        4.4.4 Zuteilungsnormen: Recht und Pflichten des Quellenstaates....251

        4.4.5 Regelungen zur Vermeidung der Doppelbesteuerung:
             Pflichten des Ansässigkeitsstaates............................256

        4.4.6 Diskriminierungsverbot..258

        4.4.7 Lösungsmechanismen für Streitigkeiten bei der Anwendung
             des DBA: Verständigungsverfahren, Schiedsverfahren 259

        4.4.8 Auskunftsaustausch und sonstige Amtshilfe 260

    4.5 Exkurs: Gestaltungsmöglichkeiten der Steuerpflichtigen und
        Abwehrmaßnahmen der Finanzverwaltungen 261

IV. Das Ertragsteuerrecht der EG...263

    1. Anwendungsvorrang des Gemeinschaftsrechts...........................263

    2. Maßgebliches Primärrecht...266

    3. Sekundärrecht..267

    4. Völkervertragsrecht der Gemeinschaft....................................268

    5. Ergänzende zwischenstaatliche Abkommen
       zwischen den EG-Mitgliedstaaten 270

V. Die nationalen Einkommen- und Körperschaftsteuer-Vorschriften
   für internationale Sachverhalte 272

    1. Allgemeines, insbesondere Nachweispflichten...........................272

    2. Die Arten der persönlichen Steuerpflicht.................................273

    3. Regelungen für unbeschränkt Steuerpflichtige
       mit Auslandseinkünften...277

        3.1 Besondere Regeln für Auslandsverluste (§ 2a EStG) 277

        3.2 Besonderheiten bei der Gewinnermittlung 278

3.3 Dividenden aus ausländischen Kapitalgesellschaften
(Auslandsdividenden) 280

3.4 Zinszahlungen einer in Deutschland steuerpflichtigen
Kapitalgesellschaft an ihre Anteilseigner (§ 8a KStG) 285

   3.4.1 Die zugrunde liegende Problematik 285

   3.4.2 Grundkonzeption einer jeden angemessenen
   Abwehrgesetzgebung 287

      3.4.2.1 Behandlung der Zinsen im Rahmen einer
      Abwehrgesetzgebung 287

      3.4.2.2 Einzubeziehende Kredite 287

   3.4.3 Regelungen über toleriertes Gesellschafter-Fremdkapital
   im deutschen Recht 289

   3.4.4 Anwendung des § 8a KStG auf Auslands- und Inlandsfälle ... 291

4. Regelungen für beschränkt Steuerpflichtige mit Inlandseinkünften 292

5. Quellensteuern 294

6. Maßnahmen gegen Minderbesteuerung:
Einführung in das Außensteuergesetz 296

Literaturhinweise 303

Übungsaufgaben mit Lösungshinweisen 304

D. Internationales Finanzmanagement 329

I. Grundzüge des internationalen Finanzmanagements 331

   1. Einordnung des Finanzmanagements in die Zahlungs- und
   Güterkreisläufe eines Unternehmens 331

   2. Begriff und Wesensmerkmale des internationalen
   Finanzmanagements 333

   3. Finanzierungsquellen multinationaler Unternehmen 340

   4. Risiken im internationalen Finanzgeschäft 341

      4.1 Wirtschaftliches Risiko 342

      4.2 Länderrisiko 343

      4.3 Zinsänderungsrisiko 344

      4.4 Wechselkursrisiko 344

      4.5 Fabrikationsrisiko 344

4.6 Transportrisiko 345

II. Internationale Finanzmärkte und -produkte 346

1. Überblick über die Finanzmärkte und deren Marktteilnehmer 346

2. Geld-, Kapital- und Kreditmarkt 348

2.1 Geldmarkt 348

2.2 Kapitalmarkt 349

2.3 Kreditmarkt 351

3. Devisenmarkt 352

III. Instrumente des internationalen Finanzmanagements 354

1. Überblick 354

2. Instrumente zur Abwicklung und Absicherung des Zahlungs-
und Leistungsverkehrs 355

2.1 Lieferbedingungen 355

2.2 Abwicklung des internationalen Zahlungsverkehrs 357

2.3 Dokumentäre Formen der Zahlungssicherung 359

2.3.1 Das Dokumenten-Akkreditiv 359

2.3.1.1 Begriff 359

2.3.1.2 Akkreditivarten 360

2.3.1.3 Ablauf eines Akkreditivs 362

2.3.2 Das Dokumenten-Inkasso 364

3. Finanzierungsinstrumente 365

3.1 Überblick 365

3.2 Instrumente der kurzfristigen Außenhandelsfinanzierung 366

3.2.1 Bevorschussungskredite 366

3.2.1.1 Export- und Importvorschüsse 366

3.2.1.2 Finanzierung einer Akkreditiveröffnung 367

3.2.2 Finanzierungen auf Wechselbasis 367

3.2.2.1 Akzeptkredit und Wechseldiskontkredit 367

3.2.2.2 Rembourskredit 369

3.2.2.3 Negoziierungskredit 370

3.2.3 Exportfactoring 370

    3.2.3.1 Begriff und Merkmale 370

    3.2.3.2 Ablauf 371

    3.2.3.3 Kosten und Nutzen des Exportfactoring 371

3.3 Instrumente der mittel- und langfristigen
Außenhandelsfinanzierung 372

    3.3.1 Finanzierungskredite der
    AKA-Ausfuhrkredit-Gesellschaft mbH 372

    3.3.2 Finanzierungskredite der Kreditanstalt
    für Wiederaufbau (KfW) 375

    3.3.3 Forfaitierung 376

3.4 Projektfinanzierungen und strukturierte Finanzierungen 380

    3.4.1 Projektfinanzierung 380

    3.4.2 Cross-Border-Leasing 383

    3.4.3 Asset Backed Securities 384

3.5 Sicherungsinstrumente 385

    3.5.1 Allgemeines 385

    3.5.2 Bankgarantien als Instrumente der Leistungssicherung 385

    3.5.3 Exportkreditversicherungen 388

        3.5.3.1 Staatliche Exportkreditversicherung in Deutschland 388

        3.5.3.2 Sonstige Exportkreditversicherungen 390

4. Finanzwirtschaftliches Risikomanagement 390

4.1 Management des Zinsänderungsrisikos 391

    4.1.1 Wirkungen des Zinsänderungsrisikos 391

    4.1.2 Ausgewählte Instrumente zur Steuerung
    des Zinsänderungsrisikos 392

        4.1.2.1 Zinsswap (Interest Rate Swap) 392

        4.1.2.2 Zinstermingeschäfte 395

        4.1.2.3 Caps, Floors und Collars 396

4.2 Management des Währungsrisikos 397

    4.2.1 Allgemeines 397

    4.2.2 Absicherung des Wechselkursrisikos (Überblick) 399

4.2.3 Derivative Instrumente zur Steuerung des Währungsrisikos...400

    4.2.3.1 Devisentermingeschäfte 400

    4.2.3.2 Devisenoptionen..403

Literaturhinweise 407

Übungsaufgaben mit Lösungshinweisen 408

E. Außenwirtschaftstheorie und -politik **437**

I. Einleitung 439

II. Reale Außenwirtschaftstheorie 439

    1. Freihandel..440

    2. Protektionismus...443

III. Monetäre Außenwirtschaftstheorie...446

    1. Zahlungsbilanz..447

    2. Wechselkurs..450

IV. Außenwirtschaftspolitik 455

    1. Theorie zum optimalen Währungsraum 460

    2. Die Europäische Währungsunion...461

    3. Die Europäische Zentralbank 466

    4. Erwartungen an die Europäische Währungsunion 469

Literaturhinweise 470

Übungsaufgaben mit Lösungshinweisen 472

F. Die Europäische Union **477**

I. Mitgliedstaaten..479

II. Die Entwicklung der Europäischen Union – ein Kurzüberblick.................479

III. Die Struktur der Europäischen Union.......................................480

    1. Inhalte der ersten Säule: EG-Vertrag 481

    2. Zweite Säule: Gemeinsame Außen- und Sicherheitspolitik....................481

    3. Dritte Säule: Zusammenarbeit in der Innen- und Justizpolitik................482

IV. Die Institutionen der Europäischen Union 482

1. Europäischer Gipfel: Der Europäische Rat 482

2. Der Rat der Europäischen Union 483

3. Die Europäische Kommission 484

4. Das Europäische Parlament 485

    4.1 Struktur und Arbeitsweise 485

    4.2 Kompetenzen des Europäischen Parlaments 487

5. Wirtschafts- und Sozialausschuss (WSA) 488

6. Ausschuss der Regionen 489

7. Der Europäische Rechnungshof 490

8. Europäischer Gerichtshof 490

V. Die Wirtschafts- und Währungsunion 491

   1. Stufen zur Einführung der Wirtschafts- und Währungsunion 491

   2. Die Konvergenzkriterien 492

   3. Die Teilnehmerländer 492

   4. Der Stabilitätspakt 492

   5. Organe, Institutionen und Instrumente der Wirtschafts-
      und Währungsunion 493

    5.1 Das Eurosystem 493

    5.2 Die Europäische Zentralbank 494

    5.3 Grundlagen und Ziele der Geldpolitik im Euroraum 495

    5.4 Das Europäische System der Zentralbanken 495

VI. Auf dem Weg zur Europäischen Verfassung 496

   1. Vom Vorschlag des Europäischen Konvents zur Einigung
      im Europäischen Rat 496

   2. Welche wesentlichen Änderungen bringt
      die Europäische Verfassung? 497

   3. Der Europäische Rat: Was ändert die Europäische Verfassung? 497

   4. Die Europäische Kommission – Änderungen durch die
      Europäische Verfassung 498

   5. Der Rat der Europäischen Union – Änderungen durch die
      Europäische Verfassung 498

   6. Der Außenminister der Europäischen Union 498

7. Das Europäische Parlament – Änderungen durch die
Europäische Verfassung 499

8. Neues im Gesetzgebungsprozess der Europäischen Union 499

Literaturhinweise 500

Selbstkontrollfragen mit Lösungshinweisen 500

**G. Internationale Organisationen im Bereich von
Währung und Wirtschaft 503**

I. Einleitung 505

II. Der Internationale Währungsfonds 505

1. Entstehung und Entwicklung, Aufgaben und Ziele 505

2. Zusammensetzung und Organisationsstruktur des IWF 507

3. Tätigkeitsbereiche des IWF 508

3.1 Überwachung 508

3.2 Finanzhilfen 509

3.3 Technische Hilfe 509

4. Finanzierung des IWF und Entscheidungsstruktur 509

5. Die Kreditvergabe des IWF 510

5.1 Worin besteht die Finanzrolle des IWF? 510

III. Die Weltbankgruppe 512

1. Entstehung, Entwicklung, Aufgaben und Ziele 512

2. Finanzierung 513

3. Entscheidungsstruktur in der Weltbankgruppe 514

IV. Der neue Politikansatz für Länder in der „Armuts- und Schuldenfalle" 514

1. Wie kam es zur Überschuldung vieler Entwicklungsländer? 514

2. Die Entschuldungsinitiativen HIPC I und HIPC II 515

3. Die Ausarbeitung der Armutsminderungsstrategie 515

4. Die Finanzierung der Poverty Reduction and Growth Facility des IWF. 516

5. Erste Einschätzung der Entwicklung von Armutsminderungsstrategien. 516

V. Die Welthandelsorganisation WTO 517

1. Entstehung und Entwicklung 517

2. Aufgaben und Ziele 517

3. Organisation der WTO 518

4. Beschlussfassung in der WTO 519

5. Handelspolitische Länderüberprüfungen 520

6. Der Streitbeilegungsmechanismus 520

7. Die WTO und der Umweltschutz 521

8. Die WTO und die Länder mit nachholender
   wirtschaftlicher Entwicklung 521

VI. Die Organisation für Wirtschaftliche Zusammenarbeit und
    Entwicklung (OECD) 522

1. Entstehung und Entwicklung 522

2. Aufgaben, Ziele und Arbeitsweise der OECD 523

3. Organisation und Finanzierung 523

VII. Informelle internationale Zusammenarbeit 524

1. Charakter informeller internationaler Zusammenarbeit 524

2. Zehnergruppe G 10 524

3. Weltwirtschaftsgipfel G 7/8 525

4. G 20 525

5. Gruppe der 77 und Gruppe der 24 526

Literaturhinweise 526

Selbstkontrollfragen und Lösungshinweise 527

Stichwortverzeichnis **529**

Abkürzungsverzeichnis

ABS	Asset Backed Securities
AdR	Ausschuss der Regionen
AKA	Ausfuhr-Kredit-Gesellschaft mbH
AO	Abgabenordnung
Art.	Artikel
AStG	Außensteuergesetz
ausl.	ausländisch
AWV	Außenwirtschaftsverordnung
BewG	Bewertungsgesetz
BfF	Bundesamt für Finanzen
BIP	Bruttoinlandsprodukt
BLP	Bestimmungslandprinzip
BMF	Bundesminister(-ium) der Finanzen
BStBl	Bundessteuerblatt
bzw.	beziehungsweise
CIRR	Commercial Interest Reference Rate
DBA	Doppelbesteuerungsabkommen
d.h.	das heißt
EAG	Europäische Atomgemeinschaft
Ecofin-Rat	Rat der Wirtschafts- und Finanzminister
EG	Europäische Gemeinschaft
EGKS	Europäische Gemeinschaft für Kohle und Stahl
EP	Europäisches Parlament
ERA	Einheitliche Richtlinien und Gebräuche für Dokumenten-Akkreditive
ErbStG	Erbschaftsteuergesetz
ESAF	Erweiterte Strukturanpassungsfazilität
EStG	Einkommensteuergesetz

EStR	Einkommensteuer-Richtlinien
ESZB	Europäisches System der Zentralbanken
etc.	et cetera
EU	Europäische Union
EuGH	Europäischer Gerichtshof
EURIBOR	Euro Interbanking Offered Rate
Eurosystem	Zentralbanken des Eurowährungsgebiets und die EZB
EUSt	Einfuhrumsatzsteuer
EWG	Europäische Wirtschaftsgemeinschaft
EWU	Europäische Währungsunion
EWWU	Europäische Wirtschafts- und Währungsunion
EZB	Europäische Zentralbank
FCI	Factors Chain International
ff.	fortfolgende
FRA	Forward Rate Agreements
FRN	Floating Rate Notes
GATS	General Agreement on Trade in Services
GATT	General Agreement on Tariffs an Trade
ggf.	gegebenenfalls
IBRD	Internationale Bank für Wiederaufbau und Entwicklung
IDA	Internationale Entwicklungsorganisation
i.d.R.	in der Regel
i.e.S.	im engeren Sinne
IFC	Internationale Finanz-Corporation
IFG	International Factors Group
IHK Paris	Internationale Handelskammer Paris
IStR	Internationales Steuerrecht
i.V.m.	in Verbindung mit
IWF	Internationaler Währungsfonds
KfW	Kreditanstalt für Wiederaufbau

Kfz	Kraftfahrzeug
KStG	Körperschaftsteuergesetz
LDCs	Least Developed Countries
n.F.	neue Fassung
OECD	Organization for Economic Cooperation and Development
OECD-MA	OECD-Musterabkommen
oHG	offene Handelsgesellschaft
OTC	Over the Counter
p.a.	per annum
PRGF	Poverty Reduction and Growth Facility
R	Richtlinie
Rz.	Randziffer
S.	Seite
SAF	Strukturanpassungsfazilität (im Rahmen des IWF)
sog.	so genannt
SPC	Special Purpose Company
Stpfl.	Steuerpflichtige(r)
SWIFT	Society for Worldwide Interbank Financial Telecommunication
TEN	Trans-European-Network
TPRM	Trade Policy Review Mechanism im WTO-Vertrag
TRIPS	Agreement on Trade-Related Aspects of Intellectual Property Rights
ULP	Ursprungslandprinzip
UStDV	Umsatzsteuer-Durchführungsverordnung
UStG	Umsatzsteuergesetz
usw.	und so weiter
vgl.	vergleiche
WSA	Wirtschafts- und Sozialausschuss
WTO	World Trade Organization – Welthandelsorganisation
z.B.	zum Beispiel

A. Grundlagen der Bilanzierung nach IFRS und US-GAAP

von Dr. Carsten Bruns und Dr. Sascha Dawo

I. Einleitung

II. Grundlagen der Anwendung internationaler Rechnungslegung in Deutschland

    1. Bilanzrechtlicher Rahmen von IFRS und US-GAAP

    2. Umstellung auf IFRS oder US-GAAP

    3. Bestandteile des Jahresabschlusses nach IFRS und US-GAAP

III. Aktiva

    1. Immaterielle Vermögenswerte

    2. Sachanlagevermögen

    3. Vorräte

    4. Forderungen

    5. Flüssige Mittel, Wertpapiere und Derivate

    6. Latente Steuern

IV. Passiva

    1. Eigenkapital

    2. Rückstellungen

    3. Verbindlichkeiten

V. Eventualverbindlichkeiten und Eventualforderungen

VI. Änderungen von Bilanzierungsmethoden und -parametern sowie -fehlern

    1. Änderungen von Schätzungen

    2. Änderungen von Bilanzierungs- und Bewertungsmethoden

    3. Berichtigung von Fehlern

VII. Typische Unterschiede – dargestellt an einem praktischen Beispiel

VIII. Perspektiven

Übungsaufgaben mit Lösungshinweisen

Verzeichnis der zitierten Geschäftsberichte

A. Grundlagen der Bilanzierung nach IFRS und US-GAAP

I. Einleitung

Viele ausländische Investoren und Finanzanalysten sehen sich nicht in der Lage, einen HGB-Abschluss sachgerecht zu interpretieren. Selbst deutschen Bilanzierungsexperten fällt es nicht immer leicht, ein klares Bild über die Vermögens-, Finanz- und Ertragslage eines nach HGB bilanzierenden Unternehmens zu gewinnen – dazu sind die bilanzpolitischen Möglichkeiten zu vielfältig, mit denen das Jahresergebnis gemindert oder erhöht werden kann und stille Reserven gebildet oder aufgelöst werden können. Aus diesem Grund wird in den USA bei Analysen von HGB-Abschlüssen mitunter ein pauschaler Abschlag vom Jahreserfolg vorgenommen, der meistens dazu führt, dass die Ertragskraft des analysierten Unternehmens unterschätzt wird.

Die vielversprechendsten Wege einer internationalen Vereinheitlichung der Rechnungslegungsvorschriften weisen die International Financial Reporting Standards (IFRS) und die US-amerikanischen Generally Accepted Accounting Principles (US-GAAP). Beide unterscheiden sich grundlegend vom deutschen HGB, da sich IFRS und US-GAAP an den Bedürfnissen der Anleger orientieren, d.h. für sie ist die Informationsfunktion der Rechnungslegung maßgebend. Nach IFRS und US-GAAP soll nicht vorsichtig (im Sinne des § 252 Abs. 1 Nr. 4 HGB) bilanziert werden, sondern die Abschlussadressaten sollen mit für sie entscheidungsrelevanten Informationen versorgt werden. Dementsprechend ist nach IFRS oder US-GAAP kein vorsichtig ermitteltes Jahresergebnis auszuweisen, sondern das Jahresergebnis, das die Ertragslage des Unternehmens am besten wiedergibt.

Gegenüber den IFRS weisen die US-GAAP u.a. den Nachteil auf, dass sie rein auf US-amerikanische Verhältnisse zugeschnitten sind. Damit verbunden ist, dass amerikanische Lobbyisten die US-GAAP beeinflussen können, während deutschen Vertretern (z.B. vom IDW) abgesehen vom Schreiben von Comment Letters jegliche aktive Einflussnahme auf die Entwicklung der US-GAAP versagt ist. Aus deutscher Sicht spricht dies eindeutig für die Anwendung der IFRS und gegen eine Bilanzierung nach US-GAAP. Die Bilanzierung nach US-GAAP weist aber – noch – den Vorteil auf, dass derzeit ausschließlich US-GAAP-Abschlüsse durch die Securities and Exchange Commission (SEC), also die amerikanische Börsenaufsichtsbehörde, anerkannt werden. Die Anwendung von US-GAAP – in Form eines originären US-GAAP-Abschlusses oder einer Überleitungsrechnung auf US-GAAP – stellt zurzeit die einzige Möglichkeit dar, Zugang zum größten Kapitalmarkt der Welt zu erlangen, nämlich, sich an den US-amerikanischen Börsen notieren zu lassen. Eine Notierung an US-amerikanischen Börsen ist mit einem IFRS-Abschluss also noch nicht möglich; das Eigenkapital und das Ergebnis eines IFRS-Abschlusses müssen bei US-Notierungen derzeit noch auf US-GAAP übergeleitet werden.

Allerdings laufen seit einiger Zeit Verhandlungen zwischen dem IASB und der IOSCO (IOSCO: Internationaler Zusammenschluss der Börsenaufsichtsbehörden;

die SEC ist z.B. Mitglied der IOSCO) und es ist möglich, dass bis 2010 an den amerikanischen Börsen künftig auch Notierungen auf Basis von IFRS-Abschlüssen erlaubt werden. Zu diesem Zweck werden auf verschiedenen Gebieten im Rahmen des sog. Convergence-Projects noch Angleichungen zwischen IFRS und US-GAAP erarbeitet.

Die dargelegte Entwicklung beeinflusst auch die Rechnungslegungsanforderungen an deutsche Unternehmen: Die Regulierung der Rechnungslegung in Deutschland befindet sich durch verschiedene gesetzliche Änderungen seit Ende der neunziger Jahre (z.B. Kapitalaufnahmeerleichterungsgesetz (KapAEG) und Gesetz zur Kontrolle und Transparenz im Unternehmensbereich (KonTraG)) im Umbruch. Bis Ende 2004 sind börsennotierte deutsche Mutterunternehmen, die ihren Konzernabschluss z.B. nach IFRS oder US-GAAP erstellen, unter den in § 292a HGB genannten Voraussetzungen von der Pflicht zur Aufstellung eines HGB-Konzernabschlusses befreit.

Diese Regelung des § 292a HGB ist bis Ende 2004 beschränkt. Danach wird § 292a HGB aufgehoben und die IFRS sind wegen einer unmittelbar geltenden EU-Verordnung von kapitalmarktorientierten Unternehmen anzuwenden. Danach müssen alle börsennotierten Unternehmen in der EU ab 2005 einen IFRS-Konzernabschluss aufstellen. Dieser wird von der Aufstellung eines landesrechtlichen Konzernabschlusses befreien, d.h. er ersetzt ab 2005 bei börsennotierten deutschen Unternehmen den HGB-Konzernabschluss. Die EU-Verordnung wird durch das Bilanzrechtsreformgesetz begleitet. Darin werden verschiedene Mitgliedstaatenwahlrechte durch den deutschen Gesetzgeber ausgeübt. Beide Regelwerke beeinflussen die Umstellungsmöglichkeiten deutscher Unternehmen sowohl von HGB auf IFRS als auch von HGB auf US-GAAP. Wesentliche Grundzüge dieser Regelwerke werden in Abschnitt II.2 dargestellt.

In den folgenden Abschnitten werden die Grundzüge der Rechnungslegung nach IFRS und US-GAAP im Einzelabschluss dargestellt, d.h. es werden die wichtigsten IFRS- und US-GAAP-Vorschriften erläutert, die z.B. für die Bilanzierung von Sachanlagen, von Vorräten, von Rückstellungen, etc. gelten. Auf die Einflüsse von Konsolidierungsmaßnahmen wird hier nicht eingegangen. Den Ausführungen liegen die IFRS- und US-GAAP Standards zugrunde, die bis zum 31.3.2004 verabschiedet wurden. Im Bereich der IFRS ergaben sich Änderungen insbesondere durch das im Dezember 2003 verabschiedete Improvement Projekt, das zur Anpassung von mehr als 10 Standards führte. Die Neuregelungen sind für Geschäftsjahre, die am oder nach dem 1.1.2005 beginnen, anzuwenden. Ende März 2004 wurde darüber hinaus der IFRS 3, 4 und 5 sowie die Neufassungen des IAS 36 und 38 und Änderungen des IAS 39 verabschiedet. Der geänderte IAS 36 und 38 (überarbeitet 2004) sowie IFRS 3 sind hinsichtlich der Behandlung von Geschäfts- oder Firmenwerten sowie erworbenen immateriellen Vermögenswerten auf alle Unternehmenszusammenschlüsse ab dem 31.3.2004 anzuwenden. Bei allen anderen Vermögenswerten sind IAS 36 und 38 (überarbeitet 2004) sowie IFRS 3 im ersten Geschäftsjahr, das ab dem 31.3.2004 beginnt, anzuwenden. IFRS 4 und 5 sowie die Änderungen des IAS 39 sind für Geschäftsjahre, die nach dem 31.12.2004 beginnen, anzuwenden. Für IFRS Erstanwender sind ggf. gesonderte Anwendungsregelungen zu beachten.

Nach einem einleitenden Abschnitt, in dem u.a. der bilanzrechtliche Rahmen in Deutschland vorgestellt wird (etwa die verschiedenen Möglichkeiten, den Abschluss von HGB auf IFRS oder US-GAAP überzuleiten bzw. umzustellen), werden wesentliche Bilanzierungsvorschriften in den IFRS oder US-GAAP erläutert. Vorgegangen wird dabei anhand der Bilanz, um die auf einen Bilanzposten wirkenden Vorschriften im Zusammenhang erläutern zu können. Um die praktische Bedeutung des Dargestellten zu verdeutlichen bzw. die Vorschriften ein wenig „mit Leben zu füllen", werden u.a. viele Beispiele aus Geschäftsberichten verwendet.

II. Grundlagen der Anwendung internationaler Rechnungslegung in Deutschland

1. Bilanzrechtlicher Rahmen von IFRS und US-GAAP

1.1 US-GAAP

Im Unterschied zum deutschen Handelsrecht existiert in den USA keine Bundesgesetzgebung zur externen Rechnungslegung. Allerdings wurde zu Beginn der 30er Jahre die Securities and Exchange Commission (SEC) eingerichtet, die als amerikanische Börsenaufsichtsbehörde auch die Kompetenz besitzt, Rechnungslegungsvorschriften für die börsennotierten Unternehmen zu erlassen. Die SEC hat bis heute nur selten von diesem Recht Gebrauch gemacht und die Entwicklung der US-GAAP im Wesentlichen dem Berufsstand der Wirtschaftsprüfer und dem Financial Accounting Standards Board (FASB) überlassen.

Der FASB stellt – wenn auch primär für die börsennotierten Unternehmen – den US-amerikanischen Standardsetter dar. Ihm wurde 1973 von der SEC die Aufgabe übertragen, Rechnungslegungsstandards zu erlassen. Der FASB ist privatwirtschaftlich organisiert; er verfügt mittlerweile über mehr als 2000 Mitarbeiter. Bis heute hat der FASB über 150 Statements of Financial Accounting Standards (FAS) herausgegeben, in denen die Bilanzierung diverser Sachverhalte detailliert vorgeschrieben wird.

Vom FASB stammen aber nicht nur die FAS, sondern auch andere wesentliche Elemente der US-GAAP (neben den FAS müssen US-GAAP-Bilanzierer z.B. auch FASB Interpretations (FIN), Consensus Positions der FASB Emerging Issues Task Force (EITF), usw. beachten). Welche einzelnen Steine gemeinsam das **„House of GAAP"** formen, sprich: Bestandteile der US-GAAP darstellen, zeigt die folgende Übersicht.

	Fifth Floor	AICPA issues papers	FASB concepts statements	IASC statements	Other Professional pronouncements	Accounting textbooks and articles
A b n e h m e n d e R e l e v a n z	Fourth Floor	AICPA accounting interpretations	Prevalent industry practices			
	Third Floor	AcSEC practice bulletins	EITF consenses			
	Second Floor	AICPA industry audit and accounting guides	AICPA statements of position		FASB technical bulletins	
	First Floor	FASB statements	FASB interpretations	APB opinions	AICPA research bulletins	

Abb. 1: House of GAAP

Da die US-GAAP im Wesentlichen für börsennotierte Unternehmen gelten, hat ein US-GAAP-Abschluss vor allem die Aufgabe, den Abschlussadressaten entscheidungsrelevante Informationen zur Verfügung zu stellen und einen möglichst sicheren Einblick in die wirtschaftliche Lage des Unternehmens zu ermöglichen.

Alle Unternehmen, die an einer US-Börse notiert sind und damit die Anforderungen der SEC als Börsenaufsichtsbehörde beachten müssen, haben nach US-GAAP zu bilanzieren und zudem die SEC-Vorschriften zu beachten (z.B. hinsichtlich der Bilanz- und GuV-Gliederung). Ausländische Unternehmen dürfen dabei statt eines vollständigen US-GAAP-Konzernabschlusses auch eine Überleitungsrechnung auf US-GAAP bei der SEC einreichen (so z.B. die Deutsche Telekom für das Geschäftsjahr 2002).

1.2 IFRS

Die IFRS vormals werden vom International Accounting Standards Committee (IASC) bzw. seit 2001 vom International Accounting Standards Board (IASB) entwickelt, das mittlerweile als das bedeutendste Gremium zur internationalen Harmonisierung der Rechnungslegung anzusehen ist. Das IASB strebt die Ausarbeitung und Veröffentlichung von Rechnungslegungsvorschriften an und will eine weltweite Akzeptanz und Beachtung dieser Vorschriften erreichen. Weiterhin will das IASB eine Verbesserung und Harmonisierung der internationalen Rechnungslegungsvorschriften erzielen. Diesen Zielen dient die Erarbeitung und Durchsetzung der IFRS.

Die IFRS richten sich grundsätzlich an alle Unternehmen und enthalten **keine rechtsformspezifischen oder größenspezifischen** Vorschriften. Allerdings zeigt die Ausrichtung der IFRS an den Bedürfnissen des Kapitalmarkts, dass die Anwendung der IFRS vor allem bei börsennotierten Unternehmen in Frage kommt. **Branchenspezifische** Regelungen wurden in den IFRS bisher nur in geringem Umfang festgeschrieben (z.B. IAS 30 mit Bezug auf besondere Angabepflichten bei Banken); geplant sind aber weitere Standards (u.a. für Versicherungen und explorative Industrien).

Die vom IASB publizierten Verlautbarungen unterscheiden sich u.a. in ihrem Verbindlichkeitsgrad. Regelungen zu Ansatz, Bewertung und Ausweis einzelner Fallgruppen enthalten die einzelnen International Accounting Standards (IAS) bzw. seit 2001 die einzelnen International Financial Reporting Standards (IFRS). Dabei soll durch die Orientierung an den übergreifenden Grundsätzen des Rahmenkonzepts (Conceptual Framework) die Einheitlichkeit der so entstehenden Fallgruppenlösungen sichergestellt werden. Konkretisiert werden die IFRS durch Interpretationen des Standing Interpretations Committee (SIC) bzw. seit 2001 des Financial Reporting Interpretation Committee (IFRIC), die je nach Bedarf die Ausführungen der IFRS weiter konkretisieren. Den Interpretationen kommt hierbei der gleiche Verbindlichkeitsgrad zu wie den eigentlichen IFRS. Weiterhin sind bei der Anwendung der IFRS ggf. noch Anhänge, die nicht Teil eines Standards sind und Umsetzungsleitfäden des IASB zu beachten.

Falls ein konkreter Tatbestand weder durch einen Standard noch durch eine Interpretation geregelt wird, enthält IAS 8 konkrete Anweisungen, wie die Fortbildung von IASB-Normen zu erfolgen hat. Zunächst ist gemäß IAS 8.11 f. unter Beachtung der Regelung ähnlicher Bilanzierungsprobleme in anderen IFRS eine Lösung zu entwickeln. Ergänzend sind die Definitionen des Rahmenkonzepts hinsichtlich des Inhalts der Bilanz und der Gewinn- und Verlustrechnung sowie die weiteren Grundsätze des Rahmenkonzepts heranzuziehen. Regelungen anderer Standardgeber oder anerkannte Branchenpraktiken können für die Normfortbildung herangezogen werden, wenn sie mit anderen IFRS und den Vorgaben des Rahmenkonzepts nicht im Konflikt stehen. So hat beispielsweise die Münchner Rück im Geschäftsjahr 2002 mangels versicherungsspezifischer IFRS-Vorschriften die entsprechenden US-GAAP-Regelungen zur Konkretisierung herangezogen.

Der Konzernabschluss der Münchener Rück wurde nach den Standards des International Accounting Standards Board (IASB) als befreiender Konzernabschluss gemäß § 292 a HGB erstellt. Der Abschluss steht im Einklang mit den von uns anzuwendenden EU-Richtlinien.

Derzeit gibt es noch keinen IAS-Rechnungslegungsstandard, der die Bilanzierung und Bewertung von versicherungsspezifischen Geschäften regelt; die versicherungstechnischen Posten werden deshalb in Übereinstimmung mit den US GAAP (Generally Accepted Accounting Principles) bilanziert und bewertet.

Alle bis zum 31. Dezember 2002 verabschiedeten International Accounting Standards, deren Anwendung für das Geschäftsjahr Pflicht war, sowie die Interpretationen der IAS durch das International Financial Reporting Interpretations Committee (IFRIC) haben wir in diesem Konzernabschluss berücksichtigt. Außerdem haben wir die bis zum Abschlussstichtag vom DRSC verabschiedeten Standards beachtet.

Abb. 2: Beispiel für die Anwendung der US-GAAP zur Ausfüllung von Regelungslücken der IFRS bei der Münchener Rück (vgl. Münchener Rück, Geschäftsbericht 2002, S. 188)

2. Umstellung auf IFRS oder US-GAAP

2.1 Vorbemerkung

Die Anwendung von IFRS oder US-GAAP im Konzernabschluss eines deutschen Unternehmens ist grundsätzlich auf mehreren Wegen möglich:

Bis Ende 2004:

- Überleitungsrechnung vom HGB-Konzernabschluss auf den IFRS- oder US-GAAP-Konzernabschluss
- Erstellung eines parallelen Abschlusses
- Befreiender Konzernabschluss nach IFRS oder US-GAAP auf Basis von § 292a HGB

Grundsätzlich besteht auch die Möglichkeit, einen dualen Konzernabschluss aufzustellen, d.h. im Rahmen des HGB soweit wie möglich IFRS- oder US-GAAP-Vorschriften anzuwenden. Der Konzernabschluss soll dabei möglichst den Anforderungen beider Rechtskreise genügen, also z.B. „dual" HGB und IFRS. Diese Vorgehensweise wurde bis 1998 von einigen Unternehmen angewendet, also so lange, wie es noch kein Kapitalaufnahmeerleichterungsgesetz gab und somit kein befreiender Konzernabschluss aufgestellt werden durfte. Mittlerweile ist die praktische Bedeutung dualer Konzernabschlusse nur noch gering; sie werden daher hier nicht weiter behandelt.

> Der Konzernabschluß 1996 wurde wie im Vorjahr nach den zum Bilanzstichtag geltenden International Accounting Standards (IAS) des International Accounting Standards Committee (IASC) erstellt. Die Regelungen des ab 1998 zwingend anzuwendenden IAS 12 (revised 1996) „Income Taxes" sind bereits berücksichtigt. Um Vorschriften des deutschen Handelsrechts (HGB) nicht zu verletzen, üben wir vorhandene Wahlrechte des HGB oder der IAS übereinstimmend aus. Gliederungsvorschriften, die das deutsche

Abb. 3: Beispiel für einen dualen Konzernabschluss in Deutschland
(zwei Jahre vor Inkrafttreten des Kapitalaufnahmeerleichterungsgesetzes)
(vgl. Hoechst, Geschäftsbericht 1996, S. 69).

Ab 2005:

Unternehmen, die als Wertpapieremittenten an einem organisierten Kapitalmarkt auftreten, sind nach der IFRS-Verordnung verpflichtet, ab 2005 in ihren Konzernabschlüssen zwingend die IFRS anzuwenden. Eine Verpflichtung zur Anwendung der IFRS auf Konzernabschlussebene besteht nach § 315a HGB auch für solche Unternehmen, die die Zulassung zum Handel beantragt haben. Für diese Unternehmen ergeben sich folgende Optionen zur Aufstellung eines Konzernabschlusses:

* Alleinige Aufstellung eines IFRS-Abschlusses
* Überleitungsrechnung vom IFRS-Abschluss auf den US-GAAP-Abschluss

Unternehmen, die nicht zur Anwendung der IFRS verpflichtet sind, stehen grundsätzlich dieselben Optionen offen wie nach der bisherigen Regelung des § 292a HGB zur Anwendung von IFRS und US-GAAP auf der Ebene des Konzernabschlusses.

2.2 Umstellung auf IFRS und US-GAAP bis 2004

2.2.1 Überleitungsrechnung

Neben der Aufstellung eines befreienden Konzernabschlusses nach § 292a HGB dürfen nach US-GAAP bilanzierende Unternehmen auch eine sog. Überleitungsrechnung (Reconciliation) aufstellen. Bei der Überleitungsrechnung wird

a) das Eigenkapital und

b) das Jahresergebnis

gemäß HGB zum Eigenkapital bzw. Jahresergebnis nach IFRS/US-GAAP übergeleitet. Die Überleitung des Eigenkapitals wird dabei auf den Anfang des Vorjahres aufgestellt, d.h. wenn z.B. im Geschäftsbericht für 01 zum ersten Mal ein IFRS/US-GAAP-Abschluss veröffentlicht werden soll, dann wird die Eigenkapitalüberleitung auf den 1.1.00 erstellt (Anfang des Vorjahres).

Die Überleitung des Jahresergebnisses bezieht sich auf ein Geschäftsjahr und beginnt mit dem Tag, an dem das Eigenkapital auf IFRS oder US-GAAP angepasst wurde (im Beispiel wäre also bei einer Darstellung der Vorjahreszahlen das Ergebnis des Jahres 00 überzuleiten).

Überleitungsrechnung des Konzernüberschusses auf US-GAAP		
in Mio €	Erläuterung	1999
Konzernüberschuss gemäß Konzern-Gewinn- und Verlust-rechnungen nach HGB		2.902
Anteile Konzernfremder		-234
Konzernüberschuss gemäß Konzern-Gewinn- und Verlust-rechnungen nach HGB nach Anteilen Konzernfremder		2.668
Notwendige Anpassungen an US-GAAP		
Unternehmenszusammenschlüsse	(a)	323
Bauzeitinsen	(b)	-51
Wertpapiere und sonstige Beteiligungen	(c)	-
Equity-Bewertung/passiver Unterschiedsbetrag	(d)	69
Pensionsrückstellungen und ähnliche Verpflichtungen	(e)	30
Latente Steuern	(f)	-226
Sonstiges	(g)	76
Anteile Konzernfremder	(h)	102
Konzernüberschuss gemäß US-GAAP		2.991

Abb. 4: Überleitung des Jahresergebnisses von HGB auf US-GAAP
(vgl. E.ON, Geschäftsbericht 2000, S. 93)

Wenn eine Überleitungsrechnung von HGB auf IFRS oder US-GAAP aufgestellt wird, bedeutet dies, dass im Geschäftsbericht nach HGB bilanziert wird und ein vollständiger HGB-Konzernabschluss veröffentlicht wird. Lediglich das Eigenkapital nach HGB und das Jahresergebnis nach HGB werden dann auf IFRS oder US-GAAP übergeleitet.

Grundlagen der Bilanzierung.
Der Konzern-Abschluss und der Konzern-Lagebericht der Deutschen Telekom AG werden nach den Vorschriften des deutschen Handelsgesetzbuches (HGB) und des deutschen Aktiengesetzes (AktG) aufgestellt.

Neben Frankfurt und anderen deutschen Börsen werden die Aktien der Deutschen Telekom in Form von American Depositary Shares (ADS) auch an der New York Stock Exchange (NYSE) gehandelt. Die sich hieraus ergebenden speziellen Berichtspflichten, insbesondere gegenüber der US-amerikanischen Börsenaufsichtsbehörde Securities and Exchange Commission (SEC), führten zu einer Internationalisierung der Konzernrechnungslegung der Deutschen Telekom. Entsprechend beachtet die Deutsche Telekom bei der Bilanzierung und Bewertung weitgehend die am Abschluss-Stichtag geltenden US-amerikanischen Generally Accepted Accounting Principles (US-GAAP). Abweichungen zwischen den Bilanzierungs- und Bewertungsprinzipien im Konzern-Abschluss der Deutschen Telekom und den US-GAAP entstehen in den meisten Fällen durch verbindliche, den US-GAAP widersprechende Regelungen des deutschen Handelsrechts. Insgesamt verfolgt die Deutsche Telekom das Ziel, eine weitgehend einheitliche Berichterstattung nach HGB und US-GAAP zu erreichen und die im Konzern-Anhang vorzunehmende Überleitung von Ergebnis und Eigenkapital zu US-GAAP auf wenige Posten zu beschränken.

Abb. 5: Beispiel für die Anwendung internationaler Rechnungslegung auf Basis einer Überleitung von HGB auf US-GAAP (vgl. Deutsche Telekom, Geschäftsbericht 2000, S. 99)

Eine mögliche Überleitung des Eigenkapitals kann z.B. wie folgt aussehen (die genannten Sachverhalte stellen Beispiele dar, in denen Unterschiede zwischen HGB und US-GAAP zu Überleitungsbedarf führen):

Eigenkapitalüberleitung	Jahr 00
Eigenkapital (HGB)	... €
Pauschalwertberichtigung verringert	+/- ... €
Steuerliche Sonderabschreibungen dürfen nach US-GAAP nicht erfasst werden	+/- ... €
Wertpapiere des Umlaufvermögens werden mit dem beizulegenden Zeitwert bilanziert	+/- ... €
Verrechnete Geschäfts- oder Firmenwert werden nachaktiviert	+/- ... €
Pensionsrückstellungen müssen nach der Projected Unit Credit Method berechnet werden	+/- ... €
Rückstellungen für unterlassende Instandhaltung dürfen nach US-GAAP nicht bilanziert werden	+/- ... €
Summe Differenzen	... €
Eigenkapital (US-GAAP)	... €

Exemplarisch sei hier die Korrektur bei der Pauschalwertberichtigung erläutert, ohne dass alle hier genannten Unterschiede zwischen HGB und US-GAAP behandelt werden (die Unterschiede werden in den folgenden Kapiteln ausführlich dargestellt): Bei vielen nach HGB bilanzierenden Unternehmen übersteigt die Pauschalwertberichtigung nach HGB die tatsächlich durchschnittlich pro Jahr ausfallenden Forderungen. In diesem Fall ist bei der Überleitung auf IFRS oder US-GAAP die Pauschalwertberichtigung zu verringern (Buchung bei der Eigenkapital-Überleitung: Eigenkapital an Pauschalwertberichtigung). Daher ist für eine Überleitung nach US-GAAP die Pauschalwertberichtigung rückgängig zu machen und der Betrag dem Forderungsbestand wieder zuzuschreiben. Als Resultat der Anpassung wird nach US-GAAP ein höheres Eigenkapital als nach HGB gezeigt.

2.2.2 Paralleler Konzernabschluss

Unter einem parallelen Abschluss wird das gleichzeitige Aufstellen eines Konzernabschlusses nach HGB und zusätzlich eines Konzernabschluss nach IFRS oder US-GAAP verstanden, d.h. im Geschäftsbericht werden zwei vollständige Bilanzen, zwei Gewinn- und Verlustrechnungen usw. vorgelegt. Daimler Benz veröffentlichte bspw. im Geschäftsbericht 1997 zwei parallele Abschlüsse, einen nach US-GAAP und einen nach HGB, ebenso die CLAAS KGaA im Geschäftsjahr 2000. Beide Konzerne stellen nunmehr einen befreienden US-GAAP-Konzernabschluss auf.

Die Aufstellung paralleler Abschlüsse ist in hohem Maße arbeitsintensiv, da die Mitarbeiter, die mit der Abschlusserstellung beschäftigt sind, bereits durch einen Abschluss regelmäßig stark beansprucht werden und nun in einem ähnlichen

Zeitrahmen – der Geschäftsbericht soll in der Regel trotzdem nicht später erscheinen – nicht nur einen, sondern zwei Abschlüsse erstellen müssen. In der Praxis wird es daher auch selten praktikabel sein, ohne entsprechenden Kapazitätsaufbau im Rechnungswesen mehr als einen Parallelabschluss aufstellen zu wollen.

Durch die Veröffentlichung unterschiedlicher Zahlen für identische Sachverhalte innerhalb der jeweiligen Bilanzen bzw. Gewinn- und Verlustrechnungen kann es zu ungewollten Interpretationen und Analysen kommen, die den Bilanzleser verwirren können und für das Unternehmen zusätzlichen Erklärungsbedarf bedeuten.

KONZERNABSCHLUSS NACH UNITED STATES GENERALLY ACCEPTED ACCOUNTING PRINCIPLES (US-GAAP)

CLAAS hat neben dem Konzernabschluss nach deutschen handelsrechtlichen Rechnungslegungsgrundsätzen parallel einen Konzernabschluss in verkürzter Form nach United States Generally Accepted Accounting Principles (US-GAAP) erstellt.

Der Konzernabschluss basiert auf Einzelabschlüssen (HB II), die nach US-GAAP aufgestellt wurden.

Abb. 6: Selten in Deutschland: Erstellung eines parallelen Konzernabschlusses (vgl. CLAAS, Geschäftsbericht 2000, S. 81)

2.2.3 Befreiender Konzernabschluss nach § 292a HGB

Beim befreienden Konzernabschluss wird ein Konzernabschluss nach IFRS oder US-GAAP erstellt. Auf die Veröffentlichung eines HGB-Konzernabschluss darf dann unter den in §292a HGB genannten Voraussetzungen verzichtet werden. Diese Art der Umstellung der Rechnungslegung ist seit 1998 möglich, also seit der Einführung des KapAEG (§ 292a HGB). Die überwiegende Anzahl der DAX 30-Konzerne veröffentlicht mittlerweile einen befreienden Konzernabschluss nach IFRS oder US-GAAP.

> Der Konzernabschluss der E.ON AG (E.ON oder Gesell-
> schaft), Düsseldorf, wird nach den United States Gene-
> rally Accepted Accounting Principles (US-GAAP) aufge-
> stellt.
>   E.ON nimmt die Befreiungsmöglichkeit nach
> § 292a HGB in Anspruch, wonach ein Unternehmen von
> der Pflicht zur Aufstellung eines Konzernabschlusses
> gemäß HGB befreit ist, wenn der Konzernabschluss in
> Übereinstimmung mit international anerkannten
> Rechnungslegungsgrundsätzen aufgestellt wird und
> in Einklang mit der vierten und siebenten EG-Bilanz-
> richtlinie steht. Zur Auslegung dieser Bilanzrichtlinien
> bezieht sich E.ON auf den Deutschen Rechnungs-
> legungsstandard (DRS) Nr. 1 und den DRS Nr. 1a „Be-
> freiender Konzernabschluss nach § 292a HGB".
>   Eine Erläuterung der wesentlichen Unterschiede
> zwischen US-GAAP und deutschen Rechnungslegungs-
> grundsätzen ist in Textziffer 2 b) angegeben.

Abb. 7: Beispiel für einen befreienden US-GAAP-Konzernabschluss
(vgl. E.ON, Geschäftsbericht 2002, S. 95)

Anmerkung: § 292a HGB (Befreiung von der Aufstellungspflicht)

(1) Ein Mutterunternehmen, das einen organisierten Markt im Sinne des § 2 Abs.5 des Wertpapierhandelsgesetzes durch von ihm oder einem seiner Tochterunternehmen ausgegebene
Wertpapiere im Sinne des § 2 Abs. 1 Satz 1 des Wertpapierhandelsgesetzes in Anspruch
nimmt, braucht einen Konzerabschluss und einen Konzernlagebericht nach den Vorschriften dieses Unterabschnitts nicht aufzustellen, wenn es einen den Anforderungen des Absat-
zes 2 entsprechenden Konzernabschluss und Konzernlagebericht aufstellt und ihn in deutscher Sprache und Euro nach den §§ 352, 328 offen legt. Satz 1 gilt auch, wenn die Zulassung zum Handel an einem organisierten Markt beantragt worden ist (...).

(2) Der Konzernabschluss und der Konzernlagebericht haben befreiende Wirkung, wenn

1. das Mutterunternehmen und seine Tochterunternehmen in den befreienden Konzernabschluss
unbeschadet der § 295, 296 einbezogen worden sind,

2. Konzernabschluss und der Konzernlagebericht

   a) nach international anerkannten Rechnungslegungsgrundsätzen aufgestellt worden sind,

   b) im Einklang mit der Richtlinie 83/349/EWG und gegebenenfalls den für Kreditinstitute
   und Versicherungsunternehmen in § 291 Abs. 2 Satz 2 bezeichneten Richtlinien stehen,

3. die Aussagekraft der danach aufgestellten Unterlagen der Aussagekraft eines nach den Vorschriften dieses Unterabschnitts aufgestellten Konzernabschlusses und Konzernlageberichts
gleichwertig ist (...)

International anerkannte Rechnungslegungsstandards im Sinne des § 292a sind
lediglich IFRS und US-GAAP. Festgelegt wurde dies vom DRSC (Deutsches
Rechnungslegungs Standard Committee) in seinem ersten Standard (DRS 1). Das
privatwirtschaftlich organisierte DRSC stellt den deutschen Standardgeber dar,
dessen Aufgabe nach § 342 HGB u.a. darin besteht, Empfehlungen (Standards) zu

entwickeln, die bei der Rechnungslegung von Konzernen anzuwenden sind. Die vom DRSC verabschiedeten Standards werden vom BMJ veröffentlicht. Mit ihrer Veröffentlichung wird bei Anwendung eines Standards vermutet, dass die Grundsätze ordnungsmäßiger Buchführung beachtet werden (soweit sie die Konzernrechnungslegung betreffen, d. h. soweit die Grundsätze ordnungsmäßiger Konzernrechnungslegung betroffen sind). Eine von den DRSC-Standards abweichende Bilanzierung ist zulässig, wenn nachgewiesen wird, dass die empfohlene Handhabung nicht geeignet ist, die gesetzlichen Ziele zu verwirklichen und deshalb eine von den DRSC-Standards abweichende Bilanzierungsweise gewählt wurde, um den Grundsätzen ordnungsmäßiger Konzernrechnungslegung zu entsprechen.

Nach § 292a Abs. 2 b HGB muss ein nach international anerkannten Rechnungslegungsgrundsätzen aufgestellter Konzernabschluss „im Einklang mit der Richtlinie 83/349/EWG" stehen. Die Formulierung „im Einklang" wurde dabei vom Gesetzgeber bewusst gewählt; sie ist nicht im Sinne von „in Übereinstimmung" zu verstehen. Nach DRS 1 bezieht sich die Einklangsvoraussetzung „auf den Konzernabschluss als Einheit", d. h., alle einschlägigen Vorschriften der 4. und 7. EG-Richtlinie müssen insgesamt betrachtet werden. Entscheidend ist letztlich, dass der Konzernabschluss seinen Richtlinienzweck erfüllt. Unter dem Richtlinienzweck der 7. EG-Richtlinie – und auf die bezieht sich § 292 a HGB primär – ist dabei vor allem der Informationszweck von Konzernabschlüssen zu verstehen.

Der Konzernabschluss ist in Anwendung von § 292a HGB nach den Vorschriften der am Abschlussstichtag gültigen Richtlinien des International Accounting Standards Board (IASB), London, erstellt. Er steht in Übereinstimmung mit den Richtlinien der Europäischen Union zur Konzernrechnungslegung (Richtlinie 83/349/EWG).

Abb. 8: Beispiel für einen befreienden IFRS-Konzernabschluss (vgl. Bayer, Geschäftsbericht 2002, S. 8)

2.3 Umstellung auf IFRS und US-GAAP ab 2005

Konzernabschluss

Mit der IFRS-Verordnung werden die IFRS für Konzernabschlüsse kapitalmarktorientierter Unternehmen in der EU vom Jahr 2005 an verbindlich. Der die EU-Verordnung flankierende § 315a HGB schreibt in Abs. 2 – über den Anwendungsbereich der IFRS-Verordnung hinausgehend – die Anwendung der IFRS für die Fälle vor, in denen bis zum Bilanzstichtag die Zulassung eines Wertpapiers zum Handel am inländischen amtlichen oder geregelten Markt beantragt worden ist. Damit entspricht der Kreis der Unternehmen, die die IFRS nun verpflichtend anwenden müssen, dem Anwendungsbereich des § 292a HGB.

Darüber hinaus eröffnet § 315a HGB den nicht bereits zur IFRS-Anwendung verpflichteten Mutterunternehmen die Möglichkeit, ihren Konzernabschluss statt nach den Vorschriften des HGB nach den IFRS aufzustellen.

Verschiedene HGB-Regelungen gelten aber auch für die IFRS-Anwender weiterhin. Auch von Unternehmen, die einen IFRS-Konzernabschluss freiwillig oder verpflichtend aufstellen, sind weiterhin verschiedene HGB Vorschriften zu beachten. Nach § 315a Abs. 3 HGB sind von den §§ 294 bis 314 HGB die folgenden Vorschriften neben den IFRS anzuwenden:

- § 294 Abs. 3
- § 298 Abs. 1, nur in Verbindung mit den §§ 244 und 245,
- § 313 Abs. 2 und 4
- § 314 Abs. 1 Nr. 4, 6, 8 und 9.

Daneben sind die Bestimmungen des Neunten Titels mit Ausnahme von § 315 Abs. 2 Nr. 2 sowie Vorschriften außerhalb dieses Unterabschnitts anzuwenden, die den Konzernabschluss oder den Konzernlagebericht betreffen.

Hinsichtlich der Anwendung der IFRS und US-GAAP ergeben sich ab 2005 verschiedene Optionen in Abhängigkeit davon, ob ein Unternehmen durch EU-Verordnung gezwungen ist, die IFRS anzuwenden oder nicht.

Im Fall der verpflichtenden Anwendung der IFRS bestehen insbesondere zwei Möglichkeiten:

- Überleitungsrechnung vom IFRS-Konzernabschluss auf den US-GAAP-Konzernabschluss
- Erstellung eines US-GAAP-Parallelabschlusses

Besteht keine Pflicht zur Aufstellung eines IFRS-Abschlusses, ergeben sich folgende Optionen:

- Aufstellung eines befreienden IFRS-Konzernabschlusses nach § 315a Abs. 1 HGB
- Überleitung vom HGB-Konzernabschluss auf einen IFRS- oder US-GAAP-Konzernabschluss
- Erstellungen eines parallelen Abschlusses

Hinsichtlich der einzelnen Optionen sei auf die vorangegangenen Ausführungen verwiesen.

Einzelabschluss

Nach der IFRS-Verordnung können die Mitgliedstaaten den Unternehmen gestatten oder vorschreiben, ihren Jahresabschluss nach den IFRS aufzustellen. Von diesem Mitgliedstaatenwahlrecht macht der deutsche Gesetzgeber voraussichtlich keinen Gebrauch. Eine Verpflichtung zur Anwendung der IFRS im Jahresabschluss ist nicht vorgesehen. Allerdings besteht für große Kapitalgesellschaften im Sinne des § 267 Abs. 3 HGB ein Unternehmenswahlrecht für die Anwendung der IFRS in einem nur zu Informationszwecken dienenden Einzelabschluss. Ein Unternehmen, das einen IFRS-Einzelabschluss aufstellt, darf ihn nach § 325 Abs. 2a HGB statt des HGB-Einzelabschlusses im Bundesanzeiger veröffentlichen. Die Unternehmen erhalten damit die Möglichkeit, den IFRS-Abschluss zum Gegenstand ihrer Pflichtveröffentlichung zu machen. Für die Zwecke der gesellschaftsrechtlichen Kapitalerhaltung, der Ausschüttungsbemessung, der Besteuerung des Unternehmensertrags und der staatlichen Beaufsichtigung bestimmter Wirtschaftszweige, insbesondere der Kreditinstitute und Versicherungsunternehmen, wird weiterhin stets ein Jahresabschluss nach den Vorschriften des HGB erforderlich sein.

2.4 Umstellungstechnik

2.4.1 Vorbemerkung

Grundsätzlich gibt es zwei Möglichkeiten, von einem HGB-Abschluss auf IFRS oder US-GAAP überzugehen:

- Prospektive Umstellung
- Rückwirkende Umstellung

Bei einer prospektiven – also zukunftsbezogenen - Umstellung werden ab einem bestimmten Stichtag die Neuzugänge nach den neuen Rechnungslegungsvorschriften behandelt, während die bereits vorhandenen Vermögenswerte noch nach der alten Rechnungslegung weitergeführt werden. Beispiele für prospektive Umstellungen fanden sich vor allem unter den ersten IFRS-Anwendern in Deutschland, die 1994 und 1995 überwiegend sog. „duale" Konzernabschlüsse aufgestellt haben. Bis 1998, d.h. solange es kein Kapitalaufnahmeerleichterungsgesetz gab und damit kein befreiender Konzernabschluss nach IFRS oder US-GAAP erstellt werden durfte, konnten die international bilanzierenden Konzerne nicht auf einen HGB-Konzernabschluss verzichten. U.a. wegen des immensen Aufwands, den parallele Konzernabschlüsse erfordern, wurde deswegen versucht, die IFRS oder US-GAAP so weit wie möglich im HGB-Konzernabschluss anzuwenden, sprich: einen dualen Konzernabschluss aufzustellen.

Eine rückwirkende Umstellung auf IFRS im Rahmen eines HGB-Konzernabschlusses war nicht möglich, da das deutsche Handelsrecht u.a. eine Bilanzkontinuität fordert. Bilanzkontinuität bedeutet, dass sich die Endbestände der Schlussbilanz des Vorjahres und die Anfangsbestände der Eröffnungsbilanz des Folgejahres entsprechen. Diese Bilanzkontinuität ist rückwirkenden Umstellung auf IFRS nicht gegeben.

Ob ein Abschluss prospektiv oder rückwirkend umgestellt wurde, zeigt sich vor allem beim Sachanlagevermögen.

> Sachanlagenzugänge werden seit dem 1.1.1995 einheitlich linear
> abgeschrieben. Bei Immateriellen Anlagewerten und Sachanlagen

Abb. 9: Prospektive Änderung der Abschreibungsmethode in einem der deutschen
„Pionierabschlüsse" nach IFRS (vgl. Hoechst, Geschäftsbericht 1996, S. 70).

Hintergrund des auf den ersten Blick wenig auffälligen Satzes im Geschäftsbericht von Hoechst ist, dass – um auf die international üblichere lineare Abschreibung überzugehen – lediglich die Neuzugänge einheitlich linear abgeschrieben werden. Die Abschreibungsmethode wird damit prospektiv – also mit Wirkung ab dem Bilanzstichtag und nicht rückwirkend - von degressiv auf linear geändert. Bei einer rückwirkenden Änderung wären auch sämtliche Vermögenswerte im Sachanlagevermögen auf lineare Abschreibung umgestellt worden, die vor dem 1.1.1995 vorhanden waren und degressiv abgeschrieben wurden. D.h., bei einer prospektiven Änderung bleiben alle Altbestände – gemeint sind Bestände, die zu Beginn des Geschäftsjahres bereits vorhanden waren – von der Methodenänderung unberührt, während bei der rückwirkenden Methodenänderung alle Neuzugänge und Altbestände umbewertet werden.

Wegen der höheren Aussagefähigkeit ist die rückwirkende Umstellung eindeutig zu bevorzugen, da eine prospektive Umstellung auch nach vielen Jahren noch Ergebniseffekte durch die vormalige Anwendung anderer Rechnungslegungsvorschriften wie dem HGB verursachen kann. Die prospektive Umstellung ist daher nach IFRS und US-GAAP nicht gestattet. In den IFRS wurde dazu bereits 1998 eine SIC-Interpretation erlassen (SIC-8), die im Jahr 2003 durch IFRS 1 abgelöst wurde. Die Regelung ist bei der erstmaligen Anwendung der IFRS zur Erfüllung der Anforderungen der EU-Verordnung zu beachten.

2.6.2 Umstellung auf die IFRS nach IFRS 1

IFRS 1 folgt – wie der bisher gültige SIC 8 – dem Prinzip der rückwirkenden bzw. retrospektiven Anwendung und verlangt grundsätzlich, dass die im IFRS-Abschluss anzusetzenden Vermögenswerte und Schulden so zu bilanzieren sind, als wären die IFRS-Regelungen bereits immer schon angewendet worden. Da eine uneingeschränkte Umsetzung des Grundsatzes der retrospektiven Anwendung der IFRS die Komplexität einer IFRS-Umstellung erheblich steigern würde, gewährt IFRS 1 verschiedene Erleichterungen bei der Erstellung einer IFRS-Eröffnungsbilanz, die zum Teil als Wahlrechte ausgestaltet sind. So sind grundsätzlich nur die Standards bei der Umstellung anzuwenden, die zum Tag der Veröffentlichung des ersten IFRS-Jahresabschlusses gültig sein werden.

Da der IFRS 1 bei der erstmaligen Veröffentlichung eines IFRS-Abschlusses die Angabe eines Vorjahres verlangt, ist die Ermittlung von IFRS-Zahlen bereits für die Berichtsperiode vor der erstmaligen Veröffentlichung notwendig. Auch hierbei sind die IFRS-Regelungen zu berücksichtigen, die zum Tag der Veröffentlichung des ersten IFRS-Jahresabschlusses gültig sein werden. Um diesen Anforderungen zu genügen, ist für den Beginn des Vorjahreszeitraums eine IFRS-Eröffnungsbilanz zu erstellen. Alle notwendigen Anpassungen gegenüber den nach HGB ermittelten Aktiva und Passiva sind erfolgsneutral im Eigenkapital (Gewinnrücklagen) der IFRS-Eröffungsbilanz zu erfassen.

Hinsichtlich der Bewertung der Vermögenswerte und Schulden in der zu erstellenden IFRS-Eröffnungsbilanz gelten u.a. folgende Vereinfachungen:

• Für solche Vermögenswerte und Schulden, für die in der Vergangenheit durch ein bestimmtes Ereignis (z.b. Gründung) eine Bewertung erfolgte, gewährt IFRS 1 die Möglichkeit, für Zwecke der IFRS-Eröffnungsbilanzerstellung die damaligen beizulegenden Zeitwerte, als angenommene Anschaffungs- bzw. Herstellungskosten für die betreffenden Vermögenswerte und Schulden zum Zeitpunkt der Bewertung zu interpretieren.

• Einzelne Vermögenswerte des Sachanlagevermögens und Anlageimmobilien i.S.d. IAS 40, die gemäß dem dort enthaltenen Wahlrecht zu fortgeführten Anschaffungs- bzw. Herstellungskosten bewertet werden, dürfen mit dem beizulegenden Zeitwert angesetzt werden (IFRS 1.16). Das Wahlrecht kann für jeden Vermögenswert neu ausgeübt werden. Daneben dürfen auch Zeitwertbewertungen (z.B. beizulegende Werte nach HGB) zur Bewertung herangezogen werden, wenn die HGB-Buchwerte näherungsweise beizulegenden Zeitwerten bzw. den fortgeführten Anschaffungs- und Herstellungskosten, die sich unter IFRS ergeben hätten, entsprechen (IFRS 1.17). In Bezug auf beide Wahlrechte ist bei immateriellen Vermögenswerten die Voraussetzung zu erfüllen, dass der beizulegende Zeitwert von einem aktiven Markt abgeleitet werden kann.

• Pensionsrückstellungen sind zum Übergangszeitpunkt nach IAS 19 zu bewerten. Dabei kann auf die Anwendung der Korridorregelung zum Zeitpunkt der Erstellung der Eröffnungsbilanz verzichtet werden. Demnach können bei der erstmaligen Anwendung der IFRS alle versicherungsmathematischen Gewinne oder Verluste aus leistungsorientierten Zusagen erfasst werden.

• Unternehmenszusammenschlüsse, die vor dem Zeitpunkt der Erstellung der IFRS-Eröffnungsbilanz bereits im HGB-Konzernabschluss abgebildet wurden, sind grundsätzlich nach den IFRS abzubilden. Alternativ hierzu eröffnet IFRS 1 die Möglichkeit, die ehemaligen HGB-Erstkonsolidierungen für die IFRS-Eröffnungsbilanz zu übernehmen. In diesem Fall sind die durch Unternehmenszusammenschlüsse zugegangenen Vermögenswerte und Schulden erst ab dem Zeitpunkt des jeweiligen Unternehmenszusammenschlusses nach den IFRS abzubilden. Wenn HGB-Erstkonsolidierungen übernommen werden, sind die Buchwerte der HGB-Geschäfts- oder Firmenwerte in die IFRS-Eröffnungsbilanz mit ihren Werten zum Zeitpunkt der Erstellung der Eröffnungsbilanz zu übernehmen.
Eine Ausnahme besteht nur für im Rahmen eines Unternehmenszusammenschlusses zugegangene immaterielle Vermögenswerte, die in jedem Fall nach den Regelungen des IAS 38 (angewendet aus der Perspektive des Tochterunternehmens) abzubilden sind, und Anpassungen des Kaufpreises eines Unternehmenszusammenschlusses aufgrund damaliger Unsicherheiten bei

der Kaufpreisbestimmung, die zum Zeitpunkt der Umstellung nicht mehr bestehen. Beide Sachverhalte können zu einer Anpassung der handelsrechtlich ermittelten HGB-Geschäfts- oder Firmenwerte führen. Für die zu übernehmenden Geschäfts- oder Firmenwerte ist zum Zeitpunkt der Aufstellung der Eröffnungsbilanz ein Impairment-Test durchzuführen. Eine ggf. notwendige außerplanmäßige Abschreibung wäre erfolgsneutral mit den Gewinnrücklagen zu verrechnen.

- Für solche Unternehmen, die nach HGB nicht in den Konzernabschluss einbezogen waren, aber nach IFRS in den Konsolidierungskreis fallen (insbes. SPEs), ist eine vereinfachte Konsolidierung vorzunehmen. Danach sind die Wertansätze der Vermögenswerte und Schulden des Tochterunternehmens zunächst so anzupassen, wie es die IFRS in einem gesonderten Abschluss der Tochter verlangen würden. Der Geschäfts- oder Firmenwert ergibt sich vereinfacht als Differenz zwischen dem Anteil des Mutterunternehmens an den so ermittelten IFRS-Buchwerten der Vermögenswerte und Schulden des Tochterunternehmens und dem Wertansatz der Beteiligung an dem Tochterunternehmen im Einzelabschluss des Mutterunternehmens.

Weitere Vereinfachungen bestehen für Tochterunternehmen eines Konzernunternehmens, die ihre Rechnungslegung bereits früher als die Muttergesellschaft auf IFRS umgestellt haben, in Bezug auf finanzielle Vermögenswerte i.S.d. IAS 39 und für Währungsumrechnungsdifferenzen aus der Umrechnung von Tochterunternehmen.

Die T-Online International AG hat zum 1. Januar 2003 die Konzern-Rechnungslegung von HGB auf IFRS – International Financial Reporting Standards, vormals IAS (International Accounting Standards), umgestellt und legt in diesem Zwischenbericht einen Konzern-Zwischenabschluss nach IFRS vor. Hintergründe für die Umstellung auf IFRS waren einerseits die internationale Vergleichbarkeit der Rechnungslegung sowie andererseits die Anforderungen der Deutschen Börse im Rahmen des Prime Standard.
Dementsprechend wurden bei der Zwischenberichterstattung der T-Online International AG für die ersten neun Monate 2003 neben dem Deutschen Rechnungslegungsstandard Nr. 6 (DRS 6) die Grundsätze des IAS 34 (Zwischenberichterstattung) beachtet. Die T-Online International AG wendet die International Financial Reporting Standards und die Interpretationen des International Financial Reporting Interpretations Committee (IFRIC) an. Dies erfolgt auf der Grundlage der bei der Aufstellung der Eröffnungsbilanz zum 1. Januar 2002 und für das Jahr 2002 zu Grunde gelegten Regelungen zur Anwendung von IFRS 1 (First time adoption of IFRS).
Die auf Grund der Umstellung eingetretenen Bilanzierungs- und Bewertungsunterschiede werden im Rahmen der Überleitung des Konzern-Ergebnisses und -Eigenkapitals von HGB auf IFRS gesondert dargestellt.

Abb. 10: Anwendung des IFRS 1 bereits bei der Umstellung auf IFRS im Berichtsjahr 2003 bei T-Online (vgl. T-Online, Konzern-Zwischenbericht 1.1. bis 30.9.2003, S. 23).

3. Bestandteile des Jahresabschlusses nach IFRS und US-GAAP

3.1 Überblick

Nach IAS 1.8 besteht ein Abschluss nach IFRS aus:

- Bilanz,
- GuV,
- Kapitalflussrechnung,
- dem Eigenkapitalspiegel (wobei wahlweise zwei Formen der Darstellung möglich sind) sowie
- Anhangangaben einschließlich der Erläuterungen zu den angewendeten Bilanzierungs- und Bewertungsmethoden.

Der Anhang enthält Informationen, die für ein angemessenes Verständnis der Vermögens-, Finanz- und Ertragslage notwendig sind. Eine Segmentberichterstattung (IAS 14) sowie Angaben zu wesentlichen Risiken und möglichen künftigen Belastungen, die nicht bilanziert werden, sind Bestandteil des Anhangs.

Der Eigenkapitalspiegel soll die Adressaten des IFRS-Abschlusses über sämtliche eigenkapitalverändernden Buchungen informieren. Dies schließt auch erfolgsneutrale Eigenkapitalveränderungen ein (z.B. durch Anwendung der Neubewertungsmethode nach IAS 16). Strenggenommen ist der üblicherweise und auch hier verwendete Begriff „Eigenkapitalspiegel" nicht ganz präzise, da es nach IFRS zwei Darstellungsformen gibt, von denen die eine – die weniger gebräuchliche Variante – lediglich einen Teil der Eigenkapitalveränderungen umfasst.

Die Abschlussbestandteile nach US-GAAP unterscheiden sich kaum von denen nach IFRS. Nach CON 5.13 besteht ein Abschluss aus:

- Bilanz,
- GuV,
- Kapitalflussrechnung,
- Comprehensive Income,
- Eigenkapitalspiegel sowie
- Anhangangaben einschließlich der Erläuterungen zu den angewendeten Bilanzierungs- und Bewertungsmethoden.

Die Abschlussbestandteile unterscheiden sich nach IFRS und US-GAAP auf den ersten Blick durch das Statement of Comprehensive Income, das nach US-GAAP eine Art „Gesamtleistung" des Unternehmens in einem Geschäftsjahr zeigen soll. Das Comprehensive Income nach US-GAAP besteht aus dem Konzernergebnis und erfolgsneutralen Eigenkapitalveränderungen, die im sog. Other Comprehensive Income zusammengefasst werden. Die IFRS fordern in IAS 1.96c (überarbeitet 2003) eine vergleichbare Angabe der „total income and expense", also einer Übersicht, die sich aus dem Ergebnis der GuV und den direkt im Eigenkapital verrechneten Beträgen zusammensetzt.

Damit die Abschlussbestandteile mit dem Vorjahr verglichen werden können, verlangen IAS 1.36 ff. und ARB 43 Chapter 2 die Angabe von Vorjahreszahlen. Etwas weitergehend sind die Anforderungen an SEC-berichtspflichtige Unternehmen, die für zeitraumbezogene quantitative Angaben wie etwa in der GuV oder in der Kapitalflussrechnung die Vergleichszahlen der letzten beiden Jahre angeben müssen. D.h. bei zeitpunktbezogenen Angaben wie Bilanzposten müssen SEC-berichtspflichtige Unternehmen den Wert im Berichtsjahr und im Vorjahr angeben, bei zeitraumbezogenen Angaben, zu denen auch der Eigenkapitalspiegel zählt, sind die Werte aus jeweils drei Jahren zu berichten.

3.2 Bilanz

Eine dem § 266 HGB vergleichbare Vorschrift, die die Bilanzstruktur verbindlich vorgibt, enthalten weder IFRS noch US-GAAP. IAS 1.68 schreibt allerdings eine Mindestgliederung für die Bilanz vor (vgl. die folgende Übersicht).

Aktiva
Sachanlagen
Anlageimmobilien (siehe dazu IAS 40)
Immaterielle Vermögenswerte
Finanzielle Vermögenswerte (ohne die im Folgenden genannten Bestandteile)
Nach der Equity-Methode bilanzierte Finanzanlagen
Biologische Vermögenswerts (siehe dazu IAS 41)
Vorräte
Forderungen aus Lieferungen und Leistungen
Zahlungsmittel und Zahlungsmitteläquivalente
Passiva
Verbindlichkeiten aus Lieferungen und Leistungen
Steuerschulden und Steuererstattungsansprüche
Schulden und Ansprüche aus latenten Steuern (siehe dazu IAS 12)
Rückstellungen
Finanzverbindlichkeiten
Anteile anderer Gesellschafter (im Eigenkapital)
Gezeichnetes Kapital und Rücklagen

Die in dieser Mindestgliederung dargestellten Posten sind nach IAS 1.69 ggf. um zusätzliche Posten, Überschriften und Zwischensummen zu ergänzen, soweit dies von einem anderen IFRS-Standard verlangt wird oder ansonsten kein ausreichender Einblick in die wirtschaftliche Lage des bilanzierenden Unternehmens möglich ist.

Hinsichtlich der Anordnung bzw. Gliederung der einzelnen Posten verlangt IAS 1.51 grundsätzlich eine Unterscheidung der Bilanzposten in kurz- und langfristig (current vs. non-current). Davon darf nur zugunsten einer „groben" Gliederung entsprechend der Liquidität abgewichen werden, wenn hierdurch ein besserer Einblick in die Vermögens-, Finanz- und Ertragslage erreicht werden kann (z.B. bei Banken).

Vermögenswerte sind nach IAS 1.57 als kurzfristig anzusehen, wenn

- die Realisation (durch Verkauf oder Verbrauch) innerhalb des normalen Geschäftszyklus oder von 12 Monaten zu erwarten ist,
- der Vermögenswert zu Spekulationszwecken gehalten wird,
- die Realisation innerhalb von zwölf Monaten nach dem Abschlussstichtag zu erwarten ist oder
- es sich um (frei verwendbare) Zahlungsmittel oder Zahlungsmitteläquivalente handelt.

Alle Vermögenswerte, die diese Kriterien nicht erfüllen, sind als langfristig (non-current) anzusehen. Der Geschäftszyklus umfasst den Zeitraum zwischen dem Erwerb von Materialien, die in einen Leistungserstellungsprozess eingehen, und deren „Realisation" in Zahlungsmittel oder Zahlungsmitteläquivalente.

Schulden sind als kurzfristig zu klassifizieren, wenn

- ihre Tilgung innerhalb des normalen Geschäftszyklus erwartet wird
- ihre Tilgung innerhalb von zwölf Monaten nach dem Abschlussstichtag fällig wird

Alle anderen Schulden sind als langfristig (non-current) anzusehen. Auch Schulden, die ursprünglich als langfristig auszuweisen sind, müssen als kurzfristig ausgewiesen werden, wenn ihre Tilgung innerhalb von zwölf Monaten fällig wird. Weiterhin ist zu beachten, dass auch Teile bzw. Beträge von insgesamt langfristigen Verbindlichkeiten, die innerhalb von zwölf Monaten fällig sind, als kurzfristig auszuweisen sind. Für Darlehensverbindlichkeiten ist daher eine Aufteilung für den Tilgungsanteil der nächsten zwölf Monate und danach vorzunehmen. Der Tilgungsanteil der nächsten zwölf Monate ist als kurzfristige Verbindlichkeit zu zeigen.

Die US-GAAP enthalten trotz vieler vorgeschriebener Anhangangaben kein Mindestgliederungsschema für die Bilanz. Daher können deutsche Unternehmen, die nach US-GAAP bilanzieren, weitgehend ihre HGB-Bilanzgliederung beibehalten, wenn sie ansonsten die Angabepflichten nach US-GAAP erfüllen.

Bei SEC-berichtspflichtigen Unternehmen wird ein Mindestgliederungsschema für die Bilanz vorgegeben (Regulation S-X, Rule 5-02). Das Mindestgliederungsschema wird durch zusätzlich geforderte Detailinformationen ergänzt (z.B. müssen SEC-berichtspflichtige Unternehmen alle Posten angeben, die 5% der kurz- oder langfristigen Vermögenswerte/ Schulden übersteigen).

Liabilities and equity		
Short-term borrowings (note 19)	$119,180	$130,346
Accounts payable, principally trade accounts	14,853	13,676
Progress collections and price adjustments accrued	8,271	4,618
Dividends payable	1,589	1,347
All other GE current costs and expenses accrued	12,219	11,229
Long-term borrowings (note 19)	82,132	71,427
Insurance liabilities, reserves and annuity benefits (note 20)	106,150	86,776
All other liabilities (note 21)	28,494	28,772
Deferred income taxes (note 22)	8,690	9,238
Total liabilities	381,578	357,429
Minority interest in equity of consolidated affiliates (note 23)	4,936	5,214
Accumulated unrealized gains on investment securities—net (a)	74	626
Accumulated currency translation adjustments (a)	(2,574)	(1,370)
Common stock (9,932,006,000 and 9,854,528,000 shares outstanding at year-end 2000 and 1999, respectively)	669	594
Other capital	15,195	10,790
Retained earnings	61,572	54,484
Less common stock held in treasury	(24,444)	(22,567)
Total share owners' equity (notes 25 and 26)	50,492	42,557
Total liabilities and equity	**$437,006**	**$405,200**

Abb. 11: Gliederung der Passivseite eines SEC-berichtspflichtigen Unternehmens (vgl. General Electric, Annual Report 2000, S. 36)

3.3 Gewinn- und Verlustrechnung

Die Gewinn- und Verlustrechnung (GuV) darf handelsrechtlich und nach IAS 1.88 entweder nach dem Umsatz- oder nach dem Gesamtkostenverfahren aufgestellt werden (§ 275 Abs. 2 und 3 HGB). Das **Umsatzkostenverfahren** (UKV) lässt dabei eher eine grenzüberschreitende Vergleichbarkeit der GuV zu, da das UKV bei internationalen Großunternehmen häufiger verwendet wird als das GKV. Die SEC-Vorschriften gestatten das Gesamtkostenverfahren nicht; aber auch US-GAAP-Anwender, die nicht an der SEC notiert sind, nutzen es so gut wie gar nicht.

Dies kann für nach GKV bilanzierende deutsche Unternehmen von großer Bedeutung sein, da ein gleichzeitiges Umstellen von GKV auf UKV und von HGB auf US-GAAP eine Kraftanstrengung darstellen dürfte, die einem Unternehmen nicht ohne Not zugemutet werden sollte.

Der 1997 grundlegend überarbeitete IAS 1 hat die aus den 70er Jahren stammenden IAS 1, IAS 5 und IAS 13 ersetzt und wurde 2003 im Rahmen des Improvement Projects wiederum überarbeitet. Obwohl IAS 1 seit 1997 eine Mindestgliederung für die GuV vorgibt (vgl. die folgende Übersicht), ist darin keine dem § 275 HGB vergleichbare Vorschrift zu sehen, die die Struktur der GuV verbindlich regelt. Auch die US-GAAP enthalten keine vergleichbare Norm.

Erlöse
Finanzergebnis ohne Erträge aus nach der Equity-Methode bilanzierten Unternehmen
Ergebnisanteil aus assoziierten Unternehmen und Joint Ventures, die nach der Equity-Methode bilanziert wurden
Vorsteuerergebnis aus der Stilllegung oder dem Verkauf von Vermögenswerten und Schulden stillgelegter Unternehmensteile
Steueraufwendungen
Periodenergebnis, aufzutrennen in   • Konzernanteil   • Anteil, der auf Minderheiten entfällt

Ein Ausweis von außerordentlichen Aufwendungen und Erträgen in der GuV, wie nach HGB, oder dem Anhang ist nach IAS 1.85 nicht möglich. Nach US-GAAP ist der Ausweis außerordentlicher Aufwendungen und Erträge zwar möglich, unterliegt aber sehr hohen Anforderungen.

Sämtliche wesentliche Aufwendungen und Erträge, die dazu beitragen können, die Entstehung des Unternehmenserfolgs zu erklären, müssen gesondert ausgewiesen werden (IAS 1.86). Ferner schreiben IFRS und US-GAAP eine Reihe von Anhangangaben vor, die sinnvoll in die GuV integriert werden können bzw. dort üblicherweise ausgewiesen werden (siehe die folgenden Beispiele).

Beispiele für Angabepflichten, die zur Erweiterung der GuV nach IFRS genutzt werden können	*Vorschrift*
Umsätze aus Verkauf von Gütern	IAS 18.35
Umsätze aus Dienstleistungen	IAS 18.35
Umsätze aus langfristigen Fertigungsaufträgen	IAS 11.39
Forschungs- und Entwicklungsaufwand	IAS 38.126

Das Mindestgliederungsschema der GuV nach IAS 1.81 und 82 ist dennoch – verglichen mit § 275 HGB – eher knapp. Dies erschwert die Analyse und den Vergleich von IFRS- und US-GAAP-Abschlüssen, da z.B. die Verwaltungskosten nicht analysiert werden können, wenn sie in einer Summe mit den Vertriebskosten ausgewiesen werden – was nach IFRS und nach US-GAAP erlaubt ist (siehe das folgende Beispiel von John Deere).

	CONSOLIDATED (Deere & Company and Consolidated Subsidiarie		
	Year Ended October 31		
(In millions of dollars except per share amounts)	2001	2000	1999
Net Sales and Revenues			
Net sales..	$11,077.4	$11,168.6	$ 9,701.2
Finance and interest income...	1,445.2	1,321.3	1,104.4
Health care premiums and fees..	585.0	473.7	716.1
Investment income...	11.8	18.6	61.4
Other income..	173.5	154.6	167.8
Total...	13,292.9	13,136.8	11,750.9
Costs and Expenses			
Cost of sales..	9,376.4	8,936.1	8,177.5
Research and development expenses...................................	590.1	542.1	458.4
Selling, administrative and general expenses......................	1,716.8	1,504.9	1,362.1
Interest expense..	765.7	676.5	556.6
Health care claims and costs...	476.0	380.5	594.9
Other operating expenses..	392.7	319.2	236.3
Total...	13,317.7	12,359.3	11,385.8

Abb. 12: Freiräume bei der GuV-Gliederung nach US-GAAP,
z.B. Zusammenfassung von Verwaltungs- und Vertriebskosten
(John Deere, Annual Report 2001, S. 8)

Die US-GAAP enthalten trotz vieler vorgeschriebener Anhangangaben kein Mindestgliederungsschema für die GuV. Deutsche Unternehmen, die nach US-GAAP
bilanzieren, können weitgehend die HGB-Gliederung (nach dem Gesamtkostenverfahren) beibehalten, wenn sie ansonsten die Angabepflichten nach US-GAAP
erfüllen.

Hinzuweisen ist auch darauf, dass ein gleich scheinendes „Etikett" in einer HGB,
IFRS oder US-GAAP-GuV nicht immer bedeutet, dass das Gleiche enthalten ist.
Die IFRS regeln die Zuordnung oder Verrechnung von Geschäftsvorfällen zu
Aufwandsarten wie Herstellungskosten, allgemeinen Verwaltungskosten und
Vertriebskosten z.B. so gut wie gar nicht, so dass Kostenstrukturen nur einge-
schränkt verglichen werden können (bspw. werden in der internationalen Praxis
Ausgangsfrachten teilweise als Herstellungskosten, teilweise als Vertriebskosten
ausgewiesen; die US-GAAP gewähren z.B. in EITF 00-14 „Accounting for Ship-
ping and Handling Fees and Costs" ein Ausweiswahlrecht).

3.4 Kapitalflussrechnung

Die Kapitalflussrechnung soll die Zahlungsströme (Cashflows) verdeutlichen, die
während des Geschäftsjahres

- im laufenden Geschäft geflossen sind,
- für Investitionen ausgegeben wurden und
- der Finanzierungstätigkeit zuzuordnen sind.

Die Summe der Zahlungsströme in diesen drei Bereichen gibt an, wie sich die
flüssigen Mittel während des Geschäftsjahres verändert haben. In der Kapitalflussrechnung wird somit die Veränderung der flüssigen Mittel vom Beginn zum
Ende des Geschäftsjahres hergeleitet.

Angaben zur Kapitalflussrechnung in Mio. €:	1998
Cash flow aus der	
Geschäftstätigkeit	(130)
Investitionstätigkeit	(84)
Finanzierungstätigkeit	161
Einfluss von Wechselkursänderungen auf die Zahlungsmittel	(2)
Veränderung der Zahlungsmittel (< 3 Monate)	(55)
Zahlungsmittel (< 3 Monate) zum Jahresanfang	155
Zahlungsmittel (< 3 Monate) zum Jahresende	100

**Abb. 13: Darstellung der Hauptbestandteile einer Kapitalflussrechnung
(vgl. DaimlerChrysler, Geschäftsbericht 2000, S. 82)**

Zahlungsströme, die nicht der Investitions- oder Finanzierungstätigkeit eines Unternehmens zuzuordnen sind, werden nach IFRS und US-GAAP im Zweifel der laufenden Geschäftstätigkeit zugerechnet. Sie entstehen vor allem aus der Umsatztätigkeit des Unternehmens und resultieren i.d.R. aus Geschäftsvorfällen, die in das Jahresergebnis einfließen. Die Zahlungsströme, die der Investitionstätigkeit zugeordnet werden, betreffen vor allem Ein- und Auszahlungen für Verkauf/Erwerb von Sachanlagen, immateriellen Vermögenswerten und assoziierten Unternehmen. Auch Käufe und Verkäufe von Wertpapieren/Anteilen anderer Unternehmen werden zur Investitionstätigkeit gerechnet. Die Bestandsveränderungen bei den Vorräten zählen nicht zur Investitionstätigkeit.

Die Finanzierungstätigkeit enthält vor allem Cashflows, die aus Geschäftsvorfällen mit Anteilseignern resultieren, sowie Cashflows aus Kreditfinanzierung (z.B. Aufnahme oder Tilgung eines Bankkredits).

Zahlungsströme, die aus Geschäftsvorfällen in fremder Währung resultieren (z.B. die Umsätze ausländischer Tochterunternehmen), müssen mit Kursen zum jeweiligen Zahlungszeitpunkt umgerechnet werden. Statt der Umrechnung sämtlicher Transaktionen in ausländischer Währung mit jeweils gesonderten Kursen erlauben IFRS und US-GAAP auch die Verwendung von Durchschnittskursen, wenn dadurch im Wesentlichen die gleichen Umrechnungsbeträge erwartet werden können. Die Verwendung von Durchschnittskursen zur Umrechnung der Transaktionen in ausländischer Währung ist bei internationalen Konzernen gängige Praxis. Die wechselkursbedingte Veränderung der flüssigen Mittel ist in der Kapitalflussrechnung gesondert auszuweisen.

3.5 Eigenkapitalspiegel und Comprehensive Income

Einen Eigenkapitalspiegel verlangen IFRS und US-GAAP. Bei der Darstellung braucht sich der Bilanzierende nicht nach einem festen Gliederungsschema zu richten; nach IFRS dürfen u.a. die Kapitaltransaktionen mit Eigenkapitalgebern und Dividendenzahlungen auch im Anhang angegeben werden (IAS 1.97).

Während nach HGB die Anteile anderer Gesellschafter zum Eigenkapital zu zählen sind, werden diese nach US-GAAP nicht zum Eigenkapital gerechnet. Nach der Änderung durch das Improvement Projekt sind auch nach IAS 1.68 die Minderheitenanteile innerhalb des Eigenkapitals auszuweisen (vgl. hierzu Kapital A.IV.1.1).

FAS 130 schreibt eine formelle Abgrenzung eines Other Comprehensive Income (OCI) vor. Allerdings stellt dies keinen wesentlichen Unterschied zwischen beiden Rechtskreisen dar, denn die Sachverhalte, die nach US-GAAP erfolgsneutral im OCI gebucht werden, sind bis auf die Additional Minimum Liability (nur US-GAAP) und die Neubewertungsrücklage (nur IFRS) nach IFRS und nach US-GAAP im Eigenkapital auszuweisen. Diese IFRS verlangen die gesonderte Darstellung der GuV-neutralen Eigenkapitalveränderungen im Eigenkapitalspiegel. Im Einzelnen enthält das OCI folgende Bestandteile:

* Währungsgewinne/-verluste bei Anwendung der Stichtagskursmethode,
* Additional Minimum Liability (ein zusätzlicher Rückstellungsbetrag bei Pensionsrückstellungen, der nach IFRS nicht gebildet wird),
* Gewinne/Verluste bei Available-for-sale-Wertpapieren und
* Gewinne/Verluste bei Cashflow-Hedges

Nach IFRS kann bei Anwendung der alternativ zulässigen Methode in IAS 16 und 38 zusätzlich eine Neubewertungsrücklage zu einem analogen Ausweis im Eigenkapital führen.

Die erfolgsneutral im OCI erfassten und die erfolgswirksam in das Jahresergebnis einbezogenen Erträge und Aufwendungen werden im Comprehensive Income zusammengeführt. Das Comprehensive Income laut US-GAAP besteht aus dem Konzernergebnis und dem Other Comprehensive Income (vergleichbar dem „total income and expense" nach IAS 1.96c (überarbeitet 2003)):

	Konzernergebnis
+	Other Comprehensive Income
	Comprehensive Income

Das Comprehensive Income wird bei DaimlerChrysler im Eigenkapitalspiegel dargestellt; es kann aber auch in den Anhang aufgenommen werden.

(in Millionen €)	Gezeichnetes Kapital	Kapital-rücklage	Gewinn-rücklage	Kumuliertes übriges Comprehensive Income				Eigene Anteile	Gesamt
				Unterschieds-betrag aus Währungs-umrech-nung	Markt-bewertung von Wert-papieren	Derivative Finanz-instrumente	Unter-schieds-betrag aus Pensions-bewertung		
Stand am 1. Januar 1998	2.391	2.958	21.892	893	269	–	(19)	(424)	27.960
Konzern-Jahresüberschuss	–	–	4.820	–	–	–	–	–	4.820
Übriges Comprehensive Income	–	–	–	(1.402)	259	–	(1)	–	(1.144)
Comprehensive Income, gesamt									3.676
Ausgabe von Aktien	163	3.913	–	–	–	–	–	–	4.076
Erwerb und Einziehung eigener Anteile	–	–	–	–	–	–	–	(169)	(169)
Ausgabe eigener Anteile	–	538	–	–	–	–	–	482	1.020
Dividenden	–	–	(1.086)	–	–	–	–	–	(1.086)
Sonderausschüttung	–	–	(5.284)	–	–	–	–	–	(5.284)
Sonstige	7	(135)	191	–	–	–	–	111	174
Stand am 31. Dezember 1998	2.561	7.274	20.533	(509)	528	–	(20)	–	30.367
Konzern-Jahresüberschuss	–	–	5.746	–	–	–	–	–	5.746
Übriges Comprehensive Income	–	–	–	2.431	(181)	–	(8)	–	2.242
Comprehensive Income, gesamt									7.988
Ausgabe von Aktien	4	63	–	–	–	–	–	–	67
Erwerb eigener Anteile	–	–	–	–	–	–	–	(86)	(86)
Ausgabe eigener Anteile	–	–	–	–	–	–	–	86	86
Dividenden	–	–	(2.356)	–	–	–	–	–	(2.356)
Sonstige	–	(8)	2	–	–	–	–	–	(6)
Stand am 31. Dezember 1999	2.565	7.329	23.925	1.922	347	–	(28)	–	36.060

Abb. 14: Eigenkapitalspiegel und Comprehensive Income nach US-GAAP
(vgl. DaimlerChrysler, Geschäftsbericht 2000, S. 73)

3.6 Anhangangaben

Anhangangaben dienen dazu, die durch die anderen Abschlussbestandteile vermittelten Informationen näher zu erläutern, zu ergänzen, zu korrigieren bzw. die Bilanz oder die GuV von bestimmten Angaben zu entlasten. Wenn ein Unternehmen einen Konzernabschluss nach IFRS oder US-GAAP aufstellt, ist die Kenntnis der Anhangangaben von nicht geringer Bedeutung. Das sog. Reporting Package, also die Summe der Daten, die von der Konzernmutter im Berichtswesen regelmäßig von den Tochterunternehmen abgefragt wird, muss im Konzernrechnungswesen der Muttergesellschaft regelmäßig überarbeitet und mit ausreichendem Vorlauf vor dem Abschluss herausgegeben werden. Wesentlich ist dabei u.a. die Vollständigkeit der Abfragen; d.h. bei der Überarbeitung des Reporting Package müssen alle im Konzern voraussichtlich berichtspflichtigen Sachverhalte erfragt werden.

Wenn im Reporting Package eines nach IFRS oder US-GAAP bilanzierenden Unternehmen bestimmte Angaben nicht abgefragt werden (z.B. Angaben zu Asset-Backed-Security-Programmen nach FAS 140), kann das Konzernrechnungswesen gezwungen sein, diese Daten gesondert über andere Wege zu erfragen (z.B. per E-Mail) – was je nach Sachverhalt und Größe des Konzerns beträchtlichen zusätzlichen Aufwand verursachen kann. Bei der Umstellung von HGB auf IFRS oder US-GAAP ist das sorgfältige Durcharbeiten aller Anhangangaben und der Vergleich mit dem bereits bestehenden Reporting daher sehr wichtig.

Zu den Anhangangaben, die IFRS und US-GAAP verlangen, zählen u.a. die Herleitung des Ergebnisses je Aktie, eine Steuerüberleitungsrechnung vom theoretischen Steuersatz zum tatsächlichen durchschnittlichen Konzernsteuersatz und die Segmentberichterstattung (sie ist allerdings nach IAS 14.2 und FAS 131.9 nur für Unternehmen verpflichtend, die öffentlich gehandelte Wertpapiere – z.B. Aktien – ausgegeben haben).

Ein Anlagenspiegel wird ähnlich wie vom HGB auch von den IFRS verlangt. Nach US-GAAP ist er dagegen nicht erforderlich; es genügt, die historischen AK/HK, die Abschreibungen des laufenden Jahres und die kumulierten Abschreibungen zu nennen.

12. PROPERTY AND DEPRECIATION

A summary of property and equipment at October 31 in millions of dollars follows:

	2001	2000
Land	$ 59	$ 58
Buildings and building equipment	1,238	1,166
Machinery and equipment	2,458	2,315
Dies, patterns, tools, etc.	765	678
All other	686	658
Construction in progress	182	180
Total at cost	5,388	5,055
Less accumulated depreciation	3,336	3,143
Property and equipment – net	**$ 2,052**	**$ 1,912**

Abb. 15: Nach US-GAAP ist kein Anlagenspiegel erforderlich
(vgl. John Deere, Geschäftsbericht 2001, S. 28)

Insgesamt lässt sich feststellen, dass IFRS und US-GAAP weitaus umfangreichere Angabepflichten vorschreiben als das deutsche HGB (z.B. ist der Anhang im ersten IFRS-Abschluss von RWE – siehe dazu den Geschäftsbericht 1998/99 – um ca. 50% umfangreicher gewesen als der HGB-Anhang im Vorjahr).

3.7 Eingestellte Geschäftsbereiche (Discontinued Operations)

Eine Besonderheit der internationalen Normensysteme, die sich im HGB so nicht findet, sind die Regelungen in Bezug auf eingestellte Geschäftsbereiche. Diese machen in bestimmten Fällen zusätzliche Anhangangaben erforderlich und führen darüber hinaus zu einem veränderten Ausweis und einer veränderten Bewertung.

Die Regelungen nach US-GAAP finden sich im FAS 144, der Unterschiede zum bislang gültigen IAS 35 aufweist. Mit der Verabschiedung des IFRS 5, der IAS 35 ablöst und für Geschäftsjahre anzuwenden ist, die ab dem 1.1.2005 beginnen, wurden diese Unterschiede zwischen IFRS und US-GAAP wesentlich reduziert.

Zu unterscheiden ist zwischen ganzen Geschäftsbereichen, die aufgegeben oder veräußert werden – sog. eingestellte Geschäftsbereiche (Discontinued Operations) – und einzelnen Vermögenswerten oder Sachgesamtheiten, die zur Veräußerung in einer Transaktion vorgesehen sind (sog. Disposal Groups).

Unter eingestellte Geschäftsbereiche fallen nach IFRS wesentliche Geschäftsbereiche oder geographische Segmente eines Unternehmens, die entweder bereits eingestellt oder veräußert wurden oder die zum Verkauf vorgesehen sind und dadurch nicht mehr Teil der Geschäftstätigkeit eines Unternehmens sein werden. Voraussetzung hierfür ist, dass der Geschäftsbetrieb und die Zahlungsströme vom restlichen Unternehmen in operativer Hinsicht und für Berichtszwecke klar getrennt werden können. Demnach kann ein eingestellter Geschäftsbereich einer zahlungsmittelgenerierenden Einheit entsprechen – soweit diese ein wesentlicher Teil des Unternehmens ist – oder mehrere zahlungsmittelgenerierende Einheiten umfassen. Nach US-GAAP ist der Begriff weniger eng abgegrenzt, da der aufzugebende Unternehmensteil kein wesentlicher Geschäftsbereich sein muss. Dabei kann es sich um ein Berichtssegment oder ein operatives Segment, ein Tochterunternehmen, eine Betriebsstätte, einen Teilbetrieb oder auch eine Sachgesamtheit handeln (FAS 144.41). Nicht darunter fallen beispielsweise die örtliche Verlagerung von Produktionskapazitäten, das Auslaufenlassen bestimmter Produkte oder Leistungen.

Sofern ein Unternehmensbereich als eingestellter Geschäftsbereich identifiziert wurde ist nach IFRS 5.33 in der GuV ein Ergebnis aus eingestellten Geschäftsbereichen nach Steuern zu zeigen, das folgende Komponenten umfasst:

- Kumuliertes Ergebnis des eingestellten Geschäftsbereichs, was die Eliminierung aus den übrigen GuV-Positionen erforderlich macht.

- Außerplanmäßige Abschreibungen auf die Vermögenswerte der eingestellten Einheit sowie Veräußerungsgewinne und -verluste.

- Sonstige Aufwendungen in direktem Zusammenhang mit der Veräußerung.

Das Ergebnis aus eingestellten Geschäftsbereichen ist entweder in der GuV oder im Anhang zu unterteilen in die einzelnen Bestandteile wie etwa das Ergebnis aus der operativen Tätigkeit und außerplanmäßige Abschreibungen (jeweils mit Steuereffekten). FAS 144 verlangt den Ausweis des Steuereffekts in der GuV; die Bestandteile dürfen auch im Anhang erläutert werden. Die Vermögenswerte der eingestellten Einheit sind in der Bilanz umzugliedern in die Position „Zum Verkauf vorgesehene Vermögenswerte"; soweit es sich um unwesentliche Beträge handelt, ist auch ein Ausweis unter den sonstigen Vermögenswerten möglich, die dann im Anhang aufgegliedert werden. Die Verbindlichkeiten der eingestellten Einheit sind ebenfalls gesondert zu zeigen, wobei keine Verrechnung mit den zugehörigen Vermögenswerten erfolgen darf. Bei Wegfall der Veräußerungsabsicht eines Geschäftsbereichs sind die Ergebnisse dieses Bereichs wieder im Ergebnis aus gewöhnlicher Geschäftstätigkeit auszuweisen und die Vermögenswerte wieder zurück zu gliedern.

Sofern die zu veräußernden Vermögenswerte und Schulden zusammen nicht die Definition eines eingestellten Geschäftsbereichs erfüllen, ist zwar kein Ausweis als eingestellter Geschäftsbereich notwendig, dennoch gelten für die betroffenen langfristigen Vermögenswerte und Schulden sowie für Gruppen langfristiger Vermögenswerte gesonderte Bewertungs- und Ausweisregelungen. Als Voraussetzung für die Klassifizierung als „held for sale" muss der Vermögenswert oder die Gruppe – ebenso wie eingestellte Geschäftsbereiche – unmittelbar verkaufsbereit sein, der Verkauf muss sehr wahrscheinlich und grundsätzlich innerhalb eines Jahres nach Klassifizierung als „held for sale" abgeschlossen sein. Sobald die Kriterien nach einer einmal erfolgten Klassifizierung als „held for sale" nicht mehr erfüllt sind, dürfen die zu veräußernden Vermögenswerte und Schulden nicht mehr als „held for sale" ausgewiesen werden.

Langfristige Vermögenswerte, die zur Veräußerung bestimmt sind, und Disposal Groups sind mit dem Buchwert oder dem niedrigeren beizulegenden Zeitwert abzüglich der Veräußerungskosten zu bewerten und gesondert in der Bilanz unter „Zum Verkauf vorgesehene Vermögenswerte" (held for sale) auszuweisen. Die einzelnen Klassen von Vermögenswerten können auch im Anhang differenziert werden. In der GuV hat der Ausweis innerhalb des operativen Ergebnisses zu erfolgen. Eine planmäßige Abschreibung darf nach der Klassifikation als „held for sale" nicht mehr vorgenommen werden. Neu erworbene Vermögenswerte oder Gruppen von Vermögenswerten, die als „held for sale" zu klassifizieren sind, müssen im Erwerbszeitpunkt mit dem beizulegenden Zeitwert abzüglich der Veräußerungskosten bewertet werden. Im Anhang ist eine Beschreibung des Vermögenswerts bzw. der Gruppe, der Tatsachen und Umstände, die zu der erwarteten Veräußerung führen, sowie die voraussichtliche Art und der Zeitpunkt der Veräußerung anzugeben. Anzugeben ist auch, welchem Segment i.S.d. IAS 14 bzw. FAS 131 der entsprechende Vermögenswert bzw. die Gruppe zuzurechnen ist.

III. Aktiva

1. Immaterielle Vermögenswerte

1.1 Geschäfts- oder Firmenwert

Ein aktivierungspflichtiger Geschäfts- oder Firmenwert entsteht im Einzelabschluss, wenn rechtlich unselbständige Betriebe bzw. Teilbetriebe übernommen werden und der Kaufpreis zzgl. Nebenkosten höher ist als der Wert der übernommenen Vermögenswerte abzüglich der Schulden zum Zeitpunkt der Übernahme. Zur Ermittlung des **Geschäfts- oder Firmenwerts** (GoF) werden die Anschaffungskosten auf die zu beizulegenden Zeitwerten auf den Stichtag der Übernahme bewerteten Vermögenswerte und Schulden aufgeteilt. Der **Geschäfts- oder Firmenwert** gibt den verbleibenden positiven Unterschiedsbetrag an. Nach US-GAAP darf er nicht planmäßig abgeschrieben werden, sondern wird lediglich periodisch auf seine Werthaltigkeit geprüft und ggf. außerplanmäßig abgeschrieben. Diesen sog. Impairment-only-Ansatz hat auch das IASB in IFRS 3 übernommen. Demzufolge sind auch nach IFRS keine planmäßigen Abschreibungen zu verrechnen. Nach dem bisher gültigen IAS 22 wurde der Geschäfts- oder Firmenwert über die Nutzungsdauer linear abgeschrieben.

Geschäfts- oder Firmenwerte aus der Kapitalkonsolidierung müssen nach IFRS und nach US-GAAP aktiviert werden; die Kapitalkonsolidierung soll hier indes nicht weiter behandelt werden.

Ein selbst geschaffener, **originärer Geschäfts- oder Firmenwert** darf weder nach HGB, noch nach IFRS oder US-GAAP aktiviert werden.

1.2 Forschungs- und Entwicklungskosten

Die Begriffe „Forschung" und „Entwicklung" werden nach HGB, IFRS und US-GAAP grundsätzlich einheitlich verwendet. Als **Forschung** wird die originäre und geplante Analyse bezeichnet, mit der neues wissenschaftliches oder technisches Wissen bzw. Verständnis erlangt werden soll. Dazu zählt z.B. die Entwicklung neuer Verfahren und Produkte einschließlich ggf. im Vorfeld erforderlicher Literatur- und Patentrecherchen, Marktanalysen etc. **Entwicklung** ist die Umsetzung von Forschungsergebnissen oder von anderem Wissen in Pläne oder Modelle, die für die Herstellung von neuen oder wesentlich verbesserten Materialien, Geräten, Produkten, Verfahren, Geräten, Systemen oder Dienstleistungen verwendet werden.

Wenn in Bezug auf ein Produkt die Forschung beendet ist, beginnt die Entwicklungsphase, in der die Forschungsergebnisse umgesetzt werden. Die Entwicklung wiederum endet mit der Produktionsaufnahme, d.h. wenn mit der eigentlichen Produktion begonnen wird, entstehen im Sinne von IFRS und US-GAAP für das Produkt normalerweise keine Entwicklungskosten mehr (ausgenommen sind dabei wesentliche Weiterentwicklungen bestehender Produkte). Routineanalytik zur laufenden Qualitätsüberwachung der Produktion oder saisonale Designänderungen der Produkte werden z.B. als Herstellungskosten erfasst; sie stellen keine Forschungs- oder Entwicklung dar, da die Entwicklungsphase (und damit auch die ihr vorgelagerte Forschungsphase) bereits abgeschlossen ist.

Bilanziell werden **Forschungskosten** in den drei Rechtskreisen HGB, IFRS und US-GAAP identisch behandelt und in der Periode ihrer Entstehung als Aufwand gebucht; auch nachträglich dürfen Forschungskosten nicht aktiviert werden.

Die Bilanzierung von **Entwicklungskosten** wird dagegen unterschiedlich geregelt. Nach IAS 38.57 müssen Entwicklungskosten aktiviert werden, wenn die dort genannten Kriterien kumulativ erfüllt sind:

- Technische Realisierbarkeit der Fertigstellung des Vermögenswerts
- Absicht zur Fertigstellung und anschließenden Nutzung oder zum anschließenden Verkauf

- Nachweis eines künftigen wirtschaftlichen Nutzens aus dem Vermögenswert (beim angestrebten Verkauf u.a. Existenz eines Markts)
- Fähigkeit zur Nutzung oder zum Verkauf einschließlich Verfügbarkeit dafür erforderlicher finanzieller, technischer und anderer Ressourcen
- Fähigkeit, die Ausgaben während der Entwicklung zuverlässig zu bewerten

Führt die Überprüfung der einzelnen Merkmale jeweils zu Nachweisen, die deren Erfüllung dokumentieren, so gilt eine Aktivierungspflicht. Allerdings wird in der Regelung vielfach ein faktisches Aktivierungswahlrecht gesehen, da sich aus der geforderten Nachweispflicht ein Entscheidungsspielraum zur Erfüllung der Nachweispflichten ergäbe (vgl. Wagenhofer, International Accounting Standards – IAS/IFRS, 4. Aufl., Wien 2003, S. 208) und sich dem Bilanzierenden an dieser Stelle bilanzpolitische Möglichkeiten erschließen.

Hinter der Aktivierung von Entwicklungskosten steckt die Idee, erworbene Forschungsleistungen (z.B. gekaufte Patente) und eigene Forschungsleistungen gleich zu behandeln.

> Nach IAS 38 (Intangible Assets) sind Forschungskosten nicht und Entwicklungskosten nur bei Vorliegen bestimmter, genau bezeichneter Voraussetzungen aktivierungsfähig. Eine Aktivierung ist demnach immer dann erforderlich, wenn die Entwicklungstätigkeit mit hinreichender Wahrscheinlichkeit zu künftigen Finanzmittelzuflüssen führt, die über die normalen Kosten hinaus auch die entsprechenden Entwicklungskosten abdecken. Zusätzlich müssen hinsichtlich des Entwicklungsprojekts und des zu entwickelnden Produkts oder Verfahrens verschiedene Kriterien kumulativ erfüllt sein. Diese Voraussetzungen sind wie in den Vorjahren nicht gegeben.

Abb. 16: Beispiel für die (Nicht-)Bilanzierung von Forschungs- und Entwicklungskosten nach IFRS (vgl. Bayer, Geschäftsbericht 2002, S. 17).

Nach US-GAAP werden Entwicklungskosten im Unterschied zu IAS 38 grundsätzlich in der Periode ihres Entstehens erfolgswirksam verrechnet (FAS 2). Ausnahmen bestehen nur durch Spezialregelungen. Als bedeutendste Ausnahmeregelung ist die Aktivierungspflicht für Entwicklungskosten von Computersoftware zu nennen, die verkauft bzw. anderweitig vermarktet wird. Die entsprechende Software kann sowohl selbst erstellt als auch extern beschafft worden sein; ausschlaggebend ist der Verwendungszweck. Diese Kosten sind grundsätzlich aktivierungspflichtig, sobald Konzeption und technische Umsetzbarkeit der Software feststehen (FAS 86). Allerdings ist dies im Einzelfall ggf. erst sehr spät im Produktionsprozess feststellbar, so dass z.T. eine Aktivierung der entsprechenden Aufwendungen unterbleibt – wie das Beispiel SAP zeigt.

> **Forschung und Entwicklung**
> Nach dem SFAS 86 „Accounting for the Costs of Computer
> Software to be Sold, Leased, or Otherwise Marketed" sind
> Forschungs- und Entwicklungsaufwendungen zu aktivieren,
> die zwischen der „technologischen Verfügbarkeit" und der
> „Marktreife" der Software anfallen. Auf diesen Zeitraum ent-
> fallende Aufwendungen für Forschung und Entwicklung
> sind im Konzern unwesentlich, weshalb auf eine Aktivierung
> verzichtet wird.

**Abb. 17: Beispiel für die (Nicht-)Aktivierung zum Verkauf bestimmter Software
nach US-GAAP (vgl. SAP, Geschäftsbericht 2002, S. 67)**

Grundsätzlich sind auch Aufwendungen für selbstgenutzte Software aktivierungspflichtig (z.B. die Modifikation von Standardsoftware). In Ausnahmefällen
kommt allerdings eine Aufwandsverrechnung in Betracht. So sind Aufwendungen
zur Herstellung von Software, die im Forschungs- und Entwicklungsbereich eingesetzt wird, als Teil der Forschungs- und Entwicklungsaufwendungen i.S.d.
FAS 2 anzusehen und dementsprechend als Aufwand zu verrechnen, unabhängig
davon, ob eine alternative Nutzungsmöglichkeit besteht. Nicht Teil der For-
schungs- und Entwicklungsaufwendungen sind die Aufwendungen für Software,
die sowohl im Produktionsbereich als auch im Vertriebs- und Verwaltungsbereich
eingesetzt wird. Von diesen Aufwendungen dürfen lediglich die der eigentlichen
Entwicklungsphase (technische Realisierung des Softwareprojekts) zuordenbaren
Aufwendungen, aktiviert werden. Aktivierungsfähig sind direkt zuordenbare Einzelkosten und nach IFRS 38.66 auch Abschreibungen der eingesetzten Vermögenswerte. Weiterhin sind Zinsaufwendungen nach Maßgabe des FAS 34 zu aktivieren. Schulungsaufwendungen dürfen dabei nicht aktiviert werden (SOP 98-1).

Nach IFRS müssen aktivierte Entwicklungskosten im Anlagenspiegel dargestellt
werden. Die US-GAAP schreiben dagegen keinen Anlagenspiegel vor; anzugeben
sind allerdings die jährlichen und die kumulierten Abschreibungen.

Mio. €	Konzessionen, gewerbliche Schutzrechte u. ä. Rechte sowie Lizenzen an solchen Rechten und Werten	Goodwill/ Badwill	Aktivierte Entwick-lungs-kosten für in Entwick-lung be-findliche Produkte	Aktivierte Entwick-lungs-kosten für derzeit genutzte Produkte	Sonstige Immat. Vermö-genswerte	Geleistete Anzah-lungen	Gesamt
Anschaffungs-/ Herstellungskosten							
Stand am 01.01.2002	40	1.396	2.546	6.048	739	180	10.949
Währungsänderungen	– 4	– 1	– 63	– 71	– 27	0	– 166
Änd. Konsolidierungskreis	2	–	17	–	2	–	21
Zugänge	5	– 20	1.979	481	223	30	2.698
Umbuchungen	– 1	4	– 1.317	1.313	150	– 199	– 50
Abgänge	1	–	76	663	81	1	822
Stand am 31.12.2002	41	1.379	3.086	7.108	1.006	10	12.630
Abschreibungen							
Stand am 01.01.2002	28	942	–	2.910	473	–	4.353
Währungsänderungen	– 3	– 1	–	– 41	– 17	–	– 62
Änd. Konsolidierungskreis	0	–	–	–	1	–	1
Zugänge planmäßig	4	131	–	969	150	–	1.254
Zugänge außerplanmäßig	–	13	–	11	1	–	25
Umbuchungen	– 2	2	–	0	0	–	0
Abgänge	0	–	–	598	79	–	677
Zuschreibungen	–	–	–	–	–	–	–
Stand am 31.12.2002	27	1.087	–	3.251	529	–	4.894
Nettobuchwert am 31.12.2002	14	292	3.086	3.857	477	10	7.736
Nettobuchwert am 31.12.2001	12	454	2.546	3.138	266	180	6.596

Abb. 18: Aktivierung von Entwicklungskosten nach IFRS
(vgl. Volkswagen, Geschäftsbericht 2002, S. 108)

1.3 Andere immaterielle Vermögenswerte

Unter die anderen immateriellen Vermögenswerte können z.B. Konzessionen (etwa Bohrkonzessionen), Patente, Lizenzen, Marken- und Urheberrechte, Liefe-rungs- und Vertriebsrechte fallen. Im Unterschied zum HGB, nach dem in § 248 Abs. 2 ein Aktivierungsverbot für selbst erstellte immaterielle Vermögenswerte des Anlagevermögens zu beachten ist, sind auch selbsterstellte immaterielle Ver-mögenswerte des Anlagevermögens nach IAS 38 grundsätzlich zu aktivieren. Nach US-GAAP besteht nach APB 17.24 i.V.m. FAS 142.10 grundsätzlich ein faktisches Aktivierungswahlrecht (so FAS 142.B23; in der Literatur strittig). In der Unternehmenspraxis aktivieren einige Unternehmen Beträge, die andere als Aufwand verrechnen.

Sowohl nach IFRS als auch nach US-GAAP gibt es dabei einige Einzelfallrege-lungen zur Aktivierung immaterieller Vermögenswerte. Beispielsweise verbietet IAS 38, Werbeaufwand, selbst geschaffene Marken, Kundenlisten und Drucktitel zu aktivieren (IAS 38.63). Nach US-GAAP besteht dagegen z.B. für Werbeauf-wendungen ein generelles Aktivierungsverbot – nur sog. Direct-Response-

Werbemaßnahmen sind nach SOP 93-7.26 zu aktivieren. Vom Vorliegen einer Direct-response-Werbung kann nach der Abgrenzung von SOP 93-7 ausgegangen werden, wenn die von der Maßnahme angesprochenen Kunden unmittelbar aufgrund der jeweiligen Maßnahme kaufen. Aktivierungspflichtig können auch Aufnahmekosten in der Musikindustrie (FAS 50) und in der Filmbranche (FAS 139) sein.

Gründungs- und Anlaufkosten (sog. Costs of Start-Up Activities), z.B. Schulungsaufwendungen oder Marketingaufwendungen für die Einführung neuer Produkte oder Serviceleistungen, dürfen nach US-GAAP nicht aktiviert werden (SOP 98-5.12). Auch IAS 38.69a gestattet keine Aktivierung von Gründungs- und Anlaufkosten. Diese sind nach IFRS und US-GAAP allerdings von Aufwendungen zu trennen, die im Zusammenhang mit der Inbetriebnahme von Vermögenswerten entstehen (z.B. von Maschinen). Solche Aufwendungen sind als Nebenkosten der Anschaffung oder Herstellung einzuordnen und aktivierungspflichtig.

1.4 Zugangsbewertung mit Anschaffungs- oder Herstellungskosten

Immaterielle Vermögenswerte werden mit ihren Anschaffungs- oder Herstellungskosten (AK/HK) abzüglich außerplanmäßiger Abschreibungen bewertet (sog. fortgeführte AK/HK). Bei immateriellen Vermögenswerten mit beschränkter Nutzungsdauer ist darüber hinaus eine planmäßige Abschreibung vorzunehmen. Aufwendungen für selbst erstellte immaterielle Vermögenswerte, die in früheren Geschäftsjahren oder im Zeitraum bis zur Aufstellung eines Zwischenabschlusses bereits als Aufwendungen erfasst wurden, dürfen nachträglich nicht mehr aktiviert werden.

1.5 Alternative nach IFRS: Die Neubewertungsmethode

Alternativ zur Bewertung i.H.d. fortgeführten Anschaffungskosten (Benchmark-Methode) dürfen immaterielle Vermögenswerte nach IAS 38.75 ff. (nicht nach US-GAAP) neu bewertet werden (alternativ zulässige Methode). Voraussetzung für die Neubewertung von immateriellen Vermögenswerten ist, dass der beizulegende Zeitwert unter Bezugnahme auf einen aktiven Markt ermittelt wird. Diese Voraussetzung ist in Bezug auf immaterielle Vermögenswerte wohl nur in Ausnahmefällen erfüllt. Als mögliche Beispiele werden handelbare Taxi- und Fischereilizenzen, Produktionsquoten oder Start- und Landerechte genannt. Angesichts der hohen Anforderungen an den zulässigen Neubewertungswert wird dem Wahlrecht zur Neubewertung in Bezug auf immaterielle Vermögenswerte lediglich eine geringe Bedeutung beigemessen. Sofern die Voraussetzungen zur Neubewertung erfüllt sind, muss in hinreichender Regelmäßigkeit eine Neubewertung erfolgen, damit der Buchwert nicht wesentlich vom beizulegenden Zeitwert am Bilanzstichtag abweicht. Nicht in der Bilanz angesetzte Vermögenswerte dürfen nicht durch Neubewertung angesetzt werden (IAS 38.76a).

1.6 Planmäßige Folgebewertung

Nach US-GAAP sind immaterielle Vermögenswerte seit Inkrafttreten des FAS 142 nur dann planmäßig abzuschreiben, wenn sie eine beschränkte Nutzungsdauer aufweisen. In diesem Fall müssen die Anschaffungs- oder Herstellungskosten über den Zeitraum der Nutzung als Abschreibungsaufwand verrechnet werden, wenn wirtschaftliche oder rechtliche Faktoren den Zeitraum der Nutzenabgabe beschränken. Die planmäßige Abschreibung setzt ein, wenn der Vermögenswert zum Verkauf oder zur internen Nutzung verfügbar ist. Werden Rechtspositionen z.B. zeitlich begrenzt eingeräumt, sind sie maximal über diesen Zeitraum abzuschreiben.

In Bezug auf die planmäßig abzuschreibenden Vermögenswerte schließt das FASB keine Abschreibungsmethode von vornherein aus. Grundsätzlich ist die Methode anzuwenden, die den Wertminderungsverlauf am treffendsten wiedergibt. Kann der Verlauf nicht zuverlässig bestimmt werden, so kommt nach FAS 142.12 die lineare Abschreibung zur Anwendung. Dies ist der Regelfall.

	Jahre
Geschäfts- und Firmenwerte	5–20
Produktrechte, Lizenzen	3–10
Vertriebs-, Bezugs- und ähnliche Rechte	4–20
Know-how und Patente	3–15
Konzessionen, Gewinnungsrechte und ähnliche Rechte	3–25
Software	1–5
Sonstige Rechte und Werte	5–30

Abb. 19: Nutzungsdauern immaterieller Vermögenswerte vor Anwendung von FAS 142 (vgl. BASF, Geschäftsbericht 2002, S. 120)

Die Nutzungsdauer eines immateriellen Vermögenswerts ist jedoch nicht in jedem Fall beschränkt; vielmehr muss von einer unbeschränkten Nutzungsdauer ausgegangen werden, sofern keine Faktoren erkennbar sind, die eine zeitliche Beschränkung bewirken. Der Hauptanwendungsfall einer unbeschränkten Nutzungsdauer sind Rechte, die ohne wesentliche Aufwendungen erneuert werden können. Ein Beispiel hierfür ist ein Fernsehrecht, das alle 10 Jahre erneuert werden kann (FAS 142, Anhang A, Beispiel 4). Als weitere Beispiele werden geschäftswertähnliche Vermögenswerte genannt, wie Marken oder erworbene Geschäftsbeziehungen zu Kreditkartenkunden.

Nach dem bislang geltenden IAS 22 unterlagen alle immateriellen Vermögenswerte einer planmäßigen Abschreibung. Allerdings ist durch den IFRS 3, der IAS 22 ersetzt, eine Anlehnung an die dargestellte US-GAAP-Vorgehensweise erfolgt. Die Bewertung nach IFRS entspricht im Wesentlichen der nach US-GAAP.

Zum Bilanzstichtag ist festzustellen, ob es Anhaltspunkte gibt, dass der immaterielle Vermögenswert nicht mehr in der bilanzierten Höhe werthaltig ist und eine außerplanmäßige Abschreibung erforderlich ist. Sofern z.B. ein Patent als technisch überholt anzusehen ist, muss der Restbuchwert außerplanmäßig abgeschrieben werden. Bei solchen immateriellen Vermögenswerten, die keiner planmäßigen Abschreibung unterliegen, ist nach US-GAAP jährlich ein Wertminderungstest vorzunehmen. Nach der Neuregelung gilt dies auch für IFRS.

An jedem Bilanzstichtag ist – ähnlich wie bei Vermögenswerten des Sachanlagevermögens – zu prüfen, ob die erwarteten Nutzungsdauern der immateriellen Vermögenswerte sich wesentlich von den bisherigen Festlegungen unterscheiden. Nach IFRS und US-GAAP fallen Anpassungen von Nutzungsdauern dabei bilanzrechtlich unter sog. Änderungen von Schätzungen.

2. Sachanlagevermögen

2.1 Bestandteile des Sachanlagevermögens

Sachanlagevermögen dient der Produktion bzw. der Erbringung von Dienstleistungen, wobei die betriebsgewöhnliche Nutzungsdauer des Anlagevermögens grundsätzlich länger als ein Jahr beträgt. Zum Sachanlagevermögen gehören bei Industrieunternehmen üblicherweise Grundstücke und Bauten einschließlich der Bauten auf fremden Grundstücken, technische Anlagen und Maschinen, andere Anlagen, Betriebs- und Geschäftsausstattung, geleistete Anzahlungen und Anlagen im Bau.

2.2 Bewertung

2.2.1 Zugangsbewertung mit Anschaffungs- oder Herstellungskosten

Die Aktiva werden nach HGB, IFRS und US-GAAP höchstens mit den historischen Anschaffungs- oder Herstellungskosten zum Erwerbszeitpunkt bewertet (ARB 43 Chapter 9). Selbst erstelltes Sachanlagevermögen wird mit den produktionsbezogenen Vollkosten bewertet, d.h. die Einzelkosten und die Gemeinkosten, die der Herstellung zurechenbar sind, werden aktiviert.

Die Anschaffungs- oder Herstellungskosten umfassen neben dem Kaufpreis und allen anfallenden Transaktionskosten auch alle direkt zurechenbaren Aufwendungen, die anfallen, bis der Vermögenswert in einen betriebsbereiten Zustand versetzt wurde. Im Einzelnen werden die Bestandteile der Anschaffungs- oder Herstellungskosten nach IFRS und nach US-GAAP im Abschnitt III.3. zur Vorratsbilanzierung erläutert.

Im Bereich des Sachanlagevermögens ist als Besonderheit festzuhalten, dass Kosten für Abbruch/Beseitigung des Vermögenswerts und die Wiederherstellung des Standorts nach IAS 16.16c bzw. FAS 143 einen Bestandteil der Anschaffungskosten darstellen und in der Höhe zu aktivieren sind, wie für sie eine Rückstellung gebildet worden ist. Die Kostenbestandteile, die in die Rückstellungsbewertung und damit auch in den als Teil der Anschaffungs- oder Herstellungskosten zu aktivierenden Betrag einzubeziehen sind, richten sich wiederum nach IAS 2. Eine Rückstellung ist zum Zeitpunkt der Entstehung der gesetzlichen oder vertraglichen Verpflichtung zur Durchführung der Leistung zu bilden. Da im Zusammenhang mit derartigen Abbruch- bzw. Beseitigungskosten i.d.R. langfristige Rückstellungen zu bilden sind, ist die Rückstellung in Höhe ihres Barwerts zu bilden. Zu diesem Zeitpunkt ist der passivierte Betrag bei dem betreffenden Vermögenswert zu aktivieren. Im Anschaffungszeitpunkt des Vermögenswerts werden damit die Kosten für Abbruch bzw. Beseitigung erfolgsneutral erfasst, da der Rückstellungsbildung ein gleich hoher aktivierter Betrag gegenübersteht (vgl. für die Bilanzierung von Rückbauverpflichtungen ausführlich Abschnitt IV.2.4).

Wird ein Vermögenswert durch Tausch erworben, so bestimmen sich die Anschaffungskosten grundsätzlich nach dem beizulegenden Zeitwert des hingegebenen Vermögenswerts (IAS 16.24 ff.). Lässt sich der beizulegende Zeitwert des hingegebenen Vermögenswerts indes weniger zuverlässig als der des erworbenen Vermögenswerts bestimmen, so erfolgt die Bewertung auf der Grundlage des beizulegenden Zeitwerts des erworbenen Vermögenswerts. Falls sich für beide Vermögenswerte kein beizulegender Zeitwert zuverlässig ermitteln lässt, der auf einer marktgerechten Transaktion beruht, erfolgt die Bewertung des erworbenen Vermögenswerts in Höhe des Buchwerts des hingegebenen Vermögenswerts.

Nachträgliche Anschaffungs- oder Herstellungskosten dürfen nach IFRS als Sachanlagenkomponenten aktiviert werden, wenn damit ein zukünftiger Nutzenzufluss verbunden ist. Wesentliche Komponenten des Vermögenswerts, die diese Voraussetzung erfüllen, sind über die jeweilige Nutzungsdauer der Komponente abzuschreiben (z.B. gesonderte Aktivierung von Flugzeugtriebwerken). Nach dem Verbrauch der Komponente anfallende Ausgaben zur Ersatzbeschaffung sind wiederum als Komponente zu aktivieren und über die Nutzungsdauer der Komponente abzuschreiben. Der wichtigste Anwendungsfall sind regelmäßig anfallende Großreparaturen oder Instandhaltungen. Soweit diese im Vergleich zum Gesamtwert des Vermögenswerts wesentlich sind und einen zukünftigen Nutzenzufluss erwarten lassen, sind die entsprechenden Aufwendungen zu aktivieren und über den Zeitraum bis zur nächsten Instandhaltungsmaßnahme abzuschreiben (IAS 16.43 ff.).

2.2.2 Alternative nach IFRS: Die Neubewertungsmethode

Gemäß IAS 16.15 sind Vermögenswerte des Sachanlagevermögens im Zugangszeitpunkt mit ihren Anschaffungs- bzw. Herstellungskosten zu bewerten. Bei der Folgebewertung dürfen Sachanlagen gemäß IAS 16.29 entweder mit ihren fortgeführten Anschaffungs- bzw. Herstellungskosten bewertet (Benchmark-Methode) oder neu bewertet werden (alternativ zulässige Methode).

Bei der Neubewertungsmethode sollen die Vermögenswerte mit einem Betrag angesetzt werden, der ihrem **beizulegenden Zeitwert** (Fair Value) am Tage der Neubewertung abzüglich der aufgelaufenen planmäßigen Abschreibungen entspricht (IAS 16.31). Dazu sind die betroffenen Vermögenswerte in regelmäßigen

Abständen neu zu bewerten, damit der Buchwert am Bilanzstichtag möglichst nahe am beizulegenden Zeitwert liegt (IAS 16.31).

Wenn die Neubewertung den Buchwert des Vermögenswerts erhöht, ist diese positive Differenz (= die Aufwertung) erfolgsneutral in eine **Neubewertungsrücklage** einzustellen. Die Neubewertungsrücklage zählt dabei zum Eigenkapital. Liegt umgekehrt eine negative Differenz vor (= Abwertung), dann ist zu unterscheiden, ob durch die Abwertung eine frühere Aufwertung rückgängig gemacht wird oder nicht. Falls durch die Abwertung eine frühere Aufwertung rückgängig gemacht wird, d.h. eine Neubewertungsrücklage für den betreffenden Posten existiert, muss die Abwertung zunächst erfolgsneutral mit der Neubewertungsrücklage verrechnet werden wie im Fall von Rheinmetall (IAS 16.40); der verbleibende Betrag ist erfolgswirksam zu erfassen.

	Rücklage für Neubewertung von Grundstücken	Rücklage für Sicherungsgeschäfte	Zur Veräußerung verfügbare Wertpapiere	Rücklagen aus Marktwertansatz und sonstigen Bewertungen
31.12.2000	72	--	--	72
Erstmalige Anwendung				
von IAS 39 (01.01.2001)	--	−1	−1	−2
Latente Steuern	--	--	1	1
01.01.2001	72	−1	--	71
Änderung des beizulegenden Zeitwerts	--	−2	−2	−4
Latente Steuern	--	1	1	2
31.12.2001	72	−2	−1	69
Änderung des beizulegenden Zeitwerts	−17	3	--	−14
Abgänge	−7	--	--	−7
Latente Steuern	10	−1	--	9
Minderheiten	8	--	--	8
31.12.2002	66	--	−1	65

Abb. 20: Eines der seltenen Beispiele für die Anwendung der Neubewertungsmethode nach IAS 16 (vgl. Rheinmetall, Geschäftsbericht 2002, S. 84).

Neu bewertete Sachanlagen müssen hinreichend häufig neu bewertet werden, damit der Buchwert der Sachanlagen nicht wesentlich vom beizulegenden Zeitwert (Marktwert oder fortgeführte Wiederbeschaffungskosten) am Bilanzstichtag abweicht. Gemäß IAS 16.34 müssen Vermögenswerte des Sachanlagevermögens, deren beizulegender Zeitwert signifikant schwankt, jährlich neu bewertet werden, während Vermögenswerte des Sachanlagevermögens, deren beizulegender Zeitwert sich nur geringfügig ändert, nur alle drei oder fünf Jahre neu zu bewerten sind. Bei der Neubewertung ist stets die ganze Gruppe von Vermögenswerten neu zu bewerten (IAS 16.36). Gruppen von Sachanlagen sind z.B. Grundstücke und Gebäude, Maschinen oder die Betriebsausstattung.

2.2.3 Planmäßige Folgebewertung

Viele der nach HGB bilanzierenden Unternehmen schreiben degressiv ab, wobei die steuerlichen Abschreibungen in der Regel auch in die Handelsbilanz übernommen werden. Die Nutzungsdauern orientieren sich dabei im Allgemeinen an den steuerlichen AfA-Tabellen. Im Gegensatz zum HGB wird nach IFRS und US-GAAP als Abschreibungsdauer eine wirtschaftliche Nutzungsdauer verlangt, die sich von der Nutzungsdauer in den steuerlichen AfA-Tabellen unterscheiden kann. Nach IFRS und US-GAAP ist ferner diejenige Abschreibungsmethode zu wählen, die die voraussichtliche Abnutzung des Vermögenswerts am besten wiedergibt. Üblicherweise wird linear abgeschrieben; degressive Abschreibungen sind aber ebenfalls zulässig und werden von zahlreichen Unternehmen angewendet.

	2002	2001
Gebäude und bauliche Betriebsvorrichtungen	22 Jahre	23 Jahre
Technische Anlagen und Maschinen	11 Jahre	10 Jahre
Erdgasfernleitungen	25 Jahre	25 Jahre
Betriebs- und Geschäftsausstattung und andere Anlagen	7 Jahre	10 Jahre

Abb. 21: Nutzungsdauern des beweglichen Sachanlagevermögens (vgl. BASF, Geschäftsbericht 2002, S. 121).

Steuerliche Abschreibungen dürfen nicht in IFRS- oder US-GAAP-Abschlüsse übernommen werden, da die Abschlüsse nach IFRS und US-GAAP nicht durch Maßgeblichkeit bzw. Umkehrmaßgeblichkeit mit dem steuerlichen Abschluss verknüpft sind. Auch die Sofortabschreibung geringwertiger Wirtschaftsgüter (GWG; die Anschaffungskosten dürfen dabei 410 € ohne Umsatzsteuer nicht überschreiten) ist nach IFRS und US-GAAP nicht erlaubt.

Die einzige zulässige Möglichkeit, Vereinfachungen wie die Sofortabschreibung geringwertiger Wirtschaftsgüter zu nutzen, ist die Anwendung des Wesentlichkeitsgrundsatzes, d.h. solange eine Sofortabschreibung geringwertiger Wirtschaftsgüter weder die Vermögenslage noch die Finanzlage, noch die Ertragslage wesentlich beeinflusst, darf sie angewendet werden. Ein solcher Fall liegt z.B. bei der Deutschen Telekom vor:

> Zugänge an geringwertigen Wirtschaftsgütern werden im Zugangsjahr voll abgeschrieben und ihr Abgang unterstellt.

Abb. 22: Anwendung steuerlich basierter Vereinfachungsregelungen nach US-GAAP wg. Unwesentlichkeit (vgl. Deutsche Telekom, Geschäftsbericht 2000, S. 107).

Festwerte dürfen nach IFRS und nach US-GAAP nicht angesetzt werden, d.h. sie sind nur dann zulässig, wenn sie die Vermögens- und Ertragslage des bilanzierenden Unternehmens nicht wesentlich beeinflussen.

2.2.4 Außerplanmäßige Abschreibungen und Zuschreibungen (Impairment-Test)

Ein bedeutender Unterschied zwischen den handelsrechtlichen Vorschriften und den internationalen Regelungen ist im Hinblick auf die Erfassung außerplanmäßiger Wertminderungen festzustellen. In Bezug auf die konkrete Feststellung der Korrekturwerte für eine außerplanmäßige Wertminderung ist sowohl nach IFRS als auch nach US-GAAP z.T. eine Loslösung vom Einzelbewertungsgrundsatz festzustellen.

Unter „**Impairment-Test**" ist die Prüfung eines Vermögenswerts oder einer Gruppe von Vermögenswerten auf das Vorliegen einer Wertminderung zu verstehen. Impairment-Tests nach IAS 36 sind erforderlich bei Geschäfts- oder Firmenwerten und anderen immateriellen Vermögenswerten, Sachanlagen sowie Unternehmen, die „at equity" bilanziert werden. Dabei ist ein Impairment-Test für einen Geschäfts- oder Firmenwert und für immaterielle Vermögenswerte mit unbestimmter Nutzungsdauer jährlich durchzuführen; für immaterielle Vermögenswerte, die einer planmäßigen Abschreibung unterliegen und Vermögenswerte des Sachanlagevermögens ist ein Impairment-Test dann vorzunehmen, wenn Anzeichen für eine Wertminderung vorliegen.

Wenn möglich, ist die Wertminderung für einen einzelnen Vermögenswert (z.B. ein Gebäude) zu ermitteln. Falls einem einzelnen Vermögenswert keine Mittelzuflüsse zugeordnet werden können (z.B. beim Fuhrpark oder bei einem Verwaltungsgebäude), muss sich der Impairment-Test auf die nächstgrößere zahlungsmittelgenerierende Einheit beziehen (dies könnte bei einer Maschine oder technischen Anlage z.B. ein Werk sein). Eine **zahlungsmittelgenerierende Einheit** (Cash generating Unit) zeichnet sich dadurch aus, dass sie die kleinste Gruppierung von Vermögenswerten darstellt, die zusammen zu Mittelzuflüssen führen, die weitgehend unabhängig von den Mittelzuflüssen sind, die von anderen Vermögenswerten verursacht werden (IAS 36.68).

In Unternehmen wird es regelmäßig mehrere Ebenen von zahlungsmittelgenerierenden Einheiten geben. Zum einen eine untere Ebene von zahlungsmittelgenerierenden Einheiten z.B. auf dem Niveau einzelner Produktlinien, Abteilungen oder auch Betriebsstätten. Auf dieser Ebene werden Gruppen von Vermögenswerten des Sachanlagevermögens getestet, soweit Anzeichen für eine Wertminderung vorliegen. Auf einer höheren Ebene werden mehrere untergeordnete zahlungsmittelgenerierende Einheiten zusammengefasst und ihnen übergeordnete Vermögenswerte, insbesondere Geschäfts- oder Firmenwerte, zugewiesen, die auf der unteren Ebene nicht zuordenbar sind. Die (jährliche) Prüfung der Werthaltigkeit der Geschäfts- oder Firmenwerte erfolgt auf der Ebene der oberen Einheiten. Hierfür sind die Buchwerte der Geschäfts- oder Firmenwerte auf die zahlungsmittelgenerierenden Einheiten aufzuteilen. Die Aufteilung muss bereits bei der Entstehung eines Geschäfts- oder Firmenwerts erfolgen. Die Zuordnung erfolgt auf die zahlungsmittelgenerierenden Einheiten, deren Zahlungsströme durch die Vorteile, die in dem Geschäfts- oder Firmenwert enthalten sind, beeinflusst werden.

Bei mehreren Einheiten ergibt sich die Aufteilung z.B. durch die beizulegenden Zeitwerte der Einheiten.

Beim Impairment-Test wird der Buchwert mit dem sog. erzielbaren Betrag verglichen. Eine Wertminderung liegt immer dann vor, wenn der Buchwert des Vermögenswerts bzw. einer zahlungsmittelgenerierenden Einheit den erzielbaren Betrag übersteigt. Unter erzielbarem Betrag ist der höhere Betrag aus beizulegendem Zeitwert abzüglich Veräußerungskosten (im Folgenden Nettoveräußerungswert) und Nutzungswert zu verstehen. Dadurch ist zum Nachweis der Werthaltigkeit eines Buchwerts nicht zwingend die Ermittlung beider Korrekturwerte notwendig. Sofern der Nettoveräußerungspreis den Buchwert überschreitet, ist die Ermittlung des internen Nutzungswerts entbehrlich; gleiches gilt im umgekehrten Fall, wenn der Nutzungswert den Buchwert übersteigt.

Unterschreitet der Nettoveräußerungspreis hingegen den Buchwert, muss neben dem Nettoveräußerungspreis auch der Nutzungswert zur Ermittlung des erzielbaren Betrags ermittelt werden. Dies ist nur dann entbehrlich, wenn die zukünftig zu generierenden Mittelzuflüsse unbedeutend sind. Dies ist bspw. der Fall, wenn ein Anlagegut durch einen Betriebsunfall zerstört wird. Sofern eine weitere betriebliche Nutzung nicht mehr möglich ist, kann auf die Ermittlung des internen Nutzungswerts verzichtet werden. In diesem Fall bemisst sich der Wertminderungsbedarf aus der Differenz des bisherigen Buchwerts und des Schrottwerts abzüglich aller Veräußerungskosten. Der anzusetzende Nettoveräußerungswert darf nicht negativ sein; bei einem negativen Nettoveräußerungswert wären 0 € zugrunde zu legen.

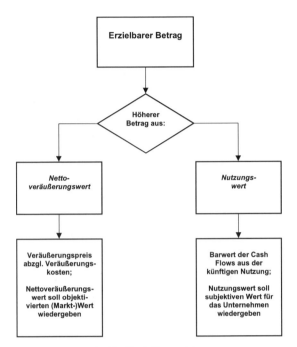

Abb. 23: Erzielbarer Ertrag

Der **Nettoveräußerungswert** soll einen objektivierten (Markt-)Wert wiederge-
ben, der unabhängig von der Nutzung des Vermögenswerts im Unternehmen ist.
Rechnerisch ermittelt sich der Nettoveräußerungswert bei einem einzelnen Vermögenswert entweder aus einem konkreten Kaufangebot eines Interessenten oder
aus dem Veräußerungspreis eines aktiven Marktes abzüglich Veräußerungskosten, wobei ein aktiver Markt ein Markt ist, an dem jederzeit eine Preisinformation
ermittelt werden kann. Beispiele hierfür sind die Börse oder auch der Gebraucht-
wagenmarkt. Wenn kein marktbezogener Veräußerungspreis unmittelbar ableitbar
ist, erlaubt der Standard den Rückgriff auf die bestmögliche verfügbare Preisinformation. Hierfür kommt nach IAS 36.27 eine Orientierung an ähnlichen Transaktionen in der jüngeren Vergangenheit für vergleichbare Vermögenswerte in
Frage, wobei dies keine Zwangsverkäufe sein dürfen, die die Wertverhältnisse nur
unvollkommen widerspiegeln. Der Rückgriff auf vergleichbare Preise ist der
Regelfall. Ist die Wertminderung nicht für einen einzelnen Vermögenswert, sondern eine zahlungsmittelgenerierende Einheit zu ermitteln, bezieht sich auch der
Nettoveräußerungspreis auf die gesamte Einheit. Sofern das Unternehmen oder
der bewertende Teilkonzern börsennotiert ist, kann der Nettoveräußerungspreis
aus der Marktbewertung ggf. abgeleitet werden.

Sofern keine Marktwerte beobachtbar sind, da auch keine Preise vergleichbarer
Vermögenswerte verfügbar sind, kann der Nettoveräußerungspreis nicht aus
Marktinformationen abgeleitet werden. In diesem Fall bestimmt sich der erzielba-
re Betrag entweder ausschließlich nach dem Nutzungswert, wodurch letztlich ein

Vergleich des Buchwerts mit dem Nutzungswert erfolgt, oder der Nettoveräuße-rungswert wird durch ein Bewertungsmodell, das den Marktpreis näherungsweise ermittelt, bestimmt. Als Bewertungsmodelle kommen überwiegend Discounted Cashflow-Verfahren (DCF-Verfahren) zur Anwendung. DCF-Verfahren bestim-men den Gegenwartswert eines Vermögenswerts zum Zeitpunkt des Bewertungs-stichtags durch die Diskontierung der zukünftigen, mit dem Vermögenswert ver-bundenen Zahlungsströme. Gemäß der Marktperspektive der Zeitwertermittlung können hierbei nur Annahmen in die Rechnung eingehen, die Marktteilnehmer unterstellen würden. Da der aus den erwarteten zukünftigen Zahlungsströmungen ermittelte Gegenwartswert gerade der maximalen Zahlungsbereitschaft der Marktteilnehmer entspricht, kann auf diese Weise ein „fiktiver" Marktpreis be-stimmt werden, der im Falle einer Veräußerung erzielbar wäre.

Allerdings ist strittig, ob die Ermittlung des Nettoveräußerungspreises durch ein DCF-Verfahren zulässig ist. In Deutschland herrschte hinsichtlich des alten IAS 36 (überarbeitet 1998) die Auffassung vor, dass der Nettoveräußerungspreis stets als am Markt beobachtbarer Marktpreis ermittelt werden muss. Sofern dies nicht möglich war, bestimmte sich der erzielbare Betrag ausschließlich durch den Nutzungswert. Gegen die Anwendung von Modellen (insbesondere DCF-Verfahren) wird z.T. eingewandt, dass in diesem Fall ein Barwertmodell ange-wandt wird, dass den detaillierten Anforderungen zum Nutzungswert im Standard nicht entsprechen muss, da es sich nicht um eine Nutzungswertermittlung handelt und so die Anforderungen im Standard umgangen werden. International wurde dennoch auch auf der Grundlage des bisherigen IAS 36 (überarbeitet 1998) die Anwendung von DCF-Verfahren überwiegend für zulässig erachtet. Da im neuge-fassten IAS 36 (überarbeitet 2004) die Terminologie von Nettoveräußerungswert in beizulegendem Zeitwert abzüglich Veräußerungskosten geändert wurde und hierin eine Anlehnung an die US-GAAP zu sehen ist, die wiederum die Ermitt-lung des beizulegenden Zeitwerts mittels DCF-Verfahren zulassen, erscheint auch die Anwendung von DCF-Verfahren zur Bestimmung des Nettoveräußerungs-preises nach IAS 36 zulässig. Hierfür spricht auch, dass die Ermittlung Annah-men von Marktteilnehmern unterstellt und der Nettoveräußerungspreis somit zutreffend ermittelt wird.

Der **Nutzungswert** besteht aus dem Barwert der Cashflows aus der künftigen Nutzung des Vermögenswerts bzw. der zahlungsmittelgenerierenden Einheit vor Steuern. Der Diskontierungsfaktor (Zinssatz) bei der Ermittlung des Nutzungs-werts ist ein Vorsteuerzinssatz, der zwischen dem Zinssatz für Neukreditaufnah-men und den bereichsspezifischen Kapitalkosten liegt. Die Cashflows sind unter Berücksichtigung von Kostensteigerungen und Erhaltungsinvestitionen für den Zeitraum, in dem der Vermögenswert bzw. die zahlungsmittelgenerierende Ein-heit voraussichtlich tatsächlich genutzt werden wird, zu prognostizieren. In der Praxis ist es daher empfehlenswert, die Cashflow-Prognose mit der Mittelfristpla-nung abzustimmen. Während sich der Schätzzeitraum bei einzelnen Vermögens-werten anhand der individuellen Nutzungsdauer ergibt, stellt sich bei einer zah-lungsmittelgenerierenden Einheit das Problem der Nutzungsdauerschätzung für die gesamte Einheit. Grundsätzlich entspricht die Nutzungsdauer dem Zeitraum, in dem eine zahlungsmittelgenerierende Einheit in ihrer gegenwärtigen funktionalen Zusammensetzung besteht. In Frage kommt daher eine Anlehnung an die Nutzungsdauer des oder der dominierenden Vermögenswerte, ein Abstellen auf die Lebenszyklen der erstellten Leistungen und schließlich die Orientierung an den Anhaltspunkten, die sich aus der internen Planung ergeben. Sofern sich keine zeitliche Beschränkung ermitteln lässt, ist aufgrund des Grundsatzes der Unternehmensfortführung von einer unendlichen Nutzungsdauer auszugehen. Dazu ist der Zeitraum nach dem Detailplanungszeitraum als ewige Rente zu berücksichtigen (vgl. hierzu Beyhs, Impairment of Assets nach International Accounting Standards, Frankfurt a.M. 2002, S. 11).

Beim Impairment-Test ist der Buchwert eines einzelnen Vermögenswerts bzw. die Summe der Buchwerte einer zahlungsmittelgenerierenden Einheit mit dem erzielbaren Betrag zu vergleichen. Der Buchwert eines Vermögenswerts bzw. einer zahlungsmittelgenerierenden Einheit laut Bilanz muss dabei für Zwecke des Impairment-Tests ggf. korrigiert werden. Der vollständige Buchwert einer zahlungsmittelgenerierenden Einheit errechnet sich nach folgendem Schema:

	Summe der Buchwerte laut Bilanz von allen Vermögenswerten, die zur zahlungsmittelgenerierenden Einheit gehören
+	Anteilige Buchwerte von zuzuordnenden Geschäfts- oder Firmenwerten
+	Anteilige Buchwerte von zuzuordnenden gemeinschaftlichen Vermögenswerten
./.	Buchwerte von zur zahlungsmittelgenerierenden Einheit gehörigen Verbindlichkeiten und Rückstellungen
=	Vollständiger Buchwert der zahlungsmittelgenerierenden Einheit

Eine außerplanmäßige Abschreibung ist zu buchen, wenn der erzielbare Betrag kleiner ist als der vollständige Buchwert. Soweit der vollständige Buchwert einer zahlungsmittelgenerierenden Einheit auch anteilige Buchwerte von zuzuordnenden Geschäfts- oder Firmenwerten enthält, ist die außerplanmäßige Abschreibung zunächst mit diesen anteiligen Geschäfts- oder Firmenwerten zu verrechnen. Danach ist die außerplanmäßige Abschreibung allen anderen Vermögenswerten buchwertproportional zuzuordnen.

«Wertminderung von Vermögenswerten». Ist der erzielbare Betrag eines Vermögenswertes geringer als sein Buchwert, ist der Buchwert des Vermögenswertes auf seinen erzielbaren Betrag zu verringern. Diese Verringerung wird in der Konzernerfolgsrechnung als Wertminderung von Vermögenswerten ausgewiesen. Der erzielbare Betrag ist der höhere der beiden Beträge aus Nettoveräusserungswert und Nutzwert des Vermögenswertes. Der Nutzwert wird basierend auf den in der Regel über eine Periode von fünf Jahren geschätzten zukünftigen Geldflüssen und deren extrapolierte Projektionen für die folgenden Jahre berechnet. Diese werden unter Anwendung eines angemessenen langfristigen Zinssatzes diskontiert. Bisher wurden die zukünftigen Geldflüsse nicht abgezinst. Der neue Standard ist auf eine in die Zukunft gerichtete Basis anzuwenden.

Als Folge dieser Änderung wurden am 1. Januar 2000 der Konzernerfolgsrechnung für die Wertminderung von erworbenen immateriellen Anlagevermögenswerten 1 161 Millionen Franken belastet und den latenten Ertragssteuern 348 Millionen Franken gutgeschrieben, was einer Nettobelastung des Konzernergebnisses von 813 Millionen Franken entspricht. Basierend auf den bisherigen Grundsätzen der Rechnungslegung des Konzerns hätte sich keine Wertminderung von Vermögenswerten ergeben. Da der Nettobuchwert des immateriellen Anlagevermögens um den der Konzernerfolgsrechnung belasteten Betrag reduziert wurde, ergaben sich im Berichtsjahr im Vergleich zu den bisherigen Bilanzierungs- und Bewertungsmethoden um 130 Millionen Franken geringere Abschreibungen auf dem immateriellen Anlagevermögen.

**Abb. 24: Beispiel für die Anwendung des Impairment-Tests nach IAS 36
(vgl. Roche, Geschäftsbericht 2000, S. 67)**

An jedem Bilanzstichtag ist zu prüfen, ob in früheren Jahren gebuchte Wertminderungen nach wie vor vorliegen bzw. ob sich deren Höhe geändert hat. Sofern eine Wertminderung nicht mehr vorliegt, besteht eine Zuschreibungspflicht. Bei zahlungsmittelgenerierenden Einheiten ist zuerst betragsproportional auf die einzelnen Vermögenswerte zuzuschreiben. Eine Zuschreibung des Geschäfts- oder Firmenwerts ist allerdings nicht zulässig.

Der Impairment-Test nach US-GAAP entspricht grundsätzlich dem Vorgehen nach IFRS. Konzeptionell erfolgt die Feststellung der Werthaltigkeit der materiellen und immateriellen Vermögenswerte einschließlich des Geschäfts- oder Firmenwerts nach IFRS in einem einzigen Wertminderungstest, der an die zahlungsmittelgenerierenden Einheiten anknüpft. Nach US-GAAP finden sich die Regelungen zum Impairment sowohl in FAS 142 als auch FAS 144. In Bezug auf den Geschäfts- oder Firmenwert und nicht abnutzbare immaterielle Vermögenswerte unterscheiden sich die Regelungen des FAS 142 von denen des IAS 36.

Nicht abnutzbare immaterielle Werte müssen ebenso wie der Geschäfts- oder Firmenwert einem Test nach FAS 142 unterzogen werden. Dabei ist der Buchwert mit dem jeweiligen beizulegenden Zeitwert zu vergleichen. Die Überprüfung des Geschäfts- oder Firmenwerts erfolgt auf der Ebene von Berichtseinheiten (Reporting Units). Diese können höchstens auf der Ebene eines operativen Segments i.S.d. FAS 131 oder eine Ebene darunter angeordnet sein (Component of an operating Segment). Die Abgrenzung von Berichtseinheiten stimmt häufig mit der Definition von zahlungsmittelgenerierenden Einheiten nach IFRS überein, denen ein Geschäfts- oder Firmenwert zugeordnet werden kann. Zu Abweichungen kann es ggf. kommen, wenn das Management im internen Berichtswesen Ebenen zur Entscheidungsfindung betrachtet, die mehr als eine Stufe unterhalb der Segmentebene anzusiedeln sind.

Sofern der beizulegende Zeitwert des Nettovermögens einer Berichtseinheit den Nettobuchwert unterschreitet, muss der Implied Fair Value of Goodwill ermittelt werden. Darunter ist ein neu ermittelter Geschäfts- oder Firmenwert zu verstehen. Die Neuermittlung erfolgt ‚analog' zum Fall eines Unternehmenserwerbs. Dementsprechend werden die Vermögenswerte und Schulden einer Berichtseinheit, jeweils bewertet i.H.d. beizulegenden Zeitwerte vom beizulegenden Zeitwert der Berichtseinheit subtrahiert. Dabei gilt die Fiktion der Neuakquisition der betroffenen Berichtseinheit. Folglich sind bei dieser Berechnung alle Vermögenswerte und Schulden in die Rechnung unabhängig davon mit einzubeziehen, ob diese durch einen Erwerbsvorgang beschafft wurden oder nicht. Daher sind nicht nur die Vermögenswerte in Abzug zu bringen, die bislang tatsächlich bilanziert wurden und deren Buchwert daher auch in der Summe der Buchwerte der Berichtseinheit enthalten ist, sondern auch bislang nicht bilanzierte immaterielle Vermögenswerte vermindern den zu ermittelnden Geschäfts- oder Firmenwert. Maßgebend für die Berücksichtigung ist nach FAS 142.32, dass ein Vermögenswert – soweit wesentlich – bei der Erstellung der betrieblichen Leistung einer Berichtseinheit genutzt wird bzw. eine Verbindlichkeit mit den dort eingesetzten Vermögenswerten verbunden ist. Daher sind auch selbst erstellte immaterielle Vermögenswerte in Ansatz zu bringen, die gegebenenfalls nicht ausgewiesen wurden.

Als Residualgröße verbleibt gerade der neu bewertete derivative Geschäfts- oder Firmenwert bzw. Implied Fair Value of Goodwill. Die Differenz zwischen dem Buchwert des Geschäfts- oder Firmenwerts und des Implied Fair Value of Goodwill ist als Abwertungsbetrag zu verrechnen.

Damit unterscheiden sich die US-GAAP von den IFRS, die einen gemeinsamen Wertminderungstest für alle Vermögenswerte einschließlich des Geschäfts- oder Firmenwerts einer zahlungsmittelgenerierenden Einheit vorsehen und den Wertminderungsbedarf nach IAS 36.104 zunächst vom Geschäfts- oder Firmenwert in Abzug bringen, statt eine Neuermittlung desselben vorzunehmen.

Die abnutzbaren immateriellen Vermögenswerte sind gemeinsam mit den materiellen Vermögenswerten in den Wertminderungstest nach FAS 144 einzubeziehen. Dieser lässt eine Beurteilung der Werthaltigkeit auf der Ebene von Vermögenswertgruppen (Asset Groups) zu, sofern den einzelnen Vermögenswerten keine Mittelzuflüsse direkt zugeordnet werden können. Daher ergibt sich – wie im Fall der IFRS – regelmäßig eine Überprüfung auf der Ebene von Vermögenswertgruppen, die grundsätzlich mit den zahlungsmittelgenerierenden Einheiten nach IFRS übereinstimmen, denen kein Geschäfts- oder Firmenwert zugeordnet werden kann. Zur Feststellung der Werthaltigkeit ist zunächst der undiskontierte Strom erwarteter Mittelzuflüsse, der auch individuelle betriebliche Umstände berücksichtigt, mit dem Buchwert des Vermögenswerts oder der Vermögenswertgruppe zu vergleichen. Sofern der erwartete Mittelzufluss den Buchwert übersteigt, besteht keine Notwendigkeit für die Feststellung einer Wertminderung.

Sollte die betriebliche Nutzung jedoch keinen Mittelrückfluss zumindest i.H.d. Buchwerts erwarten lassen, kommt es zur Durchführung der zweiten Stufe des Impairment-Tests. In der zweiten Stufe ist für die Bestimmung der Höhe einer Wertminderung der beizulegende Zeitwert maßgeblich, der wiederum nicht mit der Summe der undiskontierten künftigen Cashflows gleichzusetzen ist, sondern auf Basis von diskontierten Cashflows ermittelt werden muss.

Die Messlatte des Wertminderungs-Tests liegt demnach gemäß US-GAAP bei Vorliegen bestimmter Indikatoren deutlich höher als nach IFRS (d.h. nach FAS 144 führt der Impairment-Test zu geringeren Wertschwankungen als nach IAS 36).

Im Unterschied zu IAS 36 verbietet FAS 144 künftige Wertaufholungen, wenn vorher eine außerplanmäßige Abschreibung auf Basis eines Impairment-Tests vorgenommen wurde, d.h. der Zuschreibungspflicht nach IAS 36 steht ein Zuschreibungsverbot in FAS 144 gegenüber. Nach der Änderung des IAS 36 durch das Business Combinations Project Phase I ist nach IAS 36.124 (überarbeitet 2004) analog zu US-GAAP für den Geschäfts- oder Firmenwert keine Wertaufholung mehr möglich.

> Im Geschäftsjahr 2002/2003 wurden außerplanmäßige Abschreibungen („impairments") gemäß SFAS 144 „Accounting for the Impairment or Disposal of Long-Lived Assets" in Höhe von insgesamt 20 Mio € vorgenommen. Die außerplanmäßigen Abschreibungen betreffen im Wesentlichen Sachanlagen, deren Marktwert geringer als der Buchwert ist oder solche mit beabsichtigter Stilllegung. Die Marktwerte wurden als Barwerte zukünftiger Cash-Flows oder, wenn verfügbar, mit Hilfe von externen Gutachten ermittelt. Sämtliche Vermögensgegenstände, für die eine außerplanmäßige Abschreibung vorgenommen wurde, sind als Vermögensgegenstände, die weiterhin im Unternehmen genutzt werden sollen („held and used") klassifiziert. Sie betreffen die Segmente Steel (2 Mio €), Automotive (3 Mio €), Technologies (8 Mio €) und Materials (4 Mio €) sowie den Bereich Real Estate (3 Mio €).

Abb. 25: Anwendung des Impairment-Tests nach US-GAAP
(vgl. ThyssenKrupp, Geschäftsbericht 2002/2003, S. 162)

2.3 Investment Properties

2.3.1 Abgrenzung

Eine Kategorie von Vermögenswerten, die sowohl HGB als auch US-GAAP fremd ist, sind die sog. Anlageimmobilien, bei denen die Erzielung einer angemessenen Anlagerendite im Vordergrund steht. Hierunter fallen Immobilien, die zum Zwecke der Wertsteigerung sowie der Erzielung von Mieteinnahmen vom Eigentümer oder Leasingnehmer im Rahmen eines Finanzierungsleasing gehalten werden. Weiterhin zählen auch solche Immobilien zu den Anlageimmobilien, deren Nutzung nicht abschließend determiniert ist oder die im Rahmen eines oder mehrerer Operating-Leasingverhältnisse vermietet werden.

Nicht unter die Anlageimmobilien fallen hingegen Grundstücke und Gebäude, die im Rahmen der betrieblichen Leistungserstellung genutzt werden. Sie sind nach IAS 16 zu bilanzieren. Abgrenzungsprobleme ergeben sich dann, wenn Immobilien z.T. zur Erzielung von Mieteinnahmen bzw. zur Wertsteigerung gehalten werden und sie gleichzeitig der betrieblichen Leistungserstellung dienen. In diesem Fall bestimmt IAS 40.10 eine Bilanzierung als getrennte Vermögenswerte, sofern beide Teile gesondert veräußerungsfähig sind. Ist eine entsprechende Abgrenzung nicht möglich, so ist nach IAS 40.11 eine Immobilie nur dann als Finanzinvestition zu qualifizieren, wenn der Anteil der betrieblichen Nutzung unbedeutend ist. Die der Abgrenzung von Anlageimmobilien zugrunde liegenden Kriterien sind im Anhang darzustellen.

Nicht zu den Anlageimmobilien gehören zum kurzfristigen Verkauf erworbene Grundstücke. Dies gilt z.B. dann, wenn der Zweck der betrieblichen Leistungserstellung im An- und Verkauf von Grundstücken besteht. In diesen Fällen sind die Immobilien als Vorräte nach IAS 2 zu behandeln. Weiterhin sind als Auftragsfertigung für Dritte erstellte Objekte keine Finanzinvestitionen.

2.3.2 Bewertung

Zum Zugangszeitpunkt sind die Anschaffungs- oder Herstellungskosten anzusetzen. Hinsichtlich der Folgebewertung kann entweder eine Bewertung i.H.d. beizulegenden Zeitwerte oder der fortgeführten Anschaffungskosten vorgenommen werden. Das Wahlrecht ist jeweils für alle als Finanzinvestition gehaltenen Immobilien einheitlich auszuüben. Im Fall der Bewertung i.H.d. fortgeführten Anschaffungs- oder Herstellungskosten sind diese nach Maßgabe der Benchmarkmethode von IAS 16 zu behandeln. Allerdings sind bei der Wahl des Anschaffungs- oder Herstellungskostenmodells die beizulegenden Zeitwerte im Anhang anzugeben.

Unter den Vermieteten Vermögenswerten weisen wir unser im Wege des Operating-Leasing vermietetes Leasingvermögen sowie Investment Property nach IAS 40 aus.

Unter dem Investment Property werden verpachtete Händlerbetriebe und Mietwohnungen ausgewiesen, deren beizulegender Zeitwert 839 Mio. € beträgt. Für den Unterhalt des genutzten Investment Property fielen operative Kosten in Höhe von 54 Mio. € an, für nicht genutztes Investment Property wurden 1 Mio. € aufgewandt.

Beispiel für die Angabe der beizulegenden Zeitwerte der Anlageimmobilien bei Volkswagen (vgl. Volkswagen, Geschäftsbericht 2002, S. 111)

Entscheidet sich das bilanzierende Unternehmen für die Bewertung i.H.d. beizulegenden Zeitwerts (Zeitwertmodell), so sind die aus der erstmaligen Anwendung und der späteren Änderung des beizulegenden Zeitwerts resultierenden Veränderungen des Bilanzansatzes nach IAS 40.35 in der Erfolgsrechnung zu berücksichtigen. Der beizulegende Zeitwert ist nach IAS 40.5 definiert als der Betrag, zu dem ein Vermögenswert zwischen sachverständigen, vertragswilligen und voneinander unabhängigen Geschäftspartnern getauscht werden könnte. Die Definition stimmt mit der bereits in IAS 16 und 38 getroffenen Begriffsbestimmung des beizulegenden Zeitwerts überein. Sofern keine Marktpreise vergangener oder aktueller Transaktionen beobachtet werden können, lässt IAS 40.46c die Wertfindung auf der Grundlage diskontierter zukünftiger Kapitalströme zu. Führen verschiedene Informationen zu unterschiedlichen Ergebnissen, so ist der verlässlichste Schätzwert innerhalb der sich ergebenden Bandbreite heranzuziehen. Eine Ermittlung durch sachverständige Dritte wird empfohlen, aber nicht zwingend verlangt.

Bei Gebäuden sieht die Zeitwertbewertung des IAS 40 abweichend von IAS 16 keine Verrechnung einer planmäßigen Wertminderung vor. Stattdessen schlägt sich eine Wertänderung durch einen entsprechend veränderten beizulegenden Zeitwert in der Bilanz nieder.

2.4 Leasing

Unter „Leasing" wird die Vermietung von Vermögenswerten des Anlagevermögens durch Finanzierungsinstitute oder andere Gewerbetreibende verstanden, bei der die Leasingobjekte vom Leasinggeber nach den Maßgaben des Leasingnehmers angeschafft oder hergestellt werden. Die Miete setzt sich dabei aus der Abschreibung des Leasingobjekts, den Zinsen für das vom Leasinggeber bereitgestellte Kapital sowie einem Gewinnaufschlag zusammen. Leasingverträge können eine Vielzahl von Gestaltungsformen enthalten, z.B. können Vollamortisationsverträge oder Teilamortisationsverträge vereinbart werden, die Leasingrate kann linear, progressiv oder degressiv verlaufen, Mietsonderzahlungen können vereinbart werden usw.

Trotz dieser vielen Gestaltungsformen eines Leasingvertrags lassen sich zwei grundlegende Arten von Leasinggeschäften unterscheiden: das Operating-Leasingverhältnis und das Finanzierungsleasing. **Operating-Leasingverhältnisse** stellen überwiegend kurzfristige und mietähnliche Vertragsverhältnisse dar, von denen beide Parteien unter Beachtung vereinbarter Fristen zurücktreten können. Die Gefahr des zufälligen Untergangs des Leasingobjekts und seiner Entwertung durch den technischen Fortschritt liegt normalerweise beim Leasinggeber. Damit handelt es sich bei einem Operating-Leasingverhältnis im Prinzip um einen „normalen" Mietvertrag.

Umgekehrt verhält es sich mit dem **Finanzierungsleasing**. Beim Finanzierungsleasing ist das Leasingobjekt wirtschaftlich als Anlagenkauf mit langfristiger Finanzierung anzusehen. Im Gegensatz zum Operating-Leasingverhältnis liegt das Investitionsrisiko hier beim Leasingnehmer, da dieser i.d.R. die Reparaturkosten zahlt und die Risiken des Untergangs oder der Verschlechterung des Leasingobjekts trägt. Üblicherweise handelt es sich beim Finanzierungsleasing um langfristige Vertragsverhältnisse, die einem Kauf stärker ähneln als einem Mietverhältnis.

Abb. 26: Arten von Leasinggeschäften

Beim Operating-Leasingverhältnis wird das Leasingobjekt dem Leasinggeber zugeordnet. Hingegen wird das Leasingobjekt beim Finanzierungsleasing beim Leasingnehmer bilanziert, weil dann davon ausgegangen wird, dass wirtschaftlich ein Kauf vorliegt und kein Mietverhältnis.

Maßgebend für die Zuordnung des Leasingobjekts ist die vertragliche Gestaltung. Sie entscheidet darüber, ob das Leasingobjekt im Jahresabschluss des Leasingnehmers oder des Leasinggebers aktiviert werden muss. Bei der Zuordnung des Leasingobjekts richtet sich die deutsche Bilanzierungspraxis dabei überwiegend nach steuerlichen Erlassen. Diese steuerlichen Zurechnungskriterien weichen von den in IAS 17 genannten Zurechnungskriterien zum Teil deutlich ab.

> Gemietete Sachanlagen, die wirtschaftlich als Anlagenkäufe mit langfristiger Finanzierung anzusehen sind (Finanzierungsleasing), werden in Übereinstimmung mit IAS 17 (Leases) zu Marktwerten bilanziert, soweit die Barwerte der Leasingzahlungen nicht niedriger sind. Die Abschreibungen erfolgen planmäßig über die wirtschaftliche Nutzungsdauer. Ist ein späterer Eigentumsübergang des Leasinggegenstands unsicher, wird die Laufzeit des Leasingvertrags zugrunde gelegt, sofern diese kürzer ist. Die aus den künftigen Leasingraten resultierenden Zahlungsverpflichtungen sind unter den Finanzverbindlichkeiten passiviert.

Abb. 27: Aktivierung beim Leasingnehmer nach IAS 17
(vgl. Bayer, Geschäftsbericht 2002, S. 31)

Ein Leasingobjekt wird dabei gem. IAS 17 und FAS 13 dem Leasingnehmer zugeordnet, wenn mindestens eines der folgenden Kriterien erfüllt ist:

- Das Eigentum an dem Leasinggegenstand geht am Ende der Laufzeit des Leasingverhältnisses auf den Leasingnehmer über. Die Vertragslaufzeit umfasst dabei die Grundmietzeit und eine eventuelle Mietverlängerungsoption.

- Der Leasingnehmer hat eine Kaufoption auf den Leasinggegenstand zu einem Preis, der erwartungsgemäß deutlich günstiger als der zum möglichen Optionsausübungszeitpunkt beizulegende Zeitwert ist, so dass zu Beginn des Leasinggeschäftes davon ausgegangen werden kann, dass der Leasingnehmer die Option ausübt.

- Die Laufzeit des Leasingvertrages erstreckt sich über den wesentlichen Teil der wirtschaftlichen Nutzungsdauer des Leasinggegenstands (IAS 17); nach US-GAAP wird „wesentlicher Teil der wirtschaftlichen Nutzungsdauer" durch 75% der wirtschaftlichen Nutzungsdauer konkretisiert.

- Zu Beginn des Leasingverhältnisses entspricht der Barwert der Mindestleasingraten dem beizulegenden Zeitwert des Leasinggegenstands oder übersteigt ihn sogar (IAS 17). Nach US-GAAP genügt es bereits, wenn der Barwert der Mindestleasingraten mindestens 90% des beizulegenden Zeitwerts des Leasinggegenstands umfasst.

- Spezialleasing (nur IAS 17, keine analoge Vorschrift in den US-GAAP): Es handelt sich um einen derart speziellen Leasinggegenstand, den ohne umfangreiche Veränderungen nur der Leasingnehmer nutzen kann.

Insgesamt führen die Kriterien in IAS 17 und FAS 13 in den meisten Fällen zum gleichen Ergebnis. Verglichen mit dem deutschen Steuerrecht ist nach den IFRS-/US-GAAP-Kriterien deutlich häufiger eine Aktivierung des Leasingobjekts beim Leasingnehmer erforderlich. Das bedeutet, dass aus Sicht des Leasingnehmers steuerlich oft noch nicht zu aktivieren ist, während bereits eines der IFRS-/ US-GAAP-Kriterien greift und eine Aktivierung erforderlich macht.

Die Leasing-Regelungen nach IFRS und nach US-GAAP scheinen sich zunächst sprachlich zu unterscheiden, da Finanzierungsleasing in der IFRS-Begriffswelt mit „Finance Lease" bezeichnet wird, während in den US-GAAP der Begriff „Capital Lease" verwendet wird. Inhaltlich meinen Finance Lease und Capital Lease allerdings das Gleiche. Auch die Regelungen in IAS 17 und FAS 13 entsprechen sich weitgehend (wenn auch mit einigen Unterschieden im Detail).

Beispiel für die Buchung von Finanzierungsleasing beim Leasingnehmer nach US-GAAP:

Vereinfachend wird hier angenommen, der Verkehrswert sei nicht bekannt und die Zahlungen und Buchungen lediglich jährlich vorzunehmen.

Leasing einer Maschine:	
Vertragsbeginn:	1.1.00
Vertragslaufzeit und Nutzungsdauer:	36 Monate
Leasingrate (jährlich in einer Rate zu zahlen):	1.080.000 €
Kostenbestandteile darin:	80.000 €
Zinssatz:	6%

Da die Vertragslaufzeit mit 36 Monaten der Nutzungsdauer der Maschine entspricht, muss der Leasingvertrag als Capital Lease klassifiziert werden (= seine Laufzeit übersteigt 75% der wirtschaftlichen Nutzungsdauer des Leasinggegenstands). Daher ist die Maschine beim Leasingnehmer zu aktivieren.

Angemerkt sei, dass nach IAS 17.10c ebenfalls die Maschine beim Leasingnehmer zu aktivieren wäre.

Um den Wert zu ermitteln, mit dem Maschine zu aktivieren ist, wird die Leasingrate nach Abzug der Kostenbestandteile von 1.000.000 € über drei Jahre abgezinst:

2.673.012 € = 1.000.000 € / 1,06 + 1.000.000 € / 1,06² + 1.000.000 € / 1,06³

In dieser Höhe wird die Maschine aktiviert und gleichzeitig erfolgsneutral eine Leasingverbindlichkeit gebucht. Die aktivierte Maschine wird dann erfolgswirksam abgeschrieben (hier: linear über drei Jahre, d.h. jährlich mit 891.004 €):

Maschine (Zahlenangaben in €)

Jahr	Buchwert am 1.1.	Abschreibung	Buchwert am 31.12.
2000	2.673.012	891.004	1.782.008
2001	1.782.008	891.004	891.004
2002	891.004	891.004	-

Auf der Passivseite wird die Verbindlichkeit jährlich mit dem Betrag getilgt, der nach Abzug der Kostenbestandteile und des Zinsanteils von der Leasingrate verbleibt:

Leasingrate
./.   Kostenbestandteile (häufig: Service, Versicherung)
./.   Zinsanteil (= Zinssatz x Leasingverbindlichkeit)
=   Tilgungsanteil

Die Höhe des Zinsanteils, der in der GuV erfolgswirksam erfasst wird, errechnet sich als Produkt aus dem aktuellen Anfangsbestand der Verbindlichkeit und dem Zinssatz (hier 6%). Der nach Abzug der Kostenbestandteile und des Zinsanteils verbleibende Tilgungsanteil reduziert die Verbindlichkeit. Die Verbindlichkeit wird auf diese Weise innerhalb des Leasingzeitraums vollständig getilgt.

Verbindlichkeit (Zahlenangaben in €)

Jahr	Buchwert am 1.1.	Zinsanteil	Tilgung	Buchwert am 31.12.
2000	2.673.012	160.381	839.619	1.833.393
2001	1.833.393	110.004	889.996	943.396
2002	943.396	56.604	943.396	0

3. Vorräte

3.1 Bestandteile der Vorräte

Als Vorräte werden Vermögenswerte ausgewiesen, die im Rahmen der normalen Geschäftstätigkeit für den Verkauf bestimmt sind, die noch hergestellt werden und später verkauft werden sollen oder die bei der Herstellung von Erzeugnissen als Roh-, Hilfs- und Betriebsstoffe laufend verbraucht werden (IAS 2.8; eine inhaltlich identische Definition enthält ARB 43 Chapter 4.1). Zu den Vorräten gehören auch Handelswaren, die zum Weiterverkauf erworben wurden, ohne be- oder verarbeitet zu werden. Bei Dienstleistungsunternehmen umfassen die Vorräte den Aufwand für die erbrachten und noch nicht abgerechneten Dienstleistungen.

Hinsichtlich der Abgrenzung der Vorräte gibt es zwischen US-GAAP (ARB 43 Kapitel 4), IAS 2 und HGB keine relevanten Unterschiede. Nach § 266 Abs. 2 B.I. HGB werden die folgenden Posten zu den Vorräten gezählt:

Roh-, Hilfs- und Betriebsstoffe
Unfertige Erzeugnisse
Fertige Erzeugnisse und Waren
Erhaltene Anzahlungen auf die obigen Posten
Geleistete Anzahlungen
Summe Vorräte

Geleistete Anzahlungen sind auszuweisen für Zahlungen an Dritte, aufgrund einer Lieferung oder Leistung, die die Vorräte betrifft und noch aussteht. Im Unterschied zum HGB dürfen nach IFRS und US-GAAP keine erhaltenen Anzahlungen von den Vorräten abgesetzt werden.

3.2 Bewertung der Vorräte

3.2.1 Vorbemerkung

Die Vorräte werden beim Zugang grundsätzlich einzeln mit ihren Anschaffungs- oder Herstellungskosten bewertet und später ggf. auf den niedrigeren realisierbaren Nettoveräußerungswert abgewertet. Abweichungen vom Grundsatz der Einzelbewertung sind nur unter bestimmten Voraussetzungen zulässig (vgl. hierzu den Abschnitt zu den Verbrauchsfolgeverfahren).

3.2.2 Zugangsbewertung mit den Anschaffungskosten

Von Dritten erworbene Vorräte werden nach IFRS und nach US-GAAP beim Zugang einzeln mit den Anschaffungskosten bewertet. Für Produkte, die weiterverkauft oder weiterverarbeitet werden sollen, und sonstige Handelswaren werden dabei nach IFRS und US-GAAP – wie nach HGB – die effektiven Einstandspreise zugrunde gelegt.

3.2.3 Zugangsbewertung mit den Herstellungskosten

Zu den Herstellungskosten zählen nach IAS 2.10 und IAS 16.16 die Kosten des eigentlichen Herstellungsvorgangs und alle anderen Kosten, die notwendig sind, um den Gegenstand in seinen derzeitigen Zustand zu versetzen und an seinen derzeitigen Standort zu bringen. Die Herstellungskosten nach IFRS werden auch als **„produktionsbezogene Vollkosten"** bezeichnet. Neben den direkt zurechenbaren Kosten sind alle variablen und fixen Gemeinkosten zu berücksichtigen, die mit der Herstellung verbunden sind. Die produktionsbezogenen Vollkosten sind sowohl für die IFRS-Bilanz als auch für die IFRS-GuV maßgebend.

Vorräte
In Übereinstimmung mit dem deutschen Bilanzrecht wurden die Vorräte in den Produktionsunternehmen mit den Einzelkosten als Wertuntergrenze angesetzt, in allen übrigen Tochterunternehmen zu den proportionalen Herstellungskosten. Nach IAS müssen die Vorräte einheitlich zu den höheren produktionsbedingten Vollkosten bewertet werden. Nach den handelsrechtlichen Rechnungslegungsvorschriften konnten auf Grund des Vorsichtsprinzips auch höhere Abwertungen als nach IAS vorgenommen werden. Erhaltene Anzahlungen können nach IAS nicht von den Vorräten abgesetzt werden.

Abb. 28: Aktivierung der Vorräte mit produktionsbezogenen Vollkosten nach IAS 2 (vgl. BMW, Geschäftsbericht 2001, S. 59)

Im Unterschied zum Handelsrecht müssen **nach IFRS und nach US-GAAP Vollkosten** aktiviert werden; beispielsweise ist die Einbeziehung von Materialgemeinkosten, Fertigungsgemeinkosten und fertigungsbezogenen Verwaltungskosten im Gegensatz zu § 255 HGB vorgeschrieben. Verwaltungskosten dürfen indes nur soweit aktiviert werden, wie sie einen unmittelbaren Zusammenhang zur Fertigung aufweisen bzw. sie direkt dazu beitragen, den Vermögenswert zu seinem derzeitigen Standort oder in seine derzeitige Form zu bringen (z.B. IAS 2.15 mit Bezug auf Vorräte).

Bei den meisten Vermögenswerten, z.B. allen Vermögenswerten, die industriell in einer Massenfertigung hergestellt werden, unterscheiden sich die Herstellungskosten nach IFRS und US-GAAP nicht. Lediglich bei sog. qualifizierten Vermögenswerten gleichen sich die Anschaffungs- und Herstellungskosten (AK/HK) nach IFRS und US-GAAP nicht zwingend. Die AK/HK nach IFRS und US-GAAP sind dann verschieden hoch, wenn das Aktivierungswahlrecht für Fremdkapitalzinsen in IAS 23 so ausgeübt wird, dass keine Fremdkapitalkosten aktiviert werden, die im Zusammenhang mit der Anschaffung bzw. Herstellung eines sog. qualifizierten Vermögenswerts entstehen. Dies sind Vermögenswerte, die einem längeren Anschaffungs- oder Herstellungsprozess unterliegen und für die Nutzung im Unternehmen erstellt werden (z.B. ein Verwaltungsgebäude). Nach US-GAAP sind sämtliche Finanzierungskosten zu aktivieren, die bei einem Verzicht auf die Anschaffung bzw. Herstellung des qualifizierten Vermögenswerts vermieden worden wären (FAS 34.9). IAS 23 eröffnet dagegen ein Wahlrecht, d. h. die Fremdkapitalkosten im Zusammenhang mit der Anschaffung bzw. Herstellung eines qualifizierten Vermögenswerts können, müssen aber nicht aktiviert werden.

> schreibungsbeträgen führt. In den Kosten für bestimmte Sachanlagen sind aktivierte Zinsaufwendungen enthalten, die über die geschätzte Nutzungsdauer der jeweiligen Vermögensgegenstände abgeschrieben werden. Im Ein-

Abb. 29: Umschreibung der Aktivierungspflicht für Fremdkapitalzinsen bei qualifizierten Vermögenswerten nach FAS 34 (vgl. Siemens, Geschäftsbericht 2000, S. 80)

Herstellungskosten-bestandteil	IFRS	US-GAAP	Beispiele
Materialeinzelkosten	Einbeziehungspflicht	Einbeziehungspflicht	Verbrauch von Roh- und Hilfsstoffen, Einbauteilen
Fertigungseinzelkosten	Einbeziehungspflicht	Einbeziehungspflicht	Direkt zurechenbare Löhne und Lohnnebenkosten in der Fertigung
Sondereinzelkosten der Fertigung	Einbeziehungspflicht	Einbeziehungspflicht	Stückbezogene Lizenzgebühren, Spezialwerkzeuge
Materialgemeinkosten	Einbeziehungspflicht	Einbeziehungspflicht	Aufwendungen für Einkauf, Warenannahme, Materialverwaltung
Fertigungsgemeinkosten	Einbeziehungspflicht	Einbeziehungspflicht	Betriebsstoffe (z.B. Schmieröle, Kraftstoffe),

			Werkzeuge, planmäßige Abschreibungen auf Maschinen
Fertigungsbezogene Kosten der allgemeinen Verwaltung, Aufwendungen für freiwillige soziale Leistungen, Aufwendungen für betriebliche Altersversorgung	Einbeziehungspflicht	Einbeziehungspflicht	Zuführung der Pensionsrückstellung oder Aus- und Weiterbildung der Beschäftigten im Fertigungsbereich
Nicht fertigungsbezogene Kosten der allgemeinen Verwaltung, Aufwendungen für freiwillige soziale Leistungen, Aufwendungen für betriebliche Altersversorgung	Einbeziehungsverbot	Einbeziehungsverbot	Aufwendungen für Rechnungswesen, Betriebsrat, Geschäftsführung, Kantine, Abschlussprüfung, Abschreibungen für in der Verwaltung genutzte Vermögenswerte
Herstellungsbezogene Fremdkapitalzinsen bei qualifizierten Vermögenswerten	Einbeziehungswahlrecht	Einbeziehungspflicht	Zeitlich und sachlich zurechenbare Zinsen
Sonstige Fremdkapitalzinsen bei allen anderen Vermögenswerten	Einbeziehungsverbot	Einbeziehungsverbot	Alle anderen (=nicht eindeutig zurechenbaren) Zinsaufwendungen
Rückstellungspflichtige Abbruch-, Beseitigungs- und Wiederherstellungskosten bei Aktivierung im AV	Einbeziehungspflicht	Einbeziehungspflicht	Entfernungsverpflichtungen bei Einbauten in gemieteten Objekten, Rekultivierung zur Wiederherstellung eines Standorts
Vertriebskosten	Einbeziehungsverbot	Einbeziehungsverbot	Personal- und Sachaufwendungen der Vertriebs-, Werbe- und Marketingabteilung, Marktforschung, Messekosten

Die Definition der Kostenbestandteile für die Bewertung der Vorräte hat auch Bedeutung für die Bewertung des Sachanlagevermögens. IAS 16.16 definiert die Bestandteile der Anschaffungs- oder Herstellungskosten bei der erstmaligen Bewertung von Vermögenswerten. Für die Ermittlung der Herstellungskosten bei selbst erstellten Vermögenswerten gelten hierbei dieselben Grundsätze wie beim Erwerb bzw. bei der Bewertung der Vorräte nach IAS 2 (IAS 16.22).

Abgesehen von der Anwendung des Wesentlichkeitsgrundsatzes, der auch für die Ermittlung der Herstellungskosten gilt, bestehen für „normale" Vermögenswerte

– die keine sog. qualifizierten Vermögenswerte i.S. von IAS 23 darstellen – keine Wahlrechte bei der Ermittlung der Herstellungskosten.

Bei qualifizierten Vermögenswerten dürfen Fremdkapitalkosten, die direkt der Herstellung eines solchen Vermögenswerts zugeordnet werden können, wahlweise aktiviert oder unmittelbar als Aufwand erfasst werden (IAS 23.7, 23.11). Ein qualifizierter Vermögenswert stellt dabei nach IAS 23.4 einen Vermögenswert dar, bei dem ein beträchtlicher Zeitraum erforderlich ist, um ihn in seinen beabsichtigten gebrauchs- oder verkaufsfähigen Zustand zu versetzten. Z.B. zählen zu den qualifizierten Vermögenswerten i.d.R. Fabrikationsanlagen oder große Energieversorgungseinrichtungen (aber keine Massengüter).

Zu aktivieren ist der Betrag an Fremdkapitalkosten, der direkt dem Erwerb, dem Bau oder der Herstellung eines qualifizierten Vermögenswerts zugeordnet werden kann und ohne die Herstellung des Vermögenswerts vermieden worden wäre. Von dem zu aktivierenden Betrag sind nach IFRS alle Anlageerträge abzuziehen, die aus verbundenen Finanzinvestitionen erzielt worden sind. Nach US-GAAP ist dies nicht zulässig.

Ist eine unmittelbare Zuordnung der Fremdkapitalaufnahme zu dem zu bewertenden Vermögenswert nicht möglich, ist der Betrag der aktivierbaren Fremdkapitalkosten durch Anwendung eines Finanzierungskostenansatzes auf die Ausgaben für diesen Vermögenswert zu bestimmen. Als Finanzierungskostensatz ist der gewogene Durchschnitt der Fremdkapitalkosten für solche Kredite des Unternehmens zugrunde zu legen, die während der Periode bestanden haben und nicht speziell für die Beschaffung eines qualifizierten Vermögenswertes aufgenommen worden sind.

Weitere Wahlbestandteile bei der Ermittlung/Zusammensetzung der Herstellungskosten enthalten die IFRS nicht. Die US-GAAP gewähren gar keine Wahlbestandteile bei den Herstellungskosten. Nach US-GAAP müssen alle Fremdkapitalkosten aktiviert werden, die der Herstellung eines qualifizierten Vermögenswerts zurechenbar sind. Im Unterschied zu den IFRS besteht nach US-GAAP damit kein Wahlrecht bei der Aktivierung von Fremdkapitalkosten.

b. Bauzeitzinsen

Nach deutschen Rechnungslegungsvorschriften ist die Einbeziehung von Fremdkapitalzinsen in die Herstellungskosten von Sachanlagen unter bestimmten Bedingungen zulässig, aber nicht geboten. Nach US-GAAP ist die Aktivierung von Fremdkapitalzinsen hingegen unter bestimmten Voraussetzungen vorgeschrieben. Nach US-GAAP werden die während der Bauzeit von Sachanlagen angefallenen Fremdkapitalzinsen als Bestandteil der Anschaffungskosten aktiviert und über die erwartete Nutzungsdauer des entsprechenden Vermögensgegenstandes abgeschrieben.

Abb. 30: Aktivierung von Fremdkapitalkosten nach US-GAAP
(vgl. E.ON, Geschäftsbericht 2000, S. 94)

3.2.4 Vereinfachte Ermittlung der Anschaffungs- oder Herstellungskosten

Die konkrete Ermittlung der Anschaffungs- oder Herstellungskosten nach den beschriebenen Grundsätzen kann insbesondere bei einer großen Anzahl von durchlaufenden Vorratsposten schwierig sein. Daher erlauben IFRS als auch US-GAAP abweichend vom Prinzip der Einzelbewertung die Anwendung der Standardkostenmethode sowie der retrograden Methode. Bei der **Standardkostenmethode** wird die normale Höhe des Materialeinsatzes und der Löhne sowie die normale Leistungsfähigkeit und Kapazitätsauslastung berücksichtigt. Die **retrograde Methode** kann insbesondere bei einer größeren Anzahl häufig wechselnder Vorratsposten mit ähnlichen Bruttogewinnspannen angewendet werden. Die Anschaffungskosten werden dann durch Abzug einer angemessenen prozentualen Bruttogewinnspanne vom Verkaufspreis der Vorräte ermittelt.

3.2.5 Niederstwerttest

Bei fertigen Erzeugnissen sind häufig altersbedingte Abschläge von den Herstellungskosten der Maschinen (einschließlich Zubehör) erforderlich, ebenso etwa bei Vorführmaschinen. U. a. aus diesem Grund ist beim Vorratsvermögen zu jedem Bilanzstichtag festzustellen, inwieweit bei den Vorräten Abschläge von den Anschaffungs- oder Herstellungskosten erforderlich sind. Für die Höhe des eventuellen Abschlags bei einem Vorratsgegenstand ist sein Nettoveräußerungswert maßgebend, auf den abgeschrieben wird, soweit er niedriger ist als der aktuelle Buchwert.

Niederstwert nach IFRS: Niedrigerer Wert aus AK/HK und Nettoveräußerungswert; streng absatzmarktorientierte Betrachtung.

Niederstwert nach US-GAAP: Niedrigerer Wert aus AK/HK und Marktwert (= entspricht i.d.R. den Wiederbeschaffungskosten); Orientierung an Absatz- und Beschaffungsmarkt.

Der Nettoveräußerungswert wird nach IAS 2 definiert als der im normalen Geschäftsgang erwartete Verkaufserlös abzüglich Erlösschmälerungen, abzüglich noch anfallender Fertigungskosten sowie abzüglich voraussichtlich notwendiger Vertriebskosten. Die Ermittlung des Nettoveräußerungswerts nach IFRS orientiert sich an den Verhältnissen auf dem Absatzmarkt. Wertänderungen auf dem Beschaffungsmarkt – z.B. Preissteigerungen bei Rohstoffen – führen nicht zu einer Abwertung. Etwas anderes gilt nur für Rohstoffe, die in Verlustprodukte eingehen. In diesem Fall sind auch die in die Verlustprodukte eingehenden Rohstoffe abzuwerten, wobei die Wiederbeschaffungskosten als beste Schätzung des Nettoveräußerungswerts dienen (IAS 2.32). Künftige Preisschwankungen dürfen nur berücksichtigt werden, wenn sie werterhellende Ereignisse zwischen dem Bilanzstichtag und dem Zeitpunkt der Bilanzerstellung darstellen und damit Bedingungen zum Bilanzstichtag bestätigen. Darunter fallen z.B. Abwertungen auf Grund von Beschädigungen und Überalterung. Gängigkeitsabschläge sind nur zulässig, wenn hinreichende Anhaltspunkte für eine eingeschränkte Verwertbarkeit der fraglichen Vorräte vorliegen.

Beim Niederstwerttest gemäß US-GAAP wird der Buchwert mit dem Marktwert verglichen, wobei als Marktwert im Regelfall die Wiederbeschaffungskosten zugrunde gelegt werden. Die Wiederbeschaffungskosten werden durch eine Bandbreite begrenzt, d.h. es ist gleichgültig, wie hoch z.B. die aktuellen Einkaufspreise als Wiederbeschaffungskosten gestiegen oder gesunken sind, sie werden nach oben und nach unten durch eine Bandbreite begrenzt: Obergrenze ist der Verkaufspreis abzüglich noch anfallender Kosten, d.h. der sog. Nettoveräußerungswert (Net Realizable Value), und als Untergrenze gilt der Nettoveräußerungswert (Net Realizable Value) abzüglich einer gewöhnlichen Gewinnmarge.

Verkaufspreis abzüglich noch anfallender Kosten (Nettoveräußerungswert)
⇑
Wiederbeschaffungskosten nach ARB 43 Chapter 4 (Basis häufig: aktuelle Einkaufspreise)
⇓
Nettoveräußerungswert abzüglich einer gewöhnlichen Gewinnmarge

Der Vorratsgegenstand wird abgewertet, wenn sein Buchwert höher ist als die Wiederbeschaffungskosten.

3.2.6 Anwendung von Verbrauchsfolgeverfahren

Nach HGB, IFRS und US-GAAP dürfen gleichartige Vermögenswerte des Vorratsvermögens auf Basis von **Verbrauchsfolgeverfahren** bewertet werden. Diese Verbrauchsfolgeverfahren unterstellen eine bestimmte Reihenfolge, in der die Vermögenswerte verbraucht oder veräußert werden. Dabei sind mehrere Bewertungsmethoden vorstellbar, von denen das Lifo-Verfahren in Deutschland am bedeutendsten sein dürfte. Lifo steht dabei für „last in - first out". Beim Lifo-Verfahren wird z.B. unterstellt, dass die zuletzt angeschafften oder hergestellten

Vermögenswerte zuerst verbraucht oder veräußert werden. Allerdings ist das Lifo-Verfahren nach IFRS für Geschäftsjahre, die nach dem 31.12.2004 beginnen, nicht mehr zulässig, es sei denn es handelt sich um die tatsächliche Verbrauchsfolge.

Verbrauchsfolgeverfahren nach HGB, IFRS und US-GAAP

	HGB	*IFRS/US-GAAP*
Last in – first out (Lifo)	Zulässig (§ 256 Satz 1 HGB).	US-GAAP: zulässig; permanentes Lifo und Perioden-Lifo sind beide erlaubt; IFRS: nicht zulässig (Ausnahme bei Unwesentlichkeit oder wenn es sich um die tatsächliche Verbrauchsfolge handelt)
First in – first out (Fifo)	Zulässig (§ 256 Satz 1 HGB).	Zulässig.
Durchschnittsverfahren	Zulässig (§ 256 Satz 1 HGB).	Zulässig.
Andere handelsrechtlich zulässige Verfahren (z.B. highest in - first out)	Zulässig (§ 256 Satz 1 HGB).	Nicht zulässig (Ausnahme: Unwesentlichkeit).

4. Forderungen

4.1 Überblick

Forderungen sind nach ihrer Fristigkeit auszuweisen. Liegt die Laufzeit unter einem Jahr, gelten sie als kurzfristig; Forderungen mit einer Laufzeit von mehr als einem Jahr werden als langfristig angesehen. Üblicherweise werden folgende Arten von Forderungen unterschieden:

- Forderungen aus Lieferungen und Leistungen
- Forderungen gegenüber verbundenen Unternehmen
- Forderungen gegenüber Beteiligungen

- Forderungen aus Percentage of Completion (PoC)
- Sonstige Vermögenswerte

Dabei sind bis auf die Forderungen aus PoC alle anderen Arten von Forderungen abrechnungsfähig, da Forderungen aus Lieferungen und Leistungen oder Forderungen gegenüber Beteiligungen gar nicht aktiviert werden dürften, wenn sie noch nicht abrechnungsfähig sind. Wegen der speziellen Vorschriften für langfristige Fertigungsaufträge nach IFRS und nach US-GAAP stellen die Forderungen aus PoC also eine Besonderheit dar.

4.2 Abrechnungsfähige Forderungen

4.2.1 Ansatz und Bewertung

Der Ansatz von Forderungen aus Lieferungen und Leistungen richtet sich nach dem Zeitpunkt der Realisierung von Umsatzerlösen. Umsatzerlöse sind erst dann zu realisieren, wenn alle Ansprüche aus gegenseitigen Verträgen vom Unternehmen durch Lieferung oder Leistung erfüllt sind (Ausnahme: Forderungen aus PoC). Ein Vertrag ist als erfüllt anzusehen, wenn dem Kunden die Verfügungsmacht verschafft wurde. Das ist in der Regel immer dann der Fall, wenn die Ware zum Zweck der Auslieferung das Werks- oder Betriebsgelände verlassen hat. Ein weiter bestehendes Verfügungsrecht des Verkäufers kann der Umsatzrealisation entgegenstehen, da die maßgeblichen Risiken und Chancen aus dem Eigentum an den Gütern bei dem Verkäufer verbleiben. Ein weiter bestehendes Verfügungsrecht beruht z.T. auch auf Garantien des Verkäufers für ein bestimmtes Niveau der künftigen Leistung der verkauften Güter (z.B. eine bestimmte Rendite auf die Investition des Käufers). Die Forderungen werden nach IFRS und US-GAAP mit dem Wert bewertet, der dem Unternehmen voraussichtlich zufließen wird. Fremdwährungsforderungen sind daher mit dem Stichtagskurs auszuweisen (auch dann, wenn der Stichtagskurs höher ist als der Einbuchungskurs und somit ein unrealisierter Währungsgewinn vereinnahmt wird). Dabei sind grundsätzlich alle Forderungen einzeln zu bewerten.

> Die Kursgewinne aus Fremdwährungsposten enthalten im Wesentlichen Gewinne aus Kursveränderungen zwischen Entstehungszeitpunkt (Monatsdurchschnittskurs) und Zahlungszeitpunkt (Kassakurs) sowie Kursgewinne aus der Bewertung zum Stichtagskurs. Kursverluste aus

Abb. 31: Bewertung der Forderungen zum Stichtagskurs nach IFRS
(vgl. Lufthansa, Geschäftsbericht 2000, S. 97)

Sofern der Leistungsgegenstand neben der Hauptleistung noch Nebenleistungen umfasst, spricht man von sog. Mehrkomponentenverträgen. In diesem Fall ist zu analysieren, ob jede einzelne Leistung für Zwecke der Erlösrealisation als gesonderte „Abrechnungseinheiten" zu sehen ist. Die IFRS enthalten hierzu keine detaillierten Vorschriften. Unter US-GAAP regelt EITF 00-21 die Bestimmung der einzelnen Abrechnungseinheiten. In der Praxis wird bei manchen Unternehmen diese US-GAAP-Regelung auch unter IFRS zur Konkretisierung von IAS 18 angewendet. Nach EITF 00-21 ist eine eigene Abrechnungseinheit gegeben, wenn die erbrachte Einzelleistung für sich genommen einen Kundenwert hat und der beizulegende Zeitwert der noch nicht erbrachten Einzelleistung des Vertrags objektiv und verlässlich nachgewiesen werden kann.

In Fällen, in denen die erbrachte Einzelleistung einzeln keinen Wert hat oder der beizulegende Zeitwert für die noch nicht erbrachte Einzelleistung nicht objektiv und verlässlich bestimmt werden kann, müssen die erbrachten und noch nicht erbrachten Einzelleistungen zusammen als eine einzelne Abrechnungseinheit betrachtet werden.

Falls der Vertrag ein generelles Rückgabe- oder Rückerstattungsrecht beinhaltet, muss die Erbringung der noch ausstehenden Komponenten wahrscheinlich sein und im Wesentlichen vom Leistenden abhängen.

Nachdem die Gesamtleistung in einzelne Abrechnungseinheiten unterteilt worden ist, ist die insgesamt vom Kunden zu erbringende Gegenleistung diesen Einheiten entsprechend den jeweiligen beizulegenden Zeitwerten zuzuordnen. Dies ist dann unproblematisch, wenn für jede Abrechnungseinheit der beizulegende Zeitwert verlässlich ermittelt werden kann. Andernfalls kann die Gegenleistung dann aufgeteilt werden, wenn es möglich ist, den beizulegenden Zeitwert der noch nicht erbrachten Einzelleistungen nachzuweisen, auch wenn der beizulegende Zeitwert einer oder mehrerer der erbrachten Einzelleistungen nicht bestimmt werden kann. In diesem Fall ist die „Restwertmethode" anzuwenden; hierbei entspricht der Betrag der Gegenleistung für die erbrachten Teilleistungen der Gesamtgegenleistung abzüglich der Summe der beizulegenden Zeitwerte aller noch nicht erbrachten Einzelleistungen.

Nach der Bestimmung der Abrechnungseinheiten und der Zuordnung der Erlöse werden die Erlöse jeder Abrechnungseinheit gemäß den allgemeinen Vorschriften zur Umsatzrealisation erfasst. Eine Beschränkung der Umsatzrealisation ergibt sich allerdings, wenn der Empfänger einer Leistung bereits erhaltene Lieferungen zurückgeben und geleistete Zahlungen vollständig zurückfordern kann, falls noch ausstehende Leistungen nicht erbracht werden. Der Teil der Gesamtvergütung, der einer erbrachten Leistung zugerechnet wird, ist demnach auf den Betrag begrenzt, der unabhängig ist von der Erbringung der übrigen Leistungen. Die Vereinnahmung von Erlösen einer Abrechnungseinheit ist außerdem auf deren beizulegenden Zeitwert begrenzt und darf die insgesamt zum Zeitpunkt der Leistungserbringung erhaltenen Zahlungen des Kunden nicht überschreiten.

Beispiel zu Mehrkomponentenverträgen: Ein Unternehmen verkauft Anlagen zur Herstellung von Kühlschränken. Verkauft wird jeweils eine ganze Produktionsschiene, bestehend aus den Anlagenkomponenten A, B und C. Die einzelnen Komponenten werden auch von Wettbewerbern einzeln angeboten. Im Geschäftsjahr 2004 werden u.a. die Komponenten A und B am 20. Januar ausgeliefert; Komponente C wird erst am 3. April ausgeliefert.

Wie ist die Umsatzrealisation im ersten Quartal vorzunehmen, wenn davon ausgegangen werden kann, dass der Käufer nach den Vertragsbedingungen die ersten beiden Komponenten A und B zurückgeben kann, solange keine vollständige Lieferung erfolgt ist.

Nach den Vereinbarungen muss die vollständige Lieferung bis zum 1. Mai erfolgen; die zum Ende des Quartals bestehenden Produktionskapazitäten reichen aus, um den Auftrag termingerecht zu erfüllen.

Da die einzelnen Komponenten am Markt gehandelt werden, hat jede Komponente einen eigenständigen Nutzen aus Sicht des Kunden. Damit ist das erste Kriterium für die Aufteilung von Umsätzen nach EITF 00-21 erfüllt. Darüber hinaus ist auch die zweite Bedingung erfüllt, da der Marktpreis für alle noch ausstehenden Lieferungen verlässlich bestimmbar ist. Das in dem Vertrag enthaltene Rückgaberecht ist kein allgemeines Rückgaberecht. Dennoch darf zum 31.März 2004 kein Umsatz realisiert werden, da der Umsatz für die Komponenten A und B abhängig von der noch zu erbringenden Lieferung von Komponente C ist. Die Lieferung der Komponente steht am 31.3.2004 jedoch noch aus.

4.2.2 Wertberichtigungen

Wertberichtigungen auf Forderungen sind vorzunehmen, wenn der Betrag hinreichend genau ermittelt werden kann und der Ausfall wahrscheinlich eintreten wird (FAS 5.3). Nach IAS 39.64 sind im ersten Schritt wesentliche Wertberichtigungen einzeln vorzunehmen (Einzelwertberichtigung). Der verbleibende Forderungsbestand ist in Summe auf eine Wertminderung zu untersuchen (pauschalierte Einzelwertberichtigung). Die Forderungen sind anhand ihrer Charakteristika in Bezug auf Kreditausfallrisiken zu klassifizieren. Zur Bestimmung der noch zu erwarteten Zahlungsströme ist auf Erfahrungswerte aus der Vergangenheit abzustellen.

Der in der Bilanz auszuweisende Wert der Forderungen aus Lieferungen und Leistungen ermittelt sich wie folgt:

Forderungen aus Lieferungen und Leistungen (brutto); in der Regel aus Einzelaufstellung abgeleitet:
./. Einzelwertberichtigung
./. Pauschalierte Einzelwertberichtigung
./. Abzinsung
Bilanzansatz Forderungen aus Lieferungen und Leistungen

4.3 Nicht abrechnungsfähige Forderungen aus langfristigen Fertigungsaufträgen

4.3.1 Completed Contract-Methode

In der HGB-GuV dürfen Umsatzerlöse erst verrechnet werden, wenn die Kriterien des Realisationsprinzips erfüllt sind. Langfristige Auftragsfertigungen müssen grundsätzlich vollständig fertig gestellt werden (sog. Completed Contract-Methode), bevor die Umsatzerlöse realisiert werden. Daher entstehen bei den einzelnen Projekten von typischen Langfristfertigern (z.B. im Schiffs- und Anlagenbau) z.T. mehrere Jahre Verluste, bis die Aufträge fertig gestellt sind und die Voraussetzungen für eine (Teil-)Gewinnrealisierung vorliegen. So kann es z.B. bei der HGB-Vorgehensweise passieren, dass eine große Anlage, die mit einer erwarteten hohen Gewinnspanne gebaut wird, mehrere Jahre das Jahresergebnis erheblich mindert, weil nur ein Teil der Kosten aktiviert werden darf und im Jahr der Fertigstellung der Anlage ein enormer Gewinn vereinnahmt wird.

4.3.2 Percentage of Completion-Methode

Langfristige Fertigungsaufträge sind in IAS 11 geregelt. Im Bereich der US-GAAP sind die entsprechenden Grundsätze in ARB 45 und SOP 81-1 konkretisiert. Langfristige Fertigungsaufträge können nach IAS 11.4 einerseits lediglich die Fertigung eines einzelnen Gegenstands regeln (z.B. einer Brücke, eines Gebäudes, einer Pipeline) oder sich andererseits auf eine Anzahl von Leistungen beziehen (z.B. den Bau von Raffinerien oder anderen komplexen Anlagen oder Ausrüstungen).

Bei der Percentage of Completion-Methode werden die Umsätze und Aufwendungen den entsprechenden Geschäftsjahren zugeordnet, in denen die Fertigung materieller oder immaterieller Vermögenswerte vorgenommen wurde. Auch in den Geschäftsjahren vor der endgültigen Fertigstellung und der Abrechnungsfähigkeit werden bei der Percentage of Completion-Methode Teilumsätze realisiert. Die Erträge aus langfristiger Auftragsfertigung werden dabei gemäß IAS 11.22 entsprechend dem Fertigungsfortschritt ausgewiesen.

Voraussetzung für die Anwendung der Percentage of Completion-Methode ist die kundenspezifische Erstellung; demnach fallen Serienprodukte nicht in den Anwendungsbereich (vgl. IDW (Hrsg.) RS HFA 2, S. 594). Weiterhin muss das Auftragsergebnis zuverlässig schätzbar sein. Davon kann im Regelfall aber ausgegangen werden, da ein professionell arbeitendes Unternehmen, das langfristige Fertigungsaufträge erfüllt, vor der Auftragsannahme kalkulieren wird, ob mit dem Auftrag eine angemessene Rendite erzielt werden kann oder nicht. Dass es bei der Langfristfertigkeit erheblich höhere Unsicherheiten und Schätzspielräume gibt als in der Massenproduktion, steht der Anwendung der PoC-Methode nicht entgegen. Die in IAS 11 behandelten Fertigungsaufträge entsprechen damit i.d.R. den Werk- oder Werklieferungsverträgen nach deutschem Recht.

Dienstleistungsverträge sind definitorisch nicht als Fertigungsaufträge anzusehen, werden jedoch ebenfalls nach der Percentage of Completion-Methode bilanziert, wenn das Ergebnis zuverlässig geschätzt werden kann. Ist eine verlässliche Schätzung nicht möglich, sind die Voraussetzungen für die Anwendung der PoC-Methode nicht gegeben.

Sofern die Anwendungsvoraussetzungen für die Anwendung der Percentage of Completion-Methode nicht gegeben sind, darf dennoch nicht die Completed-Contract-Methode angewendet werden. Vielmehr ist in diesem Fall ein Ertrag nur in Höhe der angefallenen Auftragskosten zu erfassen, die wahrscheinlich gedeckt sind. Auf diese Weise wird in der betreffenden Periode kein anteiliger Gewinn realisiert (Zero Profit Margin). Sofern die gesamten Auftragskosten die erwarteten Auftragserlöse wahrscheinlich übersteigen, ist der Differenzbetrag sofort als Aufwand zu erfassen (IAS 11.33).

Unter US-GAAP muss die Anwendung der Percentage of Completion-Methode dann erfolgen, wenn der Fertigungsgrad, die Höhe der insgesamt anfallenden Aufwendungen und die Höhe der Gesamterlöse zuverlässig ermittelt werden können. Ist dies nicht der Fall, kommt abweichend von den IFRS die Completed Contract-Methode zur Anwendung, bei der die Aufwendungen von Anfang an aktiviert werden, eine Umsatzrealisation allerdings erst bei Vollendung des Auftrags stattfindet. Alternativ kann bei einem frühen Stadium der Langfristfertigung auch ein Ertrag nur in Höhe der angefallenen Auftragskosten erfasst werden (Zero Profit Margin) bis genauere Schätzungen möglich sind, sofern nicht insgesamt ein Verlust droht.

> erfasst. Im Falle von langfristigen Festpreis-Service-Verträgen werden Umsätze nach dem effektiven Projektfortschritt („Percentage-of-completion Method") realisiert. Berechnungsgrundlage ist dabei das Verhältnis der bereits angefallenen Kosten zum geschätzten gesamten Kostenvolumen des Vertrags. Umsätze im langfristigen Anlagengeschäft werden in der Regel nach dem effektiven Baufortschritt („Percentage-of-completion Method"), basierend auf vertraglich vereinbarten „Meilensteinen" oder dem Leistungsfortschritt, gebucht. Umsätze aus dem Ope-

Abb. 32: Anwendung der Percentage of Completion-Methode nach US-GAAP
(vgl. Siemens, Geschäftsbericht 2000, S. 79)

Gemäß IAS 11.16 gehen in die Auftragskosten alle direkt und indirekt dem Vertrag zurechenbaren Kosten ein. Darüber hinaus sind weitere Kosten einzubeziehen, die dem Kunden vertragsmäßig gesondert in Rechnung gestellt werden können. Dies gilt auch nach US-GAAP. Einzubeziehen sind grundsätzlich alle dem Vertrag zurechenbaren Kosten ab der Erlangung des Auftrags bis zur Vertragserfüllung. Dazu gehören auch solche Kosten, die der Anbahnung und Erlangung eines konkreten Auftrages zugerechnet werden können, sofern die Erlangung des Auftrages wahrscheinlich ist und die Kosten eindeutig identifiziert und verlässlich ermittelt werden können. Ist eine Abgrenzung vor Auftragserlangung nicht erfolgt, sondern wurden diese Kosten bereits als Aufwand erfasst, ist eine Nachaktivierung nicht mehr möglich (IAS 11.21).

Eine Methode zur Ermittlung des Grads der Fertigstellung wird weder nach IFRS noch nach US-GAAP konkret vorgeschrieben. In der Praxis wird der Fertigstellungsgrad oft anhand des Verhältnisses der bisherigen Auftragskosten zu den geschätzten Auftragskosten insgesamt ermittelt. Dabei werden die bisher angefallenen Kosten ins Verhältnis zu den insgesamt erwarteten Kosten gesetzt, d.h.

wenn der Fertigstellungsgrad über die Kosten ermittelt wird, errechnet er sich als Quotient aus den angefallenen Kosten der Periode und den geschätzten Gesamtkosten:

$$\text{Fertigstellungsgrad} = \frac{\text{Angefallene Kosten der Periode}}{\text{Geschätzte Gesamtkosten des Projekts}}$$

Diese Methode zur Ermittlung des Fertigstellungsgrads ist relativ einfach und liefert im Regelfall ausreichende Ergebnisse. Allerdings eignet sie sich wenig, um Unwirtschaftlichkeiten erkennen zu können. Übermäßig hoher Materialverbrauch könnte z.B. dazu führen, dass der Fertigstellungsgrad überschätzt wird, wenn die geschätzten Gesamtkosten im Nenner nicht entsprechend angepasst werden.

Alternativ könnte der Fertigstellungsgrad z.B. auch unter Verwendung des physischen Baufortschritts ermittelt werden (indem beispielsweise beim Autobahnbau die bisher fertig gestellten Autobahnkilometer ins Verhältnis zu den insgesamt fertig zu stellenden Autobahnkilometern gesetzt werden). Die physische Einschätzung des Fertigstellungsgrades setzt ein gutes Projektcontrolling voraus; teilweise können aber auch größere Schätzbandbreiten nicht vermieden werden – etwa dann, wenn es sich bei dem PoC-Projekt um einen Auftrag mit größeren technischen oder organisatorischen Neuerungen handelt.

Grundlage für die Anwendung der PoC-Methode ist eine hinreichend genaue Schätzung der Gesamterlöse und der Gesamtkosten des Projekts. Der Umsatz der Periode wird durch die Multiplikation von Fertigstellungsgrad und geschätztem Gesamterlös ermittelt:

Umsatz der Periode	=	Fertigstellungsgrad	x	Geschätzter Gesamterlös

Die Umsätze werden durch die folgende Buchung erfasst:

Forderungen aus PoC	an	Umsatzerlöse

Ist das PoC-Projekt abgeschlossen und kann abgerechnet werden, sind die Forderungen aus PoC in die Forderungen aus Lieferungen und Leistungen umzubuchen:

Forderungen aus Lieferungen und Leistungen	an	Forderungen aus PoC

Die Umbuchung ist erforderlich, da Forderungen aus PoC im Unterschied zu den Forderungen aus Lieferungen und Leistungen nicht realisiert und nicht abrechnungsfähig sind.

Langfristige Fertigungsaufträge werden nach der Percentage-of-Completion-Methode bilanziert und der aktivierungspflichtige Betrag unter den Forderungen sowie Umsatzerlösen ausgewiesen. Der Fertigstellungsgrad wird durch Aufmaß bzw. entsprechend der angefallenen Aufwendungen ermittelt (cost-to-cost-Methode). Zu erwartende Auftragsverluste sind durch Wertberichtigungen bzw. Rückstellungen gedeckt; sie werden unter Berücksichtigung der erkennbaren Risiken ermittelt. Als Auftragserlöse werden die vertraglichen Erlöse angesetzt.

Abb. 33: Anwendung der PoC-Methode nach IFRS
(vgl. RWE, Geschäftsbericht 2000/2001, S. 126)

Beispiel zur Bilanzierung nach PoC: Ein langfristiger Fertigungsauftrag, der die Voraussetzungen zur Anwendung der PoC-Methode erfüllt, wird über drei Jahre hergestellt. Bei der Auftragsannahme wird mit geschätzten Gesamtkosten von 3.200 T€ gerechnet. Mit dem Auftraggeber wird ein Festpreis in Höhe von 3.500 T€ vereinbart.

Jahr (Zahlenangaben in T€)	01	02	03
Kosten bis zum Bilanzstichtag (kumuliert)	640	2.210	3.200
Voraussichtlich noch anfallende Kosten bis zur Fertigstellung des Auftrags	2.560	990	0
(Kalkulierte) Gesamtkosten Jahr: 01 – 03	3.200	3.200	3.200
Fertigstellungsgrad	20%	69%	100%

Der Fertigstellungsgrad errechnet sich dabei aus dem Verhältnis der bis zum Bilanzstichtag entstandenen kumulierten Kosten und den kalkulierten Gesamtkosten.

Jahr (Zahlenangaben in T€)	01	02	03	Summe
Umsatz	700	1.715	1.085	3.500
Auftragskosten	-640	-1.570	-990	-3.200
Auftragsergebnis des Geschäftsjahres	60	145	95	300

Am Ende der Periode 01 werden Kostensteigerungen festgestellt, mit denen bei der Auftragsannahme nicht gerechnet worden war. Die Neueinschätzung der Gesamtauftragskosten ergibt, dass statt 3.200 T€ voraussichtlich 3.400 T€ aufgewendet werden müssen. Dadurch ändert sich gegenüber der ursprünglichen Planung der Fertigstellungsgrad on Periode 02 und der geplante Gewinn bei dem Auftrag, nicht aber die in der Periode 02 zu aktivierenden Forderungen aus PoC.

Jahr (Zahlenangaben in T€)	01	02	03
Kosten bis zum Bilanzstichtag (kumuliert)	640	2.210	3.400
Voraussichtlich noch anfallende Kosten bis zur Fertigstellung des Auftrags	2.560	1.190	0
(Kalkulierte) Gesamtkosten für alle drei Jahre	3.200	3.400	3.400
Fertigstellungsgrad	20%	65%	100%

Jahr (Zahlenangaben in T€)	01	02	03	Summe
Umsatz	700	1.575	1.225	3.500
Auftragskosten	-640	-1.570	-1.190	-3.400
Auftragsergebnis des Geschäftsjahres	60	5	35	100

Buchungssätze

Der PoC-Umsatz im ersten Jahr (und analog in den nächsten zwei Jahren) wird wie folgt gebucht:

Forderungen aus PoC	700	an	Umsatzerlöse	700

Ist das PoC-Projekt abgeschlossen, werden die Forderungen aus PoC als „abrechnungsfähig" klassifiziert und in die Forderungen aus Lieferungen und Leistungen umgebucht:

Forderungen aus Lieferungen und Leistungen	3.500	an	Forderungen aus PoC	3.500

Statt des Ausweises als Forderungen aus PoC ist es auch möglich, die unrealisierten Gewinne aus langfristigen Fertigungsaufträgen dem Vorratsbestand zuzuordnen. Diese Bilanzierungsweise – sie wird vorwiegend von US-Unternehmen angewendet – ist allerdings deutlich weniger transparent.

5. Flüssige Mittel, Wertpapiere und Derivate

5.1 Flüssige Mittel

Flüssige Mittel umfassen den Kassenbestand, Bankguthaben, Schecks und kurzfristig liquidierbare Wertpapiere (Cash Equivalents). Mit kurzfristig liquidierbaren Wertpapieren sind Wertpapiere gemeint, deren Restlaufzeit so kurz ist, dass keine Risiken aus Zinsänderungen erwartet werden. Nach IFRS und nach US-GAAP werden dabei einheitlich Geldanlagen mit einer Restlaufzeit von maximal drei Monaten am Erwerbszeitpunkt zugrunde gelegt. Z.B. zählen nach IFRS und US-GAAP sowohl Wertpapiere mit einer ursprünglichen Laufzeit von bis zu drei Monaten zu den flüssigen Mitteln, als auch Wertpapiere mit einer Laufzeit von drei Jahren, die aber in den letzten drei Monaten dieser Laufzeit angeschafft wurden.

Beispiel: Ein Wertpapier weist eine Laufzeit von drei Jahren auf (1.1.01 bis 31.12.03). Das bilanzierende Unternehmen erwirbt dieses Wertpapier kurz vor Ende seiner Laufzeit am 10.10.03. Da das Wertpapier zum Erwerbszeitpunkt eine Restlaufzeit von weniger als drei Monaten aufwies, ist es zu den flüssigen Mitteln zu zählen. Wäre das Wertpapier dagegen vor dem 1.1.03 angeschafft worden, würde es nicht als Bestandteil der flüssigen Mitteln ausgewiesen.

(16) Flüssige Mittel Flüssige Mittel bestehen als Kassenbestände, Guthaben bei Kreditinstituten sowie kurzfristig veräußerbare festverzinsliche	Wertpapiere mit einer Laufzeit von bis zu drei Monaten. Die flüssigen Mittel werden auch in der Kapitalflussrechnung ausgewiesen.

Die flüssigen Mittel setzen sich wie folgt zusammen:

in Mio. €	30.06.2001	30.06.2000
Kasse und Bankguthaben	2.853	2.757
Wertpapiere (Laufzeit unter drei Monaten)	199	55
Flüssige Mittel	**3.052**	**2.812**

**Abb. 33: Darstellung der „Dreimonatsliquidität" nach IFRS
(vgl. RWE, Geschäftsbericht 2000/2001, S. 137)**

5.2 Wertpapiere

5.2.1 Überblick zur Bilanzierung von Wertpapieren

Nach IFRS und US-GAAP werden Wertpapiere in verschiedene Kategorien eingeteilt:

- Wertpapiere, die bis zur Fälligkeit gehalten werden („held-to-maturity securities"), sind generell mit den Anschaffungskosten zu bewerten.

- Wertpapiere, deren kurzfristiger Verkauf beabsichtigt ist („trading securities"), werden zum aktuellen Marktwert am Bilanzstichtag bewertet, wobei die Wertänderungen erfolgswirksam über die GuV erfasst werden.

- Alle verbleibenden Wertpapiere werden als weiterveräußerbare Wertpapiere („available-for-sale securities") klassifiziert und zum aktuellen Marktwert am Bilanzstichtag bewertet.

Die Wertpapiere werden bei Anlage/Investition in diese drei Kategorien eingeteilt; die Klassifizierung ist danach an jedem Bilanzstichtag zu überprüfen. Geregelt ist die Bilanzierung von Wertpapieren in IAS 39 bzw. nach US-GAAP in FAS 115. Zu den Wertpapieren gehören dabei z.B. Aktien, GmbH-Anteile und Anteile an Investmentfonds. Nicht unter Wertpapiere fallen Beteiligungen, auf die ein maßgeblicher Einfluss ausgeübt wird, d.h. die „at equity" bilanziert werden, sowie Anteile an verbundenen Unternehmen und Finanzderivate.

> c. Beteiligungen und Wertpapiere
>
> Gemäß US-GAAP sind sonstige Beteiligungen und Wertpapiere des Anlage- und Umlaufvermögens einer der folgenden drei Kategorien zuzuordnen: Wertpapiere, die bis zur Fälligkeit gehalten werden („held-to-maturity securities"), weiterveräußerbare Wertpapiere („available-for-sale securities") und Wertpapiere, deren Verkauf beabsichtigt ist („trading securities"). Die von E.ON gehaltenen sonstigen Beteiligungen und Wertpapiere sind weiterveräußerbare Wertpapiere und demnach mit dem Marktwert am Bilanzstichtag zu bewerten. Unrealisierte Gewinne und Verluste dieser weiterveräußerbaren Wertpapiere sind nach US-GAAP ergebnisneutral direkt im Eigenkapital auszuweisen.

Abb. 34: Klassifizierung von Wertpapieren nach US-GAAP (vgl. E.ON, Geschäftsbericht 2000, S. 94)

5.2.2 Held-to-maturity-Wertpapiere

Wertpapiere, die ein Fälligkeitsdatum aufweisen und bis zu diesem Termin gehalten werden sollen und können, werden als „held to maturity" klassifiziert. Entscheidend sind Absicht und Fähigkeit des Unternehmens, die Wertpapiere bis zur Endfälligkeit zu halten. Soweit z.B. bei kurz- oder mittelfristigem Liquiditätsbedarf oder einem Zinsanstieg mit einem Verkauf des Wertpapiers zu rechnen ist, darf dieses nicht als „held to maturity" eingestuft werden. Vielmehr wäre dann die Einordnung als „available for sale" sachgerecht. Änderungen in der Klassifizierung einzelner Wertpapiere, ohne die Klassifizierung der übrigen Wertpapiere in dieser Klasse in Frage zu stellen, sind dabei nur unter sehr beschränkten Voraussetzungen möglich.

Als „held to maturity" klassifizierte Wertpapiere werden zunächst mit den Anschaffungskosten einschließlich evtl. Transaktionskosten erfasst. Bei der Folgebewertung bleiben vorübergehende Wertminderungen unberücksichtigt. Dauerhafte Wertminderungen führen zu außerplanmäßigen Abschreibungen, bei denen nach US-GAAP keine spätere Wertaufholung mehr möglich ist. Nach IFRS ist eine Zuschreibung in Höhe der fortgeführten Anschaffungskosten erfolgswirksam vorzunehmen, sofern wertbegründende Umstände nach der vormals erfassten Wertminderung einen Wertanstieg zur Folge haben. Ein Agio bzw. Disagio beim Kauf wird über die Laufzeit des Wertpapiers verteilt und als Zinsaufwand bzw. Zinsertrag ausgewiesen. Dabei ist die Effektivzinsmethode anzuwenden.

Beispiel: Eine Gesellschaft kauft eine Staatsanleihe zum Nominalwert von 100.000 €, die nominell mit 6% verzinst wird und in 5 Jahren fällig ist. Die Anleihe wird zu 95% ausgegeben. Der effektive Zins, d.h. der Zins zu dem zum Ausgabezeitpunkt der Barwert aller zukünftigen Zahlungen gerade dem Ausgabewert entspricht, beträgt 7,22687%. Zunächst wird die Anleihe mit einem Wert von 95.000 € aktiviert. Zur Berechnung der fortgeführten Anschaffungskosten wird der effektive Zins herangezogen:

Jahr	Amortisierte Kosten zum 1.1.	Zinsertrag ((2)*effektiver Zins)	Zinszahlung	Bilanzansatz zum 31.12. ((2) + (3) – (4))
(1)	(2)	(3)	(4)	(5)
1	95.000 €	6.866 €	6.000 €	95.866 €
2	95.866 €	6.928 €	6.000 €	96.794 €
3	96.794 €	6.995 €	6.000 €	97.789 €
4	97.789 €	7.067 €	6.000 €	98.856 €
5	98.856 €	7.144 €	6.000 €	(100.000 €)

Der Zinsertrag, der in der GuV ausgewiesen wird, beträgt im ersten Jahr 6.866 €, bestehend aus Zinszahlungen von 6.000 € und Zinserträgen über 866 €, die zu einer Erhöhung des Buchwerts führen. Jedes Jahr wird der Buchwert um den nicht zahlungswirksamen Zinsertrag aufgezinst. Am Ende der Laufzeit entspricht der Buchwert dem Nominalwert.

5.2.3 Trading-Wertpapiere

Unter „Trading" fallen Eigenkapital- oder Gläubigerpapiere, die zur kurzfristigen Anlage dienen. Typischerweise werden diese zu Handelszwecken gehaltenen Wertpapiere häufig angekauft und wieder verkauft, um Kursschwankungen zu nutzen. Sie werden daher auch im Umlaufvermögen ausgewiesen, d.h. als kurzfristige Vermögenswerte (Current Assets) klassifiziert.

Zu Handelszwecken gehaltene Wertpapiere werden mit dem beizulegenden Zeitwert bewertet, d.h. mit ihren aktuellen Markt- bzw. Börsenkursen am Bilanzstichtag. Realisierte und unrealisierte Gewinne und Verluste sowie laufende Zins- und Dividendenerträge werden sofort erfolgswirksam erfasst.

Soweit Derivate nicht im Zusammenhang mit Sicherungsgeschäften stehen, sind sie als Trading-Wertpapiere aufzufassen. Unterschiede zwischen IFRS und US-GAAP gibt es bei den Trading-Wertpapieren nicht. Nach IFRS besteht allerdings die Möglichkeit, jedes finanzielle Aktivum und Passivum optional i.H.d. Marktwerts zu bewerten (Ausnahme: nicht am Markt gehandelte Eigenkapitalpapiere). Die Zuordnung muss zum Zeitpunkt des Zugangs erfolgen. Alle nachfolgenden Wertänderungen werden in der GuV erfasst. Spätere Umklassifizierungen sind ausgeschlossen (IAS 39.50). Die Wertpapiere, deren Wertänderungen optional erfolgswirksam behandelt werden, bilden mit den Trading-Wertpapieren zusammen die Kategorie „financial asset or financial liability at fair value through profit or loss".

5.2.4 Available-for-sale-Wertpapiere

Die Available-for-sale-Wertpapiere umfassen alle Wertpapiere, die nicht als „Trading" oder „held to maturity" klassifiziert werden (FAS 115.12 b) und nach

IFRS auch nicht als „financial asset or financial liability at fair value through profit or loss" eingeordnet wurden (IAS 39.9). Damit handelt es sich bei ihnen um einen Auffangposten, der in der Praxis meistens den größten Teil der Wertpapiere umfasst. Der Wertansatz erfolgt zum Zugangszeitpunkt zu Anschaffungskosten; in den Folgeperioden sind Available-for-sale-Wertpapiere in Höhe des beizulegenden Zeitwerts zu bewerten.

Unrealisierte Gewinne und Verluste aus der Bewertung i.H.d. beizulegenden Zeitwerts werden nach US-GAAP erfolgsneutral im Eigenkapitalposten „Comprehensive Income" ausgewiesen; ebenso vorübergehende Wertminderungen (z.B. bei Zinssatzänderungen) und spätere Wertaufholungen. Dauerhafte Wertminderungen (z.B. bei Verschlechterung der Bonität des Emittenten) werden dagegen erfolgswirksam erfasst. Bei dauerhaften Wertminderungen besteht ein Zuschreibungsverbot, während bei Wegfall des Grundes für eine vorübergehende Wertminderung eine erfolgsneutrale Zuschreibung notwendig ist. Realisierte Gewinne und Verluste sowie laufende Zins- und Dividendenerträge werden erfolgswirksam erfasst.

Die IFRS verlangen ebenfalls eine Erfassung unrealisierter Gewinne und Verluste aus der Bewertung i.H.d. beizulegenden Zeitwerts im Eigenkapital. Wurde durch das Absinken des beizulegenden Zeitwerts bereits ein kumulierter Verlust im Eigenkapital gebucht, so ist dieser im Zeitpunkt des Eintritts einer dauerhaften Wertminderung in die GuV umzugliedern und somit zu realisieren (IAS 39.67) Bei der Zulässigkeit von erfolgswirksamen Wertaufholungen unterscheidet IAS 39 zwischen Eigenkapitalpapieren und Fremdkapitalpapieren. Bei Eigenkapitalpapieren ist eine spätere Zuschreibung über die GuV nicht möglich, die Zuschreibung ist stattdessen erfolgsneutral im Eigenkapital vorzunehmen. Bei Fremdkapitalpapieren ist hingegen erfolgswirksam zuzuschreiben, sofern wertbegründende Umstände nach der vormals erfassten Wertminderung einen Wertanstieg begründen. Andernfalls ist ebenfalls eine Zuschreibung erfolgsneutral im Eigenkapital gegenzubuchen.

5.3 Derivate

Derivative Finanzinstrumente wie Swaps, Devisentermingeschäfte, Optionen auf Zinsswaps, Zinstermingeschäfte, Caps und Floors werden bei vielen Konzernen vor allem für Sicherungszwecke eingesetzt (z.B. um Währungsrisiken zu verringern, indem etwa auf einen bestimmten Zeitraum ein bestimmter Betrag in fremder Währung auf einen Wechselkurs „fixiert" wird. So kann vermieden werden, dass die Marge bei einem Auslandsgeschäft durch einen schlechteren Wechselkurs verloren geht).

Einsatz derivativer Instrumente

Die BASF ist im Rahmen der gewöhnlichen Geschäftstätigkeit Währungs-, Zins- und Preisrisiken ausgesetzt. In den Fällen, in denen BASF eine Absicherung gegen diese Risiken beabsichtigt, werden derivative Instrumente eingesetzt, insbesondere Devisenterminkontrakte, Währungsoptionen, Zins- und Währungsswaps, kombinierte Instrumente oder Warenderivate. Zusätzlich werden derivative Instrumente auch als Ersatz für originäre Finanzinstrumente, zum Beispiel Aktien oder festverzinsliche Wertpapiere, genutzt. Derivate werden nur dann eingesetzt, wenn sie durch aus dem operativen Geschäft entstehende Positionen, Geldanlagen und Finanzierungen oder geplante Transaktionen unterlegt sind. Der mit Derivaten erzielbare Hebeleffekt wird bewusst nicht genutzt. Die derivativen Finanzinstrumente werden bei BASF nicht zu Handelszwecken genutzt.

Abb. 35: Einsatz derivativer Finanzinstrumente bei der BASF
(vgl. BASF, Geschäftsbericht 2002, S. 165)

Nach IAS 39 sind derivative Finanzinstrumente, die hier auch vereinfachend als „Derivate" bezeichnet werden, gekennzeichnet als Finanzinstrumente, deren Wert sich z.B. infolge einer Änderung eines Referenz-Zinssatzes, -Wertpapierkurses, -Rohstoffpreises oder -Wechselkurses ändert und ein späterer Ausgleich erfolgt. Derivate sind in der Bilanz als Vermögenswerte oder Schulden zu erfassen. Bei Vertragsabschluss werden die Derivate mit den Anschaffungskosten bewertet, die, wenn man von zu aktivierenden Optionsprämien absieht, i.d.R. null betragen. In der Folgebewertung sind die Derivate mit dem beizulegenden Zeitwert zu bewerten. Der beizulegende Zeitwert „ist der Betrag, zu dem zwischen Sachverständigen, vertragswilligen und voneinander unabhängigen Geschäftspartnern ein Vermögenswert getauscht oder eine Schuld beglichen werden könnte" (IAS 39.9).

Sind die Derivate Teil einer Bewertungseinheit, dann sind IAS 39.71 bis IAS 39.102 zu beachten. Bewertungseinheiten können nach IFRS ebenso wie nach US-GAAP für sog. Mikro-Hedges gebildet werden. Unter Mikro-Hedges sind abgesicherte Einzelgeschäfte zu verstehen bzw. die Zusammenfassung gleichartiger abgesicherter Vermögenswerte oder Verbindlichkeiten mit jeweils ähnlichen Risikostrukturen zu einer Gruppe, so dass der Sicherungszusammenhang nachweisbar ist. Sofern ein Derivat nicht Teil einer Bewertungseinheit ist, gelten für Ansatz und Bewertung die Vorschriften für finanzielle Vermögenswerte oder finanzielle Verbindlichkeiten, die zu Handelszwecken gehalten werden.

Sog. Makro-Hedges sind nach US-GAAP nicht zulässig. Ein Makro-Hedge ist ein Portfolio von Vermögenswerten und Schulden, die durch ein oder mehrere Sicherungsgeschäfte abgesichert werden. Das IASB hat durch eine Änderung des IAS 39 am 31.3.2004 eine Erleichterung für die Absicherung von Zinsrisiken geschaffen. Die Absicherung gegen Zinsänderungsrisiken erfolgt z.B. bei Banken meist durch die Absicherung lediglich einer Nettorisikoposition. Einzelne Kredite gleicher Bonität weisen zwar das gleiche Risiko auf, sie reagieren allerdings unterschiedlich auf den Risikofaktor Zins. Deshalb durfte in diesem Fall bisher kein Hedge-Accounting angewandt werden. Durch die Änderung wird es Unternehmen zukünftig eher möglich sein, Zinsänderungsrisiken eines Portfolios von Vermögenswerten oder Schulden abzusichern. Im Gegensatz zur bisherigen Regelung müssen keine individuellen Finanzinstrumente als Grundgeschäfte designiert werden. Zu Beginn der Hedge-Beziehung sowie in den nachfolgenden Perioden ist die Effektivität des Hedges nach den allgemeinen Vorschriften des IAS 39 nachzuweisen. Unter Effektivität versteht man die Güte der Kompensation der Gewinne bzw. Verluste des Sicherungsgeschäfts mit den Gewinnen bzw. Verlusten des Grundgeschäfts. Die Methode zur Messung der Effektivität ist von der jeweiligen Sicherungsbeziehung abhängig.

Nach FAS 133 („Accounting for Derivative Instruments and Hedging Activities") sind alle derivativen Finanzinstrumente als Vermögenswerte oder als Schulden mit ihren jeweiligen beizulegenden Zeitwerten in der Bilanz zu erfassen. Besteht ein eindeutiger Sicherungszusammenhang, ist Hedge-Accounting (Bildung von Bewertungseinheiten) möglich. Beim Hedge-Accounting hängen die Marktwertänderungen der Derivate von der Art des Hedges ab. Handelt es sich um einen Cashflow-Hedge (dient der Absicherung zukünftiger Zahlungsströme), werden die Marktwertänderungen des effektiven Teils des Derivats zunächst im Eigenkapital (Other Comprehensive Income) gebucht und erst erfolgswirksam aufgelöst, wenn das zugrunde liegende Grundgeschäft erfolgswirksam wird. Der Betrag ist, wie auch das folgende Beispiel von John Deere zeigt, nach Abzug von Ertragsteuern auszuweisen.

	Before Tax Amount	Tax (Expense) Credit	After Tax Amount
2000			
Minimum pension liability adjustment...........	$ 16	$ (5)	$ 11
Cumulative translation adjustment................	(108)	(7)	(115)
Unrealized loss on marketable securities:			
Holding loss................................	(1)		(1)
Reclassification of realized gain to net income	(7)	3	(4)
Net unrealized loss....................................	(8)	3	(5)
Total other comprehensive loss......................	$ (100)	$ (9)	$ (109)
2001			
Minimum pension liability adjustment............	$ (11)	$ 3	$ (8)
Cumulative translation adjustment................	(63)		(63)
Unrealized holding gain and net gain on marketable securities.............................	6	(2)	4
Unrealized loss on derivatives:			
Hedging loss..	(155)	55	(100)
Reclassification of realized loss to net income	43	(15)	28
Net unrealized loss....................................	(112)	40	(72)
Total other comprehensive loss......................	$ (180)	$ 41	$ (139)

Abb. 36: Erfassung des effektiven Teils eines Cashflow-Hedges im OCI nach US-GAAP
(vgl. John Deere, Annual Report 2001, S. 31)

Der ineffektive Teil eines Cashflow-Hedges wird sofort erfolgswirksam erfasst. Marktwertänderungen eines Derivats bei einem Fair-Value-Hedge (Sicherungsgeschäft, das sich auf bilanzierte Positionen oder einen abgeschlossenen Vertrag zum Kauf von Vermögenswerten bezieht) werden zusammen mit den Marktwertänderungen des Grundgeschäftes, die auf das abgesicherte Risiko zurückzuführen sind, erfolgswirksam erfasst und bilanziell ausgewiesen. Gleiches gilt nach IAS 39. Durch die erfolgswirksame Erfassung der gegenläufigen Gewinne und Verluste sowohl des Grundgeschäfts als auch des Sicherungsinstruments erfolgt eine Kompensation in der GuV.

Erklärte Absicht des FASB bei der Umsetzung von FAS 133 war es, das Hedge Accounting so weit wie möglich zu erschweren. Aus diesem Grund enthält FAS 133 z.B. sehr umfangreiche Dokumentationspflichten für den Bilanzierenden, wenn er etwa einen Cashflow-Hedge bilden möchte. So lässt FAS 133 Hedge Accounting bereits dann nicht mehr zu, wenn die Sicherungsabsicht zu spät dokumentiert wurde – also etwa erst am Bilanzstichtag und nicht bereits bei Abschluss des Geschäfts. Wird der Sicherungszusammenhang nicht anerkannt, dann ist das Derivat als Vermögenswert oder Schuld mit dem beizulegenden Zeitwert zu bilanzieren.

> Das Unternehmen setzt schon seit langem verschiedene derivative Finanzinstrumente zur Absicherung von Währungsrisiken ein. Die Strategien zur Absicherung von Währungsrisiken, die vor der Einführung von SFAS 133 angewandt wurden, haben die Voraussetzungen für Hedge Accounting nicht erfüllt, so dass bis zum 1. Oktober 1999 alle entsprechenden derivativen Finanzinstrumente zum Marktwert bilanziert und Marktwertänderungen erfolgswirksam erfasst wurden. Bis zur Anwendung von SFAS

Abb. 37: Die hohen Anforderungen des FAS 133 erschweren Hedge Accounting beträchtlich – auch in Fällen, in denen finanzwirtschaftliche Sicherungsbeziehung en vorliegen (vgl. Siemens, Geschäftsbericht 2000, S. 81)

6. Latente Steuern

Ziel der Steuerabgrenzung ist es, jeder Periode den Steueraufwand zuzuordnen, der mit dem HB II-Ergebnis nach IFRS oder US-GAAP korrespondiert. Damit sollen ein erklärbarer Zusammenhang zwischen Ertragsteueraufwand und HB II (IFRS oder US-GAAP)-Ergebnis hergestellt und der Steueraufwand richtig periodisiert werden.

Latente Steuern werden nach IAS 12 und FAS 109 auf sog. temporäre Differenzen (Temporary Differences) zwischen den Buchwerten der HB II (IFRS oder US-GAAP) und der jeweiligen nationalen Steuerbilanz gebildet, wenn sich die temporären Differenzen im Zeitablauf auflösen. Die Grundlage bildet das Temporary-Konzept, bei dem jede sich irgendwann ausgleichende Bilanzdifferenz zwischen HB II und nationaler Steuerbilanz in die Ermittlung latenter Steuern eingeht. Auch quasi-permanente Differenzen, mit deren Auflösung nicht oder zumindest nicht in absehbarer Zeit zu rechnen ist, d.h. evtl. erst im Zeitpunkt der Geschäftsaufgabe (z.B. eine nach IFRS/US-GAAP erforderliche, aber steuerlich unzulässige Abschreibung einer Beteiligung), werden als latente Steuern abgegrenzt. Nur auf permanente Differenzen, die sich auch in einem späteren Zeitpunkt nicht umkehren, dürfen keine latenten Steuern gebildet werden (z.B. steuerrechtlich nur zu 80% abzugsfähige Bewirtungskosten, d.h. 20% sind permanente Differenzen).

Latente Steuern werden nach aktiven und passiven latenten Steuern unterschieden (Deferred Tax Assets und Deferred Tax Liabilities). Ist der HB II-Wertansatz der Aktiva höher bzw. der Passiva geringer als der steuerliche Ansatz, so ist ein passiver Abgrenzungsposten für künftige Steuerbelastungen zu bilden (passive latente Steuern). Ist umgekehrt der HB II-Wertansatz der Aktiva geringer bzw. der Passiva höher als der Steuerwert, ist ein aktiver Abgrenzungsposten für künftige

Steuerentlastungen zu bilden. Aktive latente Steuern umfassen neben solchen latenten Steuerforderungen auch ungenutzte Verlustvorträge.

Nach US-GAAP sind für sämtliche temporären Differenzen zwischen den Wertansätzen der Steuerbilanz und Konzernbilanz latente Steuern zu bilden („temporary-Konzept"). Das temporary-Konzept gilt auch für quasi-permanente Differenzen. Ferner sind nach US-GAAP latente Steuern auf Verlustvorträge sowie auf Anpassungen nach US-GAAP zu erfassen. Die latenten Steuern sind unter der Anwendung der Verbindlichkeitsmethode – basierend auf dem zukünftig geltenden Steuersatz – zu berechnen. Für aktive latente Steuern, deren Realisierung unwahrscheinlich ist, ist eine Wertberichtigung vorzunehmen.

Abb. 38: Bilanzierung latenter Steuern nach US-GAAP
(vgl. E.ON, Geschäftsbericht 2000, S. 95)

Grundsätzlich werden auf alle temporären Differenzen zwischen dem Buchwert in der HB II und der Steuerbilanz aktive und passive latente Steuern gebildet (IAS 12.15). Ausnahmen hiervon sind der Geschäfts- oder Firmenwert oder der negative Geschäfts- oder Firmenwert aus der Kapitalkonsolidierung sowie Differenzen aus der Erstverbuchung, wenn diese nicht aus Unternehmenszusammenschlüssen resultieren oder das zu versteuernde Einkommen nicht beeinflussen (z.B. steuerfreie Investitionszulage).

Beispiele für aktive latente Steuern sind „versteuerte" Abschreibungen (d.h. Mehrabschreibungen nach IFRS oder US-GAAP, die steuerlich nicht oder nicht in dieser Höhe abzugsfähig sind), Pensionsrückstellungen (soweit der Rückstellungsansatz nach IFRS oder US-GAAP höher ist als der steuerliche Rückstellungsansatz – was den Regelfall darstellt), „versteuerte" Rückstellungen (d.h. steuerlich nicht oder nicht in dieser Höhe ansatzfähige Rückstellungen).

Beispiele für passive latente Steuern stellen nicht übernommene Verluste aus Personengesellschaften, steuerliche Mehrabschreibungen (= geringere lineare Abschreibung nach IFRS gegenüber höherer degressiver Abschreibung nach Steuerrecht) oder die Auflösung des Sonderpostens für steuerrechtliche Abschreibungen dar.

Aktive latente Steuern aus diesen Differenzen dürfen nur bilanziert werden, soweit zukünftig zu versteuerndes Einkommen verfügbar sein wird (IAS 12.24) oder entsprechende passive latente Steuern bilanziert sind. D.h. wenn z.B. ein Verlustvortrag voraussichtlich nicht genutzt werden kann, weil künftig zu versteuernde Gewinne nicht zu erwarten sind, muss er nach IFRS und US-GAAP wertberichtigt werden.

Die latenten Steueransprüche und -rückstellungen sind grundsätzlich anhand der Steuersätze zum zukünftigen Realisierungszeitpunkt mit dem jeweils geltenden nationalen Steuersatz zu bemessen. Dabei werden die Steuersätze und Steuervorschriften verwendet, die zum Bilanzstichtag gültig (oder verbindlich angekündigt) sind (IAS 12.47).

Steuern sind grundsätzlich als Aufwand bzw. Ertrag zu erfassen, es sei denn, sie resultieren aus a) Sachverhalten, die direkt mit dem Eigenkapital verrechnet werden (z.B. Währungsdifferenzen von wirtschaftlich selbständigen Gesellschaften; vgl. IAS 12.61), oder b) einem Unternehmenszusammenschluss in Form eines Unternehmenserwerbs. Steuererstattungen und die Erträge aus der Auflösung von Steuerrückstellungen sind im Steueraufwand zu saldieren. Theoretisch ist es daher möglich, dass der Posten „Steueraufwand" zu einem Posten „Steuerertrag" werden kann.

Die Angabepflichten für latente Steuern sind nach IFRS und US-GAAP ausgesprochen umfangreich. Z.B. müssen in einer Überleitungsrechnung vom durchschnittlichen Konzernsteuersatz zum theoretisch geltenden Steuersatz alle wesentlichen Sachverhalte gezeigt werden, die zu Abweichungen führen. Ferner sind latente Steuern nach Sachverhalten bzw. nach Bilanzposten gegliedert anzugeben.

	Aktive latente Steuern		Passive latente Steuern	
	31.12.1999	31.12.2000	31.12.1999	31.12.2000
Patente/Lizenzen	74	66	3	5
Geschäftswerte	9	23	19	12
Sachanlagen	15	15	177	146
Finanzanlagen	11	3	27	35
Vorräte	25	30	17	18
Andere Forderungen und Sonstige Vermögensgegenstände	67	20	6	26
Steuerliche Sonderposten	0	0	195	149
Rückstellungen	306	261	8	3
Verbindlichkeiten	45	44	79	4
Steueranrechnungs-Guthaben	11	7	0	0
Verlustvorträge	29	33	0	0
	592	502	531	398
Saldierungen	− 347	− 198	− 347	− 198
Wertberichtigungen	− 8	− 7	−	−
Bilanzposten	237	297	184	200

Abb. 39: Darstellung der latenten Steuern nach Bilanzposten in einem IFRS-Abschluss (vgl. Henkel KGaA, Geschäftsbericht 2000, S. 71)

IV. Passiva

1. Eigenkapital

1.1 Bestandteile des Eigenkapitals

Eigenkapital ist der nach Abzug aller Schulden verbleibende Restbetrag der Vermögenswerte des Unternehmens (siehe z.B. die IFRS-Definition in F. 49 Buchst. c). Das Eigenkapital von deutschen Unternehmen, die nach IFRS oder US-GAAP bilanzieren, wird üblicherweise wie folgt unterteilt:

- Gezeichnetes Kapital
- Kapitalrücklagen
- Gewinnrücklagen
- Gewinnvortrag / Verlustvortrag
- Jahresüberschuss / Jahresfehlbetrag
- Other Comprehensive Income (US-GAAP) bzw. analoger Posten nach IFRS

Die Hauptunterschiede bei der Abgrenzung des Eigenkapitals zum HGB, nämlich die Berücksichtigung der Anteile anderer Gesellschafter und der eigenen Anteile sowie das Other Comprehensive Income (OCI), werden in den folgenden Abschnitten erläutert.

1.2 Abgrenzung des Eigenkapitals zum Fremdkapital

Für die Zuordnung eines Passivpostens zum Eigenkapital oder zum Fremdkapital werden nach HGB, IFRS und US-GAAP nicht die gleichen Kriterien zugrunde gelegt. So sind nach HGB u.a. die Teilnahme am Gewinn und Verlust (ergebnisabhängige Vergütung) sowie die Bedienung im Haftungsfall maßgebend (Eigenkapitalbestandteile sind im Haftungsfall nachrangig zu behandeln). Nach IFRS und US-GAAP ist für die Abgrenzung zwischen Eigenkapital und Fremdkapital in erster Linie die Rückzahlbarkeit entscheidend, d.h. rückzahlbare Kapitalüberlassungen werden danach als Fremdkapital eingestuft. Nach HGB werden z.B. die Genussrechte und die stille Beteiligung der CLAAS Mitarbeiterbeteiligungsgesellschaft mbH (CMG) als Eigenkapital klassifiziert, da sie ergebnisabhängig vergütet werden und im Haftungsfall nachrangig zu behandeln sind. Gemäß US-GAAP zählen rückzahlbare Kapitalüberlassungen indes zum Fremdkapital.

STILLE BETEILIGUNG/ GENUSSRECHTE	Die Zuordnung zum Eigenkapital oder Fremdkapital hängt nach HGB maßgeblich von einer ergebnisabhängigen Vergütung, der Teilnahme am Verlust und einer nachrangigen Bedienung im Konkursfall ab. Nach diesen Kriterien sind die stille Beteiligung und die Genussrechte von CLAAS gemäß HGB als Eigenkapital zu klassifizieren. Nach US-GAAP entscheidet hingegen die Rückzahlbarkeit bei Kapitalüberlassungen über den Ausweis innerhalb oder außerhalb des Eigenkapitals.
ANTEILE ANDERER GESELLSCHAFTER	Handelsrechtlich werden Anteile anderer Gesellschafter innerhalb des Eigenkapitals berücksichtigt. Nach US-GAAP werden Anteile anderer Gesellschafter als eigener Posten in der Bilanz außerhalb des Eigenkapitals ausgewiesen.

Abb. 40: Genussrechte und stille Beteiligung werden nach HGB und nach US-GAAP nicht einheitlich als Eigenkapital bzw. Fremdkapital eingeordnet (vgl. CLAAS, Geschäftsbericht 2001, S. 97)

Fraglich ist in diesem Zusammenhang auch die Behandlung von Finanzinstrumenten, die mit der Ausgabe von Aktien des eigenen Unternehmens abgegolten werden. Falls für den Halter durch die Übertragung von Risiken und Nutzen eine eigentümerähnliche Stellung geschaffen wird und dieser quasi wie ein normaler „Aktionär" an den Marktrisiken partizipiert, kann das zugrunde liegende Finanzinstrument als Eigenkapital bilanziert werden (IAS 32.15 ff.; FAS 150). Demnach gelten als Verbindlichkeiten beispielsweise Aktien, die mit einer Rückkaufverpflichtung zu einem bestimmten Geldbetrag ausgegeben werden. Gleiches gilt für Finanzinstrumente, die eine Verpflichtung des Emittenten zum Rückkauf seiner eigenen Aktien zu einem bestimmten Betrag enthalten.

Beispiel für die Abgrenzung von Eigen- und Fremdkapital: Eine Obligation wird durch die Ausgabe von 100 eigenen Aktien abgegolten. Zum Emissionszeitpunkt haben die Aktien einen Kurswert von 10 €. Die Obligation hat demnach einen Wert von 1.000 €. Angenommen, der Kurs der Aktien steigt zum Fälligkeitsdatum auf 20 €, so hat die Obligation dann einen Wert von 2.000 €. Der Halter ist demnach wie ein „normaler" Aktionär an den Marktrisiken beteiligt. Das Instrument ist daher als Eigenkapital anzusehen.

Eine andere Beurteilung ergibt sich, wenn die Obligation durch die Hingabe von Aktien im Wert von 1.000 € erfüllt wird. Der Wert der Obligation beläuft sich auch zum Fälligkeitsdatum auf 1.000 €. Der Halter würde jedoch auf Grund des auf 20 € gestiegenen Aktienkurses nur 50 Aktien erhalten. Der Rückzahlungsbetrag ist von Beginn an festgelegt und es erfolgt keine Gleichbehandlung mit den Eigenkapitalgebern. Dementsprechend ist das Instrument als Fremdkapital einzuordnen.

1.3 Anteile anderer Gesellschafter

Die auf Minderheitsgesellschafter entfallenden Kapitalbeträge werden auf der Passivseite der Konzernbilanz in einen „Ausgleichsposten für Anteile anderer Gesellschafter" eingestellt und nach HGB innerhalb des Eigenkapitals gesondert ausgewiesen. Damit basiert das HGB in diesem Punkt auf der Einheitstheorie, nach der der Konzernabschluss den „Quasi-Einzelabschluss" der wirtschaftlichen Einheit „Konzern" darstellt. Die Minderheitsgesellschafter und die Mehrheitsgesellschafter werden als grundsätzlich gleichberechtigt angesehen und ihre Kapitalanteile beide im Eigenkapital ausgewiesen.

Im Unterschied zum HGB sind die US-GAAP bei den Anteilen anderer Gesellschafter stärker interessentheoretisch geprägt. Nach der Interessentheorie dient der Konzernabschluss als Informationsinstrument für die Gesellschafter des Mutterunternehmens. Die Minderheitsgesellschafter der Tochterunternehmen werden aus Konzernsicht als Außenstehende betrachtet. Somit besteht nach der Interessentheorie ein Interessenkonflikt zwischen den Mehrheitsgesellschaftern (nach der Interessentheorie Eigenkapitalgeber) und den Minderheitsgesellschaftern (nach der Interessentheorie Fremdkapitalgeber).

Nach deutschem Handelsrecht (etwa § 266 HGB) zählen Anteile anderer Gesellschafter somit zum Eigenkapital, nach US-GAAP dagegen nicht. Nach IFRS zählten die Anteile anderer Gesellschafter bislang nicht zum Eigenkapital. Nach der Änderung durch das Improvement Project sind die Minderheitenanteile nach IAS 1.68 i.V.m. IAS 27.33 innerhalb des Eigenkapitals getrennt vom Eigenkapital der Gesellschafter des Mutterunternehmens auszuweisen. Insofern lehnt sich das IASB in diesem Punkt mehr an die Einheitstheorie an.

1.4 Other Comprehensive Income

Im Gegensatz zur deutschen Rechnungslegung gibt es gemäß US-GAAP einen gesonderten Eigenkapitalbestandteil, das Other Comprehensive Income, das zusammen mit dem Jahresüberschuss eine Art Gesamtleistung – das sog. Comprehensive Income – bildet. Folgende Komponenten des Other Comprehensive Income sind gesondert auszuweisen: Umrechnungsdifferenzen aus der Fremdwährungsumrechnung, zusätzliche Pensionsrückstellungen (siehe Pensionsrückstellungen), unrealisierte Gewinne und Verluste im Zusammenhang mit der Marktbewertung von Wertpapieren sowie der effektive Teil der Marktwertänderung von Derivaten, die die Voraussetzungen für den Cashflow Hedge erfüllen.

> Sowohl das übrige Comprehensive Income als auch das gesamte Comprehensive Income werden in der Entwicklung des Konzerneigenkapitals dargestellt. Im Posten *Kumuliertes übriges Comprehensive Income* sind Unterschiedsbeträge aus der Währungsumrechnung, Additional Minimum Pension Liabilities und unrealisierte Gewinne und Verluste aus Cash-flow-Hedges sowie aus der Marktbewertung von Available-for-Sale Wertpapieren ausgewiesen.

**Abb. 41: Beispiel für die Erläuterung der OCI-Bestandteile
(vgl. SAP, Geschäftsbericht 2001, S. 65)**

Nach US-GAAP müssen die Werte, die in das OCI aufgenommen werden, nach Steuern erfasst werden, damit das Eigenkapital nicht zu hoch ausgewiesen wird. Somit sind also z.B. für die unrealisierten Gewinne aus Available-for-Sale-Wertpapieren latente Steuern zu buchen.

Beim OCI muss nachgehalten werden, was mit den Beträgen passiert, die in früheren Jahren in das OCI aufgenommen wurden. Wenn z.B. ein Available-for-Sale-Wertpapier verkauft wird, für das im Vorjahr ein unrealisierter Gewinn im

OCI erfasst wurde, ist die OCI-Erfassung des unrealisierten Gewinns rückgängig zu machen (d.h. der erfolgsneutral eingebuchte unrealisierte Gewinn des Vorjahres würde im Berichtsjahr ebenfalls erfolgsneutral wieder ausgebucht und das OCI „glattstellt"). Ansonsten würden das Eigenkapital und auch die latenten Steuern falsch (zu hoch) ausgewiesen.

Die Umrechnungsdifferenz im OCI ist nach Ertragsteuern zu erfassen, d.h. in Höhe der Ertragsteuern sind latente Steuern zu buchen.

Die im folgenden Beispiel von DaimlerChrysler gewählte Darstellungsweise des OCI ist nicht verpflichtend; nach FAS 130 werden drei verschiedene Darstellungsformen vom FASB akzeptiert. Anzumerken ist, dass DaimlerChrysler wegen der Notierung an US-Börsen verpflichtet ist, drei Jahre darzustellen; ein nach US-GAAP bilanzierendes, aber nicht an US-Börsen notiertes Unternehmen braucht lediglich das Berichtsjahr und ein Vorjahr anzugeben.

Angaben in Mio. €:	2000 vor Steuern	2000 Steuer-effekt	2000 Netto	1999 vor Steuern	1999 Steuer-effekt	1999 Netto	1998 vor Steuern	1998 Steuer-effekt	1998 Netto
Unrealisierte Gewinne (Verluste) aus der Marktbewertung von Wertpapieren:									
Veränderung der unrealisierten Gewinne (Verluste)	(250)	46	(204)	292	(163)	129	659	(354)	305
Realisierte (Gewinne) Verluste	61	(6)	55	(623)	313	(310)	(103)	57	(46)
Unrealisierte Gewinne (Verluste), gesamt	(189)	40	(149)	(331)	150	(181)	556	(297)	259
Nettogewinne (-verluste) aus Derivaten zur Absicherung von Zahlungsströmen:									
Veränderung der unrealisierten Gewinne (Verluste)	(1.932)	978	(954)	–	–	–	–	–	–
Realisierte (Gewinne) Verluste	1.113	(567)	546	–	–	–	–	–	–
Nettogewinne (-verluste) aus Derivaten, gesamt	(819)	411	(408)	–	–	–	–	–	–
Unterschiedsbetrag aus									
der Währungsumrechnung	1.474	(111)	1.363	2.431	–	2.431	(1.402)	–	(1.402)
der Pensionsbewertung	8	(2)	6	(13)	5	(8)	(2)	1	(1)
Veränderung des übrigen Comprehensive Income	474	338	812	2.087	155	2.242	(848)	(296)	(1.144)

Abb. 42: Beispiel für die Darstellung des OCI
(vgl. DaimlerChrysler, Geschäftsbericht 2000, S. 93)

Nach IFRS müssen bis auf die Additional Minimum Liability, die nur nach US-GAAP zu erfassen ist, und die Neubewertungsrücklage, die nur nach IFRS entstehen kann, die gleichen Posten im Eigenkapital ausgewiesen werden wie im OCI. Im einzelnen kann es sich um folgende Bestandteile handeln:

• Währungsgewinne/-verluste bei Anwendung der Stichtagskursmethode (IFRS und US-GAAP),

• Additional Minimum Liability (ein zusätzlicher Rückstellungsbetrag bei Pensionsrückstellungen nach US-GAAP),

- Gewinne/Verluste bei Available-for-sale-Wertpapieren (IFRS und US-GAAP),
- Gewinne/Verluste bei Cashflow-Hedges (IFRS und US-GAAP) und
- Neubewertungsrücklage (bei Anwendung der alternativ zulässigen Methode in IAS 16 und 38).

1.5 Eigene Anteile

Unter diesem Posten sind nach HGB die im Unternehmensbesitz befindlichen eigenen Anteile zu Anschaffungskosten anzusetzen. Nach IFRS und US-GAAP werden eigene Anteile als Abzugsposten beim Eigenkapital berücksichtigt. Sie dürfen nicht wie nach HGB aktiviert werden. Eigene Anteile sind nicht dividendenberechtigt.

2. Rückstellungen

2.1 Vorbemerkung

Nach IFRS und US-GAAP umfasst der Liability-Begriff nicht nur Verbindlichkeiten im handelsrechtlichen Sinne, sondern auch Rückstellungen (Provisions). Provisions sind Verpflichtungen, die dem Grunde und/oder der Höhe nach ungewiss sind (IAS 37).

Eine Rückstellung ist zu bilden, wenn folgende Bedingungen kumulativ erfüllt sind:

a) Zum Bilanzstichtag besteht eine rechtliche oder faktische gegenwärtige Verpflichtung gegenüber Dritten, die aus einem vergangenen Ereignis resultiert;

b) es ist wahrscheinlich, dass Ressourcen, die wirtschaftliche Vorteile enthalten, abfließen werden, um die Verpflichtung zu erfüllen, und

c) die Verpflichtung lässt sich hinreichend sicher schätzen (IAS 37.14).

In den US-GAAP wird nicht zwischen Verbindlichkeiten und Rückstellungen unterschieden, weil nach US-GAAP die Existenz der Verpflichtung entscheidend ist und nicht, ob die Verpflichtung dem Grunde und/oder der Höhe nach unsicher ist. Nach US-GAAP braucht die Verpflichtung nicht sicher zu bestehen, sondern es kann auch eine angemessene Schätzung zugrunde gelegt werden. Bei der Bilanzierung gelten nach US-GAAP für Rückstellungen und Verbindlichkeiten die gleichen Vorschriften. Ein Äquivalent für den Begriff „Rückstellungen" enthalten die US-GAAP somit nicht, auch wenn es einzelne Fundstellen in den US-GAAP gibt, an denen der Begriff „provision" verwendet wird (z.B. SOP 81-1.85 ff „Provisions for Anticipated Losses on Contracts"). Grundsätzlich wird nach US-GAAP unterschieden zwischen

- „Accrued liabilities" (rechtliche Verpflichtungen sind bereits entstanden, über deren Höhe besteht aber noch Ungewissheit) und

- „Contingent liabilities", bei denen die Verpflichtung zum Bilanzstichtag zwar noch nicht eingetreten ist, der zukünftige Vermögensabgang aber als wahrscheinlich gilt.

Im Regelfall führen die gleichen Sachverhalte zu Rückstellungen nach IFRS und US-GAAP. Weder nach IFRS noch nach US-GAAP bestehen Ansatzwahlrechte für Rückstellungen (im Unterschied zum deutschen HGB). Nicht zulässig ist nach IFRS und nach US-GAAP die Bildung von Rückstellungen, für die weder eine gegenwärtige rechtliche oder faktische Verpflichtung gegenüber Dritten noch ein Vergangenheitsbezug vorliegt. Dies liegt z.B. vor bei:

- Kosten für eine beabsichtigte oder notwendige Änderung der Produktionsmethoden aufgrund geschäftspolitischer Notwendigkeiten oder gesetzlicher Auflagen,

- künftig entstehenden Geschäftsverlusten (die Verluste wären ggf. ein Indiz für notwendige außerplanmäßige Abschreibungen),

- künftigen Aufwendungen für Schulungsmaßnahmen, Werbung oder Forschung

- sowie sämtlichen Aufwandsrückstellungen, z.B. Rückstellungen für unterlassene Instandhaltung und Rückstellungen für Großreparaturen.

Provisions

Provisions are recognized when the Group has a present legal or constructive obligation as a result of past events, it is probable that an outflow of resources will be required to settle the obligation, and a reliable estimate of the amount can be made. Where the Group expects a provision to be reimbursed, the reimbursement would be recognized as an asset but only when the reimbursement is virtually certain.

The Group recognizes the estimated liability to repair or replace products still under warranty at the balance sheet date. The provision is calculated based on historical experience of the level of repairs and replacements.

**Abb. 43: Erläuterung von Rückstellungen nach IFRS bei NOKIA
(vgl. NOKIA, Financial Statements 2000, S. 13)**

2.2 Rückstellungen für Pensionen und ähnliche Verpflichtungen

Pensionsleistungen können direkt durch das Unternehmen oder indirekt über externe Pensionsfonds und Versicherungen erbracht werden. Für die bilanzielle Abbildung von Pensionsleistungen ist dabei entscheidend, welche Art von Verpflichtung für das Unternehmen besteht.

Unter Pensionsverpflichtungen fallen folgende Bereiche:

- Beitragsorientierte Versorgungspläne (Defined contribution benefit Plan): Für das Unternehmen entstehen neben den Zahlungen an externe Pensionsfonds keine weiteren Verpflichtungen. Die künftige Betriebsrente hängt ausschließlich von den eingezahlten Beiträgen und der erwirtschafteten Rendite des Pensionsfonds ab.

- Leistungsorientierte Versorgungspläne (Defined benefit Plans): Zusage des Unternehmens zur Zahlung einer bestimmten Betriebsrente, deren Leistung von der Anzahl der Dienstjahre und der Entlohnung des Mitarbeiters abhängt.

- Pensionsnebenleistungen: Dies betrifft v.a. Gesundheitsfürsorgebeiträge und Beiträge zu Kranken- und Lebensversicherungen.

Im Unterschied zu den leistungsorientierten Versorgungsplänen führen beitragsorientierte Versorgungspläne nicht zur Rückstellungsbildung. Bei beitragsorientierten Versorgungsplänen zahlt das Unternehmen einen bestimmten Betrag an einen rechtlich selbständigen Pensionsfonds, so dass keine Verpflichtung mehr besteht, die zu einer Rückstellungsbildung führt. Dagegen wird bei leistungsorientierten Versorgungsplänen eine bestimmte Betriebsrente zugesichert. D.h. das Unternehmen hat im Gegensatz zu beitragsorientierten Verpflichtungen u.a. ein Zinsänderungsrisiko zu tragen. Wenn das Unternehmen z.B. verpflichtet ist, in 10 Jahren einen Betrag von monatlich 250 € an einen bestimmten Arbeitnehmer zu zahlen, dann ist für diese Verpflichtung eine Rückstellung zu bilden, die grundsätzlich um so höher sein muss, je niedriger der aktuelle Marktzinssatz ist.

Nach US-GAAP und nach IFRS sind Pensionsverpflichtungen, welche auf leistungsorientierten Pensionszusagen beruhen, nach der Projected Unit Credit Method – einem Anwartschaftsbarwertverfahren – zu bewerten. Die Höhe der Pensionsrückstellung wird dabei normalerweise durch ein versicherungsmathematisches Gutachten ermittelt.

Rückstellungen und Verbindlichkeiten

Rückstellungen für leistungsorientierte Pensionsverpflichtungen werden aufgrund versicherungsmathematischer Gutachten unter Anwendung des Anwartschaftsbarwertverfahrens *Projected Unit Credit Method* ermittelt. Danach werden auch künftig zu erwartende Steigerungen der Renten und erworbenen Anwartschaften sowie Gehaltssteigerungen bei der Bewertung berücksichtigt. Die Rechnungsgrundlagen sind unter Textziffer (24) beschrieben. Verpflichtungen aus beitragsorientierten Plänen werden in Höhe der fälligen, noch abzuführenden Beiträge passiviert.

Abb. 44: Erläuterung von Pensionsrückstellungen nach US-GAAP bei SAP
(vgl. SAP, Geschäftsbericht 2001, S. 64)

Der Wertansatz der Rückstellung ergibt sich wie folgt:

	Barwert der fondsfinanzierten und nicht fondsfinanzierten Verpflichtungen zum Bilanzstichtag
+/ ./.	Nicht erfolgswirksam erfasste zu berücksichtigende versicherungsmathematische Gewinne/Verluste
./.	Nicht erfolgswirksam erfasster nachzuverrechnender Dienstzeitaufwand (aus neu eingeführten Versorgungsplänen bzw. aus Planänderungen)
./.	Beizulegender Zeitwert des Fondsvermögens, mit dem Altersversorgungsverpflichtungen direkt finanziert werden
=	Pensionsrückstellung

Nach FAS 87.35 und IAS 19.54 besteht eine Passivierungspflicht in Höhe der Pensionsverpflichtungen, soweit diese nicht durch Planvermögen (also einen Pensionsfonds) gedeckt ist. Wenn ein Unternehmen für seine Pensionsverpflichtungen mindestens teilweise Pensionsfonds aufgelegt hat, werden für diese fondsfinanzierten Verpflichtungen nur dann Rückstellungen gebildet, wenn der beizulegende Zeitwert des Fondsvermögens nicht ausreicht, die Fondsverpflichtungen zu decken. D.h. bei einer Unterdeckung eines Pensionsfonds werden in Höhe der Unterdeckung eine Pensionsrückstellung gebildet. Ist der beizulegende Zeitwert des Fondsvermögens dagegen größer als die fondsfinanzierten Verpflichtungen (= Überdeckung des Fonds), wird ein Vermögenswert aktiviert.

Die fondsfinanzierten Pensionsverpflichtungen (Versorgungsansprüche) entwickelten sich wie folgt:

	30.09.2001 T€	30.09.2000 T€
Barwert der fondsfinanzierten Versorgungsansprüche	27.826	28.085
Abzüglich Deckung durch Fonds	(30.550)	(40.818)
Zwischensumme	**(2.724)**	**(12.733)**
Anpassungsbetrag auf Grund (nicht erfasster) versicherungsmathematischer Gewinne/Verluste und Verpflichtungen	(12.092)	(2.854)
Unterdeckung (+)/Überdeckung (-) durch Fonds	**(14.816)**	**(15.587)**

Die Überdeckung der fondsfinanzierten Versorgungsansprüche durch den Fonds in Höhe von 14.816 T€ (Vorjahr: 15.587 T€) wird als sonstiger Vermögenswert aktiviert. Das Fondsvermögen entwickelte sich

Abb. 45: Aktivierung der Fonds-Überdeckung bei CLAAS
(vgl. CLAAS, Geschäftsbericht 2001, S. 87)

Die Bilanz würde sich bei einem exakt gedeckten Pensionsfonds von einem Jahr auf das nächste nicht verändern, da die Pensionsverpflichtungen dann nach IFRS und nach US-GAAP nicht in der Bilanz erfasst werden. In der GuV würde die Zuführung zum Pensionsfonds als Pensionsaufwand erfasst. Zinserträge entstehen nicht, da in der Bilanz kein finanzieller Vermögenswert vorhanden ist. Fondserträge aus Pensionsfonds beeinflussen die Zinserträge nicht; sie werden nicht gebucht und fließen nur in eine Nebenrechnung zur Ermittlung des Pensionsaufwands ein, d.h. der nach FAS 132 und IAS 19 angabepflichtige Pensionsaufwand verringert sich durch die Fondserträge.

Der Pensionsaufwand setzt sich zusammen aus:

	Anwartschaftsbarwert der im Geschäftsjahr erdienten Pensionsansprüche (Dienstzeitaufwand)
+	Zinsaufwand/Zinsanteile an der Rückstellungszuführung
./.	Erwartete Erträge des Pensionsfonds
+	Erfolgswirksam erfasster nachzuverrechnender Dienstzeitaufwand
+ / ./.	Erfolgswirksam erfasste versicherungsmathematische Gewinne/Verluste
=	Pensionsaufwand

Im Pensionsaufwand ist auch Zinsaufwand enthalten, der sich rechnerisch aus der Erhöhung des Barwerts der Pensionsverpflichtungen ergibt (= bei Pensionsrückstellungen durch die Zinsanteile an Rückstellungszuführungen, ähnlich aber auch bei Pensionsfonds). Dieser Zinsaufwand führt nie zu Zinszahlungen, sondern ergibt sich nur daraus, dass in Vorjahren erdiente Pensionsansprüche abgezinst worden waren.

Die Saldierung der Pensionsfondsverpflichtungen mit dem Marktwert des Fondsvermögens setzt nach US-GAAP voraus, dass die Mittel im Pensionsfonds ausschließlich für Zwecke der Altersversorgung vorgesehen sind und dauerhaft von den übrigen Aktiva des Konzerns getrennt sind. Die bloße Absicht des Bilanzierenden, bestimmte Mittel zur Begleichung von Pensionsverpflichtungen vorzusehen, genügt dabei nicht.

Nach deutschem Handels- und Steuerrecht gibt es keine gesonderten Regelungen für die Bilanzierung des Vermögens- und Pensionsfonds. Derzeit ist es nach HGB als unzulässig anzusehen, die Pensionsverpflichtungen mit dem Marktwert des Fondsvermögens zu saldieren. D.h. nach HGB wären voraussichtlich das Fondsvermögen zu aktivieren und die Pensionsrückstellungen zu passivieren (Bilanzverlängerung gegenüber US-GAAP).

Zinssatzänderungen, Änderungen der erwarteten Gehalts- und Rentenentwicklung und andere Parameter wirken sich nach IAS 19 und nach FAS 87 in der Regel nicht sofort auf den Rückstellungsbetrag aus. Sie werden zunächst in dem sog. 10%-Korridor „geparkt". Anders ausgedrückt: Die versicherungsmathematischen Gewinne und Verluste, die aus Änderungen des Zinssatzes, der erwarteten Gehalts- und Rentenentwicklung und anderen Parametern entstehen, wirken sich erst dann unmittelbar auf die Pensionsrückstellung aus, wenn die kumulierten, noch nicht berücksichtigten Gewinne und Verluste zum Ende der Vorperiode den höheren der folgenden Beträge überschreiten:

- 10% des Barwerts der bilanziell zu erfassenden Pensionsverpflichtungen (Defined Benefit Obligation) am Ende der Vorperiode und
- 10% des Marktwerts des Fondsvermögens am Ende der Vorperiode.

Wenn z.B. der Abzinsungsfaktor der Pensionsrückstellung von 6% auf 5% gesenkt wird, würde dies die Pensionsrückstellung nach HGB deutlich erhöhen (mit entsprechender Ergebniswirkung), da der Erfüllungsbetrag zum prognostizierten Renteneintrittszeitpunkt weniger stark abgezinst wird. Nach IFRS und US-GAAP würde sich die Pensionsrückstellung dagegen nur ändern, wenn durch die Zinssatzänderung die kumulierten noch nicht berücksichtigten Gewinne und Verluste den 10%-Korridor übersteigen würden.

Die zu berücksichtigenden versicherungsmathematischen Gewinne und Verluste werden üblicherweise über die durchschnittliche Restdienstzeit der Anwartschaftsberechtigten aufwands- bzw. ertragswirksam periodisiert.

Die vor allem in FAS 87 enthaltenen US-GAAP-Vorschriften entsprechen überwiegend IAS 19. Wesentliche Unterschiede bestehen vor allem in folgenden Punkten:

- FAS 87 schreibt vor, dass eine zusätzliche Rückstellung (Additional Minimum Liability) zu erfassen ist, wenn der Barwert der Verpflichtung ohne Berücksichtigung künftiger Gehaltssteigerungen (Accumulated Benefit Obligation) die Pensionsrückstellung bzw. den Marktwert des Fondsvermögens übersteigt. IAS 19 enthält keine analoge Regelung.
- FAS 87 und IAS 19 sehen unterschiedliche Regelungen für die ergebniswirksame Erfassung und periodengerechte Zuordnung des sog. nachzuverrechnenden Dienstzeitaufwands vor. Nachzuverrechnender Dienstzeitaufwand entsteht, wenn die Leistungen aus einem leistungsorientierten Pensionsplan geändert werden. Im englischen Originaltext wird nachzuverrechnender Dienstzeitaufwand dabei übrigens in IAS 19 als „past service cost" bezeichnet, während in FAS 87 der Begriff „prior service cost" verwendet wird.
- Nach FAS 87 müssen die Zinsanteile an der Rückstellungszuführung im Zusammenhang mit den Personalaufwendungen gezeigt werden. Ein Ausweis im Finanzergebnis ist im Unterschied zu IAS 19 nicht erlaubt.
- Die Ausweisvorschriften sind nicht, wie nach IFRS, im gleichen Standard geregelt, sondern separat in FAS 132.

2.3 Drohverlustrückstellungen

Eine Rückstellung wegen drohender Verluste aus schwebenden Geschäften ist zu bilden, wenn ein schwebendes Geschäft vorliegt und absehbar ist, dass die aus diesem Geschäft zu erwartenden unvermeidbaren Kosten zur Vertragserfüllung den aus dem Vertrag erwarteten wirtschaftlichen Nutzen übersteigen (z.B. wenn eine Wohnung zu einem Preis vermietet worden ist, der die laufenden Kosten für die Wohnung nicht deckt).

Drohverlustrückstellungen sind in Höhe der Differenz zwischen dem Preis und den produktionsbezogenen Vollkosten anzusetzen. Die produktionsbezogenen Kosten umfassen dabei auch produktionsbezogene Gemeinkosten; nicht berücksichtigt werden also die allgemeinen Vertriebs- und Verwaltungskosten (zur Definition von produktionsbezogenen Vollkosten siehe Kapitel A.III.3.2).

Im Gegensatz zum HGB richten sich Drohverlustrückstellungen nach IFRS und US-GAAP ausschließlich nach dem Absatzmarkt. Drohverlustrückstellungen dürfen daher nach IFRS und US-GAAP nicht gebildet werden, wenn lediglich gesunkene Preise auf dem Beschaffungsmarkt vorliegen. Beispielsweise darf ein Vermieter noch keine Drohverlustrückstellung bilden, wenn er feststellt, dass er unter dem ortsüblichen Quadratmeterpreis vermietet hat. Nur dann, wenn eine Wohnung zu einem Preis vermietet worden ist, der die laufenden Kosten für die Wohnung nicht deckt, wäre eine Drohverlustrückstellung zu bilden.

2.4 Rückstellungen für Rückbaumaßnahmen

Rückstellungen für Rückbaumaßnahmen umfassen die zu erwartenden Aufwendungen für den Abbruch und die Beseitigung eines Vermögenswerts, sowie die Versetzung des Standorts in den ursprünglichen Zustand. Die Verpflichtungen zur Durchführung von Rückbaumaßnahmen können auf einer gesetzlichen oder vertraglichen Verpflichtung beruhen (z.B. durch die Verpflichtung in einem Mietvertrag, ein angemietetes Gebäude, das durch Umbaumaßnahmen verändert wurde, wieder in den ursprünglichen Zustand zurückzuversetzen). Nach HGB wird der zu erwartende Aufwand für die Rückbaumaßnahmen ratierlich über den Zeitraum bis zur Fälligkeit der Rückbaumaßnahmen angesammelt.

Die Abbildung nach IFRS und US-GAAP unterscheidet sich von der nach HGB. Auf der Passivseite ist der Betrag für die Durchführung des Rückbaus zurückzustellen. Nach IFRS und US-GAAP ist dieser Betrag abzuzinsen und der Barwert einzustellen (nach IFRS ergibt sich eine Abzinsungsverpflichtung nur, wenn der Zinsanteil wesentlich ist; davon wird nach h.M. ausgegangen, wenn die Laufzeit der Verpflichtung 12 Monate übersteigt, was bei Rückbauverpflichtungen i.a.R. der Fall ist). Die Passivierung erfolgt zum Zeitpunkt des Verpflichtungseintritts. Zugleich wird der zu passivierende Betrag als Teil der Anschaffungs- und Herstellungskosten des korrespondierenden Vermögenswerts aktiviert. Dadurch bleibt die Bildung der Rückstellung erfolgsneutral. Der zu passivierende Betrag wird als Teil der Anschaffungs- oder Herstellungskosten über die Nutzungsdauer des korrespondierenden Vermögenswerts abgeschrieben, so dass der Aufwand für die Bildung der Rückstellung im Ergebnis – wie nach HGB – über die Nutzungsdauer verteilt wird. Der Aufwand entsteht einerseits durch die im Vergleich zu HGB höhere Abschreibung des Vermögenswerts und andererseits durch die Aufzinsung der Rückstellung („Zinsscheibe") in den Folgeperioden. Diese Aufzinsung der Rückstellungen beeinflusst die Anschaffungs- und Herstellungskosten dabei nicht.

Unterschiede zwischen US-GAAP und IFRS bestehen insbesondere hinsichtlich des zu verwendenden Zinssatzes. Während nach IFRS zu jedem Bilanzstichtag der aktuelle Zinssatz für die Barwertberechnung der verbleibenden Restlaufzeit der Verpflichtung zu verwenden ist, ist nach US-GAAP der Zins zu verwenden, der zum Zeitpunkt der Bildung der Verpflichtung aktuell war.

Spätere Änderungen der Schätzung des zu erwartenden Verpflichtungsbetrags und des anzuwendenden Zinssatzes regelt IFRIC 1, der der entsprechenden US-GAAP Regelung in FAS 143 in vielen Punkten ähnlich ist. Im Falle der Änderung des erwarteten Erfüllungsbetrags ist dieser auf den Stichtag abzuzinsen. Der Barwert des Erfüllungsbetrags ist mit dem Buchwert der Verpflichtung zu vergleichen. Der Differenzbetrag ist gegen den korrespondierenden Vermögenswert anzupassen. Damit ist die gleichzeitige Anpassung der Verpflichtung und des Restbuchwerts des Vermögenswerts erfolgsneutral. Die Abschreibungsbeträge der Folgejahre ändern sich hierdurch. Nach US-GAAP wird bei Erhöhung des Verpflichtungsbetrags entgegen der IFRS-Vorgehensweise mit einem aktuellen Zinssatz abgezinst und der Wert wie eine neue Rückstellung (zusätzlicher Layer) behandelt. Lediglich bei Verminderungen des Erfüllungsbetrags wird mit dem ursprünglichen Zinssatz diskontiert. Nach IFRS ist stets der aktuelle Zinssatz zu verwenden.

Ändert sich der Zinssatz, ohne dass sich der Erfüllungsbetrag ändert, ergeben sich nach IFRS und US-GAAP unterschiedliche Auswirkungen. Nach US-GAAP wird auch weiterhin der ursprüngliche Zinssatz für die periodische Aufzinsung verwendet; die Buchwerte der Verpflichtung und des korrespondierenden Vermögenswerts sind nicht anzupassen. Nach IFRS ist der Erfüllungsbetrag mit dem neuen Zinssatz auf den Bewertungsstichtag abzuzinsen. Die Anpassung der Rückstellung und des korrespondierenden Vermögenswerts ist analog dem beschriebenen Fall der Änderung des Erfüllungsbetrags vorzunehmen. D.h. der Differenzbetrag zwischen dem Buchwert der Verpflichtung und dem Barwert des Erfüllungsbetrags auf der Grundlage des neuen Zinssatzes ist gegen den korrespondierenden Vermögenswert anzupassen. Damit erfolgt eine gleichzeitige Anpassung der Verpflichtung und des Restbuchwerts des Vermögenswerts.

Die Rückstellung für Entfernungsverpflichtungen besteht im Wesentlichen aus Verpflichtungen zur Sicherung entstandener Berg-schäden und für Rekultivierungsmaßnahmen. Da die im Zusammen-hang mit der Verpflichtung stehenden langlebigen Sachanlagen zum Zeitpunkt der Erstanwendung des Standards in den meisten Fällen vollständig abgeschrieben waren, war die Anpassung bereits beste-hender Rückstellungen im Rahmen der Erstanwendung von SFAS 143 erfolgswirksam und wird im Ergebnis aus Änderungen von Bilanzie-rungsgrundsätzen ausgewiesen.

Aus der Erstanwendung von SFAS 143 werden in 2002/2003 Auf-wendungen in Höhe von 14 Mio € (–6 Mio € nach Steuern) als Ergeb-nis aus Änderungen von Bilanzierungsgrundsätzen ausgewiesen. Darin enthalten sind Erträge in Höhe von 29 Mio € (21 Mio € nach Steuern) aus der Erstanwendung von SFAS 143 zum 01. Januar 2003 im Rahmen der Equity-Bewertung bei einer wesentlichen Beteiligung. Wäre SFAS 143 bereits zum 30. September 2002, 30. September 2001 bzw. 01. Oktober 2000 angewendet worden, hätte dies keine wesent-liche Auswirkung auf die Rückstellung, den Jahresüberschuss und das Ergebnis je Aktie gehabt.

**Abb. 46:Beispiel für die erstmalige Anwendung von FAS 143
(vgl. ThyssenKrupp, Geschäftsbericht 2002/2003, S. 174)**

2.5 Rückstellungen für Restrukturierungsmaßnahmen

Im angelsächsischen Raum kommt sog. Restrukturierungsrückstellungen eine besondere Bedeutung zu. IAS 37 widmet ihnen sogar einen besonderen Abschnitt. Restrukturierungen treten vor allem bei internationalen Konzernen häufig auf, z.B. wenn Betriebsteile oder Tochtergesellschaften geschlossen werden. Unter „Restrukturierung" fallen Maßnahmen wie

- der Verkauf oder die Einstellung eines Geschäftszweigs,
- die Schließung von Niederlassungen oder die Verlagerung von Geschäftsbe-reichen in andere Länder oder Regionen,
- Strukturänderungen im Management (z.B. Auflösung einer Führungsebene),
- die grundlegende Umorganisation mit wesentlichen Auswirkungen auf Art und Schwerpunkt der Geschäftstätigkeit des Unternehmens (IAS 37.70).

Die in IAS 37 enthaltenen Konkretisierungsanforderungen an Restrukturierungs-rückstellungen schreiben vor, dass das Unternehmen dem Wirtschaftsprüfer einen detaillierten Plan vorlegen muss, der u.a. die Standorte identifiziert, die von der Restrukturierung betroffen sind, die Zeitpunkte nennt, zu denen die Maßnahmen durchgeführt werden sollen und die zu erwartenden Aufwendungen prognostiziert.

Für die Öffentlichkeit bzw. die Analysten werden die Konkretisierungsanforderungen an Restrukturierungsrückstellungen nur teilweise sichtbar. Gegenüber dem Wirtschaftsprüfer muss zwar ein detaillierter Plan vorgelegt werden; er braucht aber nicht so ausführlich an die Öffentlichkeit weitergegeben werden. Damit am Bilanzstichtag von einer Verpflichtung auszugehen ist, müssen zumindest die Grundzüge dieses Restrukturierungsplans am Bilanzstichtag den Betroffenen bekannt gegeben worden sein (z.B. über den Betriebsrat, eine Betriebsversammlung oder die Presse). Die Bekanntgabe des Plans führt nur dann zu einer faktischen Verpflichtung, wenn die Umsetzung zum frühest möglichen Zeitpunkt vorgesehen ist und daher wesentliche Planänderungen unwahrscheinlich erscheinen.

In die Bewertung einer Restrukturierung sind nach IFRS alle durch die Restrukturierungsmaßnahme begründeten Aufwendungen einzubeziehen. Dies umfasst zum einen Personalkosten wie etwa Abfindungen oder zu leistende Lohnfortzahlung. Zum anderen sind auch Sachkosten wie Kosten für die Beendigung von Vertragsverhältnissen oder Abbruchkosten für Gebäude und Maschinen in die Rückstellungsbewertung einzubeziehen.

Im Bereich der US-GAAP regelt FAS 88, 112 und 146 im Wesentlichen die Bilanzierung von Restrukturierungsaufwendungen. Dabei ist zwischen Sach- und Personalaufwendungen zu unterscheiden.

Die Bilanzierung der im Zuge von Restrukturierungen entstehenden Personalaufwendungen richtet sich nach dem Charakter der entstehenden Abfindungen und Lohnfortzahlungen. Bei Arbeitsplatzabbau in größerem Umfang bestimmt meist ein Sozialplan ggf. zu zahlende Abfindungen und zu leistende Lohnfortzahlungen. Die US-GAAP unterscheiden zwischen einmaligen Sozialplänen (One-time Termination Benefit Plans) und sog. permanenten Sozialplänen (Ongoing Benefit Arrangements). Permanente Sozialpläne zeichnen sich dadurch aus, dass das Unternehmen durch Gesetz, Vertrag, Satzung, Gewohnheit oder eigene Grundsätze ausscheidenden Arbeitnehmern einen Nachteilsausgleich gewährt bzw. gewähren muss. Bei größeren Unternehmen ist dies regelmäßig der Fall – z.B. durch Überschreiten der Größenkriterien des § 112a BetrVG, wodurch das Unternehmen einen Sozialplan mit dem Betriebsrat abschließen muss. Besteht keine Verpflichtung seitens des Unternehmens einen Sozialplan abzuschließen, so handelt es sich um einen einmaligen Sozialplan.

Im Fall eines permanenten Sozialplans ist eine Verpflichtung auszuweisen, wenn wahrscheinlich ist, dass ein Abfindungsanspruch seitens des Arbeitnehmers besteht. Hierzu reicht ein unternehmensinterner Plan aus, wenn dieser so konkret ist, dass nicht mehr mit einer Abänderung zu rechnen ist, z.B. durch Nennung der Anzahl freizusetzender Arbeitnehmer, deren Funktion, der Standorte und des erwarteten Ausscheidungszeitpunkts sowie der geplanten Abfindungsvereinbarung. Eine Bekanntgabe an die betreffenden Mitarbeiter ist nicht erforderlich. Die

Verpflichtung ist in Höhe der zu erwartenden Abfindungszahlungen und der zu erwartenden Lohnfortzahlung.

Abfindungszahlungen aus einem einmaligen Sozialplan sind nach FAS 146 zurückzustellen, wenn das Unternehmen aus einem einmaligen Sozialplan verpflichtet ist sowie die zu kündigenden Mitarbeiter benannt sind und ihnen der Sozialplan bereits mitgeteilt wurde. Die Rückstellung ist zum Zeitpunkt der Bekanntgabe zu bilden. Scheiden Mitarbeiter nach Bekanntgabe des Sozialplans vor der Kündigungsfrist aus, ist die Verbindlichkeit in voller Höhe zu bilden. Erbringt ein Mitarbeiter über die Kündigungsfrist hinaus Arbeitsleistungen, ist der Aufwand über diese Zeit zu verteilen. Falls das Unternehmen den Arbeitnehmern höhere Abfindungszahlungen bei vorzeitigem Ausscheiden zusagt, wird der Betrag, der die übliche Abfindungsleistung übersteigt, zum Zeitpunkt der Akzeptanz des Angebots durch den Arbeitnehmer zurückgestellt.

Die Bilanzierung der im Zuge einer Restrukturierung entstehenden Sachkosten richtet sich ebenfalls nach FAS 146. So ist bei gekündigten Verträgen für die noch anfallenden Kosten eine Rückstellung zum Zeitpunkt der Kündigung zu erfassen. Für nicht beendete Vertragsverhältnisse ohne wirtschaftlichen Nutzen ist eine Verbindlichkeit dann zu erfassen, wenn der Vertrag keinen Nutzen für das Unternehmen erbringt. Dabei sind alle noch anfallenden Aufwendungen vermindert um wahrscheinliche Erträge zu erfassen. Im Fall von Mietverträgen ist eine Verbindlichkeit beispielsweise um erzielbare Untervermietungserträge zu vermindern; unabhängig davon, ob die Absicht besteht, das gemietete Objekt weiter zu vermieten. Der so ermittelte Betrag ist jeweils zu diskontieren, wobei dieselbe Zinsdefinition wie bei Rückbauverpflichtungen zur Anwendung kommt.

Alle übrigen Restrukturierungsaufwendungen können erst zum Zeitpunkt des Eintritts von Verpflichtungen oder des Anfalls von Ausgaben berücksichtigt werden.

Sowohl nach IFRS als auch nach US-GAAP sind solche Aufwendungen aus dem Rückstellungsbetrag zu eliminieren, die im Zusammenhang mit der zukünftigen Unternehmenstätigkeit stehen. Restrukturierungsaufwendungen können a) im Zusammenhang mit zum Verkauf anstehenden bzw. auf andere Weise zu beendenden Unternehmensaktivitäten stehen oder b) vorrangig mit den fortdauernden Unternehmensaktivitäten zusammenhängen. Aufwendungen für Abfindungen an Arbeitnehmer, die das Unternehmen im Rahmen der Restrukturierung verlassen werden, fallen z.B. unter die Beendigung von Unternehmensaktivitäten, während Aufwendungen für die Versetzung von weiterbeschäftigten Mitarbeitern an andere Standorte mit den fortdauernden Unternehmensaktivitäten zusammenhängen. Als Regel gilt nach IFRS und US-GAAP, dass die mit den zu beendenden Unternehmensaktivitäten verbundenen Aufwendungen rückstellungsfähig sind, während für die mit fortdauernden Unternehmensaktivitäten verbundenen Aufwendungen ein Rückstellungsverbot gilt. So sind nach IFRS und nach US-GAAP z.B. Aufwendungen für die Versetzung von Konzernmitarbeitern, künftige Abschreibungen, Aufwendungen für die Verlagerung von Vorräten oder die Anschaffung neuer Vermögenswerte (z.B. neue Software) nicht rückstellungsfähig. Auch nach

HGB kommen diese Aufwendungen nicht für eine Rückstellung für ungewisse Verbindlichkeiten in Betracht, ggf. wäre aber im Einzelfall zu prüfen, ob für einen Teil solcher Aufwendungen eine Aufwandsrückstellung nach § 249 Abs. 2 HGB gebildet werden darf.

> Restrukturierungsrückstellungen werden für geplante Restrukturierungsprogramme gebildet, die entweder ein vom Konzern abgedecktes Geschäftsfeld oder die Art, in der dieses Geschäft geführt wird, wesentlich verändern. Diese Rückstellungen beinhalten nur Ausgaben, die zwangsläufig im Zuge der Restrukturierung entstehen und nicht in Zusammenhang mit den laufenden Aktivitäten des Konzerns stehen. Die gebildeten Rückstellungen werden dem sonstigen betrieblichen Aufwand belastet, es sei denn, die Restrukturierung findet in den neu akquirierten Gesellschaften statt. In diesem Fall werden die Restrukturierungsrückstellungen in die Akquisitionsrechnung einbezogen und als Teil des Goodwills ausgewiesen.

Abb. 47: Bildung von Restrukturierungsrückstellungen nach IAS 37 (vgl. Roche, Geschäftsbericht 2000, S. 67)

2.6 Übrige Rückstellungen

2.6.1 Ansatz

Rückstellungen sind zu bilden, soweit (IAS 37.14, FAS 5.8, FIN 14, CON 6.36) vor der Veröffentlichung des Abschlusses verfügbare Informationen darauf hinweisen, dass am Bilanzstichtag eine Verpflichtung wahrscheinlich entstanden ist und die Verpflichtungshöhe zuverlässig bestimmbar ist. Demnach müssen nachfolgende Kriterien kumulativ erfüllt sein:

- Vorliegen einer Außenverpflichtung
- Wirtschaftliche bzw. rechtliche Verursachung
- Wahrscheinlichkeit der Inanspruchnahme
- Quantifizierbarkeit der Verpflichtung

Nur bei Verpflichtungen gegenüber Dritten dürfen Rückstellungen angesetzt werden, d.h. Aufwandsrückstellungen sind nach IFRS und US-GAAP nicht ansatzfähig. Auch Rückstellungen, die keine konkreten Außenverpflichtungen beinhalten, sondern nur das allgemeine Geschäftsrisiko abdecken, dürfen nicht gebildet werden. Rückstellungswahlrechte bestehen nach IFRS oder US-GAAP nicht (wenn also die Voraussetzungen für eine Rückstellungsbildung vorliegen, muss die Rückstellung auch gebildet werden).

Wann es als wahrscheinlich gilt, dass der Bilanzierende aufgrund der vorliegenden Verpflichtung in Anspruch genommen wird, legen die US-GAAP nicht fest. Stattdessen wird auf den allgemein gültigen Sprachgebrauch verwiesen. Zur Einschätzung, ob ein Sachverhalt passivierungspflichtig ist, werden drei ineinander übergehende Wahrscheinlichkeitskategorien unterschieden (FAS 5.3):

- Wahrscheinliche Inanspruchnahme (probable) ⇒ Passivierung erforderlich.
- Mögliche Inanspruchnahme (reasonably possible) ⇒ Nur Anhangangabe.
- Unwahrscheinliche Inanspruchnahme (remote) ⇒ Keine Passivierung und keine Angabe im Anhang.

Nach IAS 37.23 ist die Inanspruchnahme infolge einer Verpflichtung wahrscheinlich, wenn „mehr dafür als dagegen spricht". Daher wird in der Theorie regelmäßig eine mindestens 50%-ige Wahrscheinlichkeit für den Eintritt der Verpflichtung als Voraussetzung für eine Rückstellungsbildung gefordert. Ist die Verpflichtung nur möglich (possible), wovon bei einer Wahrscheinlichkeit von vielleicht 10% bis 50% auszugehen ist, so liegt ggf. eine Eventualverbindlichkeit vor, was entsprechende Anhangangaben notwendig macht (vgl. Kapitel V); ein Rückstellungsansatz scheidet dann aus. Bei einer Wahrscheinlichkeit von unter 10% erfolgt keine Berücksichtigung im Jahresabschluss. Nach US-GAAP wird die Schwelle, ab der von einer wahrscheinlichen Inanspruchnahme auszugehen ist, vielfach bei mindestens 70% gesehen, was (theoretisch) zu Unterschieden zwischen IFRS und US-GAAP führen kann. Aus praktischer Hinsicht ist allerdings anzumerken, dass weder die US-GAAP-Kriterien noch die IFRS-Definition mehr als ein Hilfskonstrukt darstellen können, da es nicht möglich ist, Eintrittswahrscheinlichkeiten für Rückstellungen objektiv zu quantifizieren (z.B. ist bei einer Prozesskostenrückstellung kaum messbar, wie hoch die Wahrscheinlichkeit ist, dass der Prozess verloren geht).

Die Ansatzkriterien für Rückstellungen sind gemäß IFRS und US-GAAP restriktiver als nach HGB. Nach US-GAAP reicht z.B. die Vermutung einer Patentverletzung nicht zur Bildung einer Patentverletzungsrückstellung aus, sondern erst die Geltendmachung eines Schadensersatzanspruchs oder zumindest die feste Absicht des Geschädigten, Klage einzureichen (soweit erkennbar).

Beispiel zum Ansatz von Rückstellungen bei Anpassungsverpflichtungen/Nachrüstungsverpflichtungen: Anpassungsverpflichtungen bzw. Nachrüstungsverpflichtungen entstehen, wenn der Betrieb einer genehmigungspflichtigen Anlage ab einem bestimmten Zeitpunkt davon abhängt, dass der Betreiber die Anlage nachrüstet oder so verändert, dass bestimmte Emissionsgrenzwerte eingehalten werden (z.B. nach der TEALU = Technische Anweisung Luft). Auch wenn eine gesetzliche Verpflichtung zur Anpassung bzw. Nachrüstung der Anlage besteht, darf gem. IAS 37 keine Rückstellung gebildet werden, da es dem Betreiber freistehe, den Betrieb der Anlage einzustellen. Ggf. muss in solchen Fällen eine außerplanmäßige Abschreibung der Anlage geprüft werden.

Beispiel zum Ansatz von Rückstellungen bei Gratifikation, Tantiemen und ähnliche Gewinnbeteiligungen von Arbeitnehmern: Soweit Arbeitnehmern Gratifikationen, Tantiemen oder ähnliche Gewinnbeteiligungen vor dem Bilanzstichtag zugesagt werden, muss nach IAS 37 eine Rückstellung gebildet werden. Falls die Gratifikation nur gewährt wird, wenn der Mitarbeiter danach noch einen bestimmten Zeitraum im Unternehmen verbleibt, muss ein Fluktuationsabschlag bei der Rückstellungsbewertung berücksichtigt werden (Bindung der Gratifikation an die weitere Unternehmenszugehörigkeit).

Beispiel zum Ansatz von Rückstellungen für Instandhaltungsmaßnahmen: Im Unterschied zu den IFRS und zu US-GAAP muss handelsrechtlich eine Rückstellung gebildet werden, wenn Instandhaltungsmaßnahmen aus einem früheren Geschäftsjahr im ersten Quartal des kommenden Geschäftsjahres nachgeholt werden sollen oder Abraumbeseitigungen im folgenden Geschäftsjahr durchgeführt werden (jeweils Passivierungspflicht gemäß § 249 Abs. 1 Satz 2 Nr. 1 HGB).

2.6.2 Bewertung

Rückstellungen werden nach IFRS, nach US-GAAP und nach HGB jeweils unterschiedlich bewertet. Im Gegensatz zum HGB müssen nach IAS 37 bei allen langfristigen Rückstellungen die absehbaren Kostensteigerungen berücksichtigt werden. Gemeint sind dabei auch Kostensteigerungen, die über den Abschlussstichtag hinausgehen. Zudem schreibt IAS 37 vor, dass langfristige Rückstellungen auf den Bilanzstichtag abzuzinsen sind. Eine Rückstellung gilt dabei als langfristig, wenn ihre ursprüngliche Laufzeit (also nicht die Restlaufzeit der Rückstellung) mehr als ein Jahr beträgt.

Bei langfristigen Rückstellungen entspricht der **Erfüllungsbetrag** (= der Betrag, der zum Fälligkeitszeitpunkt der Rückstellung erforderlich ist, um die Verpflichtung zu begleichen) normalerweise nicht dem Betrag, der am Bilanzstichtag für die Begleichung dieser Verpflichtung aufgewendet werden müsste. Daher sind bei langfristigen Rückstellungen nach IAS 37 meistens künftige Kostensteigerungen einzukalkulieren. Da die genaue Höhe der künftigen Kostensteigerungen in aller Regel nur geschätzt werden kann, wird normalerweise eine nachhaltige Kostensteigerungsrate prognostiziert und die Rückstellung rechnerisch aufgezinst.

Nach US-GAAP werden Rückstellungen mit dem wahrscheinlichsten Wert angesetzt. Falls die Wahrscheinlichkeit nur innerhalb einer Bandbreite bestimmt werden kann, so ist der niedrigste Betrag der Bandbreite zurückstellen, aber der höchste Betrag im Anhang zu veröffentlichen. Bei Rückbauverpflichtungen verlangt FAS 143, dass Unsicherheiten hinsichtlich der Wahrscheinlichkeit der Inanspruchnahme durch die Berücksichtigung der wahrscheinlichen Inanspruchnahme im Zuge der Bewertung zu berücksichtigen sind.

Die Abzinsung von Rückstellungen für ungewisse Verbindlichkeiten ist nach US-GAAP bislang nicht umfassend geregelt. Abgesehen von den Regelungen zur Bilanzierung von Pensionsrückstellungen gibt es eine Reihe einzelner Regelungen (z.B. in EITF 93-5 und in SOP 96-1), nach denen ein Abzinsungswahlrecht besteht. Neuere Standards schreiben eine Abzinsungspflicht zwingend vor (z.B. FAS 143 und FAS 146).

Ein wesentlicher Unterschied in den nach IFRS und US-GAAP verlangten Anhangangaben besteht darin, dass nach IAS 37 ein Rückstellungsspiegel notwendig ist. Nach US-GAAP wird, da zwischen Verbindlichkeiten und Rückstellungen nicht explizit getrennt wird, konsequenterweise kein Rückstellungsspiegel gefordert.

MioEUR	Gezeichnetes Kapital	Kapitalrücklage	Gewinnrücklage	Unterschied aus Währungsumrechnung	Rücklagen aus Marktwertansatz und sonstigen Bewertungen	Übrige Rücklagen	Auf Aktionäre der Rheinmetall AG entfallender Konzernjahresüberschuß	Eigenkapital der Aktionäre der Rheinmetall AG	Anteile anderer Gesellschafter	Eigenkapital/Anteile anderer Gesellschafter
Stand am 31. Dezember 2000	92	208	142	−4	72	210	−47	463	228	691
Erstmalige Anwendung von										
IAS 39 (01.01.2001)	--	--	−1	--	−1	−2	--	−2	--	−2
Stand am 1. Januar 2001	92	208	141	−4	71	208	−47	461	228	689
Kapitaleinzahlungen	--	--	--	--	--	--	--	--	3	3
Dividendenzahlungen	--	--	−24	--	--	−24	--	−24	−15	−39
Währungsunterschiede	--	--	--	−2	--	−2	--	−2	--	−2
Änderungen des										
Konsolidierungskreises	--	--	--	--	--	--	--	--	39	39
Einstellungen/Entnahmen										
aus Rücklagen	--	--	−47	--	--	−47	47	--	--	--
Übrige neutrale Veränderungen	--	--	−4	--	−2	−6	--	−6	−5	−11
Konzern-Jahresüberschuß	--	--	--	--	--	--	21	21	17	38
Stand am 31. Dezember 2001	92	208	66	−6	69	129	21	450	267	717
Kapitaleinzahlungen	--	--	--	--	--	--	--	--	--	--
Dividendenzahlungen	--	--	−17	--	--	−17	--	−17	−9	−26
Währungsunterschiede	--	--	--	−24	--	−24	--	−24	−1	−25
Änderungen des										
Konsolidierungskreises	--	--	12	--	--	12	--	12	−68	−56
Einstellungen/Entnahmen										
aus Rücklagen	--	--	21	--	--	21	−21	--	--	--
Übrige neutrale Veränderungen	--	--	−4	--	−4	−8	--	−8	−7	−15
Konzern-Jahresüberschuß	--	--	--	--	--	--	246	246	28	274
Stand am 31. Dezember 2002	92	208	78	−30	65	113	246	659	210	869

Abb. 48: Ausweis eines Rückstellungsspiegels nach IFRS
(vgl. Rheinmetall, Geschäftsbericht 2002, S. 59)

3. Verbindlichkeiten

Als Verbindlichkeiten sind alle Geld- oder Sachwertverpflichtungen der Gesellschaft auszuweisen, sofern ein Abfluss ökonomischer Ressourcen wahrscheinlich ist und die Höhe des abfließenden Betrags zuverlässig bestimmt werden kann. Die Verpflichtungen muss gegenüber einem Fremden bestehen und rechtlich entstanden oder wirtschaftlich verursacht sein. Ferner charakterisiert eine Verbindlichkeit – im Unterschied zu einer Rückstellung –, dass sie dem Grunde und der Höhe nach feststeht.

Zu den Verbindlichkeiten gehören üblicherweise:

- Anleihen
- Schuldscheindarlehen
- Verbindlichkeiten gegenüber Kreditinstituten
- Erhaltene Anzahlungen auf Bestellungen
- Verbindlichkeiten aus Lieferungen und Leistungen

- Verbindlichkeiten aus der Annahme gezogener Wechsel und der Ausstellung eigener Wechsel
- Verbindlichkeiten gegenüber verbundenen Unternehmen und Unternehmen, mit denen ein Beteiligungsverhältnis besteht
- Sonstige Verbindlichkeiten

Nach der durch IAS 1 vorgegebenen Bilanzgliederung in kurzfristige und langfristige Posten müssen auch Verbindlichkeiten entsprechend abgegrenzt werden. Dabei ist davon auszugehen, dass bei kurzfristigen Verbindlichkeiten die Begleichung innerhalb des gewöhnlichen Verlaufs des Geschäftszyklus oder innerhalb von 12 Monaten erfolgt (IAS 1.60). Alle anderen Verpflichtungen gelten als langfristig. Demnach gelten Verbindlichkeiten aus Lieferungen und Leistung grundsätzlich als kurzfristige Verbindlichkeiten, auch wenn sie erst nach 12 Monaten beglichen werden. Andererseits ist der Teil eines Bankdarlehens, der innerhalb von 12 Monaten fällig wird, dem kurzfristigen Bereich zuzuordnen.

Fremdwährungsverbindlichkeiten, die im laufenden Geschäftsjahr zunächst mit dem Umrechnungskurs des Tages ihrer Begründung erfasst wurden, sind im Jahresabschluss mit dem Bilanzstichtagskurs zu bewerten. Verbindlichkeiten, die auf die Abschlusswährung lauten, werden mit dem Rückzahlungsbetrag erfasst. Ein evtl. Disagio wird offen von dem Rückzahlungsbetrag abgesetzt und unter Anwendung der Effektivzinsmethode über die Laufzeit verteilt (vgl. zur Effektivzinsmethode Kapitel A.III.5.2.2). Der jeweils periodisch aufgelöste Betrag wird der Verbindlichkeit zugeschrieben (APB Opinion No. 21.16). Das Disagio wird also nicht aktiviert.

V. Eventualverbindlichkeiten und Eventualforderungen

Bei den im Anhang anzugebenden Eventualverbindlichkeiten handelt es sich um

- mögliche Verpflichtungen, die durch Ereignisse in der Vergangenheit begründet wurden und deren Eintritt von einem oder mehreren unsicheren Ereignissen der Zukunft abhängen, die durch das Unternehmen nicht oder nicht vollständig beeinflusst werden können, oder
- bereits bestehende Verpflichtungen, die aber nicht bilanziert werden, weil ein Vermögensabfluss zur Erfüllung der Verpflichtung möglich, aber nicht wahrscheinlich ist (d.h. weniger als eine 50%-ige Wahrscheinlichkeit besteht) oder
- bereits bestehende Verpflichtungen, die aber nicht bilanziert werden, da – in seltenen Fällen – der Betrag einer bestehenden Verpflichtung nicht mit ausreichender Zuverlässigkeit geschätzt werden kann (IAS 37.10).

Beispiele für Eventualverbindlichkeiten sind noch nicht konkretisierte Verpflichtungen aus Bürgschaften oder etwa Verpflichtungen aus gesamtschuldnerischen Haftungsverhältnissen ohne Konkretisierung. Jede Gruppe von Eventualverbindlichkeiten ist im Anhang zu beschreiben. Die Darstellung der finanziellen Auswirkungen erfolgt analog den Bewertungsregeln für Rückstellungen. Sofern die

Wahrscheinlichkeit der Inanspruchnahme „remote" (d.h. unter 10%) ist, sind keine Angaben notwendig.

Nach US-GAAP fallen die angabepflichtigen, aber nicht zu bilanzierenden Verpflichtungen unter die „contingent liabilities", die damit neben den zu passivierenden Sachverhalten auch Sachverhalte umfassen, die nur im Anhang zu zeigen sind.

Anzugeben sind aber auch Eventualforderungen. Eine Eventualforderung ist ein möglicher Vermögenswert, der aus vergangenen Ereignissen resultiert und dessen Existenz durch das Eintreten oder Nichteintreten eines oder mehrerer unsicherer künftiger Ereignisse bedingt ist, die nicht vollständig unter der Kontrolle des Unternehmens stehen. Eines der eher wenigen Beispiele hierfür ist eine Schadensersatzforderung, die das Unternehmen in einem gerichtlichen Verfahren durchzusetzen versucht (IAS 37.20).

Eventualforderungen dürfen wie Eventualschulden nicht bilanziert werden. Ist die Realisierung eines Ertrags so gut wie sicher, handelt es sich nicht mehr um eine Eventualforderung, sondern um einen Vermögenswert, der entsprechend zu bilanzieren ist.

> Die im Vorjahr genannten Eventualforderungen aus zwei abgeschlossenen Flugzeugverkäufen sind realisiert worden. Aus dem Verkauf sind insgesamt 58,3 Mio € zugeflossen. Von den ebenfalls im Vorjahr genannten Konkursforderungen aus Subleaseverträgen mit Fokker Aircraft BV konnten 2,9 Mio. € realisiert werden. Weitere Forderungen bestehen nicht mehr.

Abb. 49: Erläuterung von nach IAS 10 berichtspflichtigen Eventualforderungen
(vgl. Lufthansa, Geschäftsbericht 2000, S. 121)

Die Abgrenzung zwischen den (zu aktivierenden) Vermögenswerten und den (nicht zu aktivierenden, aber berichtspflichtigen) Eventualforderungen ist nach IFRS und US-GAAP identisch; auch die Trennung zwischen (zu passivierenden) Schulden und (nicht zu passivierenden) Eventualverbindlichkeiten unterscheidet sich nach IFRS und US-GAAP nicht.

VI. Änderungen von Bilanzierungsmethoden und -parametern sowie -fehlern

1. Änderungen von Schätzungen

Änderungen von Schätzungen liegen vor, wenn sich bei der Ermittlung von Bilanzposten unsichere zukunftsbezogene Berechnungsparameter ändern (z.B. Abzinsungssätze bei langfristigen Rückstellungen, Nutzungsdauern, die Fluktuati-

onsrate bei der Pensionsrückstellung u.ä.). Die Änderungen einer Bilanzierungs-
und Bewertungsmethode, wie z.B. der Wechsel von der Bilanzierung von Joint-
Ventures nach der Equity-Methode zur Quotenkonsolidierung (= Wahlrecht nach
IAS 31) sind keine Änderungen von Schätzungen.

Die Erfassung der sich aus der veränderten Einschätzung ergebenden Korrekturen
erfolgt sowohl nach IFRS als auch US-GAAP prospektiv ergebniswirksam in der
Berichtsperiode. Falls sich die Änderungen auch auf spätere Perioden auswirken,
sind auch diese betroffen. Ein gesonderter Ausweis in der GuV ist nicht erforderlich. Soweit wesentlich, sind im Anhang Art und Gründe für die Schätzungsände-
rung sowie der Ergebniseffekt anzugeben. Ein Beispiel für Schätzungsänderungen, die nur die Berichtsperiode betreffen, ist eine geänderte Einschätzung, wie
werthaltig bestimmte Forderungen sind. Zu den Schätzungsänderungen, die sowohl die laufende als auch künftige Perioden betreffen, zählt beispielsweise die
veränderte Einschätzung der Nutzungsdauer für abnutzbare Vermögenswerte.
Nach IFRS ist auch der veränderte Abnutzungsverlauf eines Vermögenswerts und
die damit verbundene Anpassung der Abschreibungsmethode als Schätzungsän-
derung anzusehen (IAS 16.61), während dies nach US-GAAP im Regelfall als
Änderung einer Bilanzierungsmethode einzuordnen ist.

In dem folgenden Beispiel stellt die Nutzungsdauer von Vermögenswerten des
Sachanlagevermögens den geschätzten Parameter dar, der sich ändert. Der An-
passungsbetrag wird sofort erfolgswirksam erfasst.

> **Change in Estimate**
>
> As a result of a change in estimate of the useful life of personal
> computers (PCs) from five years to three years, the company
> recognized a charge in the second quarter of 1999 of $404 mil-
> lion ($241 million after tax, $.13 per diluted common share). In
> the second quarter, the company wrote off the net book value
> of PCs that were 3 years or older and, therefore, had no remain-
> ing useful life. The remaining book value of the assets will be
> depreciated over the remaining new useful life. The net effect
> on future operations is expected to be minimal as the increased
> depreciation due to the shorter life will be offset by the lower
> depreciable base attributable to the write-off of PCs older than
> three years.

Abb. 50: Änderung einer Schätzung (vgl. IBM, Geschäftsbericht 2000, S. 82)

Von den Änderungen von Schätzungen sind die Änderungen einer Bilanzierungsmethode zu unterscheiden.

2. Änderungen von Bilanzierungs- und Bewertungsmethoden

Änderungen der Bilanzierungs- und Bewertungsmethoden dürfen nach IAS 8 nur vorgenommen werden, wenn ein neu verabschiedeter Standard dies erforderlich macht oder die freiwillige Änderung eine verlässlichere Darstellung der Vermögens-, Finanz- oder Ertragslage ermöglicht. Änderungen von Bilanzierungs- und Bewertungsmethoden, die auf der erstmaligen Anwendung eines Standards beruhen, sind gemäß den in dem jeweiligen Standard enthaltenen Übergangsvorschriften zu behandeln. Sofern dieser keine Vorgaben enthält, kommt die in IAS 8 vorgeschriebene retrospektive Korrektur zur Anwendung; gleiches gilt für freiwillige Änderungen zur Verbesserung der Darstellung der Vermögens-, Finanz- oder Ertragslage. Die in diesem Fall vorzunehmende retrospektive Anpassung erfordert,

- dass alle im Jahresabschluss angegebenen Vergleichswerte so angepasst werden, als wäre die im Berichtsjahr angewandte Methode auch in den berichteten Vorjahren bereits angewendet worden;
- dies, sofern Vorperioden betroffen sind, die im Abschluss nicht berichtet werden, durch die Anpassung des Vortragswerts der Gewinnrücklagen in der frühesten dargestellten Vorperiode zu berücksichtigen;
- dass auf die Anpassung von Vergleichszahlen bei Vorperioden nur verzichtet werden darf, wenn dies nicht durchführbar ist.

Nach US-GAAP ist der Ergebniseffekt aus Änderungen von Bilanzierungs- und Bewertungsmethoden bis auf wenige Ausnahmen in der GuV zwischen dem außerordentlichen Ergebnis und dem Jahresüberschuss als eigener Posten „cumulative effect of changes in accounting principles" auszuweisen. Die Vorjahre werden nicht angepasst (APB Opinion 20.19, .20). Der Ergebniseffekt errechnet sich aus der Differenz zwischen den zu Beginn der Periode ausgewiesenen Gewinnrücklagen bzw. dem Gewinnvortrag (Retained Earnings) und den Rücklagen, die sich ergeben hätten, wenn die Methodenänderung bereits in allen betroffenen Vorperioden angewandt worden wäre (APB Opinion 20.20).

In den folgenden Ausnahmefällen sind die Vorjahre rückwirkend zu ändern (Restatement Method):

- Wechsel von der LIFO-Methode bei der Vorratsbewertung zu einer anderen Methode.
- Wechsel der Bilanzierungsmethode bei langfristiger Auftragsfertigung. Wird beispielsweise eine zuverlässige Schätzung (z.B. der Gesamtkosten) bei der PoC-Methode unmöglich, bedarf es Anpassungen, die sich darin auswirken können, dass die Completed Contract-Methode angewandt werden muss).
- Neue FAS oder andere Verlautbarungen, wenn es dort verbindlich vorgeschrieben wird (Übergangsvorschriften, z.B. in FAS 133.49 ff.)

Unter der GuV ist mittels einer Pro-forma-Rechnung für jede dargestellte Periode der Jahresüberschuss vor außerordentlichem Ergebnis (Income before extraordinatory Items) sowie der Jahresüberschuss (Net Income) darzustellen, der sich ergeben hätte, wenn die neue Methode bereits in den vorangegangen Jahren angewandt worden wäre (APB Opinion 20.21). Auf diese Pro-forma-Angaben darf ausnahmsweise verzichtet werden, wenn sie nicht mehr ermittelbar sind (APB Opinion 20.25).

3. Berichtigung von Fehlern

Werden bei der Aufstellung des aktuellen Jahresabschlusses Fehler in einer oder mehreren Perioden früherer Abschlüsse aufgedeckt, sind diese nach IFRS ebenfalls retrospektiv zu berichtigen – soweit durchführbar. Dabei sind die Vergleichszahlen für die vorangegangenen betroffenen Perioden zu berichtigen. Falls der Fehler eine Periode betrifft, die vor der letzten dargestellten Vergleichsperiode liegt, ist der Fehler in dem Vortragswert der Gewinnrücklagen der zuletzt berichteten Vergleichsperiode zu korrigieren. Im Anhang ist – soweit wesentlich – die Art des Fehlers und die betragsmäßigen Auswirkungen anzugeben. Nach US-GAAP erfolgt ebenfalls eine retrospektive Anpassung der Vorjahre (APB 20.36 i.V.m. APB 9.18). Dazu werden die betroffenen vorangegangenen Perioden im entsprechenden Vorjahresergebnis und den jeweiligen Gewinnrücklagen korrigiert. Wie nach IFRS ergeben sich keine Auswirkungen auf das aktuelle Periodenergebnis.

VII. Typische Unterschiede – dargestellt an einem praktischen Beispiel

Im Folgenden werden wesentliche Unterschiede zwischen HGB und US-GAAP, die bei CLAAS zu den Eigenkapitaldifferenzen geführt haben, kurz erläutert (vgl. CLAAS, Geschäftsbericht 2000, S. 81 ff.):

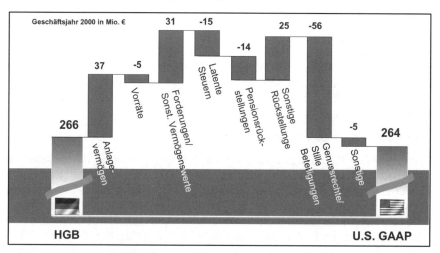

Abb. 51: Eigenkapitalüberleitung des CLAAS-Konzerns für das Geschäftsjahr 2000

Anlagevermögen

Nach HGB-Grundsätzen wird bei CLAAS überwiegend degressiv abgeschrieben, wobei die steuerlichen Abschreibungen in der Regel auch in die Handelsbilanz übernommen werden. Die Nutzungsdauern orientieren sich dabei im Allgemeinen an den steuerlichen AfA-Tabellen. Für immaterielle Vermögenswerte des Anlagevermögens, die nicht entgeltlich erworben wurden, darf nach § 248 Abs. 2 HGB kein Aktivposten angesetzt werden. Nach US-GAAP ist diejenige Abschreibungsmethode zu wählen, die die voraussichtliche Abnutzung des Vermögenswerts am besten wiedergibt. Üblicherweise wird daher linear abgeschrieben; steuerliche Abschreibungen entfallen völlig. Im Gegensatz zum HGB wird eine wirtschaftliche Nutzungsdauer zugrunde gelegt, die sich von der Nutzungsdauer in den steuerlichen AfA-Tabellen unterscheiden kann.

Ferner wird geleastes Anlagevermögen aktiviert, sofern die Kriterien für einen Capital Lease erfüllt sind. Nach HGB sind geleaste Vermögenswerte zwar bei Vorliegen bestimmter Kriterien – sie werden üblicherweise aus steuerlichen Erlassen abgeleitet – ebenfalls zu aktivieren, doch greifen die Aktivierungskriterien nach US-GAAP normalerweise deutlich früher.

Für bestimmte selbsterstellte immaterielle Vermögenswerte besteht nach US-GAAP ein Aktivierungsgebot (z.B. selbsterstellte Software). Unterschiedliche Wertansätze können auch durch außerplanmäßige Abschreibungen entstehen, für die nach US-GAAP insbesondere im Sachanlagevermögen sog. Wertminderungs-Tests durchzuführen sind.

Vorräte

Während nach deutschem Recht die Bewertung der Vorräte zwischen Einzel- und Vollkosten (nach steuerlichen Vorschriften) erlaubt ist, werden Vorräte nach US-GAAP zu produktionsbezogenen Vollkosten bewertet, d.h. sämtliche zurechenbaren Gemeinkosten sind aktiviert. Für langfristige Fertigungsaufträge wird gemäß US-GAAP die Percentage-of-Completion-Methode (PoC) verwendet, die nach HGB wegen der Aktivierung unrealisierter Gewinne unzulässig ist. Unfertige Erzeugnisse werden dabei in Abhängigkeit von ihrem Fertigstellungsgrad als Forderungen aus PoC ausgewiesen.

Forderungen/sonstige Vermögenswerte

In der deutschen Rechnungslegung werden Forderungen unter Berücksichtigung des Vorsichtsprinzips pauschal wertberichtigt. Gemäß US-GAAP dürfen Pauschalwertberichtigungen nur dann gebildet werden, wenn nachweisbare Erfahrungswerte vorliegen bzw. soweit mit Ausfällen wahrscheinlich zu rechnen ist. Fremdwährungsforderungen werden nach US-GAAP mit dem Stichtagskurs bewertet, auch wenn der Einbuchungskurs unter dem Stichtagskurs liegt. Nach HGB dürfen dagegen die Anschaffungskosten bei Fremdwährungsforderungen nicht überschritten werden. Ferner wird bei CLAAS nach US-GAAP die Überdeckung von Pensionsverpflichtungen durch einen Pensionsfonds als sonstiger Vermögenswert ausgewiesen. Nach HGB wurde dieser Betrag nicht aktiviert.

Latente Steuern

Nach HGB werden aktive und passive latente Steuern nur bei zeitlichen Differenzen zwischen HGB-Ergebnis und steuerlichem Ergebnis abgegrenzt. Die Saldierung von aktiven und passiven latenten Steuern ist möglich. Nach US-GAAP sind für temporäre Differenzen zwischen den Wertansätzen in der Konzernbilanz und in der Steuerbilanz latente Steuern zu bilden. Ferner sind aktive latente Steuern bei zu erwartenden Steuerminderungen aus steuerlich noch nicht genutzten Verlustvorträgen anzusetzen. Das offene Saldieren von aktiven und passiven latenten Steuern gleicher Fristigkeit ist möglich, soweit Ansprüche und Verpflichtungen gegenüber dem gleichen Partner bestehen.

Pensionsrückstellungen

Nach HGB werden Pensionsrückstellungen in der Regel nach dem steuerlichen Teilwertverfahren ermittelt. Fluktuationswahrscheinlichkeiten werden pauschal berücksichtigt. Künftige Gehalts- und Rentensteigerungen dürfen nicht berücksichtigt werden. Der Abzinsungsfaktor kann sich an den steuerlichen Vorschriften orientieren. Nach US-GAAP werden Pensionsrückstellungen gemäß der Anwartschaftsbarwertmethode (Projected Unit Credit Method) ermittelt. Offizielle Fluktuationswahrscheinlichkeiten sowie Gehalts- und Rentensteigerungen werden berücksichtigt. Der Abzinsungsfaktor wird vom Kapitalmarktzinssatz abgeleitet. Überschreitet der Anwartschaftsbarwert durch die Veränderung der Berechnungsgrundlagen die erfolgswirksam gebildete Pensionsrückstellung, so wird gemäß FAS 87 die Pensionsrückstellung um einen zusätzlichen Rückstellungsbetrag („additional minimum liability") erfolgsneutral erhöht. Dieser Betrag muss niedriger sein als die noch nicht verrechneten Mehrkosten aus Planänderungen. Anderenfalls wird er mit dem Eigenkapital verrechnet. Der Unterschiedsbetrag aus der Pensionsbewertung ist gemäß US-GAAP ergebnisneutral zu erfassen. Nach handelsrechtlichen Vorschriften hingegen wird die Dotierung und Auflösung dieser Mindestpensionsverpflichtung sofort ergebniswirksam in der Gewinn- und Verlustrechnung erfasst.

Sonstige Rückstellungen

Für Rückstellungen sieht das HGB Wahlrechte vor und ermöglicht die Passivierung von Aufwandsrückstellungen, die auf einer Innenverpflichtung basieren. Nach US-GAAP bestehen restriktivere Voraussetzungen für die Bildung von Rückstellungen. Passivierungswahlrechte gibt es nicht und für den Ansatz wird eine hohe Eintrittswahrscheinlichkeit vorausgesetzt. Aufwandsrückstellungen sind nicht erlaubt.

Genussrechte/Stille Beteiligung

Nach HGB werden die Genussrechte und die stille Beteiligung der CLAAS Mitarbeiterbeteiligungsgesellschaft mbH als Eigenkapital klassifiziert, da sie ergebnisabhängig vergütet werden und im Haftungsfall nachrangig zu behandeln sind. Nach US-GAAP ist dagegen entscheidend, ob es sich um eine rückzahlbare Kapitalüberlassung handelt. Die Genussrechte und die stille Beteiligung werden an die

Kapitalgeber wieder ausgezahlt; damit zählen sie nach US-GAAP als rückzahlbare Kapitalüberlassungen zum Fremdkapital.

VIII. Perspektiven

Wie wird die internationale **Harmonisierung der Rechnungslegung** weitergehen? Die Befreiungsregel in § 292a HGB war eine Zwischenlösung. Die Übernahme der IFRS auf europäischer Ebene ordnet sich in eine Entwicklung ein, die privaten Standardgebern auf dem Gebiet der Rechnungslegung eine größere Bedeutung zuweist. Von diesen erwartet man eine flexible und praxisnahe Anpassung der Bilanzierungsregeln auf neue Sachverhalte. Trotz dieses Vorteils werden nicht alle IFRS „ohne wenn und aber" übernommen. Über die Anwendung der IFRS im Einzelnen entscheidet die Europäische Kommission unter Beteiligung der Mitgliedstaaten in einem besonderen Verfahren **(Komitologieverfahren)**. Zur Beurteilung der einzelnen IFRS hat die Kommission das Accounting Regulatory Committee (ARC) als Regelungsausschuss gegründet. Dieser Ausschuss besteht hauptsächlich aus Vertretern der nationalen Kapitalmarktregulierung (für Deutschland die Bundesministerien für Finanzen sowie für Wirtschaft und Arbeit). Weitere Unterstützung leistet das European Financial Reporting Advisory Council (EFRAG), das von börsennotierten Unternehmen und Wirtschaftsprüfungsgesellschaften getragen wird. Daneben vertritt das EFRAG die EU bei der Verabschiedung neuer IFRS gegenüber dem IASB.

Die europäische Kommission legt im Rahmen des Komitologieverfahrens nach Beratung durch das EFRAG dem ARC die neu hinzugefügten oder geänderten IFRS zur Abstimmung vor. Nach Zustimmung des ARC kann die Kommission diese dann in eine entsprechende Verordnung umsetzen, wodurch die Regelungen europaweit Gesetzeskraft erlangen. Falls das ARC den Regelungen die Zustimmung versagt, sind die betroffenen Standards nicht zwingend im Sinne der EU-Verordnung anzuwenden. Bislang wurden alle Standards mit Ausnahme der Regelungen zur Bilanzierung von Finanzinstrumenten (IAS 32 und 39) übernommen.

Durch das Komitologieverfahren und die Zusammenarbeit von EU und IASB wird sichergestellt, dass die EU auf den Prozess der Erarbeitung neuer oder der Änderung bestehender IFRS bereits im Frühstadium Einfluss nehmen wird. Damit ergibt sich für das IASB neben der seit Jahren angestrebten Angleichung an US-GAAP ein weiterer Bestimmungsfaktor für die Ausarbeitung von Standards. Es bleibt abzuwarten wie sich diese Bipolarität auf die Entwicklung der IFRS auswirken wird.

Die Frage der Harmonisierung der IFRS und US-GAAP hat gerade durch die verpflichtende Anwendung der IFRS in Europa wieder an Bedeutung gewonnen. Immerhin können die Unternehmen ihre Rechnungslegungsverpflichtung nun nicht mehr durch die alleinige Aufstellung eines US-GAAP-Abschlusses erfüllen. Zu erwarten ist, dass die IFRS durch die EU-Entscheidung enormen Rückenwind bekommen werden und ihre Bedeutung als „echter" internationaler Standardsetter noch weiter steigen wird.

Dies dürfte auch der bislang harten Linie der SEC in Bezug auf den Zugang zum US-amerikanischen Kapitalmarkt einen Gegenpol vorsetzen. Die SEC hat lange Zeit wenig Bereitschaft erkennen lassen, die IFRS als Grundlage für eine Börsennotierung in den USA zuzulassen. Erst im Februar 2000 hat die SEC eine Umfrage gestartet, um die Inhalte eines Anforderungskatalogs zur Anerkennung der IFRS zu erstellen. Die Reaktionen waren seitens der Industrie und Politik vorwiegend negativ (insbesondere aufgrund der befürchteten „Inländerdiskriminierung", da Ausländer die einfacheren IFRS anwenden können, während Inländer die umfangreicheren US-GAAP anwenden müssen). Daher kam es zu keinen weiteren offiziellen Aktivitäten. Eine pauschale Anerkennung von Jahresabschlüssen auf IFRS-Basis durch die SEC ist daher mittelfristig nicht zu erwarten.

Lediglich auf der Ebene der Standardgeber sind seit längerem Bestrebungen zu beobachten, die Normensysteme anzugleichen und zu harmonisieren. Diese Bemühungen fanden Ende 2002 Eingang in ein gemeinsames Projekt zwischen IASB und FASB („Short-term Convergence"). In der ersten Phase sollen IASB und FASB jeweils die aktuellsten Standards des Anderen auf Differenzen zu den eigenen Regelungen untersuchen. Geht man davon aus, dass die jeweils neuesten Standards die höchste Qualität aufweisen, wird entweder eine Anpassung der eigenen Regeln vorgenommen oder – in Ausnahmefällen – die Abweichung diskutiert. Durch diese Vorgehensweise sollen zahlreiche kleine Unterschiede zwischen beiden Normensystemen beseitigt werden.

Darüber hinaus planen die beiden Boards eine Abstimmung ihrer Projektpläne, um so Parallelarbeit und daraus resultierende Unterschiede zu vermeiden. In der zweiten Phase des Projekts sollen Themenkomplexe wie Ertragssteuern, Zwischenberichterstattung sowie die Behandlung von Forschungs- und Entwicklungskosten angegangen werden.

Damit ist bereits abzusehen, dass die Anwendung der IFRS für den Bilanzierenden in der Zukunft nicht einfacher wird. Es dürfte noch lange Zeit dauern, bis die Reife und Stabilität des HGB und der ergänzenden BFH-Rechtsprechung gefunden wird.

Fraglich ist, wie sich die Bilanzierung bei deutschen Unternehmen vor diesem Hintergrund entwickeln wird. Den Rahmen der IFRS-Anwendung steckt die EU-Neuregelung. Neben dem Kreis der durch die EU-Verordnung unmittelbar zur IFRS-Anwendung verpflichteten kapitalmarktorientierten Unternehmen sieht der Entwurf eines Bilanzrechtsreformgesetzes, der die EU-Verordnung begleitet, lediglich für solche Mutterunternehmen eine verpflichtende Anwendung vor, die die Zulassung eines Wertpapiers zum Handel an einem geregelten Markt beantragt haben. Für alle nicht kapitalmarktorientierten Unternehmen ist ein Wahlrecht vorgesehen, auf der Ebene des Konzernabschlusses die (übernommenen) IFRS anwenden zu dürfen. Mutterunternehmen mittelständischer Konzerne, die nicht an einer Börse notiert sind, aber zur Aufstellung eines Konzernabschlusses verpflichtet sind, erhalten somit über das bisherige Recht hinausgehend die Möglichkeit, ihren Geschäftspartnern einen konsolidierten Abschluss nach internationalen Standards vorzulegen. Weiterhin ermöglicht die EU-Verordnung den Mitgliedstaaten, die Anwendung der IFRS auch im Einzelabschluss zu gestatten oder sogar vorzuschreiben. Der Entwurf eines Bilanzrechtsreformgesetz sieht nur eine informatorische Anwendung der IFRS vor. Die Anwendung der IFRS im Einzel-abschluss zum Zweck der besseren Information der Investoren und sonstigen Geschäftspartner erfolgt ausschließlich auf freiwilliger Basis. Ein Unternehmen, das sich für die Offenlegung eines informatorischen IFRS-Einzelabschlusses entscheidet, hat daneben für die Zwecke des Gesellschafts- und des Steuerrechts einen HGB-Abschluss aufzustellen.

Eine grundlegende Änderung der Bilanzierungswelt der nicht börsennotierten Gesellschaften ist vor diesem Hintergrund nicht zu erwarten. Denn von den etwa drei Millionen deutschen Unternehmen nimmt die große Masse weder an interna-tionalen Partnerschaften teil noch an einer globalen Beteiligungsfinanzierung und nur wenige werden eine Notierung an der Wallstreet anstreben. Daher werden mittelständische Unternehmen kaum geneigt sein, Regelungen anzuwenden, die die Komplexität des HGB insbesondere bei den Anhangangaben wesentlich über-steigen.

Zudem werden die meisten deutschen Unternehmen mit bis zu fünfzig Mitarbei-tern ohne externe Unterstützung kaum dazu in der Lage sein, ihre Rechnungsle-gung auf IFRS umzustellen (alleine die IFRS-Standards umfassen ohne jegliche Kommentarliteratur mehr als 1000 Seiten und bei den US-GAAP wird, wenn alle Bereiche des „House of GAAP" zusammen genommen werden, mitunter gar eine Zahl von 100.000 Seiten genannt). Erfahrungen mit Unternehmen, die am Neuen Markt notiert waren und die deswegen zwangsweise IFRS oder US-GAAP an-wenden mussten, waren insbesondere mit den US-GAAP nicht nur positiv, denn im Vergleich zum HGB wird die höhere Transparenz auch mit höherer Komplexi-tät des Berichtswesens und der Bilanzierung erkauft. Den Umstellungskosten auf IFRS oder US-GAAP würde bei nicht börsennotierten kleinen und mittleren Un-ternehmen im Normalfall nur ein geringer Nutzen gegenüberstehen. Alles in al-lem ist zu erwarten, dass die Zahl der internationalen Abschlüsse in Europa in den nächsten Jahren beträchtlich steigen wird – wobei die IFRS gegenüber den US-GAAP durch die EU-Entscheidung zumindest in Europa die „Nase vorn" haben werden. Allerdings bleibt die Entwicklung auf die börsennotierten Gesellschaften beschränkt.

Übungsaufgaben

Aufgabe 1: Komponentenansatz

Die M-AG ist ein Unternehmen im Bereich der Plastikherstellung. Das Kernstück der Plastikherstellung besteht aus einer Anlage zum Gießen des Plastiks und einer nachgelagerten Härtungskammer. Die Gesamtanschaffungskosten belaufen sich auf 1.125.000 €, die sich auf die einzelnen Komponenten wie folgt aufteilen:

- Mischgerät zum Aufbereiten der Plastikmasse (200.000 €)
- Zelle zum Gießen des Plastiks (300.000 €)
- Schwenkarm (50.000 €) mit Spritzkopf zur Befüllung von Formen (225.000 €)
- Härtungskammer (150.000 €)
- Computeranlage zur Steuerung der einzelnen Bestandteile der Anlage (200.000 €)

Die Anlage wurde am 1.1.02 angeschafft und in der HGB-Bilanz als einheitlicher Vermögenswert angesetzt. Die Nutzungsdauer beträgt 9 Jahre. Ende 04 wurde nach drei Jahren der Spritzkopf planmäßig ausgetauscht und durch einen neuen ersetzt. Die Nutzungsdauer der Spritzköpfe ist auf 3 Jahre beschränkt. Unter HGB wurden die entsprechenden Ausgaben in Höhe von 225.000 € als Erhaltungsaufwand behandelt.

Welcher bilanzielle Ansatz ergibt sich in der IFRS-Konzernbilanz der M-AG zum 31.12.04?

Lösungshinweis

Die Anlage ist nach dem Komponentenansatz nach IAS 16 in mehrere Vermögenswerte aufzuteilen, wenn diese jeweils eine unterschiedliche Nutzungsdauer aufweisen und für sich wesentlich sind. Im vorliegenden Fall weisen die Spritzköpfe eine abweichende Nutzungsdauer zum Rest des Vermögenswerts auf. Die Nutzungsdauer eines Spritzkopfes beläuft sich auf drei Jahre, während die gesamte Anlage neun Jahre genutzt werden kann. Weiterhin sind die Anschaffungskosten eines Spritzkopfes wesentlich im Verhältnis zur Gesamtanlage (20%). Daher sind die Spritzköpfe über drei Jahre abzuschreiben und die restlichen Komponenten über 9 Jahre.

Die Nutzungsdauer des Spritzkopfes endet am 31.12.04, so dass sich am 31.12.04 zunächst ein Restbuchwert von Null ergeben würde. Allerdings wurde der Spritzkopf Ende 04 ersetzt. Die entsprechenden Aufwendungen werden abweichend von HGB nicht als Erhaltungsaufwand behandelt, sondern erneut aktiviert und über die Nutzungsdauer von 3 Jahren abgeschrieben.

Damit ergeben sich zum 31.12.04 folgende Restbuchwerte:

	Restanlage	Spritzkopf
Anschaffungskosten	900.000 €	225.000 €
Abschreibung 02	100.000 €	75.000 €
Abschreibung 03	100.000 €	75.000 €
Abschreibung 04	100.000 €	75.000 €
Zwischenwert 31.12.04	600.000 €	0
Aktivierung Spritzkopf	0	225.000 €
Restbuchwert 31.12.04	600.000 €	225.000 €

Aufgabe 2: Erstanwendung der IFRS

Die B-AG ist ein Unternehmen, das landwirtschaftliche Maschinen entwickelt und herstellt. Die B-AG ist an einer deutschen Börse notiert und stellt ihre Konzernrechnungslegung von HGB auf IFRS zum 31.12.05 um, d.h. der Jahresabschluss zum 31.12.05 wird erstmals nach IFRS erstellt.

Um die neu entwickelten Maschinentypen ausreichend testen zu können, unterhält die B-AG verschiedene Grundstücke, die ausschließlich für Testzwecke genutzt werden. Zum 31.12.04 befinden sich im Bestand der B-AG auch 5 Grundstücke, die nach HGB für Zwecke der Überprüfung des beizulegenden Werts Ende 04 von einem Sachverständigen bewertet wurden. Im Einzelnen ergaben sich zum 31.12.04 folgende Buchwerte und beizulegende Zeitwerte:

	Buchwert (historische Anschaffungskosten	Beizulegender Zeitwert
Grundstück A	100.000 €	180.000 €
Grundstück B	97.000 €	120.000 €
Grundstück C	110.000 €	80.000 €
Grundstück D	100.000 €	110.000 €
Grundstück E	40.000 €	70.000 €

Grundstück C wurde im handelsrechtlichen Einzel- und Konzernabschluss der B-AG außerplanmäßig abgeschrieben, da der beizulegende Zeitwert die fortgeführten Anschaffungskosten erstmalig unterschreitet. Aufwertungen wurden bei den anderen Grundstücken aufgrund des Anschaffungskostenprinzips nicht vorgenommen.

Welcher Wert kann für die Grundstücke unter IFRS im Zuge der Umstellung zum 31.12.05 angesetzt werden? Dabei ist vereinfachend davon auszugehen, dass das gesamte Unternehmen als zahlungsmittelgenerierende Einheit anzusehen ist und der Barwert aller zukünftig zu erwartenden Kapitalzuflüsse das Nettovermögen übersteigt. Die historischen Anschaffungskosten der Grundstücke enthalten annahmegemäß keine Bestandteile, die nach IFRS zu eliminieren wären.

Lösungshinweis

Der Konzernabschluss der B-AG zum 31.12.05 ist der erste Abschluss, der in uneingeschränkter Übereinstimmung mit den IFRS erstellt wird. Damit gilt die B-AG im Sinne des IFRS 1 als IFRS-Erstanwender (IFRS 1.3). Bei der Aufstellung des IFRS-Konzernabschlusses zum 31.12.05 ist ausschließlich von den IFRS-Regelungen auszugehen, die zum 31.12.05 gültig sein werden. Der Abschluss muss nach IAS 1 Vergleichszahlen zum 31.12.04 enthalten (IFRS 1.36). Folglich ist der Zeitpunkt der erstmaligen Anwendung der IFRS der 1.1.04 (IFRS 1.6). Zu diesem Zeitpunkt ist eine IFRS-Eröffnungsbilanz zu erstellen, in der die nach IFRS auszuweisenden Vermögenswerte so zu bilanzieren sind, als ob sie schon immer nach den zum 31.12.05 geltenden IFRS abgebildet worden wären.

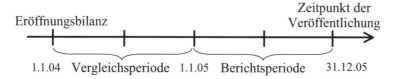

Abb. 52: Zeitpunkt der erstmaligen Anwendung der IFRS

Alle notwendigen Anpassungen der im HGB-Konzernabschluss berichteten Vermögenswerte und Schulden zur Umstellung auf die IFRS sind erfolgsneutral im Eigenkapital (Gewinnrücklagen) der IFRS-Eröffnungsbilanz zu erfassen. Dementsprechend wären z.B. die Anschaffungs- oder Herstellungskosten der Grundstücke zum Zeitpunkt der ursprünglichen Anschaffung nach IFRS zu bestimmen und auf den heutigen Tag fortzuführen. Von diesem Grundsatz sieht IFRS 1 verschiedene Ausnahmen vor. Für die hier relevanten Grundstücke eröffnet IFRS 1.16 beispielsweise die Möglichkeit, einzelne Vermögenswerte zum 1.1.04 wahlweise mit dem beizulegenden Zeitwert anzusetzen. Das Wahlrecht ist bei jedem Vermögenswert neu auszuüben. Der beizulegende Zeitwert gilt dann jeweils als angenommene Anschaffungskosten.

Nimmt man das Wahlrecht in IFRS 1.16 in Anspruch, darf jedes Grundstück zum Zeitpunkt des Übergangs auf die IFRS in Höhe des beizulegenden Zeitwerts bewertet werden. Der Zeitpunkt des Übergangs auf die IFRS ist der Zeitpunkt, auf den die IFRS-Eröffnungsbilanz erstellt wird. Dies ist im vorliegenden Beispiel der 1.1.04. Demnach sind die beizulegenden Zeitwerte ebenfalls nach den Wertverhältnissen zum 1.1.04 zu bestimmen. Die Wertgutachten wurden unter HGB als hinreichender Nachweis und Dokumentation des beizulegenden Zeitwerts zum 31.12.03 angesehen. Geht man davon aus, dass die Wertgutachten auch für den

Nachweis des beizulegenden Zeitwerts zum 1.1.04 nach IFRS herangezogen werden können, dann ergeben sich zum 1.1.04 folgende möglichen Wertansätze:

	Bisheriger Buchwert	Neuer Buchwert (beizulegender Zeitwert)
Grundstück A	100.000 €	180.000 €
Grundstück B	97.000 €	120.000 €
Grundstück C	110.000 €	80.000 €
Grundstück D	100.000 €	110.000 €
Grundstück E	40.000 €	70.000 €

Verzichtet man auf die Inanspruchnahme des Wahlrechts zum Ansatz des beizulegenden Zeitwerts, wären bei der Ermittlung der fortgeführten Anschaffungskosten zum 1.1.04 zunächst die historischen HGB-Anschaffungskosten ggf. um solche Bestandteile zu korrigieren, die nach IFRS nicht Teil der Anschaffungskosten sind. Weiterhin müssten alle außerplanmäßigen Abschreibungen daraufhin überprüft werden, ob diese auch Anlass für ein Impairment nach IFRS wären. Im vorliegenden Fall ist annahmegemäß davon auszugehen, dass das Unternehmen insgesamt eine zahlungsmittelgenerierende Einheit ist und der Barwert der zukünftigen Kapitalströme positiv ist. Folglich sind die außerplanmäßige Abschreibung nach HGB nicht nach IFRS zu übernehmen, da die zahlungsmittelgenerierende Einheit insgesamt nicht wertgemindert ist. Weiterhin kann annahmegemäß davon ausgegangen werden, dass die fortgeführten Anschaffungskosten bei allen Grundstücken den historischen Anschaffungskosten entsprechen. Demnach ergeben sich als mögliche Wertansätze die historischen Anschaffungskosten:

	Historische Anschaffungskosten
Grundstück A	100.000 €
Grundstück B	97.000 €
Grundstück C	110.000 €
Grundstück D	100.000 €
Grundstück E	40.000 €

Aufgabe 3: Investment Properties

Die D-AG erwirbt zum 1.1.04 eine Kfz-Werkstatt (bestehend aus einem Grundstück und einem aufstehendem Gebäude) und zusätzlich zwei separate Ladenlokale in der unmittelbaren Nachbarschaft. Zu dem Gebäudekomplex gehört auch eine Station mit fünf Hochdruckreinigern für die Pflege von PKWs. Jeder Autofahrer kann die Reiniger gegen entsprechenden Münzeinwurf nutzen. Auch das Grundstück, auf dem die Anlage aufsteht, wird im Februar 04 erworben. Die Reinigungsanlage an sich wird von einem Dritten betrieben, der zu diesem Zweck das Grundstück angemietet hat und die Anlage nach Ende des Mietverhältnisses entfernen wird. Die D-AG ist durch den Kauf des Grundstück in die Mietverträge eingetreten und plant deren Verlängerung. In der Kfz-Werkstatt wird eine weitere Filiale einer Auto-Werkstattkette eingerichtet, die von der D-AG bundesweit betrieben wird. Die anderen Ladenlokale werden an Fachgeschäfte vermietet. Dies soll den Kundenzustrom zur eigenen Kfz-Werkstatt positiv beeinflussen.

a)   Welche Teile des Komplexes sind am 31.12.04 aus der Sicht der D-AG als Investment Properties einzuordnen?

b)   Welche Einordnung ergibt sich aus Sicht der D-AG, wenn neben der Werkstatt und dem Grundstück, auf dem die Reinigungsanlage steht, nur ein Ladenlokal erworben wird, das gemeinsam mit anderen Anbietern von Kfz-Zubehör genutzt wird und die D-AG zu diesem Zweck 30% der Flächen an andere Anbieter untervermietet?

Lösungshinweise

zu a) Unter Investment Properties fallen Immobilien, die zum Zwecke der Wertsteigerung oder der Erzielung von Mieteinnahmen gehalten werden. Nicht hierzu gehören Grundstücke und Gebäude, die im Rahmen der betrieblichen Leistungserstellung genutzt werden. Diese sind nach IAS 16 zu bilanzieren. Abgrenzungsprobleme ergeben sich dann, wenn Immobilien z.T. zur Erzielung von Mieteinnahmen bzw. zur Wertsteigerung gehalten werden und sie gleichzeitig der betrieblichen Leistungserstellung dienen. In diesem Fall bestimmt IAS 40.10 eine Bilanzierung als getrennte Vermögenswerte, sofern beide Teile gesondert veräußerungsfähig sind.

Im vorliegenden Fall kann davon ausgegangen werden, dass alle erworbenen Teile des Gesamtkomplexes einzelveräußerbar sind (wie die Anschaffungsvorgänge zeigen). Dadurch ist eine Trennung im Sinne des IAS 40 möglich. Fraglich ist allerdings, welche Teile einer betrieblichen Nutzung unterliegen. Unzweifelhaft erfüllt ist dies für die Kfz-Werkstatt, da der Betriebszweck der D-AG gerade im Betreiben von Kfz-Werkstätten liegt. Die beiden Ladenlokale sind fremdvermietet; ein Eigennutzungsanteil ist nicht gegeben. Der erhoffte positive Effekt auf die Besucherfrequenz der Werkstatt genügt nicht, diese als eigenbetrieblich genutzt zu qualifizieren. Vielmehr handelt es sich um eigenständige Einnahmequellen, die unabhängig vom Werkstattbetrieb sind. Ähnliches gilt für das Grundstück, auf dem die Reinigungsanlage steht. Dieses ist an den Betreiber der Anlage vermietet, wodurch der Zahlungsstrom vom eigentlichen Geschäftszweck separiert wird und somit von der Performance der eigenen Geschäftstätigkeit hinreichend unabhängig ist.

Damit sind zum 31.12.04 das Grundstück und das Gebäude, die im Zusammenhang mit dem Betrieb der Werkstatt stehen, nach IAS 16 als zwei getrennte Vermögenswerte zu bilanzieren. Die beiden Ladenlokale und das Grundstück, das an den Betreiber der Reinigungsanlage vermietet ist, sind jeweils als Investment Properties zu qualifizieren. Die Reinigungsanlage ist nicht der D-AG zuzurechnen und daher nicht bei der D-AG zu bilanzieren.

zu b) Bei dieser Fallkonstellation ist die Werkstatt nach wie vor als eigenbetrieblich genutzt zu qualifizieren. Mit der Folge, dass zum 31.12.04 nach wie vor eine Bilanzierung des entsprechenden Grundstücks und des zugehörigen Gebäudes nach IAS 16 erfolgen muss. Fraglich ist die Einordnung des Ladenlokals, das als Einheit nur insgesamt veräußert werden kann. Eine Aufteilung nach den Teilen, die gesondert veräußert werden können, ist nicht möglich. In diesem Fall ist eine Immobilie nur dann als Finanzinvestition zu qualifizieren, wenn der Anteil der betrieblichen Nutzung unbedeutend ist. Im vorliegenden Fall wird das Ladenlokal zu 70% eigenbetrieblich genutzt. Folglich kann der eigenbetriebliche Nutzungsanteil nicht als unbedeutend angesehen werden. Daher ist das Ladenlokal nach IAS 16 zu behandeln. Die Einordnung des Grundstücks, auf dem die Reinigungsanlage betrieben wird, entspricht der unter a).

Aufgabe 4: Vorratsbewertung

Die D-AG produziert Einbauschränke. Zum Ende des Jahres 04 liegen noch 20 Einbauschränke des Modells „Rustikal" auf Lager. Daneben werden auch noch verschiedene andere Fabrikate hergestellt. Für Zwecke der handelsrechtlichen und steuerrechtlichen Rechnungslegung wurden auf der Basis der Kostenrechnung folgende Herstellungskostenansätze ermittelt:

Herstellungskostenbestandteil	§ 255 Abs. 2 und 3 HGB	R 33 EStR	Betrag
Materialeinzelkosten Spanholz	Einbeziehungspflicht	Einbeziehungspflicht	100 €
Fertigungseinzelkosten Arbeitslohn	Einbeziehungspflicht	Einbeziehungspflicht	110 €
Sondereinzelkosten der Fertigung Anteilige Kosten für Spezialwerkzeuge	Einbeziehungspflicht	Einbeziehungspflicht	50 €
Materialgemeinkosten Anteilige Kosten des Materiallagers für das Holz	Wahlrecht	Einbeziehungspflicht	30 €
Fertigungsgemeinkosten Anteiliger Lohn der Arbeitsvorbereitung	Wahlrecht	Einbeziehungspflicht	10 €

Verwaltungskosten des Fertigungsbereichs Lohnbuchhaltung des Produktionsbereichs	Wahlrecht	Einbeziehungspflicht	20 €
Allgemeine Verwaltungskosten Aufwendungen für Rechnungswesen, Betriebsrat, Geschäftsführung	Wahlrecht	Wahlrecht	10 €
Vertriebskosten	Einbeziehungsverbot	Einbeziehungsverbot	10 €
Wertobergrenze	330 €	330 €	
Wertuntergrenze	260 €	320 €	

Welche Höhe der Herstellungskosten eines Einbauschranks des Modells „Rustikal" ergibt sich nach IFRS?

Lösungshinweis

Nach IAS 2.12 sind grundsätzlich alle produktionsbezogenen Vollkosten in die Herstellungskostenermittlung einzubeziehen. Neben den direkt zurechenbaren Kosten sind alle variablen und fixen Gemeinkosten zu berücksichtigen, die mit der Herstellung verbunden sind. Hinsichtlich der anzusetzenden Kostenbestandteile bestehen keine Wahlrechte. Vertriebskosten und allgemeine Verwaltungskosten dürfen nicht einbezogen werden (IAS 2.16). Ausgehend von dem unter HGB verwendeten Kalkulationsschema ergeben sich folgende Herstellungskosten:

Herstellungskostenbestandteil	IAS 2	Betrag
Materialeinzelkosten Spanholz	Einbeziehungspflicht	100 €
Fertigungseinzelkosten Arbeitslohn	Einbeziehungspflicht	110 €
Sondereinzelkosten der Fertigung Anteilige Kosten für Spezialwerkzeuge	Einbeziehungspflicht	50 €
Materialgemeinkosten Anteilige Kosten des Materiallagers für das Holz	Einbeziehungspflicht	30 €
Fertigungsgemeinkosten Anteiliger Lohn der Arbeitsvorbereitung	Einbeziehungspflicht	10 €
Verwaltungskosten des Fertigungsbereichs Lohnbuchhaltung des Produktionsbereichs	Einbeziehungspflicht	20 €

Allgemeine Verwaltungskosten Aufwendungen für Rechnungswesen, Betriebsrat, Geschäftsführung	Einbeziehungspflicht	10 €
Vertriebskosten	Einbeziehungsverbot	10 €
Wertobergrenze = Wertuntergrenze	330 €	

Aufgabe 5: Selbst erstellte immaterielle Vermögensgegenstände

(Die Aufgabe wurde dem Band Bruns (Hrsg.), Fälle mit Lösungen zur Bilanzierung nach IAS und US-GAAP, NWB-Verlag, 2. Aufl., Herne/Berlin 2003, entnommen.)

Die Hugo Habicht AG erhält ein Spritzgussverfahren patentiert. Für das Verfahren waren aktivierungsfähige Aufwendungen in Höhe von 5 Mio. € entstanden. Das Unternehmen hat bereits mehrere Angebote für jeweils 12 Mio. € erhalten, dieses Patent zu verkaufen.

a) Ist das Patent nach HGB zu aktivieren?

b) Ist das Patent nach IFRS zu aktivieren (wenn ja: in welcher Höhe)?

Lösungshinweise

zu a) Nein. Selbst erstellte immaterielle Vermögensgegenstände des Anlagevermögens dürfen gemäß § 248 Abs. 2 HGB nicht aktiviert werden.

zu b) Die IFRS enthalten keine mit § 248 Abs. 2 HGB vergleichbare Vorschrift, d. h. auch selbst erstellte immaterielle Vermögenswerte des Anlagevermögens sind zu aktivieren, wenn ein Vermögenswert i. S. der IFRS vorliegt. Der Ansatz des Vermögenswerts ist damit zwingend erforderlich.

Zur Bewertung: IAS 38.24 schreibt vor, dass selbst erstellte immaterielle Vermögenswerte des Anlagevermögens mit ihren Herstellungskosten zu aktivieren sind, d. h. nach IAS 38 ist das Patent in Höhe der Herstellungskosten von 5 Mio. € zu bewerten.

Aufgabe 6: Selbst erstellte immaterielle Vermögensgegenstände

Die Y-AG ist Betreiber eines Kaufhauses im Innenstadtbereich. Aufgrund der schwierigen Parkplatzsituation in der Innenstadt ist die Y-AG daran interessiert, die Parksituation zu entspannen. Aus diesem Grund zahlt sie an eine Parkhausgesellschaft, die in unmittelbarer Nachbarschaft eine Tiefgarage baut, einen Betrag von 75.000 € als Zuschuss.

a) Wie ist der Vorgang im IFRS-Abschluss der Y-AG abzubilden, wenn die Y-AG die Zahlung nur dafür leistet, durch das Parkhaus verbesserte Parkmöglichkeiten für ihre Kunden zu schaffen und das Projekt deshalb fördert.

b) Wie ist der Fall zu beurteilen, wenn die Y-AG für die Zahlung das Recht an 10 reservierten Parkplätzen über einen Zeitraum von 10 Jahren erlangt. Da die Y-AG noch nicht abschließend einschätzen kann, ob sie noch 10 Jahre an dem Standort verbleiben wird, ist vereinbart, dass die Y-AG die Parkplätze frei verwerten darf.

Lösungshinweise

zu a) Ungewiss ist in diesem Fall, ob überhaupt ein Vermögenswert erworben wurde, da für den Zuschuss kein Recht als Gegenleistung erworben wurde. Nach IAS 38 erfüllt ein Vorteil die Aktivierungsfähigkeit, wenn er aufgrund von Ereignissen in der Vergangenheit in der Verfügungsmacht des Unternehmens steht und dazu geeignet ist, dem Unternehmen in der Zukunft Nutzen zu stiften. Ein immaterieller Wert erfordert darüber hinaus, dass der Vermögenswert nicht monetär und ohne physische Substanz, aber dennoch identifizierbar ist. Bis auf die Identifizierbarkeit scheinen alle Kriterien erfüllt. Daher ist insbesondere die Identifizierbarkeit näher zu untersuchen. Durch die Zahlung hat die Y-AG annahmegemäß kein Recht erlangt. Wirtschaftliche Werte gelten nach IAS 38.12a nur dann als identifizierbar, wenn sie separierbar sind. Davon ist auszugehen, wenn sie vom Unternehmen so abgegrenzt werden können, dass eine Verwertung durch Verkauf, Lizenzvergabe oder Vermietung gesondert bzw. zusammen mit anderen Vermögenswerten möglich ist. Im vorliegenden Fall ist der durch den Zuschuss erlangte Vorteil nicht greifbar. Es entsteht kein Vorteil, der extern für sich verwertet werden kann. Ein Verkauf ist mangels Abgrenzbarkeit ebenso wenig möglich wie eine Weitervermietung. Damit hat die Y-AG keinen Vermögenswert erworben, sondern einen allgemeinen Vorteil geschaffen, der im eigenen Geschäfts- oder Firmenwert aufgeht. Ergänzend sei darauf hingewiesen, dass IAS 20 nicht einschlägig ist, da sich dieser auf die Ertragsrealisation von erhaltenen Zuschüssen der öffentlichen Hand bezieht.

zu b) Im Unterschied zu a) erlangt die Y-AG ein Nutzungsrecht mit einer Laufzeit von 10 Jahren. Dieses Nutzungsrecht ist voll verwertbar und ermöglicht neben dem Verkauf auch eine Vermietung oder Tausch. Nach IFRS gilt die Vermutung, dass die Identifizierbarkeit bei vertraglichen oder gesetzlichen Rechtspositionen stets erfüllt ist. Hiervon ist auch dann auszugehen, wenn das Recht nicht übertragbar ist oder lediglich mit bestimmten Vermögenswerten zusammen übertragen werden kann. Die Identifizierbarkeit ist bei einem Nutzungsrecht daher erfüllt. Die Y-AG muss den erworbenen Vorteil zu Anschaffungskosten (75.000 €) aktivieren und über 10 Jahre abschreiben.

Aufgabe 7: Leasing

Die K-AG produziert Druckerzeugnisse und benötigt für Ihren Produktionspark eine neue Druckmaschine. Die Anschaffungskosten einer entsprechenden Maschine hätten 110.000 € betragen (entspricht dem beizulegenden Zeitwert). Anstatt eine Maschine zu kaufen, entscheidet die K-AG, eine Maschine mit Wirkung zum 1.1.04 von der L-AG zu leasen. Bei Vertragsabschluss fallen Kosten von 5.000 € an, die die K-AG trägt. Die Anlage hat eine wirtschaftliche Nutzungsdauer von 6 Jahren. Gleichwohl weist der Leasingvertrag eine Laufzeit von 5 Jahren auf. Am Ende der Vertragslaufzeit kann die K-AG die Anlage für 15.000 € kaufen oder zurückgeben, wobei der beizulegende Zeitwert voraussichtlich bei 19.000 € liegen wird. Bis zum Vertragsende ist jeweils am Jahresende eine Leasingrate i.H.v. 25.000 € zu zahlen. Die Herstellungskosten der Maschine bei der L-AG belaufen sich auf 80.000 €.

Welche bilanziellen Konsequenzen ergeben sich im IFRS-Abschluss der K-AG und der L-AG zum 31.12.04?

Lösungshinweis

Ein Leasingverhältnis ist nach IAS 17.4 definiert als ein Vertrag, bei dem ein Leasinggeber gegen regelmäßige Zahlungen einem Dritten für eine bestimmte Zeit einen Vermögenswert zur Nutzung überlässt. Für die bilanzielle Behandlung ist zunächst zu prüfen, ob der Vermögenswert dem Leasinggeber oder Leasingnehmer zuzuordnen ist. Die Zuordnung richtet sich wiederum danach, wer die wirtschaftlichen Vorteile und Risiken aus der Nutzung des Vermögenswerts trägt. Diese Qualifizierung ist zu Beginn des Leasingverhältnisses vorzunehmen. Ein Leasingobjekt wird dabei gem. IAS 17.10 dem Leasingnehmer zugeordnet (Finanzierungsleasing), wenn mindestens eines der folgenden Kriterien erfüllt ist:

1. Das Eigentum an dem Leasinggegenstand geht am Ende der Laufzeit des Leasingverhältnisses auf den Leasingnehmer über.

2. Die Laufzeit des Leasingvertrages erstreckt sich über den wesentlichen Teil der wirtschaftlichen Nutzungsdauer des Leasinggegenstands (bei US-GAAP 75%).

3. Der Leasingnehmer hat eine Kaufoption auf den Leasinggegenstand zu einem Preis, der erwartungsgemäß deutlich günstiger als der zum möglichen Optionsausübungszeitpunkt beizulegende Zeitwert ist, so dass zu Beginn des Leasinggeschäftes davon ausgegangen werden kann, dass der Leasingnehmer die Option ausübt.

4. Zu Beginn des Leasingverhältnisses entspricht der Barwert der Mindestleasingraten dem beizulegenden Zeitwert des Leasinggegenstands oder übersteigt ihn sogar (nach US-GAAP mindestens 90%).

5. Es handelt sich um Spezialleasing.

Das erste Kriterium ist nicht erfüllt, da nicht von vornherein vertraglich bestimmt ist, dass die K-AG das Eigentum an der Maschine erlangen soll. Daher muss das zweite Kriterium geprüft werden. Das zweite Kriterium ist erfüllt. Die Laufzeit des Leasingvertrags umfasst mit 83,34% der wirtschaftlichen Nutzungsdauer deren wesentlichen Teil. Daher ist das Leasingverhältnis als Finanzierungsleasing zu qualifizieren und dem Leasingnehmer zuzurechnen.

L-AG

Um die bilanziellen Auswirkungen zu bestimmen, muss zunächst der dem Leasingverhältnis zugrunde liegende Zinssatz ermittelt werden. Dazu ist eine Zahlungsreihe aus dem beizulegenden Zeitwert zu Beginn des Leasingverhältnisses und den Mindestleasingzahlungen zu bilden. Die Mindestleasingzahlungen umfassen auch die Kaufoption am Ende der Nutzungsdauer, da diese vorteilhaft ist und daher ihre Ausübung erwartet werden kann. Damit ergibt sich folgende Zahlungsreihe:

Periode	04	05	06	07	08	09
Zahlung	-110.000 €	25.000 €	25.000 €	25.000 €	25.000 €	25.000 €
						15.000 €

Der interne Zins entspricht dem Zinssatz bei dem die Zahlungsreihe gerade aufgeht. Dazu ist die Formel

$$0 = -110.000\ \text{€} + 25.000\ \text{€}/(1 + (p/100)) + 25.000\ \text{€}/(1 + (p/100))^{\wedge 2} + 25.000\ \text{€}/(1 + (p/100))^{\wedge 3} + 25.000\ \text{€}/(1 + (p/100))^{\wedge 4} + 40.000\ \text{€}/(1 + (p/100))^{\wedge 5}$$

nach p aufzulösen. Der sich so ergebende interne Zins (p) entspricht 8,01%.

Um den Betrag zu ermitteln, in dessen Höhe eine Forderung beim Leasinggeber einzubuchen ist, muss der Barwert der Mindestleasingzahlungen bestimmt werden. Im vorliegenden Fall entspricht der Barwert der Mindestleasingzahlungen genau dem beizulegenden Zeitwert:

$$110.000\ \text{€} = 25.000\ \text{€}/1,0801 + 25.000\ \text{€}/1,1666 + 25.000\ \text{€}/1,2600 + 25.000\ \text{€}/1,3609 + 40.000\ \text{€}/1,4699$$

In Höhe des Barwerts der Mindestleasingzahlungen ist bei der L-AG eine Forderung zu aktivieren und ein Umsatzgeschäft zu buchen. Die Herstellungskosten des Umsatzes entsprechen den Herstellungskosten der Maschine, in deren Höhe diese im Bestand erfasst ist:

Forderung	110.000	an	Umsatzerlöse	110.000
Herstellungskosten des Umsatzes	80.000	an	Bestand Maschinen	80.000

K-AG

Bei der K-AG als Leasingnehmer ist i.H.d. Barwerts der Mindestleasingzahlungen eine Maschine einzubuchen und eine Verbindlichkeit auszuweisen. Weiterhin sind die von der K-AG übernommenen Kosten bei Vertragsabschluss i.H.v. 5.000 € zu aktivieren. Danach ergibt sich ein Buchwert für die Maschine i.H.v. 115.000 € und eine Leasingverbindlichkeit i.H.v. 110.000 €. Die Buchungssätze lauten:

Technische Anlagen	115.000	an	Leasingverbindlichkeiten	110.000
			Kasse	5.000

Die Maschine ist über die Nutzungsdauer von 5 Jahren abzuschreiben. Danach ergibt sich eine jährliche Abschreibungsrate von 23.000 € = 115.000 €/5. In den Folgejahren ist die Leasingzahlung in einen Zins- und Tilgungsanteil aufzuteilen und i.H.d. Tilgungsanteils die Verbindlichkeit zu tilgen sowie ein Zinsaufwand zu berechnen.

Aufgabe 8: Latente Steuern

Die J-AG ist ein Anbieter von Internetzugängen. Sie erstellt neben dem handelsrechtlichen Einzelabschluss auch einen Konzernabschluss nach IFRS. Die Behandlung bestimmter Sachverhalte in der Steuerbilanz und dem IFRS-Reporting-Package für den IFRS-Konzernabschluss stimmt nicht überein, so dass Unterschiede zwischen der Steuerbilanz und dem Reporting Package bestehen:

1. Kürzere Nutzungsdauern nach Steuerrecht als nach IFRS führen im Anlagevermögen zu einem höheren Ansatz des technischen Anlagevermögens nach IFRS um 5.000 €.

2. Die handelsrechtlichen Umsätze belaufen sich auf 200.000 €. Nach IFRS sind 40.000 € davon als Aktivierungsgebühr für die Bereitstellung des Internetzugangs auf die Vertragsdauer von 2 Jahren zu verteilen. Daher ergeben sich Umsatzerlöse i.H.v. 180.000 €. Die verbleibenden 20.000 € werden passivisch abgegrenzt und erst im nächsten Jahr als Umsatz ausgewiesen.

3. Zum 31.12.04 wurden die unbebauten Grundstücke von einem Sachverständigen neu bewertet. Der dabei ermittelte Verkehrswert wird gemäß der Neubewertungsmethode des IAS 16 als Wertansatz in die IFRS-Bilanz übernommen. Die Gegenbuchung erfolgt direkt in der Position Neubewertungsrücklage im Eigenkapital. Dies führte zu einer Differenz i.H.v. 10.000 €.

4. Im Bereich der langfristigen Rückstellungen ergibt sich ein Unterschied zwischen beiden Rechenwerken durch die nach IFRS vorzunehmende Abzinsung, die nach HGB nicht vorzunehmen ist. Dies führt zu einer Differenz i.H.v. 6.000 €.

5. Aus den Vorjahren bestehen passive latente Steuern in Höhe von 5.000 €.

Aus den einzelnen Sachverhalten ergeben sich die folgenden Unterschiede zwischen dem IFRS-Reporting Package und der Steuerbilanz per 31.12.04:

in €	StB	Veränderung		IFRS
Sachanlagevermögen				
Grundstücke	90.000	(3)	10.000	100.000
Gebäude	80.000			80.000
Technische Anlagen	85.000	(1)	5.000	90.000
Immaterielles Anlagevermögen	20.000			20.000
Finanzvermögen	10.000			10.000
Vorräte	20.000			20.000
Forderungen	25.000			25.000
Abgrenzungsposten	5.000			5.000
	335.000			350.000
Eigenkapital				
Übriges Eigenkapital	245.000	(1) (2) (4) (5)	5.000 -20.000 6.000 -5.000	231.000
Neubewertungsrücklage	0	(3)	10.000	10.000
Verbindlichkeiten	50.000			50.000
Passive latente Steuern	0	(5)	5.000	5.000
Rückstellungen	40.000	(4)	-6.000	34.000
Abgrenzungsposten	0	(2)	20.000	20.000
	335.000			350.000

Welche latenten Steuern ergeben sich aufgrund der bestehenden Differenzen nach IFRS zum 31.12.04?

Lösungshinweis

Nach dem Timing-Konzept des HGB darf eine Steuerlatenz nur auf zeitlichen Differenzen des steuerlichen und handelsrechtlichen Ergebnisses gebildet werden, die sich bei Bildung und Auflösung in der GuV niederschlagen. Differenzen, die sich in ferner Zukunft auflösen, sind nicht zu beachten (quasi-permanente Differenzen). Nach dem Temporary-Konzept gem. IFRS sind hingegen alle Bilanzierungs- und Bewertungsunterschiede einzubeziehen, die sich mit steuerlicher Wirkung umkehren werden. Dies umfasst alle Unterschiede zwischen den jeweiligen Ansätzen in der Steuerbilanz und dem IFRS-Reporting-Package, soweit es sich nicht um permanente Differenzen handelt. Damit sind auch erfolgsneutral gebildete Differenzen zu erfassen. Dementsprechend sind auch die Unterschiede zu erfassen, die auf der Neubewertung der Grundstücke beruhen. Allerdings ist zu

beachten, dass die Steuerlatenz analog zur zugrunde liegenden Differenz erfolgsneutral zu bilden ist.

Der latente Steuerertrag und -aufwand ergibt sich aus der Veränderung der Latenzen. Die Veränderung der Steuerlatenzen beruht wiederum auf der Veränderung
der Bilanzpositionen. Vor diesem Hintergrund bietet sich für die Aufbereitung der
latenten Steuern eine bilanzorientierte Analyse an:

in €	IFRS	StB	Differenz erfolgswirksam gebildet	Differenz erfolgsneutral gebildet
Sachanlagevermögen				
Grundstücke	100.000	90.000		10.000
Gebäude	80.000	80.000	0	
Technische Anlagen	90.000	85.000	5.000	
Immaterielles Anlagevermögen	20.000	20.000	0	
Finanzvermögen	10.000	10.000	0	
Vorräte	20.000	20.000	0	
Forderungen	25.000	25.000	0	
Abgrenzungsposten	5.000	5.000	0	
			0	
Verbindlichkeiten	50.000	50.000	0	
Rückstellungen	34.000	40.000	-6.000	
Abgrenzungsposten	20.000	0	20.000	
= Saldo			19.000	10.000
• Steuersatz (40%)			7.600	4.000
./. Vorjahr			5.000	0
= Veränderung			2.600	4.000

Aufgrund der unterschiedlichen Einbuchung der Latenzen, die auf erfolgsneutral
gebildeten Unterschieden beruhen und solchen, die erfolgswirksam entstanden
sind, bietet sich eine entsprechende Differenzierung an. Die Latenzen, die auf
erfolgswirksam entstandenen Differenzen beruhen, werden erfolgswirksam eingebucht:

Steueraufwand	2.600	an	Passive latente Steuern	2.600

Die Latenzen, die auf erfolgsneutral entstandenen Differenzen beruhen, werden
auch erfolgsneutral eingebucht. Die Gegenposition ist die korrespondierende
Rücklagenposition:

Neubewertungsrücklage	4.000	an	Passive latente Steuern	4.000

Nach Einbuchung der latenten Steuern ergibt sich damit folgende endgültige IFRS-Bilanz:

in €	IFRS
Sachanlagevermögen	
Grundstücke	100.000
Gebäude	80.000
Technische Anlagen	90.000
Immaterielles Anlagevermögen	20.000
Finanzvermögen	10.000
Vorräte	20.000
Forderungen	25.000
Abgrenzungsposten	5.000
	350.000
Eigenkapital	
Übriges Eigenkapital	228.400 (231.000 ./. 2.600)
Neubewertungsrücklage	6.000 (10.000 ./. 4.000)
Verbindlichkeiten	50.000
Passive latente Steuern	11.600
Rückstellungen	34.000
Abgrenzungsposten	20.000
	350.000

Aufgabe 9: Außerplanmäßige Abschreibung

Die E-AG ist ein Hersteller von ZIP-Laufwerken, die eine Speicherung einer erheblichen Datenmenge auf herkömmlichen Disketten erlauben. Seit einigen Jahren ist das Verfahren durch ein Patent geschützt. Der Buchwert des Patents beträgt am 31.12.04 1.000.000 €. Die Laufwerke werden auf einer Fertigungsanlage hergestellt, die zum 31.12.04 einen Buchwert von 500.000 € aufweist. Durch das Aufkommen von neuen handlichen Wechseldatenträgern (z.B. USB-Sticks) und der zunehmenden Datenübertragung mittels Internet, geht die Nachfrage nach den von der E-AG hergestellten ZIP-Laufwerken spürbar zurück. Eine von der E-AG beauftragte Marktstudie führt zu dem Ergebnis, dass für die Restnutzungsdauer der Anlage von 5 Jahren von folgendem Zahlungsstrom ausgegangen werden kann:

Periode	1	2	3	4	5
Einzahlungsüber-schüsse	400.000 €	300.000 €	250.000 €	220.000 €	210.000 €

Ein Konkurrenzunternehmen ist bereit, für den Erwerb der Anlage und der Lizenz zusammen 1.100.000 € zu zahlen.

Liegt eine Wertminderung i.S.d. IAS 36 zum 31.12.04 vor? Als Zinssatz i.S.d. IAS 36 werden 5% angenommen.

Lösungshinweis

Die Veränderung der wirtschaftlichen Verhältnisse durch die geschilderten nachhaltigen Veränderungen des Marktes für ZIP-Laufwerke ist als auslösendes Ereignis (Indication i.S.d. IAS 36.12) anzusehen, was die Durchführung eines Impairment-Tests zum 31.12.04 erforderlich macht.

Zunächst ist die Ebene für die Durchführung des Impairment-Tests zu bestimmen. Weder die Anlage noch das Patent können unabhängig voneinander Nettomittelzuflüsse generieren. Daher muss der Impairment-Test auf Basis einer zahlungsmittelgenerierenden Einheit erfolgen. Dies ist die kleinste Einheit, die unabhängig von anderen Vermögenswerten Nettozahlungsmittelzuflüsse erzielen kann. Im vorliegenden Fall umfasst die kleinste zahlungsmittelgenerierende Einheit gerade die Anlage und das Patent.

Zum 31.12.04 ist daher der Buchwert der Anlage und des Patents zusammen mit dem erzielbaren Betrag zu vergleichen. Der erzielbare Betrag ist wiederum definiert als der höhere Wert aus Nettoveräußerungspreis und Nutzungswert. Der Nettoveräußerungswert entspricht im vorliegenden Fall dem Angebotspreis des Konkurrenzunternehmens i.H.v. 1.100.000 € für die Anlage und das Patent. Der Nutzungswert ergibt sich als Barwert der vom Unternehmen aus der Nutzung der zahlungsmittelgenerierenden Einheit resultierenden Nettozahlungsüberschüsse. Da die Anlage eine Restnutzungsdauer von 5 Jahren aufweist und keine Erneuerung geplant ist, ist auch für den Impairment-Test eine Nutzungsdauer von 5 Jahren zu unterstellen. Als Nutzungswert ergibt sich damit folgender Wert:

Periode	1	2	3	4	5
Einzahlungsüberschüsse	400.000 €	300.000 €	250.000 €	220.000 €	210.000 €
Abdiskontierte Einzahlungsüberschüsse	380.952 €	272.109 €	215.959 €	180.995 €	164.540 €
Barwert	1.214.555 €				

Der Nutzungswert i.H.v. 1.214.555 € übersteigt den Nettoveräußerungswert i.H.v. 1.100.000 €. Damit ist der Buchwert mit dem Nutzungswert zu vergleichen:

Buchwert Anlage und Patent	1.500.000 €
Barwert	1.214.555 €
Wertverlust	285.445 €

Der festgestellte Wertverlust ist im Verhältnis der Restbuchwerte auf die Anlage (66,66%) und das Patent (33,34%) aufzuteilen. Als neue Restbuchwerte ergeben sich danach:

Buchwert Anlage zum 31.12.04 (1000.000 – (0,6666 x 285.445)) = 809.723 €

Buchwert Patent zum 31.12.04 (500.000 – (0,3334 x 285.445)) = 404.833 €

Aufgabe 10: Hedge-Accounting

Die H-AG handelt mit Saatgut und schließt am 1.12.04 einen Vertrag zum Kauf von 5.000 kg Kartoffelsaat im nächsten Frühjahr auf dem amerikanischen Markt i.H.v. 5.000 $. Der Wechselkurs lautete zum 1.12.04 1,0 €/US-$. Zur Absicherung des Währungsrisikos wird ein Termingeschäft zum Kurs 1:1 abgeschlossen. Zum 31.12.04 ist der Wechselkurs auf 1,1 €/US-$ angestiegen.

Wie beeinflusst der abgeschlossene Beschaffungskontrakt und das zugehörige Sicherungsgeschäft den Vermögensausweis zum 31.12.04 in der IFRS-Bilanz der H-AG?

Lösungshinweis

Ohne das Termingeschäft müsste die H-AG nach den Verhältnissen zum 31.12.04 5.500 € aufwenden, um den Kaufpreis i.H.v. 5.000 $ aufzubringen:

	US-$	Kurs (€/US-$)	€
1.12.04	5.000	1,0	5.000
31.12.04	5.000	1,1	5.500

Aus dem Einkaufvertrag über das Saatgut droht daher ein Verlust gegenüber dem Ausgangskurs i.H.v. 500 €. Nach IAS 39.86a gelten auch nicht realisierte bindende Verträge zu den Hedging-Items. Demnach können die Regeln des Fair Value-Hedge-Accounting angewandt werden. Danach wäre der Marktwert des Sicherungsgeschäfts zu aktivieren und die Gegenbuchung in der GuV vorzunehmen. Im vorliegenden Fall hat das Dollartermingeschäft einen positiven Marktwert von 500 €. Gleichzeitig entsteht ein gegenläufiger Aufwand durch die erfolgswirksame Erfassung einer Verbindlichkeit aus dem Beschaffungsgeschäft i.H.v. 500 €.

Aufgabe 11: Langfristige Rückstellungen

(Die Aufgabe wurde dem Band von Bruns (Hrsg.), Fälle mit Lösungen zur Bilanzierung nach IAS und US-GAAP, NWB-Verlag, Herne/Berlin 2001, entnommen.)

Die Richard Rüpel AG bilanziert nach IFRS. Zum 31.12.01 muss aufgrund einer Gewährleistungsverpflichtung eine langfristige Rückstellung bilanziert werden. Folgende Daten liegen Buchungsfreundin Chris Tina vor, in deren Zuständigkeit die Bilanzierung dieser Rückstellung fällt:

- Die Rückstellung wird voraussichtlich am 31.12.06 in Anspruch genommen.

- Es wird angenommen, dass sich die Aufwendungen, die bis zur Inanspruchnahme der Rückstellung entstehen, um jährlich 3% erhöhen werden, d. h. es wird eine Kostensteigerungsrate von 3% angenommen.

- Als Abzinsungssatz werden 5% zugrunde gelegt (= Diskontierungsfaktor zur Abzinsung der Rückstellung).

- Legt man die Preise am Bilanzstichtag zugrunde, so ist die Verpflichtung am 31.12.01 mit 100 € zu bewerten. Handelsrechtlich wäre zu diesem Bilanzstichtag die Rückstellung also mit 100 € anzusetzen (= ohne Auf- und Abzinsung).

a) Was versteht man unter dem Erfüllungsbetrag der Rückstellung, und wie hoch ist der Erfüllungsbetrag?

b) In welcher Höhe ist die Rückstellung nach IAS 37 am 31.12.01 zu bewerten?

c) Was ist unter dem Zinsanteil an einer Rückstellungszuführung zu verstehen? Wie hoch ist dieser Betrag im Jahr 02?

d) Welche Buchungen sind in den Jahren 01 bis 06 erforderlich? Geben Sie die Buchungssätze an!

Anmerkung: Soweit die Abzinsungstechnik in dieser Aufgabe dargestellt wird, unterscheidet sie sich nach IFRS und nach US-GAAP nicht. Allerdings besteht nach US-GAAP zur Zeit bei den meisten Rückstellungen keine Pflicht zur Abzinsung (Ausnahmen: Siehe FAS 143 und FAS 146).

Lösungshinweise

zu a) Der **Erfüllungsbetrag** ist derjenige Betrag, der in der Zukunft zur Begleichung der Verpflichtung voraussichtlich ausgezahlt werden wird (= der Wert nach Berücksichtigung der Kostensteigerungen und vor Abzinsung). Wenn die Verpflichtung vollständig angesammelt wurde (einschließlich aller Zinsanteile an der Zuführung), entspricht sie dem Erfüllungsbetrag. Eine langfristige Rückstellung kann daher nie höher sein als der Erfüllungsbetrag.

Sofern bei den Kostensteigerungen eine konstante Kostensteigerungsrate verwendet (prognostiziert) wird, ist der Erfüllungsbetrag über folgende Formel ermittelbar:

$$\text{Verpflichtungsbetrag im heutigen Geldwert}$$
$$\cdot\,(1 + \text{Kostensteigerungsrate})^{\text{Jahre bis Inanspruchnahme}}$$
$$= \text{Erfüllungsbetrag}$$

Im vorliegenden Sachverhalt müssen für die Jahre 02 bis 06 Kostensteigerungen berücksichtigt werden:

$$\text{Erfüllungsbetrag} = 100 \cdot (1 + 0,03)^5 = 115,92 \,€$$

Der Erfüllungsbetrag beträgt 115,92 €.

zu b) Langfristige Rückstellungen werden nach IAS 37 mit ihrem Barwert erfasst. Zur Ermittlung des Barwerts wird der Erfüllungsbetrag der Rückstellung mit dem Abzinsungssatz auf den Bilanzstichtag diskontiert. Der Abzinsungssatz hat sich dabei nach IAS 37 an Marktzinssätzen zu orientieren (im vorliegenden Sachverhalt ist der Abzinsungssatz mit 5% vorgegeben).

Bei der Abzinsung ist folgende Formel zu verwenden:

$$\text{Barwert der Rückstellung} = \frac{\text{Erfüllungsbetrag}}{(1 + \text{Abzinsungssatz})^{\text{Jahre bis Inanspruchnahme}}}$$

Im vorliegenden Sachverhalt ist der Erfüllungsbetrag von 115,92 € über 5 Jahre mit 5% zu diskontieren. Der Barwert des Erfüllungsbetrags beträgt dann 90,83 €; dieser Wert ist als Rückstellungszuführung zum 31.12.01 zu buchen.

zu c) Im vorliegenden Sachverhalt wird vereinfachend angenommen, dass die Aufzinsungs- und Abzinsungsfaktoren, die Höhe des Erfüllungsbetrags und der Fälligkeitszeitpunkt sich nicht ändern (in praxi allerdings unrealistische Annahmen). Aufgrund dieser Annahmen verändert sich die Rückstellung bis zur Inanspruchnahme lediglich dadurch, dass der Zinsanteil zugeführt wird. Der Zinsanteil an der Rückstellungszuführung wird als Zinsaufwand gebucht.

Der Zinsanteil wird wie folgt ermittelt:

Rückstellungsstand zu Beginn des Geschäftsjahres • Abzinsungsfaktor

= Zinsanteil an der Rückstellungszuführung

Sofern sich der Zinssatz seit dem letzten Bilanzstichtag geändert hat, muss dieser nach IFRS für die Bewertung der Rückstellung zugrunde gelegt werden. In diesem Fall ist der aktuelle Buchwert der Rückstellung als Barwert des Erfüllungsbetrags unter Verwendung des aktuellen Zinssatzes zu berechnen.

Im vorliegenden Sachverhalt errechnet sich für das Jahr 02 folgender Zinsanteil:

90,83 € • 5% = 4,54 €.

zu d) Buchung zum 31.12.01: Erfassung der Rückstellung mit ihrem Barwert (Zahlen in €):

Sonstiger betrieblicher Aufwand	90,83	an	Gewährleistungsrückstellung	90,83

Statt des Ausweises als sonstiger betrieblicher Aufwand werden Rückstellungszuführungen auch oft über die Posten „Materialaufwand" und „Personalaufwand" gebucht. Dies setzt voraus, dass die Verteilung der voraussichtlichen Aufwendungen einigermaßen zuverlässig geschätzt werden kann (z.B. wäre bei rückstellungspflichtigen Garantieleistungen zu schätzen, welcher Anteil voraussichtlich auf Materialaufwand entfallen wird, welcher Anteil auf Personalaufwand etc).

Buchung zum 31.12.02: Zinsanteil an der Rückstellungszuführung (Zahlen in €)

Zinsanteile an der Rückstellungszuführung sind noch nicht bei der erstmaligen Erfassung der Rückstellung zu buchen (= 31.12.01), sondern erst ab dem Folgejahr (= 31.12.02):

Zinsaufwand	4,54	an	Gewährleistungsrückstellung	4,54

In den Jahren 03, 04 und 05 ist – wie im Jahr 02 – nur der Zinsanteil an der Rückstellungszuführung zu buchen. Folgende Werte sind dabei zugrunde zu legen:

- Jahr 03: 4,77 € (= 95,37 € • 5% = 4,77 €)
- Jahr 04: 5,00 € (= 100,14 € • 5% = 5,00 €)
- Jahr 05: 5,26 € (= 105,14 € • 5% = 5,26 €)

Buchungen zum 31.12.06 (Zahlen in €):

- Zinsanteil an der Rückstellungszuführung
- Inanspruchnahme der Rückstellung

Zinsaufwand	5,52	an	Gewährleistungsrückstel-lung	5,52
Gewährleistungsrückstellung	115,92	an	Bank	115,92

Zu beachten ist, dass erst die „Zinsscheibe" und dann die (stets erfolgsneutrale) Inanspruchnahme der Rückstellung – sie kann auch als „Verbrauch" bezeichnet werden – zu buchen ist (= ansonsten würde der Erfüllungsbetrag der Rückstellung nicht erreicht).

In einer Übersicht lässt sich die Entwicklung der Rückstellung veranschaulichen:

Jahr	Stand zu Beginn des Geschäftsjahres	Zuführung des Barwerts	Zinsanteil (prozentualer Anteil des Anfangsbestands)	Inanspruchnahme (Verbrauch)	Stand am Ende des Geschäftsjahres
01	0,00	90,83			90,83
02	90,83		4,54		95,37
03	95,37		4,77		100,14
04	100,14		5,00		105,14
05	105,14		5,26		110,40
06	110,40		5,52	115,92	0,00

Aufgabe 12: Rückstellungen für Rückbauverpflichtungen

Die A-AG nimmt zum 31.12.04 eine Ölplattform in Betrieb. Die Herstellungskosten betragen 10 Mio. €. Die Nutzungsdauer wird auf 8 Jahre geschätzt. Aufgrund umweltrechtlicher Bestimmungen besteht am Ende der Nutzungsdauer die Verpflichtung, die Ölplattform umweltgerecht zu entsorgen. Auf der Grundlage von Erfahrung der Vergangenheit mit ähnlichen Anlagen schätzen die Konstrukteure die Entsorgungskosten auf 2 Mio. €, wobei die eigentliche Entsorgung durch ein darauf spezialisiertes externes Unternehmen erfolgen wird. Der Zinssatz am 31.12.04 beträgt annahmegemäß 5%.

Wie ist der Vorgang zum 31.12.04 in der IFRS-Bilanz abzubilden?

Lösungshinweis

Die Ölplattform wird in einem einheitlichen Herstellungsvorgang hergestellt und wird als einheitlicher Vermögenswert ausgewiesen. Die Herstellungskosten belaufen sich auf 10 Mio. €. In diesem Betrag nicht enthalten sind die Aufwendungen für die Beseitigung der Plattform am Ende der Nutzungsdauer. Diese sind nach IAS 16.16c nur Teil der Herstellungskosten, wenn nach IAS 37 eine Verpflichtung zur Beseitigung der Anlage besteht. Aufgrund der unterstellten umweltrechtlichen Verpflichtung ist von einer rechtlichen Verpflichtung auszugehen, die den Ansatz einer Rückstellung zum 31.12. 04 erfordert. Daher greift die Regelung des IAS 16.16c, und der Betrag zur Erfüllung der Entfernungsverpflichtung ist als Teil der Herstellungskosten der Ölplattform zu behandeln. Zu aktivieren ist der Barwert des geschätzten Betrags zur Durchführung der Entsorgung am Ende der Nutzungsdauer. Dieser beläuft sich auf 1.353.678.72 €:

Jahr	04	05	06	07	08
Rückstellung	1.353.678,72 €	1.421.362,66 €	1.492.430,79 €	1.567.052,33 €	1.645.404,95 €
Zinsaufwand		67.683,94 €	71.068,13 €	74.621,54 €	78.352,62 €

Jahr	09	10	11	12
Rückstellung	1.727.675,20 €	1.814.058,96 €	1.904.761,90 €	2.000.000,00 €
Zinsaufwand	82.270,25 €	86.383,76 €	90.702,95 €	95.238,10 €

Die gesamten Herstellungskosten der Ölplattform betragen damit

11.353.678,72 € = 10.000.000 € + 1.353.678,72 €.

Auf dieser Grundlage ergibt sich ein Abschreibungsbetrag von

1.419.209,84 € = 11.353.678,84/8

im Jahr. Die Verpflichtung ist jährlich in Höhe des aktuellen Barwerts auszuweisen. Die Differenz zum Vorjahresansatz ist jährlich als Zinsaufwand zu verbuchen.

Verzeichnis der zitierten Geschäftsberichte

BASF, Geschäftsbericht 2002

Bayer, Geschäftsbericht 2002

BMW, Geschäftsbericht 2001

CLAAS, Geschäftsbericht 1997

CLAAS, Geschäftsbericht 2000

CLAAS, Geschäftsbericht 2001

DaimlerChrysler, Geschäftsbericht 2000

Deutsche Telekom, Geschäftsbericht 2000

E.ON, Geschäftsbericht 2000

E.ON, Geschäftsbericht 2002

Henkel KGaA, Geschäftsbericht 2000

Hoechst, Geschäftsbericht 1996

IBM, Geschäftsbericht 2000

John Deere, Geschäftsbericht 2001

Lufthansa, Geschäftsbericht 2000

Münchener Rück, Geschäftsbericht 2002

Rheinmetall, Geschäftsbericht 2002

Roche, Geschäftsbericht 2000

RWE, Geschäftsbericht 1998/99

RWE, Geschäftsbericht 2000/2001

SAP, Geschäftsbericht 2001

SAP, Geschäftsbericht 2002

Siemens, Geschäftsbericht 2000

ThyssenKrupp, Geschäftsbericht 2002/2003

T-Online, Konzern-Zwischenbericht 1.1. bis 30.9.2003

Volkswagen, Geschäftsbericht 2002

B. Konzernrechnungslegung nach IAS/IFRS
von CPA/StB Professor Dr. Hanno Kirsch

I. Konsolidierungspflicht

II. Konsolidierungskreis

III. Währungsumrechnung

  1. Systematik der Währungsumrechnung

  2. Bestimmung der funktionalen Währung

  3. Umrechnung von Fremdwährungstransaktionen in die funktionale Währung

  4. Umrechnung von in funktionaler Währung erstellten Jahresabschlüssen in eine Berichtswährung

  5. Umrechnung von Abschlüssen aus Hochinflationsländern

IV. Kapitalkonsolidierung von Tochterunternehmen

  1. Vollkonsolidierung nach der Erwerbsmethode ohne Minderheitsanteile

  2. Vollkonsolidierung nach der Erwerbsmethode mit Minderheitsanteilen

  3. Gestaltungsspielräume des Asset-Impairment-Only-Approach

  4. Sonderfälle der Kapitalkonsolidierung bei Tochterunternehmen

  5. Übergang zur IFRS-Konzerneröffnungsbilanz

V. Kapitalkonsolidierung von Gemeinschafts- und assoziierten Unternehmen

  1. Quotenkonsolidierung

  2. Equity-Konsolidierung

VI. Eliminierung konzerninterner Salden und konzerninterner Transaktionen

  1. Schuldenkonsolidierung

  2. Zwischenergebniskonsolidierung

  3. Aufwands- und Ertragskonsolidierung

VII. Fallstudie zur Aufstellung eines IAS/IFRS-Konzernabschlusses

  1. Ausgangssituation

  2. Datenrahmen

  3. Konzernbilanz zum 31.12.01

  4. Konzernbilanz zum 31.12.02

  5. Konzern-GuV für die Zeit vom 1.1.02 bis 31.12.02

B. Konzernrechnungslegung nach IAS/IFRS

I. Konsolidierungspflicht

Ein **Konzern** ist ein **Verbund wirtschaftlich selbstständiger Unternehmen**, die von einem Unternehmen (**Mutterunternehmen**) **beherrscht** werden. Der **Konzernabschluss** ist derjenige Jahresabschluss, in dem die Vermögens-, Finanz- und Ertragslage der im Konzern zusammengeschlossenen Unternehmen so abgebildet wird, als ob es sich bei diesen Unternehmen um ein einziges Unternehmen handelt (IAS 27.4). Der Konzernabschluss nach IAS/IFRS beruht auf der **Fiktion der wirtschaftlichen Einheit** der in den Konzernabschluss einbezogenen rechtlich selbstständigen Unternehmen (Einheitstheorie).

Nach IAS 27.9 ist grundsätzlich jedes Mutterunternehmen zur Vorlage eines Konzernabschlusses verpflichtet. Ausgenommen von der generellen Konzernrechnungslegungspflicht sind Mutterunternehmen, die **vollständig im Besitz eines übergeordneten Mutterunternehmens** oder bei Verzicht der übrigen Anteilseigner im nicht vollständigen Besitz des übergeordneten Mutterunternehmens stehen. Erforderlich ist weiterhin, dass die Eigenkapital- und die Fremdkapitalpapiere des Mutterunternehmens nicht öffentlich gehandelt werden und auch die Absicht zum öffentlichen Handel nicht besteht und dass irgendein übergeordnetes Mutterunternehmen einen konsolidierten IAS/IFRS-Jahresabschluss veröffentlicht (IAS 27.10). Diese Befreiungsvorschrift bezeichnet man als Befreiung nach dem **Tannenbaumprinzip**.

IAS 27 enthält keine größenabhängige Befreiung, dass bei Unterschreiten bestimmter Größenkriterien (z.B. Umsatz, Bilanzsumme oder Beschäftigtenzahl) die Aufstellungspflicht eines Konzernabschlusses entfällt.

Darüber hinaus kann sich eine **faktische Befreiung** von der Konzernrechnungslegungspflicht ergeben, wenn für **sämtliche Tochterunternehmen** entweder ein **Konsolidierungsverbot** oder ein **Konsolidierungswahlrecht** besteht.

II. Konsolidierungskreis

Der **Konsolidierungskreis** grenzt die Unternehmen ab, welche neben dem Mutterunternehmen in den Konzernabschluss aufzunehmen sind. Der Konsolidierungskreis im engeren Sinne schließt neben dem Mutterunternehmen die Tochterunternehmen ein.

Der Begriff des Tochterunternehmens ist in IAS 27.5 definiert. Danach liegt ein Tochterunternehmen vor, wenn dieses von einem Unternehmen (Mutterunternehmen) beherrscht wird. Beherrschung ist definiert als die Möglichkeit, die Finanz- und Geschäftspolitik eines Unternehmens zu bestimmen, um aus dessen Tätigkeit Nutzen zu ziehen.

Nach IAS 27.12 hat ein Mutterunternehmen grundsätzlich sämtliche **inländischen und ausländischen Tochterunternehmen** in den Konzernabschluss einzubeziehen. Für Tochterunternehmen existieren ein Einbeziehungsverbot und zwei Einbeziehungswahlrechte. **Das Einbeziehungsverbot** besteht im **IAS/-IFRS-Konzernabschluss** für folgende Tochterunternehmen:

- Tochterunternehmen unter nur vorübergehender Beherrschung, weil das Tochterunternehmen **ausschließlich zum Zwecke der Weiterveräußerung innerhalb eines Zeitraums von 12 Monaten** erworben wurde und gehalten wird, und

- das Management sucht aktiv nach einem Käufer für die Beteiligung (IAS 27.16).

Obwohl in IAS 27 nicht ausdrücklich aufgeführt, lassen sich **zwei Einbeziehungswahlrechte** unter Rückgriff auf das Framework ableiten:

- **Einbeziehungswahlrecht bei untergeordneter Bedeutung**: Dieses Konsolidierungswahlrecht ergibt sich aus dem **Materiality-Grundsatz**, der für alle Bereiche der Rechnungslegung gilt (Framework.29 f.). Bezogen auf den Konsolidierungskreis bedeutet dieses Wahlrecht, dass alle Tochterunternehmen, die zusammengenommen von untergeordneter Bedeutung für die Darstellung der wirtschaftlichen Lage des Konzerns sind, nicht (voll-)konsolidiert werden müssen.

- **Einbeziehungswahlrecht bei unverhältnismäßig hohen Kosten bzw. zeitlichen Verzögerungen**: Diese – nicht explizit erwähnten, aber in der Praxis angewendeten – Einbeziehungswahlrechte lassen sich auf Framework.44 „Abwägung von Nutzen und Kosten" bzw. Framework.43 „Zeitnähe" stützen.

Sofern ein **Tochterunternehmen nicht in den Konsolidierungskreis im engeren Sinne** einbezogen wird (keine Vollkonsolidierung), ist dieses nach IAS 39 als zu spekulativen Zwecken gehaltene Finanzinvestition (trading investment) zu bilanzieren (IAS 27.16).

Zum **Konsolidierungskreis im weiteren Sinne** zählen über Mutter- und Tochterunternehmen hinaus noch die **Gemeinschaftsunternehmen** in Gestalt der **gemeinschaftlich geführten Einheiten** und die assoziierten Unternehmen. (Die gemeinschaftlich geführten Tätigkeiten sowie die Vermögenswerte unter gemeinschaftlicher Führung werden bereits im Einzelabschluss anteilig in den Abschluss der Gesellschafter einbezogen). Charakteristikum der gemeinschaftlich geführten Einheiten ist, dass aufgrund einer vertraglichen Vereinbarung zwischen den Partnerunternehmen eine gemeinschaftliche Führung über die wirtschaftlichen Aktivitäten des Unternehmens begründet wird (IAS 31.24).

Für die **Einbeziehung von Gemeinschaftsunternehmen** besteht ein Wahlrecht. Nach der Standardmethode ist die Quotenkonsolidierung für diese Unternehmen anzuwenden (IAS 31.30); alternativ ist jedoch auch die Anwendung der Equity-Methode zulässig (IAS 31.38).

Ein **assoziiertes Unternehmen** ist nach IAS 28.2 ein Unternehmen, auf welches der Anteilseigner maßgeblichen Einfluss ausüben kann und das weder ein Tochterunternehmen noch ein Joint Venture ist. Es besteht nach IAS 28.6 die widerlegbare Vermutung, dass ein Stimmrechtsanteil von mindestens 20 % zu einem maßgeblichen Einfluss führt. Indikatoren für das Vorliegen eines **maßgeblichen Einflusses** nach IAS 28.7 sind:

- Zugehörigkeit des Anteilseigners zum Geschäftsführungs- und/oder Aufsichtsorgan,
- Mitwirkung an der Geschäftspolitik des assoziierten Unternehmens,
- wesentliche Geschäftsvorfälle zwischen Anteilseigner und assoziiertem Unternehmen sowie
- Austausch von Führungspersonal und/oder bedeutenden technischen Informationen zwischen Anteilseigner und assoziiertem Unternehmen.

Assoziierte Unternehmen sind im Konzernabschluss (grundsätzlich) nach der **Equity-Methode** zu konsolidieren (IAS 28.13).

Für **gemeinschaftlich geführte Einheiten** und **assoziierte Unternehmen** bestehen materiell dieselben Einbeziehungsverbote wie für Tochterunternehmen (IAS 31.38 bzw. IAS 28.14). Eine Einbeziehung des assoziierten Unternehmens nach der Equity-Methode unterbleibt, wenn das assoziierte Unternehmen ausschließlich zum Verkauf innerhalb der 12-Monatsfrist erworben wurde (IAS 28.13a), die Befreiung von der Konsolidierung nach dem Tannenbaumprinzip (IAS 28.13b i.V.m. IAS 27.10) greift oder der Investor in einen übergeordneten Konzernabschluss einbezogen ist (IAS 28.13 c).

Falls das Gemeinschaftsunternehmen bzw. das assoziierte Unternehmen wegen Bestehens eines Konsolidierungsverbots bzw. -wahlrechts nicht in die Konsolidierung einbezogen wird, sind die Anteile an diesen Unternehmen als trading investment nach IAS 39 zu bilanzieren (IAS 31.38 i.V.m. 28.14).

III. Währungsumrechnung

1. Systematik der Währungsumrechnung

Da sowohl in- als auch ausländische Unternehmen in den Konzernabschluss einzubeziehen sind, stellt sich das Problem der Währungsumrechnung von Abschlüssen ausländischer Konzernunternehmen. Im Gegensatz zum bislang gültigen IAS 21 (revised 1993) unterscheidet IAS 21 (revised 2003) nicht mehr zwischen wirtschaftlich selbstständigen ausländischen Teileinheiten und integrierten ausländischen Geschäftsbetrieben. Stattdessen sind die Jahresabschlusspositionen (Vermögen, Schulden, Eigenkapital sowie Positionen der Ergebnisrechnung) in der funktionalen Währung zu erfassen bzw. in diese umzurechnen; erst anschließend kommen die in IAS 21.20 - 21.37 und IAS 21.50 enthaltenen Regeln zur Umrechnung ausländischer Jahresabschlüsse zur Anwendung. Damit erfolgt die Währungsumrechnung nach IAS 21 (revised 2003) in maximal drei Stufen:

1. Bestimmung der funktionalen Währung (IAS 21.9 - 21.14)

2. Umrechnung von Fremdwährungstransaktionen in die funktionale Währung und Ermittlung des Jahresabschlusses auf Basis der funktionalen Währung (IAS 21.20 - 21.34)

3. Umrechnung des auf Basis der funktionalen Währung erstellten Jahresabschlusses in die Berichtswährung (IAS 21.38 - 21.43)

2. Bestimmung der funktionalen Währung

IAS 21 (revised 2003) unterscheidet primäre und sekundäre Indikatoren zur Bestimmung der funktionalen Währung. Im Regelfall sind die in IAS 21.9 genannten primären Indikatoren ausschlaggebend für die Abgrenzung; die in IAS 21.10 und IAS 21.11 genannten sekundären Indikatoren haben eher ergänzenden Charakter und dienen der Absicherung der auf Basis des IAS 21.9 getroffenen Entscheidung.

Primäre Indikatoren	• Währung, welche hauptsächlich die Verkaufspreise für Güter und Dienstleistungen bestimmt. • Währung, welche hauptsächlich die Faktorpreise für Arbeit, Material und andere Dienstleistungen bestimmt (IAS 21.9).
Sekundäre Indikatoren (einzelne Unternehmen)	• Währung, in welcher die Cashflows aus Finanzierungstätigkeit sowie gewöhnlich die Cashflows aus operativer Tätigkeit entstehen (IAS 21.10).
(Konzernverbund)	• Grad an operativer Autonomie bzw. Integration der ausländischen Teileinheit. • Bedeutung der innerkonzernlichen Transaktionen. • Grad der Abhängigkeit der operativen Cashflows des Konzerns von den operativen Cashflows der ausländischen Einheit. • Grad an finanzieller Autonomie der ausländischen Einheit (IAS 21.11).

Abb. 1: Indikatoren zur Bestimmung der funktionalen Währung

Sofern sich primäre und sekundäre Indikatoren widersprechen, hat das Management die aus seiner Sicht bestmögliche Einschätzung abzugeben und entsprechend die funktionale Währung festzulegen; ein transparentes Abwägungs- oder Entscheidungskriterium ist nicht vorgesehen (IAS 21.12).

3. Umrechnung von Fremdwährungstransaktionen in die funktionale Währung

Auf Basis der im ersten Schritt festgelegten funktionalen Währung sind sämtliche Transaktionen, die in einer anderen Währung als der funktionalen Währung erfolgen, in die **funktionale Währung umzurechnen**. Eine in Fremdwährung erfolgende Transaktion ist bei erstmaliger Erfassung zu dem Kurs, welcher zum Zeitpunkt der Transaktion herrscht(e), umzurechnen (IAS 21.21).

Bei der Folgebewertung von Transaktionen in Fremdwährung ist zu unterscheiden, ob es sich um monetäre oder nicht-monetäre Vermögenswerte und Schulden handelt.

Monetäre Vermögenswerte und Schulden sind stets zum **Stichtagskurs** am Bilanzstichtag umzurechnen (IAS 21.23 a); die Umrechnungsdifferenzen, die aus der Umrechnung entstehen, sind **grundsätzlich ergebniswirksam** zu behandeln (IAS 21.28). Einzige Ausnahme hinsichtlich der erfolgswirksamen Behandlung von Währungsdifferenzen sind die Währungsdifferenzen, die bei Umrechnung der so genannten „net investments in eine ausländische Teileinheit" entstehen. Hierbei handelt es sich um langfristige Ausleihungen, Forderungen und Darlehen (IAS 21.15), die zwischen Mutterunternehmen und ausländischer Einheit bestehen. Die Umrechnungsdifferenzen, die aus diesen monetären langfristigen Fremdwährungsposten im Konzernverbund entstehen, werden nur im Einzelabschluss erfolgswirksam behandelt, im Konzernabschluss dagegen erfolgsneutral (IAS 21.32). Im Konzernabschluss erfolgt erst dann eine erfolgswirksame Erfassung der Währungsumrechnungsdifferenz aus den net investments in foreign operations, wenn die ausländische Teileinheit aufgegeben oder verkauft wird (IAS 21.48).

Bei **nicht-monetären Vermögenswerten und Schulden** sind zwei Gruppen zu unterscheiden, nämlich **nicht-monetäre Vermögenswerte und Schulden**, welche zu **historischen Kosten** nach IAS/IFRS bewertet werden, und solche nicht-monetären Vermögenswerte und Schulden, bei denen ein Zeitwertansatz erfolgt. Erstgenannte sind zum **historischen Umrechnungskurs** zum Zeitpunkt der zugrunde liegenden Fremdwährungstransaktion umzurechnen (z.B. Umrechnung von Abschreibungen, Wertaufholungen auf Sachanlagen, die zu fortgeführten Anschaffungs- oder Herstellungskosten gem. IAS 16.30 bewertet sind). Dagegen sind **nicht-monetäre Jahresabschlussposten**, die zu **Zeitwerten** angesetzt sind, zum **Stichtagskurs** umzurechnen, der zum **Zeitpunkt der Feststellung des Zeitwerts** herrscht (z.B. Grundstücke und Gebäude, die als Finanzinvestitionen klassifiziert sind und für die das Zeitwertmodell zur Anwendung kommt; IAS 40.33).

Die **Erfolgswirksamkeit der Umrechnungsdifferenzen** hängt von der Behandlung der der Währungsumrechnung zugrunde liegenden Gewinne und Verluste ab. Werden diese erfolgsneutral behandelt (z.B. Effekt aus der Neubewertung von Sachanlagen nach IAS 16.31), dann sind auch die darauf zurückzuführenden Währungsumrechnungsdifferenzen erfolgsneutral zu erfassen; andernfalls sind die Währungsumrechnungsdifferenzen erfolgswirksam im IAS/IFRS-Jahresabschluss abzubilden (IAS 21.30). Abb. 2 fasst die Regeln zur Umrechnung in die funktionale Währung nochmals zusammen:

Jahresabschluss-posten	monetäre Jahres-abschlussposten	nicht-monetäre Jahresabschlussposten	
		bewertet zu fortge-führten AHK	bewertet zu Zeitwerten
Umrechnung (IAS 21.23)	Stichtagskurs am Bilanzstichtag	historischer Um-rechnungskurs zum Zeitpunkt der zugrunde liegenden Fremdwährungs-transaktion	Stichtagskurs am Tag, an dem der Zeitwert festge-stellt wurde
Behandlung von Umrechnungsdif-ferenzen	ergebniswirksam; Ausnahme net investment in foreign operation (IAS 21.28)	ergebniswirksam, falls Ge-winn/Verlust des nicht-monetären Jahresabschlusspostens ergebniswirk-sam erfasst wird erfolgsneutral, falls Gewinn/Verlust des nicht-monetären Jahresabschluss-postens erfolgsneutral erfasst wird (IAS 21.30)	

Abb. 2: Umrechnung von Jahresabschlussposten und Behandlung von Umrechnungsdifferenzen bei Umrechnung von Transaktionen in die funktionale Währung

Falls die Währung, in der die Buchhaltung und der Jahresabschluss erstellt werden, von der funktionalen Währung abweicht, ist der Jahresabschluss zunächst in die funktionale Währung umzurechnen. Für die Umrechnung in die funktionale Währung gelten die gleichen Grundsätze wie für Geschäftsvorfälle, die in einer anderen Währung abgewickelt werden (IAS 21.34 i.V.m. IAS 21.20 - 21.26).

Diese Umrechnung eines Jahresabschlusses in die funktionale Währung folgt damit den Grundsätzen der Zeitbezugsmethode, nach der sämtliche Geschäftsvorfälle mit ihrem jeweiligen Transaktionskurs umgerechnet werden. Aus Vereinfachungsgründen werden in der Praxis zumeist jedoch nur das **Anlagevermögen** und das **Eigenkapital**, in eher **seltenen Fällen das Vorratsvermögen** sowie die damit in Zusammenhang stehenden **Aufwendungen und Erträge** zu **historischen Umrechnungskursen** umgerechnet. Die restlichen Bilanzposten werden zu Stichtagskursen und die übrigen GuV-Posten zu Durchschnittskursen umgerechnet.

Beispiel 1:

Das Mutterunternehmen erwirbt ein US-amerikanisches Unternehmen (100%) zum 31.12.01 zu einem Preis von 130 Mio. US-$ (1 US-$/€ zum 31.12.01). Von Besteuerung sei abgesehen.

Bilanz zum 31.12.01 in Mio. US-$

Technische Anlagen	200	Eigenkapital	50
Kurzfristiges Vermögen	100	Fremdkapital	250
Bilanzsumme	300	Bilanzsumme	300

Abb. 3: Bilanz des US-amerikanischen Tochterunternehmens zum 31.12.01 in Mio. US-$

Am 31.12.02 sieht die Bilanz des us-amerikanischen Tochterunternehmens wie folgt aus:

Bilanz zum 31.12.02 in Mio. US-$

Technische Anlagen	210	Eigenkapital (historisch)	50
		Bilanzgewinn	30
Kurzfristiges Vermögen	130	Fremdkapital	260
Bilanzsumme	340	Bilanzsumme	340

Abb. 4: Bilanz des US-amerikanischen Tochterunternehmens zum 31.12.02 in Mio. US-$

Der Durchschnittskurs in 02 beträgt 1,10 US-$/€; der Stichtagskurs zum 31.12.02 beträgt 1,20 US-$/€. Stille Reserven sind bei Erwerb des Tochterunternehmens nicht vorhanden. Daraus lässt sich der Goodwill zum Erwerbszeitpunkt ermitteln:

Kaufpreis	130 Mio. €
- Nettovermögen	50 Mio. €
= Goodwill im Erwerbszeitpunkt	80 Mio. €

Das Mutterunternehmen hat einschließlich Goodwill ein historisches Eigenkapital von 130 Mio. US-$ (Wert zum 31.12.01: 130 Mio. €) erworben. Auf den Goodwill ist zum 31.12.02 keine Wertminderung zu erfassen.

Unter der Voraussetzung, dass der Euro die funktionale Währung des dargestellten Tochterunternehmens bildet und Abschreibungen auf die Technischen Anlagen in Höhe von insgesamt 50 Mio. US-$ (die Abschreibungen auf das in 02 zugegangene Vermögen betragen 10 Mio. US-$) sowie Zugänge zu den Technischen Anlagen in Höhe von 60 Mio. US-$ bei einem Zugangskurs von 1,05 US-$/€ angefallen sind, ergibt sich für die Technischen Anlagen folgende Darstellung:

	Mio. US-$	Mio. €
Technische Anlagen 1.1.02	200,000	200,000
Zugänge 02	60,000	57,143
Abschreibungen auf Anfangsbestand	40,000	40,000
Abschreibungen auf Zugänge 02	10,000	9,524
Technische Anlagen – Stand 31.12.02	210,000	207,619

Daraus ergibt sich folgendes Bilanzbild:

	in Mio. US-$	in Mio. €
Technische Anlagen	210	207,619
Goodwill	80	80,000
Kurzfristiges Vermögen	130	108,333
Bilanzsumme	420	395,952
Eigenkapital (historisch)	130	130,000
Bilanzgewinn	30	49,286
Fremdkapital	260	216,666

Abb. 5: Konsolidierte Beiträge des us-amerikanischen Tochterunternehmens zum 31.12.02 in Mio. US-$ und Mio. € nach der Zeitbezugsmethode

Die GuV stellt sich – im Ausschnitt – wie folgt dar:

	Mio. US-$	Mio. €
Erträge abzgl. Aufwendungen		
(ohne Abschreibungen)	80,000	72,727
Abschreibungen	50,000	49,524
Gewinne aus der Währungsumrechnung		26,083
Jahresüberschuss 02	30,000	49,286

Die Gewinne aus der Währungsumrechnung sind ein Differenzposten, der sich aus dem in der Bilanz umgerechneten Jahresüberschuss bzw. Bilanzgewinn (49,286 Mio. €) und dem Saldo aus den zu den jeweiligen Kursen umgerechneten GuV-Posten (23,203 Mio. €) errechnet.

Falls das in Beispiel 1 geschilderte Tochterunternehmen am 31.12.02 zu 133,334 Mio. € (Wert des in € zum Stichtagskurs umgerechneten Eigenkapitals am 31.12.02) verkauft würde, ist aus Konzernsicht ein Veräußerungsverlust in Höhe von 45,952 Mio. € im Konzernabschluss zu erfassen.

4. Umrechnung von in funktionaler Währung erstellten Jahresabschlüssen in eine Berichtswährung

Im dritten Schritt erfolgt ggf. eine Umrechnung des in funktionaler Währung erstellten Jahresabschlusses in eine Berichtswährung. Sofern es sich bei der funktionalen Währung nicht um die Währung einer Hyperinflationsökonomie handelt, gelten für die Umrechnung folgende Regeln:

Die **Vermögens- und Schuldposten** sind mit dem **jeweiligen Stichtagskurs**, die **Aufwands- und Ertragsposten** der GuV mit den Wechselkursen am Tag der Geschäftsvorfälle bzw. aus Praktikabilitätsgründen mit **Durchschnittskursen** umzurechnen (IAS 21.39 und 21.40). Zur Vermeidung von Aufrechungsdifferenzen bei der Kapitalkonsolidierung wird das bei Erwerb des Konzernunternehmens vorhandene Eigenkapital (historisches Kapital) mit dem historischen Umrechnungskurs, d.h. mit dem Umrechnungskurs, der zum jeweiligen Erwerbszeitpunkt herrschte, umgerechnet (**modifizierte Stichtagskursmethode**).

Im Rahmen der Einbeziehung ausländischer Konzernunternehmen können folgende **Umrechnungsdifferenzen** auftreten:

- Umrechnungsdifferenzen aufgrund der unterschiedlichen Umrechnung des Jahresergebnisses in der GuV (Durchschnittskurs) und in der Bilanz (Stichtagskurs) sowie
- Umrechnungsdifferenzen aus der Umrechnung des historischen Eigenkapitals und des während der Konzernzugehörigkeit des Konzernunternehmens erwirtschafteten Bilanzgewinns zu den jeweiligen (historischen) Kursen anstelle zum aktuellen Stichtagskurs.

Sämtliche **Umrechnungsdifferenzen** sind **erfolgsneutral im Eigenkapital** als **Translationsanpassung** auszuweisen (IAS 21.41).

Beispiel 2:

Unter der Voraussetzung, dass die funktionale Währung des in Beispiel 1 dargestellten US-amerikanischen Unternehmens der US-$ ist, gilt für die konsolidierten Beiträge in funktionaler Währung (US-$) und Berichtswährung (€) zum 31.12.02 Folgendes:

	in Mio. US-$	in Mio. €
Technische Anlagen	210	175,000
Goodwill	80	66,667
Kurzfristiges Vermögen	130	108,333
Bilanzsumme	420	350,000
Eigenkapital (historisch)	130	130,000
Bilanzgewinn	30	27,273
Translationsanpassung		-23,939
Fremdkapital	260	216,666

Abb. 6: Konsolidierte Beiträge des US-amerikanischen Tochterunternehmens zum 31.12.02 in Mio. US-$ und Mio. € nach der modifizierten Stichtagskursmethode

Die Translationsanpassung setzt sich aus folgenden Komponenten zusammen:

- Translationsanpassung aus der Umrechnung des historischen Eigenkapitals:
  130 Mio. [US-$] * (1/1,2 – 1/1,0) [€/US-$]= -21,666 Mio. €
- Translationsanpassung aus der abweichenden Umrechnung des Jahresergebnisses:
  30 Mio. [US-$] * (1/1,2 – 1/1,1) [€/US-$]= - 2,273 Mio. €

Diese Umrechnungsdifferenzen werden zu jedem Bilanzstichtag neu ermittelt und sind so lange **Bestandteil des Eigenkapitals**, wie das wirtschaftlich selbstständige Tochterunternehmen im Konzern verbleibt. Bei Verkauf des Unternehmens ist die Translationsanpassung erfolgsneutral aufzuheben und durch den tatsächlichen Veräußerungsgewinn oder - verlust zu ersetzen (IAS 21.48).

Falls in Beispiel 2 das Tochterunternehmen am 31.12.02 zu 133,334 Mio. € (Wert des in € zum Stichtagskurs umgerechneten Eigenkapitals am 31.12.02) verkauft würde, ginge aus Sicht des Konzerns das Vermögen in Höhe von 350,000 Mio. € und das Fremdkapital in Höhe von 216,666 Mio. € ab. Bei Verkauf des Tochterunternehmens liegt weiterhin eine erfolgswirksame Realisierung der Translationsanpassung vor, da diese nunmehr durch Verkauf des Tochterunternehmens realisiert ist. Daher lauten die bei der Entkonsolidierung vorzunehmenden Buchungen aus Konzernsicht:

Bank	133,334	an		
Fremdkapital	216,666	an	Anlagevermögen	175,000
			Umlaufvermögen	108,333
			Geschäfts- oder Firmenwert	66,667
Veräußerungsverlust	23,939	an	Translationsanpassung	23,939

Der Gesamtgewinn (laufender Gewinn in Periode 02 +/- Veräußerungserfolg zum 31.12.02) beträgt – wie in Beispiel 1 – 3,334 Mio. €.

Auf die Translationsanpassung sind nach IAS/IFRS grundsätzlich (aber Einschränkung durch IAS 12.39 und IAS 12.44) auch **latente Steuern abzugrenzen** (IAS 21.50), da bei Anwendung des Stichtagskurses auf sämtliche Bilanzpositionen zum Bilanzstichtag gerade die Translationsanpassung als Differenz verbleibt. Diese löst sich zu dem Zeitpunkt auf, zu dem das Konzernunternehmen verkauft oder liquidiert wird oder anderweitig abgeht.

5. Umrechnung von Abschlüssen aus Hochinflationsländern

Besonderheiten gelten bei der Umrechnung von Abschlüssen, in denen die **funktionale Währung** diejenige eines **Hochinflationslandes** ist. Nach IAS 29.3 liegt aus quantitativer Sicht ein **Hochinflationsland** vor, wenn sich die kumulierte Preissteigerungsrate innerhalb von drei Jahren 100% nähert oder 100% überschreitet.

Vor Umrechnung des in der Währung eines Hochinflationslandes erstellten IAS/IFRS-Jahresabschlusses sind die Jahresabschlussposten zur Abbildung des Inflationseffekts (Indexierung gem. IAS 29) zu bereinigen. Der derart angepasste Hochinflationsabschluss ist dann unter Verwendung des Stichtagskurses am Bilanzstichtag für sämtliche Jahresabschlussposten in die Berichtswährung umzurechnen (IAS 21.42).

Falls in einem Hochinflationsland eine Hartwährung die Funktion einer Parallelwährung einnimmt (z.B. US-$ in Südamerika), dann handelt es sich im Regelfall bei der Parallelwährung um die funktionale Währung. In diesem Fall sind sämtliche Transaktionen in der Hartwährung bzw. der funktionalen Währung zu erfassen oder nach den Regeln der IAS 21.20 - 21.34 und IAS 21.48 in die funktionale Währung umzurechnen (vgl. Abschn. B. III. 3).

IV. Kapitalkonsolidierung von Tochterunternehmen

1. Vollkonsolidierung nach der Erwerbsmethode ohne Minderheitsanteile

1.1 Erstkonsolidierung

Nach der **Erwerbsmethode** findet eine Konsolidierung auf den Tag des Unternehmenserwerbs statt, d.h. ab diesem Zeitpunkt sind die Ergebnisse aus der Geschäftstätigkeit des Unternehmens in die GuV des Konzerns aufzunehmen und ab diesem Tag sind die identifizierbaren Vermögenswerte und Schulden des erworbenen Unternehmens sowie ein positiver Geschäfts- oder Firmenwert in die Konzernbilanz aufzunehmen (IFRS 3.37 und 3.38).

Im Falle der Vollkonsolidierung ohne Minderheitsanteile stellt man den Anschaffungskosten der Beteiligung im Erwerbszeitpunkt (IFRS 3.36) die **Zeitwerte der erworbenen identifizierbaren Vermögenswerte abzüglich des Zeitwerts der Schulden und des Zeitwerts der Eventualschulden** gegenüber (IFRS 3.37).

Rückstellungen für eine Schließung bzw. Verringerung von Geschäftsaktivitäten können nur dann angesetzt werden, wenn der Erwerber am Erwerbsstichtag eine Verpflichtung zur Restrukturierung hat (IFRS 3.37 i.V.m. IFRS 3.41a). Restrukturierungsrückstellungen sind nur in Übereinstimmung mit den Anforderungen des IAS 37 zu bilden (vgl. IAS 37.72). Dementsprechend dürfen keine Rückstellungen für zukünftige Verluste oder künftige – noch nicht im Erwerbszeitpunkt präzisierte – Restrukturierungspläne angesetzt werden (IFRS 3.41b).

Voraussetzung für den Ansatz von Vermögenswerten, Schulden und Eventualschulden zur Ermittlung des Geschäfts- oder Firmenwerts ist stets, dass der Zeitwert verlässlich bestimmbar ist (IFRS 3.36 i.V.m. IFRS 3.37). Für den Ansatz immaterieller Vermögenswerte ist zusätzlich zur verlässlichen Feststellung des Zeitwerts erforderlich, dass die Ansatzvoraussetzungen des IAS 38 vorliegen.

Ein verbleibender positiver Unterschiedsbetrag zwischen den Anschaffungskosten und dem Zeitwert des erworbenen identifizierbaren Reinvermögens, welches sich als Differenz aus Vermögenswerten und Schulden (und ggf. Eventualschulden unter der Voraussetzung der verlässlichen Bestimmbarkeit des Zeitwerts) ermittelt, ist als Geschäfts- oder Firmenwert auszuweisen (IFRS 3.51a).

Beispiel 3:

Die Muttergesellschaft M-AG erwirbt zum 1.1.01 eine 100%ige Beteiligung an dem Unternehmen T-GmbH zu 1.450.000 €. Zwischen M-AG und T-GmbH liegt ab 1.1.01 ein Beherrschungsverhältnis vor. Der Zeitwert der (unbebauten) Grundstücke beträgt 450.000 € und derjenige der Technischen Anlagen 750.000 €. Die Ertragsteuerbelastung ist 40%. Der Zeitwert der Eventualschulden der T-GmbH ist nicht verlässlich bestimmbar. Die Bilanz der T-GmbH hat zum 1.1.01 folgende Gestalt:

Bilanz T-GmbH zum 1.1.01 in T€

A. Langfristiges Vermögen		A. Eigenkapital	
Grundstücke (unbebaut)	50	Gezeichnetes Kapital	300
Technische Anlagen	400	Gewinnrücklagen	400
Betriebsausstattung	350		
		B. Fremdkapital	
B. Kurzfristiges Vermögen		Pensionsrückstellungen	300
Vorräte	100	sonstige Rückstellungen	100
Forderungen aus LuL	350	Verbindlichkeiten aus LuL	220
Bank, Kasse	250	sonstige Verbindlichkeiten	180
Bilanzsumme	1.500	Bilanzsumme	1.500

Abb. 7: Bilanz der Tochtergesellschaft T-GmbH zum 1.1.01

Der Geschäfts- oder Firmenwert ermittelt sich wie folgt:

	Eigenkapital zu Buchwerten 1.1.01	700.000
+	stille Reserve unbebaute Grundstücke	400.000
+	stille Reserve Technische Anlagen	350.000
-	passive latente Steuern auf stille Reserven	300.000
=	Reinvermögen der identifizierbaren Vermögenswerte und Schulden zu Zeitwerten	1.150.000
	Anschaffungskosten	1.450.000
-	Reinvermögen zu Zeitwerten	1.150.000
=	Geschäfts- oder Firmenwert	300.000

Die Konsolidierungsbuchung (bei Ersatz der Anschaffungskosten im Einzelabschluss der M-AG) lautet:

Geschäfts- oder Firmenwert	300.000	an	Beteiligungen	1.450.000
Grundstücke	450.000		Pensionsverpflicht.	300.000
Technische Anlagen	750.000		sonstige Rückstell.	100.000
Betriebsausstattung	350.000		Verbindlichk. aus LuL	220.000
Vorräte	100.000		sonst. Verbindlichkeiten	180.000
Forderungen aus LuL	350.000		passive latente Steuern	300.000
Bank, Kasse	250.000			

Da der Buchwert der Vermögenswerte in der IAS/IFRS-Konzernbilanz (unbebaute Grundstücke und Technische Anlagen) den Buchwert der Einzelbilanz und der Steuerbilanz übersteigt, und sich diese Differenzen spätestens bis zur Liquidation des Konzernunternehmens auflösen, liegen **temporäre Differenzen im Sinne des IAS 12.5** vor, die mangels Vorliegens IAS/IFRS-spezifischer Ausnahmeregelungen (IAS 12.15 a, 12.24, 12.39 und 12.44) zu passiven latenten Steuern führen.

Die Abgrenzung einer **passiven latenten Steuer** auf den **Geschäfts- oder Firmenwert** unterbleibt aufgrund der IAS/IFRS-spezifischen Ausnahmeregel des IAS 12.15a. (Da der Geschäfts- oder Firmenwert eine Residualgröße ist, würde eine Abgrenzung von passiven latenten Steuern auf diese Posten nur den Ausweis des Geschäfts- oder Firmenwerts unmittelbar erhöhen und diese Residualposten „aufblähen".)

Sofern die Gegenüberstellung von Anschaffungskosten des erworbenen Unternehmens mit dem Zeitwert der Vermögenswerte abzgl. dem Zeitwert der Schulden und Eventualschulden zu einem **negativen Unterschiedsbetrag** führt, hat das erwerbende Mutterunternehmen nach IFRS 3.56 zunächst abermals Ansatz und Bewertung der in Ansatz gebrachten Vermögenswerte, Schulden und Eventualschulden auf der einen Seite sowie die Höhe der Anschaffungskosten des Unternehmenserwerbs auf der anderen Seite (kritisch) zu überprüfen (IFRS 3.56a). Verbleibt nach diesem Re-Assessment (noch) ein negativer Unterschiedsbetrag aus der Kapitalkonsolidierung, so ist dieser negative Unterschiedsbetrag nach IFRS 3.56b unmittelbar bei Erwerb erfolgserhöhend aufzulösen.

Beispiel 4:

Beispiel 3 mit folgenden Modifikationen: Der Kaufpreis beträgt nunmehr 1.000.000 €. Das Mutterunternehmen schätzt einen künftigen Restrukturierungsaufwand von 200.000 €. Das Reinvermögen der identifizierbaren Vermögenswerte und Schulden beträgt wie in Beispiel 3 unverändert 1.150.000 GE. Die Schuld für die künftige Restrukturierung ist, da die Voraussetzungen des IAS 37.72 nicht vorliegen, nicht möglich. Sofern das Re-Assessment keine Veränderungen der Wertansätze (IFRS 3.56a) bewirkt, ist der negative Unterschiedsbetrag in Höhe von 150.000 € erfolgswirksam zu erfassen. Die Konsolidierungsbuchung im Erwerbszeitpunkt lautet in diesem Fall:

Grundstücke	450.000	an	Beteiligungen	1.000.000
Technische Anlagen	750.000		Pensionsverpflicht.	300.000
Betriebsausstattung	350.000		sonstige Rückstell.	100.000
Vorräte	100.000		Verbindlichk. aus LuL	220.000
Forderungen aus LuL	350.000		sonstige Verbindlichk.	180.000
Bank, Kasse	250.000		passive latente Steuern	300.000
			Ertrag aus der Auflösung des negativen Unterschiedsbetrags (= Jahresüberschuss)	150.000

1.2 Folgekonsolidierung

Jede auf die Erstkonsolidierung zeitlich folgende Konsolidierung wird als **Folgekonsolidierung** bezeichnet. Technisch sind bei jeder Folgekonsolidierung die zum Zeitpunkt der erstmaligen Einbeziehung vorgenommene Erstkonsolidierung und darüber hinaus die zeitlich früheren Folgekonsolidierungen zu wiederholen.

Weiterhin sind im Rahmen der Folgekonsolidierung die Differenzen zwischen den Zeitwerten der Vermögenswerte und Schulden und den korrespondierenden

Buchwerten des Einzelabschlusses (stille Reserven und Lasten) im Zeitablauf fortzuentwickeln.

Beispiel 5:

In Beispiel 3 wird in der Periode 01 das unbebaute Grundstück mit einem Veräußerungsgewinn von 420.000 € verkauft. Die Technischen Anlagen werden weiterhin genutzt (durchschnittliche Nutzungsdauer der Technischen Anlagen, welche die stillen Reserven beinhalten: 7 Jahre).

Die zum 31.12.01 zusätzlich (zur Erstkonsolidierungsbuchung; siehe Beispiel 3) durchzuführende Folgekonsolidierungsbuchung lautet:

Abschreibungen	50.000	an	Technische Anlagen	50.000
sonstiger Ertrag	400.000	an	Grundstücke (unbebaut)	400.000
Passive latente Steuern	180.000	an	Ertragsteueraufwand	180.000

Durch die Veräußerung des unbebauten Grundstücks weist die T-GmbH im Einzelabschluss einen Veräußerungsgewinn aus, der aus Sicht des Konzernabschlusses nicht auftritt, da der Konzern das Grundstück zu dem Zeitwert am 1.1.01 (= Anschaffungskosten aus Konzernsicht) bewertet hat. Dementsprechend ist der Veräußerungsgewinn im Konzernabschluss um 400.000 € niedriger als im Einzelabschluss der T-GmbH. Die zum 1.1.01 in den Technischen Anlagen aufgedeckten stillen Reserven sind planmäßig über die Nutzungsdauer der Technischen Anlagen, welche die stillen Reserven beim Erwerb beinhalteten, aufzulösen (Auflösung der stillen Reserven, die auf Technische Anlagen entfallen: 50.000 € p.a.).

Durch die Auflösung der stillen Reserven in den unbebauten Grundstücken und die Abschreibung der Technischen Anlagen gehen die Unterschiedsbeträge zwischen Konzernabschlusswert und Steuerbilanzbuchwert zurück, so dass die hierfür gebildeten latenten Steuern (erfolgswirksam) aufzulösen (450.000 € * 40%) sind.

Goodwillbeträge, die aus einer am 31.3.2004 oder später stattfindenden Akquisition resultieren, sowie sämtliche Goodwillbeträge aus früheren Unternehmenserwerben ab dem ersten nach dem 31.3.2004 beginnenden vollen Geschäftsjahr, sind nach dem **Asset-Impairment-Only-Approach** fortzuschreiben (IFRS 3.54 f. i.V.m. IFRS 3.78 und 3.79a):

Im Gegensatz zu der bisher international dominierenden planmäßigen Abschreibung eines Goodwills über die planmäßige Nutzungsdauer werden die Goodwillbeträge nunmehr auf so genannte zahlungsmittelgenerierende Einheiten (ZGE) **zugeordnet** und diese bei Vorliegen einer **Wertminderung außerplanmäßig** abgeschrieben. Die Zuordnung des Goodwills findet auf der kleinsten Ebene statt, auf welcher Goodwillbeträge vernünftigerweise und stetig zugeordnet werden können (IAS 36.80). Dies ist die hierarchisch niedrigste Ebene, auf welcher der Goodwill für Managementzwecke überwacht und kontrolliert wird. Diese Ebene sollte weiterhin zumindest die Ebene sein, auf welcher die Segmente im Sinne des IAS 14 abgegrenzt werden.

Diese Abgrenzung der ZGE zur Feststellung eines Asset Impairment beim Goodwill entspricht weitgehend dem in den US-GAAP verwendeten Begriff der Reporting Unit im Sinne des SFAS 142; dort gelten als Reporting Unit – analog dem auch bei der Segmentberichterstattung verwendeten management approach – **operative Einheiten**, für die **gesonderte finanzielle Informationen vorliegen** und deren Ergebnisse regelmäßig vom Management der Geschäftseinheiten **analysiert** werden (SFAS 142.30). Wie bei IAS 36.80 dürfen die Reporting Units entweder identisch mit den Berichtssegmenten der Segmentberichterstattung oder ein Teil der Berichtssegmente sein; insbesondere dürfen die Reporting Units sich nicht über mehrere Berichtssegmente erstrecken.

Für die Feststellung der **Wertminderung von Geschäfts- oder Firmenwerten** sind die ZGE, denen Goodwillbeträge zugeordnet sind, zumindest einmal jährlich – auch ohne Vorliegen besonderer Wertminderungsindikatoren – auf die Notwendigkeit der Erfassung eines Wertminderungsaufwands zu untersuchen (IAS 36.90). Ausnahmsweise kann der jährlich mindestens einmal durchzuführende Asset-Impairment-Test unterbleiben, sofern folgende Bedingungen erfüllt sind:

- Vermögenswerte und Schulden der ZGE haben sich seit der letzten Ermittlung des erzielbaren Betrags der ZGE nicht wesentlich verändert,
- die letzte Ermittlung des erzielbaren Betrags der ZGE führte zu einem substanziellen Überhang des erzielbaren Betrags über den Buchwert der ZGE sowie
- die auf Basis der aktuellen Ereignisse und Umstände zu erwartende Wahrscheinlichkeit einer Wertminderung ist vernachlässigenswert (IAS 36.99).

Im Gegensatz zu den US-amerikanischen Rechnungslegungsvorschriften ist nach IAS 36.90 ein **einstufiger Asset-Impairment-Test** vorgesehen. Falls der erzielbare Betrag der ZGE, welcher sich als das Maximum aus Nettoveräußerungspreis und Nutzungswert der ZGE ermittelt (IAS 36.6.), geringer ist als der Buchwert der ZGE, so ist ein Wertminderungsaufwand zu erfassen. Der **Buchwert der ZGE** schließt neben dem Buchwert der der ZGE zugeordneten Vermögenswerte und Schulden auch den Buchwert des Goodwills ein.

Ein bei dieser Wertminderung festgestellter Abwertungsbedarf ist vorrangig auf den Geschäfts- oder Firmenwert der ZGE zuzuordnen. Erst nach vollständiger Abschreibung des Goodwills sind die übrigen der ZGE zugeordneten Vermögenswerte proportional abzuschreiben. Untergrenze für die Wertminderung bei den identifizierbaren Vermögenswerten (ohne Goodwill) ist der erzielbare Betrag der einzelnen identifizierbaren Vermögenswerte, sofern ein solcher sofort feststellbar ist (IAS 36.104 f.).

Beispiel 6:

In Erweiterung zu Beispiel 5 wird als erzielbarer Betrag für das Tochterunternehmen T-GmbH am 31.12.01 ein Wert von 1.100.000 € festgestellt. Weiterhin sei unterstellt, dass die T-GmbH eine ZGE mit zugeordnetem Geschäfts- oder Firmenwert bildet. Die Bilanz der T-GmbH hat zum 31.12.01 folgende Gestalt:

Bilanz T-GmbH zum 31.12.01 in T€

A. Langfristiges Vermögen		A. Eigenkapital	
Grundstücke (unbebaut)	0	Gezeichnetes Kapital	300
Technische Anlagen	380	Gewinnrücklagen	400
Betriebsausstattung	400	Bilanzgewinn	50
B. Kurzfristiges Vermögen		B. Fremdkapital	
Vorräte	80	Pensionsrückstellungen	200
Forderungen aus LuL	200	sonstige Rückstellungen	50
Bank, Kasse	140	Verbindlichkeiten aus LuL	80
		sonstige Verbindlichkeiten	120
Bilanzsumme	1.200	Bilanzsumme	1.200

Abb. 8: Bilanz der Tochtergesellschaft T-GmbH zum 31.12.01

Damit leiten sich die konsolidierten Buchwerte der T-GmbH vor Prüfung eines Asset Impairment auf den Goodwill zum 31.12.01 wie folgt ab:

in T€	Einzel-abschluss T-GmbH 31.12.01	Erst-konsoli-dierung	Folgekon-solidierung (ohne GoF) 31.12.01	(vorläufige) kon-solidierte Buch-werte der T-GmbH 31.12.01
Grundstücke (unbebaut)	0	400	- 400	0
Technische Anlagen	380	350	- 50	680
Betriebsausstattung	400			400
Geschäfts- oder Firmenwert		300		300
Vorräte	80			80
Forderungen aus LuL	200			200
Bank, Kasse	140			140
Bilanzsumme	1.200	1.050	- 450	1.800
erworbenes Kapital	700	750		1.450
Bilanzgewinn	50		- 270	- 220
Pensionsrückstellungen	200			200
sonstige Rückstellungen	50			50
Verbindlichkeiten aus LuL	80			80
Sonst. Verbindlichkeiten	120			120
passive latente Steuern		300	- 180	120

Abb. 9: Ermittlung der vorläufigen konsolidierten Buchwerte der T-GmbH per 31.12.01

Hieraus errechnet sich der für den Asset-Impairment-Test nach IAS 36.90 benötigte Buchwert der ZGE:

	T€
Buchwert der Vermögenswerte (ohne Goodwill)	1.500
+ Buchwert Goodwill	300
./. Buchwert der Schulden	./. 570
= Buchwert der ZGE	1.230

Da der erzielbare Betrag der ZGE mit 1.100 T€ kleiner ist als der Buchwert der ZGE, ist in Höhe der Differenz von 130 T€ eine Wertminderung zu erfassen. Da diese Wertminderung, welche auf die gesamte ZGE (T-GmbH) zurechenbar ist, den Buchwert des Goodwills unterschreitet, ist eine vollständige Zuordnung des Wertminderungsbetrags auf den Goodwill vorzunehmen (IAS 36.104). Dementsprechend lautet am 31.12.01 die Buchung zur Erfassung der Wertminderung:

Wertminderungsaufwand   an   Geschäfts- oder Firmenwert   130.000

Latente Steuern sind auf diese Buchung nicht zu verrechnen, da nach IAS 12.15a auch bei Bildung des Geschäfts- oder Firmenwerts keine latenten Steuern abgegrenzt wurden.

Dementsprechend gehen in den Konzernabschluss für die T-GmbH im Unterschied zu Abb. 9 ein Geschäfts- oder Firmenwert von 170.000 € sowie ein Bilanzverlust für die Periode 01 von -350.000 € ein. (Die Addition von erworbenem Kapital und Bilanzverlust ergibt gerade den zum 31.12.01 festgestellten erzielbaren Betrag der T-GmbH.)

Beispiel 7:

In Abwandlung zu Beispiel 6 wird zum 31.12.01 nunmehr nur ein erzielbarer Betrag für die T-GmbH von 900.000 € festgestellt. Ergänzend zu Beispiel 6 sind noch die Nettoveräußerungspreise der einzelnen Vermögenswerte festgestellt (Nutzungswerte lassen sich für die einzelnen Vermögenswerte nicht feststellen):

Nettoveräußerungspreis zum 31.12.01 (T€)

Technische Anlagen	500
Betriebsausstattung	200
Vorräte	70
Forderungen aus LuL	200
Bank, Kasse	140

Abb. 10: Nettoveräußerungspreise der Vermögenswerte der T-GmbH zum 31.12.01

In Beispiel 7 unterschreitet der erzielbare Betrag der ZGE mit 900.000 € den Buchwert der ZGE (1.230.000 €) um 330.000 €. Von diesem Wertminderungsaufwand sind 300.000 € auf den Goodwill zuzuordnen (Vollabschreibung). Die übrigen 30.000 € sind auf die übrigen Vermögenswerte nach Maßgabe ihrer (konsolidierten) Buchwerte zuzuordnen; hierbei ist die Wertuntergrenze des IAS 36.105 zu beachten.

	vorläufiger konso-lidierter Buchwert in €	Wert-minderungs-aufwand IAS 36.104b i.V.m. IAS 36.105	konsolidierter Buchwert in € nach IAS 36.104b i.V.m. IAS 36.105	Netto-veräuße-rungserlös
Techn. Anlagen	680.000	-17.586	662.414	500.000
Betriebsausstattung	400.000	-10.345	389.655	200.000
Vorräte	80.000	-2.069	77.931	70.000
Forderungen aus LuL	200.000		200.000	200.000
Bank, Kasse	140.000		140.000	140.000
Summe (ohne Goodwill)	1.5000.000	-30.000	1.470.000	

Abb. 11: Ableitung der konsolidierten Buchwerte des Vermögens der T-GmbH zum 31.12.01

Nach IAS 36.124 ist eine Wertaufholung auf den Geschäfts- oder Firmenwert in späteren Perioden nicht möglich.

1.3 Übergangsvorschriften auf IFRS 3

Für Unternehmenserwerbe vor dem 31.03.04 fanden die bisherigen Regelungen des IAS 22 (revised 1998) Anwendung. Danach war ein positiver Geschäfts- oder Firmenwert in der Folgekonsolidierung zu den Anschaffungskosten bei Erwerb abzgl. kumulierter Abschreibungen und kumulierter Wertminderungen anzusetzen (IAS 22.43). Die Abschreibungen erfolgten über die planmäßige Nutzungsdauer des Goodwills. Für die vor dem 31.03.04 erworbenen Unternehmen ist letztmalig IAS 22 (revised 1998) in dem Geschäftsjahr anzuwenden, das vor dem 31.03.04 beginnt. Die Vorschriften des IFRS 3 sind nur prospektiv anzuwenden. Aus diesem Grund ist der fortgeführte Buchwert des Geschäfts- oder Firmenwerts dem neuen Bruttowert des Geschäfts- oder Firmenwerts gleichzusetzen (IFRS 3.79a und b). Ab dem ersten Geschäftsjahr, das am 31.03.04 oder später beginnt, sind die Regeln für den Asset-Impairment-Only-Approach des IFRS 3 i.V.m. IAS 36 (revised 2004) prospektiv anzuwenden (IFRS 3.79 c).

Ein negativer Unterschiedsbetrag aus der Kapitalkonsolidierung wurde bislang nach IAS 22.59 - 22.63 (revised 1998) behandelt. Vorrangig war zu prüfen, ob der negative Unterschiedsbetrag auf künftige Verluste und Aufwendungen entfiel, die zwar verlässlich messbar waren aber nicht zu den identifizierbaren Schulden zählten. Der negative Unterschiedsbetrag war wegen seines rückstellungsähnlichen Charakters zu dem Zeitpunkt ertragswirksam aufzulösen, zu dem die korrespondierenden Aufwendungen in der GuV erfasst wurden. Andernfalls war der negative Unterschiedsbetrag grundsätzlich über die gewichtete Nutzungsdauer der nicht-monetären Vermögenswerte aufzulösen.

Bei Unternehmenserwerben, die am 31.03.04 oder später erfolgen, ist ein ggf. entstehender negativer Unterschiedsbetrag unmittelbar im Jahresergebnis des Konzerns zu erfassen. Für negative Unterschiedsbeträge aus Unternehmenserwerben, die vor dem 31.03.04 erfolgten, ergibt sich im ersten Geschäftsjahr, welches frühestens am 31.03.04 beginnt, eine Auflösungspflicht der bestehenden Restbuchwerte zugunsten der Gewinnrücklagen (IFRS 3.81).

2. Vollkonsolidierung nach der Erwerbsmethode mit Minderheitsanteilen

2.1 Erstkonsolidierung

Im Falle des Vorhandenseins von Minderheiten an dem erworbenen Tochterunternehmen hat das Mutterunternehmen auch die **anteilig auf die Minderheiten entfallenden oder identifizierbaren Vermögenswerte, Schulden und Eventualschulden**, sofern die allgemeinen Ansatzvoraussetzungen des IFRS 3.37 vorliegen, zu **Zeitwerten im Erwerbszeitpunkt** anzusetzen.

Dementsprechend hängt die Bewertung der bei der Erstkonsolidierung (und auch bei der Folgekonsolidierung) anzusetzenden konsolidierten Beträge für Vermögenswerte und Schulden auch nicht vom Beteiligungsprozentsatz des Mutterunternehmens ab; es erfolgt stets der Ansatz der Vermögenswerte, Schulden und Eventualschulden zu Zeitwerten im Erwerbszeitpunkt.

Beispiel 8:

Beispiel 3 mit folgender Modifikation: Der Kaufpreis von 1.450.000 € wird für den Erwerb von nur 80% der Anteile an der T-GmbH bezahlt.

Der Geschäfts- oder Firmenwert ermittelt sich dann wie folgt:

	Anschaffungskosten	1.450.000
-	anteiliges Reinvermögen zu Zeitwerten	920.000
=	Geschäfts- oder Firmenwert	530.000

Die Vermögenswerte und Schulden des Tochterunternehmens werden trotz Bestehens von Minderheiten vollständig in die Konzernbilanz aufgenommen; ebenso werden die bei der T-GmbH vorhandenen stillen Reserven in der Konzernbilanz vollständig aufgedeckt.

Der Minderheitenanteil entspricht dem identifizierbaren Reinvermögen, bewertet zu Zeitwerten, am Stichtag des Erwerbs durch das Mutterunternehmen. Demgemäß ermittelt sich für den Minderheitenanteil:

anteiliges Eigenkapital zu Buchwerten (20%)	140.000
+ anteilige stille Reserven in Grundstücken (20%)	80.000
+ anteilige stille Reserven in Techn. Anlagen (20%)	70.000
– anteilige passive latente Steuern	60.000
= anteiliges Eigenkapital zu Zeitwerten am 1.1.01 (20%)	230.000

Daraus ergibt sich folgende Konsolidierungsbuchung bei der Erstkonsolidierung:

Geschäfts- oder Firmenwert	530.000	an	Beteiligungen	1.450.000
Grundstücke	450.000		Pensionsverpflicht.	300.000
Technische Anlagen	750.000		sonstige Rückstell.	100.000
Betriebsausstattung	350.000		Verbindlichk. aus LuL	220.000
Vorräte	100.000		sonstige Verbindlichk.	180.000
Forderungen aus LuL	350.000		Minderheitsanteile	230.000
Bank, Kasse	250.000		passive latente Steuern	300.000

Die **Minderheitsanteile sind als separater Posten** innerhalb des Eigenkapitals auszuweisen (IAS 1.68o).

2.2 Folgekonsolidierung

Ebenso wie bei der Folgekonsolidierung ohne Vorhandensein von Minderheiten sind die stillen Reserven bzw. Lasten, die im Erwerbszeitpunkt aufgedeckt wurden, fortzuschreiben.

In der Folgekonsolidierung verändert sich der **Minderheitenanteil** um den auf die **anderen Gesellschafter entfallenden Ergebnisanteil** einschließlich der erforderlichen Auflösung der im Erwerbszeitpunkt **aufgedeckten stillen Reserven**, welche den Minderheiten zuzurechnen sind. Der Minderheitsanteil am Kapital vermindert sich weiterhin um **Dividendenausschüttungen** und **Kapitalherabsetzungen.**

Ein Geschäfts- oder Firmenwert ist entsprechend um ggf. aufgetretene Wertminderungen fortzuschreiben.

Bei Durchführung des Asset-Impairment-Test für den Goodwill und gleichzeitigem Vorhandensein von Minderheitenanteilen am Kapital ist zu beachten, dass der im Erwerbszeitpunkt aufgedeckte Goodwill ausschließlich dem erwerbenden Mutterunternehmen zuzurechen ist (IAS 36.91).

Da jedoch ein Vergleich zwischen dem erzielbaren Betrag der gesamten ZGE (einschließlich Minderheiten) und dem Buchwert der ZGE vorzunehmen ist, muss für diesen Vergleichszweck der Geschäfts- oder Firmenwert um den auf die Minderheiten zuzurechnenden Anteil erhöht werden (IAS 36.92).

Falls sich bei der Gegenüberstellung eine Wertminderung nach IAS 36.104 ergibt, ist zunächst die Wertminderung auf den nach IAS 36.92 angepassten Geschäfts- oder Firmenwert zuzurechnen; gleichwohl wird nur der Anteil des angepassten Geschäfts- oder Firmenwerts als Wertminderungsaufwand in der GuV erfasst, der auf den Konzernanteil entfällt. Die Wertminderung, die den nach IAS 36.92 angepassten Geschäfts- oder Firmenwert übersteigt, ist in Übereinstimmung nach IAS 36.104 i.V.m. 36.105 auf die übrigen Vermögenswerte der ZGE zuzurechnen.

Beispiel 9:

In Erweiterung zu Beispiel 8 hat die Bilanz der T-GmbH zum 31.12.01 folgende Gestalt.

Bilanz T-GmbH zum 31.12.01 in T €

A. Langfristiges Vermögen		A. Eigenkapital	
Grundstücke (unbebaut)	0	Gezeichnetes Kapital	300
Technische Anlagen	380	Gewinnrücklagen	400
Betriebsausstattung	400	Bilanzgewinn	50
B. Kurzfristiges Vermögen		B. Fremdkapital	
Vorräte	80	Pensionsrückstellungen	200
Forderungen aus LuL	200	sonstige Rückstellungen	50
Bank, Kasse	140	Verbindlichkeiten aus LuL	80
		sonstige Verbindlichkeiten	120
Bilanzsumme	1.200	Bilanzsumme	1.200

Abb. 12: Bilanz der Tochtergesellschaft T-GmbH zum 31.12.01

Weiterhin hat die T-GmbH in der Periode 01 das unbebaute Grundstück, welches bei Erwerb am 1.1.01 vorhanden war, mit einem Veräußerungsgewinn verkauft. Die Technischen Anlagen, welche bei Erwerb stille Reserven beinhalteten, werden weiterhin genutzt; die Nutzungsdauer dieser erworbenen Anlagen betrug im Erwerbszeitpunkt 7 Jahre. Zudem ist unterstellt, dass die T-GmbH eine ZGE mit zugeordnetem Geschäfts- oder Firmenwert bildet. Zum 31.12.01 wurde für die T-GmbH ein erzielbarer Betrag von 1.400.000 € festgestellt.

Der (vorläufige) Buchwert aus konsolidierter Sicht der Vermögenswerte und Schulden beträgt zum 31.12.01:

in T€	Einzelabschluss T-GmbH 31.12.01	Erstkonsolidierung 1.1.01	Folgekonsolidierung 31.12.01	(vorläufiger) konsolidierter Buchwert zum 31.12.01 der T-GmbH
Grundstücke (unbebaut)	0	400 (2)	- 400 (2)	0
Technische Anlagen	380	350 (2)	- 50 (2)	680
Betriebsausstattung	400			400
Geschäfts- oder Firmenwert		530 (2)		530
Vorräte	80			80
Forderungen aus LuL	200			200
Bank, Kasse	140			140
Bilanzsumme	1.200	1.280	- 450	2.030
erworbenes Kapital	700	- 140 (1) 890 (2)		1.450
Bilanzgewinn	50		- 10 (1) - 216 (2)	- 176
Minderheitsanteile		140 (1) 90 (2)	10 (1) – 54 (2)	186
Pensionsrückstellungen	200			200
sonstige Rückstellungen	50			50
Verbindlichkeiten aus LuL	80			80
sonstige Verbindlichkeiten	120			120
passive latente Steuern		300	- 180 (2)	120

Abb. 13: Ermittlung der vorläufigen konsolidierten Buchwerte der T-GmbH per 31.12.01

Der Goodwill per 1.1.01 in Höhe von 530.000 € bezieht sich auf den 80%-Anteil, den das Mutterunternehmen an der T-GmbH hält. Bezogen auf die T-GmbH (einschließlich Minderheitenanteile) beträgt der Goodwill 662.500 € (530.000 € · 100 %/80 %). Damit zeigt der Asset-Impairment-Test zum 31.12.01 nach IAS 36.90 i.V.m. 36.91 ff. folgendes Bild:

	T€
Buchwert der Vermögenswerte	1.500,0
+ Buchwert Goodwill	662,5
– Buchwert der Schulden	- 570,0
= Buchwert der ZGE	1.592,5

Da der erzielbare Betrag in Höhe von 1.400.000 € den Buchwert der ZGE in Höhe von 1.592.500 € unterschreitet, ist eine Wertminderung auf den Goodwill in Höhe von 192.500 € vorzunehmen.

Im IAS/IFRS-Konzrnabschluss ist jedoch nur eine Wertminderung von 154.000 € (192.500 € • $^{80\%}/_{100\%}$) zu erfassen, da im IAS/IFRS-Konzernabschluss der Geschäfts- oder Firmenwert nur in Höhe von 80% aktiviert ist. Damit lautet die Anpassungsbuchung, die noch zu den vorläufigen konsolidierten Buchwerten zum 31.12.01 in Abb. 13 vorzunehmen ist:

Wertminderungsaufwand   an   Geschäfts- oder Firmenwert 154.000

Auf das Mutterunternehmen entfällt nach dieser Buchung ein erworbenes Kapital von 1.450.000 € und ein Bilanzverlust 01 (negatives erwirtschaftetes Kapital) von 330.000 €. (Die Summe aus erworbenem Eigenkapital und erwirtschaftetem Konzerneigenkapital entspricht gerade dem Anteil, der auf den Konzern an Zeitwert der T-GmbH, d.h. der ZGE, entfällt.)

3. Gestaltungsspielräume des Asset-Impairment-Only-Approach

Bei der Durchführung des Asset-Impairment-Only-Approach sind sowohl bei **erstmaliger Ermittlung** als auch bei der **Folgebewertung des Goodwill** zahlreiche **Ermessens- und Gestaltungsspielräume** vorhanden.

Diese bestehen bei der **erstmaligen Bilanzierung des Goodwill** in der **Aufteilung des Kaufpreises** auf Vermögenswerte und Schulden sowie Goodwill, in der **Zuordnung von Vermögenswerten und Schulden auf die ZGE** sowie in der **Abgrenzung der ZGE** (insbesondere Ebene, auf der die ZGE gebildet werden).

Sofern eine ZGE auf einer **möglichst hoch aggregierten Ebene** innerhalb der berichtenden Einheit gebildet wird, besteht die **Möglichkeit des Ausgleichs unterschiedlicher Entwicklungen der Fair Values** der innerhalb einer ZGE zusammengeschlossenen Geschäftsaktivitäten. Dies bedeutet, dass eine spätere ggf. erforderliche außerplanmäßige Abschreibung umso geringer ausfällt (und im Extremfall auch vermieden werden kann), je höher die Ebene ist, auf welcher der Goodwill aufgedeckt wird.

Beispiel 10:

Ein Unternehmen M erwirbt das Tochterunternehmen T zu 3.000 GE. Das Unternehmen M hat die Wahl, entweder das Tochterunternehmen als eine ZGE (T) mit zugeordnetem Geschäfts- oder Firmenwert oder alternativ das Tochterunternehmen als zwei separate ZGE (A und B) mit zugeordnetem Geschäfts- oder Firmenwerten zu behandeln. Zum Erwerbsstichtag gelten folgende Daten:

	ZGE T	ZGE A – alternativ	ZGE B – alternativ
erzielbarer Betrag	3.000	1.500	1.500
Nettovermögen	2.000	1.200	800
Goodwill	1.000	300	700

Abb. 14: Alternative Abgrenzungen von ZGE

Unter der Annahme, dass eine Periode später der Fair Value des Tochterunternehmens 3.000 GE beträgt, wovon bei Aufspaltung in zwei ZGE 1.300 GE auf ZGE A und 1.700 GE auf ZGE B entfallen, und sich das Nettovermögen jeweils nicht verändert hat, besteht kein

Abwertungsbedarf, wenn im Erwerbszeitpunkt als ZGE das gesamte Tochterunternehmen gewählt wurde. Im Alternativfall ist ein Asset Impairment unvermeidbar, da in der ersten Stufe des Asset Impairment Tests für ZGE A der Fair Value (1.300 GE) den Buchwert einschließlich Goodwill (1.500 GE) unterschreitet. Damit ist eine Wertminderung auf den Geschäfts- oder Firmenwert der ZGE A in Höhe von 200 GE zu erfassen.

Bei der **Folgebewertung des Goodwills** hat das Unternehmen Gestaltungsspielraum bei der **Ermittlung des erzielbaren Betrags der ZGE.** Bei Fehlen von Marktpreisen wird dieser dann als Nutzungswert mittels eines Discounted-Cashflow-Modells ermittelt. Der Bewertende hat insbesondere Ermessensspielräume hinsichtlich folgender Parameter:

- Länge des Prognosehorizontes,
- Phasen des Prognosehorizontes,
- Schätzung der künftigen Cashflows (insbesondere Trends sowie mehrwertige Erwartungen),
- Verdichtung mehrwertiger Erwartungen auf ein Sicherheitsäquivalent für die künftigen Cashflows bzw. auf einen Risikozuschlag zum Zinssatz.

Weitere Gestaltungsspielräume in der Folgebewertung bestehen in der **Umstrukturierung zwischen ZGE** (beispielsweise Zusammenfassung potenziell wertminderungsgefährdeter ZGE mit ZGE, welche einen hohen originären Goodwill aufweisen) sowie in der Quantifizierung von Synergiepotenzialen aus früheren Unternehmensakquisitionen.

4. Sonderfälle der Kapitalkonsolidierung bei Tochterunternehmen

4.1 Sukzessive Konsolidierung

Erfolgt ein Erwerb in mehreren Schritten, so ist **jeder (wesentliche) Erwerbsschritt** grundsätzlich für sich zu betrachten und löst jeweils eigenständige Kapitalkonsolidierungen aus (IFRS 3.58 - 3.60). Eine Ausnahme besteht lediglich für Erwerbe, die vor dem Zeitpunkt liegen, zu dem das Beteiligungsunternehmen assoziiertes Unternehmen geworden ist (IFRS 3.60).

Damit sind grundsätzlich zum Zeitpunkt jedes wesentlichen Erwerbsschrittes **Zwischenabschlüsse** erforderlich.

Beispiel 11:

Die Muttergesellschaft M-AG erwirbt zum 1.1.01 eine 60%ige Beteiligung an dem Unternehmen T-GmbH zu 900.000 €. Zwischen M-AG und T-GmbH liegt ab 1.1.01 ein Beherrschungsverhältnis vor. Der Zeitwert der (unbebauten) Grundstücke beträgt 450.000 € und derjenige der Technischen Anlagen 750.000 € (Nutzungsdauer: 7 Jahre). Das unbebaute Grundstück wird in der Periode 01 mit einem Veräußerungsgewinn von 400.000 € verkauft. Die Ertragsteuerbelastung beträgt 40%. Die Bilanz der T-GmbH hat zum 1.1.01 folgende Gestalt:

Bilanz T-GmbH zum 1.1.01 in T €

A. Langfristiges Vermögen		A. Eigenkapital	
Grundstücke (unbebaut)	50	Gezeichnetes Kapital	300
Technische Anlagen	400	Gewinnrücklagen	400
Betriebsausstattung	350		
		B. Fremdkapital	
B. Kurzfristiges Vermögen		Pensionsrückstellungen	300
Vorräte	100	sonstige Rückstellungen	100
Forderungen aus LuL	350	Verbindlichkeiten aus LuL	220
Bank, Kasse	250	sonstige Verbindlichkeiten	180
Bilanzsumme	1.500	Bilanzsumme	1.500

Abb. 15: Bilanz der Tochtergesellschaft T-GmbH zum 1.1.01

Zum 31.12.01 erwirbt die M-AG weitere 20% an der T-GmbH zu 400.000 €. Im Erwerbs-zeitpunkt 31.12.01 betragen die stillen Reserven in den Technischen Anlagen 330.000 € (Nutzungsdauer 6 Jahre). Die Bilanz der T-GmbH hat zum 31.12.01 folgende Gestalt:

Bilanz T-GmbH zum 31.12.01 in T€

A. Langfristiges Vermögen		A. Eigenkapital	
Grundstücke (unbebaut)	0	Gezeichnetes Kapital	300
Technische Anlagen	420	Gewinnrücklagen	400
Betriebsausstattung	300	Jahresüberschuss	600
		B. Fremdkapital	
B. Kurzfristiges Vermögen		Pensionsrückstellungen	200
Vorräte	80	Sonstige Rückstellungen	30
Forderungen aus LuL	500	Verbindlichkeiten aus LuL	120
Bank, Kasse	400	Sonstige Verbindlichkeiten	50
Bilanzsumme	1.700	Bilanzsumme	1.700

Abb. 16: Bilanz der Tochtergesellschaft T-GmbH zum 31.12.01

Es ist eine Kapitalkonsolidierung für die jeweiligen erworbenen Anteile durchzuführen:

	Erwerbsschritt 1.1.01 (60% Anteile)	Erwerbsschritt 31.12.01 (20% Anteile)
anteiliges Eigenkapital zu Buchwerten	420.000	260.000
anteilige stille Reserven Grundstücke	240.000	
anteilige stille Reserven Technische Anlagen	210.000	66.000
passive latente Steuern auf anteilige stille Reserven	- 180.000	- 26.400
anteiliges Eigenkapital zum Erwerbszeitpunkt	690.000	299.600
Anschaffungskosten	900.000	400.000
Brutto-Goodwill	210.000	100.400

Abb. 17: Ableitung des Goodwills zum 31.12.01 bei sukzessivem Erwerb

Die konsolidierten Beiträge des Tochterunternehmens vor Durchführung des Asset-Impairment-Only-Tests für den Goodwill ergeben sich wie folgt:

	Einzelab-schluss T-GmbH 31.12.01	Erwerbs-schritt 1.1.01	Erwerbs-schritt 31.12.01	Minder-heitsanteil	Konsoli-dierte Beiträge T-GmbH 31.12.01
Grundstücke	0	240.000(1) -240.000(2)			0
Technische Anlagen	420.000	210.000(1) -30.000(2)	66.000 (1)	66.000(2)	732.000
Betriebsausstattung	300.000				300.000
Beteiligung M-AG		-900.000(1)	-400.000(1)		-1.300.000
Goodwill		210.000(1)	100.400(1)		310.400
Vorräte	80.000				80.000
Forderungen a. LuL	500.000				500.000
Bank, Kasse	400.000				400.000
Bilanzsumme	1.700.000	-240.000(1) -270.000(2)	-233.600(1)	66.000(2)	1.022.400
Gezeichnetes Kapital	300.000	-180.000(1)	-60.000(1)	-60.000(1)	0
Gewinnrücklagen	400.000	-240.000(1)	-80.000(1)	-80.000(1)	0
Jahresüberschuss	600.000	-162.000(2)	-120.000(1)	-120.000(1)	198.000
Minderheitsanteil				260.000(1) 39.600(2)	299.600
Pensionsrückst.	200.000				200.000
Sonst. Rückst.	30.000				30.000
Passive lat. Steuern		180.000(1) -108.000(2)	26.400 (1)	26.400(2)	124.800
Verbindlichk. a. LuL	120.000				120.000
Sonst. Verbindlichk.	50.000				50.000

Abb. 18: Ableitung der konsolidierten Beiträge der T-GmbH zum 31.12.01 bei sukzessivem Erwerb

Der konsolidierte Beitrag der T-GmbH zum Jahresergebnis in der Periode 01 errechnet sich wie folgt:

	anteiliger Jahresüberschuss 01 (60%)	360.000 €
-	anteilige Auflösung stiller Reserven Grundstücke	240.000 €
-	anteilige Abschreibung stiller Reserven Techn. Anlagen	30.000 €
+	anteilige Auflösung passive latente Steuern	108.000 €
=	konsolidiertes Jahresergebnis	198.000 €

Der Minderheitsanteil per 31.12.01 errechnet sich mit 299.600 € als das auf die Minderheiten zu diesem Zeitpunkt entfallende Eigenkapital (20%) der T-GmbH zu Zeitwerten (= 20 % • (1.300 T€ + 330 T€ • (1 - 0,4)).

4.2 Nachträgliche Änderungen von Kaufpreis und Zeitwerten der erworbenen Vermögenswerte, Schulden und Eventualschulden

Bei der nachträglichen Änderung von Kaufpreis und Zeitwerten der erworbenen Vermögenswerte und Schulden sind zwei Fallkategorien zu unterscheiden:

(1) **Anpassung** des bei **Unternehmenserwerb zugrunde gelegten Kaufpreises** bzw. der bei Unternehmenserwerb **zugrunde gelegten Zeitwerte für Vermögenswerte, Schulden und Eventualschulden.**

In folgenden Fällen sind die zunächst bei Unternehmenserwerb zugrunde gelegten Werte mit unmittelbarer Auswirkung auf den Goodwill bzw. den ertragswirksam vereinnahmten negativen Unterschiedsbetrag **retrospektiv** zu korrigieren:

- **nachträgliche Korrekturen** für die Zeitwerte der Vermögenswerte, Schulden und Eventualschulden **innerhalb eines Jahres**, sofern die Ermittlung der Zeitwerte bei Unternehmenserwerb zunächst auf vorläufigen Werten basierte (IFRS 3.62),

- **nachträgliche Anpassung der Anschaffungskosten des Unternehmenserwerbs** bei **Abhängigkeit** des Kaufpreises **von Erfolgszielen des erworbenen Unternehmens** (IFRS 3.33 und 3.34).

Dies gilt nicht, wenn der Kaufpreis für das erworbene Unternehmen in Abhängigkeit von einem bestimmten Preisniveau der für den Unternehmenserwerb auszugebenden Aktien abhängt. In diesem Fall liegen bei Ausgabe zusätzlicher Aktien keine nachträglichen Anschaffungskosten vor (IFRS 3.35 S. 3). Stattdessen ist eine Korrektur zwischen dem veränderten gezeichneten Kapital und dem Aufgeld (Kapitalrücklagen) durchzuführen (IFRS 3.35 S. 4).

Beispiel 12:

Eine Muttergesellschaft M-AG erwirbt ein Tochterunternehmen zu einem Kaufpreis von 10 Mio. GE bei einem Aktienkurs von 10 GE je auszugebender Aktie (Nennwert je Aktie: 1 GE). Sinkt der Kurs der Aktie unter 10 GE innerhalb eines Jahres, erhöht sich die Anzahl der für den Unternehmenszusammenschluss auszugebenden Aktien (Sicherung des Kaufpreises von 10 Mio. GE). Ein Jahr nach Unternehmenserwerb beträgt der Aktienkurs 8 GE.

Bei Unternehmenserwerb bucht das erwerbende Unternehmen:

identifizierbares Nettovermögen

Goodwill	10 Mio. GE	an	gezeichnetes Kapital	1 Mio. GE
			Kapitalrücklage	9 Mio. GE

Nach einem Jahr gibt das erwerbende Unternehmen insgesamt weitere 250.000 Aktien aus. Die Buchung lautet dann:

Kapitalrücklage	0,25 Mio. GE	an	gezeichnetes Kapital	0,25 Mio. GE

- **Korrektur wesentlicher Fehler gem. IAS 8.** Sofern es sich um Fehler bei der Feststellung der Anschaffungskosten oder der Zeitwerte der Vermögenswerte, Schulden und Eventualschulden handelt, sind diese ebenfalls **retrospektiv** zu korrigieren (IFRS 3.63).

(2) **Keine rückwirkende Anpassung** der bei Unternehmenserwerb zugrunde gelegten **Zeitwerte für Vermögenswerte, Schulden und Eventualschulden.**

Hier können zwei Fälle auftreten, die unterschiedliche Auswirkungen auf den Goodwill des Unternehmenserwerbs haben:

- **Anpassung von Schätzungen** der Zeitwerte der bei Unternehmenserwerb erworbenen Vermögenswerte, Schulden und Eventualschulden (IFRS 3.63 S.2) nach Ablauf der 12-Monatsfrist (IFRS 3.62). Voraussetzung ist weiterhin, dass es sich nicht um den erstmaligen Ansatz aktiver latenter Steuern aus steuerlichen Verlustvorträgen handelt (IFRS 3.65). Die Anpassung der Zeitwerte erfolgt ausschließlich prospektiv ohne Rückwirkung auf den Goodwill.

- **Erstmalige Erfassung aktiver latenter Steuern aus steuerlichen Verlust-vorträgen** (IFRS 3.65).

Sofern bei Erwerb des Unternehmens Verlustvorträge noch nicht die Voraussetzungen für den Ansatz nach IFRS 3.37 erfüllen, aber diese Ansatzvoraussetzungen zu einem späteren Zeitpunkt vorliegen, findet eine **ergebniswirksame Aktivierung der latenten Steuern** aus Verlustvorträgen in der Periode statt, in welcher die Ansatzvoraussetzungen erstmals vorliegen. Entsprechend ist der **Goodwill** in der Periode der Aktivierung der latenten Steuern **ergebnismindernd** auf den Wert anzupassen, der sich ergeben hätte, falls die latenten Steuern ab dem Zeitpunkt des Unternehmenserwerbs aktiviert worden wären.

Beispiel 13:

Der Goodwill vor Aktivierung latenter Steuern aus Verlustvorträgen aus der erstmaligen Konsolidierung eines Tochterunternehmens per 1.1.01 beträgt 500 GE. Der steuerliche Verlustvortrag beläuft sich per 1.1.01 auf 400 GE. Der Ertragsteuersatz ist in den Perioden 01 - 04 jeweils 40%. In 01 und 02 erzielt das Tochterunternehmen ein steuerliches Ergebnis von Null, ab 03 ein steuerliches und handelsrechtliches Ergebnis von je 200 GE.

Das Unternehmen hat den Steuervorteil aus dem Verlustvortrag nicht bei erstmaliger Konsolidierung des Tochterunternehmens angesetzt. Die Aktivierungsvoraussetzungen liegen ab 31.12.02 vor.

Zum 31.12.01 ermittelt der Konzern für die T-GmbH einen erzielbaren Betrag von 800 GE, dem ein Nettobuchwert der Vermögenswerte abzgl. Schulden in Höhe von 400 GE gegenübersteht.

Dementsprechend hat der Konzern bislang wie folgt bilanziert:

	Goodwill	aktive latente Steuern	Ergebniseffekt
01.01.01	500	–	–
31.12.01	400	–	-100

Abb. 19: Vermögenswerte und Ergebniseffekt bei Unterlassung der Aktivierung latenter Steuern aus Verlustvorträgen im Rahmen der Erstkonsolidierung

Sofern der Konzern im Erwerbszeitpunkt aktive latente Steuern angesetzt hätte, wären folgende hypothetische Auswirkungen auf Vermögenswerte und das Ergebnis zu verzeichnen gewesen.

	Goodwill	aktive latente Steuern	Ergebniseffekt
01.01.01	340	160	–
31.12.01	240	–	-100

Abb. 20: Vermögenswerte und Ergebniseffekt bei Aktivierung latenter Steuern aus Verlustvorträgen im Rahmen der Erstkonsolidierung

Aufgrund von IFRS 3.65 ergibt sich folgende Auswirkung auf Vermögenswerte und Ergebnis ab Periode 02.

	Goodwill	aktive latente Steuern	Ergebniseffekt
31.12.02	240	160	–
31.12.03	240	80	-80
31.12.04	240	0	-80

Abs. 21: Vermögenswerte und Ergebniseffekt bei nachträglicher Aktivierung latenter Steuern

5. Übergang zur IFRS-Konzerneröffnungsbilanz

5.1 Grundsatz der retrospektiven Anwendung

Die allgemeine Regel für die Umstellung von nationalen Rechnungslegungsgrundsätzen auf IFRS enthält IFRS 1.7. Der erstmals aufgestellte IFRS-Abschluss hat hinsichtlich der Bilanzierung zwei Grundsätzen zu genügen:

1. **Stetigkeit der IFRS-Bilanzierungsmethoden** für alle im ersten IFRS-Abschluss dargestellten Berichtsperioden

2. Anwendung der – zum **Zeitpunkt des ersten vollständig offen gelegten IFRS-Abschlusses** geltenden – **IFRS-Bilanzierungsmethoden**

Aus der generellen Anwendung der IFRS-Bilanzierungsmethoden folgt, dass in der IFRS-Eröffnungsbilanz die Abschlussposten so auszuweisen sind, als ob das Unternehmen schon immer die IFRS-Standards und die auf derselben Ebene stehenden IFRIC-Interpretationen angewendet hätte, die zum Zeitpunkt des erstmals vollständig offen gelegten IFRS-Abschlusses (i.d.R. IFRS-Standards und IFRIC-Interpretationen, die in dem auf die Erstellung der IFRS-Eröffnungsbilanz folgenden Jahr) gelten. Diesen Grundsatz bezeichnet man als die **retrospektive Anwendung** der IFRS-Rechnungslegung.

5.2 Ausnahmen vom Grundsatz der retrospektiven Anwendung

Vom Grundsatz der retrospektiven Anwendung der IFRS-Rechnungslegung existieren allerdings nicht unbedeutende Ausnahmen. In folgenden Fällen dürfen die IAS/IFRS nicht rückwirkend angewendet werden:

- keine retrospektive Erfassung von Abgängen von Finanzinstrumenten nach den Vorschriften des IAS 39 vor dem 1.1.2001,
- keine retrospektive Anwendung der Vorschriften des Hedge-Accounting und
- keine retrospektive Änderung von Prognosen.

Ein auf IFRS umstellendes Unternehmen hat das Wahlrecht in den nachstehenden Fällen auf die retrospektive Anwendung der IFRS-Vorschriften zu verzichten:

- Unternehmenszusammenschlüsse,
- Differenzen aus der Währungsumrechnung im Konzernabschluss,
- Verwendung von Zeitwerten oder Neuwerten für Sachanlagen und immaterielle Vermögenswerte,
- Pensionspläne,
- zusammengesetzte Finanzinstrumente (wenn die Fremdkapitalkomponente abgegangen ist) und
- unterschiedliche Umstellungsstichtage für den Einzel- und den Konzernabschluss.

Die **zentrale Vereinfachung** enthält IFRS 1.15 i.V.m. Appendix B. Falls das auf IFRS umstellende Unternehmen die Ausnahme von der retrospektiven Bilanzierung von Unternehmenszusammenschlüssen anwenden will, dann ergibt sich der nachfolgend dargestellte Ablauf:

1. Ansatz sämtlicher erworbener Vermögenswerte und Schulden zum Zeitpunkt des Übergangs zu IFRS mit Ausnahme von

- Finanzinstrumenten, die vor dem 1.1.2001 nach den bisherigen landesrechtlichen Vorschriften nicht angesetzt wurden,
- Vermögenswerten (einschließlich Goodwill) und Schulden, welche nicht nach den bisherigen landesrechtlichen Vorschriften erfasst wurden und die auch

nicht im Einzelabschluss des akquirierten Unternehmens bilanziert wurden. Damit bilden grundsätzlich die im Übergangszeitpunkt zu IFRS nach **landesrechtlichen Vorschriften angesetzten Vermögenswerte und Schulden** den **Ausgangspunkt** für die Vermögenswerte und Schulden des IFRS-Konzernabschlusses.

2. **Eliminierung der Bilanzposten**, welche zwar die Kriterien für den Ansatz nach den bisherigen landesrechtlichen Vorschriften erfüllen, für die aber ein **Ansatzverbot nach IFRS** besteht:

- **immaterielle Vermögenswerte aus einem Unternehmenserwerb**, die nicht die Ansatzkriterien des IAS 38 erfüllen, sind – vorausgesetzt ein Goodwill existiert aus diesem Unternehmenserwerb – **gegen den Goodwill zu verrechnen**.

- Die **übrigen Anpassungen** sind **gegen das Eigenkapital** (im Regelfall: Gewinnrücklagen) zu verrechnen.

3. Vermögenswerte und Schulden, welche nach IFRS zu **Zeitwerten in der Folgebewertung** anzusetzen sind und die nach den bisher angewendeten landesrechtlichen Rechnungslegungsvorschriften nicht zu Zeitwerten angesetzt wurden, sind im Übergangszeitpunkt zu Zeitwerten anzusetzen. Der Bewertungseffekt ist in den **Gewinnrücklagen** bzw. (falls sachlich begründet) einer **anderen Eigenkapitalkategorie** zu erfassen.

4. Sofern Vermögenswerte und Schulden in der **Folgebewertung zu fortgeführten Anschaffungs- oder Herstellungskosten** nach IFRS anzusetzen sind, dürfen die im Zeitpunkt der Akquisition nach landesrechtlichen Vorschriften ermittelten Werte als Anschaffungs- oder Herstellungskosten im Sinne der IFRS und damit **als Ausgangsbasis für die fortgeführten Anschaffungs- oder Herstellungskosten** nach IFRS verwendet werden.

5. **Vermögenswerte oder Verbindlichkeiten**, die nach nationalen Rechnungslegungsvorschriften **bisher nicht angesetzt wurden** (z.B. bei Übergang von HGB auf IFRS: selbst erstellte immaterielle Vermögenswerte gemäß § 248 Abs. 2 HGB sowie Vermögenswerte, die im Finanzierungs-Leasing stehen, wegen abweichender Zurechnungskriterien für ein Finanzierungs-Leasing), sind in der IFRS-Eröffnungsbilanz mit dem Wert anzusetzen, mit dem diese Bilanzposten nach IFRS zu Buche stehen müssten. Die erforderlichen Korrekturen sind – mit Ausnahme immaterieller Vermögenswerte, die Bestandteil eines erworbenen Goodwills bilden – im Eigenkapital zu erfassen. Nicht nach nationalen Rechnungslegungsvorschriften angesetzte immaterielle Vermögenswerte, die im Goodwill bislang enthalten sind, müssen aus dem Goodwill eliminiert und unter den immateriellen Vermögenswerten ausgewiesen werden, falls die Ansatzkriterien nach IAS 38 erfüllt sind.

6. Der nach landesrechtlichen Vorschriften ermittelte Wertansatz für den **Goodwill** unterliegt für die Übernahme in die IFRS-Eröffnungsbilanz folgenden Korrekturen:

- **Umgliederungen zwischen immateriellen Vermögenswerten und Goodwill** zwecks Anpassung des Bilanzansatzes für immaterielle Vermögenswerte nach den Regeln des IAS 38 (vgl. Ziffer 2 und 5).

- Anpassung des Goodwills um **bedingte nachträgliche Kaufpreisanpassungen**, die zwar nicht bei Erwerb des Unternehmens, jedoch bis zum Zeitpunkt der Erstellung der IFRS-Eröffnungsbilanz hinreichend präzisiert sind.

- Prüfung des verbleibenden Goodwills auf das **Vorliegen einer Wertminderung** nach den Vorschriften des IAS 36. Diese Anpassungen für den Goodwill gelten auch dann, wenn nach landesrechtlichen Vorschriften ein erworbener Goodwill erfolgsneutral verrechnet wurde; der im Zeitpunkt des Erwerbs gegen das Eigenkapital direkt verrechnete Goodwill lebt bei Verkauf des Unternehmens nicht wieder auf und ist dementsprechend nicht in die Ermittlung des Veräußerungsgewinns bzw. -verlusts einzubeziehen.

Behandelt der auf IFRS übergehende Konzern einen bestimmten Unternehmenszusammenschluss nach den Regeln des IFRS 3 bzw. IAS 22 – und somit nicht nach der oben dargestellten vereinfachten Methode – müssen alle Unternehmenszusammenschlüsse, welche auf diesen Unternehmenszusammenschluss zeitlich folgen, nach den Vorschriften des IFRS 3 bzw. IAS 22 dargestellt werden. Dem liegt die Überlegung zugrunde, dass prinzipiell die retrospektive Bilanzierung von Unternehmenszusammenschlüssen zu präferieren ist. Diese retrospektive Bilanzierung scheitert häufig am Datenproblem. Falls ein Unternehmen sich bei einem bestimmten Unternehmenszusammenschluss jedoch für die retrospektive Bilanzierung entscheidet, so unterstellt das IASB, dass damit auch die **Daten für alle nachfolgenden Unternehmenszusammenschlüsse** vorliegen.

5.3 Fallstudie zur Erstellung der IFRS-Konzerneröffnungsbilanz auf Basis einer HGB-Konzernbilanz

5.3.1 Allgemeine Angaben

Die M-AG ist ein kapitalmarktorientiertes Unternehmen, da von der M-AG Aktien und Wandelschuldverschreibungen am geregelten Markt gehandelt werden. Die M-AG hat ein Tochterunternehmen T-GmbH, an dem sie seit 1.1.1999 100% der Anteile hält. Zum 1.1.2004 erstellt der M-Konzern seine IFRS-Eröffnungsbilanz. Weder das Mutter- noch das Tochterunternehmen haben zuvor für ihren Einzelabschluss die IAS/IFRS-Bilanzierungsnormen angewendet. Der anzuwendende Steuersatz beträgt sowohl für die M-AG als auch die T-GmbH jeweils 40%. Die nachfolgende Tabelle enthält die HGB-Buchwerte von Mutter- und Tochterunternehmen sowie die Überleitung zum HGB-Konzernabschluss mittels HGB-Konsolidierungsbuchungen:

	M-AG	T-GmbH	Konsolidierung	HGB-Konzernabschl.
Immaterielle Vermögenswerte			30.000	30.000
Geschäfts- oder Firmenwert			50.000	50.000
Sachanlagen	250.000	300.000		550.000
Beteiligungen	400.000		- 400.000	0
Wertpapiere des Anlagevermögens	50.000			50.000
Vorräte	150.000	80.000		230.000
Forderungen aus LuL, Bank, Kasse	100.000	70.000	- 30.000	140.000
Bilanzsumme	950.000	450.000	- 350.000	1.050.000
Gezeichnetes Kapital	550.000	200.000	- 200.000	550.000
kumulierter Bilanzverlust/ Gewinnrücklagen	-100.000		- 120.000	-220.000
Sonderposten mit Rücklageanteil	50.000			50.000
Kapitalmarktverbindlichkeiten	300.000			300.000
Rückstellungen u. sonst. Verbindlichkeiten	150.000	250.000	- 30.000	370.000

Abb. 22: Konzernabschluss nach HGB zum 1.1.2004

5.3.2 Erläuterungen zum Unternehmenszusammenschluss

Zum 1.1.1999 führte die M-AG die Erstkonsolidierung der T-GmbH durch. Zum 1.1.1999 ergab sich folgende Situation für die T-GmbH:

	Buchwert nach Landesrecht	Zeitwert
Immaterielle Vermögenswerte	0	60.000
Sachanlagen	250.000	300.000
Wertpapiere des Anlagevermögens (Available-for-sale financial assets)	50.000	60.000
Vorräte	75.000	80.000
Forderungen aus LuL, Bank, Kasse	75.000	75.000
Bilanzsumme	450.000	575.000
Eigenkapital	200.000	325.000
Verbindlichkeiten und Rückstellungen	250.000	250.000

Abb. 23: Buchwerte und Zeitwerte bei Unternehmenserwerb zum 1.1.1999

Auf Basis des Landesrechts, welches zum Erwerbsstichtag eine Gegenüberstellung von Kaufpreis (400.000 GE) mit dem Saldo aus Zeitwert von Vermögenswerten (575.000 GE) und Schulden des erworbenen Unternehmens (250.000 GE) vornahm, ermittelte sich per 1.1.1999 ein Geschäfts- oder Firmenwert in Höhe von 75.000 GE. Dieser wurde über einen Zeitraum von 15 Jahren linear abgeschrieben. Damit beträgt der fortgeführte Buchwert des Geschäfts- oder Firmenwerts zum 1.1.2004 noch 50.000 GE (siehe Abbildung 22).

Mit Ausnahme der immateriellen Vermögenswerte sind die in der Erstkonsolidierung zum 1.1.1999 aufgedeckten stillen Reserven bis zum 1.1.2004 im Rahmen der Folgekonsolidierungen aufgelöst.

Bei den im Zeitpunkt der Erstkonsolidierung aufgedeckten stillen Reserven für die immateriellen Vermögenswerte handelt es sich um die aus Konzernsicht erworbene Kundenliste; ein vom Geschäfts- oder Firmenwert separierbarer wirtschaftlicher Nutzen lässt sich jedoch nicht nachweisen. Die in der HGB-Konsolidierung aufgedeckten stillen Reserven für die immateriellen Vermögenswerte wurden über 10 Jahre abgeschrieben, so dass sich in der HGB-Konzernbilanz ein Restwert von 30.000 GE ergibt (siehe Abbildung 22); der Fair Value des Geschäfts- oder Firmenwerts beträgt zum 1.1.2004 70.000 GE.

Zum 1.1.2004 hat die M-AG Forderungen gegenüber der T-GmbH von 30.000 GE, die im Rahmen der Schuldenkonsolidierung eliminiert sind (siehe Abbildung 22).

5.3.3 Erläuterungen zu den Bilanzposten der M-AG

Für die Erstellung der IFRS-Konzernbilanz sind weiterhin noch folgende Informationen bedeutsam:

1. Die M-AG hat einen steuerlichen Verlustvortrag von 100.000 GE, der in künftigen Perioden voraussichtlich genutzt werden kann.

2. Der Sonderposten mit Rücklageanteil enthält eine zulässigerweise nach § 6b EStG gebildete Rücklage.

3. Die in den Vorräten enthaltenen Roh-, Hilfs- und Betriebsstoffe sind nach HGB zu Wiederbeschaffungskosten (50.000 GE) angesetzt worden. Die Voraussetzungen für den Ansatz der Wiederbeschaffungskosten nach IAS 2.29 liegen nicht vor. Die Anschaffungs- oder Herstellungskosten betragen 80.000 GE, der retrograd abgeleitete Nettoveräußerungswert beläuft sich auf 85.000 GE. Die handelsrechtlich vorgenommene Abschreibung ist steuerlich wegen der voraussichtlich nicht dauerhaften Wertminderung nicht anerkannt.

4. Der Zeitwert zum 1.1.2004 übersteigt den Buchwert der Wertpapiere des Anlagevermögens um 30.000 GE. Die Wertpapiere (Schuldverschreibungen) sind als Available-for-sale financial assets zu klassifizieren.

5. Zur Finanzierung des Kaufpreises der T-GmbH begab die M-AG zum 1.1.1999 eine Wandelschuldverschreibung über 300.000 GE (Nominalwert), die frühestens zum 1.1.2005 in Aktien zu wandeln ist. Der Nominalzins der Anleihe beträgt 5% p.a. Zum Zeitpunkt der Begebung der Wandelschuldverschreibung belief sich der für die M-AG erhältliche marktübliche Zinssatz auf 7,5% p.a. Die M-AG erfasste

den Nominalbetrag als Kapitalmarktverbindlichkeit und die gezahlten Zinsen als Zinsaufwendungen.

5.3.4 Erläuterungen zu den Bilanzposten der T-GmbH

Für die Erstellung der IFRS-Konzernbilanz sind weiterhin noch folgende Informationen der T-GmbH zum 1.1.2004 bedeutsam:

1. Infolge des Vorhandenseins von Fremdwährungsforderungen übersteigt zum 1.1.2004 der Zeitwert der Forderungen aus LuL, Bank, Kasse den HGB-Buchwert um 5.000 GE.

2. In den Rückstellungen und sonstigen Verbindlichkeiten ist zum 1.1.2004 eine Rückstellung für unterlassene Instandhaltung, die innerhalb der ersten 3 Monate des Folgejahres nachgeholt wird (150.000 GE), enthalten.

3. Das Unternehmen wendet für das Sachanlagevermögen die Bewertung zu fortgeführten Anschaffungs- oder Herstellungskosten an; die im landesrechtlichen Einzelabschluss für das Sachanlagevermögen angewendeten Abschreibungsmethoden und Abschreibungsdauern entsprechen denjenigen nach IAS 16.30 i.V.m. 16.50 ff. sowie IAS 36. Allerdings hat das Unternehmen zu Beginn des Jahres 2002 für eine Optimierungsmaßnahme an einer Produktionsanlage Erhaltungsaufwand verrechnet (50.000 GE), die nach IAS 16.11 als nachträgliche Herstellungskosten hätten gewertet werden müssen. Die wirtschaftliche Nutzungsdauer der Produktionsanlage sowie der Optimierungsmaßnahme beträgt 10 Jahre.

4. Die T-GmbH hat zum 31.12.2001 die Betriebs- und Geschäftsausstattung mit einem Buchgewinn von 30.000 GE an Konzernfremde veräußert. Die T-GmbH hat ab 1.1.2002 die Betriebs- und Geschäftsausstattung wieder zurückgeleast. Für das Leasing gelten folgende Daten:

Zeitwert der veräußerten Vermögenswerte per 31.12.2001:	100.000 GE
Jahresmiete (fällig am Jahresende):	36.000 GE
Grundmietzeit:	3 Jahre
wirtschaftliche Nutzungsdauer:	4 Jahre
Grenzfremdkapitalzins der T-GmbH:	6% p.a.

5. Es besteht weiterhin körperschaft- und gewerbesteuerliche Organschaft zur M-AG.

5.3.5 IFRS-Anpassungen der Buchwerte des Mutterunternehmens

Bei der M-AG sind folgende Sachverhalte anzupassen:

1. Der Verlustvortrag beinhaltet ein künftiges Steuerminderungspotenzial, welches als aktive latente Steuern abzugrenzen ist, sofern die Voraussetzungen des IAS 12.24 i.V.m. 12.34 vorliegen. Dies ist offensichtlich der Fall, da nach dem Sachverhalt davon auszugehen ist, dass der Verlustvortrag in künftigen Perioden genutzt werden wird. Dementsprechend ist die aktive latente Steuer (vorbehaltlich der Saldierung gemäß IAS 12.74) mit 40.000 GE anzusetzen:

aktive latente Steuern		an	Gewinnrücklagen	40.000

2. Der Sonderposten mit Rücklageanteil der HGB-Bilanz ist bei Überleitung auf die IFRS-Eröffnungsbilanz aufzulösen, da es nach IAS/IFRS keinen Grund für die Beibehaltung steuerlicher Sonderabschreibungen gibt (IAS 16.50 ff.). Mit der Verminderung des Buchwerts des Sonderpostens in der IFRS-Eröffnungsbilanz gegenüber der deutschen Steuerbilanz entstehen zu versteuernde (temporäre) Differenzen gemäß IAS 12.5, die mangels Bestehens eines Abgrenzungsverbots zu bilanzieren sind.

Sonderposten mit Rücklageanteil	50.000	an	Gewinnrücklagen	30.000
			passive latente Steuern	20.000

3. Da die Voraussetzungen für den Ansatz der Wiederbeschaffungskosten als Ersatz für den Nettoveräußerungswert gemäß IAS 2.29 nicht vorliegen, ist für das Niederstwertprinzip der Nettoveräußerungswert gemäß IAS 2.9 heranzuziehen. Danach ergibt sich keine zu erfassende Wertminderung. Dementsprechend sind die Roh-, Hilfs- und Betriebsstoffe mit den Anschaffungs- oder Herstellungskosten zu bewerten. Es entsteht keine passive latente Steuer, da aufgrund der Sachverhaltsdarstellung die Anschaffungs- oder Herstellungskosten den Steuerbuchwert bilden.

Vorräte		an	Gewinnrücklagen	30.000

4. Die Wertpapiere des Anlagevermögens sind als Available-for-sale financial assets einzustufen. Der Konzern hat die Wertsteigerungen erfolgsneutral zu erfassen (IAS 39.55 b). Die Gegenbuchung erfolgt dann im sonstigen Bilanzgewinn und in den passiven latenten Steuern.

Wertpapiere des Anlagevermögens	30.000	an	sonstiger Bilanzgewinn	18.000
			passive latente Steuern	12.000

5. Die Vereinfachung für zusammengesetzte Finanzinstrumente (IFRS 1.23) ist nicht anwendbar, da die Verbindlichkeitskomponente noch nicht abgegangen ist. Insoweit ist retrospektiv die IFRS-Bilanzierung anzuwenden.

Barwert des Kapitalbetrags

(Abzinsung 6 Jahre, 7,5% p.a.)   194.388 GE

+ Barwert der nachschüssigen Zinszahlungen von

    jährlich 15.000 GE (Abzinsung mit 7,5% p.a., 6 Jahre)   70.408 GE

= Wert der finanziellen Schuldkomponente   264.796 GE

    Gesamtwert des zusammengesetzten Finanzinstruments   300.000 GE

- Wert der finanziellen Schuldkomponente   264.796 GE

= Wert der Eigenkapitalkomponente (Kapitalrücklage)   35.204 GE

Bei retrospektiver Bilanzierung stellt sich folgendes Bild ein:

in GE	Verbind-lichkeit	Kapital-rücklage	Zinsauszah-lung	Zinsaufwand	Gewinn-rücklage
01.01.1999	264.796	35.204			
31.12.1999	269.656	35.204	15.000	19.860	
31.12.2000	274.880	35.204	15.000	20.224	- 19.860
31.12.2001	280.496	35.204	15.000	20.616	- 40.084
31.12.2002	286.533	35.204	15.000	21.037	- 60.700
31.12.2003	293.023	35.204	15.000	21.490	- 81.737
01.01.2004	293.023	35.204			-103.227

Abb. 24: Retrospektive Bilanzierung eines zusammengesetzten Finanzinstruments

Nach HGB beträgt der in den Gewinnrücklagen erfasste Eigenkapitaleffekt -75.000 GE. Daraus folgt zur Angleichung des Buchwerts der Kapitalmarktverbindlichkeit und des Eigenkapitals:

Kapitalmarktverbindlichkeiten   6.977   an Kapitalrücklage   35.204
Gewinnrücklagen   28.227

Da mit dieser Buchung der Buchwert der Verbindlichkeit in der IFRS-Bilanz gegenüber dem HGB-Wert herabgesetzt wird, ist wegen Vorliegens einer temporären Differenz (Ausgleich bei Wandlung am 1.1.2005) entsprechend eine passive latente Steuer abzugrenzen.

Gewinnrücklagen   2.791   an passive latente Steuern   2.791

Insgesamt verbleibt wegen der Saldierungspflicht der aktiven und passiven Differenzen eine aktive latente Steuer von 5.209 GE.

5.3.6 IFRS-Anpassungen der Buchwerte des Tochterunternehmens

1. Die Fremdwährungsforderungen sind nach IAS 21.23 a) zu Stichtagskursen am Bilanzstichtag zu bewerten. Unter Berücksichtigung des Steuereffekts ergibt sich folgende Überleitungsbuchung:

Forderungen aus LuL, Bank, Kasse	5.000	an	Gewinnrücklagen	3.000
			passive latente Steuern	2.000

2. Die Rückstellung für unterlassene Instandhaltung ist als Aufwandsrückstellung wegen Fehlens einer Verpflichtung im Sinne des IAS 37.15 nach IAS/IFRS nicht ansatzfähig. Da diese Rückstellung wegen der Nachholung innerhalb von 3 Monaten steuerlich abzugsfähig ist, führt die Eliminierung zur Entstehung passiver latenter Steuern:

Rückstellungen und sonstige Verbindlichkeiten	150.000	an	Gewinnrücklagen	90.000
			passive latente Steuern	60.000

3. Da die Sachanlagen in der Folgebewertung zu fortgeführten Anschaffungs- oder Herstellungskosten bewertet werden, sind die zum Zeitpunkt der Akquisition ermittelten Werte als Anschaffungs- oder Herstellungskosten und damit als Ausgangsbasis für die fortgeführten Anschaffungs- oder Herstellungskosten zu verwenden. Im Vergleich zum HGB sind die in der Folgebewertung nach Landesrecht behandelten Erhaltungsaufwendungen zu Beginn des Jahres 2002 bei IFRS zu aktivieren und die nachträglich aktivierten Anschaffungs- oder Herstellungskosten über die wirtschaftliche Nutzungsdauer abzuschreiben. Dementsprechend ist der Wertansatz für die Sachanlagen um 40.000 GE zu erhöhen, die Gegenbuchung erfolgt in den Gewinnrücklagen (24.000 GE) und wegen des Entstehens einer passiven temporären Differenz in den passiven latenten Steuern (16.000 GE). (Alternativ wäre auch eine Neubewertung der Sachanlagen gemäß IFRS 1.18 möglich; in den auf die IFRS-Eröffnungsbilanz folgenden Jahresabschlüssen sind die Neuwerte der Sachanlagen über die zum Zeitpunkt der Neubewertung geschätzten wirtschaftlichen Restnutzungsdauern abzuschreiben.)

Sachanlagen	40.000	an	Gewinnrücklagen	24.000
			passive latente Steuern	16.000

4. Gewinne aus einem Sale-and-Leaseback sind abzugrenzen, falls infolge des Verkaufs ein Finanzierungs-Leasing vorliegt (IAS 17.59). Die Kriterien für ein Finanzierungs-Leasing sind in IAS 17.10 aufgeführt. Im vorliegenden Fall ist IAS 17.10 c) erfüllt; in Analogie zu den US-amerikanischen Vorschriften liegt ein Finanzierungs-Leasing vor, wenn die Grundmietzeit zumindest 75% der wirtschaftlichen (Rest-)Nutzungsdauer beträgt. Damit ist zunächst der Gewinn aus dem Sale-and-Leaseback abzugrenzen und über die Grundmietzeit aufzulösen. Zum 1.1.2004 ist 2/3 der Grundmietzeit verstrichen; dementsprechend ist ein Gewinn aus der Veräußerung in Höhe von 20.000 GE bereits verdient, es verbleibt eine Abgrenzung von 10.000 GE mit entsprechender Steuerabgrenzung.

Gewinnrücklagen 6.000 an passiver Rechnungs-
Passive latente Steuern 4.000 abgrenzungsposten 10.000

Da ein Finanzierungs-Leasing im Beispiel vorliegt, sind weiterhin der Vermögenswert und die korrespondierende Verbindlichkeit in der IFRS-Eröffnungsbilanz aufzunehmen.

Zu Beginn des Leasings sind Vermögenswert und Verbindlichkeit zu dem Minimum aus dem Barwert der Mindestleasingraten und dem Zeitwert zu Beginn des Leasingverhältnisses anzusetzen (IAS 17.20 S. 1). Zur Ermittlung des Barwerts ist als Zinssatz der dem Leasingverhältnis zugrunde liegende Zins (interner Kalkulationszinssatz des Leasinggebers) oder – falls dieser Zinssatz nicht bekannt ist – der Grenzfremdkapitalzins des Leasingnehmers heranzuziehen (IAS 17.20 S. 2):

$$\text{Barwert der Mindestleasingraten} = 36.000/1,06 + 36.000/1,06^2 + 36.000/1,06^3$$
$$= 96.228$$

Damit erfolgt der Ansatz des Vermögenswerts und der Leasingverbindlichkeit zum 1.1.2002 zu 96.228 GE. Die Abschreibung erfolgt, da die Nutzung beim Leasingnehmer über die gesamte wirtschaftliche Restnutzungsdauer nicht hinreichend sicher ist, über die Grundmietzeit von 3 Jahren (IAS 17.27).

	Vermögens-wert (BGA)	Verbindlich-keit	Abschrei-bung	Zinsaufwand	Ergebnis-effekt
1.1.2002	96.228	96.228			
31.12.2002	64.152	66.002	32.076	5.774	- 37.850
31.12.2003	32.076	33.962	32.076	3.960	- 36.036

Abb. 25: Bilanzierung eines Finanzierungs-Leasings nach IAS 17

Ohne Berücksichtigung der latenten Steuereffekte ergibt sich damit folgende Anpassungsbuchung bei einer Umstellung zum 1.1.2004:

Sachanlagen 32.076 an Leasingverbindlichkeiten 33.962
Gewinnrücklagen 1.886

Da mit der Bilanzierung des Finanzierungs-Leasings im Vergleich zur deutschen Steuerbilanz eine (Netto-)Schuld passiviert wird, die sich nach Ablauf der Grundmietzeit auflöst, ist eine aktive latente Steuer auf den Betrag der Nettoschuld abzugrenzen:

Aktive latente Steuern an Gewinnrücklagen 754

5.3.7 Erstellung der IFRS-Konzerneröffnungsbilanz

Der in der landesrechtlichen Konzernbilanz angesetzte Restwert für den immateriellen Vermögenswert ist in der IFRS-Eröffnungsbilanz zu eliminieren, da die Voraussetzungen für die Aktivierung nach IAS 38 am hinreichend verlässlichen

Nachweis eines künftigen wirtschaftlichen Nutzens – unabhängig vom Geschäfts-
oder Firmenwert – scheitern (IAS 38.11 ff. i.V.m. IAS 38.63 f.):

Geschäfts- oder Firmenwert   an   immaterielle Vermögenswerte   30.000

Der durch Umgliederung aus den immateriellen Vermögenswerten auf 80.000 GE
erhöhte Geschäfts- oder Firmenwert ist anschließend einem Asset-Impairment-
Test nach IAS 36 zu unterziehen. Nach dem Sachverhalt ist der Fair Value des
Geschäfts- oder Firmenwerts 70.000 GE; dementsprechend ist ein Asset Impairment gegen die Gewinnrücklagen in Höhe von 10.000 GE zu erfassen. Eine Steuerabgrenzung auf den Geschäfts- oder Firmenwert unterbleibt wegen IAS 12.15a.

Gewinnrücklagen   an   Geschäfts- oder Firmenwert   10.000

Weiterhin ist, da körperschaftsteuerliche und gewerbesteuerliche Organschaft
vorliegt (IAS 12.74), der aktive Steuerabgrenzungsposten bei der M-AG mit den
passiven latenten Steuern bei der T-GmbH zu verrechnen. Daraus lässt sich die
IFRS-Konzerneröffnungsbilanz ableiten:

	M-AG IAS/IFRS	T-GmbH IAS/IFRS	Konsoli- dierung	IFRS- Konzern- eröffnungs- bilanz
Immaterielle Vermögenswerte			0	0
Geschäfts- oder Firmenwert			70.000	70.000
Sachanlagen	250.000	372.076		622.076
Beteiligungen	400.000		- 400.000	0
Wertpapiere des AV	80.000			80.000
Vorräte	180.000	80.000		260.000
Ford. aus LuL, Bank, Kasse	100.000	75.000	- 30.000	145.000
aktive latente Steuern	5.209		- 5.209	
Bilanzsumme	1.015.209	527.076	- 365.209	1.177.076
Gezeichnetes Kapital	550.000	200.000	- 200.000	550.000
Kapitalrücklage	35.204			35.204
kumulierter Bilanzverlust/ Gewinnrück- lagen	- 31.018	109.868	- 130.000	- 51.150
sonstiger Bilanzgewinn	18.000			18.000
Kapitalmarktverbindlichkeiten	293.023			293.023
Rückst. u. sonst. Verbindlichkeiten	150.000	133.962	- 30.000	253.962
passive latente Steuern		73.246	- 5.209	68.037
passiver Rechnungsabgrenzungsposten		10.000		10.000

Abb. 26: Ableitung der IFRS-Konzerneröffnungsbilanz zum 1.1.2004

V. Kapitalkonsolidierung von Gemeinschafts- und assoziierten Unternehmen

Die Quotenkonsolidierung ist die **Standardmethode für die Einbeziehung von gemeinschaftlich geführten Einheiten** in den Konzernabschluss (IAS 31.30). Die Equity-Konsolidierung stellt die alternativ zulässige Methode dar. Dagegen kommt für assoziierte Unternehmen nur die Equity-Konsolidierung zur Anwendung (IAS 28.13).

1. Quotenkonsolidierung

Nach der Quotenkonsolidierung sind im Zeitpunkt der Erstkonsolidierung die vom Partnerunternehmen erworbenen identifizierbaren Vermögenswerte und Schulden mit dem **Anteil des Partnerunternehmens am Gemeinschaftsunternehmen** in die **Konzernbilanz aufzunehmen**. Entsprechendes gilt für die Konzern-GuV. Es bleibt jedoch offen, welcher **Anteil** maßgeblich für die Konsolidierung ist. Im Falle abweichender Kapital- und Ergebnisbeteiligungsanteile ist der Kapitalanteil für die Konsolidierung relevant; in der Ergebnisrechnung ist dann ein entsprechender Ausgleichsposten zur Herstellung der vertraglich vereinbarten Gewinnbestandteile zu berücksichtigen. Hinsichtlich der Konsolidierungstechnik verweist IAS 31.33 auf die sinngemäße Anwendung der Regeln für die Kapitalkonsolidierung bei Tochterunternehmen.

Bei Anwendung der Quotenkonsolidierung hat das Partnerunternehmen für die Darstellung die Wahl zwischen zwei Berichts- oder Darstellungsformaten. Entweder können die anteilig im Rahmen der Quotenkonsolidierung zugerechneten Vermögenswerte und Schulden mit den Werten der Mutter- und Tochterunternehmen zusammengefasst oder sie können in einer separaten Spalte gezeigt werden, die dann zwecks Ableitung des Konzernabschlusses mit der Spalte der Vermögenswerte und Schulden der Mutter- und Tochterunternehmen zur Konzernspalte zusammenzufassen sind (IAS 31.30 i.V.m. 31.34).

Beispiel 14:

Das Mutterunternehmen M-AG erwirbt in Beispiel 3 nunmehr 50% an der T-GmbH zu einem Kaufpreis von 750.000 €. Die anderen 50% an der T-GmbH werden von einem nicht zum Konsolidierungskreis der M-AG gehörenden Unternehmen gehalten. Die T-GmbH wird von den beiden Gesellschaftern gemeinschaftlich geführt.

Der Geschäfts- oder Firmenwert ermittelt sich wie folgt:

	Eigenkapital zu Buchwerten 1.1.01	350.000
+	stille Reserve unbebaute Grundstücke	200.000
+	stille Reserve Technische Anlagen	175.000
-	passive latente Steuern auf stille Reserven	150.000
=	Reinvermögen der identifizierbaren Vermögenswerte und Schulden zu Zeitwerten	575.000
	Anschaffungskosten	750.000
-	Reinvermögen zu Zeitwerten	575.000
=	Geschäfts- oder Firmenwert	175.000

Die Konsolidierungsbuchung (bei Ersatz der Anschaffungskosten im Einzelabschluss) lautet:

Geschäfts- oder Firmenwert	175.000	an	Beteiligungen	750.000
Grundstücke	225.000		Pensionsverpflichtungen	150.000
Technische Anlagen	375.000		sonstige Rückstellungen	50.000
Betriebsausstattung	175.000		Verbindlichk. a. LuL	110.000
Vorräte	50.000		sonstige Verbindlichk.	90.000
Forderungen aus LuL	175.000		passive latente Steuern	150.000
Bank, Kasse	125.000			

Da auf das Partnerunternehmen nur die anteiligen Vermögenswerte und Schulden zugerechnet werden, ist kein Anteil für Minderheiten einzustellen.

2. Equity-Konsolidierung

Bei der Equity-Konsolidierung stimmt im **Zeitpunkt des Erwerbs der Beteiligung** der Equity-Buchwert mit den **Anschaffungskosten** überein. Zu diesem Zeitpunkt findet jedoch eine Aufteilung der Anschaffungskosten in das anteilig erworbene Eigenkapital zu Buchwerten, die anteilig erworbenen stillen Reserven abzüglich Lasten und den (anteilig) erworbenen Geschäfts- oder Firmenwert statt.

Beispiel 15:

Die Muttergesellschaft M-AG erwirbt zum 1.1.01 eine 20%ige Beteiligung an dem Tochterunternehmen T-GmbH (Beispiel 3) zu 300.000 €. Die M-AG übt einen maßgeblichen Einfluss auf die Finanz- und Geschäftspolitik der T-GmbH ab Erwerbszeitpunkt aus.

Im Erwerbszeitpunkt sind in einer Nebenrechnung die erworbenen stillen Reserven sowie ein eventuell vorhandener Geschäfts- oder Firmenwert festzustellen:

	anteiliges Eigenkapital zu Buchwerten 1.1.01	140.000 €
+	anteilige stille Reserven unbebaute Grundstücke 1.1.01	80.000 €
+	anteilige stille Reserven Technische Anlagen 1.1.01	70.000 €
-	passive latente Steuern auf anteilige stille Reserven 1.1.01	60.000 €
=	anteiliges erworbenes Eigenkapital 1.1.01	230.000 €

Der positive Geschäfts- oder Firmenwert beträgt daher im Erwerbszeitpunkt:

	Anschaffungskosten T-GmbH	300.000 €
-	anteiliges erworbenes Eigenkapital 1.1.01	230.000 €
=	Geschäfts- oder Firmenwert 1.1.01	70.000 €

Der Equity-Buchwert, der zum Erwerbszeitpunkt der Beteiligung den Anschaffungskosten derselben entspricht, ist im Rahmen der **Folgebewertung** der Equity-Konsolidierung um sämtliche **Veränderungen des anteiligen auf den Anteilseigner entfallenden Eigenkapitals** fortzuschreiben:

Beteiligungsbuchwert bei erstmaliger Anwendung der Equity-Methode

+/- anteilige Jahresergebnisse

- anteilige Gewinnausschüttungen

+/- anteiliger Effekt von Neubewertungen

+/- anteilige sonstige erfolgsneutrale Eigenkapitalveränderungen

- Auflösung anteiliger stiller Reserven

+ Auflösung anteiliger stiller Lasten

+/- Auflösung anteiliger passiver (aktiver) latenter Steuern auf stille Reserven/Lasten

- Wertminderungsaufwendungen auf den Geschäfts- oder Firmenwert

+ Auflösung eines negativen Unterschiedsbetrags

+/- Änderungen des Equity-Buchwerts auf Grund von Veränderungen der Beteiligungsquote des Anteilseigners

= Beteiligungsbuchwert nach der Equity-Methode in der Folgebewertung

Beispiel 16:

Im Jahr 01 erzielt die T-GmbH (Beispiel 15) einen Jahresüberschuss von 750.000 €. Hierin ist u.a. ein Veräußerungsgewinn aus dem Verkauf des unbebauten Grundstücks (420.000 €) enthalten. Die Nutzungsdauer der Technischen Anlagen, die im Erwerbszeitpunkt die stillen Reserven beinhalteten, beträgt 7 Jahre. Die T-GmbH schüttet weiterhin 200.000 € an die Anteilseigner aus. Zugleich erwirbt die T-GmbH Aktien in 01, die als Available-for-sale financial assets eingestuft sind. Zum 31.12.01 beträgt der Eigenkapitaleffekt (nach Steuern) bei erfolgsneutraler Verrechnung der Bewertungsergebnisse dieser Kategorie von Wertpapieren – 50.000 €. Der Fair Value der T-GmbH wird zum 31.12.01 auf 1.700.000 € geschätzt.

Die Fortschreibung des Equity-Buchwerts auf den 31.12.01 ergibt folgendes Bild:

	Equity-Buchwert zum 1.1.01		300.000 €
+	anteiliges Jahresergebnis 01	+	150.000 €
-	anteilige Ausschüttungen 01	-	40.000 €
	anteilige sonstige erfolgsneutrale Eigenkapital-veränderungen	-	10.000 €
	Auflösung anteiliger stiller Reserven		
	* Grundstück (unbebaut)	80.000 €	
	* Technische Anlagen	10.000 €-	90.000 €
+	Auflösung anteiliger passiver latenter Steuern auf stille Reserven		
	* Grundstück (unbebaut)	32.000 €	
	* Technische Anlagen	4.000 €+	36.000 €
=	Equity-Buchwert vor Wertminderungsaufwand zum 31.12.01		346.000 €

Da der anteilige Fair Value der T-GmbH nur 340.000 € beträgt, ist noch ein Wertminderungsaufwand in Höhe von 6.000 € auf den im Equity-Buchwert enthaltenen Geschäfts- oder Firmenwert zu verrechnen (IAS 28.34).

Equity-Buchwert vor Wertminderungsaufwand zum 31.12.01	346.000 €
./. Wertminderungsaufwand auf Geschäfts- oder Firmenwert	6.000 €
= Equity-Buchwert zum 31.12.01	340.000 €

Zur Anpassung des Equity-Buchwerts vom 1.1.01 an den Equity-Buchwert zum 31.12.01 ist folgende Buchung vorzunehmen:

Bank	40.000 €	an	Equity-Ergebnis	90.000 €
sonstiger Bilanzverlust	10.000 €			
Anteile an assoziierten Unternehmen	40.000 €			

Das Equity-Ergebnis besteht aus folgenden Komponenten:

	anteiliges Jahresergebnis 01	150.000 €
	Auflösung anteiliger stiller Reserven	- 90.000 €
+	Auflösung anteiliger passiver latenter Steuern auf stille Reserven	+ 36.000 €
-	Wertminderungsaufwand auf Geschäfts- oder Firmenwert	- 6.000 €
=	Equity-Ergebnis 01	90.000 €

Sofern die Fortschreibung des Equity-Buchwerts rechnerisch zu einem **negativen Buchwert** führt, sind die Anteile mit einem Buchwert von Null auszuweisen. Falls der **Anteilseigner Verpflichtungen** eingegangen ist oder Zahlungen im Namen des Tochterunternehmens, Joint Ventures oder assoziierten Unternehmens geleistet hat, um Verpflichtungen dieses Unternehmens zu erfüllen, für welche der Anteilseigner bürgt oder anderweitig haftet, sind zusätzliche Aufwendungen im Abschluss des Anteilseigners zu berücksichtigen. In der Regel kommt dann eine **Rückstellung gemäß IAS 37** in Betracht. Im Falle des Auftretens positiver Ergebnisbeiträge findet ein Erfolgsausweis erst dann wieder statt, wenn der Gewinnanteil den noch nicht in der IAS/IFRS-GuV erfassten Fehlbetrag der Vorperioden überschreitet (IAS 28.30).

Beispiel 17:

Der Equity-Buchwert eines assoziierten Unternehmens, an dem der Gesellschafter mit 30% beteiligt ist, beträgt am 1.1.01 100.000 €. In 01 und 02 erwirtschaftet das assoziierte Unternehmen jeweils einen Verlust von 500.000 €. Der Gesellschafter gibt eine Bürgschaft für Verbindlichkeiten des assoziierten Unternehmens in 01 über 150.000 € ab. In 03 weist das assoziierte Unternehmen einen Gewinn von 800.000 € aus.

Der rechnerische Equity-Buchwert beträgt zum 31.12.01: 100.000 € - 150.000 € = - 50.000 €.

Der rechnerisch negative Equity-Buchwert hat für die Equity-Bewertung zum 31.12.01 keine Relevanz; dagegen ist eine Rückstellung auf Grund der gegebenen Bürgschaft – im Falle der Wahrscheinlichkeit der Inanspruchnahme aus der Bürgschaft – in Höhe von 150.000 € zu erfassen. Der Gesellschafter bucht zum 31.12.01 bei Anwendung der Equity-Methode:

Equity-Ergebnis	100.000 €	an	Anteile an assoziierten Unternehmen	100.000 €
sonstige Aufwendungen	150.000 €	an	sonstige Rückstellungen	150.000 €

In 02 erfolgt keine weitere Buchung, es sei denn der Gesellschafter wird aus der Bürgschaft in Anspruch genommen. Die Inanspruchnahme aus der Bürgschaft ist, da bereits per 31.12.01 die Aufwandsbuchung stattgefunden hat, erfolgsneutral. Der rechnerische Equity-Buchwert beträgt per 31.12.02 -200.000 €.

In 03 erhöht sich der rechnerische Wert der Beteiligung auf 40.000 € (-200.000 € + 240.000 €). Der Gesellschafter realisiert einen Gewinnanteil von 40.000 €.

Anteile an assoziierten Unternehmen	40.000 €	an	Equity-Ergebnis	40.000 €

Zugleich ist, sofern bislang keine Inanspruchnahme aus der Bürgschaft erfolgte, die **Notwendigkeit der sonstigen Rückstellung** zu überprüfen (Wahrscheinlichkeit der Inanspruchnahme) und diese gegebenenfalls ertragswirksam aufzulösen.

VI. Eliminierung konzerninterner Salden und konzerninterner Transaktionen

1. Schuldenkonsolidierung

IAS 27.24 verlangt im Summenabschluss die vollständige Eliminierung sämtlicher **konzerninterner Salden**. In die Schuldenkonsolidierung gehen alle Bilanzposten ein, durch die Schuldverhältnisse zwischen den in die Konzernbilanz einbezogenen Unternehmen abgebildet werden. Die Schuldenkonsolidierung umfasst darüber hinaus auch Sachverhalte, die im Anhang offenlegungspflichtig sind (z.B. Eventualschulden innerhalb eines Konzerns).

Im Regelfall stehen sich Forderungen und Verbindlichkeiten **zwischen Konzernunternehmen des engeren Konsolidierungskreises** in gleicher Höhe gegenüber; diese Forderungen und Verbindlichkeiten sind dann im Rahmen der Schuldenkonsolidierung gegeneinander aufzurechnen.

Stehen sich Forderungen und Verbindlichkeiten nicht in derselben Höhe gegenüber, dann liegen **Aufrechnungsdifferenzen** vor. Bei den Aufrechnungsdifferenzen unterscheidet man so genannte unechte und echte Aufrechnungsdifferenzen. **Unechte Aufrechnungsdifferenzen** haben ihre Ursache in zeitlichen Buchungsunterschieden oder Fehlbuchungen. Diese Aufrechnungsdifferenzen sind durch **ergänzende Korrekturbuchungen** – in den Einzelabschlüssen – zu beseitigen. Durch **regelmäßige Saldenabstimmungen** und das Erlassen **zeitlicher Vorgaben für die Verbuchung von Geschäftsvorfällen am Jahresende** kann das Auftreten dieser Abweichungen weitgehend vermieden werden.

Echte Aufrechnungsdifferenzen resultieren aus den IAS/IFRS-Bewertungsvorschriften und lassen sich auch bei **Anwendung konzerneinheitlicher Bilanzierungs- und Bewertungsmethoden** (IAS 27.28) **nicht vermeiden**. Echte Aufrechnungsdifferenzen entstehen z.B. durch Abschreibung von Forderungen gegenüber Konzernunternehmen oder durch Bildung von Rückstellungen gegenüber

Konzernunternehmen. Die echten Aufrechnungsdifferenzen sind im Zuge der Schuldenkonsolidierung zu eliminieren, da gemäß IAS 27.4 i.V.m. 27.22 die wirtschaftliche Lage des Konzerns so darzustellen ist, als ob die Geschäftsvorfälle, aus denen die echten Aufrechnungsdifferenzen herrührten, nicht erfolgt wären.

Beispiel 18:

Ein Tochterunternehmen (A) hat einem anderen Tochterunternehmen (B) eine Ausleihung in Höhe von 10 Mio. € am 1.1.01 gewährt; Rückzahlungszeitpunkt ist der 31.12.05. In 03 verschlechtert sich die Finanzlage des Tochterunternehmens B, so dass Tochterunternehmen A eine Wertminderung in Höhe von 5 Mio. € erfasst. In 04 verbessert sich die Finanzlage des Tochterunternehmens B, so dass bei Tochterunternehmen A eine Wertaufholung für die Ausleihung auf 8 Mio. € stattfindet. Am 31.12.05 gehen bei Tochterunternehmen A 10 Mio. € aus der Rückzahlung der Ausleihung ein. Die Abschreibung der Forderung gegenüber Konzernunternehmen ist steuerlich nicht anerkannt.

	31.12.03	31.12.04	31.12.05
Einzelabschluss			
Forderungen ggü. verb. Unt. (A)	5 Mio. €	8 Mio. €	0 Mio. €
Verbindlichkeiten ggü. verb. Unt. (B)	10 Mio. €	10 Mio. €	0 Mio. €
Erfolgsauswirkung (A) sonstige finanz. Erträge/Aufwend.	- 5 Mio. €	3 Mio. €	2 Mio. €
Konzernabschluss			
Forderungen ggü. verb. Unt.	- 5 Mio. €	- 8 Mio. €	
Verbindlichkeiten ggü. verb. Unt.	-10 Mio. €	- 10 Mio. €	
sonstige finanzielle Erträge/ Aufwendungen	5 Mio. €	- 3 Mio. €	- 2 Mio. €
Konzernbilanzgewinn		5 Mio. €	2 Mio. €

**Abb. 27: Behandlung einer konzerninternen Ausleihung im Einzel-
und Konzernabschluss**

Zum 31.12.03 wird die im Einzelabschluss vorgenommene ergebniswirksame Aufwandsbuchung durch eine entsprechende Korrekturbuchung im Konzernabschluss eliminiert. Zum 31.12.04 entsteht durch Aufrechnung der sich aus den Einzelabschlüssen ergebenden Forderungs- und Verbindlichkeitsposition eine Differenz von 2 Mio. €. Die aus der Vorperiode resultierende Differenz von 5 Mio. € ist erfolgsneutral zu eliminieren; der Rückgang um 3 Mio. € ist auf die Wertaufholung im Einzelabschluss des Tochterunternehmens A zurückzuführen. Da es aus Konzernsicht (Fiktion der wirtschaftlichen Einheit) keine Wertaufholung zwischen Konzernunternehmen geben kann, ist die Wertaufholung in Höhe von 3 Mio. € im Rahmen der Schuldenkonsolidierung zu stornieren. Zum 31.12.05 bestehen keine Forderungen und Verbindlichkeiten innerhalb des Konzerns. Der Vortrag aus der Schuldenkonsolidierung im Eigenkapital beträgt in Periode 5 2 Mio. €; dieser löst sich in Periode 5 auf, da in der Schuldenkonsolidierung 2 Mio. € finanzielle Erträge zu eliminieren sind.

Diese Buchung neutralisiert den finanziellen Ertrag, den Konzernunternehmen A im Einzelabschluss bei Eingang der 10 Mio. € für die bislang bei A noch mit 8 Mio. € bewertete Ausleihung erfasst hat.

Die Schuldenkonsolidierung ist auch zwischen Konzernunternehmen im engeren Sinne (Mutter- und Tochterunternehmen) und **Gemeinschaftsunternehmen** bei Anwendung der **Quotenkonsolidierung** durchzuführen. Da durch die quotale Einbeziehung von Gemeinschaftsunternehmen die Forderungen und Verbindlichkeiten nur anteilig in den Konzernabschluss eingehen, während diese bei Mutter- bzw. Tochterunternehmen sich mit dem vollen Wert auswirken, ist die **Schuldenkonsolidierung auf den quotalen Betrag** zu beschränken. Der nicht eliminierte Teil der Forderungen und Verbindlichkeiten beim Konzernunternehmen besteht gegenüber dem gemeinschaftlich geführten Unternehmen; ein Ausweis des nicht eliminierten Teils der Forderungen und Verbindlichkeiten gegenüber Dritten oder den Partnern des gemeinschaftlich geführten Unternehmens ist nicht sachgerecht.

Sofern durch die Schuldenkonsolidierung der Bilanzwert von Forderungen oder Schulden im Konzernabschluss gegenüber den Werten im Einzelabschluss (bzw. der Steuerbilanz) verändert wird, entstehen Differenzen zwischen dem Bilanzwert in der Konzernbilanz und demjenigen in der Steuerbilanz. Für diese Differenzen gelten die allgemeinen Regeln zur **Steuerabgrenzung** im Sinne des IAS 12.

2. Zwischenergebniskonsolidierung

Nach IAS 27.24 sind neben den konzerninternen Lieferungen und Leistungen auch die aus **konzerninternen Lieferungen und Leistungen resultierenden Gewinne** vollständig zu eliminieren; **konzerninterne Verluste** sind ebenfalls zu eliminieren, falls die Konzernanschaffungs- bzw. Konzernherstellungskosten nicht überschritten werden (IAS 27.25).

Die Zwischenergebniskonsolidierung betrifft sämtliche im Konzern **vorhandenen Vermögenswerte**, die von anderen Konzernunternehmen geliefert wurden. (Falls ein Konzernunternehmen an ein anderes Konzernunternehmen Leistungen erbringt und mit einem Gewinnaufschlag verkauft, die nicht zu ansatzpflichtigen Vermögenswerten führen, ist diese konzerninterne Leistung durch die Aufwands- und Ertragskonsolidierung zu eliminieren. Mit der Eliminierung des Umsatzes aus konzerninternen Leistungen ist zwangsläufig eine Eliminierung des hierin enthaltenen Gewinns verbunden.)

Latente Steuern sind auf Konsolidierungsbuchungen der **Zwischenergebniskonsolidierung** abzugrenzen, sofern die allgemeinen Voraussetzungen für temporäre Differenzen im Sinne des IAS 12.5 erfüllt sind.

Beispiel 19:

Das zentrale Beschaffungsunternehmen des Konzerns (B) veräußert am 1.1.01 eine am gleichen Tag von Konzernfremden zum Preis von 390.000 € erworbene Geschäftsausstattung an das ebenfalls in den Konzernabschluss einbezogene Unternehmen A zum Preis von 500.000 €. Für den Transport der Geschäftsausstattung von B zu A fielen direkt zurechenbare Kosten in Höhe von 10.000 € an. Die Nutzungsdauer der Geschäftsausstattung beträgt 5 Jahre, ein linearer Nutzungsverlauf kann unterstellt werden. Der anzuwendende Steuersatz beträgt sowohl bei Unternehmen A als auch B je 30%.

Unternehmen B bucht damit im Einzelabschluss die Beschaffung und Veräußerung der Geschäftsausstattung wie folgt:

Vorräte	an	Verbindlichkeiten aus LuL	390.000 €
Forderungen ggü. verbundenen Unternehmen	an	Umsatzerlöse	500.000 €
diverse Transportkosten	an	Verbindlichkeiten aus LuL	10.000 €
Bestandsminderungen an fertigen Erzeugnissen	an	Vorräte	390.000 €

Unternehmen A erfasst den Zugang der Geschäftsausstattung mit den Anschaffungskosten aus Einzelabschlusssicht:

Geschäftsausstattung	an	Verbindlichkeiten ggü. verbundenen Unternehmen	500.000 €

Die Konzernanschaffungskosten betragen 400.000 €, woraus sich ein eliminierungspflichtiger Zwischengewinn von 100.000 € ergibt. Der Buchwert der Geschäftsausstattung aus dem Einzelabschluss ist im Rahmen der Zwischenergebniskonsolidierung um den Zwischengewinn von 100.000 € zu vermindern, die Gegenbuchung erfolgt gegen die Umsatzerlöse. (Die verbleibenden 400.000 € sind in der Aufwands- und Ertragskonsolidierung bei Anwendung des Gesamtkostenverfahrens gegen die Bestandsminderungen an fertigen Erzeugnissen bzw. bei Anwendung des Umsatzkostenverfahrens gegen die Herstellungskosten der abgesetzten Erzeugnisse zu verrechnen.) Durch die Zwischenergebniskonsolidierung vermindert sich der Bilanzbuchwert der Geschäftsausstattung um 100.000 € gegenüber dem Einzelabschluss und der Steuerbilanz; hierdurch entsteht c.p. eine aktive Steuerlatenz. Diese aktive latente Steuer ist erfolgswirksam einzubuchen, der Steuerertrag kompensiert die im Einzelabschluss erfasste und effektiv entstandene Ertragsteuer bei Veräußerung der Geschäftsausstattung von Konzernunternehmen B an Konzernunternehmen A.

Zum 1.1.01 ist in der Konsolidierung daher zu buchen:

Umsatzerlöse	500.000 € an	Bestandsminderungen an fert. Erz.	390.000 €
		diverse Transportkosten	10.000 €
		Geschäftsausstattung	100.000 €
aktive latente Steuern	an	Steueraufwand	30.000 €

In den folgenden fünf Jahren löst sich die Differenz zwischen Einzelabschlusswert und Konzernabschlusswert für die Geschäftsausstattung durch unterschiedlich hohe Abschreibungen auf; gleichzeitig geht die temporäre Differenz zwischen IAS/IFRS-

Konzernbilanzbuchwert und Steuerbilanzbuchwert zurück. In jeder der folgenden Perioden ist in der Zwischenergebniskonsolidierung zu buchen:

Geschäftsausstattung	an	Abschreibungen	20.000 €
Steueraufwand	an	aktive latente Steuern	6.000 €

Abbildung 28 gibt die Auswirkungen auf die betreffenden Bilanzpositionen zum Jahresende sowie den Jahreserfolg an:

	Einzel-bilanzwert Geschäfts-ausstattung	Konzern-bilanzwert Geschäfts-ausstattung	gesamter eliminierter Zwischen-gewinn	aktive latente Steuern	Erfolgsaus-wirkung nach Steuern	Gewinn-vortrag (Konzern-bilanz-gewinn)
31.12.01	400.000	320.000	- 80.000	24.000	-56.000	0
31.12.02	300.000	240.000	- 60.000	18.000	14.000	-56.000
31.12.03	200.000	160.000	- 40.000	12.000	14.000	- 42.000
31.12.04	100.000	80.000	- 20.000	6.000	14.000	- 28.000
31.12.05	0	0	0	0	14.000	- 14.000

Abb. 28: Zwischenergebniskonsolidierung bei abnutzbaren Vermögenswerten

Die Zwischenergebniskonsolidierung ist auch zwischen Konzernunternehmen im engeren Sinne sowie **Gemeinschaftsunternehmen** und **assoziierten Unternehmen** durchzuführen. Die Zwischenergebniskonsolidierung beschränkt sich dabei jedoch stets auf die Anteilsquote, die der Konzern am Gemeinschaftsunternehmen bzw. assoziierten Unternehmen hält. Dabei wird im Gegensatz zu den korrespondierenden US-amerikanischen Konsolidierungsregeln nicht unterschieden, ob die Veräußerung vom Konzernunternehmen im engeren Sinne an das Gemeinschaftsunternehmen oder assoziierte Unternehmen (downstream sales) oder vom assoziierten Unternehmen bzw. Gemeinschaftsunternehmen an das Konzernunternehmen im engeren Sinne (upstream sales) erfolgt (IAS 28.22).

Beispiel 20:

Beispiel 19 mit folgender Abwandlung: Bei dem die Geschäftsausstattung erwerbenden Unternehmen A handelt es sich um ein Joint Venture, an dem der Konzern 50% hält. Die Einbeziehung von A erfolgt nach der Quotenkonsolidierung. Zum 1.1.01 ist somit in der Konsolidierung zu buchen:

Umsatzerlöse	250.000 €	an	Bestandsminderungen an fert. Erz.	195.000 €
			diverse Transportkosten	5.000 €
			Geschäftsausstattung	50.000 €
aktive latente Steuern		an	Steueraufwand	15.000 €

Aus Konzernsicht ist damit in 01 ein anteiliger Umsatz von 250.000 € bzw. ein Gewinn vor Steuern in Höhe von 50.000 € realisiert. Die (anteiligen) konsolidierten Anschaffungskosten der Geschäftsausstattung betragen 200.000 € (anteilige Anschaffungskosten aus Einzelabschluss A: 250.000 € - eliminierter Zwischengewinn: 50.000 €). In den nächsten fünf Jahren ist folgende Buchung zur Zwischenergebniskonsolidierung vorzunehmen:

Geschäftsausstattung	an	Abschreibungen	10.000 €
Steueraufwand	an	aktive latente Steuern	3.000 €

Beispiel 21:

In Ergänzung zu Beispiel 17 ist der Gewinn in Periode 03 beim assoziierten Unternehmen unter anderem dadurch zustande gekommen, dass in Periode 03 das assoziierte Unternehmen eine Ware an ein Tochterunternehmen (Konzernanteil 100%) mit einem Gewinn nach Steuern von 100.000 € veräußert hat.

Der aus diesem Veräußerungsgeschäft anteilig auf den Konzern entfallende Gewinn in Höhe von 30.000 € ist aus dem Equity-Buchwert des assoziierten Unternehmens in 03 zu eliminieren, sofern die Ware am Bilanzstichtag noch beim Tochterunternehmen vorhanden ist. Dann lautet die Equity-Anpassungsbuchung für 03:

Anteile an assoziierten Unternehmen	10.000 €	an	Equity-Ergebnis	10.000 €

Hat jedoch die Ware den Konsolidierungskreis zum Bilanzstichtag verlassen, dann erfolgt keine Zwischenergebniskonsolidierung, da keine Vermögenswerte aus konzerninternen Lieferungen vorhanden sind. Dann gilt die gleiche Equity-Anpassungsbuchung wie in Beispiel 17.

3. Aufwands- und Ertragskonsolidierung

Ebenfalls sind nach IAS 27.24 i.V.m. IAS 27.25 **Aufwendungen und Erträge aus Geschäften zwischen Konzernunternehmen** sowie **konzerninterne Dividenden** auf Grund des **Einheitsgrundsatzes** vollständig zu eliminieren. In der Konzern-GuV sind Aufwendungen und Erträge so zu erfassen, wie dies aus Sicht der fiktiven wirtschaftlichen Einheit (Konzern) sachgerecht wäre.

Gegenstand der Aufwands- und Ertragskonsolidierung sind insbesondere:

- die **Konsolidierung der Umsatzerlöse** gegenüber Konzernunternehmen (Innenumsatzerlöse),
- die **Konsolidierung sonstiger betrieblicher Erträge und sonstiger betrieblicher Aufwendungen gegenüber verbundenen Unternehmen** (z.B. Vermietung zwischen Konzernunternehmen oder Erbringung von Dienstleistungen innerhalb des Konzerns),
- die **Konsolidierung von Erträgen aus Beteiligungen** (z.B. Konsolidierung von Dividenden oder Ergebnisabführungen bei Vorhandensein eines Gewinnabführungsvertrags),

- die **Konsolidierung von Zinsaufwendungen und -erträgen** zwischen Konzernunternehmen.

Wie bei der Schuldenkonsolidierung und der Zwischenergebniskonsolidierung sind in die Aufwands- und Ertragskonsolidierung auch die **Beziehungen zu Gemeinschaftsunternehmen in Höhe des Konzernanteils**, den der Konzern am Gemeinschaftsunternehmen hält, anteilig einzubeziehen. Wegen der Übernahme der at equity konsolidierten assoziierten Unternehmen im Beteiligungsbuchwert hat die Aufwands- und Ertragskonsolidierung keine Auswirkung auf die Equity-Konsolidierung.

VII. Fallstudie zur Aufstellung eines IAS/IFRS-Konzernabschlusses

1. Ausgangssituation

Die Muttergesellschaft M-AG (Sitz in Deutschland) beabsichtigt zum Ende des Jahres 01 ihre Aktivitäten im Bereich des Maschinenbaus durch Aufbau eines internationalen Konzerns auszuweiten. Zu diesem Zweck erwirbt sie zum 31.12.01 in verschiedenen Staaten Maschinenbauunternehmen:

- 100% der Anteile an Tochter D-GmbH mit Sitz in Deutschland zu 10.000 T€
- 50% des Joint Ventures CH mit Sitz in der Schweiz zu 5.000 T€
- 40% des assoziierten Unternehmens UK mit Sitz in Großbritannien zu 5.000 T€

Die Muttergesellschaft M-AG erwirbt zum Ende des Jahres 02 weitere 60% der Anteile am assoziierten Unternehmen UK, das damit zur Tochtergesellschaft UK wird, zu 8.100 T€.

Die potenzielle Veräußerung einer Beteiligungsgesellschaft ist bei M-AG steuerfrei bzw. der Verlust nicht steuerlich absetzbar.

2. Datenrahmen

In den Bilanzen der Tochter D-GmbH sind keine stillen Reserven beim Erwerb vorhanden. Die aktiven latenten Steuern im Erwerbszeitpunkt in Höhe von 800 T€ resultieren aus einem steuerlichen Verlustvortrag in Höhe von 2.000 T€ bei einem Steuersatz von 40%. Im Einzelabschluss der T-GmbH werden im Anhang Eventualschulden aus Schadensersatzprozessen ausgewiesen. Laut eines eingeholten Versicherungsgutachtens ist ein Versicherungsunternehmen bereit, die Regulierung der Schadensersatzprozesse zu einem Preis von 5.000 T€ zu übernehmen. In Periode 02 werden die ausstehenden Schadensersatzansprüche abgewickelt, so dass am 31.12.02 keine ausstehenden Eventualschulden aus der Zeit vor Unternehmenserwerb durch die M-AG vorhanden sind.

Das Joint Venture CH hat einen steuerlichen Verlustvortrag von 4.500 TSFR im Erwerbszeitpunkt. Aktive latente Steuern sind für diesen Verlustvortrag nicht angesetzt, da das Joint Venture aus eigenem Geschäft während des Planungshorizontes keine zu versteuernden Ergebnisse erwartet. Im Zuge des Erwerbs der 50%-Beteiligung an dem Joint Venture durch die Mutter plant die Mutter, diese Gesellschaft als Vertriebskanal in der Schweiz zu nutzen. Dementsprechend erwartet die Mutter, dass das Joint Venture CH die Verlustvorträge durch diese zusätzlichen Vertriebsaktivitäten nutzen kann. Der Ertragsteuersatz für CH beträgt in 01 30%. Zum Ende des Jahres 02 wird eine Steuersatzsenkung mit Wirkung ab Jahr 03 auf 27% beschlossen. Stille Reserven sind in den Technischen Anlagen in Höhe von 1.500 TSFR enthalten. Die Restnutzungsdauer der Technischen Anlagen beträgt 5 Jahre.

Das Joint Venture CH ist zwecks Wiederherstellung einer ausreichenden Ertragsfähigkeit im Werkstattbereich mit entsprechender Personalanpassung zu restrukturieren. Zum Erwerbsstichtag liegt noch kein detaillierter Restrukturierungsplan für den Werkstattbereich vor.

Das Joint Venture CH ist eine Gesellschaft mit eigener Produktions- und Vertriebstätigkeit. Die Verflechtungen mit den anderen Gesellschaften des Maschinenbaukonzerns sind nicht von dominierender Bedeutung; die Cashflows aus operativer Tätigkeit und aus Investitionstätigkeit erfolgen überwiegend in SFR.

Die steuerlich nicht abziehbaren Aufwendungen des Joint Ventures CH betragen in 02 20 TSFR. Steuerfreie Erträge sind nicht enthalten.

Das assoziierte Unternehmen UK verfügt im Erwerbszeitpunkt über stille Reserven in den Vorräten in Höhe von 300 TGBP, die sich in der Periode 02 umschlagen, sowie über stille Reserven in den immateriellen Vermögenswerten in Höhe von 600 TGBP (Restnutzungsdauer der immateriellen Vermögenswerte von 4 Jahren). Der Ertragsteuersatz der britischen Gesellschaft beträgt 25%.

Die Geschäftstätigkeit der UK soll sich ab 1.1.02 auf den Vertrieb der Erzeugnisse der Mutter und der Erzeugnisse anderer zum Maschinenbaukonzern gehörender Gesellschaften konzentrieren; die Preisgestaltung der Absatzgüter erfolgt auf €-Basis ebenso wie die Einkäufe von den Konzernunternehmen. In 02 finden keine Investitionen bei der UK statt; die Veränderungen der Buchwerte des Anlagevermögens sind ausschließlich auf Abschreibungen zurückzuführen.

31.12.01	M-AG (T€)	D-GmbH (T€)	JV CH (TSFR)	UK (TGBP)
Immaterielle Vermögenswerte	12.000	0	1.500	0
Grundstücke	2.000	6.000	3.000	1.200
Gebäude	6.000	6.000	1.500	2.400
Technische Anlagen	12.000	8.000	3.000	2.400
BGA	5.000	5.000	1.500	3.000
Beteiligungen	20.000	0	0	0
sonstige Finanzanlagen	1.000	0	0	0
Vorräte	20.000	3.000	1.500	4.200
sonstiges Umlaufvermögen	70.000	8.000	14.700	3.600
aktive latente Steuern		800	0	0
Bilanzsumme	148.000	36.800	26.700	16.800
Gezeichnetes Kapital	70.000	15.000	19.200	3.000
Kapitalrücklage	10.000	5.000	0	600
Gewinnrücklagen	5.000	1.000	0	1.200
Verlustvortrag	0	0	-3.000	0
Jahresüberschuss	8.000	-1.000	-1.500	600
Rückstellungen	12.000	4.000	4.500	4.800
Verbindlichkeiten	43.000	12.800	7.500	6.600

Abb. 29: Bilanzen der Konzernunternehmen zum 31.12.01

31.12.02	M-AG (T€)	D-GmbH (T€)	JV CH (TSFR)	UK (TGBP)
Immaterielle Vermögenswerte	10.000	0	1.550	0
Grundstücke	2.000	6.000	3.100	1.200
Gebäude	5.800	5.500	1.395	2.300
Technische Anlagen	30.000	8.000	3.100	2.200
BGA	6.000	4.000	1.395	2.800
Beteiligungen	28.100	0	0	0
sonstige Finanzanlagen	3.500	0	0	0
Vorräte	22.200	1.500	1.395	3.250
sonstiges Umlaufvermögen	72.400	6.500	16.740	6.500
aktive latente Steuern		1.800	0	0
Bilanzsumme	180.000	33.300	28.675	18.250
Gezeichnetes Kapital	70.000	15.000	19.200	3.000
Kapitalrücklage	10.000	5.000	0	600
Gewinnrücklagen	13.000	0	0	1.800
Verlustvortrag	0	0	-4.500	0
Jahresüberschuss	4.000	-1.500	-440	1.500
Rückstellungen	16.000	4.500	4.650	4.850
Verbindlichkeiten	67.000	10.300	9.765	6.500

Abb. 30: Bilanzen der Konzernunternehmen zum 31.12.02

GuV 1.1.02-31.12.02	M-AG (T€)	D-GmbH (T€)	JV CH (TSFR)	UK (TGBP)
Umsatzerlöse	65.000	21.000	10.500	32.000
Bestandsveränderungen FE/UE	- 8.000	1.000	2.500	- 2.000
aktivierte Eigenleistungen	3.000	0	0	0
sonst. betr. Ertrag	10.000	4.000	5.000	1.000
Materialaufwand	26.000	5.000	5.000	25.500
Personalaufwand	20.000	10.000	7.000	1.000
Abschreibungen	8.000	2.000	1.500	500
sonst. betr. Aufwand	5.000	10.500	5.940	3.000
Zinserträge	3.200	1.000	2.000	2.000
Zinsaufwendungen	7.400	2.000	1.000	1.000
Ergebnis vor Steuern	6.800	- 2.500	- 440	2.000
Ertragsteuern	2.800	- 1.000		500
Ergebnis nach Steuern	4.000	- 1.500	- 440	1.500

Abb. 31: Gewinn- und Verlustrechnungen der Konzernunternehmen für das Geschäftsjahr vom 1.1.02 – 31.12.02

	SFR/€	GBP/€
Stichtagskurs 31.12.01	1,50	0,60
Durchschnittskurs 02	1,53	0,62
Stichtagskurs 31.12.02	1,55	0,65

Abb. 32: Umrechnungskurse für SFR und GBP

3. Konzernbilanz zum 31.12.01

3.1 Konsolidierung von Tochter D

Die Kapitalkonsolidierung der Tochter D-GmbH stellt sich wie folgt dar:

Anschaffungskosten		10.000 T€
Zeitwert Vermögenswerte	36.800 T€	
– Zeitwert der Schulden	./. 16.800 T€	
– Zeitwert der Eventualschulden abzgl. latenter Steuern	./. 3.000 T€	
– Zeitwert des Reinvermögens		17.000 T€
= (vorläufiger) negativer Unterschiedsbetrag		./. 7.000 T€

Die Eventualschulden sind bei der Gegenüberstellung von Anschaffungskosten und Reinvermögen der übernommenen Vermögenswerte abzgl. Schulden und Eventualschulden anzusetzen, da der Zeitwert verlässlich bestimmbar ist (IFRS 3.37 i.V.m. 3.47 und Appendix B 16 (l)). Sofern eine Schuld im IAS/IFRS-Abschluss angesetzt wird, verringert sich hierdurch das Reinvermögen im IAS/IFRS-Einzel- sowie im IAS/IFRS-Konzernabschluss gegenüber den steuer-lichen Buchwerten; dementsprechend ist auf diese Rückstellung eine aktive la-tente Steuer in Höhe von 40% von 5.000 T€, d.h. in Höhe von 2.000 T€, abzu-grenzen.

Bei der Konsolidierung der Tochter D auf die Muttergesellschaft entsteht somit ein (vorläufiger) negativer Unterschiedsbetrag aus der Kapitalkonsolidierung von 7.000 T€. Die Behandlung des negativen Unterschiedsbetrags aus der Kapi-talkonsolidierung ergibt sich aus IFRS 3.56. Danach hat das erwerbende Mut-terunternehmen abermals Ansatz und Bewertung von Vermögenswerten, Schul-den und Eventualschulden auf der einen Seite und die Höhe der Anschaffungs-kosten auf der anderen Seite zu überprüfen und bei Aufdeckung entsprechender Abweichungen die Werte entsprechend anzupassen. Falls nach diesem Re-Assessment weiterhin der negative Unterschiedsbetrag von 7.000 T€ verbleibt, so ist der negative Unterschiedsbetrag unmittelbar erfolgswirksam aufzulösen (IFRS 3.56 b).

31.12.01	M-AG	D-GmbH	Kapital-konsolidierung	vorkonsolid. Abschluss MD
Immat. Vermögenswerte	12.000	0		12.000
Grundstücke	2.000	6.000		8.000
Gebäude	6.000	6.000		12.000
Technische Anlagen	12.000	8.000		20.000
BGA	5.000	5.000		10.000
Beteiligungen	20.000	0	-10.000(1)	10.000
Sonstige Finanzanlagen	1.000	0		1.000
Vorräte	20.000	3.000		23.000
Sonst. Umlaufvermögen	70.000	8.000		78.000
aktive latente Steuern		800	2.000(1)	2.800
Bilanzsumme	148.000	36.800	-8.000	176.800
Gezeichnetes Kapital	70.000	15.000	-15.000(1)	70.000
Kapitalrücklage	10.000	5.000	-5.000(1)	10.000
Gewinnrücklagen	5.000	1.000	-1.000(1)	5.000
Jahresüberschuss	8.000	-1.000	1.000(1) 7.000(2)	15.000
vorläufiger negativer Unter-schiedsbetrag			7.000(1) -7.000(2)	
Rückstellungen	12.000	4.000	5.000(1)	21.000
Verbindlichkeiten	43.000	12.800		55.800

Abb. 33: Ableitung des vorkonsolidierten Abschlusses MD zum 31.12.01

3.2 Konsolidierung von Joint Venture CH

Für das Joint Venture CH hat das Mutterunternehmen die Wahl, das Joint Venture CH entweder nach der Quotenkonsolidierung einzubeziehen oder die Equity-Methode anzuwenden. Im Folgenden soll die Quotenkonsolidierung, welche die Standardmethode der Einbeziehung bildet (IAS 31.30), angewendet werden.

Der Kaufpreis für 50% der Anteile am Joint Venture beträgt 5.000 T€. Mit dem Umrechnungskurs zum Erwerbsstichtag wird die Bilanz des Joint Ventures CH umgerechnet. Dem Kaufpreis von 5.000 T€ steht ein anteiliges bilanzielles Eigenkapital im Erwerbszeitpunkt von 4.900 T€ gegenüber. Hieraus ergibt sich ein vorläufiger positiver Unterschiedsbetrag von 100 T€.

Da die Vermögenswerte und Schulden im Erwerbszeitpunkt zu Zeitwerten anzusetzen sind, ist die in den Technischen Anlagen vorhandene stille Reserve aufzulösen, soweit sie auf die M (50%, also 500 T€) entfällt. Die sich hieraus ergebende passive latente Steuer von 150 T€ ist nur anzusetzen, sofern der bei der Gesellschaft vorhandene Verlustvortrag angesetzt wird. Die bislang nicht angesetzten aktiven latenten Steuern beim Joint Venture CH werden im Rahmen der Kapitalkonsolidierung erstmals angesetzt, da nach dem Erwerb durch die Mutter die Realisierungschancen des Verlustvortrags nunmehr anders beurteilt werden können (IAS 12.67). Dementsprechend ergibt sich ein zu aktivierender latenter Steueranspruch von 30%* 4.500 TSFR * 0,5 *1/1,5 €/SFR = 450 T€. Die passiven latenten Steuern sind mit den aktiven latenten Steuern zu verrechnen (IAS 12.74).

Dadurch kehrt sich der vorläufige positive Unterschiedsbetrag von + 100 T€ in einen verbleibenden negativen Unterschiedsbetrag von -700 T€ um. Dieser negative Unterschiedsbetrag ist auf die geplante Restrukturierung des Werkstattbereichs zurückzuführen, für den noch keine konkreten Pläne vorliegen.

Obwohl zu erwartende künftige Aufwendungen und Verluste eine Entstehungsursache für einen negativen Unterschiedsbetrag sein können, ist der Ansatz einer Rückstellung oder eines anderen Schuldpostens hierfür nicht möglich (IFRS 3 – BC 154). Nur bei am Erwerbsstichtag bestehenden Restrukturierungsverpflichtungen kommt es zum Ansatz von Rückstellungen (IFRS 3.41). Dementsprechend ist nach dem Re-Assessment der angesetzten Vermögenswerte, Schulden und Eventualschulden und Anschaffungskosten des Erwerbs der negative Unterschiedsbetrag sofort ertragswirksam zu erfassen (IFRS 3.56).

31.12.01	vorkonsolid. Abschluss MD	JV CH in T€	Konsoli- dierungs- buchungen	vorkonsolid. Abschluss MDCH
Immat. Vermögenswerte	12.000	500		12.500
Grundstücke	8.000	1.000		9.000
Gebäude	12.000	500		12.500
Technische Anlagen	20.000	1.000	500(2)	21.500
BGA	10.000	500		10.500
Beteiligungen	10.000		-5.000(1)	5.000
sonstige Finanzanlagen	1.000			1.000
Vorräte	23.000	500		23.500
Sonst. Umlaufvermögen	78.000	4.900		82.900
aktive latente Steuern	2.800		-150(2) 450(3)	3.100
vorläufiger positiver Unterschiedsbetrag			100(1) -350(2) -450(3) 700(4)	0
Bilanzsumme	176.800	8.900	-4.200	181.500
Gezeichnetes Kapital	70.000	6.400	-6.400(1)	70.000
Kapitalrücklage	10.000			10.000
Gewinnrücklagen	5.000			5.000
Verlustvortrag	0	-1.000	1.000(1)	0
Jahresüberschuss	15.000	- 500	500(1) 700(5)	15.700
vorläufiger negativer Unterschiedsbetrag	0		700(4) -700(5)	0
Rückstellungen	21.000	1.500		22.500
Verbindlichkeiten	55.800	2.500		58.300

Abb. 34: Ableitung des vorkonsolidierten Abschlusses MDCH zum 31.12.01

3.3 Konsolidierung des assoziierten Unternehmens UK

Das assoziierte Unternehmen UK ist zwingend nach der Equity-Methode einzubeziehen, sofern nicht ausnahmsweise ein Grund für die Nichtkonsolidierung
vorliegt (IAS 28.13).

Im Erwerbszeitpunkt sind die Anschaffungskosten dem erworbenen Eigenkapital gegenüberzustellen:

Eigenkapital zu Buchwerten	9.000 T€
stille Reserve in Vorräten	500 T€
stille Reserve in immat. Vermögenswerten	1.000 T€
passive latente Steuern auf stille Reserven	375 T€
Eigenkapital zu Zeitwerten	10.125 T€
anteiliges Eigenkapital zu Zeitwerten	4.050 T€
Anschaffungskosten	5.000 T€
anteiliges Eigenkapital zu Zeitwerten	4.050 T€
Geschäfts- oder Firmenwert	950 T€

Im Zeitpunkt der Erstkonsolidierung ist der Beteiligungsbuchwert in Abbildung 28 in die at Equity bewerteten Finanzanlagen (IAS 1.68 e) umzubuchen.

Da der Erwerb sämtlicher Beteiligungen erst zu Jahresende 01 stattfand, ist für den Zeitraum 01.01.01 – 31.12.01 keine Konzern-GuV aufzustellen.

4. Konzernbilanz zum 31.12.02

4.1 Konsolidierung der Tochter D

Bei der Konsolidierung der Tochter D zum 31.12.02 sind zunächst die Buchungen der Erstkonsolidierung zu wiederholen. Da 1.000 T€ aus dem Jahresfehlbetrag in die Gewinnrücklagen (zwecks Verrechnung) umgegliedert wurden, ist in den Konsolidierungsbuchungen diese Umgliederung nachzuvollziehen, damit das im Erwerbszeitpunkt vorhandene Kapital gegen den Beteiligungsbuchwert aufgerechnet werden kann. Ebenfalls ist die aus der unmittelbaren erfolgswirksamen Vereinnahmung des negativen Unterschiedsbetrags herrührende Erhöhung des Jahresüberschusses in die Gewinnrücklagen umzugliedern.

Da die Eventualschulden zwischenzeitlich aus der Erstkonsolidierung in Periode 02 abgewickelt wurden und die Ergebnisauswirkung im Einzelabschluss der D-GmbH enthalten ist, sind die hierfür gebildeten Rückstellungen sowie die Steuerabgrenzung im Konzernabschluss ergebniserhöhend aufzulösen:

31.12.02	M-AG	D-GmbH	Kapital-konsolidierung	vorkonsolid. Abschluss MD
Immat. Vermögenswerte	10.000	0		10.000
Grundstücke	2.000	6.000		8.000
Gebäude	5.800	5.500		11.300
Technische Anlagen	30.000	8.000		38.000
BGA	6.000	4.000		10.000
Beteiligungen	28.100	0	-10.000(2)	18.100
sonstige Finanzanlagen	3.500	0		3.500
Vorräte	22.200	1.500		23.700
Sonst. Umlaufvermögen	72.400	6.500		78.900
aktive latente Steuern		1.800	2.000(2) -2.000(4)	1.800
Bilanzsumme	180.000	33.300	-10.000	203.300
Gezeichnetes Kapital	70.000	15.000	-15.000(2)	70.000
Kapitalrücklage	10.000	5.000	- 5.000(2)	10.000
Gewinnrücklagen	13.000	0	1.000(1) -1.000(2) 7.000(3)	20.000
Jahresüberschuss	4.000	-1.500	-1.000(1) 1.000(2) 7.000(2) -7.000(3) + 3.000(4)	5.500
Rückstellungen	16.000	4.500	5.000(2) -5.000(4)	20.500
Verbindlichkeiten	67.000	10.300		77.300

Abb. 35: Ableitung des vorkonsolidierten Abschlusses MD zum 31.12.02

4.2 Konsolidierung des Joint Ventures CH

Zunächst ist für das Joint Venture CH festzustellen, welches die funktionale Währung bildet. Aufgrund der Angaben im Sachverhalt ist dies der SFR (IAS 21.9 -
21.11). Für die Umrechnung sind damit die Umrechnungsregeln der IAS 21.39 ff.
anzuwenden. Im Beispiel ergibt sich eine negative Translationsanpassung von
156 T€ vor Ertragsteuern. Diese setzt sich aus zwei Komponenten zusammen:

Umrechnung des erworbenen Eigenkapitals zu historischen Kursen statt zu Kursen am Bilanzstichtag (anteilig):

7.350 TSFR (1/1,55 €/SFR – 1/1,50 €/SFR) = -158,06 T€

Umrechnung des Jahresergebnisses zu Jahresdurchschnittskursen statt zu Kursen am Bilanzstichtag (anteilig):

- 220 TSFR (1/1,55 €/SFR – 1/1,53 €/SFR) = + 1,86 T€

Auf die Translationsanpassung ist keine passive latente Steuerabgrenzung zu bilden, da eine potenzielle Veräußerung keinen Steuereffekt auslöst (vgl. Abschnitt VII. 1.)

Im zweiten Schritt sind die Konsolidierungsbuchungen aus der Erstkonsolidierung einzustellen. (Die Anpassungen aus der Translation seien erst im Rahmen der Fortentwicklung der Anpassungen betrachtet). Im Rahmen der Folgekonsolidierung ergeben sich folgende Buchungen:

(1) Technische Anlagen und Maschinen

Im Rahmen der Erstkonsolidierung waren 750 TSFR anteilige stille Reserven vorhanden, die über 5 Jahre planmäßig abzuschreiben sind. Daraus ergibt sich ein Abschreibungsbetrag von 150 TSFR. Dieser ist für die Behandlung in der Konzern-GuV mit den Durchschnittskursen (1,53 SFR/€) umzurechnen. Daraus folgt:

Abschreibungen   98   an   Technische Anlagen   98

Die Technischen Anlagen besitzen am 31.12.02 noch einen anteiligen Mehrwert für die Mutter AG in Höhe von 600 TSFR. Bei einem Umrechnungskurs von 1,55 SFR/€ beträgt dieser Mehrwert 387 T€. Dementsprechend ist eine Auflösung zu Lasten der Translation zu buchen:

Translationsanpassung   15   an   Technische Anlagen   15

Auf die Technischen Anlagen wurde bislang eine passive latente Steuer von 30%, d.h. 150 T€ erfasst. Auf die planmäßige Abschreibung von 98 T€ ist mit dem aktuell gültigen Steuersatz von 30% eine Auflösung der passiven latenten Steuern zu verrechnen:

Passive latente Steuern   29   an   Ertragsteuern   29

Die passiven latenten Steuern sind weiterhin ergebniserhöhend zu reduzieren, da der Ertragsteuersatz ab 03 um 3 Prozentpunkte gesenkt wird. Bezogen auf den Endbestand und unter Verwendung des Periodendurchschnittskurses (Stichtagskurs wohl auch möglich) als Umrechnungskurs ergibt sich folgender Effekt: 600 TSFR * 1/1,53 €/SFR * (0,30 – 0,27) = 11,76 T€

Passive latente Steuern   12   an   Ertragsteuern   12

Zuletzt ist die Translationsanpassung zu bestimmen. Der Endstand der passiven latenten Steuern ermittelt sich zu : 600 TSFR * 1/1,55 €/SFR * 0,27 = 104,52 T€.

Passive latente Steuern   4   an   Translationsanpassung   4

In der konsolidierten Darstellung sind die passiven latenten Steuern bereits als Kürzung der aktiven latenten Steuern abgebildet (IAS 12.74).

(2) Aktive latente Steuern aus Verlustvortrag

Bei der Entwicklung der latenten Steuern aus Verlustvorträgen sind drei Effekte zu berücksichtigen:

- Erhöhung der aktiven latenten Steuern aus Erhöhung des steuerlichen Verlustvortrags
- Verminderung der aktiven latenten Steuern aus der Reduzierung des Steuersatzes
- Translationsanpassung auf die aktiven latenten Steuern

Der steuerliche Verlustvortrag erhöht sich um 420 TSFR (440 TSFR bilanzieller Verlust – 20 TSFR steuerlich nicht abzugsfähige Aufwendungen). Bei einem Steuersatz von 27% und einem Umrechnungskurs von 1,53 SFR/€ ergibt sich (420 TSFR • 0,5 • 1/1,53 €/SFR • 0,27):

aktive latente Steuern   an   Ertragsteuern   37

Der Altbestand an Verlustvorträgen (anteiliger Bestand: 2.250 TSFR) ist um 3 Prozentpunkte anzupassen. Hieraus ergibt sich ein Aufwand (2.250 TSFR • 0,03 • 1/1,53 €/SFR):

Ertragsteuern   an   aktive latente Steuern   44

Der Endbestand an aktiven latenten Steuern beträgt: 4.920 TSFR • 0,5 • 1/1,55 €/SFR • 0,27 = 429 T€. Die Translationsanpassung errechnet sich damit zu 14 T€.

Translationsanpassung   an   aktive latente Steuern   14

31.12.02	vorkonsolid. Abschluss MD	CH	Erst-konsoli-dierung	Folgekon-solidierung	vorkonsolid. Abschluss MDCH
Immaterielle Vermögenswerte	10.000	500			10.500
Grundstücke	8.000	1.000			9.000
Gebäude	11.300	450			11.750
Techn. Anlagen	38.000	1.000	500	-113(1)	39.387
BGA	10.000	450			10.450
Beteiligungen	18.100		- 5.000		13.100
Sonst. Finanzanlagen	3.500				3.500
Vorräte	23.700	450			24.150
Sonst. Umlaufvermögen	78.900	5.400			84.300
aktive latente Steuern	1.800		300	45(1) -21(2)	2.124
Bilanzsumme	203.300	9.250	- 4.200	-89	208.261
Gezeichnetes Kapital	70.000	6.400	- 6.400		70.000
Kapitalrücklage	10.000				10.000
Gewinnrücklagen	20.000		700		20.700
Verlustvortrag		-1.500	1.500		0
Jahresüberschuss	5.500	-144		- 57(1) - 7(2)	5.292
Translations-anpassung		-156		- 11(1) - 14(2)	-181
Rückstellungen	20.500	1.500		- 400	22.000
Verbindlichkeiten	77.300	3.150			80.450

Abb. 36: Ableitung des vorkonsolidierten Abschlusses MDCH zum 31.12.02

4.3 Konsolidierung der UK

Bei der Konsolidierung der UK sind zwei Sachverhalte zu unterscheiden:

(1) Equity-Bewertung des zum 31.12.01 erworbenen 40%-Anteils an der UK

(2) Vollkonsolidierung der UK zum 31.12.02 auf Grund des Erwerbs von weiteren 60% der Anteile

Zu (1):

Aufgrund der Angaben im Sachverhalt ist die funktionale Währung der €. Sofern die Buchhaltung zunächst in GPB erstellt wird, ist der auf Basis GBP erstellte IAS/IFRS-Jahresabschluss nach der Zeitbezugsmethode in die funktionale Währung zu überführen (IAS 21.20 - 21.34). Nach der Zeitbezugsmethode sind Anlagevermögen und das Eigenkapital zu historischen Kursen bei Anschaffung umzurechnen. Sämtliche Umrechnungsdifferenzen gehen erfolgswirksam in das Jahresergebnis ein. Das nach der Zeitbezugsmethode umgerechnete Jahresergebnis ist am einfachsten durch Differenzbildung der zu den entsprechenden Kursen umgerechneten Bilanzposten zu ermitteln. Hierbei sind auch die Zeitwertanpassungen bei Erwerb am 31.12.01 zu berücksichtigen. Zum 31.12.02 ergibt sich einschließlich der Fortentwicklung der aufgedeckten stillen Reserven für den 40%-Anteil folgendes Bild:

Position	Einzelabschluss (40%) TGBP	(Erst- und Folge-) Konsolidierung (40%) TGBP	Umrechnungskurs	T€ (40%)
Immat. Vermögenswerte		240 (1)	0,6	300
		- 60 (2)		
Grundstücke	480		0,6	800
Gebäude	920		0,6	1.533
Technische Anlagen	880		0,6	1.467
BGA	1.120		0,6	1.867
Vorräte	1.300	120 (1)	0,65	2.000
		- 120 (2)		
Sonst. Umlaufvermögen	2.600		0,65	4.000
vorläufiger Geschäftswert		570 (1)	0,6	950
Bilanzsumme	7.300	750		12.917
Gez. Kapital	1.200		0,6	2.000
Kapitalrücklage	240		0,6	400
Gewinnrücklagen (einschl. Zeitwertanp.)	720	840 (1)	0,6	2.600
vorläufiger Jahresüberschuss	600	- 135 (2)		863
passive lat. Steuern		90 (1)	0,65	69
		- 45 (2)		
Rückstellungen	1.940		0,65	2.985
Verbindlichkeiten	2.600		0,65	4.000

Abb. 37: Vorläufige Equity-Konsolidierung für 1. Erwerbsschritt der UK

Auf Basis des Kaufpreises für die erworbenen Anteile ist festzustellen, ob und ggf. inwieweit der Geschäfts- oder Firmenwert aus dem ersten Akquisitionsschritt wertgemindert ist.

Der Fair Value für den 60% -Anteil beträgt per 31.12.02 8.100 T€. Sofern dieser Wertansatz auch als repräsentativ für die Bewertung der 40% angesehen wird, ist eine außerplanmäßige Abschreibung zu verrechnen, wenn das Eigenkapital in der €-Bilanz mit einem höheren Wert als 5.400 T€ angesetzt wird. Im vorliegenden Fall ist das Eigenkapital aus dem ersten Erwerbsschritt vor außerplanmäßiger Abschreibung mit 5.863 T€ bewertet, woraus sich ein Wertminderungsaufwand von 463 T€ (277,8 TGBP bei historischer Umrechnung) ergibt.

Zur Vornahme der Equity-Bewertung für den 40%-Anteil, der zum 31.12.01 an der UK erworben wurde, ist daher zu buchen:

Beteiligungen (at-equity)   an   Beteiligungsergebnis   400

Zu (2):

Nach IAS/IFRS wird jeder bedeutende Anteilserwerb als neuer Konsolidierungsvorgang betrachtet (IFRS 3.58). Vereinfachungsregeln – wie bei HGB – sind nach IAS/IFRS nicht vorgesehen. Dementsprechend ist die Konsolidierung der 60% zum 31.12.02 als separater Vorgang zu betrachten:

Im ersten Schritt sind 60% der erworbenen Vermögenswerte und Schulden mit dem historischen Kurs bei Erwerb (31.12.02: 0,65 GBP/€) umzurechnen. Hieraus ergibt sich ein vorläufiger Unterschiedsbetrag von 1.131 T€. Dieser ist zum Teil auf Unterschiede zwischen den Zeitwerten und den Buchwerten bei den immateriellen Vermögenswerten zurückzuführen. Die in den immateriellen Vermögenswerten insgesamt vorhandenen stillen Reserven betragen zum Zeitpunkt 31.12.02 450 TGBP. Bezogen auf den 60%-Anteil des Erwerbs entspricht dies einer stillen Reserve von 270 TGBP. Bei einem Umrechnungskurs von 0,65 GBP/€ sind 415 T€ stille Reserven in den immateriellen Vermögenswerten und hierzu korrespondierend 25% (104 T€) passive latente Steuer aufzudecken. Der verbleibende Unterschiedsbetrag in Höhe von 820 T€ ist als Geschäfts- oder Firmenwert auszuweisen.

Im nächsten Schritt sind die erworbenen Vermögenswerte und Schulden der UK aus beiden Erwerbsvorgängen (mit den unterschiedlich verwendeten Umrechnungskursen) zusammenzufassen.

Position	UK – 1. Erwerbs- schritt T€ (40%)	UK – 2. Erwerbs- schritt T€ (60%)	Kapitalkon- solidierung – 2.Erwerbs- schritt	UK – 2. Erwerbs- schritt nach Kapitalkon- solidierung T € (60%)	UK – gesamter Beitrag in Vollkonso- lidierung
Immaterielle Verm.	300		415	415	715
Grundstücke	800	1.108		1.108	1.908
Gebäude	1.533	2.123		2.123	3.656
Techn. Anlagen	1.467	2.031		2.031	3.498
BGA	1.867	2.584		2.584	4.451
Vorräte	2.000	3.000		3.000	5.000
Sonst. Umlaufverm.	4.000	6.000		6.000	10.000
Geschäftswert	487		1.420	1.420	1.907
Bilanzsumme	12.454	16.846	1.835	18.681	31.135
Gez. Kapital	2.000	2.769		2.769	4.769
Kapitalrücklage	400	554		554	954
Gewinnrücklagen (einschl. Zeitwertanp.)	2.600	1.661	1.731	3.392	5.992
Jahresüberschuss	400	1.385		1.385	1.785
passive lat. Steuern	69		104	104	173
Rückstellungen	2.985	4.477		4.477	7.462
Verbindlichkeiten	4.000	6.000		6.000	10.000

Abb. 38: Konsolidierter Beitrag des Tochterunternehmens UK zum 31.12.02

Im letzten Schritt ist der Beteiligungsbuchwert der Mutter AG an der UK nach der Equity-Bewertung gegen das neubewertete Eigenkapital (aus der Zusammen- fassung der beiden Teilerwerbe) aufzurechnen. Das Ergebnis liefert die Konzern- bilanz. Damit lässt sich die Konzernbilanz zum 31.12.02 aufstellen:

31.12.02	vorkonso-lidierter Abschluss MDCH	Equity-Konsoli-dierung UK	UK – gesamter Beitrag in Vollkonso-lidierung	Aufrech-nung Beteili-gung UK	Konzern-bilanz
Immat. Vermögenswerte	10.500		715		11.215
Grundstücke	9.000		1.908		10.908
Gebäude	11.750		3.656		15.406
Technische Anlagen	39.387		3.498		42.885
BGA	10.450		4.451		14.901
Beteiligungen	13.100	400		-13.500	0
sonstige Finanzanlagen	3.500				3.500
Vorräte	24.150		5.000		29.150
Sonst. Umlaufvermögen	84.300		10.000		94.300
Geschäftswert			1.907		1.907
aktive latente Steuern	2.124				2.124
Bilanzsumme	208.261	400	31.135	-13.500	226.296
Gezeichnetes Kapital	70.000		4.769	-4.769	70.000
Kapitalrücklage	10.000		954	-954	10.000
Gewinnrücklagen	20.700		5.992	-5.992	20.700
Jahresüberschuss	5.292	400	1.785	-1785	5.692
Translationsanpassung	-181				-181
passive latente Steuern			173		173
Rückstellungen	22.000		7.462		29.462
Verbindlichkeiten	80.450		10.000		90.450

Abb. 39: Konzernbilanz zum 31.12.02

5. Konzern-GuV für die Zeit vom 1.1.02 bis 31.12.02

Im ersten Schritt zur Ableitung der Konzern-GuV ist die Summen-GuV abzulei-ten. Die Einzelabschlusswerte der Mutter-AG und der Tochter D-GmbH gehen zu 100 % in die Summen-GuV ein. Die Abschlusswerte des Joint Ventures CH wer-den – entsprechend der Konzernbilanz – zu 50% berücksichtigt. Die Umrechnung sämtlicher GuV-Positionen des Joint Ventures CH erfolgt zu Durchschnittskur-sen. Das Jahresergebnis in der GuV stimmt mit demjenigen der Bilanz (ebenfalls Umrechnung zu Durchschnittskursen) überein. Die Equity-Gesellschaft UK wird in der Konzern-GuV 02 nicht konsolidiert, sondern nur das Ergebnis at-equity einbezogen. Aufbauend auf der Summen-GuV sind folgende erfolgswirksamen Effekte der Kapitalkonsolidierungsbuchungen zu erfassen:

- Bei Tochter D wird der Ertrag aus der Auflösung der im Zeitpunkt der Erstkonsolidierung erfassten Eventualschulden in Periode 02 erfasst.

- Beim Joint Venture CH sind die in den Technischen Anlagen und Maschinen aufgedeckten stillen Reserven planmäßig abzuschreiben. Nur die ergebniswirksamen Buchwertanpassungen beeinflussen die GuV. Eine Auflösung von Ertragsteuern ergibt sich bei CH einerseits durch die Auflösung stiller Reserven (infolge der Abschreibungen) und durch Reduktion des anzuwendenden Ertragsteuersatzes.

- Die aktiven latenten Steuern aus dem Verlustvortrag der CH haben sich im Geschäftsjahr 02 erfolgswirksam verändert, da sich zum einen der Verlustvortrag erhöht hat (+ 37 T€) und zum anderen der Ertragsteuersatz gesenkt (- 44 T€) wurde.

- Da die M-AG im Einzelabschluss die Beteiligungsgesellschaft offensichtlich nicht at-equity bewertet hat, ist im Konzernabschluss das Equity-Ergebnis der UK zu erfassen.

31.12.02	Summen-GuV	D-GmbH	JV CH	UK	Konzern-GuV
Umsatzerlöse	89.431				89.431
Bestandsveränd.	-6.183				- 6.183
Aktiv. Eigenleist.	3.000				3.000
sonst. betr. Ertrag	15.634	5.000			20.634
Materialaufwand	32.634				32.634
Personalaufwand	32.288				32.288
Abschreibungen	10.490		98		10.588
sonst. betr. Aufwand	17.441				17.441
Beteiligungsergebnis				400	400
Zinserträge	4.854				4.854
Zinsaufwendungen	9.727				9.727
Ergebnis v. Steuern	4.156	5.000	-98	400	9.458
Ertragsteuern	1.800	2.000	-34		3.766
Ergebnis n. Steuern	2.356	3.000	-64	400	5.692

Abb. 40: Konzern-GuV für die Zeit vom 1.1.02 – 31.12.02

Literaturhinweise

Baetge, J.: Konzernbilanzen, 4. Aufl., Düsseldorf 2000.

Baetge, J./Siefke, K./Siefke, M.: IAS 22, in: *Baetge, J. u.a.* (Hrsg.), Rechnungslegung nach International Standards (IAS), 2. Aufl., Stuttgart 2002.

Coenenberg, Adolf G.: Jahresabschluss und Jahresabschlussanalyse, 19. Aufl., Landsberg/L. 2003.

Hommel, M.: Neue Goodwillbilanzierung – das FASB auf dem Weg zur entobjektivierten Bilanz?, in: Betriebs-Berater 2001, S. 1943-1949.

Kirsch, H.: Konzeption und Gestaltungsspielräume des Asset-Impairment-Only-Approachs, in: Betrieb und Wirtschaft 2003, S. 793-800.

Küting, K./Weber, C.-P.: Der Konzernabschluss, 8. Aufl., Stuttgart 2003.

Küting, K./Wirth, J.: Kapitalkonsolidierung im Spiegel der Bilanzwelten HGB – IAS/IFRS – US-GAAP, in: Deutsches Steuerrecht 2003, S. 475-484 und S. 522-528.

Küting, K./Wirth, J.: Richtungswechsel bei Überarbeitung des Werthaltigkeitstests nach IAS 36, in: Deutsches Steuerrecht 2003, S. 1848-1852.

Lüdenbach, N./Hoffmann, W.-D.: Haufe IAS-Kommentar, Freiburg 2003.

Pellens, B.: Internationale Rechnungslegung, 4. Aufl., Stuttgart 2001.

Wagenhofer, A.: International Accounting Standards, 4. Aufl., Wien/Frankfurt 2003.

C. Internationales Steuerrecht

von Dr. Norbert Dautzenberg

I. Grundlagen

    1. Bedeutung des „Internationalen Steuerrechts"

    2. Gegenstand des „Internationalen Steuerrechts"

    3. Doppelbesteuerungsproblematik als eine Kernproblematik des IStR

    4. Das Problem der Minderbesteuerung

    5. Entwicklungstendenzen im Internationalen Steuerrecht

II. Umsatzsteuer

    1. Wirtschaftlicher Hintergrund des Bestimmungslandprinzips

    2. Liefergeschäfte in das oder aus dem Drittlandsgebiet

    3. Liefergeschäfte mit anderen EU-Staaten

    4. Behandlung sonstiger Leistungen

    5. Verbleibende Schwierigkeiten bei grenzüberschreitenden Geschäften

III. Das Doppelbesteuerungsproblem im Ertragsteuerrecht

    1. Ursachen der Doppelbesteuerung

    2. Wirtschaftliche Bedeutung der Doppelbesteuerung im Ertragsteuerbereich

    3. Methoden zur Milderung oder Beseitigung der Doppelbesteuerung

    4. Doppelbesteuerungsabkommen

IV. Das Ertragsteuerrecht der EG

    1. Anwendungsvorrang des Gemeinschaftsrechts

    2. Maßgebliches Primärrecht

    3. Sekundärrecht

    4. Völkervertragsrecht der Gemeinschaft

    5. Ergänzende zwischenstaatliche Abkommen zwischen den EG-Mitgliedstaaten

V. Die nationalen Einkommen- und Körperschaftsteuer-Vorschriften für internationale Sachverhalte

  1. Allgemeines, insbesondere Nachweispflichten

  2. Die Arten der persönlichen Steuerpflicht

  3. Regelungen für unbeschränkt Steuerpflichtige mit Auslandseinkünften

  4. Regelungen für beschränkt Steuerpflichtige mit Inlandseinkünften

  5. Quellensteuern

  6. Maßnahmen gegen Minderbesteuerung: Einführung in das Außensteuergesetz

Literaturhinweise

Übungsaufgaben mit Lösungshinweisen

C. Internationales Steuerrecht

I. Grundlagen

1. Bedeutung des „Internationalen Steuerrechts"

Wer Bücher führt, muss die Geschäftsvorfälle so aufzeichnen können, dass die von ihm geführten Bücher auch als Unterlage für die Besteuerung verwendbar sind (§ 140 AO). Dieser Verpflichtung kann nur nachkommen, wer über die steuerliche Behandlung internationaler Geschäftsvorfälle hinreichende Grundkenntnisse besitzt; denn nur mit steuerlichen Grundkenntnissen lässt sich hinreichend beurteilen, welche Informationen aufgezeichnet werden müssen und wie. Hieraus ergibt sich die **Notwendigkeit**, sich im Rahmen der Internationalen Rechnungslegung auch mit den einschlägigen Regelungen des Internationalen Steuerrechts zu befassen.

Diese Notwendigkeit ist in den letzten Jahren stetig gewachsen: Denn nicht nur hat sich das Volumen der grenzüberschreitenden Tätigkeiten ausgeweitet (so dass die Häufigkeit der Fälle zugenommen hat, um die es geht), sondern es werden an die einzelnen Vorgänge auch steuerlich immer stärkere Dokumentationsanforderungen gestellt: Dieser Trend macht sich gegenwärtig besonders hinsichtlich der Verrechnungspreise für konzerninterne Geschäfte bemerkbar (in Deutschland Einführung verschärfter Aufzeichnungspflichten nach § 90 III AO, Einführung einer Gewinnabgrenzungs-Aufzeichnungs-Verordnung und drastischer Sanktionen für eine Verletzung dieser Bestimmungen in §§ 162 III, IV AO). Da aber auch andere betroffene Staaten solche Dokumentationspflichten geschaffen haben, muss man sich mit den Regelungen des Internationalen Steuerrechts unter anderem auch schon allein deswegen auseinander setzen, um zu wissen, die Vorschriften welcher Staaten man eigentlich für die ordnungsmäßige Abwicklung grenzüberschreitender Vorgänge überhaupt allesamt beachten muss.

2. Gegenstand des „Internationalen Steuerrechts"

Der Fachausdruck „**Internationales Steuerrecht**" löst beim Adressaten zunächst unwillkürlich die Vorstellung aus, dieses Recht sei von einer internationalen Organisation gesetzt und gelte für alle Staaten einheitlich. Ein solches wirklich „Internationales" Steuerrecht gibt es jedoch nicht. Gemeint ist vielmehr derjenige Teil des (nationalen) Steuerrechts, der die **steuerliche Behandlung internationaler Sachverhalte** regelt. Daher muss man in der Praxis auch immer damit rechnen, dass sich das französische, englische etc. Internationale Steuerrecht vom deutschen zumindest in wichtigen Einzelheiten unterscheiden kann. Derjenige, der in einer deutschen Niederlassung mit der Rechnungslegung betraut ist, muss in diesem Rahmen in der Regel aber nur den Vorgaben des deutschen Steuerrechts entsprechen. Im Alltag reicht es daher aus, nur das deutsche Internationale Steuerrecht zu kennen und darüber hinaus mit den Regeln darüber vertraut zu sein, wann anstelle des deutschen Rechts ausländisches Recht eine Bedeutung haben kann. Ist das der Fall, wird der Betroffene ohnehin nicht umhin kommen, sich für sein konkretes Problem fachlichen Rat bei qualifizierten ausländischen Beratern oder – im internationalen Konzern – bei seinen Kollegen in ausländischen Niederlassungen einzuholen. Da solche Nachfragen häufig in englischer Sprache zu führen sein werden, macht es für jeden, der in der Praxis mit Fragen des Internationalen Steuerrechts zu tun haben kann, auch Sinn, sich im Laufe der Zeit die wichtigsten steuerlichen Fachbegriffe auch in englischer Sprache anzueignen.

Wörterbücher sind für den Erwerb entsprechender englischer Sprachkenntnisse eher ungeeignet, da sie dazu verleiten, Worte in einem falschen Kontext einzusetzen. Eher empfehlenswert ist die Methode, offizielle Texte internationaler Organisationen, die sowohl in deutscher als auch in englischer Sprache veröffentlicht werden, in beiden Sprachen zu lesen, sooft sich hierzu die Gelegenheit bietet. Diese Möglichkeit bieten insbesondere die amtlichen Texte der EU (unter www.europa.eu.int, dort unter den Amtlichen Dokumenten insbesondere unter der Rubrik „Steuerwesen") oder die Urteile des Europäischen Gerichtshofs zu steuerlichen Fragen.

Das deutsche IStR ergibt sich aus verschiedenartigen **Rechtsquellen**. Hier sind zunächst die völkerrechtlichen Verträge über die Besteuerung (vor allem die sog. Doppelbesteuerungsabkommen) zu nennen. Vorschriften über die Behandlung internationaler Sachverhalte enthalten aber auch zahlreiche „einfache" deutsche Steuergesetze und gelegentlich auch europarechtliche Regelungen. In der Praxis haben diese verschiedenen Arten von Rechtsquellen keine wirklich wichtigen unterschiedlichen rechtlichen Wirkungen; von daher macht eine Unterteilung des IStR in diejenigen Bestandteile, die sich in völkerrechtlichen Verträgen finden (IStR i.e.S.), und solche, die sich unmittelbar in den deutschen Steuergesetzen niedergelegt finden (sog. „Außensteuerrecht"), für praktische Belange kaum einen Sinn.

Das IStR umfasst im Grundsatz **alle Steuerarten**, also nicht nur die Ertragsteuern, sondern auch die für Sachverhalte mit grenzüberschreitendem Bezug geltenden Vorschriften der Umsatzsteuer, der Verbrauchsteuergesetze und aller anderen Steuergesetze. Freilich kann man hier deutliche Schwerpunkte bilden: Bei der Grundsteuer etwa ist kein Unterschied bei der Behandlung eines Grundstückskaufes durch einen Ausländer im Vergleich zu dem Vorgehen bei einem inländischen Käufer erkennbar; hier erübrigt sich also jede weitere vertiefte Auseinandersetzung, weil es spezifisch „internationale" Probleme nicht gibt. In einem Beitrag über Internationale Rechnungslegung erübrigt sich auch eine Auseinandersetzung mit dem (deutschen) internationalen Erbschaftsteuerrecht, weil die Berechnung der Erbschaftsteuer über die „verlängerte Maßgeblichkeit" (§ 12 Abs. 1 ErbStG, § 109 Abs. 1 BewG) an die Ertragsteuerbemessungsgrundlage anknüpft und daher für denjenigen, der die Rechnungslegung des Unternehmens betreut, für Erbschaftsteuerzwecke im Wesentlichen keine anderen Fakten zu dokumentieren sind, als dies im Rahmen der üblichen Buchhaltung schon geschieht. Aus diesem Grund beschränken sich die folgenden Ausführungen auf die Behandlung internationaler Sachverhalte bei der **Umsatzsteuer** und bei der **Einkommen- und Körperschaftsteuer.**

3. Doppelbesteuerungsproblematik als eine Kernproblematik des IStR

Grundsätzlich sind Staaten bei der Ausgestaltung ihrer steuerlichen Gesetze keinen völkerrechtlichen Beschränkungen unterworfen. Aus dem Grundsatz der **Souveränität** eines Staates ergibt sich vielmehr, dass ein Staat keine über ihm stehende, höhere Autorität anerkennen muss und daher auch keine Regeln als bindend anerkennen muss, die gegen seinen Willen oder ohne seine Zustimmung geschaffen worden sind. Dieser Grundsatz wird im allgemeinen Völkerrecht zwar zunehmend hinterfragt und eingeschränkt, vor allem, wenn es um Menschenrechtsfragen geht, im Bereich des Steuerrechts sind für alle Staaten bindende völkerrechtliche Grundsätze aber nicht in Sicht. Der einzige bindende Grundsatz besteht darin, dass ein Staat keinen Sachverhalt besteuern darf, der überhaupt keine Verbindung zu ihm besitzt. Wegen der staatlichen Souveränität auf dem Steuersektor (**Steuersouveränität**) ist das Recht der Staaten, Sachverhalte zu besteuern, daher fast unbeschränkt: Sie dürfen alle Sachverhalte besteuern, bei denen *entweder* die handelnde Person in einer Verbindung zu ihrem Staat steht *oder* das Geschehen sich ihrer Ansicht nach auf ihrem Gebiet abspielt.

Zur Gefahr der **Doppel- oder sogar Mehrfachbesteuerung** kommt es dadurch, dass ein Staat in der Regel von allen Möglichkeiten, die er hat, um Steuern zu erheben, auch Gebrauch machen wird. Deswegen muss man bei einem internationalen Geschäft, bei dem handelnde Personen aus verschiedenen Staaten beteiligt sind oder das Geschehen sich in anderen Staaten als dem Wohnsitzstaat des Steuerpflichtigen abspielt, damit rechnen, dass dann gleich mehrere Staaten dieses Geschäft mit ihren Steuern belegen wollen. Wegen der Steuersouveränität kann keiner dieser Staaten dazu gezwungen werden, auf seinen Steueranspruch zugunsten eines anderen zu verzichten. Folglich besteht überall bei internationalen Geschäftsbeziehungen die Gefahr, dass auf ein und dasselbe internationale Geschäft die Steuern auf Umsatz, Gewinn etc. in jedem der beteiligten Staaten, also doppelt oder gar mehrfach, bezahlt werden müssen.

Beispiel:

Ein Kapitalanleger mit Wohnsitz in der Bundesrepublik Deutschland ist diesem Staat durch seinen inländischen Wohnsitz eng verbunden und kann daher als Person einem umfassenden deutschen Steueranspruch unterworfen werden, der sich auf alles bezieht, was diese Person – weltweit – unternimmt. Dies geschieht auch, und zwar in Form der unbeschränkten Einkommensteuerpflicht (§ 1 I EStG).

Erzielt dieser Anleger nun Kapitaleinkünfte aus dem Ausland, so sind diese Einkünfte ihrerseits durch ihre Herkunft sachlich dem ausländischen Staat verbunden; dieser kann sie mithin völkerrechtlich ebenfalls besteuern. Dies geschieht in der Regel ebenfalls (entsprechende deutsche Parallele: § 1 IV EStG). Folglich liegt bei grenzüberschreitenden Aktivitäten eine steuerliche Erfassung in zwei Staaten nahe.

Bereits eine nur zweimalige Besteuerung stellt allerdings eine so erhebliche Belastung dar, dass ein grenzüberschreitendes Geschäfts dadurch im Vergleich zu einem rein nationalen Geschäft normalerweise unattraktiv werden würde und somit der grenzüberschreitende Wirtschaftsverkehr zum Erliegen käme, wenn gegen die Gefahr einer Doppelbesteuerung keine **Vorkehrungen** getroffen werden würden.

Beispiel:

Würde einmal – was rein theoretisch ja jederzeit möglich wäre – der Ertragsteuersatz im Ausland 50% und im Inland 60% betragen, dann würde der eben erwähnte Kapitalanleger für einen Gewinn in Höhe von 100 aus seiner Kapitalanlage

- im Ausland einer Besteuerung von 50 unterliegen und

- zusätzlich im Inland einen Betrag von 60 zu bezahlen haben (die im Ausland bezahlte Einkommensteuer wäre aus „klassischer" Sicht ja als Ausgabe der privaten Lebensführung für die deutsche Besteuerung ohne Bedeutung, § 12 EStG).

Es leuchtet ein, dass ein solcher Zustand nicht eintreten darf, wenn internationale Wirtschaftskontakte nicht völlig unterbunden werden sollen.

Auf welche Weise die Vermeidung oder Verminderung der Doppelbesteuerung geschieht, ist **im Bereich der Umsatzsteuer** (und der anderen indirekten Steuern) **anders als im Bereich der Ertragsteuern.** Wenn die Staaten ihr Steuersystem so ausgestalten wollen, dass ihre eigene Wirtschaft durch den internationalen Handel keine unfairen Nachteile erleidet, gibt es nämlich für die Umsatzsteuer und die übrigen indirekten Steuern ganz andere Sachzwänge als für den Bereich der direkten Steuern, also vor allem die Einkommen- und Körperschaftsteuer.

Hält man sich vor Augen, dass die Gefahr einer **Doppelbesteuerung** in der Praxis möglichst gering gehalten werden muss, damit der grenzüberschreitende Wirtschaftsverkehr nicht zum Erliegen kommt, und zugleich alle Staaten versuchen müssen, so gut wie möglich **Wettbewerbsneutralität** zwischen in- und ausländischen Unternehmern (und sonstigen Wirtschaftsteilnehmern) zu schaffen oder jedenfalls zu verhindern, dass ihre eigenen Unternehmen aus rein steuerlichen Gründen Wettbewerbsnachteile erleiden, dann lassen sich bereits aus diesen beiden Grundgedanken die allermeisten Regelungen des IStR verständlich machen.

4. Das Problem der Minderbesteuerung

Seit der starken Liberalisierung des grenzüberschreitenden Wirtschaftsverkehrs macht sich jedoch neben den Effekten der Doppelbesteuerung auch das gegenteilige Problem, eine **„Minderbesteuerung"**, massiv bemerkbar. Von „Minderbesteuerung" spricht man, wenn eine internationale Aktivität im Endeffekt geringer besteuert wird als dieselbe Aktivität, wenn sie in einem nur nationalen Rahmen stattfinden würde. Allerdings kann man sinnvollerweise nicht davon sprechen, dass ein Ausländer, der im Ausland einem niedrigeren Steuersatz unterliegt als ein Inländer im Inland, einer „Minderbesteuerung" unterliegt; denn der Ausländer unterliegt der aus Sicht seines Landes regulären Besteuerung, und der Belastungsunterschied geht in diesem Fall einfach darauf zurück, dass die Steuergeze der Welt nicht angeglichen sind. Deshalb wird man, um sinnvoll von einer „Minderbesteuerung" sprechen zu können, eine zusätzliche Voraussetzung einführen müssen: dass eine wirtschaftliche Aktivität alleine aus steuerlichen Gründen internationalisiert wird, während sie nach nicht steuerlich beeinflussten, ökonomischen Überlegungen sinnvoller Weise in einem rein nationalen Kontext stattfinden sollte. Definiert man „Minderbesteuerung" in dieser Weise, dann wird klar, dass auch Minderbesteuerung ein ökonomisch schädliches Phänomen darstellt (die künstliche Internationalisierung der Vorgänge verursacht in jedem Fall auch zusätzliche Kosten!) und es daher gerechtfertigt ist, gegen Minderbesteuerung Abwehrmaßnahmen zu ergreifen.

Eine Schwierigkeit liegt jedoch oft darin, Minderbesteuerung eindeutig als solche zu identifizieren: Wenn der Gewinn, den ein Inländer im Ausland erzielt, nur nach dem niedrigeren ausländischen Steuersatz besteuert wird, kann man in dieser Behandlung sinnvoller Weise keinen wettbewerbswidrigen, schädlichen Effekt sehen, unterliegt doch auch die ausländische Konkurrenz exakt denselben Bedingungen. Eindeutig kann man von einer Minderbesteuerung daher wohl nur dann sprechen, wenn als Resultat einer grenzüberschreitenden Betätigung im Endeffekt eine Steuerbelastung entsteht, die so gering ist, dass sie noch niedriger ist als das normale Steuerniveau in beiden Staaten (also bei einer Konstellation „Staat A=40%, Staat B: 30%, grenzüberschreitend: 25%"). Diese Zusammenhänge verdeutlicht die folgende Übersicht:

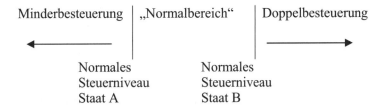

Als **Ursache** für eine solche Minderbesteuerung kommt vor allem der in den letzten Jahren entstandene **internationale Steuerwettbewerb** in Frage. Hierunter versteht man die Maßnahmen von Staaten, sich mit Hilfe ihres Steuerrechts in einer internationalisierten Wirtschaft für Investoren attraktiv zu machen. Ein gewisser Steuerwettbewerb ist, soweit ein Investor in einem Staat investiert, dessen Steuerniveau niedriger ist als in seinem Heimatstaat, allerdings die bloße Folge daraus, dass die Steuergesetze weltweit nicht gleich sind und daher Investitionen in unterschiedlichen Ländern ganz zwangsläufig höher oder niedriger besteuert werden. Insoweit ist ein internationaler Steuerwettbewerb also nur als „normal" einzustufen und bedarf keiner Gegenmaßnahmen. Allerdings kommt es ja auch gerade in solchen Situationen noch nicht zu dem, was wir hier unter Minderbesteuerung verstehen.

Solche Effekte entstehen vielmehr dann, wenn ein ausländischer Staat fremden Investoren steuerliche Bedingungen anbietet, die noch günstiger sind als die Bedingungen, die er seinen eigenen Steuerpflichtigen auferlegt. Solche Modelle können offen oder verdeckt praktiziert werden: Als offene Vorzugsbehandlung im Vergleich zu Inländern könnte man sich etwa eine Praxis eines Staates vorstellen, aus dem Ausland zuwandernden vermögenden Steuerpflichtigen z.B. während der ersten 10 Jahre ihres Inlandsaufenthalts nur die Hälfte der üblichen Steuern abzuverlangen, um auf diese Art und Weise Personen mit großem Kapitalvermögen zur Einwanderung zu bewegen. Verdeckte Maßnahmen des internationalen Steuerwettbewerbs leben dagegen oft davon, dass es den Staaten nicht vorgeschrieben ist, alle Arten von Einkünften nach gleichen Regeln und nach gleichen Steuersätzen zu behandeln. Da fast völlig die Maßstäbe dafür fehlen, welche Unterschiede zwischen unterschiedlichen Einkunftsquellen man als Gesetzgeber legitimerweise machen kann und welche nicht, können die Staaten nämlich zu solchen Maßnahmen greifen wie einem besonders niedrigen Steuersatz für Gewinne aus einer ganz bestimmten Branche (wenn es diese Branche im Inland noch gar nicht gibt und deswegen faktisch allein ausländische Investoren von dieser Begünstigung profitieren können, aber keine Inländer) oder einem niedrigen Sondersteuersatz für die Gewinne bestimmter Gesellschaften (wenn diese Gesellschaften sich verpflichten, nicht für den inländischen Markt zu produzieren und damit der inländischen Branche keine Konkurrenz machen können...).

Maßnahmen gegen Minderbesteuerung richten sich – zu Recht – vor allem gegen diesen **„unfairen" Steuerwettbewerb**. Ansätze zur Bekämpfung unfairen Steuerwettbewerbs werden in den letzten Jahren international zunehmend von der OECD koordiniert, wodurch sich hier allmählich ein internationaler Konsens herausbilden wird, was als „unfairer" Steuerwettbewerb angesehen werden kann und was noch als „normaler" Effekt einer anderen Steuergesetzgebung eingestuft werden muss. Innerhalb der EU werden diese Bemühungen flankiert zum einen durch einen „Verhaltenskodex" der Finanzminister der EU-Staaten, der mittelfristig auf politischem Wege zu einem Verschwinden des unfairen Steuerwettbewerbs innerhalb der EU führen soll. Zum anderen aber hat die EU-Kommission in Form des Beihilfeverbots in Art. 87 EG-Vertrag eine relativ scharfe Waffe gegen steuerliche Subventionen in der Hand, von der sie seit einigen Jahren auch zunehmend Gebrauch macht; Art. 87 EG verbietet nämlich den Mitgliedstaaten jede Subvention, die nicht der Vertragstext selbst oder die EU-Kommission ausdrücklich genehmigt haben, und die Kommission ist vor einigen Jahren dazu übergegangen, die Mitgliedstaaten wegen ihrer Steuervorschriften zunehmend in Vertragsverletzungsverfahren vor dem Europäischen Gerichtshof zu verwickeln, mit der Folge, dass solche vertragswidrigen Steuersubventionen dann aufgehoben werden müssen.

Anders als supranationale Instanzen haben die einzelnen Staaten jedoch nicht die Möglichkeit, anderen Staaten die Aufrechterhaltung „unfairer" Steuervorschriften zu untersagen; ihnen bleibt vielmehr nur die Möglichkeit, ihre eigenen Steuerpflichtigen durch spezielle **Abwehrgesetze** so zu stellen, dass eine Ausnutzung unfairer ausländischer Steuerregeln jedenfalls auf legalem Wege für sie keinen

wirtschaftlichen Vorteil mehr bringen kann. Dies kann entweder dadurch geschehen, dass man die Vornahme der entsprechenden Investitionen ganz untersagt
(eine Lösung, die seit der Liberalisierung des Kapitalverkehrs an sich nicht mehr
gewählt wird) oder zum Ausgleich für die im Ausland zu niedrige Belastung den
Investor im Heimatland mit steuerlichen Sonderbelastungen belegt, die dafür
sorgen, dass der Schritt ins Ausland in der Gesamtschau keinerlei steuerlichen
Vorzüge mehr besitzt. Diesem Modell folgt beispielsweise die deutsche Hinzurechnungsbesteuerung im **Außensteuergesetz (AStG)**.

5. Entwicklungstendenzen im Internationalen Steuerrecht

Für die Zukunft ist damit zu rechnen, dass durch die Zunahme der weltweiten
Verflechtungen im Wirtschaftsleben auch die Fälle noch weiter zunehmen werden, in denen die Probleme der Doppel- oder Minderbesteuerung eine Rolle spielen werden. Es wird dadurch auch die Sensibilität dafür noch anwachsen, an welchen Detailpunkten solche Fragen noch ungelöst sind, und es ist deswegen damit
zu rechnen, dass das Steuerrecht überall dort noch teilweise gravierenden Änderungen unterworfen werden dürfte, wo sich zeigt, dass die traditionellen Lösungen – die ursprünglich ja überwiegend für ein rein nationales Geschehen entwor-
fen worden sind – den Anforderungen der Internationalisierung nicht gewachsen
sind.

Es ist durchaus wahrscheinlich, dass diese Entwicklung innerhalb der EU zunächst schneller verlaufen wird als im Verhältnis zur restlichen Welt. Denn in der
EU können die zentralen Instanzen für die Schaffung vereinheitlichter Regelungen sorgen, auch wenn die erforderlichen Mehrheiten zunächst fast unüberwind-
lich hoch erscheinen (Einstimmigkeit im Ministerrat, Art. 93, 94 EG). Für die
Entwicklung besonders bedeutsam ist aber, dass die Einhaltung der – zugegebe-
nermaßen wenigen – schon existierenden Regelungen durch den Europäischen
Gerichtshof effektiv durchgesetzt und die Anpassung der nationalen Steuerrechte
überall dort, wo diese Regeln beeinträchtigt werden, gerichtlich erzwungen werden kann. Insbesondere seitdem der EuGH begonnen hat, das Steuerrecht auch an
den im EG-Vertrag allgemein gehaltenen europäischen Geboten zu messen, Aus-
landsaktivitäten nicht zu behindern und Ausländer nicht gegenüber Inländern zu
diskriminieren, („EG-Grundfreiheiten"), hat das Europarecht bereits zu erheblichen Anpassungen im Internationalen Steuerrecht der Mitgliedstaaten geführt.

II. Umsatzsteuer

1. Wirtschaftlicher Hintergrund des Bestimmungslandprinzips

1.1 Notwendigkeit zur Verhinderung einer Doppelbesteuerung mit indirekten Steuern

Eine indirekte Steuer wie z.B. die Umsatzsteuer erhöht zwar die Kosten des be-
troffenen Käufers oder Produzenten, diese Kosten können (und sollen) nach der
Vorstellung des Gesetzgebers aber auf den Kunden überwälzt werden. Denn alle
Konkurrenten haben die gleiche Steuer zu tragen; also werden alle Anbieter ihre

ursprüngliche Preisvorstellung entsprechend erhöhen müssen, und deshalb bleiben die Wettbewerbschancen aller Beteiligten gleich gut. Weil die Wettbewerbsneutralität aber nur gegeben ist, wenn alle Konkurrenten der *gleichen* Steuerbelastung unterliegen, gilt dies aber nicht ohne weiteres auch im Außenhandel: Eine importierte Ware ist an einem Ort produziert worden, an dem nicht dieselben Steuergesetze gelten, und eine exportierte Ware könnte im Ausland zusätzlich zu einer inländischen Besteuerung noch einmal den im Ausland geltenden Steuern unterworfen werden, also *doppelt* belastet werden. Generell gilt also, dass indirekte Steuern für den Wettbewerb nur dann unschädlich sind, wenn alle Teilnehmer auf dem gleichen Markt den gleichen Steuergesetzen für die indirekten Steuern unterliegen. Eine geringere Belastung eines der Marktteilnehmer mit indirekten Steuern bringt sehr schnell Kostenvorteile in erheblicher Höhe, eine höhere Belastung als die eines Konkurrenten führt dagegen sehr rasch zu hoffnungslosen Wettbewerbsnachteilen. In jedem Falle untragbar ist aber eine *doppelte* Belastung einer Ware mit indirekten Steuern – im Land des Importeurs *und* dem des Exporteurs –, da der Kostennachteil dann in jedem Fall so groß wird, dass man gegenüber einem nationalen Anbieter praktisch nicht mehr bestehen kann.

1.2 Möglichkeiten zur Vermeidung einer Doppelbelastung mit indirekten Steuern

Das Ziel, eine doppelte Besteuerung zu vermeiden, lässt sich theoretisch auf zwei Arten erreichen: Die indirekten Steuern werden entweder nur in dem Land erhoben, in das die Ware schließlich verkauft wird (= **Bestimmungslandprinzip**, abgekürzt BLP), oder nur in dem Land, wo der Verkäufer ansässig ist und die Ware herkommt (= **Ursprungslandprinzip**, ULP). Von diesen beiden Prinzipien ist das ULP für den Unternehmer einfacher zu praktizieren: Gilt das ULP, dann braucht der Kaufmann nämlich alle seine Umsätze nur der Steuer seines eigenen Staates zu unterwerfen, so dass er auch nur die Steuergesetze seines eigenen Landes kennen und nur dessen Verwaltungsformalitäten zu erfüllen braucht. Praktiziert aber ein Staat das ULP, ein anderer Staat, mit dem er Handel treibt, dagegen aber das BLP, dann werden die Waren des Verkäufers bei ihrer Herstellung im Ursprungsland besteuert und bei ihrem Verkauf noch einmal im Bestimmungsland, weil dieses als BLP-Land auf alle Waren Steuern erhebt, die dorthin gelangen. Die Doppelbesteuerung mit indirekten Steuern lässt sich dann also gerade nicht vermeiden, die Produzenten aus einem ULP-Staat könnten sich wegen massiver Kostennachteile auf dem anderen Markt (im Extremfall: auf dem gesamten Weltmarkt) nicht behaupten.

Folgt ein Staat dem BLP, so besteuert er seine Exporte nicht und unterwirft dagegen alle Importe lückenlos seinen eigenen indirekten Steuern. Seine eigene Wirtschaft kann dann keine (umsatz- und verbrauch-)steuerlich bedingten Wettbewerbsnachteile haben,

- weil sie auf den Auslandsmärkten dann nämlich nur noch die ausländischen Steuern tragen muss (wenn der ausländische Staat dem BLP folgt) oder gar keine (wenn er dem ULP folgt) und

- weil alle ausländischen Konkurrenten, die Waren ins Inland bringen, eine Belastung mindestens in Höhe der inländischen indirekten Steuern tragen müssen und deshalb keinen steuerlichen Wettbewerbsvorteil haben können. Folgt der Heimatstaat der ausländischen Konkurrenz dem ULP, so müssen seine Produzenten sogar eine doppelte Besteuerung tragen; das stört aber natürlich den Importstaat nicht, weil seine eigenen Unternehmen dadurch nur konkurrenzfähiger werden.

Aus diesen Gründen ist es nachvollziehbar, dass sich in nahezu allen Staaten der Erde mittlerweile für die indirekten Steuern das BLP durchgesetzt hat: Waren, die ins Ausland exportiert werden, werden also von allen indirekten Steuern befreit, während Waren, die ins Inland importiert werden, mit allen Steuern belastet werden.

1.3 Rolle der Zollgrenzen für das Funktionieren des BLP

Um alle Waren, die ins Inland gelangen, mit den Steuern des Inlands belasten zu können und als Exportwaren wirklich nur diejenigen Waren zu entlasten, die tatsächlich ins Ausland gebracht werden, braucht man selbstverständlich ein Kontrollsystem. Es muss nämlich verhindert werden, dass Waren unversteuert im Inland verkauft werden, dem Finanzamt dann aber vorgespiegelt wird, die Waren seien ins Ausland geliefert worden. Die wirtschaftspolitische Notwendigkeit, solche Betrügereien zu verhindern, ist ausgesprochen groß, da sonst die legale Wirtschaft bald in massivem Umfang einer steuerunehrlichen Konkurrenz ausgesetzt wäre, deren schon allein durch die Nichtzahlung der Umsatzsteuern erzielten Kostenvorteile kaum zu schlagen wären.

Nachteilig am BLP ist also, dass es einen erheblichen **Aufwand für Kontrollen** mit sich bringt (traditionell: Zollstellen, Grenzübergänge). Außerdem ist für den betroffenen Unternehmer nachteilig, dass er in jedem Land, in das er exportiert, die indirekten Steuern nach den Gesetzen dieses Landes zu entrichten hat. Er wird also in jedem Land, mit dem er Handel treibt, mit anderen steuerlichen Pflichten konfrontiert. Dies kann einen beachtlichen Kostenblock (ausl. Steuerberater, ggf. Fiskalvertreter) nach sich ziehen und auch eine beachtliche Hemmschwelle für den Schritt vom rein national tätigen zum international agierenden Unternehmen sein.

Diese Aspekte können jedoch nichts daran ändern, dass **international nur das BLP praktizierbar** ist. Das ULP wäre mit weniger Verwaltungsaufwand zwar „benutzerfreundlicher", könnte aber überhaupt nur dann praktiziert werden, wenn alle Staaten sich verpflichtet hätten, nur das ULP zu praktizieren, und in allen Staaten die Gesetze über die indirekten Steuern praktisch vollständig identisch wären (bis hin zum Steuersatz), weil nur dann Wettbewerbsverzerrungen ausgeschlossen wären. Es leuchtet unmittelbar ein, dass diese Bedingungen auf dem Weltmarkt nicht durchzusetzen sind, weil es keine Institution gibt, die ein für den gesamten Weltmarkt gültiges Steuergesetz durchsetzen könnte.

1.4 Die Lage in der EU: drei verschiedene „Teilsysteme" bei der Umsatzsteuer

In der EU wäre eine Vereinheitlichung der Umsatzsteuergesetze dagegen theoretisch möglich, da die EG als übernationale Organisation ihre Mitgliedstaaten ausdrücklich durch Richtlinien anweisen darf, ihre Umsatzsteuergesetze an zentrale Vorgaben anzupassen, soweit dies für das Funktionieren des Binnenmarktes notwendig erscheint, oder im Extremfall sogar durch eine Verordnung ein einheitliches Umsatzsteuergesetz für alle EU-Staaten erlassen könnte (Art. 93 EG-Vertrag erlaubt nämlich die Verabschiedung von „Bestimmungen" jeder Art über die indirekten Steuern, nicht nur – wie dies traditionell geschieht – von „Richtlinien"). Bisher sind die Mitgliedstaaten jedoch nicht bereit gewesen, einer so weitgehenden Beschränkung ihrer Steuersouveränität zuzustimmen. Sie haben zwar durch die „6. EG-Richtlinie" (1977, m. spät. Änd.) die **Bemessungsgrundlage** der Umsatzsteuer weitgehend **vereinheitlicht** und auch einheitlich festgelegt, **welcher Umsatz in welchem EG-Staat zu versteuern** ist. Die Steuersätze schwanken aber immer noch zwischen Extremen von 15% und 25% (beim Normalsatz), und hier ist keine Zustimmung zu einer Vereinheitlichung in Sicht. Auch wenn es die Steuerformalitäten für die Unternehmen erheblich vereinfachen würde, wenn EU-intern auf das ULP übergegangen werden könnte und ein Unternehmer dann alle seine Umsätze innerhalb der EU nur noch nach einheitlichen Regeln und in seinem Heimatstaat versteuern müsste, ist dies wegen der unterschiedlichen Steuersätze nicht möglich. Daher muss auch innerhalb der EU weiterhin das BLP beachtet werden, weil es anders nicht zu sichern ist, dass der Wettbewerb zwischen den Unternehmern nicht verzerrt wird. Durch das BLP wird trotz der unterschiedlichen Steuersätze gesichert, dass in jedem Land des Binnenmarktes in- und ausländische Anbieter mit genau denselben Umsatzsteuern belastet sind, wenn sie dort um Kunden konkurrieren. Wer das seit 1993 in der EU geltende Umsatzsteuersystem verstehen will, muss sich daher zunächst die **dominierende Rolle des BLP innerhalb des Binnenmarktes** vor Augen halten.

Weil die korrekte Anwendung des BLP am einfachsten an den Zollgrenzen kontrolliert wird, es seit 1993 innerhalb der EU aber keine Zollgrenzen mehr gibt, muss **zwangsläufig EU-intern ein anderes Kontrollsystem** für das BLP angewandt werden **als gegenüber Drittländern** (wo die Zollstellen als Kontrollstellen noch vorhanden sind).

Hieraus ergibt sich bereits, dass es für Warengeschäfte zwei verschiedene Systeme in den USt-Gesetzen der Mitgliedstaaten geben muss, je nachdem, ob eine Zollgrenze passiert wird (Liefergeschäft mit dem Drittland) oder nicht (EU-internes Liefergeschäft). Für „sonstige Leistungen", also Geschäfte über nichtkörperliche Leistungen, kann das dagegen *keine* Rolle spielen: Der Export von „sonstigen Leistungen" kann *mit* Zollstelle genauso gut oder schlecht kontrolliert werden wie *ohne*; daher können für „sonstige Leistungen" im Wesentlichen dieselben Regelungen für EU-interne und EU-übergreifende Geschäfte gelten. Folglich gibt es – und dies ist durch die Vorgaben der 6. Richtlinie in allen EG-Staaten im Wesentlichen gleich – in den Gesetzen der EU-Staaten drei unterschiedliche Regelungssysteme bei internationalen Umsatzsteuerfällen:

- Regelungen für Liefergeschäfte mit Drittstaaten
- Regelungen für Liefergeschäfte mit anderen EU-Staaten
- Regelungen für „sonstige Leistungen", im Wesentlichen unabhängig davon, mit welchen Staaten.

Staat	Übliche Bezeichnungen für die Umsatzsteuer	Normal-satz	Ermäßigte Sätze	Nullsatz
Belgien	taxe sur la valeur ajoutée (TVA) ; belasting over de toegevoegde waarde (BTW)	21	6 und 12	ja
Dänemark	omsaetningsavgift (MOMS)	25	nein	ja
Deutschland	Umsatzsteuer (USt.); Mehrwertsteuer (MWSt.)	16	7	nein
Estland	Käibemaks	18	5	ja
Finnland	arvonlisävero (ALV); mer-värdesskatt (ML)	22	8 und 17	ja
Frankreich	taxe sur la valeur ajoutée (TVA)	19,6	2,1 und 5,5	nein
Griechenland	foros prostithemenis axias (FPA)	18	4 und 8	ja
Irland	value added tax (VAT)	21	4,3 und 13,5	ja
Italien	imposta sul valore aggiunto (IVA)	20	4 und 10	ja
Lettland	Pievientos vertibas nodoklis	18	9	ja
Litauen	Pridėtinės vertės mokestis	18	5 und 9	nein
Luxemburg	taxe sur la valeur ajoutée (TVA)	15	3 und 6 sowie 12	nein
Malta	value added tax (VAT)	15	5	ja
Niederlande	omzetbelasting (OB); belasting over de toege-voegde waarde (BTW)	19	6	nein
Österreich	Umsatzsteuer; Mehr-wertsteuer	20	10 und 12	nein
Polen	Podatek od tomarów i uslug	22	3 und 7	ja
Portugal	imposto sobre o valor acrescentado (IVA)	19	5 und 12	nein
Schweden	mervärdesskatt (ML)	25	6 und 12	ja

Staat	Übliche Bezeichnungen für die Umsatzsteuer	Normal-satz	Ermäßigte Sätze	Nullsatz
Slowakei	dan z pridanej hodnoty	20	14	nein
Slowenien	Davek no dodano vred nost	20	8,5	nein
Spanien	impuesto sobre el valor añadido (IVA)	16	4 und 7	nein
Tschechien	Dani z pridané hotnotý	22	5	nein
Ungarn	Általános forgalmi adó	25	12	ja
Vereinigtes Königreich	value added tax (VAT)	17,5	5	ja
Zypern	foros prostithemenis axias (FPA)	15	5	ja

Tabelle 1: Übersicht über die in den Mitgliedstaaten der EU geltenden Umsatzsteuersätze (Quelle: Dautzenberg, Gabler-Kompaktlexikon Umsatzsteuer, unter Rückgriff auf Daten des Bundesfinanzministeriums, Stand: 2004)

1.5 Weitere, insbesondere formale Rahmenbedingungen der Umsatzsteuer in der EU

Für die praktische Abwicklung der Umsatzsteuerverpflichtungen in der EU wird gegenwärtig immer bedeutsamer, dass die Mitgliedstaaten bislang ihre gesetzgeberische Autonomie noch überall dort behalten haben, wo die EG-Umsatzsteuerrichtlinien noch keinen gemeinsamen Bestand an Regelungen schaffen konnten. Das ist insbesondere im formalen Bereich mit erheblichen Konsequenzen verbunden: In jedem Staat, in dem umsatzsteuerbare Vorgänge ausgeführt werden, müssen eigenständige Steuererklärungen in der dortigen Amtssprache ausgefüllt werden. Ferner ist die Aufnahme einer umsatzsteuerbaren Tätigkeit in dem betreffenden Staat meist vorher amtlich anzumelden (in Deutschland § 138 AO) und eine Steuernummer des zuständigen Finanzamts zu besorgen. Für all das sind üblicherweise amtliche Formulare des betreffenden Staates erforderlich, nicht zu sprechen davon, dass sich die steuerlichen Verpflichtungen heutzutage normalerweise ohne die Einschaltung eines örtlichen Steuerberaters nicht mehr mit hinreichender Sicherheit korrekt erfüllen lassen. Führt man sich vor Augen, dass dies im Extremfall gegenwärtig zu bis zu 25 Umsatzsteuererklärungen in der EU führen kann, wird die Dimension des mit dieser Situation verbundenen Kostenblocks vorstellbar, und es ist klar, dass anders als bisher in Zukunft eher die Belastungen verwaltungstechnischer Art das Haupthindernis für einen funktionierenden europäischen Binnenmarkt in umsatzsteuerlicher Hinsicht bilden werden.

Wirtschaftskreise fordern daher seit einiger Zeit eine massive Vereinfachung der Rechtslage, idealerweise eine Ersetzung der unterschiedlichen nationalen Gesetzestexte durch einen einheitlichen europäischen Text in Gestalt einer unmittelbar geltenden Umsatzsteuer-Verordnung und die Möglichkeit, die steuerlichen Verpflichtungen gegenüber allen EU-Mitgliedstaaten einheitlich durch die Abgabe einer einzigen Steuererklärung im Heimatstaat zu erledigen. Bereits zu solchen Schritten sind die Mitgliedstaaten gegenwärtig aber keinesfalls bereit, und die EU-Kommission legt daher entsprechende Vorschläge bisher auch mangels Aussicht auf Erfolg gar nicht erst vor. Wirklich gründliche Abhilfe bestünde ohnehin nur durch Umwandlung der nationalen Umsatzsteuern in eine einheitliche europäische Umsatzsteuer, deren Überschuss, soweit das Aufkommen über den Finanzbedarf der EU hinausgeht, nach dem Beitragsschlüssel oder einem anderen geeigneten Schlüssel auf die Mitgliedstaaten zu verteilen wäre.

Die Schritte der EG-Kommission hin zu einer Lösung der Schwierigkeiten im formalen Bereich nehmen sich demgegenüber einstweilen noch sehr bescheiden aus: Immerhin diskutiert, bisher aber nicht für mehrheitsfähig gehalten, wird die Einführung einer grenzüberschreitenden Vorsteuerabzugsmöglichkeit, d.h. die Unternehmen sollen die Möglichkeit erhalten, Vorsteueransprüche an einen ausländischen Fiskus in der heimatlichen Steuererklärung geltend zu machen, und das Heimatfinanzamt soll dann die Auszahlung bzw. Anrechnung des entsprechenden Vorsteuererstattungsanspruchs vornehmen, um sich selbst den fraglichen Betrag anschließend vom ausländischen Staat erstatten zu lassen.

Will man die Verwaltungsvorschriften selbst nicht harmonisieren, bleibt zur Reduzierung des Verwaltungsaufwands ansonsten nur noch die Möglichkeit, durch eine entsprechende Gestaltung des materiellen Rechts schon im Ansatz dafür zu sorgen, dass ein Unternehmer möglichst selten in einem anderen Staat überhaupt steuererklärungspflichtig werden kann. Hierfür setzt die EU schon seit dem Anfangsstadium der Umsatzsteuerharmonisierung traditionell gern die Methode ein, bei Geschäften eines ausländischen Unternehmers mit einem inländischen Kunden die Umsatzsteuerschuld ausnahmsweise nicht dem Unternehmer aufzuerlegen, sondern auf den Kunden zu übertragen (sog. Reverse-Charge-Verfahren). Dieses Verfahren, das allerdings nur funktioniert, wenn der Kunde zu einem Personenkreis gehört, bei dem man überhaupt mit einer zuverlässigen Erledigung steuerlicher Pflichten rechnen darf (insbesondere also, wenn er selbst bereits umsatzsteuerlicher Unternehmer ist), findet man daher in der gegenwärtigen Gesetzgebung ausgesprochen häufig wieder: Dem **Reverse-Charge-Gedanken** begegnet man etwa bei der Lieferung von Waren in andere EU-Staaten (Steuerzahlung des Kunden als „Erwerbsteuer"), bei zahlreichen grenzüberschreitenden sonstigen Leistungen (in Deutschland § 13b UStG) oder auch bei der formalen Abwicklung bestimmter Reihengeschäfte (Übertragung der Steuerschuld auf den letzten in der Unternehmerkette beim sog. „Dreiecksgeschäft", § 25b UStG).

Freilich erreicht diese Technik mittlerweile ihre natürliche Grenzen, und eine weitere Vereinfachung hin zu einer leichter handhabbaren Umsatzsteuer im Europäischen Binnenmarkt ist daher vermutlich tatsächlich nur noch durch echte Neuerungen im formalen Bereich selbst zu erreichen. In dieser Hinsicht lässt aufhorchen, dass durch die sog. **Rechnungsrichtlinie** (Änderung des Art. 22 der 6. EG-Richtlinie) ab dem 1.1.2004 die formalen Anforderungen an eine steuerlich korrekte **Rechnung vereinheitlicht** worden sind und somit erstmals eine inhaltliche Angleichung von Formvorschriften erreicht worden ist. Ein erheblicher Schritt ist außerdem darin zu sehen, dass man EDV-Unternehmern aus Drittstaaten versuchsweise bis Mitte 2006 die Möglichkeit eingeräumt hat, ihre sämtlichen EU-weit getätigten Umsätze mit Wirkung für und gegen alle Mitgliedstaaten bei einer einzigen Finanzbehörde in der EU zu deklarieren, die dann federführend für alle Mitgliedstaaten die Bearbeitung und die Verteilung der zu zahlenden Steuern an die berechtigten Staaten übernehmen soll. Obwohl (oder vielleicht: gerade weil) diese Regelung nicht viele Steuerpflichtige betrifft, können so von den Finanzbehörden erste Erfahrungen damit gesammelt werden, inwieweit eine einheitliche Steuererklärung für alle EG-Umsätze gegenüber einem einzigen Finanzamt in der EU in der Praxis funktionieren könnte und welche Probleme mit diesem Modell verbunden wären; vor allem aber lässt sich nach diesem Schritt die Haltung, eine einzige Umsatzsteuererklärung für alle europaweiten Umsätze sei ein gar nicht erst diskussionsfähiges Modell, von den Mitgliedstaaten vermutlich nicht mehr durchhalten.

2. Liefergeschäfte in das oder aus dem Drittlandsgebiet

2.1 Exporte ins Drittlandsgebiet

Aus dem BLP folgt, dass der Lieferant für Lieferungen, bei denen die Ware aus einem EU-Land in einen *Drittstaat* gelangt, in seinem Heimatstaat nicht zur Umsatzsteuer herangezogen werden darf. Es wäre jedoch unzumutbar, wenn der Fiskus als Voraussetzung für seinen Steueranspruch beweisen müsste, dass eine gelieferte Ware im Inland geblieben ist, denn dies wäre ihm regelmäßig nicht möglich. Deswegen wird das BLP in Deutschland (und ähnlich auch in den Umsatzsteuergesetzen der EU-Staaten) technisch auf eine andere Art und Weise umgesetzt: **Jede Lieferung**, bei der die Beförderung oder Versendung der Ware zum Kunden im Inland beginnt, wird im Grundsatz auch im Inland für *steuerbar* erklärt (vgl. **§ 3 Abs. 6 UStG**) und auf den so geschaffenen Steueranspruch wird dann erst im nächsten Schritt durch eine **Steuerbefreiung für Ausfuhrlieferungen** (§ 4 Nr. 1 i.V. mit § 6 UStG) wieder verzichtet. Weil eine Steuerbefreiung aber nur in Anspruch genommen werden kann, wenn die Voraussetzungen dafür *nachgewiesen* sind, wird auf diese Art und Weise die Beweislast, wann die Ware nicht besteuert werden kann und wann dies doch möglich ist, auf den Unternehmer verschoben; dieser erhält nunmehr ein unmittelbares finanzielles Interesse, dafür zu sorgen, dass die Fälle, in denen die Ware ins Ausland gegangen ist, sorgfältig dokumentiert werden.

Mit welchen **Nachweisen** dies geschehen kann, ist aus Gründen der Rechtssicherheit in der UStDV präzise geregelt (§§ 8-17 UStDV).

2.2 Importe aus dem Drittlandsgebiet

Das BLP verlangt im Grundsatz, dass keine Ware ins Inland gelangt, ohne zuvor mit deutscher Umsatzsteuer belastet worden zu sein. Dabei kommt es nicht darauf an, ob die Ware durch einen Unternehmer oder einen Privatmann ins Inland gebracht wird; es soll generell verhindert werden, dass irgendjemand eine Ware im Ausland erwirbt und sie dann ins Inland bringt, ohne dass die deutsche Steuerbelastung hergestellt wird. Aus diesem Grund wird an den Grenzen zum Drittlandsgebiet von jedem, der Gegenstände ins Inland verbringt, **Einfuhrumsatzsteuer** **(EUSt)** in Höhe des im Einfuhrland geltenden Umsatzsteuersatzes erhoben.

Die absolut lückenlose Erhebung von EUSt würde an den Grenzen jedoch den Reiseverkehr in unzumutbarer Weise aufhalten. Daher müssen für Bagatellfälle Ausnahmeregelungen geschaffen werden, die die Abfertigung an der Grenze beschleunigen, indem nur noch Fälle von einiger wirtschaftlicher Bedeutung der EUSt unterworfen werden. Solche **Bagatellregelungen** enthält die **EUSt-Befreiungsverordnung** (z.B. für Reisende). Außerdem werden aus Gründen der Wettbewerbsneutralität Gegenstände, die im Inland nicht mit USt belastet sind, auch bei der EUSt nicht besteuert.

Erfolgt die Einfuhr einer Ware nicht durch eine Privatperson, sondern bringt ein Unternehmer die Ware ins Gemeinschaftsgebiet, dann wird er dies in vielen Fällen deswegen tun, um eine Lieferung an einen inländischen Abnehmer vorzunehmen. Dann stellen sich zwei Probleme: Zum einen ist es denkbar, dass der Zollwert der Ware, der als Berechnungsgrundlage für die Einfuhrumsatzsteuer dient, nicht in allen Fällen dem nachher wirklich zu zahlenden Entgelt entsprechen könnte (man denke hier nur an nachträgliche Entgeltänderungen, § 17 UStG); die Lieferung des auswärtigen Unternehmers würde daher nicht exakt wettbewerbsneutral besteuert werden. Zum anderen hätte der liefernde Unternehmer aber, wenn er die Einfuhrumsatzsteuer bezahlt hat, nach den normalen Regeln einen Vorsteueranspruch für diese Zahlung, so dass dann, wenn er diesen Anspruch – z.B. in einem Vorsteuervergütungsverfahren – geltend machen würde, die Belastung mit Einfuhrumsatzsteuer wirtschaftlich wieder annulliert werden würde und die von ihm verkaufte Ware das Inland somit quasi unbelastet erreichen könnte. Beide Gründe verlangen, dass deshalb in diesem speziellen Fall die Ware nicht nur an der Grenze (vorläufig) mit EUSt. belastet wird, sondern anschließend eine nochmalige, exakte Besteuerung der Lieferung durch den Unternehmer vorgenommen wird. Gesetzestechnisch geschieht dies, indem für die Fälle, in denen ein Unternehmer eine Lieferung aus dem Drittlandsgebiet ins Gemeinschaftsgebiet ausführt und dabei selbst die EUSt bezahlt, der „Ort der Lieferung" ins Inland verlegt wird (§ 3 Abs. 8 UStG). Anders muss allerdings verfahren werden, wenn der Kunde an der Grenze die EUSt bezahlt hat, z.B. weil der Kunde die bestellte Ware im Ausland abholt und dann selbst ins Inland bringt. In einem solchen Fall droht eine echte Doppelbesteuerung, wenn man nicht nur die EUSt erheben, sondern auch noch den ausländischen Lieferanten der regulären Umsatzsteuer für die von ihm ausgeführte Lieferung unterwerfen würde. Denn wenn der Kunde nicht zum Abzug der Vorsteuer berechtigt ist, würde er in solchen Fällen sowohl die EUSt als auch die vom Lieferanten berechnete USt. zu tragen haben. Es leuchtet ein, dass dies nicht gewollt sein kann. Daher wird bei einer solchen Konstellation der ausländische Unternehmer nicht der Umsatzsteuer für die von ihm ausgeführte Lieferung unterworfen, sondern nur die EUSt erhoben. Gesetzestechnisch wird dieses Resultat dadurch erreicht, dass der Ort der Lieferung bei einem Importvorgang, bei dem der Kunde die EUSt trägt, nicht ins Inland verlegt wird (kein Fall des § 3 Abs. 8 UStG) und solche Vorgänge daher

nach § 1 Abs. 1 Nr. 1 i.V. mit § 3 Abs. 6 UStG als Vorgänge im Drittland angesehen und nicht besteuert werden.

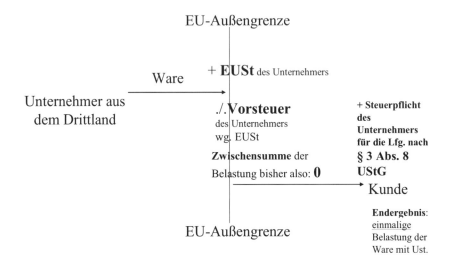

3. Liefergeschäfte mit anderen EU-Staaten

3.1 Grundgedanken

Besteht keine Zollgrenze zwischen zwei Staaten, so kann man das BLP nur dadurch umsetzen, dass man entweder den Lieferanten oder den Käufer dazu verpflichtet, die grenzüberschreitende Lieferung anzuzeigen und alle steuerlichen
Formalitäten im Einfuhrland zu erledigen. Das EU-Umsatzsteuersystem für den
Binnenmarkt geht zu Recht davon aus, dass es in der Regel **für den Käufer
leichter** sein dürfte, die steuerlichen Pflichten im Bestimmungsland zu erfüllen,
als für den Lieferanten der Ware, denn in der weitaus überwiegenden Zahl der
Fälle wird der Käufer in dem Land, in das die Ware gelangt, ansässig sein; er
spricht also die Sprache des entsprechenden Landes, kennt sich mit dessen Steuergesetzen vermutlich besser aus als sein Geschäftspartner und er ist auch als
Steuerschuldner normalerweise leichter greifbar als der ausländische Lieferant.
Deswegen ist es das **Grundprinzip** des Umsatzsteuersystems für den Binnenmarkt, bei dem Export einer Ware von einem EU-Staat in einen anderen den **Erwerber einer Ware zum Steuerpflichtigen zu machen**, **wann immer dies** typischerweise **zumutbar** erscheint. Lediglich in den Fällen, in denen diese Lösung
nicht zumutbar erscheint, wird – weil dann kein anderer Ausweg besteht – der
Lieferant verpflichtet, im Bestimmungsland der Ware die USt zu entrichten. Weil
auch diese Verpflichtung in einigen Fällen entweder nicht zumutbar oder aber
überhaupt nicht praktikabel erscheint, gibt es als dritte Möglichkeit die Lösungs-

alternative, dass der Lieferant die USt für bestimmte Arten von grenzüberschreitenden Lieferungen nicht im Bestimmungsland der Ware, sondern in seinem eigenen Land entrichtet. Es ist jedoch klar, dass diese dritte Möglichkeit eigentlich nicht systemkonform ist, weil die Steuer sich für diese Lieferungen dann nämlich nicht nach dem BLP, sondern nach dem ULP richtet, und diese Regelung daher nur dann Anwendung finden kann, wenn die beiden anderen Alternativen nicht zu verwirklichen sind. Da außerdem der Gesetzgeber die Steuerzahlung durch den Käufer (Erwerber) einer Ware vor der Zahlung der Steuer durch den Lieferanten bevorzugt, sollte man aus systematischen Gründen bei der Beurteilung eines Geschäfts im Binnenmarkt immer die **steuerliche Behandlung des Kunden vor derjenigen des Lieferanten prüfen.**

Dies veranschaulicht folgende Grafik:

Prüfungsreihenfolge für Liefergeschäfte in der EU

1. Ist folgende **Ideallösung** realisierbar?
- Steuer erhält <u>Bestimmungsland</u> +
- Als Zahler fungiert der <u>Käufer</u>

1. **Erwerbsteuerpflicht** beim Käufer („innergemeinschaftlicher Erwerb"), Lieferant ist steuerfrei, bleibt aber steuerbar mit Melde- und Nachweispflichten („innergemeinschaftliche Lieferung")

Falls nicht:

2. Ist folgende **Second-Best-Lösung** realisierbar:
- Steuer erhält weiterhin das Bestimmungsland +
- Als Zahler fungiert der <u>Verkäufer</u>

2. „**Versandhandelsregelung**": (Lieferantenbesteuerung): Steuerbarkeit des Lieferanten im anderen Land (§ 3c UStG)

Falls nicht:

3. Ansonsten kommt nur noch als **Auffang-Lösung** folgendes in Frage:
- Steuer erhält das Ursprungsland
- Als Zahler fungiert weiterhin der Verkäufer

3. Behandlung der Lieferung wie ein **Inlandsfall** (§ 1 Abs. 1 Nr. 1, § 3 VI UStG)

3.2 Alternative I: Besteuerung des Geschäfts beim *Erwerber* im Bestimmungsland der Ware

Den Verkauf eines Gegenstands von einem Mitgliedstaat in einen anderen beim Käufer der Umsatzsteuer zu unterwerfen, setzt voraus, dass man es mit einem Käufer zu tun hat, der überhaupt in der Lage ist, umsatzsteuerliche Pflichten zu erfüllen. Bei welchem Personenkreis dies der Fall ist, muss natürlich aus rechtlichen Gründen genau normiert werden. Der Gemeinschaftsgesetzgeber unterscheidet unter diesem Aspekt drei Gruppen von Käufern:

- **Unternehmer**, die den normalen umsatzsteuerlichen Pflichten unterliegen (und die daher mit den umsatzsteuerlichen Regelungen ihres Heimatlandes normalerweise so vertraut sein müssen, dass die Deklaration und Versteuerung des Kaufs einer Ware für sie keine unzumutbare Belastung darstellen kann);

- **Privatpersonen**, die mit der Umsatzsteuer normalerweise nicht in Verbindung kommen und von denen man die Abführung der Umsatzsteuer bei einem grenzüberschreitenden Geschäft daher realistischerweise nie erwarten darf;

- die zwischen diesen beiden Gruppen anzusiedelnden sog. „**Halbunternehmer**": Personen, von denen man zwar eigentlich erwarten kann, dass sie zu einer USt-Deklaration in der Lage sein müssten, die aber bisher praktisch keine umsatzsteuerlichen Pflichten haben und für die es daher eine Zumutung sein könnte, schon für einen einzelnen Bagatellkauf aus einem anderen Mitgliedstaat eine USt-Erklärung abzugeben. Bei diesen Personen (vollständig steuerbefreite Unternehmer, pauschal besteuerte Land- und Forstwirte, Kleinunternehmer, aber auch: juristische Personen, die nicht Unternehmer sind oder außerhalb ihres Unternehmens handeln) gilt daher die Steuerpflicht als Erwerber nur dann, wenn die jährlichen Käufe aus anderen Mitgliedstaaten eine Bagatellgrenze (12.500 Euro im laufenden Jahr oder im Vorjahr, § 1a Abs. 3 UStG) überschreiten oder diese Personen sich freiwillig zur Steuerpflicht entscheiden (Option, § 1a Abs. 4 UStG).

Im Gesetz musste die Steuerzahlung durch einen ganz neuen Tatbestand verankert werden, weil der *Kunde* natürlich keine *Lieferung* vornimmt, sondern die Ware stattdessen kauft. Folglich wurde in solchen Fällen das *Kaufen* einer Ware für steuerbar erklärt (**innergemeinschaftlicher Erwerb**; § 1 Abs. 1 Nr. 5 UStG) und die Details, wann diese Steuerbarkeit eintreten sollte, wurden in § 1a UStG ausführlich normiert. Demnach liegt ein innergemeinschaftlicher Erwerb vor, wenn eine Ware bei einer Lieferung von einem Mitgliedstaat in einen anderen gelangt und der Erwerber ein „normaler" Unternehmer ist oder einer von jenen Halbunternehmern, für die die Bagatellregelungen nicht zutreffen (§ 1a Abs. 1 Nr. 2, § 1a Abs. 3, 4 UStG). In welchem Staat der Erwerber die Steuer entrichten muss, richtet sich danach, wo die Ware im Zuge der Lieferung hingelangt (§ 3d Satz 1 UStG).

Da die Steuer bei dieser Fallkonstellation vom Erwerber bezahlt wird, darf der **Lieferant** selbstverständlich nicht zu einer Steuerzahlung herangezogen werden. Gesetzestechnisch ist es aber auch hier – wie bei den Ausfuhrlieferungen auch – geboten, den Umsatz zunächst für steuerbar zu erklären und die Nichtbesteuerung erst daran anschließend durch eine Befreiungsvorschrift zu sichern (Befreiung für **innergemeinschaftliche Lieferungen**, § 6a UStG). Durch diese Technik wird dem Lieferanten die **Beweislast** dafür auferlegt, dass die Ware von ihm tatsächlich an einen erwerbsteuerpflichtigen Käufer veräußert wurde und bei diesem Vorgang in einen anderen Mitgliedstaat gelangt ist. Diese Gesetzestechnik birgt in sich eine massive Sanktion für den Lieferanten, wenn er die geforderten Nachweise nicht vorlegen kann: Denn dann folgt aus der Regel, dass alles, was steuerbar ist, auch steuerpflichtig ist, wenn keine Befreiung vorliegt, dass – mangels

Nachweisen für die Befreiung – der Vorgang als steuerpflichtig behandelt werden muss. Die bloße Nichterfüllung der vom Gesetz auferlegten Nachweispflichten führt also für sich allein bereits zu einer Steuerzahlungspflicht des Lieferanten. Zu beachten ist hierbei, dass nach deutschem Recht durch Rechtsverordnung vorgeschrieben werden kann, welche Nachweise zu erbringen und welche Angaben aufzuzeichnen sind (§ 6a III UStG). Da in diesem Rahmen auch die Umsatzteuer-Identifikationsnummer des Abnehmers als Pflichtangabe aufzuzeichnen ist (§ 17c I UStDV), lässt sich der Nachweis der Steuerfreiheit somit nach deutschem Recht ohne Aufzeichnung dieser Nummer nicht formgerecht erbringen, und der Umsatz ist daher vom Lieferanten zu versteuern, selbst wenn darüber, dass der Käufer erwerbsteuerpflichtig war und dieser Steuerpflicht auch tatsächlich nachgekommen ist, zwischen den Beteiligten keinerlei Streit bestehen sollte.

Gesetzestechnisch ist zu beachten, dass der Lieferant seine steuerlichen Pflichten im Ursprungsland der Ware erfüllen soll, der Erwerber dagegen im Bestimmungsland. Da das Umsatzsteuergesetz die Zuordnung eines Vorgangs zu einem bestimmten Staat generell über den „Ort" steuert, legt es für den Lieferanten daher den „Ort der Lieferung" in das Ursprungsland (§ 3 Abs. 6 UStG), während zugleich aber für den Erwerber der Vorgang über den „Ort des Erwerbs" (§ 3d S. 1 UStG) dem Bestimmungsland zugeordnet wird. Derselbe Vorgang – der innergemeinschaftliche Verkauf einer Ware – findet also aus der Sicht des Gesetzes an zwei unterschiedlichen Orten statt – ein Resultat, das sich aber einfach daraus erklärt, dass es dem Gesetzgeber bei den Ortsregeln nicht um die Abbildung der physischen Realitäten geht, sondern darum, für jeden der Beteiligten steuerliche Pflichten in dem Staat auszulösen, in dem dies steuersystematisch geboten erscheint.

Als **Kontrollsystem** für solche Geschäfte hat der Gemeinschaftsgesetzgeber das System der Umsatzsteuer-Identifikationsnummern und der **Zusammenfassenden Meldungen** etabliert. Lieferanten, die die Steuerbefreiung für innergemeinschaftliche Lieferungen in Anspruch nehmen, müssen in regelmäßigen Abständen detailliert deklarieren, in welchem Umfang sie an welchen Geschäftspartner in anderen EU-Staaten steuerfreie innergemeinschaftliche Lieferungen vorgenommen haben. Auf diese Art und Weise kann kontrolliert werden, ob die gelieferten Ware auch beim Empfänger entsprechend versteuert worden sind; ist das nicht der Fall, kann dies zum Anlass genommen werden, gezielt nachzuforschen, ob beim angegebenen Erwerber oder beim Lieferanten Unregelmäßigkeiten vorliegen.

Für das Rechnungswesen eines international tätigen Unternehmens folgt aus diesem System, dass alle Umsätze mit Geschäftspartnern, die über eine Umsatzsteuer-Identifikationsnummer eines anderen Staates verfügen, so dokumentiert werden müssen, dass eine jederzeitige Erstellung von Übersichten mit den Umsatzsummen für jeden Geschäftspartner für einen gegebenen Zeitraum (Quartal) möglich ist.

3.3 Alternative II: Besteuerung des *Lieferanten* im Bestimmungsland der Ware

Kommt der Käufer als Steuerpflichtiger nicht in Frage (Privatperson oder „Halb-unternehmer", der mit seinen Käufen die Bagatellgrenze – „Erwerbsschwelle" – nicht überschreitet und auch nicht zur Besteuerung optiert hat), dann liegt als nächste Lösungsmöglichkeit nahe, statt seiner den *Lieferanten* im Bestimmungs-land der Ware zur Steuer heranzuziehen. Einen gesonderten Steuertatbestand braucht man hierzu nicht; denn der Lieferant führt eine Lieferung aus und Liefer-vorgänge können bereits nach dem Grundtatbestand des Gesetzes besteuert wer-den (§ 1 Abs. 1 Nr. 1 UStG). Es muss lediglich bestimmt werden, dass diese Lie-ferung nicht im Land des Lieferanten, sondern im Bestimmungsland der Ware steuerlich erfasst werden soll (gesetzestechnisch zu erreichen über einen „Ort" der Lieferung im Bestimmungsland der Ware, **§ 3c UStG**).

Freilich ist diese Regelung aus praktischen Gründen nicht anwendbar, wenn der *Kunde* die Ware abholt (weil der Lieferant dann nicht sicher genug erfahren kann, wohin die Ware letztendlich gelangt) oder wenn der Lieferant nur eine sehr gerin-ge Anzahl von Lieferungen in ein bestimmtes Bestimmungsland tätigt (weil es dann nicht zumutbar ist, dass er als Ausländer dort wegen nur vergleichsweise geringer Umsätze steuerliche Pflichten mit erheblichem Verwaltungs- und Kos-tenaufwand übernehmen muss). Daher wird die Verlagerung der Besteuerung des Lieferanten in das Bestimmungsland der Ware davon abhängig gemacht, dass

- es um Lieferungen geht, bei denen der **Lieferant die Beförderung** oder Versendung der Ware **vornimmt** (§ 3c Abs. 1 Satz 1 UStG; daher wird die ganze Regelung auch nach dem bedeutendsten Anwendungsfall oft als „**Ver-sandhandelsregelung**" bezeichnet), und
- die unter diese Regelungen fallenden Umsätze des Lieferanten in dem betref-fenden Land im Vorjahr oder im laufenden Jahr die entsprechende Bagatell-grenze überschreiten (sog. **„Lieferschwelle"**, in Deutschland 100.000 Euro, in einigen Staaten nur 35.000 Euro; § 3c Abs. 3 UStG und Abschn. 42j UStR).

Dass die ganze Regelung über die Besteuerung des Lieferanten im Bestimmungs-land natürlich immer nur greifen soll, wenn für die fragliche Lieferung nicht die Regelungen über die Erwerbsbesteuerung gelten, ist selbstverständlich (§ 3c Abs. 2 UStG).

3.4 Alternative III: Besteuerung des Lieferanten im Ursprungsland

Kommt weder die Besteuerung des Kunden noch des Lieferanten im Bestim-mungsland in Frage, so kann eine völlig wettbewerbsneutrale Besteuerung der Umsätze – nach dem BLP – offensichtlich nicht durchgeführt werden. Das Ge-meinschaftsrecht hält es in diesen Fällen für besser, dass dann wenigstens eine Umsatzbesteuerung nach dem ULP erfolgt, als dass Lieferungen überhaupt ohne eine Umsatzsteuerbelastung auf den Markt eines EU-Staates gelangen können. Folglich ist bei Lieferungen, die weder der Erwerbsbesteuerung unterliegen noch der „Versandhandelsregelung", der Lieferant mit der Lieferung in seinem eigenen

Land steuerbar, nämlich dort, wo die Beförderung/Versendung der Ware zum Kunden beginnt (§ 3 Abs. 6 UStG).

3.5 Abweichungen vom allgemeinen System

In diesem System gibt es zusätzlich zu den drei geschilderten Lösungsansätzen noch drei besondere Fälle. Zum einen ist der Fall der **Verbringung** von Wirtschaftsgütern von einem EU-Staat in einen anderen zu nennen. In diesem Fall liegt keine Lieferung vor, weil kein Geschäft zwischen zwei Personen vorliegt. Den Vorgang aber nicht wie einen Export aus dem einen Staat und einen Import in den anderen Staat zu behandeln, würde eine Lücke in das gesamte EU-Umsatzsteuersystem reißen, weil Unternehmer dann durch geschickte Gestaltungen der Anwendung des BLP entgehen könnten. Daher behandelt das Umsatzsteuerrecht die Verbringung von Wirtschaftsgütern so, als hätte der Unternehmer diese Gegenstände an sich selbst geliefert: In dem Staat, in dem der Gegenstand sich vorher befand, wird der Unternehmer so behandelt, als hätte er den Gegenstand geliefert (§ 3 Abs. 1a UStG), und in dem Staat, in den er gelangt, wird er als Käufer (Erwerber) behandelt (§ 1a Abs. 2 UStG). Auf dieser Grundlage können dann für die Verbringung alle weiteren Regeln für die Erwerbsbesteuerung (Alternative I im normalen System) angewandt werden.

Einen Ausnahmefall stellen auch die **verbrauchsteuerpflichtigen Waren** dar. Bei diesen Waren (gemeint sind in diesem Kontext nur Mineralöle, Alkohol und alkoholische Getränke, Tabakwaren; § 1a Abs. 5 UStG) sieht das gemeinschaftsrechtliche System für die Verbrauchsteuererhebung ein ähnliches System vor wie bei der Umsatzsteuer, allerdings ohne jede Bagatellgrenzen. Ein Verkauf verbrauchsteuerpflichtiger Waren an eine erwerbsteuerpflichtige Person unterliegt der Verbrauchsteuer beim Kunden also auch dann, wenn dieser ansonsten keinerlei Käufe tätigt, und auch ein noch so geringer „Versandumsatz" an einen Nichtsteuerpflichtigen löst sofort die Verbrauchsteuerpflicht im Bestimmungsland aus. Vor diesem Hintergrund hätte es keinen Sinn gemacht, für die Umsatzsteuer bei solchen Waren die üblichen Bagatellgrenzen beizubehalten. Daher gelten die „Erwerbsschwelle" der Halbunternehmer und die „Lieferschwelle" bei der „Versandhandelsregelung" nicht für Umsätze mit verbrauchsteuerpflichtigen Waren (§ 1a Abs. 5, § 3c Abs. 5 UStG).

Schließlich ist bei der Lieferung **„neuer Fahrzeuge"** (Definition in § 1b UStG) zu beachten, dass hier *jeder* Käufer – auch Privatleute und Halbunternehmer unterhalb der Erwerbsschwelle – zur Zahlung der Umsatzsteuer im Bestimmungsland herangezogen wird. Um eine Doppelbelastung mit Umsatzsteuer beim Weiterverkauf eines „neuen" Privatwagens zu verhindern, wird auch jeder Verkäufer eines solchen neuen Fahrzeugs für diesen Umsatz zum Unternehmer erklärt (§ 2a UStG), um ihm einen – wenn auch eingeschränkten – Vorsteuerabzug zu ermöglichen.

3.6 Sonderfälle

Neben diesen Regelungen sind auch noch Sonderregelungen für bestimmte Reihengeschäfte, die sog. „**Dreiecksgeschäfte**" (§ 25b UStG), und für Wiederverkäufer von Gebrauchtwaren zu beachten (sog. „**Differenzbesteuerung**", § 25a UStG).

4. Behandlung sonstiger Leistungen

4.1 Grundprinzip

Bei sonstigen Leistungen ist es wesentlich schwieriger als bei körperlichen Gegenständen, ein Bestimmungsland zu ermitteln. Der Gesetzgeber kann sich hier nur mehr oder weniger mit Notlösungen behelfen:

In § 3a Abs. 2 UStG sind einige sonstige Leistungen aufgelistet, bei denen der Gesetzgeber ein Bestimmungsland festzustellen können glaubt; daher sind diese Leistungen in demjenigen Land steuerbar, in dem ein Grundstück belegen ist, der Unternehmer eine kulturelle, künstlerische, wissenschaftliche, unterrichtende, sportliche, unterhaltende oder ähnliche Leistung ausführt oder Arbeiten an beweglichen körperlichen Gegenständen oder deren Begutachtung durchgeführt werden. Ferner werden Vermittlungsleistungen an demselben Ort erbracht, an dem der vermittelte Umsatz ausgeführt wird (§ 3a Abs. 2 Nr. 4 UStG) und Beförderungsleistungen jeweils dort, wo die Beförderung bewirkt wird, d.h. bei einer grenzüberschreitenden Beförderung streckenanteilig im In- und Ausland (§ 3b Abs. 1 UStG).

Kann nicht nach diesen Regeln ein Bestimmungsland festgelegt werden, dann bleibt dem Gesetzgeber nichts anderes übrig, als zur Besteuerung nach dem ULP überzugehen. Daher stellt § 3a Abs. 1 UStG den Grundsatz auf, dass alle Umsätze, für die es keine Spezialregelung gibt, am Sitz des Unternehmens bzw. der Betriebsstätte zu versteuern sind.

4.2 Vereinfachungsmaßnahme I: Reverse-Charge-Verfahren (§ 13b UStG)

Sofern ein Unternehmer in einem ausländischen Staat mit einer sonstigen Leistung steuerbar wird, ist dieses Ergebnis stets mit erhöhtem Verwaltungsaufwand für ihn verbunden. Daher sieht das deutsche Umsatzsteuergesetz vor, dass auch in diesen Fällen die Steuer oftmals vom *Kunden* bezahlt werden soll. Technisch wird dies ab 2002 so verwirklicht, dass der Kunde zum Schuldner der Umsatzsteuer erklärt wird (§ 13b UStG n.F.; früher gab es eine fast identische Vorläuferregelung in §§ 51 ff. UStDV) und dem ausländischen Unternehmer nur das Nettoentgelt auszahlt. Der ausländische Unternehmer hat in diesem Fall keine Verpflichtung mehr, den Umsatz im Inland steuerlich zu deklarieren, so dass durch dieses „**Abzugsverfahren**" (auch Reverse-Charge-Verfahren oder „Steuerschuldnerschaft des Leistungsempfängers" genannt) seine Situation erheblich vereinfacht wird. Verpflichtet zur Anwendung des „Abzugsverfahrens" sind allerdings nur Kunden, die Unternehmer oder aber juristische Personen des öffentlichen Rechts sind (Man beachte die ähnliche, aber nicht völlig gleiche Abgrenzung des zur

Steuerzahlung verpflichteten Kundenkreises bei Erwerbsteuer und Abzugsverfahren!). Ist der Kunde eine Privatperson oder eine juristische Person des privaten Rechts, so ist der ausländische Unternehmer also nach wie vor gezwungen, steuerliche Pflichten im Bestimmungsland seiner Leistung auf sich zu nehmen. Dem Abzugsverfahren ähnliche Verfahren finden sich in praktisch allen EU-Staaten.

4.3 Vereinfachungsmaßnahme II: Behandlung der sog. „Katalogleistungen"

Wenn sonstige Leistungen grenzüberschreitend an einen Unternehmer erbracht werden, werden sie bei diesem voraussichtlich einen Vorsteueranspruch auslösen. In der Umsatzsteuererklärung in seinem Heimatland kann ein Unternehmer jedoch immer nur diejenigen Umsatzsteuerbeträge als Vorsteuern geltend machen, die aus in *diesem* Land bezahlter Vorsteuer herrühren. Vorsteuerbeträge in einem anderen Land müssen in einem – aufwändigeren – Vorsteuererstattungsverfahren in diesem anderen Land zurückgefordert werden. Auch hierdurch sind Unternehmer also gezwungen, sich mit einem fremden Fiskus in Verbindung zu setzen, was Zusatzkosten verursacht und ein Hindernis für die grenzüberschreitenden Wirtschaftsbeziehungen darstellen könnte.

Daher enthält § 3a Abs. 4 UStG einen Katalog von bestimmten Leistungen, bei dem dieses Verfahren durch eine Sonderregelung vermieden wird: Bei den Leistungen des Katalogs in § 3a Abs. 4 UStG (z.B. Einräumung von Patenten, Urheberrechten, Informationsüberlassung, Personalgestellung etc.) wird der ausländische Unternehmer mit der Leistung **im Land des Empfängers steuerbar** gemacht, aber nur, wenn der **Empfänger ein Unternehmer** ist. Dann greifen nämlich zugleich in allen EU-Staaten automatisch die jeweiligen Regelungen über das Abzugsverfahren. Der Effekt ist eine erhebliche Vereinfachung:

1. Für die Leistung des ausländischen Unternehmers fällt nicht mehr ausländische, sondern inländische Steuer an; der Empfänger hat also den Vorsteueranspruch in seinem eigenen Land und braucht keinen Kontakt mit einem fremden Fiskus aufzunehmen.

2. Der Empfänger führt das Abzugsverfahren durch; folglich hat auch der Ausländer keine Verpflichtung mehr, seine Umsätze im fremden Land zu deklarieren. Auch ihm bleibt folglich der fremde Fiskus erspart.

Ist der Leistungsempfänger dagegen ein Nichtunternehmer, so bleibt es bei der Auffangregel, dass die Besteuerung am Standort des Unternehmers stattfindet (§ 3a Abs. 1 UStG). Lediglich dann, wenn eine sonstige Leistung aus dem Katalog des § 3a Abs. 4 UStG an einen Empfänger im Drittlandsgebiet erbracht wird, gilt aus EU-Sicht auch in diesem Fall die Leistung als im Drittlandsgebiet erbracht (wird also in der EU nicht besteuert). Das liegt daran, dass man bei Leistungen in ein Drittlandsgebiet – anders als innerhalb der EU, wo einheitliche Regeln existieren – nicht sicher sein kann, ob diese nicht noch zusätzlich auch vor Ort beim Empfänger besteuert werden. In der UStDV dürfen von dieser Regelung abweichende Bestimmungen vorgesehen werden (§ 3a Abs. 5 UStG); allerdings muss die EG solchen Regelungen zuvor zustimmen.

4.4 Vereinfachungsmaßnahme III: sog. „ID-Nummern-Leistungen"

Aus ähnlichen Überlegungen wie bei den Katalogleistungen hat man Anfang der 90er Jahre noch weitere Vereinfachungsmaßnahmen eingeführt, bei denen es allerdings nicht mehr darauf ankommt, dass der Leistungsempfänger Unternehmer ist, sondern dass er eine Umsatzsteuer-Identifikationsnummer besitzt. Auch in diesem Fall wird zur Vereinfachung der Leistungsort in das Land des Leistungsempfängers verlegt; dieser hat dann einen Vorsteueranspruch an sein eigenes Land. Weil wiederum überall ein Abzugsverfahren greift, hat auch der Unternehmer keine steuerlichen Pflichten im anderen Land mehr zu erfüllen.

Von dieser Vereinfachungsregelung betroffen sind:

1. Arbeiten an beweglichen körperlichen Gegenständen und die Begutachtung dieser Gegenstände, aber nur, wenn diese Gegenstände anschließend aus dem Tätigkeitsstaat exportiert werden (§ 3a Abs. 2 Nr. 3 UStG).

2. Innergemeinschaftliche Beförderungen eines Gegenstandes (§ 3b Abs. 3 Satz 2 UStG).

3. Vermittlungsleistungen (§ 3a Abs. 2 Nr. 4, § 3b Abs. 5 Satz 2 UStG), außer der Vermittlung einer „Katalogleistung", weil für diese schon § 3a Abs. 4 UStG (Vereinfachungsmaßnahme II) gilt.

5. Verbleibende Schwierigkeiten bei grenzüberschreitenden Geschäften

Weniger das System der Umsatzsteuer als vielmehr verwaltungsmäßige Belastungen erschweren gegenwärtig noch die Umsatzbesteuerung für den grenzüberschreitenden Wirtschaftsverkehr in der EU. So können **ausländische Vorsteuern**, die für den Leistungsbezug aus einem anderen Land angefallen sind, nicht in der Steuererklärung gegenüber dem eigenen Fiskus angesetzt werden, sondern müssen durch einen speziellen Antrag bei dem betreffenden ausländischen Fiskus geltend gemacht werden. Die Bedingungen für diese Erstattung und der wesentliche Inhalt des Erstattungsantrages sind zwar durch Gemeinschaftsrecht vorgegeben (8. Richtlinie), es bleibt aber eine beachtliche Hemmschwelle bestehen, sich mit einem völlig fremden Fiskus ins Benehmen zu setzen, dessen Sprache man nicht spricht und mit dessen Verfahrensgrundsätzen man nicht vertraut ist. Verbessert haben sich dagegen die Bedingungen bei der **Rechnungserstellung**: Hier ist nunmehr seit Anfang 2004 ein EU-weit einheitlicher Standard dafür erreicht, welche Angaben die Mitgliedstaaten in einer umsatzsteuerlichen Rechnung verlangen dürfen. Allerdings steckt auch hier der Teufel im Detail: So ist beispielsweise zwar aus dem System der Umsatzsteuer heraus klar, dass die „Steuernummer", die der Unternehmer auf der Rechnung ausweisen muss, nur die Steuernummer desjenigen Landes sein kann, in dem der Vorgang steuerbar ist, aber bei der Vorgabe, dass jede Rechnung mit einer fortlaufenden Nummer versehen sein muss, stellt sich etwa noch die Frage, ob für jedes Land eine eigenständige Nummerierung vorgenommen werden muss oder ob auch eine durchgehende Nummerierung aller Rechnungen einer Niederlassung, unabhängig davon, welchem Land der jeweilige Umsatz steuerlich zugeordnet wird, möglich oder gar verlangt ist.

Schwächen sind außerdem noch in zahlreichen Details der geltenden Regelungen zu erkennen: Der Kreis derjenigen Käufer, die zur Steuerzahlung verpflichtet werden, ist im Rahmen des Reverse-Charge-Verfahrens (§ 13b UStG) und im Rahmen der Erwerbsteuer unterschiedlich abgegrenzt. Das überzeugt nicht: Entweder *kann* man juristischen Personen des privaten Rechts die Abgabe einer Steuererklärung zumuten oder nicht; wenn man es tut, sollte man es konsequent tun. Ferner gibt es in diesem Zusammenhang auch eine mangelhafte inhaltliche Abstimmung der Bagatellgrenzen: Einem *Kleinunternehmer* oder einem anderen „Halbunternehmer", der Waren aus einem anderen Mitgliedstaat erworben hat, wird die Abgabe einer Umsatzsteuererklärung nur dann zugemutet, wenn seine Käufe ein Volumen von 12.500 Euro im Jahr überschritten haben; nimmt er jedoch eine sonstige Leistung eines ausländischen Unternehmers in Anspruch, löst jedoch bereits jeder noch so kleine Umsatz die Verpflichtung zur Steuererklärung aus. Seitdem geklärt ist, dass das System der Umsatzsteuer-Identifikationsnummern dauerhaft bestehen bleiben soll, kann es auch nicht mehr einleuchten, warum bei den „Katalogleistungen" ausschlaggebend sein soll, ob der Empfänger der Leistung ein „Unternehmer" ist oder nicht (was für den leistenden Unternehmer nicht eindeutig kontrollierbar ist!), während bei anderen sonstigen Leistungen danach gefragt wird, ob der Leistungsempfänger eine Umsatzsteuer-Identifikationsnummer besitzt.

Nicht überzeugend geregelt ist auch die Frage, ab wann ein ausländischer Unternehmer für Umsätze mit Privatpersonen, für die das Reverse-Charge-Verfahren nicht gilt, in einem fremden Land steuerbar werden kann: Wenn man im Rahmen der „Versandhandelsregelung" (§ 3c UStG) der Wertung folgt, dass es unzumutbar ist, einem ausländischen Unternehmer eine Steuererklärung im fremden Land bei Umsätzen unterhalb von 100.000 Euro zuzumuten, kann es nicht überzeugen, wenn derselbe Unternehmer bereits für eine einzige sonstige Leistung an „privat", deren Ort im anderen Land liegt (denkbar bei Leistungen nach § 3a II UStG), dort steuerpflichtig werden kann – ganz abgesehen davon, dass es nicht einleuchtet, dass für Lieferungen und sonstige Leistungen unterschiedliche Schwellenwerte eingeführt werden, anstatt die Frage der Zumutbarkeit einer Steuerpflicht im fremden Land einheitlich von der Gesamtsumme *aller* einschlägigen Umsätze (Lieferungen *und* sonstige Leistungen) abhängig zu machen.

Nicht einleuchtend ausgestaltet ist außerdem das Kontrollsystem im Rahmen der Zusammenfassenden Meldung: Wieso müssen nur Warenlieferungen gemeldet werden, nicht aber dem Reverse-Charge-Verfahren unterliegende sonstige Leistungen an Empfänger mit einer Umsatzsteuer-Identifikationsnummer? Denn da es unter den betreffenden Empfängern auch solche ohne Vorsteuerabzugsrecht geben kann (bekanntlich können ja auch Halbunternehmer eine Umsatzsteuer-Identifikationsnummer besitzen!), ist eine Hinterziehungsmöglichkeit durch Nichtzahlung der Steuer auch hier gegeben.

Dass zu den meisten der gerade angesprochenen Fragen von Seiten der EU-Kommission bisher keinerlei Initiativen in Hinblick auf eine Verbesserung der Lage unternommen wurden, könnte möglicherweise auch daran liegen, dass man

Rücksicht auf die von deutscher Seite erhobene Forderung nehmen will, das gegenwärtige System der Umsatzsteuer in der EU dürfe nur vorübergehender Natur sein und müsse schließlich irgendwann einmal durch ein System auf Basis des Ursprungslandprinzips ersetzt werden; denn Verbesserungsvorschläge vorzulegen, um ein „Übergangssystem" zu optimieren, würde das Eingeständnis in sich bergen, dass man eine Ablösung durch ein anderes System jedenfalls in absehbarer Zeit nicht glaubt. Freilich würde eine solche Vorgehensweise gerade auch den Vertretern der offiziellen deutschen Haltung letztlich schweren Schaden zufügen: Denn erst wenn das gegenwärtige „Übergangs"-System wirklich optimal ausgestaltet ist, wird man erkennen können, welche dann noch verbleibenden Mängel mit einem solchen System so untrennbar verbunden sind und so schwer wiegen, dass man sogar über einen Systemwechsel nachdenken muss.

III. Das Doppelbesteuerungsproblem im Ertragsteuerrecht

1. Ursachen der Doppelbesteuerung

Die Steuergesetze so zu gestalten, dass zwischen den einzelnen Konkurrenten möglichst Wettbewerbsneutralität besteht, ist auch im Ertragsteuerrecht ein wichtiges Anliegen des Gesetzgebers. Im internationalen Rahmen lässt sich das freilich nicht erreichen, da jeder Staat auch auf dem Ertragsteuersektor seine Steuersouveränität eifersüchtig hütet und einheitliche Regeln daher unmöglich sind. Praktisch alle Staaten ziehen daraus in ihrer Gesetzgebung die Konsequenz, dass sie ihre Wirtschaft wenigstens davor schützen wollen, durch Kontakte mit der „Außenwelt" Schaden zu nehmen. Dem entspricht es zum einen, dass (meist) alle in einem Staat lebenden Personen mit ihrem gesamten Welteinkommen der Einkommensteuer unterworfen werden. Durch dieses **Welteinkommensprinzip** (Universalitätsprinzip) soll die gesamte Leistungsfähigkeit eines inländischen Steuerpflichtigen immer gleich hoch belastet werden, unabhängig davon, in welchem Land er sein Einkommen erzielt hat; dadurch soll verhindert werden, dass ein Inländer sein Kapital und sein Einkommen nur deswegen ins Ausland verlagert, um von geringeren Steuern zu profitieren. Zugleich soll aber auch verhindert werden, dass Ausländer im Inland als Konkurrenten inländischer Wirtschaftsteilnehmer tätig werden können und dabei nur geringeren Steuern als diese inländischen Wettbewerber unterliegen; denn dies hätte fatale Folgen für die inländischen Bürger im Wettbewerb.

> **Beispiel:**
>
> Wenn ein Betrieb in München, der einem Monegassen gehört, nur die niedrigeren monegassischen Steuern bezahlen müsste, während sein Konkurrenzbetrieb in derselben Straße, der einem Deutschen gehört, dem hohen deutschen Steuerniveau unterläge, könnte der Betrieb des Ausländers stets wesentlich höhere Nettogewinne thesaurieren und damit wesentlich schneller wachsen als sein Konkurrent. Dessen Niederlage im Wettbewerb gegen den kapitalstärkeren Konkurrenten wäre dann auf lange Sicht vorgezeichnet.

Aus diesem Grund ist es gerade zwingend notwendig, dass jeder Staat nicht nur von den eigenen Bürgern Steuern erhebt, sondern nach dem **Territorialitätsprin-**

zip zusätzlich von ausländischen Bürgern Steuern auf diejenigen Teile ihres Einkommens erhebt, die sie im Inland erzielen. Hierdurch ergibt sich im Bereich der Ertragsteuern ein **Doppelbesteuerungsproblem**, weil bei grenzüberschreitenden Geschäften ein Beteiligter mit erzielten Einkommen einerseits in seinem Wohnsitzstaat (wegen des Welteinkommensprinzips), andererseits im Tätigkeitsstaat (wegen des Territorialitätsprinzips) zur Steuer herangezogen werden kann.

Dieses Problem ist bei den Ertragsteuern **viel gravierender als bei der Umsatzsteuer.** Bei der Umsatzsteuer zwingt ja die wirtschaftliche Vernunft die Staaten dazu, eines der beiden dort miteinander konkurrierenden Prinzipien (Ursprungslandprinzip) schon aus eigenem Interesse möglichst nicht anzuwenden, um die eigene Wirtschaft nicht zu benachteiligen, und somit taucht dort das Doppelbesteuerungsproblem in der Praxis kaum auf. Bei den Ertragsteuern ist es dagegen so, dass gerade der Gedanke, die eigene Wirtschaft vor ungerechtfertigten steuerlichen Nachteilen zu schützen, die Staaten dazu zwingt, **stets beide Prinzipien** in ihren Gesetzen vorzusehen. Also wird das Problem der Doppelbesteuerung bei den direkten Steuern auch immer praktisch bedeutsam.

In Deutschland ist das Welteinkommensprinzip für die in Deutschland wohnhaften (§ 8 AO; bei mehreren Wohnsitzen reicht *ein* inländischer Wohnsitz aus!) oder sich hier gewöhnlich aufhaltenden (§ 9 AO) Personen durch die **unbeschränkte Einkommensteuerpflicht** (§ 1 Abs. 1 EStG; Sonderformen ferner in § 1 Abs. 2 und 3 EStG) verwirklicht. Das Territorialitätsprinzip spiegelt sich dagegen in der (auf das Inlandseinkommen) **„beschränkten" Steuerpflicht** wider für diejenigen Personen, die im Inland weder einen Wohnsitz noch den gewöhnlichen Aufenthalt haben, aber bestimmte Einkünfte aus Deutschland beziehen (§ 1 Abs. 4 EStG, Katalog der betreffenden Einkünfte in § 49 EStG). Für Kapitalgesellschaften gilt Ähnliches: Gesellschaften, die in Deutschland ihren satzungsmäßigen Sitz haben (§ 10 AO) oder deren Ort der Geschäftsleitung sich hier befindet (§ 11 AO), sind in Deutschland unbeschränkt körperschaftsteuerpflichtig mit ihrem gesamten Welteinkommen (§ 1 Abs. 1 KStG), alle anderen unterliegen mit ihrem in Deutschland erzielten Einkommen der beschränkten Steuerpflicht. Andere Staaten haben i.d.R. ähnliche Regelungen.

2. Wirtschaftliche Bedeutung der Doppelbesteuerung im Ertragsteuerbereich

Die **Notwendigkeit** zur Bekämpfung der Doppelbesteuerung ist bei den Ertragsteuern außerordentlich hoch, weil es theoretisch hier in der Summe sogar zu einer mehr als 100%igen Belastung des Gewinns kommen kann (z.B. bei einem Steuersatz von 50% in dem einen und von 60% in dem anderen Staat wäre die Gesamtbelastung ohne Milderungsmaßnahmen 110% des Gewinns). Eine insgesamt mehr als 100%ige Besteuerung des Gewinns würde den grenzüberschreitenden Wirtschaftsverkehr jedoch vollständig zum Erliegen bringen, und selbst eine Doppelbesteuerung, die nicht die Grenze von 100% Gesamtbelastung erreicht, verringert die Nettorendite grenzüberschreitender Geschäfte gegenüber der Nettorendite vergleichbarer innerstaatlicher Transaktionen so stark, dass ein Steuerpflichtiger zu grenzüberschreitenden Aktivitäten fast nur dann bereit sein wird, wenn er für sich keinerlei auch nur halbwegs sinnvolle innerstaatliche Einkunftsquellen mehr findet. Der grenzüberschreitende Wirtschaftsverkehr würde durch eine ungemilderte Doppelbesteuerung also auf die Rolle einer bloßen Verlegenheitslösung beschränkt. Volkswirtschaftlich sind Außenhandel und andere Formen grenzüberschreitenden Wirtschaftens aber positive Erscheinungen, die nicht durch steuerliche Normen gehemmt werden sollten. Daher haben die Staaten ein Eigeninteresse, die Doppelbesteuerung abzubauen oder wenigstens zu mildern.

3. Methoden zur Milderung oder Beseitigung der Doppelbesteuerung

3.1 Abzugsmethode

Das Minimum, das ein Staat seinen Steuerpflichtigen zur Beseitigung der Doppelbesteuerung anbieten kann, ist die Erlaubnis, die im Ausland gezahlten Steuern ähnlich wie eine Betriebsausgabe oder Werbungskosten vom Einkommen abzuziehen (**Abzugsmethode**). Es ist üblich, dass diese Maßnahme zur Reduzierung der Doppelbesteuerung **durch den** *Wohnsitzstaat* des Steuerpflichtigen vorgenommen wird; der Staat, in dem die Einkünfte erwirtschaftet werden, hält seinen eigenen Steueranspruch dagegen in vollem Umfang aufrecht. Wird die ausländische Steuer von der inländischen Bemessungsgrundlage abgezogen, dann ist die gesamte Belastung zwar immer noch höher als im rein inländischen Fall, aber die Doppelbesteuerung wird reduziert und kann insbesondere nicht mehr 100% erreichen.

> **Beispiele:**
>
> 1) Ein Unternehmer aus Staat A (Steuersatz 60%) erzielt in Staat B (Steuersatz 50%) Einkünfte von 1.000 Euro. *Ohne* Abzugsmethode ergäbe sich eine Gesamtsteuerbelastung von 1.100 Euro, durch Anwendung der Abzugsmethode sinkt das Einkommen aus Sicht des Wohnsitzstaates (A) auf 500 Euro (1.000 abzüglich 50% = 500 Euro Steueraufwand aus Staat B), der Steueranspruch des Wohnsitzstaates sinkt auf 300 Euro (60%) und es bleibt nunmehr ein Nettoertrag übrig (200 Euro).
>
> 2) Beträgt die Steuer im Wohnsitzstaat A nur 30% und in Staat B 40%, dann steigt der Nettoertrag durch die Anwendung der Abzugsmethode auf $1.000 - 40\% * 1.000 - 30\%$ (1.000 - $40\% * 1.000) = 420$ Euro anstelle eines Nettoertrages von nur 300 Euro, der sich *ohne* die Abzugsmethode ergäbe (= 40% + 30%).

Mit der Abzugsmethode gelingt es also, den Renditenachteil grenzüberschreitender Geschäfte zu verringern, ohne dass sich die Gefahr von Wettbewerbsnachteilen für die inländische Wirtschaft ergeben könnte, weil sowohl Auslandsinvestitionen von Inländern als auch Inlandsinvestitionen von Ausländern selbst bei einem ausländischen Steuersatz von 0% nicht günstiger belastet sein könnten als ein Inlandsfall. Daher sind auch die meisten Staaten bereit, von sich aus ihren Steuerpflichtigen die Anwendung der Abzugsmethode zu gestatten. Im deutschen Recht wäre ein Abzug von Einkommensteuern normalerweise zwar nicht erlaubt, weil Einkommensteuern als persönliche Lebensführungsaufwendungen angesehen werden (§ 12 Nr. 3 EStG, ähnlich § 10 Nr. 2 KStG), aber der deutsche Gesetzgeber macht von diesem Grundsatz für im Ausland bezahlte Steuern auf ausländische Einkünfte ausdrücklich eine Ausnahme (§ 34c Abs. 2 und 3 EStG und entsprechend auch § 26 Abs. 6 KStG).

3.2 Anrechnungsmethode

Die doppelte Besteuerung ist jedoch durch die Abzugsmethode nicht beseitigt; dies ist erst erreicht, wenn die Gesamtbelastung nicht höher ist, als wenn nur *eine* Steuer erhoben würde. Aus diesem Grund finden sich zwei weitere Methoden, die im Gegensatz zur Abzugsmethode **echte Methoden zur Beseitigung der Doppelbesteuerung** sind: die Anrechnungsmethode und die Freistellungsmethode.

Bei der **Anrechnungsmethode** erklärt sich einer der beiden Staaten (in der Praxis i.d.R. der Wohnsitzstaat des Steuerpflichtigen) bereit, auf seinen eigenen Steueranspruch auf die ausländischen Einkünfte die Steuern anzurechnen, die im Ausland schon auf diese Einkünfte bezahlt worden sind. Dies führt dazu, dass der Steuerpflichtige nur noch den Teil der inländischen Steuer bezahlen muss, der über den ausländischen Steueranspruch hinausgeht.

Beispiel:

Einkünfte aus dem Ausland (Staat B):	1.000
1) Steuer im Ausland (Staat B, 40 %):	400
2) Berechnung der inländischen Steuer:	
Steuer im Inland lt. Gesetz (Staat A, 50 %, zu berechnen ohne Abzug der ausländischen Steuer vom Einkommen!):	500
auf den inländischen Steueranspruch anzurechnende im Ausland bezahlte Steuer (s. oben): -400 verbleibt im Inland zu zahlen:	100
3) Gesamtbelastung daher (400 + 100 =)	500

Bei der Anrechnungsmethode beschränkt sich der Gesetzgeber also darauf, bei ausländischen Einkünften die Steuerbelastung auf das Niveau heraufzuschleusen, dass auch für inländische Einkünfte gilt. Übersteigt die im Ausland bezahlte Steuer die Steuer, die nach dem inländischen Recht auf die betreffenden Einkünfte zu zahlen gewesen wäre, dann gibt es allerdings **keine Erstattung** des überschießenden Betrages der ausländischen Steuer. Es gibt dann keine zusätzliche inländische Steuer mehr, die Gesamtbelastung wird von dem ausländischen Steuersatz bestimmt. Die Anrechnungsmethode führt also dazu, dass die **Gesamtsteuerbelastung** bei grenzüberschreitender Tätigkeit immer dem **höheren der beiden Steuerniveaus** entspricht. Die Gefahr, dass inländische Investoren durch niedrigere Steuern im Ausland dazu bewegt werden könnten, ihr Kapital aus rein steuerlichen Gründen nicht im Inland, sondern im Ausland anzulegen, ist durch die Anrechnungsmethode also ausgeschlossen. Den Interessen des Wohnsitzstaates, einer solchen Wettbewerbsverzerrung vorzubeugen, ist durch die Anrechnungsmethode daher vollauf Genüge getan; das ist der Grund dafür, dass **viele Staaten** die **Anrechnungsmethode einseitig** (ohne völkerrechtliche Verpflichtung) praktizieren, indem sie ihren Steuerpflichtigen die Möglichkeit zur Anrechnung ausländischer Steuern schon **in ihren nationalen Steuergesetzen** einräumen. Dies geschieht im deutschen Recht durch § 34c Abs. 1 EStG (für die Einkommensteuer) bzw. § 26 Abs. 1 KStG.

Technisch geschieht die Anrechnung im deutschen Steuerrecht dadurch, dass die deutsche Steuer zunächst nach normalen Regeln für das gesamte zu versteuernde Einkommen bestimmt wird (§ 32a EStG) und anschließend der so berechnete Betrag um diejenige Steuer gekürzt wird, die schon an das Ausland gezahlt wurde (§ 34c I EStG) – wobei allerdings der Kürzungsbetrag begrenzt ist auf die deutsche Steuer, die anteilig auf die ausländischen Einkünfte aus dem betreffenden Staat entfällt, damit nicht indirekt eine Erstattung überschießender ausländischer Steuern vorgenommen wird.

Wirtschaftlich wird durch die Anrechnungsmethode die Doppelbesteuerung effektiv beseitigt, indem im Endeffekt statt zwei Steuerbelastungen nur noch *eine* Steuerbelastung (und zwar die höhere) auf den ausländischen Einkünften ruht. Hierdurch wird also die doppelte Besteuerung auf eine einmalige reduziert: Der Steuerpflichtige ist entweder mit den Bürgern seines eigenen Landes oder mit den Konkurrenten vor Ort im Ausland gleich behandelt.

Die Anrechnungsmethode wird daher vernünftigerweise üblicherweise der Abzugsmethode vorgezogen. Allerdings ist es denkbar, dass die Anrechnung dem Steuerpflichtigen ausnahmsweise einmal keinen effektiven Vorteil bringen könnte – weil die inländischen Steuern, auf die angerechnet werden könnte, bei Null liegen. Das ist möglich, wenn die Gesamteinkünfte negativ sind, so dass keine deutsche Steuer bezahlt werden muss, auch wenn die Auslandseinkünfte positiv sind und daher im Ausland eine Steuer anfiel. Außerdem ist der Fall denkbar, dass die Auslandseinkünfte aus deutscher Sicht negativ sind (und daher auf ihnen keine anteilige deutsche Steuer lastet), sie aber dennoch im Ausland besteuert worden sind (z.B. in Form einer Quellensteuer auf die Einnahmen). In solchen Fällen ist es dann günstiger, die ausländische Steuer als Betriebsausgabe zu behandeln und den Betrag somit wenigstens anteilig im Inland steuermindernd geltend machen zu können. Deutschland trägt diesen Zusammenhängen dadurch Rechnung, dass es die Anrechnungsmethode zwar als Regelmethode vorsieht (Normierung in § 34c Abs. 1 EStG), dem Steuerpflichtigen aber für die Abzugsmethode ein Wahlrecht einräumt (§ 34c Abs. 2 EStG).

Hat ein Steuerpflichtiger verschiedene Arten von Einkünften und bezieht er seine **Einkünfte aus zwei oder mehr ausländischen Staaten**, müssen für die Anwendung der Anrechnungsmethode noch verschiedene Details geklärt werden. Dann kann es z.B. einen Unterschied machen, ob man alle ausländischen Steuern zusammenrechnet und dann erst die Belastung ggf. auf das inländische Steuerniveau hoch schleust (sog. *overall-limitation-Methode*) oder ob man für jeden Einkommensteil einzeln die bezahlte ausländische Steuer feststellt und mit der darauf entfallenden inländischen Steuer vergleicht, um die Belastung für jeden individuellen Einkommensteil ggf. auf das inländische Niveau anzuheben. Bei der ersten Möglichkeit wäre es möglich, dass ein Steuerpflichtiger, der bereits Einkünfte aus einem Land erzielt, in dem die ausländische Steuer höher ist als im Inland (und er deswegen nicht *alle* ausländischen Steuern anrechnen kann), insgesamt weniger Steuern zahlt, wenn er sein übriges Kapital nicht im Inland, sondern in einem ausländischen Staat mit geringerem als inländischem Steuerniveau anlegt; einen solchen Anreiz möchte der Gesetzgeber verständlicherweise nicht geben. Daher ist im deutschen Recht die Regelung getroffen worden, dass der Vergleich der in- und ausländischen Steuern *länderweise* erfolgen muss, d.h. es werden für jeden Staat die Steuern auf alle dortigen Einkünfte zusammengerechnet und mit der auf diese Einkünfte entfallenden deutschen Steuer verglichen (sog. *per-country-limitation*-Methode). Darüber hinaus muss jeder Gesetzgeber natürlich auch weitere Details regeln, z.B. welche Arten von ausländischen Steuern er auf seine Einkommen- oder Körperschaftsteuer anrechnen will, wie der Fall zu behandeln ist, wenn die ausländische Steuer noch ermäßigt werden könnte usw.

Diese Festlegungen finden sich im deutschen Einkommensteuerrecht in § 34c Abs. 1 EStG; für die Körperschaftsteuer gelten sie nach § 26 Abs. 1 KStG sinngemäß. Demnach darf in Deutschland eine ausländische Steuer nur dann angerechnet werden, wenn sie auf Einkünfte entfällt, die Deutschland als „ausländisch" anerkennt (vgl. § 34d EStG), ihrem Charakter nach der deutschen Einkommensteuer entspricht (vgl. Anlage 6 EStR) und die Steuer nicht nur festgesetzt und gezahlt worden ist, sondern auch keinem Ermäßigungsanspruch mehr unterliegt. Außerdem muss die ausländische Steuer von demjenigen Staat erhoben worden sein, in dem die Einkünfte erzielt worden sind; wenn der Steuerpflichtige noch einen zweiten Wohnsitzstaat hat, an den er Steuern zahlen muss, gewährt Deutschland die Anrechnungsmethode also nicht. In den Fällen, in denen die Voraussetzungen für die Anrechnung der ausländischen Steuern nicht erfüllt sind, ordnet der Gesetzgeber jedoch immer an, dass dann wenigstens die Abzugsmethode zu gewähren ist (§ 34c Abs. 3 EStG).

In einigen Sonderfällen kann die **Technik der Anrechnungsmethode modifiziert** werden, um besonderen Problemen Rechnung zu tragen. Das geschieht z.B. in Konzernen dadurch, dass auch die von einer ausländischen Tochtergesellschaft bezahlte Steuer bei der Besteuerung der Dividenden bei ihrer inländischen Muttergesellschaft berücksichtigt werden kann (sog. „**indirekte Anrechnung**"; hier wird also auf den Grundsatz verzichtet, dass nur die vom Stpfl. selbst bezahlte Steuer berücksichtigt werden darf). Die „indirekte Anrechnung" ist in Deutschland seit der Einführung des Halbeinkünfteverfahrens nicht mehr notwendig, weil Kapitalgesellschaften keine Steuern auf ihre Dividendeneinkünfte aus ihren Töchtern mehr bezahlen müssen, es also auch keine Steuern mehr gibt, auf die man die Steuern der Töchter anrechnen könnte oder müsste. Die „indirekte Anrechnung" spielt jedoch in angelsächsischen Ländern eine große Rolle, weil diese Länder grundsätzlich keine Freistellung von Dividendeneinkünften kennen. Eine andere besondere Variante der Anrechnungsmethode besteht darin, dass nach einigen älteren völkerrechtlichen Verträgen (Doppelbesteuerungsabkommen) mit bestimmten Entwicklungsländern für bestimmte ausländische Einkünfte aus diesen Ländern eine Steuer in genau festgelegter Höhe auch dann angerechnet werden muss, wenn das betreffende Land diese Steuer in Wirklichkeit nicht oder nicht in voller Höhe erhebt (sog. „**fiktive Anrechnung**"); hierdurch soll unterstützt werden, dass das betreffende Land durch geringe Steuern für ausländische Investoren ein positives Investitionsklima schaffen kann und somit seine Entwicklung selbst fördert.

3.3 Freistellungsmethode

Auch wenn durch die Anrechnungsmethode die Doppelbesteuerung auf das Niveau nur einer einzigen Steuerbelastung reduziert wird, so kann doch in einigen Fällen schon der Effekt unerwünschte wirtschaftliche Folgen haben, dass der inländische Steuerpflichtige für seine ausländischen Einkünfte aus einem ausländischen Staat Steuern auf einem höheren (= nämlich dem deutschen) Niveau bezahlen muss als seine ausländischen Konkurrenten, die in dem betreffenden Staat selbst ansässig sind. Weil dieser Steuerpflichtige dann nämlich aus gleichem Einkommen weniger Nettoerträge zur Bildung von Rücklagen erwirtschaften kann, kann er beim Wettbewerb mit seinen ausländischen Konkurrenten ins Hintertreffen geraten, denn seine Finanzkraft und seine Möglichkeiten zur Finanzierung des Unternehmenswachstums sind geringer als die seiner Konkurrenten; das aber kann dazu führen, dass die eigenen Steuerpflichtigen auf ausländischen Märkten benachteiligt sind. Bei einigen Arten von Einkünften entschließen sich daher viele Staaten, auch darauf zu verzichten, die Steuerbelastung für die ausländischen Einkünfte auf das inländische Steuerniveau anzuheben; sie stellen diese Einkünfte dann vielmehr völlig von jedem eigenen Steueranspruch frei (**Freistellungsmethode**). Diese ausländischen Einkünfte werden dann nur noch im Ausland besteuert; im Inland gilt dagegen eine Steuerbefreiung. Die Einkommensteuer für die übrigen, steuerpflichtigen (inländischen) Einkünfte soll dann allerdings mit demjenigen Steuersatz festgesetzt werden, der für einen Steuerpflichtigen mit dem betreffenden Welteinkommen sozial angemessen ist. Deswegen bestimmt man bei Anwendung der Freistellungsmethode zwar zunächst nur das zu versteuernde Einkommen, fragt dann aber sofort anschließend auch nach der Höhe des *gesamten* Einkommens einschließlich auch der steuerfreien Teile (**Progressionsvorbehalt**, § 32b EStG) und bestimmt anhand dieser Größe zunächst, welcher Durchschnittssteuersatz für das gesamte Welteinkommen nach dem ESt-Tarif sozial angemessen wäre. Diesen „angemessenen" Satz wendet man dann anschließend auf den steuerpflichtigen Teil des Einkommens an.

Beispiel:

Der Steuerpflichtige X hat steuerfreie Einkünfte aus einem DBA-Land in Höhe von 76.324 Euro. Es verbleibt steuerpflichtig ein zu versteuerndes Einkommen von 10.000 Euro. Nach der ESt-Grundtabelle würde für einen Betrag von 10.000 Euro nur eine Steuer von ca. 400 Euro anfallen; X würde also mit etwa 4% belastet – mithin mit einer Steuerprogression für Geringverdiener. Es ist unmittelbar einleuchtend, dass dieses Belastungsergebnis für einen Steuerpflichtigen mit Einkommensverhältnissen des X ungerecht wäre. Sein Welteinkommen inklusive der steuerfreien Bezüge beläuft sich nämlich auf 86.324 Euro.

Daher wird richtig wie folgt gerechnet:

Für ein Welteinkommen von 86.324 Euro betrüge die Steuer nach der ESt-Grundtabelle 2004 insgesamt 30.000 Euro; das entspricht einer Durchschnittsbelastung von 34,75%. Trotz Freistellung darf die Bundesrepublik noch besteuern einen Betrag von 10.000 Euro; mit welchem Satz sie diesen Betrag besteuert, darf sie selbst festlegen. Daher wird von den fraglichen 10.000 Euro ein Prozentsatz von 34,75%, mithin 3.475 Euro, als Steuer festgesetzt.

Da die Doppelbesteuerungsabkommen nur regeln, welcher Staat welche Einkünfte besteuern darf und welcher nicht, aber keine Vorgaben darüber machen, nach welchen Regeln und insbesondere mit welchem Steuersatz jeder Staat die Besteuerung dann vornimmt, braucht die Anwendung dieses „Progressionsvorbehalts" (= man behält sich vor, für die Berechnung der Progression sehr wohl auch nach der Höhe der freigestellten Einkünfte zu fragen) keine besondere Erlaubnis im DBA. Eine abweichende frühere Auffassung hat die Rechtsprechung mittlerweile aufgegeben. Da aber kein einziges DBA die Anwendung des Progressionsvorbehaltes verbietet (das tut lediglich das Protokoll über die Vorrechte und Befreiungen der EG-Beamten, so wie es traditionell ausgelegt wird), ist die Anwendung des Progressionsvorbehalts nach neuerer Rechtsauffassung mithin immer erlaubt. Das hat freilich nur Konsequenzen bei der Einkommensteuer; bei der Körperschaftsteuer bestimmt sich der Steuersatz ja nicht progressiv, sondern als fester Prozentsatz des zu versteuernden Einkommens.

Würde die Freistellungsmethode unterschiedslos für alle Einkünfte eingeführt, so würde die Gefahr wieder akut, dass die Steuerpflichtigen ihr Geld nur aus Gründen der Steuerersparnis ins Ausland verlagern, wenn die dortige Steuer niedriger (z.B. 0%) als im Inland ist. Dieser Gefahr wird sich natürlich kein Staat aussetzen wollen. Daher wird die Freistellungsmethode traditionell nur für solche Einkunftsarten vereinbart, bei denen diese Gefahr üblicherweise nicht besteht. Das klassische **Anwendungsgebiet** sind vor allem Einkünfte aus ausländischen **Betriebsstätten eines Unternehmens**, das vor Ort im Ausland tatsächlich wirtschaftliche Aktivitäten ausführt. Denn bei der Standortwahl für eine Niederlassung oder anderweitige feste Geschäftseinrichtung wird die Besteuerung normalerweise nicht die allein ausschlaggebende Rolle spielen können. Dort kommt es vielmehr meist in viel größerem Umfang auf Kundennähe, Verkehrsanbindung, Rohstoffnähe und ähnliche Faktoren an (je nach Branche verschieden). Die Freistellungsmethode wird außerdem üblicherweise nicht einseitig gegenüber allen denkbaren Handelspartnern zugestanden, sondern nur den Ländern, mit denen ein Doppelbesteuerungsabkommen geschlossen wird. Dies ist insbesondere die Praxis der Bundesrepublik Deutschland; Frankreich, das bereits in seinem eigenen nationalen Steuergesetz die Freistellung aller Einkünfte aus ausländischen Betriebsstätten vorsieht, befindet sich mit dieser Position dagegen weltweit in der Minderheit. Es gibt sogar eine (wachsende) Anzahl von Staaten, die selbst in Doppelbesteuerungsabkommen durchgängig überhaupt nicht bereit sind, die Freistellungsmethode zuzugestehen, sondern strikt für alle Einkünfte bei der Anrechnungsmethode verbleiben. Diese Position ist unter den angelsächsischen Ländern verbreitet.

In deutschen Doppelbesteuerungsabkommen wird es zunehmend üblich, die Freistellung von Einkünften ausländischer Betriebsstätten ebenso wie Vorzugsbehandlungen für Dividenden aus Tochterkapitalgesellschaften auf solche Einkünfte zu begrenzen, die „aktiver" Natur sind (**Aktivitätsklauseln**). Hiermit möchte man erreichen, dass auch dann, wenn Niederlassungen im Ausland aus wirtschaftlichen Gründen heraus errichtet werden, kein Anreiz dafür geboten wird, zusätzlich auch noch Einkünfte aus Vermögensverwaltung oder ähnlichen Tätigkeiten dorthin zu verlagern, für die der ausländische Standort nur aus steuerlichen Gründen attraktiv ist („passive Einkünfte").

3.4 Pauschalierung

Theoretisch ist es auch denkbar, von einer exakten Beseitigung der Doppelbesteuerung durch die Freistellungs- oder Anrechnungsmethode abzusehen und stattdessen den inländischen Steueranspruch auf die ausländischen Einkünfte **pauschal** zu ermäßigen. Das darf nach deutschem Recht geschehen, wenn die Anwendung der Anrechnungsmethode besonders schwierig erscheint oder wenn eine solche Vorgehensweise „aus volkswirtschaftlichen Gründen zweckmäßig ist". Zu einem solchen pauschalen Verzicht auf einen Teil der Steuer kann allerdings naturgemäß nicht jeder Sachbearbeiter befugt sein. Nach § 34c Abs. 5 EStG ist hierzu vielmehr eine Anweisung der obersten Finanzbehörden der Länder (oder der von ihnen beauftragten Finanzbehörden) notwendig, und selbst diese dürfen die Entscheidung nicht ohne Zustimmung des Bundesfinanzministeriums treffen. Um gleichartiges Vorgehen in vergleichbaren Fällen sicherzustellen, hat das BMF zu diesen Fragen im sog. **Pauschalierungserlass** nähere Vorgaben für die Vorgehensweise bei Unternehmereinkünften gemacht (BStBl 1984 I S. 252 ff.). Die Pauschalierungsmöglichkeiten bei Arbeitnehmern regelt dagegen der „**Auslandstätigkeitserlass**" (BStBl 1983 I S. 470 ff.).

Da der Pauschalierungs- und der Auslandstätigkeitserlass naturgemäß auf Unternehmen bzw. Beschäftigte von Unternehmen mit Auslandstätigkeit begrenzt sind, kommen diese Regelungen automatisch einer staatlichen „Beihilfe" im Sinne des europarechtlichen Subventionsverbots bedenklich nahe: Eine staatliche Beihilfe liegt bekanntlich vor, wenn ein Staat durch Zuwendung öffentlicher Mittel oder Verzicht auf Erhebung von Steuern bestimmte Unternehmen fördert; das ist hier dcr Fall, da die Regelungen nur exportorientierte Unternehmen privilegieren können und bereits dies ausreicht, um eine Zuwendung an „bestimmte" statt alle Unternehmen im EG-rechtlichen Sinne nachweisen zu können. Dies mag erklären, warum etwa der Pauschalsteuersatz für Unternehmer im Pauschalierungserlass seit Jahren nicht mehr gesenkt worden ist, obwohl die Steuersätze ansonsten allgemein radikal gesenkt worden sind: eine weitere Senkung gegenüber dem hergebrachten Zustand wäre als neue Beihilfe vermutlich genehmigungspflichtig. So ergibt sich heute der kuriose Zustand, dass Unternehmen ihre Steuerbelastung nach dem Pauschalierungserlass mit 25 % pauschalieren lassen können, obwohl der reguläre Körperschaftsteuersatz mittlerweile ebenfalls nur noch 25 % beträgt, so dass die Pauschalierungsmethode für Kapitalgesellschaften gegenwärtig also vollkommen unattraktiv erscheint.

4. Doppelbesteuerungsabkommen

4.1 Rechtliche Instrumente zur Beseitigung der Doppelbesteuerung

Um eine Doppelbesteuerung zu beseitigen, sind verschiedene rechtliche Wege möglich: Ein Staat kann zum einen seinen Steueranspruch von sich aus, d.h. einseitig (**unilateral**), reduzieren. Hierzu ist jedoch kein Staat gezwungen, denn das allgemeine Völkerrecht kennt keinen Grundsatz, wonach die Doppelbesteuerung verboten wäre. Dennoch entschließt sich in der Praxis oft der Wohnsitzstaat des Steuerpflichtigen, einseitige Maßnahmen zur Vermeidung oder Milderung der Doppelbesteuerung zu ergreifen. In Deutschland geschieht dies durch die Verankerung der Anrechnungsmethode für alle Einkünfte, die der Gesetzgeber als „ausländisch" anerkannt hat (§§ 34c Abs. 1, 34d EStG), und – alternativ – der Abzugsmethode (§ 34c Abs. 2, 3 EStG) sowie der Pauschalierungsmethode (§ 34c Abs. 5 EStG).

Die Bundesrepublik strebt jedoch grundsätzlich an, mit allen für sie wirtschaftlich wichtigen Staaten weitergehende Erleichterungen durch **Doppelbesteuerungsabkommen (DBA)** zu vereinbaren. Solche Abkommen sind völkerrechtliche Verträge zwischen verschiedenen Staaten, in denen diese sich darüber einigen, wer von ihnen bei welchen Einkünften in welchem Ausmaß auf seinen Besteuerungsanspruch verzichtet, um auf diese Art und Weise eine Doppelbesteuerung zu vermeiden. Für die beteiligten Staaten hat dieses Vorgehen den Vorteil, dass die fiskalischen Belastungen aus der Vermeidung der Doppelbesteuerung nicht alleine und ausschließlich vom Wohnsitzstaat eines Stpfl. getragen werden müssen, sondern sich gleichmäßiger auf Quellen- und Wohnsitzstaat verteilen lassen. Außerdem haben die unilateralen Maßnahmen zur Beseitigung der Doppelbesteuerung natürlich den „Schönheitsfehler", dass sie nur dann angewandt werden, wenn es um Einkünfte geht, die aus der Sicht des Wohnsitzstaates als „ausländisch" anerkannt sind: Wo das Ausland anderen Vorstellungen folgt als der inländische Gesetzgeber, besteht somit die Gefahr, dass es unilateral *keine* Anrechnung der ausländischen Steuern gibt und damit auch keine Beseitigung der Doppelbesteuerung. Diese Gefahr aber wird bei DBA vermieden, denn ein DBA dehnt die Gewährung der Anrechnungsmethode durch den Wohnsitzstaat stets auf *alle* Einkünfte aus, die der Quellenstaat nach dem Abkommen überhaupt noch besteuern darf – wenn nicht sogar, wie es häufig geschieht, für diese Einkünfte die Anwendung der Freistellungsmethode vorgesehen wird. Nicht zuletzt ist der Abschluss eines DBA für die betroffenen Stpfl. auch dadurch ein Gewinn, dass in bestimmtem Umfang auch die Besteuerung im Quellenstaat begrenzt wird – gerade bei Quellensteuern (wie z.B. einer Zinsabschlagsteuer), die ja auch dann erhoben werden, wenn gar kein Gewinn angefallen ist, stellt eine solche Begrenzung einen echten Vorteil für die Beteiligten dar.

4.2 Bedeutung des OECD-Musterabkommens

DBA werden normalerweise, zumindest von Seiten der Bundesrepublik Deutschland, als bilaterale Abkommen geschlossen, d.h. als Abkommen mit nur zwei Vertragspartnern (der BRD und dem jeweiligen ausländischen Staat). Dies ist auch international noch die übliche Praxis; das führt aber dazu, dass ein international tätiges Unternehmen sehr schnell mit den Vorschriften einer ganz erheblichen Zahl von verschiedenen Doppelbesteuerungsabkommen konfrontiert wird, wenn es feststellen will, nach welchen Regeln seine Einkünfte aus den unterschiedlichen Ländern besteuert werden. Würde jedes Abkommen tatsächlich vollkommen individuell abgefasst, ergäbe sich hieraus sehr schnell eine nicht mehr zu beherrschende Unübersichtlichkeit. Dem wirken die Finanzverwaltungen dadurch entgegen, dass sie im Rahmen der **OECD** Empfehlungen ausarbeiten, nach denen die Mitgliedstaaten der OECD die Texte ihrer Steuerabkommen ausgestalten sollen. Diese Empfehlungen werden jeweils als Mustertext (**OECD-Musterabkommen**) veröffentlicht. Rechtlich sind diese Musterabkommen völlig unverbindlich; in der Praxis halten sich die Mitgliedstaaten der OECD aber so weitgehend daran, dass jeder, der das OECD-Musterabkommen kennt, in der Lage ist, sich in den Bestimmungen praktisch aller Abkommen ohne größere Schwierigkeiten zurechtzufinden. Insoweit stellt der jeweils aktuelle Text des OECD-Musterabkommens für die Steuern vom Einkommen und Vermögen für die Praxis eine große Erleichterung dar; auch in der Ausbildung in den Grundlagen des Internationalen Steuerrechts reicht es meist aus, sich mit den OECD-Bestimmungen zu beschäftigen.

4.3 Zusammenwirken von DBA und nationalem Steuerrecht

Eine weitere Erleichterung ergibt sich dadurch, dass die DBA nur bestimmen, welcher Staat welche Einkünfte besteuern *darf* (und bisweilen, aber nur für Quellensteuern, Obergrenzen für den Steuersatz festlegen). Ob der betreffende Staat von seinem Recht, die Einkünfte zu besteuern, auch wirklich Gebrauch machen will und nach welchen Regeln er dies tut, bestimmt sich dagegen nach dem „nationalen" Steuergesetz. Aus diesem Grund werden in Deutschland alle grenzüberschreitend aktiven Steuerpflichtigen im Grundsatz nach den „normalen" Regeln über die beschränkte oder die unbeschränkte Steuerpflicht besteuert – in den Grenzen, in denen das DBA eine Besteuerung dieser Einkünfte noch zulässt. Dies bedeutet, dass man nicht für jedes grenzüberschreitende Geschäft die Gewinne etc. nach anderen Regeln errechnen muss, sondern die grundsätzlichen Regeln über die Gewinnermittlung und die Berechnung der ESt (KSt) unverändert angewandt werden dürfen, soweit das DBA das Besteuerungsrecht für die fraglichen Einkünfte nicht dem Ausland zuspricht. Es ist also ausreichend, wenn der Steuerpflichtige die ganz „normalen" steuerlichen Regelungen seines Wohnsitz- und seines Tätigkeitslandes befolgt; das mag schwer genug sein, aber es erspart einem immerhin, für grenzüberschreitende Geschäfte ganz besondere Regeln erlernen zu müssen. Freilich ergeben sich aus der Einschlägigkeit von DBA oder der Anwendbarkeit von unilateralen Regelungen zur Beseitigung der Doppelbesteuerung manchmal auch besondere Informations- und Dokumentationsbedürfnisse; so wird man nicht umhin kommen, die Einkünfte aus unterschiedlichen ausländischen Staaten, geordnet nach Staat und Einkunftsart, getrennt buchhalterisch zu erfassen, um z.B. die Anrechnungsmethode korrekt durchführen zu können. Der damit verbundene Aufwand ist aber wesentlich geringer, als wenn für jedes dieser

Geschäfte bilateral zwischen den Staaten eigene „internationale" Gewinnermittlungsvorschriften vereinbart worden wären.

4.4 Grundsätzlicher Inhalt eines DBA

4.4.1 Aufbau der Abkommen

Im Völkerrecht wird üblicherweise sehr viel Wert darauf gelegt, dass Staaten einander als gleichwertige Partner behandeln. Dazu passt es, dass die **Regeln** eines DBA stets so formuliert werden, dass sie **für beide Vertragspartner spiegelbildlich** gelten. Vereinbarungen wie „Großbritannien verzichtet auf die Besteuerung von Einkünften aus Gewerbebetrieb, Deutschland auf die von Einkünften aus Kapitalvermögen" wird man also vergeblich suchen. Statt dessen formulieren die Abkommen für beide Staaten gleichermaßen gültige Prinzipien darüber, was der *Quellenstaat* der Einkünfte besteuern darf und was der *Ansässigkeitssitzstaat* des Steuerpflichtigen tun darf oder tun muss (z.B. Anrechnung der im Quellenstaat erhobenen Steuer). Aus diesem Grund ist es zunächst natürlich einmal absolut notwendig, dass das Abkommen festlegt, welcher Staat „**Ansässigkeitsstaat**" bzw. der „Staat des Steuerpflichtigen" ist und welcher Staat folglich nur der „**andere Staat**" sein kann (das Wort „Quellenstaat" wird ungern verwendet; das macht Abkommenstexte gelegentlich etwas unanschaulich). Diese Festlegung geschieht – weil man ohne sie die ganzen Regelungen des übrigen Abkommenstextes nicht verstehen könnte – zweckmäßigerweise ziemlich zu Beginn der Textes (Art. 4 DECD-MA); zuvor finden sich nur die – noch viel grundlegenderen – Bestimmungen darüber, für welche Personen und Steuern das Abkommen denn überhaupt gilt. Im Anschluss daran finden sich dann umfangreiche Regelungen, wann der Quellenstaat bestimmte Einkünfte aus seinem Gebiet besteuern darf und wann nicht, und schließlich wie der Wohnsitzstaat in solchen Fällen eine Doppelbesteuerung zu vermeiden hat (Anrechnungs- oder Freistellungsmethode). Darüber hinaus nutzen die Staaten das DBA heutzutage meistens auch, um einen Auskunftsaustausch zwischen den Finanzverwaltungen zu vereinbaren und Regelungen über eine Verständigung bei Auslegungsstreitigkeiten vorzusehen.

4.4.2 Anwendungsbereich

Die Abkommen gelten jeweils nur für Personen, die in mindestens einem der Vertragsstaaten „ansässig" sind. Man muss also in mindestens einem der beiden Vertragsstaaten aufgrund eines Wohnsitzes oder des gewöhnlichen Aufenthalts (oder, bei Kapitalgesellschaften, des Sitzes und/oder des Ortes der Geschäftsleitung) unbeschränkt steuerpflichtig sein, um sich überhaupt auf das DBA zwischen zwei Staaten berufen zu können (Art. 1 OECD-MA).

Beispiel:

Wer z.B. ein Einzelunternehmen in Belgien besitzt, das auch Geschäfte mit Deutschland macht, kann sich also nicht auf das DBA Deutschland-Belgien berufen, wenn er weder in Belgien noch in Deutschland, sondern in Frankreich wohnt, denn er ist nach dem DBA D-Belgien weder in Deutschland noch in Belgien „ansässig". Allerdings wird in diesem

Fall für den französischen Unternehmensinhaber das Abkommen Deutschland-Frankreich gegenüber Deutschland und das Abkommen Belgien-Frankreich gegenüber Belgien ausreichenden Schutz vor einer Doppelbesteuerung bieten.

Da völkerrechtliche Verträge normalerweise unter der Annahme ausgelegt werden sollen, dass der Staat sich nur an dasjenige binden wollte, das er im Vertrag klar und deutlich ausgedrückt hat, muss außerdem hinreichend deutlich aufgelistet werden, für welche Steuern das betreffende DBA überhaupt Anwendung finden soll. Dies sind i.d.R. nur die Einkommen- und Vermögensteuern (Art. 2 OECD-MA). Für andere Steuern werden entweder separate DBA geschlossen (z.B. für Erbschaftsteuern) oder gelegentlich auch multilaterale internationale Vereinbarungen getroffen (z.B. für die Kfz-Steuern).

4.4.3 Begriffsbestimmungen

Nach der Festlegung des Anwendungsbereichs folgt ein Abschnitt, in dem diejenigen Begriffe festgelegt werden, die zur Anwendung des folgenden Abkommenstextes notwendig sind (Art. 3 bis Art. 5 OECD-MA). So wird beispielsweise definiert, was das Abkommen unter einer **„Person"** versteht – ein Problem immer dann, wenn es um Gesellschaften und andere Personenvereinigungen geht, weil nicht jeder Staat nach gleichen Maßstäben entscheidet, was er steuerlich als eigenständige, körperschaftsteuerliche Einheit ansieht und was er stattdessen wie eine Mitunternehmerschaft behandelt, bei der die Einkünfte als Einkünfte der Gesellschafter anzusehen sind. Üblicherweise werden juristische Personen wie z.B. Kapitalgesellschaften im Abkommen als eigenständige Personen anerkannt und Personengesellschaften dann als eigenständig angesehen, wenn sie auch im nationalen Steuerrecht als eigene Rechtssubjekte angesehen werden (Art. 3 OECD-MA). Das kann leicht zu unübersichtlichen Verhältnissen führen, wenn Personengesellschaften international agieren.

Beispiel:

Eine deutsche Personengesellschaft (X-OHG) besteht aus vier Gesellschaftern (je zu 25% beteiligt), die in Deutschland, Großbritannien, Spanien und Kasachstan wohnen. Die Gesellschaft gilt nach deutschem Recht als Mitunternehmerschaft, d.h. sie hat steuerlich keine eigene Existenz. Folglich sind auch aus der Sicht der DBA die Einkünfte der Gesellschaft nicht von ihr, sondern direkt von den Gesellschaftern erwirtschaftet. Folge: Weil Einkünfte der X-OHG aus einer französischen Betriebsstätte somit zu je 25% Einkünfte eines Deutschen, Briten, Spaniers und Kasachen aus Frankreich darstellen, muss zur Vermeidung der Doppelbesteuerung

a) für den Einkommensanteil des Deutschen auf das DBA Deutschland-Frankreich,

b) für den Einkommensanteil des Briten auf das DBA Frankreich-Großbritannien,

c) für den Einkommensanteil des Franzosen auf das DBA Frankreich-Spanien,

d) für den Einkommensanteil des Kasachen auf das DBA Frankreich-Kasachstan (falls ein solches vorhanden sein sollte)

zurückgegriffen werden.

Denkbar ist freilich, dass ein DBA durch eine Sonderregelung eine Personengesellschaft für die Anwendung des DBA einer eigenständigen juristischen Person gleichstellt.

Beispiel (Fortsetzung):

Gäbe es eine Sonderregelung, die die X-OHG im DBA einer Personengesellschaft gleichstellen würde, dann wäre das DBA Deutschland – Frankreich in diesem Falle anwendbar. Bei welchen Einkünften der X-OHG Deutschland kein Besteuerungsrecht hätte, ergäbe sich dann auch aus diesem Abkommen; die Gesellschafter bräuchten daher, auch soweit sie nicht in Deutschland oder Frankreich wohnen, nicht auf die DBA mit ihren jeweiligen Heimatstaaten zurückzugreifen.

Art. 3 OECD-MA legt auch fest, nach welchen Regeln Begriffe auszulegen sind, wenn ein DBA hierfür keine eigene Definition bereithält. In diesem Fall soll jeder der Vertragstaaten die für sein eigenes Steuerrecht gebräuchliche Definition anwenden.

Um die Regelungen des Abkommens sinnvoll anwenden zu können, muss definiert werden, welcher Staat „**Ansässigkeitsstaat**" des Steuerpflichtigen im Sinne des Abkommens ist und welcher Staat nur „anderer Staat" ist. Dies erfolgt in Art. 4 OECD-MA. Demnach ist eine Person dort „ansässig", wo sie unbeschränkt steuerpflichtig ist (Art. 4 Abs. 1 OECD-MA). Freilich kann eine natürliche Person durchaus auch zwei Wohnsitze haben oder ihr gewöhnlicher Aufenthalt kann in Staat A liegen, ihr Wohnsitz dagegen in Staat B. Sie ist dann logischerweise in beiden Staaten unbeschränkt steuerpflichtig. Für das Abkommen darf es aber nur *einen* einzigen „Ansässigkeitsstaat" geben; denn die gesamten Regelungen über die Aufteilung der Besteuerungsrechte „leben" von der klaren Unterscheidung zwischen „Ansässigkeitsstaat" und Quellenstaat, sie wären bei zwei Ansässigkeitsstaaten nicht praktizierbar. Daher enthält das Abkommen Regeln, wonach in solchen Fällen nur *einer* der beiden Staaten als „Ansässigkeitsstaat" angesehen wird. Dies geschieht anhand einer Kette von verschiedenen Merkmalen:

- Zunächst gilt der Staat als Ansässigkeitsstaat, in dem der Stpfl. eine *ständige* Wohnstätte besitzt; hat er davon in jedem Staat eine, dann zählt der Mittelpunkt der Lebensinteressen (persönlicher und wirtschaftlicher Art).

- Ermöglicht auch das keine eindeutige Entscheidung, dann zählt der Staat, in dem der gewöhnliche Aufenthalt vorliegt.

- Ist auch ein gewöhnlicher Aufenthalt in beiden Staaten oder in keinem der Staaten gegeben, so entscheidet die Staatsangehörigkeit.

- Hilft auch dieses Kriterium nicht weiter, so entscheiden die zuständigen Behörden gemeinsam darüber, in welchem Staat der Stpfl. als ansässig angesehen werden soll.

Diese Kriterien ermöglichen in der Theorie stets eine eindeutige Identifizierung eines Ansässigkeitsstaates. In der Praxis können aber Schwierigkeiten denkbar sein, wenn nicht genau feststellbar ist, wann ein gewöhnlicher Aufenthalt in dem einen Staat endete und in dem anderen begonnen hat, wann wo der Mittelpunkt der Lebensinteressen lag usw. Hier müssen die Steuerpflichtigen bzw. ihre mit der Kontaktpflege zum Steuerberater betrauten Angestellten daher unbedingt darauf achten, Vorsorge für *eindeutige* Verhältnisse bzw. eindeutige Nachweise zu schaffen.

Beispiel:

Ein Stpfl. hat bis Oktober eine Wohnung in Deutschland, bereits ab Juni eine neue Wohnung in Frankreich. Unklar ist, wann der Mittelpunkt der Lebensinteressen bzw. der gewöhnliche Aufenthalt sich von Deutschland nach Frankreich verschoben haben. Wenn der Stpfl. in der fraglichen Zeit (z.B. im Juli) Zinseinnahmen von 20 Mio. Euro vereinnahmt hat (→ Besteuerung nur im Ansässigkeitsstaat!), ist die Gefahr nicht gering, dass sowohl Frankreich als auch Deutschland solange geneigt sein werden, sich für den Ansässigkeitsstaat zu halten, bis der Stpfl. eindeutig das Gegenteil beweist. Der Stpfl. wäre dann also der Gefahr einer Doppelbesteuerung ausgesetzt, weil er den Sachverhalt nicht hinreichend aufklären kann; er muss dann ggf. ein Verständigungsverfahren zwischen den Vertragsparteien anregen (Art. 25 OECD-MA), hat aber keinen durchsetzbaren Anspruch darauf, dass in diesem Verfahren die widersprüchliche Beurteilung seiner Lage durch die beiden Fisci tatsächlich behoben wird.

Wichtig für das Verständnis der Ansässigkeitsregelungen erscheint der erneute Hinweis, dass dadurch, dass abkommensrechtlich nur einer der beiden Staaten „Ansässigkeitsstaat" sein kann, die Behandlung des Betreffenden in den nationalen Gesetzen nicht verändert wird: Wer also z.B. im Ausland „ansässig" ist, in Deutschland aber einen (zweiten) Wohnsitz hat, wird hier nach wie vor nach den Regelungen über die unbeschränkte Einkommensteuerpflicht besteuert, denn die Voraussetzungen hierfür in § 1 Abs. 1 EStG erfüllt er ja. Dass Deutschland nach dem DBA nicht Ansässigkeitsstaat ist, führt lediglich dazu, dass bei einem solchen Steuerpflichtigen praktisch alle ausländischen und auch einige inländische Einkünfte aufgrund des DBA steuerfrei belassen werden müssen.

Ganz wesentlich für die Anwendung der DBA ist außerdem die jeweilige Definition des Begriffes „**Betriebsstätte**". Hier herrscht im Grundsatz Einigkeit, dass eine Betriebsstätte eine **feste Geschäftseinrichtung** ist, durch die die Tätigkeit eines Unternehmens ganz oder teilweise ausgeübt wird (Art. 5 Abs. 1 OECD-MA). Allerdings enthalten die Abkommen regelmäßig auch zusätzliche Ausführungen, durch die die Vertragspartner sich für bestimmte Einzelfälle darüber verständigen, was sie denn nun bereits als „Betriebsstätte" ansehen wollen und was nicht (Art. 5 Abs. 2 ff. OECD-MA). Hierzu kann es in verschiedenen DBA durchaus unterschiedliche Regelungen geben.

Hinweis:

Der Begriff „Betriebsstätte" ist nicht identisch mit dem gleichnamigen Begriff aus dem nationalen Recht (§ 12 AO). Wo also von „Betriebsstätte" gesprochen wird, muss daher stets geprüft werden, ob von einer Betriebsstätte im Sinne des einschlägigen DBA oder einer Betriebsstätte im Sinne der Abgabenordnung die Rede ist.

4.4.4 Zuteilungsnormen: Recht und Pflichten des Quellenstaates

Den umfangmäßig größten Teil nehmen in den DBA üblicherweise die sog. „Zuteilungsnormen" ein, durch die festgelegt wird, welche Einkünfte vom Quellenstaat und welche vom Ansässigkeitsstaat besteuert werden dürfen. Hierbei gilt in den meisten DBA der Grundsatz, dass alle Einkünfte nur im Ansässigkeitsstaat besteuert werden dürfen, wenn nicht dem Quellenstaat durch das Abkommen ausdrücklich das Recht zugestanden wird, die betreffenden Einkünfte (ggf.: auch) zu besteuern (Art. 21 OECD-MA). Dieser Grundsatz ist in der Praxis jedoch praktisch komplett ausgehöhlt, weil fast für alle Arten von Einkünften aus dem Quellenstaat diesem in der einen oder anderen Form ein Besteuerungsrecht zugestanden wird. Der allgemeine Grundsatz schützt den Stpfl. im Wesentlichen aber u.a. davor, im „anderen Staat" – z.B. wegen dortiger unbeschränkter Steuerpflicht aufgrund eines zweiten Wohnsitzes – mit Einkünften zur Besteuerung herangezogen zu werden, die aus einem dritten Staat stammen.

Einkünfte aus unbeweglichem Vermögen dürfen stets in dem Staat besteuert werden, in dem dieses Vermögen liegt (Art. 6 OECD-MA); hier gilt also das Quellenstaatprinzip. Dabei enthält die Regelung selbst nur die Erlaubnis für den Quellenstaat; sie enthält somit insbesondere noch keine Regelung, die den Ansässigkeitsstaat zu irgendeinem Steuerverzicht zwingen würde. Was der Ansässigkeitsstaat zu tun hat, damit es nicht zu einer Doppelbesteuerung kommt (Anrechnung oder Freistellung), wird vielmehr erst an wesentlich späterer Stelle geregelt (Art. 23 OECD-MA). Diese gesetzgeberische Technik verfolgt das OECD-MA durchgehend.

Besonders wichtig ist in der Praxis die Regelung über **Betriebsstätteneinkünfte** (Art. 7 OECD-MA). Einkünfte aus unternehmerischer Tätigkeit dürfen demnach nur dann im Quellenstaat besteuert werden, wenn sie aus einer dortigen Betriebsstätte stammen (**Betriebsstättenprinzip**). Gewinne aus einem Direktgeschäft, bei dem Ware aus einem Staat in den anderen per Post versandt wird („Liefergewinne"), dürfen also beispielsweise im Land des Empfängers *nicht* der Einkommen-/Körperschaftsteuer unterworfen werden. Sinnvoll ist das nicht zuletzt deswegen, weil ertragsteuerliche Pflichten für solche Geschäfte den grenzüberschreitenden Wirtschaftsverkehr übermäßig belasten würden. Dagegen ist jemand, der in einem anderen Land eine feste Geschäftseinrichtung unterhält, bereits organisatorisch in die Wirtschaft dieses Landes integriert und nutzt auch dessen Infrastruktur; ihm ist es deswegen durchaus zuzumuten, dort auch Steuern zu entrichten und – für den Gewinn der Betriebsstätte – den dortigen steuerlichen Gewinnermittlungsvorschriften Genüge zu tun. Das Betriebsstättenprinzip hat nicht zuletzt, um Wettbewerbsneutralität zwischen in- und ausländischen Unternehmern im jeweiligen Tätigkeitsland herzustellen, einen relativ hohen Rang im OECD-Musterabkommen: Werden beispielsweise Dividenden, Zinsen oder Lizenzgebühren von einer Betriebsstätte vereinnahmt, so findet das Betriebsstättenprinzip vorrangig Anwendung; die Spezialvorschriften für diese Einkunftsarten im hinteren Teil des Abkommens sind demgegenüber nachrangig.

Hinweis:

Zum Betriebsstättenprinzip folgen unmittelbar im Anschluss an Art. 7 OECD-MA zwei Sonderbestimmungen, nämlich die Ausnahmeregelung für Einkünfte aus internationaler Schifffahrt und Luftfahrt (für die das Betriebsstättenprinzip unpraktikabel wäre, Art. 8 OECD-MA) und eine Regelung, die es erlaubt, Manipulationen der Betriebsstättengewinne durch verbundene Unternehmen (Konzernunternehmen) zu verhindern (Art. 9 OECD-MA).

Die im Rahmen der Vorschriften über die Einkünfte von Unternehmen enthaltene Bestimmung über die **Möglichkeiten zur Korrektur von Verrechnungspreisen** (Art. 9 OECD-MA) gewinnt in den letzten Jahren immer stärkere praktische Bedeutung. Sie sieht vor, dass ein Vertragsstaat die Gewinnermittlung eines Unternehmens aus Geschäften mit verbundenen Unternehmen berichtigen kann, wenn dieses Unternehmen das Geschäft mit seinem verbundenen Unternehmen nicht zu Konditionen abgewickelt hat, die denen entsprechen, die einander nicht verbundene, fremde Dritte vereinbart hätten. Die Korrektur darf dann allerdings (nur) in einer Erhöhung der Gewinne auf denjenigen Betrag bestehen, den das fragliche Unternehmen unter fremdüblichen Bedingungen hätte erzielen können (Art. 9 Abs. 1 OECD-MA). Dann ergibt sich allerdings für den betroffenen Konzern die Gefahr einer doppelten Besteuerung identischer Beträge, denn der Betrag, um den der Gewinn des einen Unternehmens erhöht worden ist, ist ja infolge der vereinbarten Konditionen zivilrechtlich bei dem anderen Unternehmen angefallen und könnte daher dort ebenfalls versteuert werden. Daher fordert das Abkommen den anderen Staat auf, die Gewinne des anderen Unternehmens entsprechend herabzusetzen; diese Verpflichtung gilt allerdings nur, wenn dieser Staat die von seinem Vertragspartnerstaat vorgenommene Korrektur selbst für sachlich angemessen hält (Art. 9 Abs. 2 OECD-MA). Die Durchführung einer solchen Gegenberichtigung kann daher nicht erzwungen werden.

Die Thematik der Verrechnungspreise gewinnt in den letzten Jahren in zweifacher Hinsicht immer mehr an Bedeutung: Zum einen nimmt durch die Globalisierung die Häufigkeit internationaler Geschäftsbeziehungen immer stärker zu, und zum anderen sind durch die zunehmende internationale gesellschaftsrechtliche Verflechtung der Unternehmen auch immer größere Anteile am grenzüberschreitenden Wirtschaftsverkehr konzerninterner Natur. Das hat zur Konsequenz, dass die Fälle, in denen die Anwendung des Art. 9 OECD-MA möglich wäre, immer häufiger werden. Zugleich werden diese Fälle aber auch tendenziell problematischer, da immer häufiger Leistungen konzernintern gehandelt werden, die von anderen Anbietern nicht erstellt werden, sondern konzernspezifisch sind, so dass sich der „Fremdpreis" auf dem Weltmarkt gar nicht mehr beobachten lässt, sondern nur mittels theoretischer Erwägungen eingegrenzt werden kann.

Das macht die Gefahr einer Verrechnungspreiskorrektur für die Unternehmen immer bedeutsamer, und daher entsteht zugleich ein immer stärkeres Bedürfnis danach, für verbundene Unternehmen, die ihre Preise in gutem Glauben entsprechend ihrer Auffassung vom Fremdvergleichsgrundsatz festsetzen, bei der Vornahme von Korrekturen auch einen ausreichenden Schutz vor einer Doppelerfassung der strittigen Gewinnbestandteile in mehreren Staaten zu schaffen. Man findet daher zunehmend Abkommen, bei denen die Vertragsstaaten über die Standardvorschläge der OECD – Lösung durch Gegenkorrektur nach Art. 9 Abs. 2 OECD-MA und bei Uneinigkeit Verständigungsverfahren zwischen den Verwaltungen ohne Einigungszwang nach Art. 25 OECD-MA – hinausgehen und Schiedsregelungen unterschiedlichster Art vorgesehen werden, durch die dafür gesorgt werden soll, dass bei Uneinigkeit der Verwaltungen untereinander der Steuerpflichtige nicht den Schaden aus der mangelnden Eindeutigkeit der steuerlichen Lage haben soll. In der EG ist hier auf eine Art „Zusatz-DBA" zwischen den Mitgliedstaaten, das sog. „Schiedsabkommen" aus dem Jahre 1990, zu verweisen.

> Es ist in diesem Zusammenhang darauf hinzuweisen, dass Art. 9 OECD-MA als Abkommensvorschrift die Staaten natürlich nur *ermächtigt*, solche Korrekturen der Verrechnungspreise vorzunehmen. Ob sie von dieser Möglichkeit Gebrauch machen und nach welchen Regeln dies ggf. geschieht, muss das nationale Steuerrecht festlegen; in Deutschland sind hier etwa die Bestimmungen über die verdeckte Gewinnausschüttung und verdeckte Einlage, aber auch § 1 AStG zu nennen.

Für **Dividenden**, **Zinsen** und **Lizenzgebühren** (Art. 10, 11 und 12 OECD-MA) kann das Besteuerungsrecht in einem DBA zwischen Ansässigkeitsstaat und dem Quellenstaat, aus dem diese Zahlungen stammen, geteilt werden: In diesen Fällen darf der Quellenstaat Steuern nur bis zu einer bestimmten Grenze des Bruttobetrages – dies geschieht meist in Form einer **Quellensteuer** – erheben, und der Ansässigkeitsstaat darf diese Einkünfte ebenfalls besteuern, muss aber die im Quellenstaat erhobene Steuer *anrechnen* (Anrechnungsmethode; dies wird, da es nicht die Befugnisse des Quellenstaates betrifft, wieder erst in Art. 23 OECD-MA festgeschrieben). Wenn den Einnahmen aus Dividenden, Zinsen und Lizenzgebühren allerdings hohe Kosten gegenüberstehen, ist es leicht möglich, dass die Quellensteuern bereits den angefallenen Gewinn fast vollkommen aufzehren oder gar übersteigen (z.B. Gewinnspanne 10%, aber Quellensteuer 15%); daher bemüht man sich in allen neueren DBA zunehmend, die Höchstgrenzen für Quellensteuern immer weiter abzusenken. Vor diesem Hintergrund ist es verständlich, wenn internationale Organisationen sich bemühen, gerade Quellensteuern abzuschaffen oder wenigstens ihre Höhe zu senken (so war etwa eine der wenigen Maßnahmen der EG auf dem Gebiet der direkten Steuern eine Richtlinie zur Abschaffung der Quellensteuern auf Dividendenzahlungen innerhalb eines Konzerns). Für Lizenzgebühren sieht sogar das OECD-MA seit längerem vor, dass überhaupt keine Quellensteuer mehr erhoben werden soll; dies ist aber noch nicht in allen DBA umgesetzt. Für Dividenden und Zinsen sind Quellensteuern dagegen von der OECD noch vorgesehen; als Obergrenze werden oft Prozentsätze in der Größenordnung von 10% oder 15% vereinbart.

Bei der Quellensteuer auf Dividenden ist die Besonderheit zu beachten, dass Dividenden bei einem *körperschaftsteuerpflichtigen* Empfänger meist nach ganz anderen Regeln besteuert werden als bei einem Anteilseigner, der als natürliche Person der Einkommensteuer unterliegt: Die Einkommensteuer wird meist mit einem individuellen Steuersatz erhoben, der aufgrund der Steuerprogression deutlich über 15% liegen wird (bedenken Sie: wir haben es i.d.R. mit vermögenden Personen zu tun, da Kapital bereits ausreichend vorhanden ist, um nicht nur als Eigenkapital, sondern auch noch grenzüberschreitend angelegt zu werden!). Die Erhebung einer Quellensteuer von 15% ist daher für diesen Personenkreis unproblematisch; sie kann so gut wie immer in vollem Umfang angerechnet werden, mit der Folge, dass sich letztlich die Gesamtbelastung des Dividendenempfängers durch die Quellensteuer auch nicht verändert. Ist der Empfänger einer Dividende dagegen eine Kapitalgesellschaft, so unterliegt die Dividende bei ihm der Körperschaftsteuer, und da der zugrunde liegende Gewinn bei der ausschüttenden Tochterkapitalgesellschaft bereits ein erstes Mal der Körperschaftsteuer unterlegen hat, sind in fast allen Körperschaftsteuersystemen der Welt Mechanismen enthalten, die die Körperschaftsteuer der Muttergesellschaft in diesem Fall stark herabsetzen oder sogar ganz beseitigen, um zu vermeiden, dass es zu einer Doppelbelastung mit Körperschaftsteuer im Konzern kommt. Im deutschen System beispielsweise sind Dividendeneinnahmen einer Kapitalgesellschaft mit Rücksicht darauf, dass die Tochtergesellschaft bereits (inländische oder ausländische) Körperschaftsteuer auf die Gewinne bezahlt hat, praktisch ganz steuerfrei (§ 8b I KStG). Eine Anrechnung einer eventuellen Quellensteuer ist dann aber nicht möglich, denn die deutsche Steuer, auf die angerechnet werden könnte, beträgt in diesem Fall Null; und auch der Übergang zur Abzugsmethode wäre sinnlos, denn die fraglichen Einkünfte durch einen Abzug der Quellensteuer als Betriebsausgabe von der Dividendeneinnahme verringern zu wollen, ist sinnlos, wenn die Einkünfte aus der Dividende ohnehin *steuerfrei* sind. Damit ist im deutschen System eine Quellensteuer im Körperschaftsteuersektor eine viel gravierendere wirtschaftliche Belastung als bei einem einkommensteuerpflichtigen Empfänger. Ähnliches gilt im angelsächsischen System, wo die Dividende nicht befreit ist, aber der Mutterkapitalgesellschaft das Recht zusteht, auf die entsprechende Körperschaftsteuer die KSt anzurechnen, die die Tochterkapitalgesellschaft bereits bezahlt hat (indirekte Anrechnung): In diesem System ist sehr oft der Anrechnungshöchstbetrag schon allein durch die Anrechnung der KSt der Tochter überschritten oder nahezu erreicht; es ist daher auch hier wahrscheinlich, dass die Quellensteuer auf die Dividende sich nicht mehr vollständig anrechnen lässt und dass sie deswegen die wirtschaftliche Gesamtbelastung des Konzerns mit Steuern tatsächlich erhöht.

Diese Problematik macht es verständlich, in den DBA unterschiedliche Obergrenzen für die Quellensteuern auf Dividenden für Zahlungen an Mutterkapitalgesellschaften (als solche gelten üblicherweise Kapitalgesellschaften mit einer Mindestbeteiligungsquote von 25%, manchmal auch schon ab 10%) und für Zahlungen an sonstige, insbesondere natürliche Personen, vorzusehen. Flankiert wird diese Bestimmung in den DBA derjenigen Staaten, die die Freistellungsmethode anwenden, dann meist noch durch eine Regelung, wonach die Dividende im Staat der Muttergesellschaft gar nicht mehr der KSt. unterworfen wird (verankert, da es um eine Verpflichtung des Wohnsitzstaates geht, in Art. 23 DBA!). Man spricht in diesem Zusammenhang schlagwortartig vom „Schachtelprivileg".

Bei Zinsen und Lizenzgebühren ist die Belastungswirkung einer Quellensteuer dagegen anders: Da diese Zahlungen bei der Untergesellschaft Betriebsausgaben darstellen, wird auf sie beim Empfänger üblicherweise auch dann, wenn der Empfänger eine Kapitalgesellschaft ist, die volle reguläre Steuer erhoben, und diese hat praktisch immer eine ausreichende Höhe, um eine vollständige Anrechnung zu gewährleisten (sofern nicht erhebliche Betriebsausgaben den Einnahmen gegenüber stehen). Dennoch macht sich auch hier eine Tendenz bemerkbar, die Höhe eventueller Quellensteuern zu senken.

Art. 13 des OECD-MA betrifft das Recht, die Gewinne zu besteuern, die sich nicht als laufende Einkünfte ergeben, sondern die aus der **Veräußerung des Vermögens** selbst stammen. Demnach ist dem Quellenstaat die Besteuerung solcher Veräußerungsgewinne nur bei unbeweglichem Vermögen und beim Vermögen einer Betriebsstätte erlaubt; in allen anderen Fällen darf nur der Ansässigkeitsstaat Gewinne aus der Veräußerung der Vermögenssubstanz der Steuer unterwerfen. Bedeutung hat diese Vorschrift insbesondere, wenn die **Anteilsrechte an einer Kapitalgesellschaft** veräußert werden: Sie dürfen nämlich nach dieser Regelung nur im Ansässigkeitsstaat des Anteilseigners, nicht aber in dem Staat der Gesellschaft besteuert werden.

Hinweis:

In einigen wenigen Doppelbesteuerungsabkommen, z.B. mit einigen Entwicklungs- oder Schwellenländern, gilt diese Regelung nicht; in diesen Fällen darf die Veräußerung einer wesentlichen Beteiligung an einer Kapitalgesellschaft im Staat der Gesellschaft besteuert werden.

Die meisten weiteren Bestimmungen des OECD-Musterabkommens, die Einkünfte aus selbständiger Arbeit (Art. 14), Aufsichtsratvergütungen (Art. 16), Kunst und Sport (Art. 17), Ruhegehältern (Art. 18), aus öffentlichen Kassen (Art. 19) oder von Studenten (Art. 20) betreffen, sind für Unternehmen nur von geringerer Bedeutung und können hier vernachlässigt werden. Es reicht der Hinweis, dass auch dort das Quellenstaatprinzip, d.h. ein vorrangiges Besteuerungsrecht des Staates, aus dem die Einkünfte erzielt werden, stark ausgeprägt ist. Für Unternehmen bedeutsam sind dagegen natürlich auch die Bestimmungen über die Einkünfte aus nichtselbständiger Arbeit, die im Rahmen der DBA allerdings abweichend vom „nationalen" Sprachgebrauch stets als **„unselbständige Arbeit"** bezeichnet werden **(Art. 15 OECD-MA)**. Hier gilt als Grundprinzip, dass Einkünfte aus „unselbständiger Arbeit" dort versteuert werden müssen, wo der Arbeitnehmer tätig wird, d.h. wo er sich während seiner Arbeitstätigkeit körperlich aufhält (Art. 15 I OECD-MA). Allerdings könnte diese Regel zu unzumutbaren Ergebnissen führen, wenn ein Arbeitnehmer etwa für 20 Minuten einen Auftrag in einem ausländischen Staat ausführen muss oder wenn er im Auftrag seines Arbeitgebers für zwei Tage an einer Konferenz im Ausland teilnehmen muss. Daher flankieren die meisten Abkommen heutzutage die Grundregelung durch eine Bagatellregelung, wonach Aufenthalte von weniger als 183 Tagen im Jahr im anderen Land ignoriert werden und das Besteuerungsrecht für das Gehalt dann nur dem Ansässigkeitsstaat des Arbeitnehmers zusteht. Eine solche Bagatellregelung macht freilich keinen Sinn, wenn jemand eine Anstellung bei einem Arbeitgeber (bzw. einer Betriebsstätte) im betreffenden Land annimmt und diese Tätigkeit dann nur weniger als 183 Tage dauert; denn in einem solchen Fall hatte der Betreffende sich bewusst für die Tätigkeit im anderen Land entschieden und wurde normalerweise auch nach dortigem Gehaltsniveau entlohnt; dann wäre es eher eine Komplizierung als eine Vereinfachung, solche Arbeitsverhältnisse nicht nach den Verhältnissen des Tätigkeitslandes zu versteuern. Dementsprechend sieht das OECD-MA vor, dass kurzfristige Arbeitstätigkeit in einem Staat unberücksichtigt bleibt, wenn sie weniger als 183 Tage dauert und nicht bei einem Arbeitgeber oder einer Betriebsstätte in dem fraglichen Land ausgeübt wird (Art. 15 II OECD-MA).

> Darüber hinaus ist zu erwähnen, dass es in einigen Fällen auch Sonderregelungen für sog. „Grenzgänger" geben kann, d.h. für Personen, die arbeitstäglich von ihrer Arbeitsstelle in dem einen Staat zu ihrem Wohnort im anderen Staat zurückkehren. Diese Grenzgängerregelungen sind in der Regel besonders kompliziert und können im Einzelfall überraschende Folgen haben.

Bedeutsam ist außerdem noch die Regelung des Art. 21 OECD-MA, wonach alle Einkünfte, die in den vorigen Artikeln nicht besprochen wurden, allein im Ansässigkeitsstaat besteuert werden dürfen. Diese Bestimmung sorgt nämlich u.a. dafür, dass bei doppelter unbeschränkter Steuerpflicht die Einkünfte des Steuerpflichtigen aus Drittstaaten nur in einem der beiden Vertragsstaaten besteuert werden dürfen.

4.4.5 Regelungen zur Vermeidung der Doppelbesteuerung: Pflichten des Ansässigkeitsstaates

Die Zuteilungsnormen sagen für jede Einkunftsart in der Regel nur, ob der Quellenstaat eine Steuer erheben darf oder nicht. Sie regeln nicht, wie sich der Wohnsitzstaat verhalten muss. Was der Wohnsitzstaat zu tun hat, wenn der Quellenstaat ein Besteuerungsrecht hat, wird vielmehr erst einheitlich für alle betroffenen Einkunftsarten an einer einzigen Stelle gegen Ende der Abkommen festgelegt (Art. 23 OECD-MA).

> **Hinweis zum Verständnis des DBA-Aufbaus:**
>
> Dieses Vorgehen macht Sinn: Wenn der Quellenstaat Einkünfte besteuern darf, dann muss offensichtlich in diesen Fällen der *Wohnsitzstaat* die Aufgabe haben, eine Doppelbesteuerung zu vermeiden. Um die Doppelbesteuerung zu vermeiden, gibt es aber – unabhängig davon, um welche Einkünfte es geht – immer nur zwei Möglichkeiten (Freistellung, Anrechnung); man müsste sich also endlos wiederholen, wenn man die Verpflichtungen des Wohnsitzstaates jeweils bei jeder einzelnen Zuteilungsnorm niederlegen wollte.

Über die Methoden, wie die Doppelbesteuerung vom Wohnsitzstaat vermieden werden soll, besteht innerhalb der OECD keine Einigkeit. Es sind daher sowohl die Anrechnungsmethode als auch die Freistellungsmethode zugelassen; die Vertragsstaaten sollen sich jeweils individuell einigen.

Wird der Wohnsitzstaat verpflichtet, die **Anrechnungsmethode** zu benutzen (Art. 23 B OECD-MA), dann werden letztlich dieselben Regeln angewandt, die schon aus der Erörterung der nationalen Regelungen bekannt sind (vgl. daher auch § 34c Abs. 6 EStG). Es kommt dann aber nicht mehr darauf an, ob das nationale Recht die Einkünfte als „ausländisch" anerkennt; vielmehr muss die Anrechnung dann für alle Einkünfte angewandt werden, für die nach dem Abkommen der andere Staat Steuern erheben darf. Hierin liegt ein Grund dafür, warum auch Staaten, die nur die Anrechnungsmethode vereinbaren, ein Interesse daran haben können, die Doppelbesteuerung nicht nur durch einseitige gesetzliche Maßnahmen zu vermeiden, sondern ein DBA abzuschließen.

Wird stattdessen dem Wohnsitzstaat die **Freistellungsmethode** vorgeschrieben (Art. 23 A OECD-MA), dann darf dieser diejenigen Einkünfte, die im Quellenstaat besteuert werden dürfen, seinerseits nicht mehr besteuern. Die Freistellungsmethode wird freilich nicht schrankenlos für alle Einkunftsarten vorgeschrieben; für Dividenden und Zinsen wird stattdessen regelmäßig der Wohnsitzstaat nur verpflichtet, die Anrechnung der im Ausland bezahlten Quellensteuer zuzulassen (Art. 23 A Abs. 2 OECD-MA). Das macht Sinn, weil bei diesen Einkünften im Quellenstaat ja nur in einem sehr eng begrenzten Umfang eine Besteuerung stattgefunden hat (5%, 10%, 15%?); das dort vereinbarte Steuerniveau liegt regelmäßig unterhalb des „normalen" Steuerniveaus im Quellenstaat. Daher wäre die Anwendung der Freistellungsmethode auf solche Zahlungen ein unangemessenes Steuerprivileg, das nicht primär eine *doppelte* Besteuerung vermeiden, sondern eine echte *Minder*besteuerung schaffen würde. Darüber hinaus findet sich unter den Bestimmungen über Dividenden meist auch eine Bestimmung über ein **Schachtelprivileg**, d.h. dass Dividenden, die eine Mutterkapitalgesellschaft von ihrer Tochtergesellschaft aus dem anderen Vertragsstaat vereinnahmt, im Ansässigkeitsstaat dieser Mutterkapitalgesellschaft gar nicht besteuert werden.

Beiden Methoden gemeinsam ist, dass es dem Ansässigkeitsstaat regelmäßig erlaubt wird, solche Einkünfte, die *nur* im Quellenstaat besteuert werden dürfen, bei der Festlegung des Steuersatzes für die übrigen Einkünfte zu berücksichtigen (**Progressionsvorbehalt**) – der Wohnsitzstaat kann also den Steuersatz nach dem wirklichen Welteinkommen bestimmen, auch wenn er anschließend einen Teil dieses Welteinkommens nach dem DBA nicht besteuern darf.

Die **Abkommenspraxis der Bundesrepublik** besteht darin, für Auslandseinkünfte, für die im Ausland ein Betrieb unterhalten wird oder jedenfalls eine aktive wirtschaftliche Tätigkeit ausgeübt wird, die Freistellungsmethode zu vereinbaren. Für „passive" Einkünfte (also z.B. solche aus bloßer Geldanlage) wird dagegen heutzutage meist die Anrechnungsmethode vereinbart.

Was jeweils als hinreichend „aktiv" angesehen wird, wird meist im jeweiligen DBA ausdrücklich geregelt.

In einigen neueren DBA der Bundesrepublik setzen die Vorschriften für die Anrechnung der Freistellungsmethode voraus, dass die steuerbefreiten Einkünfte im Ausland tatsächlich einer Steuer unterliegen; ist das nicht der Fall, wird nur die Steueranrechnung gewährt (sog. **subject-to-tax-Klausel**). Weil sich eine solche Klausel aber relativ leicht unterlaufen ließe, wenn ein Vertragsstaat durch „Steuerdumping" Investoren anziehen will (er brauchte dann nur statt einer 0 %-Steuer eine 0,1%ige Steuer zu erheben und schon würde die subject-to-tax-Klausel bei wortgenauer Auslegung nicht mehr greifen), finden sich oft auch Klauseln, wonach bei bestimmten Arten von Einkünften die Bundesrepublik als Wohnsitzstaat gegenüber dem anderen Vertragsstaat ohne Vertragsänderung einseitig erklären kann, dass sie in Zukunft nur noch die Anrechnungsmethode anwenden wird (sog. **switch-over-Klausel**).

Das hat dann zur Folge, dass die Schaffung von Modellen, mit denen auf „unfaire" Weise deutsche Investoren zur Einkommensverlagerung in das betreffende Land angeregt werden sollen, für den ausländischen Fiskus sinnlos wird: Denn dieser hat die Gewissheit, dass Deutschland, sobald es von einem solchen Modell erfährt, von seinem Optionsrecht Gebrauch machen wird und dem anderen Vertragsstaat durch eine entsprechende Note mitteilen wird, dass es für Einkünfte seiner Steuerbürger aus diesem Anlagemodell zur Anrechnungsmethode übergehen wird. Damit wird dann aber die Steuerbelastung für deutsche Investoren automatisch auf das inländische Niveau angehoben und das Modell folglich für deutsche Steuerpflichtige sinnlos.

4.4.6 Diskriminierungsverbot

Da die DBA nicht regeln, *wie* grenzüberschreitende Tätigkeiten im Einzelnen besteuert werden, sondern nur, *wer* von den beteiligten Staaten *was* besteuern darf, kann jeder der Staaten auch nach Abschluss des DBA nach wie vor völlig nach eigenem Ermessen entscheiden, wie hoch seine Steueransprüche sein sollen und wie er z.B. die Ermittlung der Steuerbemessungsgrundlage regeln will. Diese Freiheit, die eigenen Steuergesetze weiterhin nach völlig freiem Ermessen zu regeln, könnten die Staaten aber theoretisch natürlich auch missbrauchen: Sie könnten auf die Idee verfallen, ausländische Steuerpflichtige viel höher zu besteuern als ihre eigenen Bürger. Das wäre für die Chancen der ausländischen Wirtschaftsteilnehmer auf dem inländischen Markt eine schwere Benachteiligung.

Deshalb vereinbaren die Vertragspartner regelmäßig, dass sie die Besteuerungskompetenzen, die ihnen nach dem DBA verblieben sind, nicht in diskriminierender Weise ausnutzen werden (Art. 24 OECD-MA). Im Einzelnen wird vorgeschrieben:

1. Kein Staat darf Staatsangehörige des einen Staates anders oder belastender besteuern als Staatsangehörige seines eigenen Staates, die sich in der gleichen Situation befinden.

2. Kein Staat darf eine Betriebsstätte eines ausländischen Unternehmens ungünstiger besteuern als ein inländisches Unternehmen mit gleicher Tätigkeit.

3. Kein Staat darf den Abzug von Zinsen oder anderen Betriebsausgaben bei der Gewinnermittlung davon abhängig machen, dass sie an einen im eigenen Staat ansässigen Steuerpflichtigen gezahlt werden.

4. Gesellschaften, die sich im Besitz oder unter der Kontrolle von Personen im anderen DBA-Staat befinden, dürfen deswegen nicht ungünstiger behandelt werden als Unternehmen im Besitz der eigenen Bürger dieses Staates.

Dieses **DBA-rechtliche Diskriminierungsverbot** ist jedoch in der Praxis i.d.R. eine **stumpfe Waffe** zur Abwehr von Benachteiligungen für Ausländer. Es wird nach der herrschenden Rechtsprechung sehr zurückhaltend angewandt. Insbesondere ist es den Vertragsstaaten ausdrücklich erlaubt, Ansässige und Nichtansässige unterschiedlich zu besteuern, weil in diesen Fällen ja nicht nach der „Staatsangehörigkeit" unterschieden wird.

Hinweis:

Hier liegt ein entscheidender Unterschied zwischen dem Diskriminierungsverbot der DBA und den Diskriminierungsverboten, die im EG-Vertrag enthalten sind. Die EG-Vorschriften, die die Diskriminierung nach der Staatsangehörigkeit verbieten, untersagen auch jede andere Unterscheidung, die in der Mehrzahl der Fälle auf das gleiche Ergebnis hinausläuft. Inwieweit diese Diskriminierungsverbote, die teilweise auch das Gebiet der direkten Steuern betreffen, auch Konsequenzen im Internationalen Steuerrecht der Bundesrepublik und der anderen EG-Staaten nach sich ziehen, ist bisher im Einzelnen noch nicht entschieden.

Die Rechtsprechung überlegt gegenwärtig auch, ob wegen der strengen Auslegung der EG-rechtlichen Diskriminierungsverbote in Zukunft auch die Diskriminierungsverbote der DBA möglicherweise strenger ausgelegt werden müssen, als dies bisher geschieht.

4.4.7 Lösungsmechanismen für Streitigkeiten bei der Anwendung des DBA: Verständigungsverfahren, Schiedsverfahren

Ein DBA enthält nur allgemeine Regeln darüber, welcher Staat unter welchen Umständen welche Einkünfte besteuern darf. Die Lebenserfahrung zeigt aber, dass bei der Anwendung von scheinbar noch so eindeutigen Regeln auch Streit aufkommen kann, z.B. weil die Beteiligten sich nicht darüber einigen können, wie der Sachverhalt denn nun zu deuten ist: ob ein Steuerpflichtiger einen eindeutig feststellbaren Mittelpunkt der Lebensinteressen hat oder nicht, wo sein gewöhnlicher Aufenthalt im Streitjahr war (man beachte, dass die gerichtliche Auseinandersetzung oft noch bis zu zehn Jahre nach dem Streitjahr geführt wird!), ob bestimmte Zahlungen „Zinsen" sind oder eher verkappte Dividenden etc.

Wegen der Souveränität der beiden vertragsschließenden Staaten gibt es auch grundsätzlich keine Instanz, die diese Frage so entscheiden könnte, dass beide Staaten gleichermaßen an sie gebunden wären. Es könnte also passieren, dass ein Richter in Staat A den Sachverhalt genau anders versteht als sein Kollege in Staat B und dass deswegen der Steuerpflichtige in beiden Staaten verurteilt wird, die Steuer auf bestimmte Einkünfte *dort* zu zahlen. Dann führt die Tatsache, dass Unklarheit darüber bestanden hat, wie die im DBA vereinbarten Regelungen in diesem Einzelfall richtig anzuwenden waren, im konkreten Fall doch zu einer Doppelbesteuerung.

Die Doppelbesteuerung ist sogar meist deswegen besonders schlimm, weil in solchen Fällen jeder der beiden Staaten sich auf den Standpunkt stellen wird, dass nur er selbst die Einkünfte besteuern durfte und der andere Staat dies unrechtmäßig getan hat – mit der Folge, dass er dann zu einer Anrechnung der im anderen

Staat bezahlten Steuern nicht verpflichtet wäre; denn anzurechnen sind ja nur ausländische Steuern, zu deren Erhebung der Quellenstaat nach dem DBA noch *berechtigt* war.

Diese Rechtsschutzlücke schließen die DBA regelmäßig dadurch, dass sie für solche Fälle zwischen den Finanzverwaltungen ein **Verständigungsverfahren** (Art. 25 OECD-MA) erlauben: Die betroffenen Finanzbehörden dürfen sich untereinander in Verbindung setzen und sich über ein abgestimmtes Vorgehen einigen – ohne, wie es im internationalen Verkehr zwischen verschiedenen Staaten normalerweise vorgeschrieben wäre, den Umweg über die Außenministerien zu gehen. Freilich gibt es auch für solche Verständigungsverfahren auf beiden Seiten in den Finanzverwaltungen einen vorgeschriebenen Dienstweg, was die Verfahren nicht gerade verkürzt (aber unvermeidlich ist: denn die am Verständigungsverfahren beteiligten Beamten brauchen mindestens Fremdsprachenkenntnisse, vermutlich auch entsprechende Verhandlungserfahrung). Die größte Schwierigkeit liegt für die Steuerpflichtigen aber darin, dass die **Durchführung** eines Verständigungsverfahrens für die Finanzbehörden **nicht verpflichtend** ist und auch **kein Einigungszwang** besteht.

Dieses Manko versucht man in einigen neueren DBA dadurch zu beseitigen, dass anstelle eines bloßen Verständigungsverfahrens ein verpflichtendes **Schiedsverfahren** vorgesehen wird. Für ein Spezialproblem, nämlich die Berichtigung von Verrechnungspreisen zwischen verbundenen Unternehmen, haben sich alle EG-Staaten in einem gemeinsamen Vertrag, der sog. **Schiedskonvention** von 1990, dazu verpflichtet, ein Verständigungsverfahren durchzuführen und notfalls einen Schiedsspruch einer unabhängigen Stelle zu akzeptieren, wenn die entstandene Doppelbesteuerung nicht innerhalb von drei Jahren (!) beigelegt worden ist. In der Mehrzahl aller DBA sind solche Schiedsregelungen bislang allerdings nach wie vor noch nicht enthalten.

4.4.8 Auskunftsaustausch und sonstige Amtshilfe

DBA dienen freilich nicht nur dazu, dem Steuerpflichtigen Vorteile zu verschaffen. Unter den Schlussvorschriften der DBA findet sich fast immer auch eine Bestimmung, durch die die Vertragsstaaten etwas für ihre Finanzbehörden tun: Diese werden nämlich ermächtigt, einander Auskünfte zu erteilen und sich gegenseitig bei der Beitreibung von Steuern zu helfen.

Beispiele:

1. Der Unternehmer H stellt eine bestimmte Tätigkeit gegenüber dem niederländischen Fiskus so dar, dass dieser zu der Schlussfolgerung kommen muss, die Einkünfte seien nach dem DBA in Deutschland steuerpflichtig, und gegenüber dem deutschen Finanzamt erzählt er das genaue Gegenteil. H muss damit rechnen, dass sein Manöver durchschaut wird, weil das niederländische Finanzamt den deutschen Behörden eine Mitteilung (Kontrollmitteilung) darüber zusenden wird, dass es bestimmte Einkünfte des H gibt, die in NL von der Steuer befreit worden sind, weil sie in D zu versteuern seien.

2. Der Arbeitnehmer K. gibt seinen Wohnsitz in Belgien auf und zieht nach Deutschland, weil der belgische Fiskus unerwartet mit Steuerforderungen von über 20.000 Euro an ihn herantritt. Das belgische Finanzamt wendet sich an die deutschen Finanzbehörden mit der Folge, dass nach einiger Zeit ein Vollstreckungsbeamter der deutschen Finanzverwaltung K aufsucht und im Wege der Amtshilfe eine Pfändung vornimmt, um die belgische Forderung einzutreiben.

4.5 Exkurs: Gestaltungsmöglichkeiten der Steuerpflichtigen und Abwehrmaßnahmen der Finanzverwaltungen

Da die DBA jeweils nur zweiseitige Verträge sind, deren Inhalt trotz des OECD-Musterabkommens nicht immer vollkommen identisch sein muss, und auch nicht mit allen Staaten DBA geschlossen sind, existieren für die steuerliche Behandlung grenzüberschreitender Geschäfte folglich *unterschiedliche* Bedingungen, je nachdem, welches Abkommen anwendbar ist. Wo aber ein Gesetzgeber unterschiedliche (also letztlich: ungerechte!) Bedingungen für gleiche Vorgänge vorsieht, da entsteht für die Betroffenen auch ein Anreiz, ihre Verhältnisse so zu gestalten, dass sie die günstigste mögliche Behandlung bekommen.

Da die Anwendung eines DBA daran gebunden ist, wo die handelnden „Personen" ansässig sind, lässt sich die Anwendung eines günstigeren DBA grundsätzlich sehr einfach erreichen: die handelnde Person muss entweder in den „günstigeren" Staat umziehen oder es darf nicht *sie* handeln, sondern eine andere Person, nämlich eine Person, die in dem „günstigeren" Staat ansässig ist. Diese zweite Möglichkeit lässt sich regelmäßig sehr einfach verwirklichen: Da als „Person" ja auch die juristische Person zählt, braucht ein Ausländer nur in dem Staat, mit dem das günstigste DBA existiert, eine Kapitalgesellschaft zu gründen und seine Geschäftsbeziehungen zur Bundesrepublik dann in Zukunft nicht mehr selbst, sondern über diese Kapitalgesellschaft abzuwickeln. Die Einkünfte aus Deutschland sind dann ja nicht mehr Einkünfte dieses Ausländers selbst, sondern solche der Kapitalgesellschaft, und damit stehen sie automatisch unter dem Schutz des DBA mit dem Staat, in dem die Kapitalgesellschaft gegründet worden ist.

Es ist also theoretisch recht einfach, sich als Steuerpflichtiger gegen die unterschiedliche Besteuerung gleichartiger Vorgänge zu wehren, indem man sich durch die Gründung von Kapitalgesellschaften in einem „günstigen" Land in das DBA mit diesem Staat quasi „einkauft" (**„Treaty Shopping"**). Solche Modelle funktionieren immer dann, wenn man die Gewinne vom Staat der Kapitalgesellschaft aus in den eigenen Heimatstaat ausschütten kann, ohne dass die zusätzlichen Steuern für die Gewinnausschüttung die erzielten Steuerersparnisse wieder aufzehren.

Da Unterschiede zwischen den Konditionen der einzelnen DBA am häufigsten im Bereich der Quellensteuersätze vorkommen, konzentrieren sich die Gestaltungen des Treaty-Shopping meist auf diesen Bereich.

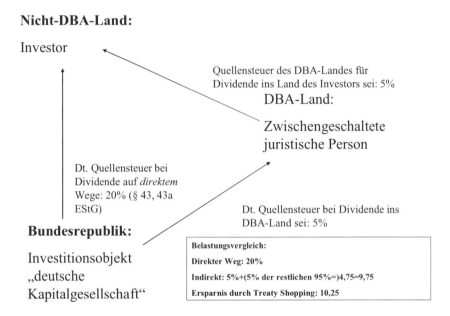

Nicht-DBA-Land:

Investor

Quellensteuer des DBA-Landes für
Dividende ins Land des Investors sei: 5%

DBA-Land:

Zwischengeschaltete
juristische Person

Dt. Quellensteuer bei
Dividende auf *direktem*
Wege: 20% (§ 43, 43a
EStG)

Dt. Quellensteuer bei Dividende ins
DBA-Land sei: 5%

Bundesrepublik:

Investitionsobjekt
„deutsche
Kapitalgesellschaft"

Belastungsvergleich:
Direkter Weg: 20%
Indirekt: 5%+(5% der restlichen 95%=)4,75=9,75
Ersparnis durch Treaty Shopping: 10,25

Aus der Sicht desjenigen, der eine solche von unterschiedlicher Behandlung geprägte (also: ungerechte) Rechtsordnung verteidigen muss, ist dieses „Erschleichen" von gleicher Behandlung mit demjenigen, der am günstigsten besteuert wird, dann aber immer dem Verdacht ausgesetzt, ein „Missbrauch" zu sein. Die Finanzverwaltungen versuchen daher, sich gegen die aus ihrer Sicht missbräuchliche Ausnutzung des Steuergefälles zwischen den einzelnen DBA-Ländern bzw. DBA-Ländern und Nicht-DBA-Ländern zu wehren, indem sie die Einschaltung ausländischer Kapitalgesellschaften als missbräuchlich einstufen wollen, wenn für die Einschaltung der ausländischen Gesellschaft ein wirtschaftlich überzeugender Grund fehlt. Nach deutschem Recht wird deshalb z.B. eine Dividendenausschüttung so besteuert, als sei sie auf „direktem" Wege an den ausländischen Endaktionär ausgeschüttet worden, wenn es für die Einschaltung der Gesellschaft in die Beteiligungskette keine sinnvollen wirtschaftlichen oder sonstigen nichtsteuerlichen Gründe gibt und die Gesellschaft selbst auch keine eigene wirtschaftliche Tätigkeit entfaltet (§ 50d Abs. 3 EStG). Allerdings lassen sich diese Auflagen relativ einfach umgehen, indem man für das Vorhandensein wirtschaftlich überzeugender Gründe für die Einschaltung der ausländischen Kapitalgesellschaft sorgt; solche werden sich bei entsprechender Überlegung regelmäßig finden lassen. Folglich ist die Idee, man könne dem „Treaty Shopping" wirksam begegnen, letztlich nicht mehr als eine Illusion des Gesetzgebers, ebenso wie in einer Welt globalisierter Wirtschaftsbeziehungen die Vorstellung, man könne wirtschaftliche Beziehungen mit unterschiedlichen ausländischen Staaten noch unterschiedlich behandeln, auch nichts anderes als eine Illusion darstellt, die die Staaten allesamt noch mühsam aufrecht erhalten wollen, um die lieb gewordene Vorstellung, sie seien im Ertragsteuerbereich vollkommen souverän, nicht aufgeben zu müssen.

Denkbar ist die Ausnutzung von DBA ferner auch dadurch, dass hier Besteuerungsrechte für bestimmte Einkünfte dem eigenen Fiskus entzogen und einem anderen Fiskus überwiesen werden. Hier wird sich auf der Welt i.d.R. ein Fiskus finden lassen, der „billiger" ist als der eigene, und damit liegen an diesem Punkt weitere Ansatzmöglichkeiten für Gestaltungen. Denkbar wäre es, Tätigkeiten gezielt ins „billigere" Ausland zu verlagern oder aber – dort, wo das Besteuerungsrecht an die „Ansässigkeit" des Steuerpflichtigen anknüpft – diese Gedanken mit dem Grundgedanken des „Treaty Shopping" zu verknüpfen und entsprechende Einkunftsquellen auf eine Kapitalgesellschaft in einem Land zu verlagern, die man extra zu diesem Zweck gegründet hat. Auch solche Gestaltungen werden von fiskalischer Seite naturgemäß als missbräuchlich eingestuft. Bekämpft werden sie i.d.R. durch Abwehrgesetze, die die Normen der DBA *formal* respektieren, ihre wirtschaftliche Wirkung jedoch torpedieren. Hier lässt sich aus dem deutschen Recht z.B. die „Hinzurechnungsbesteuerung" (§§ 7 – 14 AStG) nennen, die die Grundwertungen der DBA auf originellem Wege umgeht und somit Gestaltungen, die die DBA-Rechtsordnung zur Steuerersparnis ausnutzen wollen, wirtschaftlich torpediert.

IV. Das Ertragsteuerrecht der EG

1. Anwendungsvorrang des Gemeinschaftsrechts

Neben das Geflecht der DBA treten innerhalb der EU in einem bestimmten Ausmaß seit einigen Jahren zunehmend auch steuerrechtliche Vorgaben der Gemeinschaft. Gemeinschaftsrecht kann es geben in Form von:

- Primärrecht, d.h. den Vorgaben, die in den Europäischen Verträgen selbst niedergelegt sind,
- Sekundärrecht, d.h. Regelungen, die von den Organen der Gemeinschaft aufgrund der in den Verträgen niedergelegten Ermächtigungen geschaffen worden sind und als Verordnung, Richtlinie oder Entscheidung verbindliche Vorgaben enthalten,
- Völkervertragsrecht der Gemeinschaft, d.h. Verträgen *der EG* mit anderen Staaten oder internationalen Organisationen, die für die Gemeinschaft und ihre Mitgliedstaaten bindend sind.

Alle diese Formen des Europarechts können grundsätzlich unmittelbar anwendbar sein und Verpflichtungen für die Mitgliedstaaten schaffen. Sie haben dann „An-

wendungsvorrang" vor jedem entgegenstehendem nationalen Recht. Während ein Jurist im nationalen Rahmen bei zwei widersprüchlichen Anordnungen im Gesetz nach den üblichen Regeln „Die Regelung für den speziellen Fall verdrängt die allgemeine Regelung" und „Die spätere Regelung zählt mehr als die frühere" vorgeht, muss er sich im Konflikt zwischen Europarecht und nationalem Recht also an die Regel „Gemeinschaftsrecht zählt mehr (=ist *vorrangig* anzuwenden) als nationales Recht" halten. Nationales Recht wird also nicht „nichtig", es darf nur überall dort nicht mehr (vollständig) befolgt werden, wo das Gemeinschaftsrecht etwas anderes verlangt.

Dies gilt auch für das Ertragsteuerrecht: Dass die Vorgaben des Primärrechts, insbesondere die Binnenmarktfreiheiten und das Beihilfeverbot (Subventionsverbot), auch Konsequenzen für die Besteuerung haben, ist seit Mitte der 80er Jahre des 20. Jahrhunderts bekannt. Dass die Organe der EG zumindest Richtlinien über die Angleichung der Steuergesetze der Mitgliedstaaten erlassen dürfen, ist seit etwa 1990 politisch unstrittig (Art. 94 EG als Rechtsgrundlage) und wird seit Mitte der 80er Jahre vom Vertragstext auch vorausgesetzt (eine Ausnahme für Steuervorschriften in Art. 95 EG ist nur verständlich, wenn Art. 94 auch auf Steuervorschriften anwendbar ist). Relativ wenig beachtet ist dagegen, dass die EG auch die Kompetenz zum Abschluss völkerrechtlicher Verträge über die Besteuerung haben könnte: die allgemeine Regelung über die Zuständigkeit für völkerrechtliche Verträge lautet, dass die Gemeinschaft überall dort automatisch die Zuständigkeit für die Außenbeziehungen besitzt, wo sie im Inneren von ihrer Zuständigkeit zur Rechtsangleichung Gebrauch gemacht hat und das Funktionieren der vereinheitlichten Regelungen durch unterschiedliche Verträge der Mitgliedstaaten mit fremden Staaten gefährdet werden könnte.

Daraus ergibt sich zunächst, dass die Mitgliedstaaten bei der Besteuerung den Anwendungsvorrang aller dieser Rechtsvorschriften zu beachten haben. Hierdurch kann die Besteuerung zu anderen Belastungsergebnissen führen, als es bei bloßer Lektüre des nationalen Gesetzestextes den Anschein hätte.

Beispiel:

Das deutsche Recht sieht für einen beschränkt Steuerpflichtigen, der nicht Arbeitnehmer ist, einen Mindeststeuersatz von 25% vor (§ 50 Abs. 3 EStG). Das Gemeinschaftsrecht verlangt aber, dass ein Bürger eines anderen Staates gegenüber einem Deutschen nicht diskriminiert werden darf (Art. 6 EG und zahlreiche weitere Vorschriften des EG-Vertrages).

Im konkreten Fall kann das zu gegensätzlichen Anforderungen führen:

Gesetzt den Fall, ein Engländer hat Einkünfte aus einem deutschen Wohnhaus von +5.000 Euro, ansonsten hat er nur noch Einkünfte aus Großbritannien, die insgesamt +6.000 Euro betragen und für die deutsche Besteuerung im Übrigen nach dem DBA nicht in Frage kommen.

Nach dem EStG müsste die Steuerschuld des Engländers in Deutschland 25% von 5.000 = 1.250 Euro betragen (§ 50 III EStG). Ein vergleichbarer Deutscher, der konsequenterweise unbeschränkt steuerpflichtig wäre, hätte allerdings die fraglichen 5.000 Euro nach einem individuellen Steuersatz zu versteuern, der sich unter Anwendung des Progressionsvorbehalts aus seinem Gesamteinkommen errechnen würde. Hier ergäben 11.000 Euro Gesamteinkommen eine Steuer von ca. 624 Euro, mithin einen durchschnittlichen Steuersatz von ca. 5,67%. Der entsprechende Deutsche müsste also nur ca. 283 Euro bezahlen.

Hieraus ergibt sich nun ein Konflikt zwischen beiden Normen: Das EG-Recht verlangt, dass die Belastung des Ausländers nicht höher ist als die des vergleichbaren Inländers, mithin bei einer Höhe von 283 Euro gestoppt wird. Das EStG verlangt eine Belastung mit einem Betrag von 1.250 Euro. Die EStG-Vorschrift bleibt *gültig*, aber die EG-Norm ist *vorrangig* zu befolgen, und das bedeutet, dass dem EG-rechtlichen Befehl, nicht mehr zu verlangen als 283 Euro, hier zu folgen ist.

(Ob in einem solchen Fall überhaupt darauf geachtet werden dürfte, dass ein „vergleichbarer" Deutscher einem Progressionsvorbehalt unterläge oder ob sogar ohne dieses Element gerechnet werden müsste, ist übrigens strittig; das spielt für die grundsätzliche Wirkungsweise der EG-Vorschriften, die es hier ja nur zu erklären gilt, aber keine Rolle.)

Der Anwendungsvorrang des Gemeinschaftsrechts ist von der deutschen Finanzverwaltung von Amts wegen zu beachten. Um eine EG-rechtswidrige Bestimmung eines deutschen Steuergesetzes unanwendbar zu machen, bedarf es also insbesondere keiner vorherigen Entscheidung des Europäischen Gerichtshofes. Vielmehr muss die Verwaltung von sich aus durch Anwendung der üblichen juristischen Auslegungsregeln – auch derjenigen zum Anwendungsvorrang – die wirkliche Rechtslage feststellen und diese dann anwenden. Zu unterstellen, dass eine im nationalen EStG oder KStG enthaltene Bestimmung sich niemals im Konflikt mit Europarecht befindet, es sei denn, die Gerichtsbarkeit hätte dies in letzter Instanz bereits festgestellt, negiert die Möglichkeit eines Wertungswiderspruchs zwischen zwei unterschiedlichen gesetzlichen Regelungen und käme deshalb – weil es eine juristische Problematik leugnet, deren Auflösung jeder Jurist in seiner Ausbildung schon sehr früh lernt – faktisch einer Weigerung gleich, als Verwaltungsbehörde die wahre Rechtslage bestimmen zu wollen.

Beispiel:

Aus dem Zusammenspiel von DBA-Recht und EStG kennt man die Existenz widersprüchlicher Aussagen über den Umfang des Steueranspruchs: Nach dem EStG ist das gesamte Welteinkommen des Steuerpflichtigen zu besteuern, nach dem einschlägigen DBA Frankreich sollen aber seine Einkünfte aus einer französischen Betriebsstätte von der Besteuerung in Deutschland freizustellen sein. Es besteht kein Konflikt mit der deutschen Verfassung (*dann* müsste das BVerfG eingeschaltet werden!), sondern ein Konflikt zwischen zwei gleichermaßen gültigen deutschen Gesetzen: dem EStG und dem Zustimmungsgesetz zum DBA. Dieser Konflikt ist von der Verwaltung durch Auslegung zu lösen: Es zählt die Regel, dass das speziellere Gesetz (das DBA) die allgemeinere Regelung (im EStG) verdrängt. Folge: Die Verwaltung hat die Einkünfte aus der frz. Betriebsstätte steuerfrei zu lassen; es wäre unsinnig – wenn nicht sogar ein Delikt –, den Steuerpflichtigen zunächst auf Basis des Welteinkommens besteuern zu wollen und ihn an die Gerichte zu verweisen.

Genauso ist die Rechtslage beim Zusammenspiel zwischen EG-Recht und EStG: Nach dem EStG sei beispielsweise ein Mindeststeuersatz vorgeschrieben, nach EG-Recht ist dadurch möglicherweise das Diskriminierungsverbot verletzt. Es liegt ein Konflikt vor zwischen zwei gültigen deutschen Gesetzen, und zwar zwischen dem EStG und dem deutschen Zustimmungsgesetz zum EG-Vertrag. Die Verwaltung hat, wie in jedem anderen Fall auch, durch Auslegung zu ermitteln, was in diesem Fall der Wille des Gesetzgebers und damit die wahre Rechtslage ist. Maßgebliche Auslegungsregel ist hier, dass die EG-rechtliche Norm die andere Norm verdrängt; diese Auslegungsregel ist durch das Zustimmungsgesetz zum EG-Vertrag geschaffen und in mehreren Zustimmungsgesetzen zu Änderungsverträgen implizit immer wieder vom Gesetzgeber gebilligt worden. Folge: Die Verwaltung hat den Mindeststeuersatz unangewendet zu lassen, soweit er mit dem Diskriminierungsverbot in Konflikt gerät. Wo das der Fall ist, hat sie selbst durch Auslegung der EG-rechtlichen Vorschriften von Amts wegen zu ermitteln. Den Steuerpflichtigen mit der Begründung, man habe „kein Verwerfungsrecht" für deutsche gesetzliche Vorschriften, an die Gerichte zu verweisen, würde die Weigerung darstellen, einen Teil der gültigen deutschen gesetzlichen Vorschriften anzuwenden – und wäre damit ein Verfassungsbruch der an „Gesetz und Recht" gebundenen Verwaltung.

2. Maßgebliches Primärrecht

Im Primärrecht spielen vor allem die europäischen „Grundfreiheiten" eine große Rolle. Diese garantieren bekanntlich den freien Waren-, Dienstleistungs- und Kapitalverkehr innerhalb Europas und räumen den Bürgern der Mitgliedstaaten, je nach ihrer beruflichen Stellung, das Recht auf freie Niederlassung als Unternehmer, Freizügigkeit als Arbeitnehmer oder ungehinderten Aufenthalt aus sonstigen Motiven ein. Diese Grundfreiheiten sind allesamt parallel strukturiert: Sie verbieten einerseits sowohl dem Heimat- wie auch dem Tätigkeitsstaat, die Nutzung dieser Grundrechte durch einen Bürger zu behindern („**Beschränkungsverbote**"). Ausnahmen davon sind nur möglich, wenn solche Eingriffe als zwingend notwendige Maßnahmen gerechtfertigt werden können, d.h. wenn die gesetzgeberischen Ziele auf anderem Wege nicht erreicht werden könnten. Der EuGH hat bereits eine umfangreiche Rechtsprechung dazu vorgelegt, welche Argumente allesamt ungeeignet sind, Steuervorschriften zu rechtfertigen, die dazu beitragen könnten, dass EG-Bürger von der Nutzung ihrer vertraglichen Grundfreiheiten lieber Abstand nehmen könnten. Zusätzlich verbieten aber auch sämtliche Grundfreiheiten den Mitgliedstaaten der EU jede Diskriminierung nach der Staatsangehörigkeit zwischen den EG-Bürgern („**Diskriminierungsverbote**"); anders als im Rahmen der OECD-Diskriminierungsverbote verbietet das EG-Recht auch alle anderen im Wesentlichen gleichwertigen Unterscheidungen, z.B. die Unterscheidung nach dem Wohnsitz oder gewöhnlichen Aufenthalt, wenn sie im Einzelfall zu einer sachlich nicht zwingend notwendigen Benachteiligung eines EG-Ausländers gegenüber dem Inländer führen kann.

In den letzten Jahren treten neben die Grundfreiheiten, die grundsätzlich nur zugunsten der Bürger wirken, aber keine neuen Belastungen begründen können, auch immer stärker die Bestimmungen aus dem Wettbewerbsrecht der Gemeinschaft, und zwar aus den Bestimmungen über das Verbot aller Subventionen: Das vertragliche **Beihilfeverbot** untersagt den Mitgliedstaaten jede steuerliche Subvention für „bestimmte" Unternehmen oder Branchen, wenn eine solche Subvention nicht zuvor von der EG-Kommission durch eine entsprechende Entscheidung genehmigt worden ist. Das Kriterium, wann eine steuerliche Regelung für eine

„bestimmte" Branche gedacht ist und somit eine Privilegierung gegenüber der Allgemeinheit darstellt, wird dabei in letzter Zeit von der EG-Kommission und den Gerichten extensiv ausgelegt: Damit bekommt die EG ein Instrument an die Hand, mit dem es ihr langfristig möglich sein könnte, eine weitgehende Gleichbehandlung aller Unternehmen im Steuerrecht eines Mitgliedstaates zu erzwingen. Dies ist umso bedeutsamer, als die EG-Kommission über die Genehmigung oder Nichtgenehmigung entsprechender Steuervorschriften alleine entscheiden kann, d.h. hier eine Veränderung der nationalen Steuervorschriften erzwungen werden kann, ohne dass zuvor der Ministerrat als Gesetzgeber der EU seine Zustimmung geben müsste.

3. Sekundärrecht

Das Sekundärrecht der Gemeinschaft besteht im Wesentlichen aus einigen wenigen **Richtlinien** über die Ertragsteuern. Solche Richtlinien müssen gemäß Art. 94 vom Ministerrat der EG, hier: den Finanzministern, einstimmig beschlossen werden; dies darf nur auf Vorschlag der EG-Kommission geschehen (Initiativrecht). Mit solchen einstimmigen Beschlüssen ist nur sehr selten zu rechnen, da die Finanzminister gegenwärtig im Bereich der Ertragsteuern ihre (vermeintliche?) nationale Autonomie noch sehr stark gegen den Einfluss der Gemeinschaft verteidigen.

Aus dem Jahre 1990 stammen die (steuerliche) **Fusionsrichtlinie** und die **Mutter-Tochter-Richtlinie**. Die Fusionsrichtlinie regelt die Möglichkeit für eine steuerlich neutrale Behandlung der stillen Reserven bei diversen grenzüberschreitenden Umstrukturierungsvorgängen, insbesondere bei Fusionen oder Spaltungen über die Grenze. Für die Praxis wesentlich wichtiger dagegen ist die Mutter-Tochter-Richtlinie. Sie macht im Wesentlichen zwei Vorgaben:

1. Dividenden, die von einer europäischen Tochtergesellschaft grenzüberschreitend an eine europäische Muttergesellschaft gezahlt werden, dürfen im Staat der Tochtergesellschaft nicht mit einer Quellensteuer belastet werden.

2. Die Dividenden müssen bei der Muttergesellschaft entweder von der Besteuerung freigestellt werden (Freistellung; Schachtelprivileg), oder eine Doppelbesteuerung mit Körperschaftsteuer muss im Staat der Mutter dadurch vermieden werden, dass die von der Tochtergesellschaft schon bezahlte Steuer auf die Körperschaftsteuer der Mutter angerechnet wird (indirekte Anrechnung).

Begünstigt waren hierbei zunächst nur Dividendenzahlungen zwischen einer Tochterkapitalgesellschaft und einer Mutterkapitalgesellschaft, die in zwei verschiedenen Staaten der EG ansässig waren, eine Rechtsform hatten, die in einer Liste entsprechender Kapitalgesellschaften explizit aufgeführt waren, und durch eine Beteiligung von mindestens 25% dauerhaft miteinander verbunden waren. Ende 2003 haben die Finanzminister auf Vorschlag der Kommission die Richtlinie allerdings dahingehend geändert, dass nunmehr

- praktisch alle Gesellschaftsformen erfasst sind, die der Körperschaftsteuer unterliegen,
- die Beteiligungsquote zwischen Mutter- und Tochtergesellschaft stufenweise weiter abgesenkt wird bis auf letztlich nur noch 10% (2004: 20%, 2007:15%, 2009:10%).

Ergänzt wurde dieses erste „Steuerpaket" aus dem Jahre 1990 im Juni 2003 durch zwei weitere Richtlinien, und zwar durch die Richtlinie über die Behandlung von Zinsen und Lizenzgebühren im europäischen Konzern und die Richtlinie über die Besteuerung privater Sparzinsen.

Die Richtlinie über die Behandlung von **Zinsen und Lizenzgebühren** im Konzern sieht vor, dass die Zahlung von Zinsen und Lizenzgebühren von einer europäischen Kapitalgesellschaft an eine unmittelbar an ihr beteiligte europäische Mutterkapitalgesellschaft oder eine unmittelbar mit einer solchen Mutterkapitalgesellschaft verbundene Schwesterkapitalgesellschaft im Quellenstaat der Zahlung nicht mit einer Quellensteuer belastet werden darf. Das Besteuerungsrecht für Zinsen und Lizenzgebühren wird also durch diese Bestimmungen ausschließlich dem Ansässigkeitsstaat der Empfängergesellschaft zugewiesen. Diese Richtlinie, die ab 1.1.2004 in Kraft getreten ist, beinhaltet scheinbar für Deutschland nur wenig Neuerungen, da die meisten deutschen DBA für diese Zahlungen bereits schon keine deutsche Quellensteuer mehr vorsehen. Bei näherem Hinsehen birgt sie jedoch auch beachtliche Streitpunkte und Entwicklungsperspektiven in sich.

Beispiel:

So ist es fraglich, ob die gewerbesteuerliche Hinzurechnung der Zinsen für Dauerschulden zum Gewerbeertrag der zahlenden Gesellschaft nicht faktisch ein Äquivalent dazu darstellt, auf solche Zinszahlungen eine Quellensteuer vorzunehmen.

Die Richtlinie über die Behandlung privater Sparzinsen sieht für die meisten festverzinslichen Kapitalanlagen von Privatpersonen, die bei europäischen Kreditinstituten unterhalten werden, vor, dass bei Auszahlung der Zinsen entweder eine Kontrollmitteilung ausgefertigt werden muss (Regelbehandlung) oder – in einigen Staaten – ersatzweise eine Quellensteuer erhoben werden muss, die nach einer Übergangsfrist auf bis zu 35% der Zinsen ansteigen soll. Das Inkrafttreten der Richtlinie, formal für 1.1.2004 vorgesehen, ist jedoch noch davon abhängig, dass die EG mit den wichtigsten Drittstaaten, in denen EG-Bürger ihr Kapital alternativ anlegen könnten, äquivalente Regelungen vereinbaren kann und der Rat der Finanzminister einstimmig feststellt, dass diese Voraussetzung zufrieden stellend erfüllt worden ist. Nach entsprechenden Verlautbarungen Mitte 2004 sieht es so aus, als ob diese Voraussetzungen tatsächlich in absehbarer Zeit erfüllt werden könnten.

4. Völkervertragsrecht der Gemeinschaft

Nach Art. 300 EG-Vertrag kann die EG **völkerrechtliche Verträge mit dritten Staaten** über Angelegenheiten schließen, in denen nach der internen Zuständigkeitsverteilung zwischen Gemeinschaft und Mitgliedstaaten *sie* die Zuständigkeit besitzt. Wenn die Gemeinschaft zwar theoretisch die Befugnis hätte, die nationalen Vorschriften in einem bestimmten Bereich anzugleichen, sie bislang davon aber noch keinen Gebrauch gemacht hat, verbleibt die Zuständigkeit für Verträge mit auswärtigen Staaten bei den Mitgliedstaaten, bis die Gemeinschaft von ihrer Befugnis im Inneren Gebrauch gemacht hat.

Geht die Kompetenz schließlich auf die Gemeinschaft über, so bleiben die vorher geschlossenen Verträge der Mitgliedstaaten (**Altverträge**) solange gültig, bis sie durch Verträge der Gemeinschaft mit diesen Staaten ersetzt werden.

Im Bereich der DBA wird gegenwärtig von der herrschenden Lehre und im politischen Raum davon ausgegangen, dass die **Zuständigkeit für DBA mit Drittstaaten** sich weiter bei den Mitgliedstaaten befindet. Daher werden DBA immer noch auf nationaler Ebene abgeschlossen, ungeachtet der Tatsache, dass hierdurch Rechtszersplitterung und Treaty-Shopping innerhalb Europas gefördert werden. Allerdings übersieht die herrschende Lehre, dass die EG durch die Mutter-Tochter-Richtlinie von 1990 und die Richtlinie über Zinsen und Lizenzgebühren im Konzern von 2003 mittlerweile in einem Bereich, der einen wesentlichen Kernbereich der üblichen Abkommensregelungen bildet, intern ihre Zuständigkeiten ausgeübt und die nationalen Bestimmungen angeglichen hat. Es ist auch nachvollziehbar, dass das Fortbestehen unterschiedlicher nationaler Abkommen mit Drittstaaten zu Treaty-Shopping-Gestaltungen führen muss und dass die dagegen zu erwartenden Anti-Missbrauchs-Maßnahmen der jeweiligen Mitgliedstaaten das reibungslose Funktionieren des Europäischen Binnenmarktes stören werden. Daher ist spätestens seit dem Jahre 2004 davon auszugehen, dass in einem wesentlichen Kernbereich des DBA-Rechts die Zuständigkeit für den Abschluss neuer DBA auf die Gemeinschaftsorgane übergegangen sein könnte; das hätte zur Folge, dass die Mitgliedstaaten neue DBA jedenfalls nicht mehr ohne die Gemeinschaft als zusätzlichen Vertragspartner abschließen dürften („**gemischte Abkommen**").

Eine Zuständigkeit der Gemeinschaft für den Abschluss von DBA mit Drittstaaten ergibt sich auch aus der Logik der Richtlinie über private Sparzinsen: Hier wird nicht nur ein internes System geschaffen, sondern sogar ausdrücklich in der Richtlinie anerkannt, dass das Funktionieren des internen Systems davon abhängt, dass mit Drittstaaten adäquate Regelungen vereinbart werden, durch die für den privaten Kapitalanleger eine Umgehung des intern gültigen Systems verhindert oder unattraktiv gemacht wird. Es leuchtet unmittelbar ein, dass das so geschaffene System nicht nur in seiner Funktion beeinträchtigt wäre, wenn es keine adäquaten Regelungen mit schon *existierenden* Steueroasen gäbe, sondern auch dann, wenn ein Mitgliedstaat neue Vereinbarungen mit einem Drittstaat abschließen dürfte, durch die sich dieser dann *neu* zu einer Steueroase entwickeln könnte. In der Konsequenz bedeutet dies, dass der Abschluss eines nationalen DBA, soweit darin auch über die Behandlung privater Sparzinsen und den Auskunftsaustausch zwischen den Finanzverwaltungen Abmachungen getroffen werden, eine Verletzung des EG-Vertrages darstellen könnte, falls zu einem solchen Abkommen nicht die EG selbst als weiterer Vertragspartner hinzugezogen wird.

Bemerkenswert ist in diesem Zusammenhang übrigens, dass die Finanzminister die Vereinbarungen mit der Schweiz über eine adäquate Besteuerung privater Kapitalanlagen von EG-Bürgern in der Schweiz ausdrücklich von der EG abschließen lassen wollen; der Einstieg in den Übergang der DBA-Abkommenskompetenz auf die Gemeinschaft ist insoweit also auch faktisch vollzogen, wenn auch dieser Aspekt in der Öffentlichkeit weitgehend unbemerkt geblieben ist.

Neben der Frage, wer in Zukunft die Kompetenz zum Abschluss von DBA mit Drittstaaten besitzt, spielen die völkerrechtlichen Verträge der EG jedoch auch insoweit eine Rolle, als durch Assoziationsverträge teilweise auch Teile der europäischen Grundfreiheiten auf Angehörige von Drittstaaten ausgedehnt werden. So werden etwa die Bestimmungen der Dienstleistungsfreiheit durch ein entsprechendes Abkommen auch auf die Schweiz ausgedehnt.

5. Ergänzende zwischenstaatliche Abkommen zwischen den EG-Mitgliedstaaten

Ergänzend zum Erlass von Richtlinien sieht das EG-Recht die Möglichkeit vor, dass die Mitgliedstaaten spezielle Fragen durch den Abschluss paralleler völkerrechtlicher Verträge untereinander regeln sollen (Art. 293 EG). Demnach sollen insbesondere Doppelbesteuerungsabkommen zwischen den Mitgliedstaaten geschlossen werden. Da solche Verträge jedoch „normale" völkerrechtliche Verträge zwischen den EU-Staaten darstellen, fallen sie nicht in die Auslegungszuständigkeit des Europäischen Gerichtshofs.

Art. 293 *meint* grundsätzlich, dass die betreffenden Abkommen zwischen allen Mitgliedstaaten insgesamt abgeschlossen werden sollen. Der Abschluss eines EG-internen allgemeinen DBA zwischen allen Mitgliedstaaten ist jedoch schon Ende der 60er Jahre des 20. Jahrhunderts gescheitert, und seitdem sind entsprechende Pläne nicht wieder aufgegriffen worden. Gegenwärtige Praxis der Kommission ist es vielmehr, den Abschluss zweiseitiger Verträge zwischen den Mitgliedstaaten für ausreichend zu halten, diesen aber auch zu forcieren. Deutschland genügt diesen Anforderungen im Bereich der Ertragsteuern überdurchschnittlich gut, vernachlässigt sie jedoch bislang im Bereich der Erbschaftsteuern, wo es seinen Bürgern bislang praktisch keinen erwähnenswerten Schutz vor Doppelbesteuerung durch DBA verschafft hat.

Im Jahr 1990 gelang jedoch zeitgleich mit der Verabschiedung der Fusions- und Mutter-Tochter-Richtlinie auch der Abschluss eines multilateralen Vertrages zwischen allen damaligen Mitgliedstaaten, durch den dafür gesorgt werden sollte, dass eine Beanstandung der **Verrechnungspreise** bei Geschäften zwischen verbundenen Unternehmen nicht zu einer Doppelbesteuerung führen sollte. Dies geschah dadurch, dass die betroffenen Finanzverwaltungen bei einer Gewinnkorrektur verpflichtet werden sollten, das Verständigungsverfahren zu nutzen, und für den Fall, dass dort innerhalb von zwei Jahren keine Einigung auf eine einheitliche Sichtweise des Falles zu erreichen wäre, anschließend ein **obligatorisches Schiedsverfahren** mit einer maximalen Dauer von einem Jahr vorgesehen war, so dass die Steuerstreitigkeit dann nach maximal dreijähriger Dauer beendet sein musste. Da befürchtet wurde, dass die Möglichkeit eines Schiedsverfahrens die Unternehmen verleiten könnte, bei der Vereinbarung ihrer konzerninternen Verrechnungspreise nunmehr bewusst unsorgfältig zu verfahren, um Steuerersparnismöglichkeiten „anzutesten", wurde den Mitgliedstaaten allerdings die Möglichkeit gegeben, die Anwendbarkeit des Schiedsverfahrens auf Fälle zu begrenzen, bei denen in gutem Glauben gehandelt wurde (genaue Einzelheiten dazu wurden in einem Protokoll festgelegt).

Allerdings hat das Schiedsverfahren seit dem Jahre 1990 eine beeindruckende juristische „Odyssee" hinter sich: Zunächst bedurfte es der Ratifikation durch alle – damals zwölf – betroffenen Mitgliedstaaten. Als dieser Prozess abgeschlossen war (1.1.1995), war die Gemeinschaft bereits um weitere drei Mitglieder gewachsen, was ein Erweiterungsprotokoll und ein erneutes Ratifikationsverfahren durch alle nunmehr 15 Staaten erforderlich machte. Bevor dieses Verfahren beendet werden konnte, lief die ursprüngliche Fassung des Vertrages dann jedoch zum 31.12.1999 aus, da die Erstfassung als „Probeversion" auf nur fünf Jahre befristet worden war. Folglich war zu diesem Zeitpunkt ein Verlängerungsvertrag zu konzipieren, durch den sich der Vertrag über das Schiedsverfahren in Zukunft automatisch jeweils immer um fünf Jahre verlängern soll, solange er nicht gekündigt wird. Noch während dieses Ratifikationsverfahren lief (das bis heute – 2004 – noch nicht abgeschlossen ist), traten dann jedoch die zehn osteuropäischen Staaten der Gemeinschaft bei, mit der Folge, dass sich nunmehr ein weiterer Erweiterungsvertrag und ein erneutes Ratifikationsverfahren anschließen soll. Alle diese Formalitäten führen dazu, dass das Schiedsverfahren gegenwärtig nicht rechtsgültig ist, aber nach Abschluss der Ratifikationsverfahren rückwirkend zum 1.1.2000 verlängert werden wird.

V. Die nationalen Einkommen- und Körperschaftsteuer-Vorschriften für internationale Sachverhalte

1. Allgemeines, insbesondere Nachweispflichten

Wie erwähnt, regeln die DBA zwar, welcher Staat welche Einkünfte besteuern darf, aber nicht, nach welchen Regeln dies zu geschehen hat. Wie sich der Steueranspruch berechnet, ergibt sich vielmehr aus dem nationalen Recht. Dabei ergeben sich für internationale Sachverhalte allerdings gar nicht so viele Besonderheiten, wie man zunächst befürchten könnte. In den meisten Fällen behandelt der deutsche Gesetzgeber in- und ausländische Sachverhalte bei unbeschränkt Steuerpflichtigen nach denselben Regeln; dies leuchtet auch ein, weil der Grundgedanke der unbeschränkten Steuerpflicht gerade darin liegt, dass unabhängig davon, von wo sie stammen, *alle* Einkünfte aus der gesamten Welt der deutschen Steuer unterworfen werden sollen. Deshalb finden sich besondere Bestimmungen eigentlich (fast) nur soweit, wie Sonderprobleme auftreten können, die sich in einem rein nationalen Rahmen nicht ergeben könnten.

Zu den Besonderheiten, die einen Steuerpflichtigen in besonderer Weise treffen, gehört – flächendeckend für ausnahmslos *alle* Sachverhalte mit Auslandsberührung – die **gesteigerte Mitwirkungspflicht bei Auslandssachverhalten** (§ 90 Abs. 2 AO). Es ist nämlich den Beamten eines Staates völkerrechtlich strikt verboten, auf dem Territorium eines fremden Staates ohne dessen Einwilligung irgendwelche hoheitlichen Handlungen vorzunehmen. Dies kann soweit gehen, dass selbst die Übersendung eines behördlichen Schriftstücks ins Ausland schon problematisch sein kann (deswegen gilt z.B. § 81 Abs. 2 AO, es gab aber auch das bis 2000 häufige Verlangen der anderen EG-Staaten, dass Ausländer für die Umsatzsteuer einen Fiskalvertreter bestellen *mussten*).

> **Beispiel:**
>
> Zu den trostreichsten Geschichten für Steuerzahler gehört der Fall des deutschen Steuerfahndungsbeamten, der diese Zusammenhänge ignoriert und auf Schweizer Territorium Ermittlungshandlungen durchgeführt hatte: Er fand sich postwendend im Schweizer Fahndungsbuch wieder (vgl. Vogel, DBA, Einl., Rz. 10).

Konsequenterweise obliegt die Aufklärung von Sachverhalten, die sich im Ausland abspielen, allein den Steuerpflichtigen und den anderen Beteiligten; sie müssen sich **alle erforderlichen Beweismittel beschaffen**, und zwar unter Ausnutzung aller bestehenden Möglichkeiten (§ 90 Abs. 2 AO). Das bedeutet für jeden, der mit der Dokumentation von Auslandssachverhalten beruflich befasst ist, z.B. in der Buchhaltung, dass er dafür sorgen muss, dass er alle möglicherweise von der Verwaltung angeforderten Unterlagen jederzeit beschaffen kann. Kann der Steuerpflichtige einen Auslandssachverhalt nicht aufklären, so kann dies zu seinen Ungunsten verwendet werden. Bei der Spezialfrage der Verrechnungspreise wird eine unzureichende Mitwirkung des Steuerpflichtigen sogar noch schärfer sanktioniert, nämlich durch eine massive Umkehr der Beweislast zu seinen Ungunsten und zusätzlich noch durch Strafzuschläge (§§ 90 Abs. 3, 162 Abs. 3 und

4 AO). Ergänzend haben sich die Finanzbehörden allerdings durch die Vereinbarungen über den Auskunftsaustausch (Art. 26 OECD-MA, vgl. weiter oben) und durch die EG-Amtshilferichtlinie die Möglichkeit geschaffen, einander helfen zu können; wer Auslandssachverhalte verschleiert, kann also nicht darauf hoffen, mit großer Sicherheit unentdeckt zu bleiben.

Darüber hinaus empfiehlt es sich, sich Gewissheit über die Identität des ausländischen Geschäftspartners zu verschaffen; denn wenn die Finanzbehörde zu dem Schluss kommen sollte, dass es sich evtl. um eine Scheinfirma handelt, könnte der Betriebsausgabenabzug versagt werden. Um einen Betriebsausgabenabzug geltend machen zu können, muss der Zahlende nämlich der Finanzbehörde den Empfänger der Zahlung nennen, und zwar den *wirklichen* Empfänger, nicht eine nur formal vorgeschobene Körperschaft (§ 160 AO).

Es gibt freilich innerhalb der EU **gemeinschaftsrechtliche Grenzen für besondere Nachweispflichten**: Demnach dürfte es zwar weiterhin erlaubt sein, vom Steuerpflichtigen zu verlangen, dass *er* alle erforderlichen Beweismittel beschafft. Die Finanzverwaltung darf aber im Auslandsfall nicht *mehr* Beweismittel für erforderlich halten (z.B. zum Nachweis der betrieblichen Veranlassung einer Ausgabe), als sie das in einem vergleichbaren Inlandsfall tun würde.

Beispiel:

So ist es nach einem EuGH-Urteil verboten, bei einem Kongress im Ausland an die Nachweise zur beruflichen Veranlassung höhere Anforderungen zu stellen als im Inlandsfall (EuGH vom 28.10.1999 in der Rechtssache Vestergaard). Die Richtlinie R 117a EStR, in der sich die Finanzverwaltung über die Anerkennung der Kosten für Auslandskongresse äußert, erkennt diese Vorgabe nur sehr undeutlich an, indem sie weiterhin für Auslandsveranstaltungen andere Maßstäbe als für Inlandsveranstaltungen aufstellt, aber anfügt, die steuerliche Begründung könne jedoch nicht mit der Begründung versagt werden, die Veranstaltung habe in einem Staat von EU oder EWR stattgefunden.

2. Die Arten der persönlichen Steuerpflicht

Wie der Gesetzgeber in dem allgemeinen Rahmen, der ihm von den DBA, dem Europarecht und den allgemeinen Grundsätzen des Steuerrechts gezogen wird, seine Steueransprüche verwirklicht, unterscheidet sich danach, ob der Steuerpflichtige als „unbeschränkt" oder „beschränkt steuerpflichtig" eingestuft wird. Schon allein aufgrund dieser Qualifikation können Sachverhalte, die ansonsten vollkommen gleiche Rahmenbedingungen aufweisen, vom deutschen Gesetz unter Umständen vollkommen unterschiedlich besteuert werden.

Aus diesem Grund ist die Frage, welcher Art der persönlichen Steuerpflicht jemand unterliegt, bei der Auseinandersetzung mit internationalen Fallkonstellationen ausgesprochen wichtig.

Unbeschränkt steuerpflichtig ist im Rahmen der Einkommensteuer jeder, der in der Bundesrepublik (mindestens) einen Wohnsitz oder seinen gewöhnlichen Aufenthaltsort hat (§ 1 I EStG). Somit reicht es aus, in der Bundesrepublik eine Wohnung unter Umständen innezuhaben, die darauf schließen lassen, dass man diese

Wohnung beibehalten und benutzen wird (§ 8 AO), damit die Besteuerungsmasse, die der Bundesrepublik nach Völkerrecht und/oder DBA noch zur Besteuerung zur Verfügung steht, nach den Regeln der unbeschränkten Steuerpflicht besteuert wird. Lediglich wenn ein Wohnsitz in Deutschland fehlt, ist es noch nötig, ergänzend zu prüfen, ob der Betreffende sich hier „gewöhnlich aufgehalten" hat; wann das der Fall ist, ist in § 9 AO geregelt. Beschränkt steuerpflichtig sind dann jene Personen, bei denen eine unbeschränkte Steuerpflicht nicht vorliegt (§ 1 IV EStG). Im Rahmen der Körperschaftsteuer wird parallel vorgegangen: Hier hängt die unbeschränkte Steuerpflicht daran, ob eine Körperschaft ihren Sitz (=der in der Satzung bestimmte Sitz der Institution, § 11 AO) und/oder ihren Ort der Geschäftsleitung in Deutschland (§ 10 AO) hat; ist das nicht der Fall, liegt beschränkte Steuerpflicht vor (§ 2 Nr. 1 KStG).

Besonders im Rahmen der Einkommensteuer existieren zwischen unbeschränkter und beschränkter Steuerpflicht massive Unterschiede: Bei unbeschränkt Steuerpflichtigen werden persönliche Aspekte (Ehepartner, Kinderzahl, Sonderausgaben, außergewöhnliche Belastungen) bei der Besteuerung berücksichtigt, bei beschränkt Steuerpflichtigen dagegen nicht. Bei unbeschränkt Steuerpflichtigen werden außerdem alle Einkünfte zu einem Gesamteinkommen addiert und die Steuerbelastung progressiv auf der Basis des gesamten Welteinkommens berechnet; bei beschränkt Steuerpflichtigen findet dagegen oft eine isolierte Besteuerung der einzelnen Einkommensteile mit einem pauschalen Steuersatz statt, der von den normalen Einkommensteuersätzen erheblich (auch nach unten!) abweichen kann.

Wann welche Form der persönlichen Steuerpflicht zu günstigeren Ergebnissen führt, lässt sich nicht allgemein sagen. Es kann daher im Einzelfall für einen unbeschränkt Steuerpflichtigen erstrebenswert sein, in die beschränkte Steuerpflicht „überzuwechseln", aber genauso gut kann es Fälle geben, in denen beschränkt Steuerpflichtige danach streben, lieber nach den Regeln über die unbeschränkte Steuerpflicht behandelt zu werden.

Beispiele:

1. Der Arbeitnehmer Robot wohnt im Ausland und arbeitet in der Bundesrepublik. Er ist verheiratet und Vater dreier Kinder. Sein (geringes) Gehalt bezieht er bislang als beschränkt Steuerpflichtiger nach den Regeln der beschränkten Steuerpflicht unter Lohnsteuerabzug nach Steuerklasse I. Es leuchtet ein, dass Robot nur gewinnen könnte, wenn er sich nach den Regeln über die unbeschränkte Steuerpflicht behandeln lassen könnte und somit Sonderausgaben und außergewöhnliche Belastungen in erheblichem Umfang absetzen könnte sowie ggf. auch den Steuersatz durch einen Splittingeffekt massiv reduzieren könnte.

2. Der Schriftsteller Schreiber ist unbeschränkt steuerpflichtig und muss seine mittlerweile 1 Mio. € betragenden Tantiemen jedes Jahr im Rahmen der unbeschränkten Steuerpflicht einem progressiven Steuersatz von 42% zzgl. Nebensteuern (SolZ, ggf. Kirchensteuer) unterwerfen. Im Rahmen der beschränkten Steuerpflicht würde Schreiber dagegen nur mit einer Quellensteuer von 20% der Einnahmen besteuert werden (wiederum zzgl. SolZ). Es leuchtet ein, dass ein erfolgreicher Wechsel zur beschränkten Steuerpflicht für Schreiber von erheblichem Interesse wäre, denn der damit verbundene Verlust sämtlicher persönli-

chen Abzüge wie Sonderausgaben kann angesichts des denkbaren Steuerspareffekts durch den unterschiedlichen Steuersatz kaum ins Gewicht fallen.

Der Gesetzgeber sieht das gelegentliche Bedürfnis der Steuerpflichtigen, lieber einer anderen Kategorie von persönlicher Steuerpflicht anzugehören, als dies normalerweise der Fall wäre, in einigen Fällen als sachlich gerechtfertigt an, bewertet es aber in anderen Fällen dagegen als einen Missbrauch, der bekämpft werden muss:

Beispiele:

1. Der Arbeitnehmer Robot aus dem vorigen Beispiel dürfte sich nach deutschem Recht aufgrund einer Sondervorschrift auch bei Wohnsitz und gewöhnlichem Aufenthalt im Ausland auf Antrag freiwillig für eine Sonderform der unbeschränkten Steuerpflicht entscheiden, die fiktive unbeschränkte Steuerpflicht (§ 1 III EStG). Im Rahmen dieser Sonderform der persönlichen Steuerpflicht würden nicht mehr Einkünfte von ihm besteuert, als dies auch im Rahmen der beschränkten Steuerpflicht der Fall wäre (§ 1 III EStG unterwirft nur „inländische Einkünfte im Sinne der § 49" dieser unbeschränkten Steuerpflicht!), aber dies würde dann nach den üblichen Regeln der unbeschränkten Steuerpflicht geschehen, also bekäme Robot beispielsweise Sonderausgaben und außergewöhnliche Belastungen anerkannt. Darüber hinaus wäre, falls er mit seiner Ehefrau und seinen Kindern in einem Staat der EU oder des EWR lebt, auch das Splittingverfahren möglich (§ 1a EStG).

2. Wenn der Schriftsteller Schreiber dagegen aus Deutschland ins Ausland umzieht, um hier in Zukunft nur noch beschränkt steuerpflichtig zu sein, wird darin ein potenzieller Missbrauch gesehen. Daher wird versucht, (übrigens: nur!) für deutsche Staatsangehörige, die aus Deutschland wegziehen, durch Anwendung von Sonderbestimmungen über die „erweiterte beschränkte Steuerpflicht" (§ 2 AStG) alle steuerlichen Vorteile des Wechsels in die beschränkte Steuerpflicht so weit wie möglich zu zerstören: Zwar kann man bei diesen Personen aus völkerrechtlichen Gründen deren ausländische Einkünfte nicht mehr besteuern, aber bei ihnen wird der Kreis der im Rahmen der beschränkten Steuerpflicht zu versteuernden Einkünfte auf das völkerrechtlich zulässige Maximum ausgedehnt: Demnach werden bei ihnen alle Einkünfte besteuert, die nicht eindeutig ausländisch (§ 34d EStG) sind. Und außerdem werden auch die Steuersatzvorteile der beschränkten Steuerpflicht zerstört, indem als Steuersatz für diese Personen ein einheitlicher Steuersatz auf Basis ihrer sämtlichen Einkünfte ermittelt wird (§ 2 V AStG) – nicht ohne zusätzlich festzulegen, dass die Belastung, die sich durch Quellensteuern im Rahmen der regulären beschränkten Steuerpflicht ergeben würde, nicht unterschritten werden darf, man also durch die „erweiterte beschränkte Steuerpflicht" also keinen Vorteil haben darf. Entschärft wird diese spezielle Sonderform der beschränkten Steuerpflicht nur dadurch, dass sie nur beim Wegzug in „Niedrigsteuerländer" angewandt wird und auch dann auf 10 Jahre befristet ist.

Diese Sonderformen der persönlichen Steuerpflicht setzen jedoch i.d.R. voraus, dass man zuvor ermittelt hat, welche Belastung sich im Rahmen einer regulären Einstufung ergeben hätte.

Bei der „fiktiven unbeschränkten Steuerpflicht" muss man die reguläre Belastung gemäß § 49 EStG nicht nur bestimmen, um zu beurteilen, ob ein Antrag nach § 1 III EStG Vorteile oder Nachteile bringen würde, sondern auch, weil die fiktive unbeschränkte Steuerpflicht sowieso nur auf die nach § 49 EStG steuerpflichtigen Einkünfte bezogen ist.

Bei der erweiterten beschränkten Steuerpflicht muss korrespondierend ohnehin die Höhe der Belastung bei regulärer beschränkter und regulärer unbeschränkter Steuerpflicht ermittelt werden, da die Belastung das Maximum dieser beiden Werte nicht übersteigen darf (§ 2 VI AStG).

Daher empfiehlt es sich, bei konkreten Fallkonstellationen stets zunächst die Belastungen zu bestimmen, die sich nach der regulären unbeschränkten bzw. beschränkten Steuerpflicht ergeben, bevor man über die Anwendbarkeit der Sonderformen der persönlichen Steuerpflicht nachdenkt.

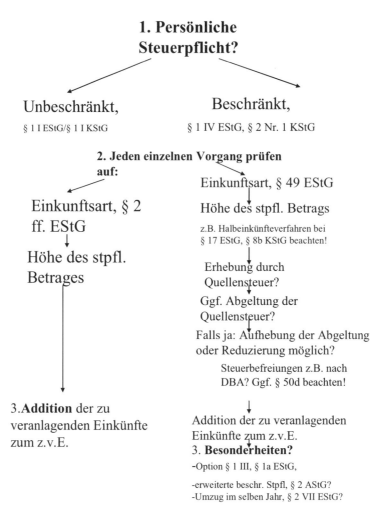

1. Persönliche Steuerpflicht?

Unbeschränkt,
§ 1 I EStG/§ 1 I KStG

Beschränkt,
§ 1 IV EStG, § 2 Nr. 1 KStG

2. Jeden einzelnen Vorgang prüfen auf:

Einkunftsart, § 49 EStG

Einkunftsart, § 2 ff. EStG

Höhe des stpfl. Betrags

z.B. Halbeinkünfteverfahren bei § 17 EStG, § 8b KStG beachten!

Höhe des stpfl. Betrages

Erhebung durch Quellensteuer?

Ggf. Abgeltung der Quellensteuer?

Falls ja: Aufhebung der Abgeltung oder Reduzierung möglich?

Steuerbefreiungen z.B. nach DBA? Ggf. § 50d beachten!

3. **Addition** der zu veranlagenden Einkünfte zum z.v.E.

Addition der zu veranlagenden Einkünfte zum z.v.E.

3. **Besonderheiten?**

-Option § 1 III, § 1a EStG,

-erweiterte beschr. Stpfl, § 2 AStG?
-Umzug im selben Jahr, § 2 VII EStG?

3. Regelungen für unbeschränkt Steuerpflichtige mit Auslandseinkünften

Nach dem Grundgedanken der unbeschränkten Steuerpflicht sollen bei dieser Form der Steuerpflicht Auslandssachverhalte genauso besteuert werden wie Inlandssachverhalte. Besondere Regelungen kann es also nur bei Einzelaspekten geben, wenn sich im grenzüberschreitenden Fall Probleme ergeben, die bei einem Inlandsfall in dieser Form nicht auftreten.

3.1 Besondere Regeln für Auslandsverluste (§ 2a EStG)

Bei Auslandstätigkeiten hat der Gesetzgeber andere Regeln über die Berücksichtigung von Verlusten vorgesehen als bei vergleichbaren inländischen Tätigkeiten. Man muss hier zwei Arten von Einkünften unterscheiden:

1. Verluste aus Tätigkeiten, für die ein DBA eine Steuerbefreiung für die entsprechenden Gewinne vorsieht, sind in Deutschland überhaupt nicht steuerlich abziehbar. Eine frühere Milderungsregelung hierfür, die sog. „Nachversteuerungsmethode", ist seit 1999 aufgehoben.

2. Verluste aus Tätigkeiten in einem Nicht-DBA-Land bzw. aus Tätigkeiten, für die nach einem DBA nur die Anrechnungsmethode gilt, dürfen nur dann mit inländischen Verlusten verrechnet werden, wenn der Gesetzgeber dies in § 2a Abs. 2 EStG ausdrücklich zugelassen hat. Insbesondere für die Verluste aus den sog. „passiven" Tätigkeiten ist eine Verlustverrechnung mit inländischen Einkünften ausdrücklich untersagt. Solche Verluste dürfen außerdem nur mit positiven Einkünften aus demselben Staat und derselben Einkunftsart verrechnet bzw. darauf vorgetragen werden. Daher müssen ausländische Tätigkeiten so dokumentiert werden, dass sich ausländische Einkünfte stets leicht nach Einkunftsquelle und Herkunftsland getrennt ermitteln lassen.

Aus dem Abzugsverbot für Auslandsverluste folgt auch, dass auch der Aufwand aus **Teilwertabschreibungen**, die auf den Anteil an einer Kapitalgesellschaft nötig werden, weil diese durch solche Auslandsverluste an Wert verloren hat, steuerlich nicht berücksichtigt werden darf. Der Aufwand aus solchen Abschreibungen bildet dann also eine Art nicht-abziehbare Betriebsausgabe bzw. – bei anderen Einkunftsarten – nicht-abziehbare Aufwendungen (ähnlich wie bei den nicht-abziehbaren Ausgaben aus § 4 Abs. 5 EStG).

Ob es dem deutschen Gesetzgeber heutzutage noch erlaubt ist, Verluste nur deswegen vom Abzug auszuschließen, weil der Steuerpflichtige sie im Ausland und nicht im Inland erlitten hat, wird unter europarechtlichen Gesichtspunkten bezweifelt. Der Bundesfinanzhof hat diesbezüglich bereits erste Fragen an den Europäischen Gerichtshof vorgelegt. Die Steuerpflichtigen werden einstweilen aber nichts anderes tun können, als alle entsprechenden Einkünfte weiterhin so zu dokumentieren, dass sie der Finanzverwaltung alle erforderlichen Daten getrennt nach Einkunftsquellen und Tätigkeitsstaat liefern können, denn solange die Frage noch nicht gerichtlich entschieden ist, müssen sie jedenfalls mit der Möglichkeit rechnen, dass diese Vorschriften noch zulässig sein könnten und daher verbindlich bleiben.

3.2 Besonderheiten bei der Gewinnermittlung

Bei der Gewinnermittlung eines Betriebes sind als Besonderheiten von Auslandssachverhalten z.b. zu nennen, dass **Rücklagen nach § 6b EStG** nur gebildet werden dürfen, wenn die Rücklage nach der Anschaffung des Ersatzwirtschaftsgutes auf ein inländisches Wirtschaftsgut übertragen wird.

Bei der **Verbringung eines Wirtschaftsgutes** aus dem Anlagevermögen eines inländischen Betriebes in eine ausländische Betriebsstätte in einem DBA-Land ist zu erwähnen, dass im Zeitpunkt der Verbringung die Höhe der stillen Reserven festgestellt werden muss. Denn nach dem Übergang des Wirtschaftsgutes in die ausländische Betriebsstätte verliert die Bundesrepublik das Recht, die in Zukunft neu entstehenden Reserven zu bestehen. Der Steuerpflichtige hat daher die schon vorhandenen stillen Reserven festzustellen und lediglich die Wahl, ob er diese Reserven sofort versteuern möchte oder ob er den Betrag einstweilen erfolgsneutral in einen Merkposten umbuchen möchte, der dann entweder über die Restnutzungszeit des Wirtschaftsgutes erfolgserhöhend „abzuschreiben" ist oder (spätestens) bei Veräußerung des Wirtschaftsgutes erfolgswirksam aufgelöst werden muss. Spätestens nach zehn Jahren muss der Merkposten jedoch in jedem Fall aufgelöst sein.

Hinweis:

Einzelheiten hierzu enthält der sog. „Betriebsstätten-Erlass" des BMF vom 24.12.1999 unter der Textziffer 2.6.1 (BStBl 1999 I S. 1076 ff.; in der Beck'schen Textsammlung „Steuererlasse" unter der Nr. 800/§12/1).

Macht ein Unternehmen **Geschäfte mit einem verbundenen Unternehmen im Ausland**, so erlaubt das DBA-Recht der Bundesrepublik bekanntlich, die Angemessenheit der zwischen diesen Unternehmen vereinbarten Preise (**Verrechnungspreise**) daraufhin zu überprüfen, ob sie denjenigen entsprechen, die auch nicht miteinander verbundene, einander wie fremde Dritte gegenüberstehende Unternehmen vereinbart hätten. Falls das nicht der Fall ist und deswegen ein Unternehmen im Vergleich zum marktgerechten Verhalten zu wenig Gewinn erzielt hat, darf der handelsrechtlich erzielte Gewinn steuerlich auf den bei einem fremdüblichen Verhalten erzielbaren Gewinn berichtigt werden (Art. 9 OECD-MA).

Von dieser Erlaubnis macht das deutsche Recht nach verschiedenen internen Normen Gebrauch: Hier ist zunächst daran zu erinnern, dass auch innerstaatlich die Angemessenheit von Geschäften mit nahe stehenden Personen stets auf das Vorliegen einer **verdeckten Gewinnausschüttung** überprüft wird oder aber auch eine Aufwandsbuchung bei einem Gesellschafter einer Kapitalgesellschaft gerne daraufhin überprüft wird, ob der Vorgang nicht – als **verdeckte Einlage** – in Wahrheit ohne Aufwandsbuchung (erfolgsneutral) zu behandeln gewesen wäre. Diese Normen werden auch ohne weiteres im grenzüberschreitenden Kontext zur Korrektur der dort vereinbarten Verrechnungspreise herangezogen.

Bei Personengesellschaften wären ersatzweise die Normen über Entnahmen und Einlagen heranzuziehen, da es dort vGA und verdeckte Einlagen nicht geben kann.

Es gibt jedoch Fälle, in denen sich allein mit diesen Korrekturnormen des nationalen Rechts keine Korrektur auf den Fremdvergleichspreis erreichen lässt. Dadurch entsteht, wenn man hiergegen nichts unternimmt, eine „Lücke" im Gesetz, durch die sich über die Grenze Steueraufkommen relativ beliebig verschieben lässt.

Beispiel:

Die Muttergesellschaft M-GmbH mit Sitz und Geschäftsleitung in Deutschland hat eine Tochtergesellschaft T-Ltd. im (sehr niedrig besteuerten!) Irland.

Wenn die M-GmbH ihrer Tochtergesellschaft ein Wirtschaftsgut im wirklichen Wert von 100.000 € zu einem ermäßigten Preis von 10.000 € überlässt, so liegt in diesem verbilligten Verkauf eine verdeckte Einlage: Der Gewinn der M-GmbH kann also steuerlich so angesetzt werden, als ob die M-GmbH als Veräußerungserlös 100.000 € erhalten und davon 90.000 € als Einlage in die Tochter investiert hätte, die dann also nicht Aufwand bilden können.

Wenn aber die M-GmbH Personal anstellt und dieses für einige Monate ihrer irischen Tochter unentgeltlich überlässt, dann ergibt die systematische Prüfung des Falles ein anderes Ergebnis: Zunächst sind die Personalkosten Betriebsausgaben der M-GmbH (§ 4 IV EStG, § 8 KStG). Ein „Storno" der Aufwandsbuchung wäre möglich, wenn die M-GmbH mit der Personalüberlassung eine Einlage in die Tochter tätigt, denn Einlagen sind erfolgsneutrale Vorgänge. Das ist jedoch hier *nicht* möglich, denn bloße Nutzungsüberlassungen können keine Einlage darstellen; einlegen kann man vielmehr nur Wirtschaftsgüter. Folglich könnte der Konzern die irische Tochtergesellschaft Aufträge annehmen lassen und diese dann durch Personal erledigen lassen, das auf der Gehaltsliste der deutschen Mutter steht: Dann fiele der Ertrag in Irland, der Aufwand aber bei der deutschen Mutter an. Dieses Resultat kann unmöglich überzeugen; folglich bedarf es für solche Fälle einer Sondervorschrift.

Damit keine Gewinnverschiebungen über die Grenze möglich werden, ergänzt das **Außensteuergesetz** (AStG) die Gewinnberichtigungsvorschriften deshalb noch um eine weitere Korrekturnorm, die parallel zu einer Gewinnkorrektur herangezogen werden kann: **§ 1 AStG** erlaubt eine Korrektur des in Deutschland steuerpflichtigen Gewinns immer dann, wenn *Geschäftsbeziehungen* zwischen *nahe stehenden Personen* vorliegen (vgl. die entsprechenden Definitionen in § 1 AStG) und die dafür vereinbarten Konditionen von denen abweichen, die einander fremde Dritte miteinander vereinbart hätten. Der Gewinn darf dann erhöht werden bis auf den Wert, der sich bei Anwendung fremdüblicher Konditionen ergeben hätte.

Weil § 1 AStG nur im Verhältnis zum Ausland gilt, ergibt sich eine Kuriosität:

Innerdeutsch lassen sich in dem zuletzt beschriebenen Fall weiterhin steuerlich ungestraft Gewinne von der Mutter- zur Tochtergesellschaft verschieben und damit sogar unter Umständen (wenn keine gewerbesteuerliche Organschaft besteht) Steuervorteile erzielen.

Es ist denkbar, dass die Anwendung des § 1 AStG auf Geschäftsbeziehungen mit anderen EU-Staaten daher EG-rechtlich angreifbar sein könnte: Denn bei grenzüberschreitenden

Geschäften auf Exaktheit zu bestehen, während man dasselbe Problem innerstaatlich nicht so ernst nimmt, stellt eine Diskriminierung dar.

Ein Problem ganz anderer Art stellt jedoch die Frage dar, wie man überhaupt beurteilen kann, ob ein konzerninterner Vorgang zu fremdüblichen Konditionen abgerechnet worden ist oder nicht. Hierzu gibt es umfangreiche Arbeiten der OECD und ausführliche Erlasse der Finanzbehörden. Demnach kann der Nachweis der Fremdüblichkeit vor allem geführt werden über die **Standardmethoden** für Verrechnungspreisermittlung, und zwar über die **Preisvergleichsmethode** (Ansatz eines Preises, der für das Produkt oder die Leistung am Markt für Geschäfte mit Fremden tatsächlich verlangt wird, ggf. bereinigt um sinnvolle Korrekturen wie z.B. Mengenrabatte, etc.), die **Wiederverkaufspreismethode** (Ermittlung des anzusetzenden Preises für den Verkauf zwischen konzerninternem Produzenten und konzernzugehöriger Vertriebsgesellschaft durch Abzug einer marktüblichen Handelsspanne von dem vom Endabnehmer gezahlten Betrag) oder die **Kostenaufschlagsmethode** (Kalkulation des Preises, den der Produzent verlangen muss, anhand der angefallenen Voll- oder Teilkosten und eines angemessenen Aufschlags für Gewinn bzw. Deckungsbeitrag).

Darüber hinaus stellt sich immer schärfer die Frage, wie die Einhaltung dieser Vorgaben in der Praxis **kontrolliert** werden kann. Hierzu ist eine Tendenz in den nationalen Steuerrechten der Staaten festzustellen, von den Unternehmen Nachweise darüber zu verlangen, auf welche Weise sie ihre Verrechnungspreise ermittelt haben. In Deutschland werden seit Mitte 2003 in einer **Gewinnabgrenzungs-Aufzeichnungs-Verordnung (GAufzV)** präzise Vorgaben darüber gemacht, welche Daten in diesem Zusammenhang von jedem Unternehmen dokumentiert werden müssen. Die Verletzung dieser Dokumentationspflichten bringt für die Betroffenen massive steuerliche Mehrkosten mit sich (§ 162 III, IV AO).

3.3 Dividenden aus ausländischen Kapitalgesellschaften (Auslandsdividenden)

Dem seit 2001 praktizierten deutschen Körperschaftsteuersystem, dem sog. **Halbeinkünfteverfahren**, liegen im Wesentlichen zwei Grundgedanken zugrunde:

> Weil es im Körperschaftsteuersektor nacheinander letztlich *zwei* Steuern auf den Gewinn gibt (nämlich zunächst die Körperschaftsteuer, später dann bei der Gewinnausschüttung dann noch die Einkommensteuer des Anteilseigners auf den verbliebenen Rest), aber Körperschaften letztlich nicht gegenüber Personengesellschaften benachteiligt werden sollen, soll jeweils auf jeder der beiden Ebenen etwa die Hälfte einer „normalen" Einkommensteuerspitzenbelastung erhoben werden. Hieraus ergibt sich, dass der KSt-Satz mit etwa 25% festgesetzt wird und Dividenden bei der Einkommensteuer nicht mehr voll, sondern nur noch zur Hälfte erfasst werden sollen. Zugleich ergibt sich hieraus, dass innerhalb des Körperschaftsteuersektors *immer nur ein einziges Mal KS.* erhoben werden soll.

> Als zweiter Grundgedanke liegt dem System zugrunde, dass der Veräußerungsgewinn aus der Veräußerung eines Anteils immer genau so behandelt werden soll, wie die zugehörige Dividende behandelt worden wäre. Es soll nämlich für den Anteilseigner keinen Unterschied machen, ob er die Erträge aus einer Kapitalgesellschaft Jahr für Jahr als Dividende

vereinnahmt oder ob er sich die erwartbaren Erträge auf einen Schlag von einem Käufer vergüten lässt, indem er seinen Anteil verkauft. Aus diesen zwei Grundgedanken lassen sich nahezu alle weiteren Grundsätze für die Behandlung von Dividenden ableiten:

So sind Dividenden, die einer natürlichen Person zufließen, nur zur Hälfte steuerpflichtig – denn die „andere Hälfte" der Belastung ist ja bereits in Form von Körperschaftsteuer angefallen. Folglich werden Dividendeneinnahmen einer natürlichen Person zur Hälfte von der Steuer befreit (§ 3 Nr. 40 EStG), allerdings entsprechend auch die Hälfte der zugrunde liegenden Kosten vom Abzug ausgeschlossen (§ 3c II EStG).

Fließen Dividenden als Einnahmen einer Kapitalgesellschaft zu, so werden sie bei dieser gar nicht besteuert, denn die Dividenden haben ja bereits bei der ausschüttenden Gesellschaft der KSt unterlegen, und später werden sie im Rahmen der ESt nochmals besteuert werden – eine weitere KSt zu erheben, wäre daher verfehlt. Folglich nimmt § 8b I KStG Dividendeneinnahmen ganz von der Steuerpflicht aus. Korrespondierend glaubt man dann freilich auch die zugehörigen Aufwendungen ganz vom Abzug ausschließen zu müssen. Hierbei führt der Gesetzgeber jedoch eine Vereinfachung ein: die Kosten der Beteiligungsverwaltung werden zwingend mit 5% der jeweils bezogenen Dividenden geschätzt, die wirklichen Kosten der Beteiligungsverwaltung können im Gegenzug regulär steuermindernd verbucht werden (§ 8b V KStG).

Gewinne aus der Veräußerung einer Beteiligung, aber auch entsprechende Verluste, sind dementsprechend bei einer einkommensteuerpflichtigen Person nur zur Hälfte steuerlich relevant (Befreiungen in § 3 Nr. 40 EStG), und bei einer körperschaftsteuerpflichtigen Person sind Veräußerungsgewinne bzw. -verluste aus Beteiligungen an Kapitalgesellschaften sogar ganz steuerfrei (§ 8b II KStG).

Aus der Regel, dass Veräußerungsgewinne ebenso zu behandeln sind wie der Bezug der entsprechenden Dividenden, folgt aber auch, dass die Kosten einer Beteiligungsveräußerung bei einer natürlichen Person nur zur Hälfte abgezogen werden können (§ 3c II EStG). Bei einer juristischen Person sind die Kosten der Beteiligungsveräußerung in voller Höhe nicht abziehbar (§ 8b II KStG). Zusätzlich werden jedoch noch 5% des Veräußerungsgewinns als weitere Pauschale zur Abgeltung der laufenden Kosten aus der Zeit, in der die Beteiligung gehalten worden war, für nicht-abziehbar erklärt (§ 8b III KStG, seit 2004). Hintergrund dieser Regelung ist, dass es keinen wesentlichen Unterschied machen soll, ob eine Gesellschaft ihre Gewinne an ihre Obergesellschaft ausschüttet (und damit die 5%-ige Pauschale auf die Dividenden auslöst) oder die Gewinne thesauriert (und damit der Veräußerungsgewinn später entsprechend steigt und darauf dann 5% als Pauschale nach § 8b III anfallen).

Alle diese Grundsätze lassen sich im Grundsatz uneingeschränkt auch auf grenzüberschreitende Konstellationen anwenden, und in der Tat wird im Rahmen der Regelungen des Halbeinkünfteverfahrens zwischen In- und Auslandsdividenden auch nicht unterschieden. Man begründet dies damit, dass eine Dividende aus dem Ausland dort mit Körperschaftsteuer vorbelastet worden ist und somit bei Dividenden aus dem Ausland ebenso wie bei Dividenden aus inländischen Gesellschaften ein Teil der angemessenen Gesamtsteuerbelastung für den Gewinn schon bezahlt worden ist und somit nur noch die „zweite Hälfte" dieser angemessenen Gesamtbelastung auf der Einkommensteuerebene zu vereinnahmen bleibt.

Allerdings setzt diese Logik für ausländische Dividenden grundsätzlich voraus, dass diese im Ausland tatsächlich schon einer Körperschaftsteuer unterworfen waren und diese ausländische Körperschaftsteuer ihrer Höhe nach wenigstens in etwa der deutschen KSt vergleichbar ist. Denn es wäre unangemessen, für eine aus dem Ausland zufließende Dividende nur noch die Hälfte der Einkommensteuer zu verlangen, wenn die „erste Hälfte" der Gesamtbelastung in Form der ausländischen Körperschaftsteuer vielleicht nur 1% betragen hat.

Trotz dieses Problems bleibt das **Halbeinkünfteverfahren** aber **formal bei der völligen Gleichbehandlung von In- und Auslandsdividenden**. Die Korrektur einer zu niedrigen Vorbelastung mit Körperschaftsteuer findet vielmehr für alle Fälle, in denen der Gesetzgeber einen Missbrauch befürchtet, wiederum durch Sonderbestimmungen im Außensteuergesetz statt: Handelt es sich bei den niedrig besteuerten Einkünften der ausländischen Gesellschaft nämlich um solche, bei denen typischerweise die Gefahr besteht, dass sie aus Gründen der Steuerersparnis auf eine ausländische Kapitalgesellschaft verlagert worden sind, dann wird der Gesellschafter nämlich zusätzlich noch zur sog. „**Hinzurechnungsbesteuerung**" herangezogen, und hierdurch wird die Gesamtsteuerbelastung dann auf inländisches Steuerniveau angehoben.

> Weil diese Hinzurechnungsbesteuerung und ihre Wirkungsweise im Ausland wenig bekannt ist, wurde Deutschland nach Einführung des Halbeinkünfteverfahrens eine Zeit lang von den anderen EU-Mitgliedstaaten verdächtigt, es wolle nunmehr eine Steueroase für Holdinggesellschaften werden, weil es das Schachtelprivileg auch für Dividenden aus Steueroasen gewährt (§ 8b I KStG). Nach einer näheren Erklärung, wie ergänzend zum Schachtelprivileg die Hinzurechnungsbesteuerung wirkt, zog die EU-Kommission ihre Vorwürfe gegen die deutsche Regelung dann zurück.

Die **Hinzurechnungsbesteuerung** geht von dem Gedanken aus, dass ein Inländer seine Einkommensquellen aus steuerlichen Gründen auf eine ausländische Kapitalgesellschaft übertragen hat, damit sie in Zukunft nicht mehr zu *seinem* Welteinkommen gehören und daher bei ihrer Entstehung im Inland nicht mehr steuerpflichtig sein können. Wenn diese Vorstellung richtig ist, dann wäre die gebotene Abwehrmaßnahme offensichtlich, die Existenz der vom Gesellschafter zwischen sich und den Einkünften „zwischengeschaltete" Gesellschaft (daher der Fachausdruck „Zwischengesellschaft") steuerlich zu ignorieren und die Einkünfte so zu behandeln, als seien sie Einkünfte des Gesellschafters selbst und unterlägen der unbeschränkten Steuerpflicht. Allerdings ist das aus völkerrechtlichen und auch aus DBA-rechtlichen Gründen nicht ohne weiteres möglich: Denn die ausländischen Einkünfte gehören zivilrechtlich tatsächlich der ausländischen Gesellschaft, und wenn weder die Einkünfte noch die Person, die sie bezieht, einen Bezug zum Inland haben, ist eine Besteuerung *dieser* Einkünfte möglicherweise völkerrechtswidrig. Unser Gesetzgeber reagiert auf solche völkerrechtlichen Bedenken jedoch nicht etwa mit dem Verzicht auf die – völkerrechtlich dann eben unmögliche – Besteuerung der betreffenden Einkünfte, sondern mit einem (raffinierten!) Trick: Er behauptet, dass er gar nicht die betreffenden ausländischen Einkünfte selbst besteuern wolle, sondern dass er statt dessen *einen Betrag von erfundenen („fiktiven") inländischen Einkünften* besteuern wolle; dieser erfundene Betrag wird nur – gewissermaßen zufällig – gemäß dem deutschen Gesetz genauso hoch angesetzt wie die ausländischen Einkünfte der ausländischen Zwischengesellschaft. *Formal* ist er aber aus deutscher Sicht etwas völlig anderes... Der Trick als solcher ist genial: Dass auch erfundene Einkünfte besteuert werden können, ist unter zivilisierten Ländern nicht unüblich (z.B. pauschaliertes Katastereinkommen für Mietgrundstücke oder Steuer auf die erzielbare Miete aus dem eigenen Wohnhaus). Und da der Betrag nur erfunden ist, kann auch kein ausländischer Staat behaupten, er habe daran ein Besteuerungsrecht. Und weil der inländische Gesellschafter, dem man diesen erfundenen Betrag zum Einkommen hinzurechnet (daher heißt das entsprechende fiktive Einkommen auch „**Hinzurechnungsbetrag**"), die darauf verlangte Steuer seinerseits nicht mit erfundenem Geld bezahlen darf, sondern nur mit sehr realen Zahlungsmitteln, ist er praktisch gezwungen, sich die von der ausländischen Kapitalgesellschaft erzielten Einkünfte ausschütten zu lassen, um seine Steuerschulden für den Hinzurechnungsbetrag bezahlen zu können.

Die ganze Kompliziertheit in der Konzeption der Hinzurechnungsbesteuerung erklärt sich also daraus, dass es sich hier um eine trickreiche *Umgehung von Völkerrecht* handelt.

Entsprechend der Idee, dass man die Verlagerung von Einkünften auf ausländische Gesellschaften *vollkommen* unattraktiv machen will, führen die Einkünfte der ausländischen Gesellschaften schon dann zu einem inländischen Hinzurechnungsbetrag, wenn sie *entstehen*, nicht erst dann, wenn sie ausgeschüttet werden (denn dann könnte man durch Thesaurierung der Erträge ja noch eine Zeit lang die niedrigere Steuerbelastung im Ausland für sich erhalten).

Wird einem inländischen Gesellschafter ein Hinzurechnungsbetrag zugerechnet, dann muss er diesen als Einkommen aus Kapitalvermögen *voll* versteuern. Die spätere Dividendenzahlung ist *formal* erneut steuerpflichtiges Einkommen, denn – wie wir gesehen haben – ist „offiziell" der Hinzurechnungsbetrag natürlich etwas „ganz anderes" als die ausländischen Einkünfte der ausländischen Gesellschaft; er wird „nur" gleich berechnet... Damit aber faktisch keine doppelte Besteuerung der ausländischen Einkünfte eintritt, darf der deutsche Gesellschafter aufgrund von Sondervorschriften sowohl die ausländische Körperschaftsteuer als auch die ausländische Quellensteuer auf die Dividendenausschüttung auf die deutsche Steuer anrechnen, die auf den Hinzurechnungsbetrag entfällt (§ 12 AStG). Außerdem bleibt die Dividende selbst insoweit unversteuert, wie bereits für die Beteiligung an derselben Gesellschaft ein Hinzurechnungsbetrag besteuert worden ist (§ 3 Nr. 41 EStG, § 8b I KStG).

Wird die Hinzurechnungsbesteuerung angewandt, so muss der inländische Gesellschafter in seiner Steuererklärung die Angaben liefern, die zur Berechnung des Hinzurechnungsbetrages notwendig sind. Er muss dann also Angaben machen über alle Einkünfte der ausländischen Gesellschaften, an denen er beteiligt ist (und zwar entsprechend *deutschem* Steuerrecht). Das ist eine erheblich aufwändige Angelegenheit, und nicht zuletzt daher soll die Hinzurechnungsbesteuerung nur dann angewandt werden, wenn es wirklich um Fälle geht, in denen der Verdacht auf eine Verlagerung von Einkünften aus Gründen der Steuerersparnis haltbar ist.

Aus diesem Grund legt das Außensteuergesetz in den §§ 7 – 14 AStG fest, unter welchen Bedingungen es überhaupt zu einem Hinzurechnungsbetrag kommt:

1. Ein Hinzurechnungsbetrag wird nicht gebildet für solche Einkünfte, die schon im Ausland hinreichend hoch besteuert worden sind; § 8 III AStG legt fest, dass „Niedrigsteuerländer" Länder mit einer Ertragsteuerhöhe bis zu 25% sind.

2. Ein Hinzurechnungsbetrag wird außerdem von vornherein nicht gebildet für solche Einkünfte einer ausländischen Gesellschaft, die aus einer echten wirtschaftlichen Tätigkeit stammen, für die ein ausländischer Standort aus wirtschaftlichen Gründen von Bedeutung sein könnte (sog. „aktive" Einkünfte). Einkünfte, die nur zu 1% im Ausland besteuert worden sind, können also durchaus von der Hinzurechnungsbesteuerung verschont bleiben, wenn sie nur aus einer aktiven Tätigkeit, z.B. aus einem Bauernhof oder einer Fabrik, im Ausland stammen. § 8 I AStG legt allerdings als Grundsatz fest, dass alle Einkünfte einer Gesellschaft automatisch als „passiv" gelten, wenn sie nicht in § 8 I AStG ausdrücklich für aktiv erklärt worden sind.

3. Hinsichtlich der Frage, in welchem Umfang man an einer ausländischen Gesellschaft beteiligt sein muss, damit man deren passive Einkünfte als Hinzurechnungsbetrag versteuern muss, unterscheidet das Außensteuergesetz außerdem noch innerhalb der passiven Einkünfte nochmals zwischen „Einkünften mit Kapitalanlagecharakter" und „normalen" passiven Einkünften. Bei den Kapitalanlagen wird das Risiko der Verlagerung ins Ausland zum Steuersparen sehr hoch eingeschätzt, und deswegen werden die passiven Einkünfte einer ausländischen Gesellschaft dem inländischen Anteilseigner schon ab sehr geringen Beteiligungsquoten zugerechnet: In Frage kommen Beteiligungsquoten ab 1%, in Extremfällen kommt es sogar zur Hinzurechnung schon bei demjenigen, der nur einen einzigen Anteil besitzt (§ 7 VI AStG). Für alle übrigen Arten von passiven Einkünften wird eine Hinzurechnung dagegen nur dann vorgenommen, wenn sich die ausländische Gesellschaft in deutschem Mehrbesitz befindet (§ 7 I AStG; das schließt aber nicht aus, dass der einzelne Anteilseigner auch vielleicht nur mit einem einzigen Anteil beteiligt ist!).

3.4 Zinszahlungen einer in Deutschland steuerpflichtigen Kapitalgesellschaft an ihre Anteilseigner (§ 8a KStG)

3.4.1 Die zugrunde liegende Problematik

Eine andere besondere gesetzliche Regelung über das Verhältnis zwischen einer Kapitalgesellschaft und ihren Anteilseignern ist die gesetzliche Regelung über die Behandlung von Zinszahlungen, wenn diese Zinsen an einen wesentlich an der Kapitalgesellschaft beteiligten Anteilseigner gezahlt werden.

Das Problem besteht hier darin, dass ein wesentlich beteiligter Anteilseigner, der seiner Kapitalgesellschaft Mittel zur Verfügung stellen will, zivilrechtlich völlig frei entscheiden kann, ob er diese Mittel der Gesellschaft als **Eigenkapital** zur Verfügung stellen will oder ob er der Gesellschaft statt dessen die Mittel in Form eines Kredits überlassen will. Im ersten Fall (Kapitalerhöhung; Einlage) stehen den mit den Mitteln erwirtschafteten Erträgen der Gesellschaft keine Betriebsausgaben für die Finanzierung gegenüber; die Vergütung für die Kapitalüberlassung fließt dem Geldgeber (Anteilseigner) vielmehr in Form von Dividenden zu. Folglich entsteht bei dieser Art der Finanzierung auf der Ebene der Tochtergesellschaft ein Gewinn; diesen darf nach dem OECD-Musterabkommen der Staat der Tochtergesellschaft mit KSt belegen. Die ausgeschütteten Dividenden dürfen außerdem im Staat der Tochter noch in bestimmten Grenzen mit Kapitalertragsteuer belegt werden (Art. 10 II OECD-MA), und weil Dividendeneinkünfte zwar im Staat des Anteilseigners steuerpflichtig sind, die Quellensteuer aus dem Staat der Tochter aber angerechnet werden muss (Art. 23 OECD-MA), fällt im Staat des Anteilseigners kaum noch Steuer an. Stellt der Anteilseigner seiner Kapitalgesellschaft die benötigten Mittel dagegen als **Fremdkapital** zur Verfügung, dann stehen den mit den vorgenommenen Investitionen erwirtschafteten Erträgen der Tochtergesellschaft in deren Gewinn- und Verlustrechnung Fremdkapitalvergütungen (Zinsen) als Betriebsausgaben gegenüber. Der Gewinn der Tochter wird also auf der Ebene der Tochtergesellschaft erheblich geringer ausfallen. Zugleich dürfen die Zinszahlungen nach dem OECD-MA praktisch nur im Staat des Empfängers besteuert werden (Art. 11 OECD-MA, eine Quellensteuer im Staat, aus dem die Zinsen stammen, ist, falls noch vereinbart, regelmäßig eher gering). Somit erhält bei dieser Art der Finanzierung der Staat der Tochterkapitalgesellschaft nur einen sehr geringen (bis überhaupt keinen) Anteil am Steueraufkommen, dagegen der Staat des Anteilseigners einen sehr hohen. Das bedeutet: Je nachdem, wie der Anteilseigner seine Investition in die Kapitalgesellschaft rechtlich ausgestaltet, fällt der Großteil des Steueraufkommens in dem einen oder dem anderen Staat an.

Betriebswirtschaftlich gibt es zwischen beiden Formen der Finanzierung keinerlei Unterschied, denn wenn der Anteilseigner seine Kredite erst einklagt, wenn andere Gläubiger der Gesellschaft befriedigt sind (Rangrücktritt) oder den übrigen Gläubigern auf ähnliche Weise Sicherheit geleistet wird (und das ist üblich!), spielt es für niemanden eine Rolle, ob die vom Gesellschafter stammenden Mittel rein rechtlich als Eigen- oder als Fremdkapital zu gelten haben. Lediglich für die *Besteuerung* ist dieser rechtliche Unterschied dann noch entscheidend, denn für die Besteuerung bestimmt exakt dieser Unterschied in der rechtlichen Ausgestaltung der Finanzierung darüber, in welchem Staat die Kapitalvergütungen zu besteuern sind. Folglich hat der Anteilseigner **faktisch ein Wahlrecht**, in welchem Staat er seine Steuern zahlen will: Wählt er Eigenfinanzierung, fallen die Steuern im Staat der Tochtergesellschaft an, wählt er Fremdfinanzierung, so bekommt sein eigener Staat die Steuern.

Selbstverständlich wird der Gesellschafter dieses faktische Wahlrecht so ausnutzen, wie es ihm am besten passt: Das heißt, man muss damit rechnen, dass er die Finanzierung immer so ausrichtet, dass die Steuer schließlich in dem Staat anfällt, der für Kapitalerträge die niedrigsten Steuersätze anbietet. Dies führt zu einem massiven Problem für die Finanzverwaltungen, denn den Gestaltungen sind kaum Grenzen gesetzt, sofern man diese Wahlrechte nicht prinzipiell eingrenzt.

> **Beispiel:**
>
> Eine Investition wird Erträge von jährlich 10 Mio. Euro bringen. Der Gesellschafter kann das notwendige Kapital seiner Gesellschaft entweder als Eigen- oder als Fremdkapital zur Verfügung stellen. Bei Kreditgewährung könnte ein Betrag von 9 Mio. Euro als angemessene Verzinsung gewählt werden.
>
> Im Staat des Gesellschafters beträgt der Steuersatz 40%, im Staat der Tochtergesellschaft 30%. Wer wird das Steueraufkommen bekommen, wenn der Gesellschafter seine Finanzierung frei wählen kann?
>
> **Antwort:**
>
> a) Bei primitiver Gestaltung: der Staat der Tochtergesellschaft, denn 30% ist weniger als 40%. Um das Steueraufkommen dem Staat der Tochter zuzuführen, müsste dort Eigenkapital eingesetzt werden. Der Gesellschafter wird also das nötige Kapital als Einlage zur Verfügung stellen.
>
> b) Bei ausgeklügelter Gestaltung bekommt dagegen weder der Staat der Tochtergesellschaft noch der Staat des Anteilseigners das Steueraufkommen, sondern – das mit dem Sachverhalt bisher scheinbar gar nicht verbundene – Irland. Denn in Irland ist demnächst ein Körperschaftsteuersatz von 12,5% geplant, und das ist erheblich billiger als 30% oder 40%. Es muss lediglich die Finanzierung so gewählt werden, dass es zu einem Anfall von Gewinnen in Irland kommt: 1. Einlage des Geldes in eine irische Kapitalgesellschaft. Dort also ggf. entstehende Gewinne verlassen Irland als Dividenden und sind damit im Staat des Anteilseigners kaum noch zu besteuern. – 2. Weiterleitung des Geldes durch die irische Gesellschaft an die eigentlich an dem Geld interessierte Tochtergesellschaft in Form eines Kredits: Somit Entstehung von Betriebsausgaben bei der Tochter (damit dort kein bzw. kaum Gewinn), dagegen Versteuerung der Zinseinnahmen im „günstigen" Irland (Art. 11 OECD-MA).

Hieran lässt sich erkennen, dass die Gesetzgeber der einzelnen Staaten gegen die geschilderten **Gestaltungsmöglichkeiten durch Gesellschafter-Fremdfinanzierung** unbedingt Abwehrmaßnahmen ergreifen müssen, wenn sie nicht wollen, dass ihr Besteuerungspotenzial von den Anteilseignern beliebig ausgetrocknet werden kann und sich jeder Anteilseigner durch die Wahl seiner Finanzierung quasi frei aussuchen kann, in welchem Land er seine Steuern zahlt (und damit auch: in welcher Höhe).

3.4.2 Grundkonzeption einer jeden angemessenen Abwehrgesetzgebung

3.4.2.1 Behandlung der Zinsen im Rahmen einer Abwehrgesetzgebung

Will der Staat, in dem ein Unternehmen wirtschaftlich tätig ist und Investitionen vorgenommen werden, die Erträge erwirtschaften, verhindern, dass diese Erträge durch Finanzierungsgestaltungen formal in andere Länder verlagert werden, dann muss er sich zuallererst vor Augen führen, dass alle diese Gestaltungen dadurch funktionieren, dass Zinsausgaben – anders als Eigenkapitalerträge – eine Betriebsausgabe darstellen. Nur dadurch, dass Zinsen abziehbar sind, funktionieren die beschriebenen Modelle, denn nur dadurch bleibt der Betrag der Zinsen im Staat der Tochter *vollkommen* unversteuert.

Die gebotene Abwehrmaßnahme muss also darin bestehen, die Zahlung von Zinsen nicht mehr als steuermindernde Ausgabe anzuerkennen. Dann ist die gesamte Vorteilhaftigkeit der Gesellschafter-Fremdfinanzierung beseitigt.

Dieser Grundidee folgen in der Tat praktisch *alle* Staaten, die Abwehrgesetze gegen Gesellschafter-Fremdfinanzierung haben. Nur in der Ausgestaltung im Detail kann es (und wird es!) Unterschiede geben. Deutschland beispielsweise hat sich dafür entschieden, solche Zinsen nicht etwa als „nicht-abziehbare Betriebsausgabe" einzuordnen, sondern sie einer „verdeckten Gewinnausschüttung" gleichzustellen. Dies hat den Vorteil, dass, weil „verdeckte Gewinnausschüttungen" genauso zu behandeln sind wie „offene" Gewinnausschüttungen, keinerlei Unterschied mehr zur Eigenfinanzierung bestehen *kann*; insbesondere werden die Zinszahlungen dann auch als Dividende eingestuft und bei ihrer Auszahlung sogar mit Kapitalertragsteuer belastet. Es kann dann also *keinerlei* Ersparnis mehr geben, wenn man Fremdkapital gibt anstelle von Eigenkapital.

3.4.2.2 Einzubeziehende Kredite

Ferner muss jeder Staat sich Gedanken darüber machen, welche Kredite man im Rahmen einer Abwehrgesetzgebung gegen Gesellschafter-Fremdfinanzierung näher betrachten muss.

Dass die Kredite relevant sind, die ein Anteilseigner gegeben hat (wir nennen diese Kredite im Folgenden zur Einfachheit „Kredite 1. Stufe"), ist selbstverständlich. Teilweise wird allerdings ein Staat in diesem Zusammenhang nur „wesentlich" beteiligte Anteilseigner überhaupt näher betrachten, denn nur diese haben die Möglichkeit, die Gesellschaft so zu beeinflussen, dass sie selbst frei entscheiden können, ob sie der Gesellschaft Eigen- oder Fremdkapital geben. Dies ist z.B. in Deutschland der Fall; hier zählen für die Regelung über Gesellschafter-Fremdfinanzierung nur Anteilseigner, die – direkt oder indirekt – zu mindestens 25% an einer Gesellschaft beteiligt sind.

Würde man aber nur Kredite vom Anteilseigner selbst als kritisch betrachten, dann ließe sich die Gesetzgebung gegen Gesellschafter-Fremdfinanzierung leicht umgehen: Der Anteilseigner würde nicht etwa seiner Tochter, wie gewünscht, Eigenkapital geben, sondern das Geld einer anderen Konzerngesellschaft überlassen, und *diese* würde es dann der letztendlich anvisierten Tochterkapitalgesellschaft als Kredit überlassen. Dieser Ausweg wäre für jeden Anteilseigner praktisch kinderleicht zu beschreiten. Daraus folgt: Eine Abwehrgesetzgebung, die sich selbst ernst nimmt, muss auch alle Kredite als kritisch einstufen, die nicht vom Anteilseigner selbst stammen, aber von einer ihm nahe stehenden Person („Kredite 2. Stufe").

Wer sich mit den Möglichkeiten der Finanzierung näher auskennt, weiß aber, dass auch eine Regelung, die nur Kredite erster und zweiter Stufe sinnlos machen würde, ebenfalls leicht zu umgehen wäre: Der Anteilseigner würde die ihm zur Verfügung stehenden Mittel nicht etwa der Tochtergesellschaft geben, sondern einem Kreditinstitut als verzinsliches Darlehen (oder als Einlage, je nachdem, was günstiger wäre) zur Verfügung stellen. Das Kreditinstitut würde dann auf seine Anregung hin in Höhe der erhaltenen Mittel einen Kredit an die Tochtergesellschaft geben; der Gesellschafter würde für diesen Kredit bürgen, z.B. mit dem Bankguthaben bei der betreffenden Bank. Dann käme der Kredit formal von einem völlig Fremden, aber wirtschaftlich läge sehr wohl Gesellschafter-Fremdfinanzierung vor. Also müssen auch solche Gestaltungen, bei denen der Kreditgeber ein fremder Dritter ist, in dessen Bilanz sich aber eine Kreditforderung gegen die Tochter und eine Kreditverbindlichkeit gegen den Gesellschafter quasi „Rücken an Rücken" gegenüber stehen und im Notfall ein Rückgriff auf das Vermögen des Gesellschafters möglich ist (so dass der fremde Dritte kein eigenes nennenswertes Kreditrisiko hat, sondern dieses beim Gesellschafter bleibt!), mit zu den „kritischen" Krediten im Sinne der Abwehrgesetzgebung gezählt werden; täte man das nicht, wäre die ganze Regelung von vornherein sinnlos (Kredite 3. Stufe; sog. **back-to-back-Finanzierung**).

Selbst dann, wenn man soweit geht, stehen dem Anteilseigner als Geldgeber jedoch noch beliebige Umgehungsmöglichkeiten offen: Er kann das vorher geschilderte Modell auf einfachem Wege dahingehend variieren, dass er seine eigenen Geldmittel einer Bank I überlässt und die Tochterkapitalgesellschaft ihren Kredit bei einer damit überhaupt nicht verbundenen Bank II aufnimmt. Wenn die Bank II für ihren Kredit an die Tochtergesellschaft vom Gesellschafter eine Bürgschaft und/oder das Guthaben bei der Bank I als Sicherheit erhält, lässt sich auch auf diese Art und Weise eine Kreditgewährung organisieren, die faktisch die selben Resultate hervorbringt wie die „einfache" Gesellschafter-Fremdfinanzierung (Kredit 1. Stufe). Daraus folgt, dass selbst solche Kreditkonstellationen vom Gesetz erfasst werden müssen, wenn man will, dass eine Abwehrgesetzgebung gegen Gesellschafter-Fremdfinanzierung wirklich funktioniert.

In der Konsequenz bedeutet das, dass praktisch *alle* Kredite einer Gesellschaft im Rahmen der Gesellschafterfremdfinanzierung als problematisch behandelt werden müssen, wenn es einen wesentlich beteiligten Anteilseigner gibt. Denn es ist die

Regel, dass ein Kreditgeber sich von einem wesentlich beteiligten Gesellschafter Sicherheiten für die Kredite seiner Gesellschaft stellen lassen wird.

Damit aber ist der Anwendungsbereich der Abwehrgesetzgebung zwangsläufig enorm weit. Das müsste konsequenterweise dazu führen, dass im Extremfall überhaupt keine Zinszahlungen bei einer Gesellschaft mehr abzugsfähige Betriebsausgabe wären.

Diese Konsequenz wird aber als zu weitgehend empfunden. Folglich wird normalerweise durch Sonderregelungen der sachlich gebotene Anwendungsbereich der Abwehrgesetzgebung wieder eingeengt und ein als „normal" empfundenes Ausmaß an Kreditfinanzierung wieder für unbedenklich erklärt.

3.4.3 Regelungen über toleriertes Gesellschafter-Fremdkapital im deutschen Recht

Im deutschen Recht werden Abwehrmaßnahmen gegen die Gesellschafter-Kredite zunächst grundsätzlich überhaupt nur auf der Ebene der Körperschaftsteuer, in § 8a KStG, vorgesehen. Das hat nicht etwa eine besondere Großzügigkeit des Fiskus oder eine Verletzung der Rechtsformneutralität zum Hintergrund; vielmehr ist es ja so, dass Zinszahlungen an den Gesellschafter einer Personenunternehmung nach dem Einkommensteuergesetz von vornherein nicht als Betriebsausgabe gelten, sondern als vorgezogene Gewinnauszahlung („Leistungsvergütung", § 15 I S. 2 EStG) eingestuft werden. Es ist also sachgerecht, dass nur im Körperschaftsteuerrecht speziellere Regeln vorzufinden sind, weil im ESt-Recht das Problem des Zinsabzugs schon gar nicht erst aufkommen kann.

Ferner grenzt die Finanzverwaltung bei der Anwendung des § 8a KStG die als problematisch eingestuften Kreditgestaltungen entgegen dem Gesetzeswortlaut, der weiter gefasst ist, nur auf die Kreditgewährungen erster bis dritter Stufe ein; damit werden einige Kredite bereits aus dem Anwendungsbereich der Gesellschafter-Fremdfinanzierungsregelungen ausgenommen und insofern also toleriert.

Seit dem Jahr 2004 gibt es außerdem für die Anwendung des § 8a KStG noch eine weitere Bagatellgrenze: Sind alle Vergütungen für Fremdkapital an irgendwelche wesentlich beteiligten Anteilseigner, die von einer Gesellschaft gezahlt werden, insgesamt nicht höher als 250.000 Euro, so wird auf die Anwendung des § 8a KStG von vornherein verzichtet.

Darüber hinaus war der Gesetzgeber jedoch der Ansicht, dass man einem Gesellschafter die Möglichkeit, seiner Gesellschaft auch Kredite zu geben, keinesfalls vollständig untersagen sollte. Er wollte lediglich verhindern, dass die Kreditgewährung ein zu hohes Ausmaß annimmt. Deshalb enthält § 8a KStG eine Regelung, wonach für jeden Gesellschafter ein bestimmtes Ausmaß an Krediten steuerlich weiterhin anerkannt bleibt. Dieser **Toleranzbereich**, den jeder Gesellschafter ausnutzen kann, wird üblicherweise als **„safe haven"** („sicherer Hafen"), bezeichnet, weil es ein Bereich ist, in dem man sich als Kreditgeber ohne Furcht vor den Abwehrmaßnahmen des § 8a KStG ungehindert bewegen kann: Die Zinsen auf Kredite bis zur Höhe des safe haven werden als Betriebsausgabe anerkannt, auch dann, wenn später noch weitere Kredite gegeben werden, die diese Grenze überschreiten. Gegenwärtig sieht § 8a KStG vor, dass jeder Gesellschafter als safe haven einen Betrag von 150% seines anteiligen Eigenkapitals zugewiesen erhält. Man muss sich dabei dann allerdings vor Augen halten, dass auf diesen safe haven die Kredite erster bis dritter Stufe angerechnet werden, also auch die Kredite, für die der Gesellschafter bei einer back-to-back-Finanzierung gebürgt hat oder die von einer ihm nahe stehenden Person stammen.

Sogar wenn dieser „safe haven" überschritten sein sollte, kann der Gesellschafter nach dem Gesetzeswortlaut noch eine Anerkennung der Kreditzinsen als Betriebsausgabe erreichen. Er muss dann allerdings nachweisen, dass die Gesellschaft einen Kredit in ihrer Lage auch noch von einem mit ihr nicht verbundenen fremden Dritten erhalten hätte (und zwar *ohne* Rückgriffsmöglichkeit auf einen Gesellschafter). Kann dieser „Drittvergleich" erfolgreich geführt werden, werden also auch die Zinsen für diejenigen Kreditbeträge anerkannt, die über den safe haven hinausgehen. Allerdings lässt sich der Nachweis dafür, dass man Kredite auch von einem fremden Dritten noch hätte erhalten können, von Seiten der Verwaltung letztlich beliebig erschweren; somit stellt es für jeden Anteilseigner ein massives Risiko dar, den safe haven zu überschreiten, und folglich werden risikoscheue Anteilseigner bei ihrer Finanzgestaltung von sich aus den Bereich des safe haven mit ihrer Kreditgewährung nicht überschreiten wollen.

> Sofern übrigens ein Kredit gewährt wird, der nicht in einem festen Prozentsatz des gewährten Fremdkapitals verzinst wird („normaler" Kredit), sondern z.B. gewinnabhängig (etwa: partiarisches Darlehen), gesteht das Gesetz weder einen safe haven noch einen Drittvergleich zu; die Zinszahlungen für solche Kredite werden vielmehr immer und durchgehend einer verdeckten Gewinnausschüttung gleichgestellt (§ 8a I Nr.1 KStG). Das liegt daran, dass es zwischen einer Eigenkapitalüberlassung und einem Darlehen, das mit einem Anteil am Gewinn der Gesellschaft verzinst wird, nun wirklich überhaupt keinen wirtschaftlich relevanten Unterschied mehr gibt, und deswegen diese spezielle Möglichkeit der Fremdfinanzierung gar nicht geduldet werden soll.

Um die Vorschriften über den „safe haven" anwenden zu können, muss § 8a KStG dann freilich einige Begriffe noch näher definieren, wie z.B. „anteiliges Eigenkapital" (§ 8a II KStG) und „wesentlich beteiligter Anteilseigner" (§ 8a III KStG). Hierbei ist zu beachten, dass das Gesetz – wie es auch ein „fremder" Kreditgeber täte – bei der Messung des anteiligen Eigenkapitals sich an der Handelsbilanz orientiert und nicht an der Steuerbilanz.

> Das wiederum reizt die Steuerpflichtigen zu Gestaltungen, wie sie ihr handelsrechtliches Eigenkapital durch Gewinnrealisierung erhöhen können, ohne dass dies Steuern auslöst. Hier bietet sich die Auflösung stiller Reserven in Beteiligungen durch konzerninternen Verkauf an (steuerfrei nach § 8b II KStG). Und es kann nicht überraschen, dass gegen besonders raffinierte Kombinationen der hier gegebenen Gestaltungsmöglichkeiten wiederum eine Abwehrvorschrift existiert (§ 8a VI KStG).
>
> Außerdem ließe sich der „safe haven" beliebig verlängern, indem man das Eigenkapital einer Tochter A (z. B. 100.000) in eine Enkelgesellschaft B weiterleiten würde. Bilanziell hätte dann nämlich Tochter A ein Eigenkapital von 100.000, aber auch Enkelin B eines von

100.000. Beide Gesellschaften insgesamt hätten dann einen safe haven von 150% von 200.000, während in Wahrheit nur ein safe haven von 150% von 100.000 angemessen wäre, weil der Gesellschafter tatsächlich nur ein einziges Mal Eigenkapital von 100.000 zur Verfügung gestellt hätte. Folglich sieht das Gesetz vor, dass das anteilige Eigenkapital, mit dem der safe haven zu berechnen ist, um das Kapital zu kürzen ist, das in andere Gesellschaften weitergeleitet worden ist; daher ist das handelsrechtliche Eigenkapital um den Buchwert von Beteiligungen der Gesellschaft an anderen Gesellschaften zu kürzen (§ 8a II KStG 2004; für Holdinggesellschaften gilt eine abweichende Berechnungsregel, vgl. § 8a IV KStG).

Es bleibt hierzu anzumerken, dass sowohl die Bagatellgrenze von 250.000 Euro als auch die Safe-haven-Grenze von 150% rein willkürliche Grenzziehungen darstellen. Es ist zu erwarten, dass diese Grenzen im Laufe der Zeit durch die Inflation an Bedeutung verlieren bzw. dass sie sogar im Zuge weiterer „Steuerreformen" immer weiter abgesenkt werden. Für den safe haven ist diese Tendenz schon feststellbar (früher: 300%, heute nur noch 150%).

3.4.4 Anwendung des § 8a KStG auf Auslands- und Inlandsfälle

Im Grundsatz besteht das Problem, dass ein Anteilseigner sich durch die Wahl zwischen Eigen- und Fremdfinanzierung seinen Steuergläubiger quasi aussuchen darf, nur dann, wenn es sich um Zinszahlungen handelt, die über die Grenze gehen, d.h. bei grenzüberschreitenden Fällen. Allerdings verbietet das Europarecht es, Zinszahlungen nur dann nicht als Betriebsausgabe anzuerkennen, wenn der Empfänger der Zinsen ein Ausländer ist; dies hat der Europäische Gerichtshof noch im Jahre 2002 als verbotene Diskriminierung gegenüber EG-ausländischen Zinsempfängern eingestuft.

Der deutsche Gesetzgeber hat daher § 8a KStG mit Wirkung ab 2004 auch auf Inlandsfälle ausgedehnt. Das macht, auch wenn dies selten thematisiert wird, durchaus Sinn: Auch bei Inlandsfällen überzeugt es nicht, wenn ein Konzern frei entscheiden darf, ob Gewinne bei einer Tochtergesellschaft oder bei einer Muttergesellschaft anfallen. Denn es ist durchaus möglich, dass eine inländische Muttergesellschaft Verluste haben könnte, ihre Tochtergesellschaft dagegen in der Gewinnzone wäre; in solchen Fällen ist es innerstaatlich ebenso wenig überzeugend, wenn man Gewinne beliebig verlagern kann, als wenn die Gewinnverlagerung grenzüberschreitend erfolgt. (Denn Gewinnverlagerung zwischen Tochter- und Muttergesellschaft ist in Deutschland üblicherweise an das Vorliegen einer Organschaft gebunden, und es ist nicht erkennbar, warum man weitere Möglichkeiten dulden sollte).

4. Regelungen für beschränkt Steuerpflichtige mit Inlandseinkünften

Beschränkt steuerpflichtig sind natürliche Personen und Kapitalgesellschaften, die nicht unbeschränkt steuerpflichtig sind, aber inländische Einkünfte haben (vgl. § 1 Abs. 4 EStG; § 2 Nr. 1 KStG).

Was bei beschränkt Steuerpflichtigen als inländische Einkünfte angesehen wird, ergibt sich aus einem **Katalog in § 49 Abs. 1 EStG**. Dort legt der Gesetzgeber fest, welche der Einkünfte aus den aus § 2 EStG bekannten sieben Einkunftsarten er für hinreichend wichtig ansieht, um sie auch bei Steuerausländern zu besteuern.

Bei den **Einkünften aus Gewerbebetrieb** sind das insbesondere Einkünfte, die aus einer inländischen **Betriebsstätte** stammen oder durch einen ständigen Vertreter erzielt werden (§ 49 Abs. 1 Ziff. 2 Buchstabe a EstG; §§ 12, 13 AO), Einkünfte aus im Inland ausgeübten oder verwerteten künstlerischen, sportlichen, artistischen und ähnlichen Darbietungen, Einkünfte aus der Veräußerung einer unter § 17 EStG fallenden Beteiligung an einer inländischen Kapitalgesellschaft und gewerbliche Einkünfte aus der Veräußerung von unbeweglichem Vermögen.

Erzielt ein ausländischer Gewerbebetrieb Einkünfte aus anderen inländischen Quellen, die nicht selbst eine gewerbliche Tätigkeit darstellen, dann würden diese Einkünfte nach den „normalen" Regeln des deutschen Einkommensteuergesetzes trotzdem als „gewerblich" eingestuft werden; das hat unter anderem den Sinn, wirklich *alle* Einkünfte eines Gewerbebetriebes auch mit Veräußerungsgewinnen zu erfassen und sie außerdem vollständig der Gewerbesteuer zu unterwerfen (Prinzip der „**Subsidiarität der Einkunftsarten**"). Gegenüber ausländischen Gewerbetreibenden macht dieses Prinzip dagegen nur wenig Sinn und könnte aus fiskalischer Sicht sogar schädlich sein.

> **Beispiel:**
>
> Der ausländische Unternehmer U besitzt zwei Häuser in Deutschland, die er vermietet hat. Diese Vermietung von inländischem Grundbesitz ist an sich nach § 49 Abs. 1 Nr. 6 EStG der beschränkten Steuerpflicht unterworfen.
>
> Nun könnte U auf die Idee kommen, die beiden Häuser zum *gewillkürten Betriebsvermögen* seines ausländischen Gewerbebetriebes zu machen. Dann wären die Mieten aus deutscher Sicht Einkünfte aus einem Gewerbebetrieb und, weil für diese Tätigkeit in Deutschland keine Betriebsstätte (§ 12 AO) unterhalten wird und auch kein sonstiger Buchstabe aus § 49 Abs. 1 Nr. 2 EStG für die Mieten zutreffen würde, wären die Mieten nicht mehr zu erfassen.
>
> Ein solches Resultat kann keinen Sinn machen.

Daher hat der Gesetzgeber angeordnet, dass Sachverhaltsmerkmale, die nur im Ausland verwirklicht werden, bei der Gesetzesanwendung ignoriert werden sollen, wenn sonst Einkünfte, die eigentlich in einer Kategorie im Katalog der beschränkt steuerpflichtigen Tätigkeiten aufgeführt werden, in eine andere Kategorie dieses Katalogs umgruppiert werden müssten, in der sie dann nicht mehr besteuert werden dürften (sog. „**isolierende Betrachtungsweise**", § 49 Abs. 2 EStG).

Beispiel (Fortsetzung):

Die Mieten sind, weil die Häuser gewillkürtes Betriebsvermögen eines ausländischen Gewerbebetriebes sind, zwar eigentlich aus deutscher Sicht Einkünfte aus Gewerbebetrieb im Sinne von § 15 EStG. Weil diese Einbeziehung auch der ausländischen Gegebenheiten aber dazu führen würde, dass die Mieten nur noch nach § 49 Abs. 1 Ziffer 2 a) bis f) EStG besteuert werden dürften und die Mieten in diesem Teilkatalog nicht aufgeführt werden, kann und muss die Tatsache, dass die Mieten zu einem Gewerbebetrieb gehören, außer Acht gelassen werden. Es muss in einem zweiten Schritt daher noch geprüft werden, zu welchem Ergebnis man kommt, wenn man die Tatsache, dass im Ausland ein Gewerbebetrieb besteht, ignoriert. Dann ergibt sich, dass Mieten als Einkünfte aus Vermietung und Verpachtung (§ 21 EStG, § 49 Abs. 1 Ziff. 6 EStG) eingestuft werden müssen und deshalb die entsprechenden Einkünfte nach dieser Vorschrift sehr wohl der beschränkten Steuerpflicht zu unterwerfen sind.

Im Vergleich zu dem Vorgehen bei unbeschränkt Steuerpflichtigen kennt die beschränkte Steuerpflicht auch **Abweichungen bei der Ermittlung des zu versteuernden Einkommens**: Zunächst einmal bleiben persönliche Belastungen, z.B. Familienlasten, außergewöhnliche Belastungen, Sonderausgaben, bei beschränkt Steuerpflichtigen in der Regel unberücksichtigt; es gibt für beschränkt Steuerpflichtige also keinen Splittingtarif, keine Kinderfreibeträge und Ähnliches. Der Gesetzgeber geht davon aus, dass es in die Zuständigkeit des Wohnsitzstaates dieser Personen fällt, für solche Belastungen Abzüge zu gewähren. Es gilt also die Faustregel: „Beschränkt Steuerpflichtige sind ledig, kinderlos und vollkommen gesund".

Wichtiger noch ist die Tatsache, dass **Einkünfte, die einer Quellensteuer unterliegen**, im Endeffekt komplett **aus dem zu versteuernden Einkommen** eines beschränkt Steuerpflichtigen **ausscheiden**: Die Quellensteuer bleibt endgültig, die Einkünfte brauchen nicht deklariert zu werden und sie dürfen auch nicht mit anderen Einkunftsarten verrechnet werden. Eine **Ausnahme** von diesem Prinzip gilt für solche quellenbesteuerten Einkünfte, die in einer inländischen **Betriebsstätte** vereinnahmt werden. Ansonsten besteht das zu deklarierende Einkommen eines beschränkt Steuerpflichtigen nur noch aus solchen Einkünften, auf die keine Quellensteuer erhoben wird. Auf dieses Einkommen ist bei Körperschaften der normale Körperschaftsteuersatz und bei natürlichen Personen im Grundsatz der normale Einkommensteuertarif anzuwenden; bei Letzteren verlangt der Gesetzgeber aber, dass der durchschnittliche Steuersatz mindestens 25% beträgt.

Hinweis:

Für ausländische Arbeitnehmer, für EU-Bürger und für Personen, die mehr als 90% ihres Welteinkommens in Deutschland verdienen oder im Wohnsitzstaat weniger als das übliche Existenzminimum verdienen (6.136 Euro), können abweichend von diesen Prinzipien jeweils Sonderregelungen gelten.

Zum Mindeststeuersatz hat der EuGH beispielsweise entschieden, dass dieser gegenüber EU-Bürgern nicht angewandt werden darf, wenn er dazu führt, dass diese mehr bezahlen müssen als dies nach einer um den Grundfreibetrag korrigierten ESt-Grundtabelle der Fall wäre (weil der Grundfreibetrag deswegen, weil er schon im Heimatstaat gewährt wird, dem beschränkt Stpfl. nicht zusteht).

5. Quellensteuern

Quellensteuern (Abzugssteuern) zeichnen sich dadurch aus, dass derjenige, der eine bestimmte Vergütung **zahlen** muss, hiervon einen bestimmten Prozentsatz einbehalten und an das Finanzamt abführen muss, um auf diese Art und Weise für die Steueransprüche gegen seinen Geschäftspartner entweder eine Vorauszahlung oder eine abgeltende Zahlung zu leisten. Quellensteuern sind **vom Bruttobetrag** einzubehalten. Es dürfen keinerlei Abzüge für Betriebsausgaben des Zahlungsempfängers vorgenommen werden; das wäre auch unzumutbar, weil dann derjenige, der eine Zahlung an einen anderen zu leisten hat, wie ein Finanzbeamter überprüfen müsste, ob sein Gegenüber betrieblich veranlasste Aufwendungen zu Recht geltend machen kann und in welchem Umfang – das aber kann ein Privatmann oder auch ein Unternehmer gar nicht leisten.

Vermutlich auch aus ähnlichen Gründen muss derjenige, der die Vergütung zahlt (**Vergütungsschuldner**), eine Quellensteuer stets in der vollen gesetzlichen Höhe einbehalten und abführen, selbst wenn nach dem einschlägigen DBA eine deutsche Steuer nur in viel geringerer Höhe oder sogar gar nicht erhoben werden dürfte. Denn dem Vergütungsschuldner kann man es sicherlich nicht zumuten, zu prüfen, ob sein Geschäftspartner tatsächlich berechtigt ist, alle Vergünstigungen des DBA in Anspruch zu nehmen – und das Risiko zu tragen, sich hierüber zu irren und z.B. nicht zu erkennen, dass ein Fall von Treaty Shopping vorliegt, bei dem die Abkommensvergünstigungen nicht gewährt werden dürfen. Daher muss im Normalfall **stets die volle Quellensteuer einbehalten** werden und dem Empfänger hierüber eine Bescheinigung ausgestellt werden; damit kann dieser sich dann an das **Bundesamt für Finanzen** (BfF) wenden, um gemäß dem für ihn gültigen DBA eine **Erstattung** der zuviel einbehaltenen Steuer zu beantragen. Lediglich dann, wenn der Zahlungsempfänger schon bei der Entgegennahme der Zahlung eine amtliche Bescheinigung des Bundesamtes für Finanzen vorlegen kann, wonach dieses dem Schuldner erlaubt, einen geringeren Betrag als Quellensteuer einzubehalten (**Freistellungsverfahren**), oder es dem Schuldner für eine bestimmte Art von häufigen, kleineren Zahlungen erlaubt hat, auf die Einbehaltung von Quellensteuern zu verzichten, wenn die Daten der Zahlungsempfänger gemeldet werden (**Kontrollmeldeverfahren**), darf von dieser Regel abgewichen werden.

Die **wirtschaftliche Bedeutung** von Quellensteuern liegt **für den Vergütungsschuldner** hauptsächlich darin, dass er dem Finanzamt gegenüber dafür **haftet**, dass die Quellensteuer in der richtigen Höhe einbehalten und abgeführt wird. Wer eine Steuerabzugsverpflichtung übersieht oder nicht in korrekter Weise befolgt, trägt also ein erhebliches finanzielles Risiko. Das gilt umso mehr, als das Finanzamt normalerweise nicht zunächst versuchen muss, das Geld beim Zahlungsempfänger einzutreiben. Es kann sich stattdessen direkt an den Vergütungsschuldner halten (der also, wenn er schon den vollen Rechnungsbetrag an seinen Gläubiger ausgezahlt hat, dadurch noch einen *zusätzlichen*, nicht eingeplanten finanziellen

Aufwand hat) und dieser muss dann gegebenenfalls sehen, wie er von seinem Geschäftspartner den Quellensteueraufwand zurückerstattet bekommt.

Die **wirtschaftliche Bedeutung einer Quellensteuer für einen beschränkt steuerpflichtigen Vergütungsgläubiger** liegt darin, dass die Höhe der Steuer sich nur nach den Einnahmen bestimmt. Sie kann also, wenn hohe Betriebsausgaben angefallen sind, trotz eines gering erscheinenden Satzes von z.B. 20% einen sehr hohen Teil des Gewinns aufzehren und fällt selbst dann an, wenn die Ausgaben so hoch waren, dass überhaupt kein Gewinn entstanden ist. Andererseits kann, wenn nur wenige Ausgaben angefallen waren, die Quellenbesteuerung auch vorteilhaft sein.

Hinweise:

1. Besonderheit bei besonders hohen Betriebsausgaben: In einigen solchen Fällen (z.B. für Darbietungen von Künstlern) kann ein beschränkt Steuerpflichtiger nachträglich gegenüber dem Bundesamt für Finanzen Betriebsausgaben deklarieren und einen Teil der einbehaltenen Quellensteuern zurückerstattet bekommen (§ 50 Abs. 5 Nr. 3 EStG).

2. Besonderheit bei besonders niedrigen Betriebsausgaben: In solchen Fällen könnte ein Inländer auf die Idee kommen, seinen Wohnsitz ins Ausland zu verlegen, um aus der unbeschränkten Steuerpflicht auszuscheiden und seine inländischen Einkünfte – z.B. aus schriftstellerischer Tätigkeit – in Zukunft dadurch nicht mehr einem Steuersatz von 42% unterwerfen zu müssen, sondern nur noch dem Quellensteuersatz von 20%. Solche Steuersparüberlegungen werden jedoch durch eine besondere, verschärfte Form der beschränkten Steuerpflicht wirtschaftlich unattraktiv gemacht, die für solche Fälle im Außensteuergesetz vorgesehen ist (erweiterte beschränkte Steuerpflicht; § 2 AStG).

Quellensteuern werden teils allgemein – auch bei Zahlungen an Inländer – erhoben, teils speziell nur bei Zahlungen an beschränkt Steuerpflichtige. Allgemeine Quellensteuern sind **Kapitalertragsteuer** und **Lohnsteuer.** Spezielle Quellensteuern für Zahlungen an beschränkt Steuerpflichtige sind

1. die Steuer auf Aufsichtsratsvergütungen, die an beschränkt steuerpflichtige Aufsichtsräte gezahlt werden. Sie beträgt 30 % und ist in § 50a Abs. 1 bis 3 EStG näher geregelt.

2. die Quellensteuern auf

a) Vergütungen für im Inland ausgeübte oder verwertete künstlerische, sportliche, artistische oder ähnliche Darbietungen und auf Einnahmen aus Leistungen, die mit solchen Leistungen zusammenhängen;

b) Vergütungen für die Ausübung oder Verwertung einer Tätigkeit als Künstler, Berufssportler, Schriftsteller, Journalist oder Bildberichterstatter einschließlich solcher Tätigkeiten für Rundfunk oder Fernsehen, wenn diese Einkünfte nicht schon der Lohnsteuer unterliegen;

c) Vergütungen für die Nutzung beweglicher Sachen oder für die Überlassung der Nutzung von Rechten (z.B. von Urheberrechten, gewerblichen Schutzrechten, Know-how etc.) oder des Rechts, solche Rechte zu nutzen;

jeweils in Höhe von 20% der Vergütung (§ 50a Abs. 4 EStG).

Die Quellensteuer **entsteht** in dem Zeitpunkt, in dem die Vergütungen dem Gläubiger zufließen (also ausgezahlt bzw. gutgeschrieben werden). Zu diesem Zeitpunkt hat der Schuldner den Steuerabzug vorzunehmen. Die einbehaltenen Beträge müssen für je ein Quartal gesammelt an das für den Schuldner zuständige Finanzamt abgeführt werden (§ 50a Abs. 5 EStG). Dem Zahlungsempfänger ist eine **Bescheinigung** auszustellen, die bestimmte Angaben enthalten muss (§ 50a Abs. 5 Satz 7 EStG).

Sofern ein Finanzamt dies anordnet, ist der Schuldner auch verpflichtet, für andere Arten von Zahlungen an einen beschränkt Steuerpflichtigen einen Steuerabzug vorzunehmen. Dieser nicht gesetzlich vorgeschriebene, sondern nach individuellem Ermessen vom Finanzamt **angeordnete Steuerabzug** ist dann allerdings für den Zahlungsempfänger nicht abgeltend, sondern nur eine Vorauszahlung auf die endgültige Steuerschuld (§ 50a Abs. 7 EStG). Anordnungen dieser Art werden normalerweise nur zu erwarten sein, wenn ein Finanzamt befürchtet, seine Ansprüche gegen den Zahlungsempfänger sonst später – aus welchen Gründen auch immer – nicht mehr geltend machen zu können.

6. Maßnahmen gegen Minderbesteuerung: Einführung in das Außensteuergesetz

Die normalen Regelungen über die Besteuerung von Inländern im Ausland (outbound-Fall) und von Ausländern im Inland (inbound-Fall) werden ergänzt um besondere Regelungen, die verhindern sollen, dass die Steuerpflichtigen das internationale Steuerrecht benutzen, um Steuerersparnisse zu erzielen. Denkbar ist das z.B., indem aus eigentlich rein „nationalen" Fällen künstlich internationale Konstellationen gemacht werden, um vom internationalen Steuergefälle zu profitieren.

Die wichtigsten deutschen Gegenmaßnahmen gegen solche Konstruktionen sind seit 1972 im **Außensteuergesetz (AStG)** gesammelt. Einige Maßnahmen gegen Gestaltungen, die aus der Sicht der Finanzverwaltung unangemessen sind, finden sich allerdings auch in anderen Gesetzen, z.B. die Regelung gegen das Treaty-Shopping in § 50d EStG oder die Bestimmungen gegen die Gesellschafter-Fremdfinanzierung in § 8a KStG. Klar ist außerdem, dass das Außensteuergesetz ebenso wie alle an allen Stellen normierten Regelungen ähnlicher Art nur darauf gerichtet sein kann, **legale** Gestaltungen zu bekämpfen: Wer bereit ist, steuerliche Belastungen durch betrügerische Maßnahmen (Steuerhinterziehung) zu verringern, gegen den kann man naturgemäß nicht mit einer Verschärfung steuerlicher Regelungen als solche vorgehen; er würde die neuen Regeln ebenso ignorieren wie die alten. Gegen **Steuerhinterziehung** im internationalen Kontext helfen daher nicht gesetzliche Sonderregelungen, sondern allein Maßnahmen, die eine Überwachung der im Ausland verwirklichten Sachverhalte besser ermöglichen. Diesem Ziel dient vor allem der **Auskunftsaustausch** zwischen den Finanzverwaltungen, wie er in den DBA entsprechend Art. 26 OECD-Musterabkommen üblicherweise vereinbart wird.

Versucht man, sich über die Möglichkeiten auf systematische Weise einen Überblick zu verschaffen, wie man durch Ausnutzung des internationalen Steuerrechts
Steuerersparnisse erreichen könnte, so muss man bei den legalen Grundlagen der
Steuerpflicht anknüpfen; denn wer Steuerpflicht vermeiden will, muss im Kern ja
nicht mehr und nicht weniger tun, als die Voraussetzungen für Steuerpflicht zu
vermeiden. Im deutschen Recht besteht eine Steuerpflicht für das gesamte Welteinkommen einer Person, die ihren Wohnsitz oder gewöhnlichen Aufenthalt im
Inland hat (§ 1 I EStG), und für das inländische Einkommen einer Person, die
Wohnsitz und gewöhnlichen Aufenthalt nicht im Inland hat (§ 1 IV EStG). Bei
juristischen Personen sind die Voraussetzungen der Steuerpflicht ähnlich strukturiert (§ 1 I KStG: inländischer Sitz oder Geschäftsleitungsort; § 2 Nr. 1 KStG:
beides im Ausland, aber inländische Einkünfte).

Die Regelungen, nach denen **inländische Einkünfte** besteuert werden, unterscheiden sich im deutschen Recht, je nachdem, welche Art der persönlichen Steuerpflicht besteht. Daraus folgt, dass man beim Vorhandensein von inländischen
Einkünften seine steuerliche Lage auf zwei Arten verbessern kann:

- dadurch, dass man in Zukunft keine inländischen Einkünfte mehr erzielt, sondern nur noch ausländische (=> Verlagerung der Einkünfte ins Ausland), oder
- dadurch, dass man die Art der persönlichen Steuerpflicht so verändert, dass
  die Regeln, nach denen Deutschland die konkreten Einkünfte dieses Steuerpflichtigen besteuert, günstiger werden als bisher (=> Wechsel der persönlichen Steuerpflicht).

Als Beispiel für Maßnahmen, mit denen man beispielsweise inländische Einkünfte in ausländische verändern kann, kann beispielsweise die Gesellschafter-
Fremdfinanzierung genannt werden: Hier werden durch die Schaffung inländischer Betriebsausgaben (Zinsen) und gleich hoher *ausländischer* Erträge (Zinseinnahmen) letztlich vorhandene inländische Erträge ins Ausland verlagert. Da
die Gestaltungsmöglichkeiten hierfür von den jeweiligen Erträgen abhängen,
müssen Gegenmaßnahmen hier zwangsläufig mehr oder weniger spezieller Natur
sein. Der Wechsel der persönlichen Steuerpflicht ließe sich jedoch dadurch erreichen, dass ein deutscher Steuerpflichtiger dafür sorgt, dass er nicht mehr unbeschränkt, sondern beschränkt steuerpflichtig ist. Dies kann insoweit Vorteile mit
sich bringen, als im Rahmen der beschränkten Steuerpflicht für bestimmte inländische Erträge eine abgeltende Quellensteuer mit einem vergleichsweise niedrigen Steuersatz (oft: 20%) vorgesehen ist. Diese generelle Gestaltungsmöglichkeit
wird jedoch von § 2 AStG mit einer generellen Gegenmaßnahme beantwortet,
nämlich mit der Einführung einer verschärften Form der beschränkten Steuerpflicht, der sog. „erweiterten beschränkten Steuerpflicht". Diese trifft deutsche
Staatsangehörige, die in den letzten zehn Jahren vor Ende ihrer unbeschränkten
Steuerpflicht in Deutschland insgesamt mindestens fünf Jahre lang unbeschränkt
steuerpflichtig waren. Sie hat zur Folge, dass sämtliche Vorteile der beschränkten
Steuerpflicht für diesen Personenkreis systematisch zerstört werden: Der Vorteil,
dass im Rahmen der beschränkten Steuerpflicht grundsätzlich nicht alle inländischen Einkünfte erfasst werden, die auch im Rahmen der unbeschränkten Steuer-

pflicht besteuert werden würden, wird dadurch zerstört, dass der Gesetzgeber bei diesen Personen auf alle Einkünfte zugreift, die nicht ausdrücklich als „ausländisch" identifiziert werden können (§ 2 I AStG; § 34d EStG); der Vorteil daraus, dass der Steuersatz nicht immer progressiv festgesetzt wird, wird dadurch konterkariert, dass für erweitert beschränkt Steuerpflichtige eine Besteuerung der Inlandseinkünfte nach Maßgabe der vollen Progression vorgeschrieben wird (§ 2 V AStG). Dieses verschärfte Regime wird für zehn Jahre angewandt, d.h. weit über den Zeitraum hinaus, in dem man im Steuerrecht zukünftige Entwicklungen sinnvoll vorhersehen kann. Auf diese Art und Weise wird ein Wechsel der persönlichen Steuerpflicht zur Senkung der deutschen Steuerlast schon im Ansatz unattraktiv gemacht.

Hinweis:

Allerdings wird diese Maßnahme nicht generell angewandt, sondern nur dann, wenn der Verdacht gerechtfertigt erscheint, dass ein Umzug ins Ausland (auch) steuerliche Motive haben könnte. Das ist nur dann der Fall, wenn der Umzug in ein anderes Land erfolgt, dass sich aus deutscher Sicht als Niedrigsteuerland präsentiert. Erreicht das normale Steuerniveau im anderen Land mindestens 2/3 der in Deutschland normalen Belastung, und gewährt das andere Land dem zugezogenen Deutschen auch keine Vorzugsbesteuerung, dann wird auf die Anwendung der erweiterten beschränkten Steuerpflicht verzichtet.

Europarechtliche Problematik:

Aus Sicht des Europäischen Gemeinschaftsrechts macht ein Deutscher, der in einen anderen Staat der EU umzieht, von seinen gemeinschaftsrechtlich verbürgten Grundrechten Gebrauch, und zwar beim Wegzug aus unternehmerischen Gründen von seinem Recht auf freie Niederlassung (Art. 43 EG), beim Wegzug aus beruflichen Gründen von seinem Recht auf Freizügigkeit als Arbeitnehmer (Art. 39 EG) und beim Wegzug aus jedem anderen Motiv von seinem privaten Aufenthaltsrecht in der gesamten EU (Art. 18 EG). Es ist den Mitgliedstaaten verboten, die Nutzung dieser Grundrechte ohne einen zwingenden Grund des staatlichen Interesses zu beschränken. Die steuerliche Behandlung eines Wegzüglers gegenüber der normalen steuerlichen Behandlung von Ausländern zu verschärfen, stellt eine Beschränkung dar, denn sie macht den Wegzug weniger attraktiv. Daher kann eine solche Gesetzgebung nur erlaubt sein, wenn sie als zwingend notwendig gerechtfertigt werden könnte. Daran bestehen massive Zweifel, denn es ist merkwürdig, warum der Gesetzgeber eine strengere Besteuerung nur bei denjenigen Personen für nötig hält, die ins Ausland ziehen, nicht dagegen bei denen, die seit jeher dort leben, und außerdem unerklärlich, warum jemand, der in Deutschland aufgewachsen ist, aber nicht die deutsche Staatsangehörigkeit besitzt, allein deswegen von der erweiterten beschränkten Steuerpflicht verschont bleibt, selbst wenn er nachweislich aus Gründen der Steuerflucht ins Ausland umgezogen sein sollte. Beide Aspekte deuten stark darauf hin, dass entgegen der offiziellen Ansicht auf die strenge Besteuerung von Auswanderern, die nach ihrem Wegzug im Ausland leben, offenbar doch sehr gut verzichtet werden kann, ohne dass das deutsche Steuersystem dadurch gefährdet würde.

Für Kapitalgesellschaften ist das Problem des Wegzugs etwas differenzierter zu beurteilen: Zunächst ist darauf hinzuweisen, dass eine nach deutschem Gesellschaftsrecht gegründete Gesellschaft (d.h. Sitz im Inland) gar nicht mit steuerlicher Wirkung umziehen kann, da sich ein satzungsmäßiger Sitz einer deutschen Gesellschaft bislang nicht wirksam ins Ausland verlegen lässt. Somit können nur Kapitalgesellschaften ausländischen Rechts, die aufgrund eines inländischen Ortes der Geschäftsleitung unbeschränkt körperschaftsteuerpflichtig waren, überhaupt durch einen Wegzug ins Ausland in die beschränkte Steuerpflicht überwechseln. Hiergegen hat der Gesetzgeber jedoch im AStG keine Maßnahmen getroffen; die erweiterte beschränkte Steuerpflicht des § 2 AStG kommt nur für natürliche Personen in Frage.

Hinweis:

Diese Situation erklärt sich nicht zuletzt daraus, dass bis vor kurzem davon ausgegangen wurde, dass die Existenz von Gesellschaften mit Sitz im Ausland und Geschäftsleitungsort im Inland gar nicht möglich sei, das Problem also gar nicht auftauchen könne (sog. „Sitztheorie"). Nachdem nunmehr geklärt ist, dass dieser Fall gesellschaftsrechtlich möglich ist, und außerdem ab Oktober 2004 Gesellschaften mit einem Satzungssitz in Deutschland durch Umwandlung in eine Europäische Aktiengesellschaft („SE") langfristig ihren Satzungssitz ins Ausland verlegen können, wird man die Frage, ob es eine erweitert beschränkte Steuerpflicht auch für juristische Personen geben muss, erneut zu überdenken haben.

Erwägenswert ist jedoch auch die Überlegung, ob vielleicht im Rahmen der beschränkten Steuerpflicht nicht jedes Vermögen erfasst wird, das im Rahmen der unbeschränkten Steuerpflicht der Besteuerung unterliegt. Dies legt die Frage nahe, ob **unrealisierte stille Reserven** durch Wechsel der persönlichen Steuerpflicht der deutschen Besteuerung entzogen werden könnten. Ebenso ist darauf hinzuweisen, dass die Besteuerung von Veräußerungsgewinnen im Rahmen der DBA in vielen Fällen daran gebunden ist, in welchem Land der Steuerpflichtige „ansässig" ist; ein Wegzug könnte somit auch benutzt werden, das Besteuerungsrecht für bestimmte stille Reserven Deutschland zu entziehen und auf einen anderen Staat übergehen zu lassen.

Im **Betriebsvermögen** freilich ist eine solche Verlagerung stiller Reserven nicht möglich, denn das Recht, betriebliche Gewinne zu besteuern (und damit auch stille Reserven in betrieblichen Wirtschaftsgütern), ist gerade nicht an die Ansässigkeit des Steuerpflichtigen gebunden, sondern an die Zugehörigkeit des Vermögens zu den jeweiligen Betriebsstätten. Da ein Wegzug des Betriebsinhabers aber keinen Einfluss darauf hat, zu welcher Betriebsstätte ein Wirtschaftsgut mitsamt den zugehörigen stillen Reserven gehört, ist eine solche Gestaltung in diesem Bereich sinnlos. Und weil bei Bestehen einer inländischen Betriebsstätte auch zwischen der unbeschränkten und der beschränkten Steuerpflicht kein Unterschied in der Reichweite des deutschen Besteuerungsanspruchs besteht, ist ein Wegzug ungeeignet, stille Reserven im Betriebsvermögen dem deutschen Fiskus zu entziehen. Das AStG unternimmt daher hinsichtlich der stillen Reserven im Betriebsvermögen einer natürlichen Person nichts, um diese vor Verlagerung durch einen Wegzug zu schützen.

Hinweis:

Diese Sorglosigkeit ist unberechtigt, soweit ein Betriebsinhaber Betriebsstätten in einem Nicht-DBA-Land hat; darin gebundene stille Reserven gehen dem deutschen Staat durch den Wegzug verloren. Hiergegen unternimmt das AStG *nichts* (und duldet somit eine Besteuerungslücke).

Im **Privatvermögen** freilich ist das Problem der stillen Reserven insoweit überschaubar, weil es Veräußerungsgewinne dort überhaupt nur beim Verkauf „wesentlicher" Beteiligungen (§ 17 EStG), im Fall von Grundstücksverkäufen (§ 23 EStG) und bei sonstigen früher als „Spekulationsgeschäften" bezeichneten privaten Veräußerungsgeschäften (§ 23 EStG) gibt. Von diesen Fällen ist jedoch der Fall der Grundstücke unproblematisch, da sich Grundstücke durch einen Umzug des Inhabers selbst nicht ins Ausland verlagern lassen, und es auch keinerlei DBA gibt, die das Besteuerungsrecht der Bundesrepublik für inländische Grundstücke ausschließen würden, wenn diese einem ausländischen Steuerpflichtigen gehören. Folglich lassen sich stille Reserven in Grundstücken nicht durch einen Umzug ins Ausland der deutschen Besteuerung entziehen, und daher braucht hiergegen keinerlei Regelung getroffen zu werden.

Auch diese Regelung übersieht freilich, dass Grundstücke in **Drittstaaten** durch einen Wegzug der deutschen unbeschränkten Steuerpflicht endgültig entzogen werden können.

Hinsichtlich der Besteuerung aller übrigen privaten Veräußerungsgeschäfte (§ 23 EStG) ist die Behaltefrist so verhältnismäßig kurz bemessen, dass es ausreicht, mit dem Verkauf der fraglichen Wirtschaftsgüter eine überschaubare Zeit zu warten, um die fraglichen stillen Reserven der Besteuerung zu entziehen. Es erscheint daher unwahrscheinlich, dass irgendjemand, der diese Reserven nicht im Inland versteuern möchte, deswegen zu dem wesentlich aufwändigeren Mittel Zuflucht nehmen könnte, ins Ausland umzuziehen.

Daher kommt eine Verlagerung von stillen Reserven ins Ausland durch einen Wegzug des Steuerpflichtigen letztlich nur bei einer im Privatvermögen gehaltenen „wesentlichen" Beteiligung (§ 17 EStG) in Frage. Weil das Recht, die Veräußerung einer solchen Beteiligung zu besteuern, in den DBA für gewöhnlich dem Ansässigkeitsstaat des Steuerpflichtigen zugesprochen wird (Art. 13 OECD-MA), geht das Besteuerungsrecht für den Veräußerungsgewinn aus einer Beteiligung an einer (deutschen oder ausländischen) Kapitalgesellschaft in der Tat der Bundesrepublik Deutschland verloren, sobald der Steuerpflichtige DBA-rechtlich in einem anderen Staat ansässig wird. Besteht dagegen mit dem Staat, in den der Steuerpflichtige umzieht, kein DBA, so verliert Deutschland durch den Wegfall der unbeschränkten Steuerpflicht das Recht, die Veräußerung von Beteiligungen an ausländischen Kapitalgesellschaften zu besteuern, behält aber uneingeschränkt das Recht, die Veräußerung der Beteiligung an einer deutschen Kapitalgesellschaft weiter zu erfassen (vgl. § 49 I Nr. 2e EStG). Erforderlich wäre es somit, im Rahmen einer **Wegzugsbesteuerung** für natürliche Personen beim Umzug in ein DBA-Land die stillen Reserven in jeglicher Beteiligung, beim Umzug in ein Nicht-DBA-Land die stillen Reserven in einer Beteiligung an einer *ausländischen* Gesellschaft für den Fiskus zu sichern.

§ 6 AStG versucht diese Sicherung der stillen Reserven zu erreichen, indem er für einen Steuerpflichtigen, der in seinem Leben insgesamt mindestens zehn Jahre lang unbeschränkt steuerpflichtig war, anordnet, dass bei Wegfall der unbeschränkten Steuerpflicht oder beim Wechsel der DBA-rechtlichen Ansässigkeit in einen ausländischen Staat hinein die stillen Reserven in einer Beteiligung so zu versteuern sind, als ob die Beteiligung in der letzten Sekunde vor dem Grenzübertritt veräußert worden wäre. Als Ersatz für den Veräußerungserlös wird der gemeine Wert in diesem Zeitpunkt benutzt, um die Höhe der steuerpflichtigen stillen Reserven zu bestimmen.

§ 6 AStG wird seiner Aufgabe jedoch nicht vollkommen gerecht: Die Vorschrift sieht vor, dass die stillen Reserven aus einer Beteiligung im Sinne des § 17 EStG nur dann zu versteuern sind, wenn es sich um die Beteiligung an einer unbeschränkt steuerpflichtigen Gesellschaft handelt. Stille Reserven in Auslandsbeteiligungen können also vollkommen ungehindert der deutschen Besteuerung durch einen Umzug ins Ausland entzogen werden, und zwar sowohl beim Umzug in ein Nicht-DBA-Land wie beim Umzug in ein DBA-Land. Dagegen werden beim Wechsel in die beschränkte Steuerpflicht die stillen Reserven in einer Beteiligung an einer deutschen Gesellschaft auch dann besteuert, wenn der Umzug in ein Nicht-DBA-Land hinein erfolgt und Deutschland das Recht, den Gewinn aus einer Veräußerung der fraglichen Beteiligung auch später noch zu besteuern, gar nicht verliert.

Europarechtliche Beurteilung:

Beim Wegzug eines Steuerpflichtigen aus Deutschland Steuern auf stille Reserven zu erheben, obwohl dies innerstaatlich nur bei realisierten Gewinnen geschieht, stellt eine Beschränkung des Rechts auf freie Niederlassung, Freizügigkeit bzw. freien Aufenthalt innerhalb Europas dar. Eine solche Beschränkung ist nur gerechtfertigt, wenn sie sich als zwingend notwendig verteidigen lässt. Zu den anerkannten Kriterien zum Nachweis hierfür gehört, dass der Gesetzgeber das Problem, das er lösen muss, in willkürfreier Weise (ohne diskriminierende Ungleichbehandlung gleichartiger Vorgänge) löst. Das ist bei der deutschen Wegzugsbesteuerung gegenwärtig nicht der Fall. Die deutsche Wegzugsbesteuerung für natürliche Personen in § 6 AStG ist daher ebenso in der Gefahr, vom Europäischen Gerichtshof verworfen zu werden, wie dies mit der französischen Parallelvorschrift geschehen ist (im Jahr 2004, durch das EuGH-Verfahren *Lasteyrie du Saillant*).

Bei juristischen Personen ist eine Wegzugsbesteuerung nicht im AStG, sondern in § 12 KStG vorgesehen. Demnach sind dann, wenn eine juristische Person aus der unbeschränkten Steuerpflicht ausscheidet, sämtliche stille Reserven im Vermögen dieser juristischen Person aufzudecken und nach denselben Regeln zu versteuern, als ob die Gesellschaft aufgelöst worden wäre. Daher werden bei der Sitzverlegung einer juristischen Person ins Ausland auch alle diejenigen stillen Reserven besteuert, die aufgrund des Betriebsstättenprinzips in Deutschland als Teil des Vermögens eines in Deutschland gelegenen Betriebs weiter hier steuerpflichtig bleiben. Diese Maßnahme geht über das zur Sicherung der deutschen Steueransprüche Notwendige bei weitem hinaus.

Hinweis:

Es besteht weitgehend Einigkeit, dass die Wegzugsbesteuerung für juristische Personen somit aus europarechtlicher Sicht nicht nur ebenfalls eine Beschränkung der freien Niederlassung der Gesellschaft darstellt, sondern zudem sachlich ungerechtfertigt ist (weil zu weitgehend!) und deshalb aus europarechtlichen Gründen als rechtswidrig angesehen werden muss.

Die deutsche unbeschränkte Steuerpflicht kann man jedoch nicht nur vermeiden, wenn man als Steuerpflichtiger unter Mitnahme seiner Einkommensquellen ins Ausland zieht, sondern es ist auch denkbar, die Einkommensquellen ins Ausland zu transferieren und sie zugleich an einen Steuerpflichtigen abzugeben, der im Ausland ansässig ist. Denn auch dann gibt es anschließend weder eine Steuerpflicht des Einkommens im Rahmen der beschränkten Steuerpflicht mehr (=kein inländisches Einkommen mehr) noch eine Steuerpflicht der Beträge im Rahmen der unbeschränkten Steuerpflicht (=nicht mehr Bezüge eines *inländischen* Steuerpflichtigen). Eine solche Übertragung von Einkommensquellen auf einen ausländischen Steuerpflichtigen wird man natürlich sinnvollerweise nicht auf eine fremde Person vornehmen; idealerweise schaltet man vielmehr als ausländischen Steuerpflichtigen eine ausländische Kapitalgesellschaft ein. Denn wenn man Einkommensquellen an eine ausländische Kapitalgesellschaft überträgt, die einem selbst gehört, gehört einem zwar anschließend nicht mehr das entsprechende Vermögen, aber die Gesellschaft, und weil im Gegenzug zur Übertragung des Vermögens die Anteile an der Gesellschaft im Wert steigen, hat man wirtschaftlich durch das Manöver auch keinen Vermögensverlust erlitten.

Würde der Fiskus es dulden, dass unbeschränkt Steuerpflichtige auf diese Art und Weise Einkommen der unbeschränkten Steuerpflicht entziehen könnten, so würde der Anspruch auf die Besteuerung des gesamten Welteinkommens faktisch nicht mehr durchsetzbar. Folglich enthält das Außensteuergesetz auch gegen Gestaltungen dieser Art notwendigerweise Gegenmaßnahmen: Es handelt sich um die Hinzurechnungsbesteuerung, deren Grundprinzipien bereits oben (bei der Erörterung der Besteuerung ausländischer Dividenden) näher angesprochen worden sind. Die technischen Einzelheiten, insbesondere, bei welchen Konstellationen auf die Durchführung einer Hinzurechnungsbesteuerung *verzichtet* wird („aktive Einkünfte", Bagatellgrenzen, etc.) regeln die Bestimmungen in §§ 7-14 AStG.

Hinweis:

Man muss sich deutlich vor Augen führen, dass die Hinzurechnungsbesteuerung faktisch die Selbständigkeit einer ausländischen Kapitalgesellschaft negiert und Gewinne einer ausländischen Kapitalgesellschaft beim Anteilseigner zur Steuer heranzieht, bevor diese Gewinne an diesen Anteilseigner ausgeschüttet werden; ja, sie greift sogar dann, wenn die Gewinne letztlich niemals an den Anteilseigner ausgeschüttet werden können. Beide Effekte werden dagegen bei einer Beteiligung an einer inländischen Kapitalgesellschaft niemals auftreten können.

Daher ist auch die Hinzurechnungsbesteuerung europarechtlich umstritten; sie könnte als Diskriminierung der Beteiligung an ausländischen Gesellschaften gegenüber der Beteiligung an inländischen Gesellschaften gewertet werden.

Darüber hinaus ist selbst dann, wenn man eine Hinzurechnungsbesteuerung auch auf inländische Gesellschaften ausdehnen würde, fraglich, ob eine Hinzurechnungsbesteuerung selbst dann zulässig wäre: Denn der EG-Vertrag räumt ausdrücklich das Recht ein, sich durch Gründung von *Kapitalgesellschaften* im Ausland unternehmerisch zu betätigen. Kapitalgesellschaften sind aber ihrer Natur nach rechtlich verselbständigte Gebilde; sie müssen auch als solche anerkannt und gewertet werden. Es ist daher schon grundsätzlich fragwürdig, wenn ein Mitgliedstaat ein steuerliches Regime schafft, das die rechtliche Trennung der Kapitalgesellschaften von ihren Anteilseignern wirtschaftlich negiert und Gewinne aus Kapitalgesellschaften ähnlich wie Gewinne aus Personengesellschaften schon vor ihrer Ausschüttung dem Gesellschafter zurechnet.

Folglich ist auch in Bezug auf die Hinzurechnungsbesteuerung europarechtlich umstritten, ob deren Vorschriften gegenwärtig überhaupt noch angewendet werden dürfen oder ob sie vielmehr wegen Verstoßes gegen Europarecht als rechtswidrig einzustufen sind.

Der vorstehende Überblick zeigt also, dass die wichtigsten Gestaltungsmöglichkeiten zur Ausnutzung des internationalen Steuergefälles sich systematisch im deutschen Außensteuergesetz mit Abwehrgesetzgebungen konfrontiert sehen, dass aber zugleich diese gesetzgeberischen Maßnahmen allesamt vor dem Hintergrund der Liberalisierung des grenzüberschreitenden Wirtschaftsverkehrs in Europa fragwürdig geworden sind. Das erklärt, warum die Frage nach einer adäquaten Bekämpfung der unangemessenen Minderbesteuerung gegenwärtig in Fachkreisen so stark diskutiert wird, und es erklärt zugleich auch, warum in diesem Bereich in den nächsten Jahren sicherlich mit vielen Änderungen der bisherigen Gesetzgebung zu rechnen ist.

Literaturhinweise

Debatin, Helmut/Wassermeyer, Franz: Doppelbesteuerung, Loseblattwerk, München 2004.

Djanai, Christiana/Brähler, Gernot: Internationales Steuerrecht, Wiesbaden 2003.

Grotherr, Siegfried/Herfort, Claus/Strunk, Günter: Internationales Steuerrecht, 2. Auflage, Achim 2003.

Henselmann, Klaus/Schmidt, Lutz: Kompakt-Lexikon Internationales Steuerrecht, Wiesbaden 2003.

Jacobs, Otto H. (Hrsg.): Internationale Unternehmensbesteuerung, 5. Auflage, München 2002.

Kellersmann, Dietrich/Treisch, Corinna: Europäische Unternehmensbesteuerung, Wiesbaden 2002.

Kluge, Volker: Das Internationale Steuerrecht, 4. Auflage, München 2000.

Schaumburg, Harald: Internationales Steuerrecht, 2. Auflage, Köln 1997.

Vogel, Klaus/Lehner, Moris: Doppelbesteuerungsabkommen (DBA) der Bundesrepublik Deutschland auf dem Gebiet der Steuern vom Einkommen und Vermögen, 4. Auflage, München 2002.

Übungsaufgaben

Aufgabe 1 (Umsatzsteuer)

Der polnische Spediteur Szafranski aus Warschau fährt im Auftrag eines deutschen Unternehmers Waren aus einem Lager des deutschen Unternehmers in den Niederlanden nach Spanien, wo sie zur Durchführung einer Fachmesse als Ausstellungsstücke benötigt werden. Er will seinem Auftraggeber hierfür eine Vergütung von netto 4.000 Euro zzgl. einer eventuell anfallenden Umsatzsteuer berechnen.

Der polnische Unternehmer verwendet bei der Durchführung dieses Auftrags seine polnische, der deutsche Unternehmer seine deutsche Umsatzsteuer-Identifikationsnummer.

Wie ist die Leistung des Spediteurs umsatzsteuerlich zu behandeln?

Lösungshinweis

Dieser Fall soll Sie zunächst wieder mit dem üblichen Schema zur Lösung umsatzsteuerlicher Fälle vertraut machen: Wie Sie wissen, müssen Sie jeden Vorgang daraufhin untersuchen, ob er

1. steuerbar ist, 2. steuerbefreit, 3. wie hoch ggf. die Bemessungsgrundlage, 4. wie hoch der Steuersatz und die Steuer sind, 5. was für formale Aspekte zu beachten sind (Steuerentstehung, Steuerschuldnerschaft) und 6. ob es im Fall noch irgendwelche bis zu dieser Stelle noch nicht in Ihrer Lösung berücksichtigte Besonderheiten geben könnte. Bitte erinnern Sie sich daran, dass Sie sich bei Ihrem Vorgehen an dieses Schema strikt halten sollten, also keinesfalls über die richtige Antwort zu Fragen der Bemessungsgrundlage schon nachdenken sollten, während Sie noch nicht die grundlegende Frage der Steuerbarkeit geklärt haben.

Bitte denken Sie außerdem daran, dass eine Antwort letztlich wertlos ist, wenn Sie nicht angeben, auf welche Gesetzesstelle Sie Ihre Ansicht stützen; außerdem ist es sinnvoll, stets durch ein Stichwort die Verbindung zwischen Ihrer Ansicht, der Gesetzesstelle und dem Sachverhalt klar zu machen, also: zu verdeutlichen, warum man, wenn man diese Stelle liest und sich dann dieses Faktum aus dem Sachverhalt vor Augen hält, nur zu dieser Lösung kommen kann.

Demnach ergibt sich folgende **Lösungsskizze**:

Einziger zu prüfender Vorgang: Spediteursleistung Transport Niederlande – Spanien

1. steuerbar?

Zu prüfen ist hier § 1 I Nr.1 UStG: Der Spediteur ist Unternehmer (§ 2 I S. 1+3 UStG; erbringt nachhaltig Leistungen gegen Entgelt) und handelt hier auch im Rahmen seines Unternehmens (§ 2 I S. 2 UStG, Abschn. 20 II UStR: Grundgeschäft) und gegen Entgelt (stellt Rechnung). Er führt nicht eine Lieferung aus, sondern eine sonstige Leistung (§ 3 IX UStG; Transportieren von Gegenständen).

In welchem Staat diese Leistung zu versteuern ist, bestimmt sich nach dem Ort der sonstigen Leistung; dieser hat grundsätzlich nichts mit der physikalischen Wirklichkeit zu tun, sondern ist ein rein künstliches Kriterium, das allein nach dem Gesetz bestimmt werden kann. Da eine Beförderungsleistung vorliegt, ist hier § 3b UStG zu benutzen: die Grundregel wäre § 3b I UStG, aber hier ist die Spezialregelung für innergemeinschaftliche Güterbeförderungen anzuwenden, da die Beförderung der Ware in einem Mitgliedstaat (Niederlande) beginnt und in einem anderen (Spanien) endet. Daher gilt als Ort der sonstigen Leistung das Land, von dem die Umsatzsteuer-Identifikationsnummer des Auftraggebers erteilt worden ist. Das ist hier Deutschland (§ 3b III S. 2 UStG). Der Ort der sog. Leistung liegt also automatisch auch im Inland (§ 1 II S. 1 UStG). Folglich ist die Transportleistung des Spediteurs hier in Deutschland steuerbar (obwohl der Lkw bei einem Transport Niederlande – Spanien Deutschland nicht einmal berührt hat!).

Sie erinnern sich:

Diese Ortsregelung soll erreichen, dass eine solche Leistung mit Umsatzsteuer aus dem Land des Auftraggebers belastet wird, damit dieser zur Geltendmachung seiner – meist vorhandenen – Vorsteueransprüche kein aufwändiges Vorsteuervergütungsverfahren in einem für ihn fremden Land durchführen muss.

2. befreit?

Eine Befreiung ist nicht vorhanden, insbesondere kommt nicht etwa die Befreiung für Beförderungsleistungen gemäß § 4 Nr. 3 a) aa) UStG in Frage - denn diese Befreiungsvorschrift bezieht sich nur auf Transporte, die ins Drittland führen oder aus dem Drittland in die EU hinein, nicht aber auf EU-interne Transportleistungen.

Folglich ist der Vorgang auch steuerpflichtig.

3. Bemessungsgrundlage:

Gemäß § 10 I S. 1+2 UStG ist die BMGr. das Nettoentgelt, hier sind das laut Aufgabenstellung 4.000 Euro.

4. Steuersatz und Steuerhöhe

Der deutsche Regelsteuersatz beträgt 16% (Stand Mitte 2004; § 12 I UStG). Er ist hier anzuwenden, da Steuerbarkeit in Deutschland vorliegt – und weil keine Steuerermäßigung nach § 12 II UStG in Frage kommt.

Die Steuerschuld für den Vorgang beläuft sich somit auf 16% von 4.000 = 640 Euro.

5. Formale Aspekte

Der polnische Spediteur ist aus deutscher Sicht ein ausländischer Unternehmer. Es ist daher zu prüfen, ob die Steuerschuld gemäß der Sonderregelung des § 13b UStG auf den inländischen Kunden übergeht:

Gemäß § 13b I Nr.1 gehört die vorliegende Leistung „Beförderungsleistung" als sonstige Leistung zu den Leistungen, für die die Regelung des § 13b in Frage kommt; nach § 13b II UStG ist auch der Leistungsempfänger – Auftraggeber – als Unternehmer jemand, für den die Regelung des § 13b anzuwenden ist. Da der Pole im Sinne des UStG Ausländer ist (§ 13b IV UStG), ist folglich die Steuer für die Beförderungsleistung hier gemäß § 13b UStG vom Kunden, also vom deutschen Auftraggeber, geschuldet. Die Steuerschuld entsteht mit Ausstellung der Rechnung durch den polnischen Spediteur, spätestens jedoch mit Ablauf des Kalendermonats, der auf die Ausführung der Leistung folgt (§ 13 b I UStG). In der Rechnung ist vom Spediteur auf die Steuerschuld des deutschen Auftraggebers hinzuweisen (§ 14a UStG); darauf wird der dt. Kunde ggf. hinzuweisen haben.

6. Besonderheiten?

Keine erkennbar.

Bitte behalten Sie von diesem Übungsfall dauerhaft folgende Aspekte in Erinnerung:

- das Lösungsschema;
- die Tatsache, dass der „Ort" einer Lieferung oder sonstigen Leistung entscheidend dafür ist, in welchem Mitgliedstaat der EU die Steuer für einen Vorgang zu bezahlen ist; und dass der „Ort" nichts mit der Realität zu tun hat, sondern vom Gesetzgeber nach Zweckmäßigkeitserwägungen festgelegt wird;
- dass es einige wenige Vorgänge (z.B. Güterbeförderung, Vermittlungsleistungen und Bearbeitung/Verarbeitung beweglicher körperlicher Gegenstände) gibt, bei denen der „Ort" dort liegt, wo der Kunde seine USt-Identifikationsnummer erhalten hat; daran hat Sie hier das Beispiel der Speditionsleistung erinnert (§ 3b III; die anderen beiden Vorgänge: § 3a II Nr.3 und Nr. 4 UStG);
- dass (und ggf. wann genau) an Stelle 5 im Lösungsschema unter Umständen § 13b geprüft werden muss, und dass man dann ggf. § 13b I (= gehört die Leistung zu denen, für die § 13b in Frage kommt?) und § 13b II (= gehört auch der Kunde zu denen, die § 13b praktizieren müssen?) prüfen muss.

Aufgabe 2 (Umsatzsteuer)

Der ungarische Student Ferenc Fertski lebt in Mainz und arbeitet als Aushilfe regelmäßig in Wiesbaden bei dem dortigen Import-Export-Unternehmer Wilhelm Wilski. Er bittet seinen Chef, ihm aus der Schweiz ein Paar Skier zu bestellen. Daraufhin bestellt der Importeur Wilski von seinem Schweizer Vertragspartner Max Machtski in Bern ein Paar Ski zum Nettopreis von 200 Euro. Wilski beauftragt einen Bekannten, den Spediteur Schaffranski, die Skier auf einer seiner Fahrten von der Schweiz aus mitzunehmen und unmittelbar bei Fertski in Mainz abzuliefern; dafür haben Schaffranski und Wilski vereinbart, dass Wilski 100 Euro zzgl. USt für diese Gefälligkeit bezahlt (gegen Rechnung). Schaffranski ist ein polnischer Spediteur, der sich vor einigen Jahren in Mainz eine Zweigniederlassung aufgebaut hat. Er zahlt in seiner Eigenschaft als Beauftragter des Wilski an der deutsch-schweizerischen Grenze die anfallende Einfuhrumsatzsteuer.

Wilski hat dem Fertski versprochen, dass dieser ihm für das Besorgen der Skier lediglich die angefallenen Kosten erstatten muss, und berechnet diesem daher nur die Kosten für den Einkauf und den Transport der Skier.

Lösungshinweis

Bei diesem Fall sind mehrere Vorgänge erwähnt. Er soll Sie also zunächst daran erinnern, dass es bei komplexen Vorgängen sinnvoll ist, sich zunächst einen Überblick zu verschaffen, A. welche der handelnden Personen Unternehmer sind (nur diese können umsatzsteuerlich relevante Handlungen vornehmen, die man im Weiteren dann prüfen müsste), und B. eine Liste der einzelnen, zu prüfenden Vorgänge anzulegen. Erst gegen Ende des Falles (C) ist dann über Vorsteuerfragen nachzudenken.

Beim Anlegen dieser Liste halten Sie sich außerdem bitte vor Augen, dass, wenn ein und dieselbe Person mehrere Dinge für denselben Kunden tut, zunächst nach dem Grundsatz der Einheitlichkeit der Leistung zu entscheiden ist, ob es sich wirklich um mehrere Vorgänge handelt oder nur um einen einzigen (und, ggf., was dieser einzige Vorgang dann ist).

Außerdem sehen Sie an der komplexen Struktur der Vertragsbeziehungen, dass es hier im konkreten Fall auch um eine Wiederholung der Grundsätze für das Reihengeschäft geht, eine Thematik, die bekanntlich in Examina aller Art zur Umsatzsteuer sich immer wieder großer Beliebtheit erfreut. Prägen Sie sich hierzu bitte zunächst ein, dass es bei einem Reihengeschäft immer notwendig ist, sich zuallererst – im Rahmen der Erarbeitung der Liste der einzelnen Vorgänge – eine Skizze der einzelnen Vertragsbeziehungen anzulegen.

Hinsichtlich der Bemessungsgrundlage erinnert der Fall Sie außerdem noch daran, dass bei der Umsatzsteuer dann, wenn es entweder kein Entgelt gibt oder das vereinbarte Entgelt möglicherweise nicht angemessen sein könnte (Verträge mit nahen Angehörigen oder mit Personal; Fertski im vorliegenden Fall gehört zum Personal!), ergänzend die Mindestbemessungsgrundlage heranzuziehen ist (§ 10 IV, V UStG).

Demnach ergeben sich hier folgende Lösungsüberlegungen:

Lösungsskizze

A. Unternehmer? – Von den handelnden Personen sind Wilhelm Wilski, Wiesbaden (Import-Export-Unternehmer, § 2 I UStG), und der Schweizer Machtski (lt. Sachverhalt Unternehmer) ebenso Unternehmer wie der Spediteur Schaffranski (Spediteur, § 2 I S.1+3 UStG, nachhaltige Erbringung von Transportleistungen). Dagegen ist der Student Fertski offenbar Privatperson.

B. Zu prüfende Vorgänge:

Nötig sind a) Analyse des Reihengeschäfts, b) Analyse der Leistung des Spediteurs.

zu a:

Vertragsbeziehungen bestehen hier zwischen dem Schweizer Hersteller Machtski und dem deutschen Unternehmer Wilski (= Liefergeschäft 1) und dem deutschen Unternehmer Wilski und seinem Kunden, dem Studenten Fertski (= Liefergeschäft 2). Es gibt jedoch nur einen Transport der Ware, die unmittelbar von Machtski zu Fertski transportiert wird. Der Transport findet jedoch zivilrechtlich (nur) deswegen von Machtski zu Fertski statt, weil Wilski in seiner Eigenschaft als Vertragspartner des Machtski mit diesem eine abweichende Lieferadresse vereinbart hat (nicht die Firma des Wilski, sondern die Wohnung des Fertski) und gegenüber dem Machtski seinen eigenen Abnehmer, den Kunden Fertski, als seinen Empfangsberechtigten bezeichnet hat: Wenn Machtski die Ware direkt zu Fertski bringt, tut er dies also nur, um seine Lieferverpflichtung gegenüber Wilski zu erfüllen – indem er die Ware an den mit Wilski vereinbarten Ort bringt und an die von Wilski benannte Person aushändigt. Mithin ist der Transport der Ware von der Schweiz zu Fertski nach Wiesbaden nichts anderes als die Ausführung der ersten Lieferung, also der Lieferung des Schweizers Machtski an seinen deutschen Vertragspartner Wilski. Folglich beginnt diese erste Lieferung in der Schweiz, und sie endet erst in Mainz. Da die zweite Lieferung (Wilski an Fertski) nach den Grundsätzen der Logik erst erfolgen kann, wenn die erste zuvor abgeschlossen worden ist, kann die zweite Lieferung erst beginnen, wenn die Ware bereits bei Fertski in Mainz ist; sie ist, da sie bei der zweiten Lieferverpflichtung aber auch nur genau dorthin geschafft werden muss, aber auch in derselben Sekunde schon abgeschlossen. Folglich ist die zweite Lieferung in diesem Beispiel eine ruhende Lieferung, und sie muss zwangsläufig in Mainz stattfinden.

Diese Vorüberlegungen ermöglichen jetzt eine exakte Würdigung der einzelnen Vorgänge:

1. Lieferung Schweizer (Machtski) an Wiesbadener Unternehmer (Wilski); Warenbewegung: von Schweiz nach Deutschland (Mainz!)

a) steuerbar? – Machtski ist Unternehmer, handelt auch im Rahmen seines Unternehmens und auch gegen Entgelt (200 Euro!). Er führt eine Lieferung aus, da er die Verfügungsmacht über Skier verschafft (§ 3 I UStG, und zwar an den Wilski, nicht an den Fertski!). Bei der Lfg. bewegt sich die Ware von der Schweiz nach Mainz, Ort der Lieferung ist daher nach der Grundregel des § 3 VI UStG in der Schweiz. Allerdings liegt ein Import aus dem Drittland vor; daher ist die Sonderregel des § 3 VIII UStG zu prüfen: Zahlt der Lieferant die EUSt? Das ist hier nicht der Fall, denn bei der hier vorliegenden Lieferung ist Wilski, der die EUSt zahlt, nicht der Lieferant, sondern der Kunde (des Schweizers nämlich). Folglich greift § 3 VIII UStG hier nicht, es bleibt bei der Grundregel des § 3 VI UStG, der Lieferort liegt in der Schweiz; das liegt weder im Inland (§ 1 II S.1 UStG) noch in einem anderen EU-Staat. Folglich ist der Vorgang weder in Deutschland noch in einem anderen EU-Staat steuerbar.

2. Lieferung von Wilski an Fertski

Zahl der zu prüfenden Vorgänge: Wilski führt mit dem Verkauf der Skier an Fertski eine Lieferung aus (§ 3 I UStG). Dass er auch durch einen Spediteur für den Transport der Skier von seiner Bezugsquelle aus der Schweiz zu Fertski sorgt, ist lediglich eine Nebenleistung zum Verkauf der Skier. Folglich ist umsatzsteuerlich allein die Lfg. als zu prüfender Vorgang zu behandeln, und alles, was Fertski bezahlt, ist als Entgelt für diesen einen Vorgang anzusehen – also auch die Erstattung der Kosten für die Beförderung ist zwischen Wilski und Fertski umsatzsteuerlich Entgelt für die Lieferung der Skier.

Ort der Lieferung ist, da diese Lfg. erst in Mainz beginnen kann und dort auch unmittelbar anschließend wieder endet, gemäß § 3 VII UStG Mainz (§ 3 VIII UStG spielt hier KEINE Rolle, da bei dieser Lieferung kein Import stattfindet, sondern dieser schon bei der vorigen Lieferung stattgefunden hat). Mainz ist umsatzsteuerlich Inland, § 1 II S. 1 UStG. Folglich ist dieser Vorgang steuerbar gem. § 1 I Nr. 1 UStG.

2) Befreit? Es ist keine Befreiung gem. § 4 UStG erkennbar, also ist der Vorgang steuerpflichtig.

3) Bemessungsgrundlage?

Das Entgelt (§ 10 I S. 1 UStG), und dieses besteht aus allem, was der Leistungsempfänger (hier also Fertski) für die Lieferung der Skier aufwendet. Da er dem Wilski nicht nur den Einkaufspreis (200 Euro) erstattet, sondern auch die von diesem zu tragenden Fahrtkosten (100 Euro; es sind jeweils Nettopreise anzusetzen, weil Wilski für die zugehörigen Umsatzsteuerbeträge ja Vorsteuerabzug erhält, s. unten), beträgt das Entgelt 300 Euro.

Dieser Betrag ist, da die Lieferung an ein Mitglied des Personals erfolgt, noch mit der Mindestbemessungsgrundlage zu vergleichen (§ 10 V Nr.2 UStG); diese ist anzusetzen, wenn sie höher ist. Hier kommt es jedoch zu keinem abweichenden Ergebnis, da sich Wilski von Fertski letztlich genau die Kosten ersetzen lässt.

4) Steuersatz und -schuld:

16% (§ 12 I UStG, da § 12 II UStG nicht anwendbar ist), hier also 16% von 300 Euro= 48 Euro.

5) Formales:

Die Steuer ist vom Unternehmer, also Wilski, zu zahlen (§ 13a I Nr.1 UStG), die Steuer entsteht – bei Versteuerung nach vereinbarten Entgelten, was man als Normalfall hier unterstellen darf – mit Ablauf des Voranmeldungszeitraums, in dem die Lieferung der Skier ausgeführt worden ist (§ 13 I Nr.1 a UStG).

6) Besonderheiten: Keine erkennbar.

C. Vorsteueraspekte: Wilski kann die für die Lieferung der Skier an Fertski ange-fallenen Vorsteuern abziehen, da die Lfg. steuerpflichtig war. Angefallen ist hier die von ihm entrichtete EUSt bei der Einfuhr an der deutsch-schweizerischen Grenze; diese ist folglich abziehbar (§ 15 I Nr.3 UStG).

3. Vorgang: Leistung des Spediteurs

3.1 Steuerbarkeit? Dass Schaffranski Unternehmer ist, im Rahmen seines Unter-nehmens tätig wird (§ 2 I S. 2 UStG, Grundgeschäfte eines Spediteurs; auch pri-vate Gefälligkeit zählt im Zweifel zum Handelsgewerbe des Unternehmers) und gegen Entgelt handelt, bedarf hier keiner großen Diskussion. Er führt eine sonsti-ge Leistung aus (§ 3 IX UStG; Beförderungsleistung), und deren Ort liegt zu-nächst gem. der Grundregel des § 3b I UStG dort, wo die Beförderung bewirkt wird, d.h. die Beförderungsleistung ist streckenanteilig auf die in Deutschland und die in der Schweiz gefahrene Strecke aufzuteilen. In Deutschland steuerbar ist demnach nur der in Deutschland zurückgelegte Streckenanteil (§ 3b I UStG). Es ist freilich noch zu prüfen, ob Abweichungen von dieser Grundregel hier grei-fen: a) Für die Ausnahme nach § 3b I Satz 3 UStG (kurze in- oder ausländische Wegstrecken werden ggf. aufgrund der UStDV vernachlässigt) spricht hier kei-nerlei Anzeichen. b) Die Sonderregelung über innergemeinschaftliche Beförde-rungsleistungen scheidet schon vom Ansatz her aus, weil die Beförderung nicht im Gebiet zweier Mitgliedstaaten beginnt und endet, sondern vom Drittlandsge-biet (Schweiz) in die EU hinein (Deutschland) erfolgt, vgl. § 3b III UStG. Folg-lich bleibt es bei der Grundregelung; nur die in Deutschland gefahrene Strecke ist steuerbar.

b) Befreiung?

Zu prüfen ist § 4 UStG. In Frage kommt hier insbesondere § 4 Nr. 3 a) bb) UStG: Nach dem Zollrecht, das hier analog anzuwenden ist, enthält die Bemessungs-grundlage für die Einfuhrumsatzsteuer auch bereits die Kosten für die Weiterbe-förderung von der EU-Außengrenze zum ersten Bestimmungsort im Gemein-schaftsgebiet (vgl. § 11 III Nr. 3 UStG). Somit sind die Beförderungskosten für die Strecke Grenze – Mainz bereits am Zoll versteuert worden (und zwar inner-halb der EUSt). Eine weitere Besteuerung wäre somit eine Doppelbelastung, die zu systemwidrigen Effekten führen könnte. Aus diesem Grund sieht § 4 Nr. 3 a) bb) UStG eine Befreiung dieser sonstigen Leistung vor, wenn eine grenzüber-schreitende Beförderung von Gegenständen vorliegt (§ 4 Nr. 3 a UStG) und die Gegenstände der Einfuhr in das Gebiet der EU unterlegen haben (bei den Skiern hier der Fall!) und die Kosten für die Beförderung der EUSt bereits unterlegen haben (hier nach § 11 III Nr. 3 UStG offenbar erfüllt). Konsequenz: Die Beförde-rungsleistung ist steuerbar.

Bitte prägen Sie sich als Konsequenz dieses Falles folgende Punkte nochmals besonders gut ein:

- dass man bei komplexeren Fallkonstruktionen den Fall in einzelne Vorgänge gliedert, hiervon eine Liste anlegt und dann jeden Vorgang einzeln ausgehend von Steuerbarkeit (Punkt 1 des Schemas) bis ggf. zu den Besonderheiten (Punkt 6 des Schemas) durchprüft;

- wie Reihengeschäfte zu behandeln sind;

- dass bei Beförderungsleistungen grundlegende Unterschiede zwischen innergemeinschaftlichen Fahrten und grenzüberschreitenden Fahrten von oder nach dem Drittland bestehen;

- dass bei allen Vorgängen in Zusammenhang mit Exporten oder Importen die Möglichkeit einer Befreiungsregelung (§ 4 UStG, am Anfang) zu prüfen ist, weil solche Vorgänge häufig befreit sind, um Doppelerfassungen jeglicher Art zu vermeiden.

Aufgabe 3 (Beschränkte Steuerpflicht)

Der asiatische Unternehmensberater Konsul Ting ist wohnhaft in dem (fiktiven) asiatischen Land Taipan. Im Rahmen seiner zahlreichen weltweiten wirtschaftlichen Aktivitäten bezieht Ting auch einige Einkünfte aus der Bundesrepublik Deutschland:

1. Gewinnanteil aus einer in Hamburg betriebenen KG, an der Ting als Mitunternehmer anzusehen ist: +10.000 Euro.

2. Vergütung für die Mitgliedschaft im Aufsichtsrat der Münchener M-AG: 20.000 Euro (4x5.000; Nettobeträge, d.h. ohne zugehörige USt!).

3. Dividende aus der von Ting gehaltenen 10%igen Beteiligung an der deutschen X-GmbH in Höhe von 50.000 Euro.

4. Einkünfte aus einem Grundstück in Hamburg: Mieteinnahmen +48.000, AfA und sonstige Werbungskosten inkl. Zinskosten: -60.000.

5. Zinsen aus einem Bankguthaben bei einer deutschen Bank: +18.000 Euro.

Ting ist in zweiter Ehe verheiratet und hat zwei Kinder. Persönliche Ausgaben, die nach deutschem Steuerrecht als Sonderausgaben und außergewöhnliche Belastungen einzustufen wären, belaufen sich auf insgesamt 30.000 Euro.

Tings Einkünfte aus anderen Ländern der Welt sind um ein Vielfaches höher als die deutschen Einkünfte. Ein Doppelbesteuerungsabkommen mit dem Staat Taipan besteht nicht.

Lösungshinweis

Anhand dieses Falles sollen Sie zunächst in das Lösungsschema für Einkommensteuerfälle eingeführt werden: Zuerst ist die persönliche Steuerpflicht zu untersuchen (Punkt 1 des Schemas). Anschließend (=Punkt 2 des Lösungsschemas) gabelt sich das Lösungsschema in zwei verschiedene Äste, je nachdem, ob Sie herausgefunden haben, ob die handelnde Person beschränkt oder unbeschränkt steuerpflichtig ist. Falls beschränkte Steuerpflicht vorliegt, sind dann im Rahmen dieses Punktes für jeden einzelnen Vorgang immer wieder die folgenden Schritte von Anfang bis Ende zu durchlaufen: a. Ist für den Vorgang überhaupt eine beschränkte Steuerpflicht vorgesehen (§ 49 EStG)? b. Falls ja: Wird die Steuer durch eine Quellensteuer erhoben oder nicht? (§§ 38, 43, 48, 50a EStG), c. Falls eine Quellensteuer erhoben wird: Ist sie abgeltend (§ 50 V EStG, § 32 KStG) oder stellt sie nur eine bloße Vorauszahlung auf dem Weg zur ESt-Erklärung dar? d. Falls Abgeltung besteht: Lässt sich die Abgeltung irgendwie aufheben (§ 50 V S.2 EStG), oder lässt sich die Höhe der Quellensteuer aus anderen Gründen irgendwie reduzieren? (§ 50 V Nr.3 EStG, § 50d EStG, DBA-Regelungen), e. Falls keine Quellensteuer besteht, sie nicht abgeltend ist oder die Abgeltung aufgehoben werden kann: Mit welchem Betrag geht der Vorgang in die ESt-Erklärung ein? f. wie hoch ist ggf. lt. Einkommensteuererklärung dann der Steuersatz? – Es leuchtet ein, dass Unterfrage f. wegen des progressiven Steuersatzes ggf. erst am Ende der Prüfung aller einzelnen Vorgänge beantwortet werden kann. – Zuletzt (= Punkt 3 des Lösungsschemas bei beschränkter Steuerpflicht) ist noch zu beachten, dass ein beschränkt Steuerpflichtiger jedoch auch in bestimmten Fällen einen Antrag stellen kann, als unbeschränkt steuerpflichtig behandelt zu werden (§ 1 III EStG, § 1a EStG). Um diese Möglichkeit prüfen zu können, muss man jedoch bereits wissen, auf welchen Teil seiner Einkünfte die Bundesrepublik nach den normalen Regeln über die beschränkte Steuerpflicht Anspruch erheben würde; außerdem erstreckt sich diese „fiktive" unbeschränkte Steuerpflicht dann auch ohnehin nur auf diejenigen Einkünfte, die man auch nach § 49 EStG bei diesem Stpfl. besteuern würde (vgl. Wortlaut des § 1 III EStG: „soweit...“). Daher ist diese Option erst am Ende des Lösungsschemas überhaupt sinnvoll zu prüfen.

Für den hier vorgestellten Fall führen diese Grundsätze zu folgender Lösung:

Lösungsskizze

I. Persönlicher Status: Konsul Ting ist, da er weder einen Wohnsitz noch einen gewöhnlichen Aufenthalt im Inland besitzt (§§ 8,9 AO; Gegenschluss daraus, dass in der Aufgabe nur ein Wohnsitz im Ausland erwähnt wird und jeder Hinweis auf einen evtl. inländischen Wohnsitz fehlt), offensichtlich beschränkt steuerpflichtig (§ 1 IV EStG), sofern die weitere Prüfung ergeben sollte, dass er steuerpflichtige inländische Einkünfte haben sollte (§ 1 IV EStG, letzter Halbsatz; eine deutsche Steuerpflicht von Ausländern ohne inländische Einkünfte wäre ein überflüssiger Bürokratismus).

II. Prüfung der einzelnen Vorgänge:

Auch hier ist in einem ersten gedanklichen Schritt eine Liste aller zu prüfenden Vorgänge anzulegen. Dabei ist, wie bei der Umsatzsteuer auch, darauf zu achten, ob bestimmte Vorgänge aus dem Sachverhalt nur als einziger Vorgang oder stattdessen als mehrere einzelne, voneinander getrennte Vorgänge anzusehen sind: Zwar gibt es einkommensteuerlich nicht so etwas wie einen Grundsatz von der „Einheitlichkeit der Leistung", aber es ist insbesondere darauf zu achten, ob ein Vorgang eine verdeckte Gewinnausschüttung oder eine verdeckte Einlage enthält. Denn ertragsteuerlich ist ein solcher Vorgang dann automatisch in zwei Teilvorgänge zu zerlegen: den Vorgang, wie er angemessen hätte abgewickelt werden müssen, und die vGA/vE, die dann als eigenständiger zweiter Vorgang und im Endergebnis wie eine offene Gewinnausschüttung/offene Einlage zu behandeln ist. Im hier vorliegenden Fall sind solche Effekte allerdings noch nicht vorhanden. Daraus folgt:

1. Gewinnanteil aus der Hamburger KG: Zu prüfen ist, ob ein Gewinn aus inländischer Betriebsstätte vorliegt (§ 49 I Nr.2 a EStG); das ist der Fall, weil eine „Hamburger KG" in Hamburg die Stätte ihrer Geschäftsleitung und damit eine Betriebsstätte (§ 12 Nr. 1 AO) hat. Diese Betriebsstätte ist dem Ting, da er anteilig am gesamten Vermögen der KG als Mitunternehmer beteiligt ist, anteilig zuzurechnen; folglich stammt auch sein anteiliger Gewinn aus einer deutschen Betriebsstätte. Da kein gegenteiliger Hinweis vorliegt, ist anzunehmen, dass der ganze Gewinnanteil des Ting auf die Hamburger Betriebsstätte (oder evtl. andere deutsche Betriebsstätten der KG) zurückgeht, denn das ist bei deutschen Personenunternehmen immer noch der Normalfall. Steuerpflichtig also: +10.000 Euro. Quellensteuerpflicht ist nicht vorgesehen (§§ 38, 43, 48, 50a EStG greifen nicht), vielmehr ist für Betriebsgewinne stets Steuererklärungspflicht gegeben (folglich entfallen die Punkte c- e des Schemas für diesen Vorgang).

2. Aufsichtsratsvergütung Münchener M-AG: 4 • 5.000 Netto: Steuerpflichtig als selbständige Arbeit, die im Inland ausgeübt worden ist (§ 49 I Nr. 3 EStG; § 18 I Nr.3 EStG). Quellensteuerpflicht ist gegeben nach § 50a I EStG, da beschränkt stpfl. Aufsichtsrat einer unbeschränkt stpfl. Gesellschaft. Die Quellensteuer beträgt nach § 50a II EStG 30%, und zwar von den vollen Einnahmen (§ 50a III EStG). Zu den Einnahmen aus der Aufsichtsratstätigkeit gehört seit der Reform im Umsatzsteuerrecht (Einführung des § 13b UStG) nicht mehr die zugehörige Umsatzsteuer, da die USt nunmehr eine eigene Steuerschuld der M-AG darstellt und die Bezahlung dieser eigenen Schuld durch die M-AG keinen geldwerten Vorteil mehr für den ausländischen Aufsichtsrat Ting darstellen kann. Also beträgt die Quellensteuer 30% von 20.000 Euro = 6.000 Euro. Diese Steuer ist abgeltend (§ 50 V S.1 EStG), d.h. Ting kann und darf diesen Betrag nicht mehr in einer deutschen ESt-Erklärung einer Veranlagung zuführen, sondern der Vorgang ist steuerlich mit Einbehaltung der Quellensteuer durch die M-AG endgültig erledigt. – Ting kann die Quellensteuerabgeltung auch nicht aufheben (§ 50 V Nr. 1-3 greifen nicht), und Anspruchsgrundlagen für eine Reduzierung sind ebenfalls nicht erkennbar (insbesondere kein DBA, also auch keine Anwendung des Verfahrens nach § 50d EStG). Der Vorgang ist somit erledigt.-

3. Dividende aus 10%iger Beteiligung an deutscher X-AG:

Steuerpflicht (=Punkt a des Schemas) besteht für die Dividende gemäß § 49 I Nr. 5 Buchst. a EStG, da die Dividende Einnahmen aus Kapitalvermögen gemäß § 20 I Nr. 1 EStG darstellt und der Schuldner (= die auszahlende Gesellschaft) eine unbeschränkt steuerpflichtige Kapitalgesellschaft (= deutsche X-GmbH) ist. Von dieser Dividende ist nach EStG bei einer natürlichen Person die Hälfte steuerfrei (§ 3 Nr. 40 EStG; § 3c II EStG). b. Diese Befreiung wirkt sich jedoch faktisch bei einem beschränkt Steuerpflichtigen nicht weiter aus, denn die Steuer wird hier durch die Kapitalertragsteuer erhoben (§ 43 I Nr. 1 EStG; inländischer Kapitalertrag!), und diese wird auf die gesamte Dividende erhoben (§ 43 I Satz 3 EStG), und zwar mit einem Steuersatz von 20% (§ 43a I Nr. 1 EStG; darin liegt nicht unbedingt eine fundamentale Ungerechtigkeit: 20% von der gesamten Dividende ist lediglich leichter zu rechnen als 40% von der Hälfte...). Diese Kapitalertragsteuer von 10.000 Euro ist gemäß § 50 V S.1 EStG abgeltend (= Punkt c) und die Abgeltung kann von Ting auch nicht aufgehoben werden (§ 50 V S. 2 EStG; sie gehört nicht zu den Betriebseinnahmen aus seiner inländischen KG-Beteiligung, und auch § 50 V S. 2 Nr. 1-3 EStG greifen nicht) (= Punkt d des Schemas).

4. Grundstück in Hamburg: Steuerpflicht (= Punkt a) besteht gemäß § 49 I Nr. 6a EStG, da hier unbewegliches Vermögen im Inland durch Vermietung und Verpachtung genutzt wird. Eine Quellensteuer (= Punkt b) besteht nicht, kann also auch nicht abgeltend sein oder reduziert werden; folglich sind diese Einkünfte in die Steuererklärung des Ting in Deutschland zu übernehmen. Sie betragen hier 48.000-60.000 = -12.000 (= negative Einkünfte).

5. Zinserträge aus dem deutschen Bankguthaben: Steuerpflicht könnte allenfalls nach § 49 I Nr. 5 c) EStG bestehen. Dieser betrifft jedoch nur drei seltene Spezialfälle von inländischen Geldanlagen (Buchstaben aa) - cc) der Vorschrift); alle dort nicht genannten Fälle von Zinsen im Sinne von § 20 I Nr. 5 und 7 EStG werden im Rahmen der beschränkten Steuerpflicht nicht besteuert. Daraus wird, obwohl im Gesetz nirgends ausdrücklich geregelt, von herrschender Meinung und Finanzverwaltung übereinstimmend gefolgert, dass dann auf die betreffenden Zinszahlungen auch keine Quellensteuer (Kapitalertragsteuer) zu erheben ist.

Das in der ESt-Erklärung des Ting in Deutschland zu erfassende Einkommen beläuft sich damit auf folgende Positionen:

wegen 1 (KG-Anteil) : +10.000 Euro

wegen 2 (AR-Vergütung): +/- Null (da bereits abgeltend besteuert)

wegen 3 (Dividende): +/- Null (da ebf. bereits abgeltend besteuert)

wegen 4 (VuV-Verluste): -12.000 Euro

wegen 5: Null (da keine in Deutschland stpfl. Einkünfte vorliegen)

Summe = zu versteuerndes Einkommen: -2.000 Euro, die Ting entweder durch Verlustrücktrag oder durch Verlustvortrag steuerlich verwerten kann.

Die außergewöhnlichen Belastungen und Sonderausgaben sind bei dieser Einkommenslage nicht abziehbar, sie wären allerdings bei einem nur beschränkt Stpfl. ohnehin nicht in wirklicher Höhe absetzbar (§ 50 I Satz 4 EStG).

III. Optionsmöglichkeiten?

Für Ting als Nicht-Europäer (weder EU- noch EWR-Bürger) kommt nur die „einfache" Option gemäß § 1 III EStG in Frage. Diese setzt jedoch voraus, dass die nach § 49 EStG – abgeltend oder individuell – besteuerten Einkünfte des Ting 90% seines gesamten Welteinkommens im fraglichen Jahr erreichen oder die außerhalb der deutschen Steuerpflicht bleibenden Einkünfte nicht mehr als 6.136 Euro (Stand 2004) betragen. Beides ist nach den Angaben im Sachverhalt offensichtlich nicht der Fall; daher bleibt Ting auf jeden Fall beschränkt steuerpflichtig.

Aufgabe 4 (DBA-Recht)

Der deutsche Verleger Fürst E. d`Ition ist Alleingesellschafter sowohl einer deutschen GmbH mit Sitz und Geschäftsleitung in München als auch einer britischen Ltd. mit Sitz und Geschäftsleitung in Edinburgh. Beide Gesellschaften sind im Verlagsgeschäft aktiv.

Seit langem besitzt E. d`Ition sowohl eine Wohnung in München (§ 8 AO wird von dieser Wohnung erfüllt) als auch eine Wohnung in Edinburgh (Schottland). Er hält sich aber praktisch seit mehreren Jahren so gut wie nur noch in Edinburgh auf, die Tagesgeschäfte der deutschen GmbH erledigt ein angestellter Geschäftsführer. Die beruflichen und privaten Interessen des E. d´Ition konzentrieren sich jedoch weder eindeutig auf Deutschland noch auf Schottland.

Für die Veröffentlichung seiner Memoiren in Deutschland setzt Fürst E. d´Ition einen Vertrag mit der deutschen GmbH auf, aufgrund dessen diese ihm im ersten Jahr letztlich Tantiemen von 40.000 Euro (darin ist die USt – noch? – nicht enthalten) zahlen muss. Gegenüber einem fremden Autor wären nach der sonst durchgängig verfolgten Verlagspolitik Konditionen vereinbart worden, die in diesem Jahr nur zu einem Tantiemenanspruch von 15.000 Euro (wiederum netto) geführt hätten.

Das DBA zwischen Deutschland und Schottland (das es natürlich in Wirklichkeit nicht gibt, das soll uns hier aber nicht stören!) soll exakt dem OECD-Musterabkommen entsprechen.

Wie ist dieser Vorgang ertragsteuerlich zu behandeln (DBA-rechtlich und einkommensteuerlich)?

Lösungshinweis

Bei einem DBA-Fall ist – ähnlich wie bei einem ESt-Fall – zunächst der persönliche Status der beteiligten Personen (=Punkt I des Lösungsschemas für DBA-Fälle) zu klären. Dieser wird bei DBA lediglich nicht als „persönliche Steuerpflicht", sondern als „Ansässigkeit" bezeichnet. Da hier zugleich auch nach der einkommensteuerlichen Behandlung (in Deutschland) gefragt ist, kann beim ersten Punkt außerdem auch die Frage der persönlichen Steuerpflicht nach dem EStG mit geklärt werden. - Es ist daran zu denken, dass bei mehreren Personen natürlich unter Umständen für alle genannten Personen diese Vorfragen zu klären sind. Sodann ist, wie gewohnt, eine Liste der zu prüfenden Vorgänge zu erstellen und dann für jeden Vorgang die DBA-rechtliche Behandlung zu prüfen. Da hier auch danach gefragt wird, wie der Vorgang nach dem EStG behandelt wird, kann für jeden Vorgang zugleich dann auch geprüft werden, wie Deutschland seine nach dem DBA vorhandenen Besteuerungsbefugnisse nach dem nationalen Steuerrecht ausnutzt.

Daraus ergibt sich folgende **Lösungsskizze**:

I. Persönlicher Status: Die schottische Limited ist als Kapitalgesellschaft mit Sitz und Geschäftsleitung in Schottland (nur) unbeschränkt steuerpflichtig, und deswegen kommt hier auch nur Ansässigkeit in Schottland in Frage (Art. 4 I OECD-MA). Die deutsche GmbH ist wg. Sitz und Geschäftsleitung in Deutschland nur in Deutschland unbeschränkt (körperschaft-)steuerpflichtig, und danach ergibt sich Ansässigkeit in Deutschland (Art. 4 I OECD-MA).

Der Gesellschafter E. d`Ition ist nach den nationalen Steuerrechten in Deutschland unbeschränkt steuerpflichtig (§8 AO lt. Sachverhalt erfüllt; § 1 I EStG), aber zugleich ist auch in Schottland unbeschränkte Steuerpflicht wegen der dortigen Wohnung und des gewöhnlichen Aufenthalts zu vermuten. Damit ergibt sich nach Art. 4 I OECD-MA noch keine eindeutige Lösung für die Ansässigkeit; es ist daher Art. 4 II OECD-MA ergänzend heranzuziehen: E. d`Ition hat lt. Aufgabe in beiden Staaten eine ständige Wohnstätte, so dass dieses Kriterium nicht weiterführt (Art. 4 II a, 1. Alternative). Auch ein eindeutiger Mittelpunkt der Lebensinteressen ist lt. Aufgabe nicht zu erkennen (Art. 4 II a, 2. Alternative greift daher ebenfalls nicht). Konsequenz: Es entscheidet der gewöhnliche Aufenthalt, Art. 4 II b OECD-MA; E. d´Ition ist ansässig in Schottland.

II. Prüfung der einzelnen Vorgänge:

Vorbemerkung: Die Zahlung einer Tantieme von 40.000 Euro ist hier verdeckte Gewinnausschüttung, da ein ordentlicher Geschäftsführer des Verlages den vereinbarten Konditionen offenbar nicht zugestimmt hätte, hätte er nicht Rücksicht auf die Stellung des E. d`Ition als Gesellschafter nehmen müssen (A 31 KStR). Somit sind steuerlich nur die angemessenen 15.000 Euro als Tantieme anzuerkennen, die restlichen 25.000 Euro stellen steuerlich eine Dividendenzahlung dar. Diese Qualifikation schlägt auf das Recht der DBA durch; folglich sind im Folgenden zwei Vorgänge zu prüfen: eine Tantiemenzahlung von 15.000 Euro und eine (wenn auch verdeckte) Dividendenzahlung von 25.000 Euro.

Es ergibt sich daher:

Vorgang I: Tantiemenzahlung

DBA-rechtlich hat der Quellenstaat nach Art. 12 I OECD-MA überhaupt keine Befugnisse, die Tantieme zu besteuern; folglich ergeben sich für den Wohnsitzstaat (Ansässigkeitsstaat) auch keinerlei besondere Verpflichtungen (Art. 23 braucht also nicht herangezogen zu werden).

Im nationalen Steuerrecht setzt Deutschland seine Pflicht, diese Beträge als Quellenstaat unbesteuert zu lassen, im Rahmen der Regeln über die unbeschränkte Steuerpflicht um, denn E. d´Ition war – darin lag die Besonderheit seiner Person – in Deutschland wegen seines deutschen Zweitwohnsitzes nicht beschränkt, sondern unbeschränkt steuerpflichtig. In Deutschland hat er daher eine Steuererklärung abzugeben, in der er grds. sein Welteinkommen zu erklären hat, darunter die Tantiemen als Einkünfte aus freiberuflicher Tätigkeit gem. § 18 I Nr. 1 EStG. Die Verpflichtung, diese unbesteuert zu lassen, setzt der zuständige Sachbearbeiter dann im Rahmen der Veranlagung durch Gewährung einer Steuerbefreiung für die fraglichen Beträge um (aufgrund des DBA).

Vorgang II: Die verdeckte Gewinnausschüttung.

Der fragliche Betrag von 25.000 Euro ist eine Dividendenzahlung (vGA) einer in Deutschland ansässigen Kapitalgesellschaft und darf daher einerseits im Ansässigkeitsstaat, also Schottland, besteuert werden (Art. 10 I OECD-MA), andererseits aber auch im Quellenstaat, also Deutschland, mit einer Steuerbelastung von bis zu 15% belegt werden (Art. 10 II b OECD-MA). Im Rahmen seines nationalen Steuerrechts macht Deutschland hiervon Gebrauch, indem die fraglichen Einkünfte bei E. d'Ition als steuerpflichtige Einkünfte aus Kapitalvermögen erfasst werden und somit in die Berechnung des in Deutschland stpfl. zu versteuernden Einkommens eingehen. Jedoch darf Deutschland nach dem DBA von den fraglichen 25.000 Euro nicht mehr als 15% verlangen; daher wird nach Berechnung der auf das zu versteuernde Einkommen entfallenden Steuer zu kontrollieren sein, welcher Steuerbetrag anteilig auf die 25.000 Euro Dividendeneinkünfte entfällt. Ist dieser Steuerbetrag dann höher als 15% der Dividende (hier also höher als 3.750 Euro), dann ist von Amts wegen der deutsche Steueranspruch für die fraglichen Einkünfte auf die erlaubten 3.750 Euro zu begrenzen (also die Gesamtsteuer um den auf die Dividende entfallenden Betrag zu ermäßigen, der über die erlaubten 3.750 Euro hinausgeht).

Aufgabe 5 (DBA-Recht)

Wie wäre der vorige Fall zu lösen, wenn Fürst E. d'Ition keinen deutschen Wohnsitz hätte, aber alle übrigen Aspekte des Falles gleich bleiben würden?

Lösungshinweis

Zur Beantwortung dieser Frage ist zu überlegen, an welchen Punkten sich auf der Ebene des DBA-Rechts und auf der Ebene des nationalen Rechts Unterschiede ergeben würden:

I. Persönlicher Status: In Deutschland ist Fürst E. d'Ition nunmehr nur noch beschränkt steuerpflichtig, § 1 IV EStG, da es nunmehr an inländischem Wohnsitz und gewöhnlichem Aufenthalt im Inland gleichermaßen fehlt. Die Ansässigkeit nach DBA liegt weiterhin in Schottland, allerdings verändert sich in diesem Punkt nunmehr die Begründung (Art. 4 I OECD-MA jetzt ausreichend für Ansässigkeit allein in Schottland).

II. Bei der Prüfung der einzelnen Vorgänge bleibt, da die DBA-Lage unverändert bleibt, vollkommen unverändert, was Deutschland besteuern darf und was nicht. Allerdings macht Deutschland von seinem Recht, die fraglichen Einkünfte zu besteuern, nunmehr nach völlig anderen Regeln Gebrauch, nämlich nach den

Regeln über die beschränkte Steuerpflicht. Daraus ergibt sich a) für die eigentliche Lizenzzahlung: Steuerpflicht ist gegeben nach § 49 I Nr. 6 EStG (Verwertung eines Rechts im Inland), es ist eine Quellensteuer angeordnet (§ 50a IV Nr. 3 EStG) in Höhe von 20% der Zahlung, mithin von 20% von 15.000 = 3.000 Euro, und diese Quellenbesteuerung ist auch grundsätzlich abgeltend gedacht (§ 50 V S. 1 EStG). Die Tatsache, dass Deutschland nach dem DBA die Lizenzgebühr eigentlich überhaupt nicht besteuern darf, ist zunächst unbeachtlich: die Quellensteuer muss zunächst einbehalten werden und wird dann auf Antrag vom Bundesamt für Finanzen erstattet (§ 50d I EStG); wer die mit diesem Verfahren verbundene Liquiditätsbelastung scheut, muss vor Auszahlung des Betrages eine Freistellung vom Quellensteuerabzug durch das Bundesamt beantragen (§ 50d II EStG). – b) Für die Dividende (verdeckte Gewinnausschüttung) ergibt sich die Steuerpflicht nunmehr nach § 49 I Nr. 5 a EStG; die Besteuerung wird durchgeführt durch Quellenbesteuerung in Form der Kapitalertragsteuer (§ 43 I Nr. 1 EStG), und zwar – trotz der hälftigen Steuerfreiheit der Dividende, § 3 Nr. 40 EStG – durch Anwendung eines Steuersatzes von 20% (§ 43a I Nr. 1 EStG) auf die gesamte Dividende (§ 43 I S. 3 EStG), mithin durch eine Quellensteuer von 20% von 25.000 Euro = 5.000 Euro. Dass nach dem DBA die deutsche Besteuerung auf 15% begrenzt ist, wird nunmehr wiederum durch Erstattungsverfahren (§ 50d I EStG; Erstattung der letzten 5%, die nach dem DBA von E. d´Ition nicht mehr verlangt werden dürften, durch das Bundesamt für Finanzen) oder Freistellungsverfahren (§ 50d II EStG; Bescheinigung durch das Bundesamt für Finanzen vor Auszahlung des fraglichen Betrages, dass für Zahlungen an E. d´Ition eine Quellensteuer von 15% anstelle der gesetzlich angeordneten 20% ausreichend ist). Eine Steuererklärung hat E. d´Ition dagegen nicht abzugeben, es sei denn (= Stufe III des Prüfungsschemas bei beschränkter Steuerpflicht), er könnte zur unbeschränkten Steuerpflicht optieren (§ 1 III EStG), worüber hier aber keine Daten vorliegen. –

Aus dem Vergleich des vorigen Falls mit diesem Fall prägen Sie sich bitte vor allem Folgendes ein:

- dass die Art und Weise, wie Deutschland das Recht, bestimmte Einkünfte zu besteuern, teilweise nach völlig unterschiedlichen Regeln ausnutzt (je nach beschränkter/unbeschränkter Steuerpflicht), obwohl der Umfang dessen, was besteuert werden darf, gleich ist.

- dass Quellensteuern bei einem unbeschränkt Steuerpflichtigen nur Vorauszahlungen darstellen und eine eventuelle Erstattung zu hoher Quellensteuereinbehalte im Zuge der Bearbeitung der persönlichen Steuererklärung durch den Sachbearbeiter des Wohnsitzfinanzamtes erfolgt, während Quellensteuern bei einem beschränkt Steuerpflichtigen i.d.R. abgeltend sind (nicht abgeltend ist nur die Bauabzugssteuer) und Erstattungen zu viel gezahlter Beträge beim beschränkt Steuerpflichtigen nur über das Bundesamt für Finanzen gehen.

- dass gesetzlich angeordnete Quellensteuern von demjenigen, der gesetzlich zu ihrer Einbehaltung verpflichtet ist, immer einbehalten werden müssen, auch wenn der Zahlungsempfänger – zu Recht oder zu Unrecht – glaubt, dass er keine so hohe Steuerlast tragen muss. Der Auszahlende darf die Quellensteuereinbehaltung nur reduzieren oder gar unterlassen, wenn er hierzu amtlich ermächtigt ist: a) beim beschränkt Steuerpflichtigen durch Bescheinigung des Bundesamts für Finanzen, b) beim unbeschränkt Steuerpflichtigen i.d.R. gar nicht, es sei denn, es ist z.b. eine Nichtveranlagungsbescheinigung ausgestellt worden.

Aufgabe 6 (DBA-Recht)

Die X.-B.V. ist eine Gesellschaft niederländischen Rechts mit Sitz in Rotterdam, die sich zu 100% im Besitz der deutschen M-GmbH (Sitz und Geschäftsleitung in München) befindet. Die Geschäfte der X-B.V. werden im Jahr 01 sämtlich von einem Angestellten der Münchener Muttergesellschaft geführt, der sein Büro in München hat und als Geschäftsführer der X-B.V. bestellt ist. Im Jahr 02 wird für die X-B.V. in Rotterdam wieder ein Bürogebäude angemietet, und es wird mit Jahresbeginn auch wieder ein eigener Geschäftsführer der X-B.V. eingestellt, der von Rotterdam aus die Geschäfte der B.V. führt.

Die X-B.V. schüttet in den Jahren 01 und 02 jeweils Dividenden in Höhe von 100.000 Euro an ihre Muttergesellschaft M-GmbH aus.

Behandlung der Dividendenzahlungen in 01 und 02 nach DBA-Recht und nationalem Recht? (Legen Sie der Antwort das OECD-Musterabkommen zugrunde)

Lösungshinweis

Die Lösung muss zunächst wieder mit der Klärung des persönlichen Status aller beteiligten Personen – hier: der beiden Kapitalgesellschaften – beginnen. Es ergibt sich für das Jahr 01 unbeschränkte Körperschaftsteuerpflicht der X-B.V. in Deutschland (da im Jahr 01 Geschäftsführung in Deutschland, § 10 AO), für das Jahr 02 nur beschränkte Körperschaftsteuerpflicht (§ 2 Nr. 1 KStG). Zugleich ist für die Niederlande in beiden Jahren unbeschränkte KSt-Pflicht zu erwarten (wegen des dortigen Sitzes der Gesellschaft, vgl. in unserer Rechtsordnung § 11 AO). Daraus ergibt sich, dass für das Jahr 01 die Ansässigkeit nach DBA nicht durch Art. 4 I OECD-MA eindeutig bestimmt werden kann, sondern der Vorgang noch weiter zu prüfen ist: Art. 4 III OECD-MA bestimmt, dass die Ansässigkeit im Land der Geschäftsführung liegt, d.h. die X-B.V. ist im Jahr 01 in Deutschland ansässig. Im Jahr 02 liegen Sitz und Geschäftsleitung beide in NL, mit der Folge, dass die X-B.V. schon nach Art. 4 I OECD-MA als eine allein in den Niederlanden ansässige Kapitalgesellschaft eingestuft werden kann. - Die Muttergesellschaft M-GmbH ist in beiden Jahren eine (nur) in Deutschland unbeschränkt körperschaftsteuerpflichtige (§ 1 I Nr. 1 KStG) und deswegen auch nur in Deutschland ansässige Kapitalgesellschaft (Art. 4 I OECD-MA).

Für die Behandlung der einzelnen Einkünfte (= Punkt II im Prüfungsschema) bedeutet das Folgendes:

1. Dividendenzahlung im Jahr 01: Zu prüfen ist zunächst gemäß Art. 10 I DBA, ob der Quellenstaat irgendwelche Besteuerungsrechte hat. Erst danach wäre ggf.

zu prüfen, wie der Ansässigkeitsstaat dann eine Doppelbesteuerung zu vermeiden hätte. – In unserem Fall gilt Folgendes: Art. 10 I betrifft nur Dividendenzahlungen einer in einem Staat ansässigen Gesellschaft an eine in dem anderen Vertragsstaat ansässige Person; hier aber zahlt die in Deutschland ansässige X-B.V. an die in Deutschland ansässige M-GmbH, der Fall wird also von Art. 10 DBA gar nicht geregelt. Anzuwendende Regelung ist deshalb Art. 21 OECD-MA, wonach alle nicht näher geregelten Einkünfte nur im Ansässigkeitsstaat besteuert werden dürfen. Folglich dürfen die Niederlande die Dividendenausschüttung der X-B.V. nicht besteuern. Im nationalen Recht der Niederlande wird man – auf welche Art auch immer – also eine eventuelle Quellensteuerpflicht der Dividende letztlich wirtschaftlich wieder zu annullieren haben, z.B. durch Erstattung oder Freistellungsverfahren analog dem deutschen § 50d EStG. Zugleich ist jedoch zu beachten, dass die X-B.V. auch als unbeschränkt körperschaftsteuerpflichtige deutsche Körperschaft ihre Ausschüttungen den deutschen Kapitalertragsteuerregelungen zu unterwerfen hat (§ 43 I Nr. 1 EStG). Sie hat daher von der Ausschüttung von 100.000 Euro einen Betrag von 20% = 20.000 Euro (§ 43 I Satz 3 EStG; § 43a I Nr. 1 EStG) als Kapitalertragsteuer einzubehalten. Bei der Empfängerin, der M-GmbH, gehört die Dividende zwar grundsätzlich zum Einkommen, ist dort aber aufgrund der Sondervorschrift des § 8b KStG steuerbefreit. Die Quellensteuer ist dort also in vollem Umfang entweder auf die sonstigen Steuerschulden der Gesellschaft anzurechnen oder aber zu erstatten; dies geschieht allerdings üblicherweise erst im Zuge der Veranlagung der M-GmbH. Zugleich ist zu beachten, dass parallel zur Steuerfreiheit der Einnahmen aus der Dividende auch eine „Steuerfreiheit", sprich: Nichtabzugsfähigkeit, zugehöriger Kosten vorgesehen ist (Gedanke des § 3c I EStG), und bei einer Mutterkapitalgesellschaft diese Kosten ab 2004 nicht mehr in tatsächlicher Höhe „berichtigt" werden, sondern die Kosten der Beteiligungsverwaltung mit 5% der bezogenen Dividende geschätzt werden (§ 8b V KStG) und im Gegenzug die tatsächlichen Kosten der Beteiligungsverwaltung regulär als Betriebsausgaben gebucht werden dürfen. Hier sind von den Aufwendungen in der GuV also pauschal 5% von 100.000 = 5.000 Euro als Kosten der Beteiligungsverwaltung steuerlich zu streichen; das gilt selbst dann, wenn die Gesamtkosten aus der GuV in Wahrheit niedriger sein sollten (dann Ansatz negativer Kostenwerte in der steuerlichen Gewinnermittlung).

Dividendenzahlung im Jahr 02: Die Dividenden sind nunmehr Zahlungen einer „niederländischen" Gesellschaft an einen deutschen Empfänger, Art. 10 I DBA spricht somit Deutschland das Besteuerungsrecht zu. Allerdings behalten die Niederlande gemäß Art. 10 II DBA das Recht, ebenfalls eine Steuer zu erheben, die auf eine Obergrenze begrenzt ist. Diese Obergrenze beträgt hier, da die Empfängerin der Dividende ebenfalls Kapitalgesellschaft ist und zu mehr als 25% (hier: 100%) beteiligt ist, 5% der Dividende. Diese Belastung ist dann gemäß Art. 23A II OECD-MA in Deutschland auf die deutsche Steuer auf diese Dividende anzurechnen; diese Anrechnung läuft freilich leer, da in Deutschland die Dividende bei der M-GmbH weiterhin steuerfreies Einkommen gemäß § 8b I KStG darstellt.

Neben dem DBA müssen die Niederlande hier allerdings die Mutter-Tochter-Richtlinie der EG (90/435/EWG aus 1990) beachten, denn hier liegt eine Dividendenzahlung von einer Tochterkapitalgesellschaft mit einer Rechtsform, die im Anhang zur Richtlinie (=Anhang 2 zum deutschen EStG) aufgeführt ist, an eine Mutterkapitalgesellschaft vor, die in einem anderen Staat ansässig ist und deren Rechtsform ebenfalls von Anhang zur Richtlinie erfasst ist. Auch die übrigen Voraussetzungen der Richtlinie, insbesondere eine Beteiligung oberhalb der Mindestbeteiligungsgröße und das Vorliegen einer nicht nur vorübergehend, sondern auf längere Dauer etablierten Unternehmensverbindung, liegen vor (vgl. die deutsche Parallelvorschrift in § 43b EStG). Daher darf Holland sein nach dem DBA bestehendes Besteuerungsrecht in diesem Fall aus EG-rechtlichen Gründen nur bis zur von der Richtlinie zugelassenen Obergrenze von Null Prozent ausnutzen; eine Quellensteuer entfällt somit hier völlig.

Aufgabe 7 (DBA-Recht)

Die deutsche X-GmbH mit Sitz und Geschäftsleitung in Mannheim erzielte im Jahr 01 aus ihrer Niederlassung Mannheim einen Gewinn von +100.000 Euro und aus ihrer Fabrik in Frankreich einen Verlust von -50.000 Euro. Darüber hinaus unterhielt die X-GmbH in Russland ein Informationsbüro, in dem ausschließlich Informationen beschafft werden und sonstige Hilfstätigkeiten für das Unternehmen ausgeübt werden; dieses Büro verursachte Kosten von -30.000 Euro. Schließlich und endlich hat die X-GmbH Mieteinkünfte von +20.000 Euro aus der Vermietung eines Betriebsgrundstücks in Belgien, das dort an eine fremde Gesellschaft vermietet worden ist.

Alle einschlägigen DBA folgen dem OECD-Musterabkommen und sehen ggf. die Freistellungsmethode vor (Art. 23 A des OECD-MA).

Wie hoch ist der in Deutschland steuerpflichtige Gewinn der X-GmbH?

Lösungshinweis

Hier sind wieder DBA-Lage einerseits und nationale Rechtslage andererseits zu klären.

I. Persönlicher Status: Die X-GmbH ist unbeschränkt körperschaftsteuerpflichtig in Deutschland gemäß § 1 I Nr.1 KStG wegen Sitz + Geschäftsleitung im Inland (§§ 10, 11 AO). Sie ist deswegen hier ansässig, Art. 4 I OECD-MA. – II. Behandlung der einzelnen Einkünfte: Unternehmensgewinne dürfen nur im Ansässigkeitsstaat besteuert werden (Art. 7 I OECD-MA), es sei denn, es handelt sich um Gewinne einer ausländischen Betriebsstätte (Art. 7 I, II OECD-MA). Die Fabrik in Frankreich stellt eine feste Geschäftseinrichtung dar, durch die die unternehmerische Tätigkeit der X-GmbH teilweise ausgeübt wird, und Fabriken werden in Art. 5 II d OECD-MA auch ausdrücklich als Betriebsstätten angesehen. Folglich darf nach Art. 7 I, II OECD-MA Frankreich den Gewinn aus dieser Betriebsstätte besteuern, Deutschland stellt nach Art. 23A I OECD-MA frei. Das Informationsbüro in Russland ist zwar eine feste Geschäftseinrichtung, durch die auch die unternehmerische Tätigkeit gefördert werden soll (Anbahnung betrieblich nützlicher Kontakte und sonstige Hilfstätigkeiten), aber es wird aufgrund der Sonderregel in Art. 5 IV f OECD-MA nicht als Betriebsstätte behandelt. Die dortigen Aufwendungen und Erträge dürfen also nur in Deutschland fiskalisch berücksichtigt werden. Das Grundstück in Belgien stellt keine Betriebsstätte dar, da durch die bloße Vermietung eines Grundstücks nicht die unternehmerische Tätigkeit der GmbH betrieben wird, sondern bloße Vermögensverwaltung erfolgt (Art. 5 I OECD-MA nicht erfüllt). Jedoch greift hier Art. 6 I OECD-MA mit der Folge, dass Belgien besteuern darf. Deutschland stellt die Mieteinkünfte aus dem belgischen Grundstück folglich nach Art. 23A I OECD-MA frei.

Seine Besteuerungsrechte nutzt Deutschland gemäß der unbeschränkten Körperschaftsteuerpflicht so aus, dass alle Einkünfte der GmbH als gewerbliche Einkünfte besteuert werden (§§ 7 I, 7 II, 8 I, 8 II EStG), es sei denn, die GmbH hat nach einem DBA Anspruch auf eine Steuerbefreiung. Als steuerbefreit sind anzusehen der Verlust aus der frz. Betriebsstätte (da es nach der traditionellen Rechtsprechung des BFH keinen Unterschied macht, ob ein „steuerfreier" Auslandsgewinn positiv oder negativ ist) und die Mieteinkünfte aus Belgien. Die Aufwendungen aus dem Informationsbüro gehören dagegen grundsätzlich zum steuerlichen Gewinn, allerdings ist hier zu testen, ob es sich um Einkommensbestandteile handelt, die nach § 2a EStG vom Abzug ausgeschlossen sind und deswegen schon nach nationalem Recht gar nicht erst zum Welteinkommen gehören: Vom Abzug ausgeschlossen sind negative Einkünfte aus einer gewerblichen Betriebsstätte im Ausland (§ 2a I Nr. 2 EStG). Eine „Betriebsstätte" liegt hier jedenfalls vor, denn da es hier nicht um die Zuteilung der Besteuerungsrechte im DBA geht, sondern um eine Frage des nationalen Rechts (Berechnung des zutreffenden Welteinkommens), ist zur Entscheidung der Frage, was eine Betriebsstätte ist, jetzt § 12 AO heranzuziehen; demnach aber fällt das Informationsbüro unter § 12 Satz 1 AO und ist deswegen Betriebsstätte im Sinne von § 2a EStG. Es kommt zusätzlich allerdings darauf an, ob die Betriebsstätte auch „gewerblich" tätig ist. Darin liegt insoweit ein Problem, als das Informationsbüro keinen eigenständigen Gewerbebetrieb darstellt, aber selbst durchaus im Rahmen einer echten gewerblichen Aktivität seiner deutschen Trägerin betrieben wird. Verneint man die „Gewerblichkeit" des Informationsbüros als solchem, kommt man zum Ergebnis, dass § 2a I Nr. 2 EStG nicht greift und deswegen die Aufwendungen für die Förderung der Kontakte nach Russland in Deutschland abzugsfähig bleiben (was Sinn machen würde, weil auch die durch diese Kontakte erwirtschafteten Gewinne später zum deutschen Gewinn gehören werden). Bejaht man dagegen einen gewerblichen Charakter des Informationsbüros, dann wäre ergänzend zu prüfen, ob der „Verlust" aus dem Informationsbüro nach § 2a I Nr.2 EStG wieder zum Abzug zugelassen werden würde: das wäre nicht der Fall, da die „Betriebsstätte" Informationsbüro weder die Herstellung noch den Handel mit Waren oder die Erbringung gewerblicher Dienstleistungen zum Gegenstand hat. Folglich ist, wenn man sich dieser Auslegung anschließt, der Aufwand aus der Unterhaltung des Informationsbüros in Russland nicht abzugsfähig, sondern nur verrechenbar mit zukünftigen Erträgen aus demselben Staat und derselben Tätigkeit (§ 2a I EStG). Richtlinien und Erlasse dazu, welche Rechtsansicht als zutreffend angesehen wird, scheinen zu fehlen; ökonomisch sinnvoll wäre eine Ausgrenzung der Aufwendungen, die ja dazu dienen, den in Deutschland steuerpflichtigen Gewinn durch Anbahnung von Auslandsgeschäften zu erhöhen, letztlich nicht.

Deutscher Gewinn der X-GmbH somit, je nach vertretener Auslegung des Gesetzes: 100.000 Euro oder 100.000 - 30.000 = 70.000 Euro

Aus diesem Fall prägen Sie sich bitte besonders ein, dass der Begriff „Betriebsstätte" entweder nach Art. 5 OECD-MA auszulegen oder nach § 12 AO, je nachdem, ob man eine Vorschrift auslegt, bei der es um die Zuteilung der Besteuerungsrechte geht (DBA-Recht), oder eine Vorschrift des nationalen Rechts (Berechnung des Welteinkommens und Festlegung der Regeln zu seiner Besteuerung in EStG, KStG).

Aufgabe 8

Die deutsche X-GmbH ist eine 75%ige Tochtergesellschaft der Y-Ltd. in London; die restlichen 25% des Kapitals gehören der Z-S.A. in Frankreich.

Der einzige nicht nur kurzfristige Kredit der X-GmbH stammt von deren Muttergesellschaft Y-Ltd. in London und beläuft sich auf 10.000.000 Euro. Für diesen Kredit sind Zinsen in Höhe von 12% zu bezahlen; angemessen wäre ein Zinssatz von 10%.

Das steuerliche Eigenkapital der X-GmbH beläuft sich am Ende des vorigen Wirtschaftsjahres auf insgesamt 2.500.000 Euro. In der Handelsbilanz der X-GmbH zum selben Stichtag waren ausgewiesen das gezeichnete Kapital von 2.000.000 Euro, Sonderposten mit Rücklageanteil von 1.000.000 Euro. Unter den Aktiva finden sich Beteiligungen, die handels- und steuerrechtlich mit einem Buchwert von 500.000 Euro angesetzt waren.

Der X-GmbH wäre es nicht möglich gewesen, den fraglichen Kredit von einem fremden Dritten zu erhalten, ohne dass der Gesellschafter dann eine Bürgschaft für die Schuld der GmbH hätte übernehmen müssen.

Wie sind die Zinszahlungen der X-GmbH nach deutschem Steuerrecht zu behandeln?

Lösungshinweis

Der Fall zielt auf § 8a KStG. Also ist zunächst zu prüfen, ob diese Vorschrift grundsätzlich auf den fraglichen Kredit anwendbar ist. Allerdings ist in diesem Zusammenhang zu beachten, dass vor der Anwendung des § 8a KStG zunächst die „normalen" Regeln über die vGA anzuwenden sind, hier also zunächst die unangemessene Verzinsung des Kredits von 12% auf 10% zu korrigieren ist. Erst auf den verbleibenden, der Höhe nach „angemessenen" Rest der Kreditzinsen ist dann – in einer zweiten Stufe also! – die Vorschrift des § 8a KStG anzuwenden.

Daraus ergibt sich:

Die Zinsen sind in Höhe der Differenz zwischen 12% und 10% vGA, weil ein ordentlicher Geschäftsführer einen Zinssatz von 12% nicht akzeptiert hätte, wenn er nicht auf die Stellung des Kreditgebers als Gesellschafter hätte Rücksicht nehmen müssen, und auch die übrigen Voraussetzungen einer „normalen" vGA insoweit erfüllt sind (vgl. Abschn. 31 KStR).

Daraus folgt: Korrektur der Gewinn- und Verlustrechnung für steuerliche Zwecke um +2% von 10 Mio. Euro = + 200.000 Euro. Zugleich, da die Auszahlung der Beträge, denen eine vGA zugrunde liegt, auch als Auszahlung einer Dividende eingestuft wird, ist auch zu prüfen, inwieweit für diesen Betrag Kapitalertragsteuer einzubehalten ist (§ 43 I Nr. 1, § 43a I Nr. 1 KStG). Allerdings ist dann auch der Tatsache Rechnung zu tragen, dass die EG-Mutter-Tochter-Richtlinie eine Quellenbesteuerung einer Dividende von einer EG-Tochter- an eine EG-Mutterkapitalgesellschaft bei mehr als 25%iger dauerhafter Beteiligung verbietet; diesen Grundsatz setzt in Deutschland § 43b EStG um: auf Antrag kann die X-GmbH also die Kapitalertragsteuerzahlung für den vGA-Anteil von 2% unterlassen (§ 43b I EStG). Das freilich setzt gemäß § 50d II EStG voraus, dass der Antrag auf eine solche Freistellung VOR der Auszahlung des Betrages gestellt wird; erfolgt das nicht, weil die X-GmbH beispielsweise irrtümlich der Ansicht ist, 12% seien eine angemessene Verzinsung, und von der Unangemessenheit erst während einer steuerlichen Prüfung erfährt, bleibt nur die (hier: nachträgliche) Abführung der Kapitalertragsteuer und die anschließende Durchführung eines Erstattungsverfahrens (§ 50d I EStG).

Die verbleibenden der Höhe nach angemessenen Zinsen von 10% von 1 Mio. Euro = 1.000.000 Euro sind dann einer Prüfung gemäß § 8a I Nr. 2 KStG zu unterziehen:

Es liegen Zinszahlungen vor, die einen festen Bruchteil des Kapitals ausmachen (§ 8a I Nr.2 KStG). Empfänger dieser Zinszahlungen ist eine Person, die wesentlich beteiligter Anteilseigner im Sinne von § 8a III KStG ist (Y-Ltd. mit 75% beteiligt). Alle Zinszahlungen der X-GmbH, die unter § 8a KStG fallen, übersteigen auch die Bagatellgrenze von 250.000 Euro (ist hier offensichtlich, da es schon für diesen einzelnen Kredit um 1 Mio. Euro geht). Folglich ist § 8a KStG weiter zu prüfen:

Die Zinszahlungen werden toleriert, soweit der zugrunde liegende Kredit sich noch im sog. „Safe haven" bewegt (§ 8a I Nr.2 KStG). Dieser beträgt 150% (Stand: 2004) des anteiligen Eigenkapitals des Anteilseigners. Hierzu ist erst das Eigenkapital, dann der Anteil des Gesellschafters daran zu bestimmen. Maßgeblich ist die Handelsbilanz: Demnach beträgt das Eigenkapital hier 2 Mio. Euro (gez. Kapital) + 50% des Sonderpostens mit Rücklageanteil, also +500.000 Euro, aber abzüglich der Buchwerte der Beteiligungen, d.h. -500.000 Euro. Folglich ist das Eigenkapital im Sinne des § 8a KStG mit +2 Mio. Euro anzusetzen. Anteiliges Eigenkapital der Y-Ltd. sind 75% davon, mithin nur 1,5 Mio. Euro.

Als Kreditbetrag des Gesellschafters automatisch toleriert wird somit ein Teilbetrag von 150% von 1,5 Mio. Euro = 2,25 Mio. Euro. Nur für den verbleibenden Betrag von 7,75 Mio. Euro können die Zinsen also in vGA umqualifiziert werden. Das dürfte allerdings nicht erfolgen, wenn die zugrunde liegenden Kredite dem Grunde nach auch von einem fremden Dritten noch zu erhalten gewesen wären (§ 8a I Nr. 2 Satz 1 KStG); das ist hier lt. Sachverhalt aber ausdrücklich nicht der Fall. Folge: die Zinsen von 10% auf 7,75 Mio. Euro, also ein Betrag von 775.000 Euro, sind ebenfalls als vGA einzustufen; der bislang berechnete Gewinn der X-GmbH ist also um weitere +775.000 Euro zu erhöhen, und auch bei dieser Zahlung ist, da sie ja nicht mehr als Zinszahlung, sondern als verdeckte Gewinnausschüttung einzustufen ist, die Frage der Kapitalertragsteuerpflicht zu prüfen. Hier gilt freilich dasselbe wie schon zuvor: Kapitalertragsteuerpflicht ist zwar grundsätzlich gegeben, kann aber wegen der Bestimmungen der Mutter-Tochter-Richtlinie bei entsprechendem Verhalten vermieden werden.

Bitte prägen Sie sich von diesem Fall insbesondere nochmals ein:

- dass vor Anwendung des § 8a KStG zunächst die Zinsen auf Angemessenheit zu prüfen sind, also auf das Vorliegen einer „normalen" vGA, und dass § 8a KStG dann ggf. nur noch auf den nach einer solchen „Angemessenheits-Korrektur" verbliebenen Restbetrag anzuwenden ist;

- dass bei § 8a KStG zunächst zu ermitteln ist, welche Vergütungen überhaupt alle unter § 8a KStG – Gesellschafter-Fremdkapitalvergütungen – fallen könnten (um die Bagatellgrenze zu testen), dass anschließend für die einzelnen Gesellschafter das anteilige Eigenkapital und der Safe haven zu bestimmen ist und zu ermitteln, welche konkreten Zinszahlungen hierdurch gegen die Umqualifizierung „immunisiert" werden und dass dann schließlich und endlich zu prüfen ist, welche von dann noch „kritischen" Zinsen noch durch einen Drittvergleich vor einer Umqualifizierung „gerettet" werden können.

Aufgabe 9

Der bei einem deutschen Arbeitgeber in Köln beschäftigte Arbeitnehmer Fritz Schmitz wird während des Jahres 1. für vier Tage auf ein Fortbildungsseminar nach London entsandt, 2. ab Februar für 5 Monate nach Österreich entsandt, 3. ab 15.11. erneut bis Jahresende nach Österreich entsandt. Schmitz wohnt in Köln.

Alle DBA sollen – davon sollen Sie hier ungeachtet der Realität ausgehen – exakt dem OECD-Musterabkommen entsprechen.

In welchen Staaten sind die Einkünfte des Arbeitnehmers Schmitz zu versteuern?

Lösungshinweis

Hier ist zunächst die Ansässigkeit des Schmitz zu bestimmen, sodann für jeden einzelnen Vorgang zu klären, welchem Staat das Besteuerungsrecht zusteht. Danach, wie die vorhandenen Befugnisse ausgeübt werden, ist hier laut der Fragestellung nicht gefragt („In welchen Staaten... zu versteuern...").

I. Persönlicher Status:

Schmitz ist wegen Wohnsitz in Köln (§ 8 AO) in Deutschland unbeschränkt einkommensteuerpflichtig (§ 1 I EStG) und deswegen auch in Deutschland ansässig gemäß Art. 4 I OECD-MA.

Nach der Grundregelung der DBA steht das Gehalt des Schmitz nur seinem Ansässigkeitsstaat zu, es sei denn, Schmitz geht seiner unselbständigen Tätigkeit im Ausland nach (Art. 15 I OECD-MA).

Während des Fortbildungsseminars in London ist Schmitz vier Tage lang im Auftrag seines Arbeitgebers in Großbritannien unselbständig tätig; Großbritannien ist daher Tätigkeitsstaat (Art. 15 I OECD-MA), jedoch bleibt diese Tatsache folgenlos, da der Aufenthalt nicht 183 Tage innerhalb von 12 Monaten überschreitet (Art. 15 II OECD-MA). Das Besteuerungsrecht für diese 4 Tage bleibt also aufgrund der 183-Tage-Klausel bei Deutschland.

Während der beiden Österreich-Aufenthalte ist Tätigkeitsstaat Österreich, so dass ein Besteuerungsrecht Österreichs in Frage kommt (Art. 15 I OECD-MA) für das Gehalt, das Schmitz für diese Zeit bezogen hat. Daran ändert sich auch nichts durch die 183-Tage-Klausel, denn alle Österreich-Aufenthalte innerhalb von 12 zusammenhängenden Monaten sind zusammenzurechnen, und folglich darf Österreich hier besteuern (Art. 15 II OECD-MA). Deutschland stellt das Gehalt dementsprechend frei (Art. 23A I OECD-MA).

(Hinweis: Im internen deutschen Recht wird diese Steuerfreistellung erst gewährt, wenn Schmitz dem deutschen Finanzamt den Nachweis dafür erbracht hat, dass er das Gehalt in Österreich tatsächlich versteuert hat, § 50d VIII EStG).

Aufgabe 10

Der Investor I, wohnhaft in Deutschland, bezieht am 1.6. eine Dividende aus dem Ausland in Höhe von 100.000 Euro. Von diesem Betrag wurde aufgrund des maßgeblichen DBA eine Quellensteuer von 15% abgehalten, so dass nur 85.000 Euro zur Auszahlung gelangten.

Am 30.6. verlegte I seinen Wohnsitz in ein anderes DBA-Land und gab zeitgleich seinen deutschen Wohnsitz auf. In diesem Zeitpunkt besitzt er u.a. einen Anteil an einer inländischen Kapitalgesellschaft; dieser war zu diesem Zeitpunkt 2 Mio. Euro wert. Er war vor 30 Jahren für (umgerechnet) 200.000 Euro erworben worden. Es handelt sich um eine 5%ige Beteiligung an einer deutschen Aktiengesellschaft.

Lösungshinweise

Hier ist das Halbeinkünfteverfahren zu trainieren:

I. Persönliche Aspekte:

I ist in Deutschland unbeschränkt einkommensteuerpflichtig bis zum 30.6. (§ 1 I EStG), danach vom 1.7. bis Jahresende nur noch beschränkt steuerpflichtig, falls er weiterhin inländische Einkünfte – im Sinne von § 49 EStG – bezieht (§ 1 IV EStG). Im Umzugsjahr werden sämtliche Einkünfte des I in einer deutschen Veranlagung erfasst, eine Abgeltungswirkung eventueller Quellensteuern wird in diesem Jahr – was eigentlich systemwidrig ist – generell von der Spezialregelung des § 2 VII EStG aufgehoben.

II. Einzelne Vorgänge:

a) Der Dividendenbezug führt zu Einkünften gem. § 20 I Nr. 1 EStG in Höhe von 100.000 Euro, von denen allerdings die Hälfte steuerfrei ist, § 3 Nr. 40 EStG, also sind nur +50.000 Euro zu berechnen. Die gezahlte Quellensteuer darf angerechnet werden analog zu § 34c I EStG; maßgebliche Rechtsquelle hierfür ist jedoch nicht § 34c EStG selbst, der in DBA-Fällen nicht gilt (§ 34c VI EStG), sondern der dem Art. 23 des OECD-Musters entsprechende Artikel des DBA über die Freistellung bzw. Anrechnung der ausländischen Einkünfte bzw. Steuern im Wohnsitzstaat, weil dieser in solchen Fällen automatisch als lex specialis („Spezialnorm") den Vorrang vor den allgemeinen Bestimmungen aus § 34c EStG haben muss. – b) Der Wegzug führt dazu, dass Deutschland in Zukunft das Recht zur Besteuerung der stillen Reserven aus der Beteiligung verliert (Art. 13 IV OECD-Musterabkommen spricht das Recht, Veräußerungsgewinne zu besteuern, allein dem jeweiligen Ansässigkeitsstaat zu). Deshalb sieht § 6 I AStG in der letzten logischen Sekunde vor der Aufgabe der unbeschränkten Steuerpflicht vor, dass ein fiktiver Veräußerungsgewinn gemäß § 17 EStG beim Wegzug zu versteuern ist. § 17 EStG ist einschlägig, weil die betreffende Beteiligung mehr als 1% an der fraglichen Gesellschaft umfasst.

Es gibt allerdings keinen Verkaufspreis, deshalb ist bei der Berechnung des Veräußerungserlöses ersatzweise der gemeine Wert anzusetzen (§ 6 I S. 3 EStG). Nach der Aufgabe belief sich dieser Wert auf 2 Mio. Euro. Nach dem Halbeinkünfteverfahren sind jedoch Veräußerungserlöse (§ 3 Nr. 40 EStG) und Anschaffungskosten (§ 3c II EStG) bei der Gewinnberechnung jeweils nur zur Hälfte anzusetzen, hier also nur mit 1 Mio. und 100.000 Euro, mit der Folge, dass sich ein stpfl. Gewinn von nur 900.000 Euro ergibt. Bei dieser Höhe des Gewinns kommt ein Freibetrag nach § 17 III EStG von vornherein nicht in Frage. Folglich hat I einen Betrag von 900.000 Euro der deutschen Steuer zu unterwerfen; dies geschieht zum regulären Steuersatz, da Gewinne nach § 17 EStG nicht mehr als außerordentliche Gewinne nach § 34 EStG begünstigt sind (vgl. § 34 II EStG). Zu Vermeidungs- oder Stundungsmöglichkeiten etc. für die durch die Wegzugsbesteuerung ausgelöste Steuerschuld vergleiche § 6 IV, V AStG.

Aus diesem Fall halten Sie bitte insbesondere im Gedächtnis, dass nach dem Halbeinkünfteverfahren Dividenden bei einer natürlichen Person nur zu 50% steuerpflichtig sind und dass auch ein Veräußerungsgewinn, selbst bei § 6 AStG, nur zu 50% angesetzt wird.

D. Internationales Finanzmanagement
von Professor Dr. Horst Peters

I. Grundzüge des internationalen Finanzmanagements

   1. Einordnung des Finanzmanagements in die Zahlungs- und Güterkreisläufe eines Unternehmens

   2. Begriff und Wesensmerkmale des internationalen Finanzmanagements

   3. Finanzierungsquellen multinationaler Unternehmen

   4. Risiken im internationalen Finanzgeschäft

II. Internationale Finanzmärkte und -produkte

   1. Überblick über die Finanzmärkte und deren Marktteilnehmer

   2. Geld-, Kapital- und Kreditmarkt

   3. Devisenmarkt

III. Instrumente des internationalen Finanzmanagements

   1. Überblick

   2. Instrumente zur Abwicklung und Absicherung des Zahlungs- und Leistungsverkehrs

   3. Finanzierungsinstrumente

   4. Finanzwirtschaftliches Risikomanagement

Literaturhinweise

Übungsaufgaben mit Lösungshinweisen

D. Internationales Finanzmanagement

I. Grundzüge des internationalen Finanzmanagements

1. Einordnung des Finanzmanagements in die Zahlungs- und Güterkreisläufe eines Unternehmens

Zur begrifflichen Einordnung diene das folgende Modell, das die Unternehmung in idealtypischer Weise als System von Güter- und Zahlungsströmen darstellt:

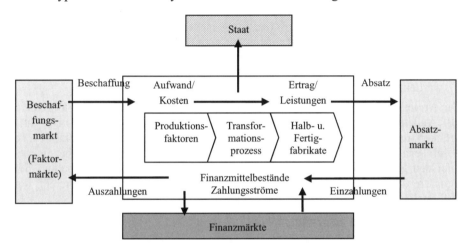

Abb. 1: Idealtypisches Modell eines Unternehmens

Dieser Idealtyp lässt sich folgendermaßen charakterisieren:

- In einer Unternehmung werden durch die Kombination von Produktionsfaktoren Güter oder Dienstleistungen produziert. Unter Produktionsfaktoren versteht man gemäß der betriebswirtschaftlichen Einteilung nach Gutenberg die Faktoren Betriebsmittel, Werkstoffe und Arbeit, wobei Arbeit nochmals in dispositive (= leitende, steuernde) und objektbezogene (= weisungsgebundene) Tätigkeiten unterteilt werden kann. Betriebsmittel (Gebäude, Grundstücke, Maschinen, Fahrzeuge etc.) stehen der Unternehmung langfristig zur Verfügung, während Werkstoffe (Rohstoffe, Vorprodukte) im Rahmen der Leistungserstellung „untergehen". Diese Grobaufteilung korrespondiert im Übrigen mit dem GuV-Schema (Gesamtkostenverfahren) gem. § 275 HGB (Abschreibungen, Materialaufwand, Personalaufwand als Aufwand für Betriebsmittel, Werkstoffe und Arbeit) sowie dem Bilanz-Schema gem. § 266 HGB (Anlagevermögen, Umlaufvermögen), wobei der Faktor Arbeit in der Bilanz bekanntlich nicht erfasst wird. Die betriebswirtschaftliche Faktoreinteilung darf nicht verwechselt werden mit der für betriebswirtschaftliche Betrachtungen nur wenig geeigneten volkswirtschaftlichen Faktorgliederung in die Faktoren Boden, Arbeit, Kapital.

- Die Produktionsfaktoren werden auf den Beschaffungsmärkten „eingekauft". Dem Zugang an Produktionsfaktoren stehen dabei Auszahlungen für Werkstoffeinkauf, Betriebsmittelinvestitionen, Mieten, Löhne und Gehälter etc. gegenüber.

- Die fertigen oder halbfertigen Produkte oder Dienstleistungen werden auf dem Absatzmarkt veräußert. Diesen stehen Zahlungsmitteleingänge in Form von Umsatzerlösen gegenüber.

- Der Staat als weiterer Beteiligter am unternehmerischen Geschehen partizipiert an den Umsätzen und Erträgen durch den Empfang von Steuerzahlungen.

- In der Regel werden die Umsatzerlöse – insbesondere in der Gründungsphase eines Unternehmens – nicht ausreichen, um die laufenden Auszahlungen sowie die zu tätigenden Investitionsauszahlungen aufzubringen. Es bedarf deshalb zusätzlicher Finanzierungsmittel, die aus den Finanzmärkten geschöpft werden.

Die Mittel, die auf den Finanzmärkten aufgenommen werden, werden allgemein als Außenfinanzierung bezeichnet. Mit „Außenfinanzierung" will man ausdrücken, dass die Zahlungsmittel außerhalb des operativen Geschäftsablaufs, also durch separate Finanzkontrakte, bereitgestellt werden. Demgegenüber bezeichnet man den Zahlungsmittelüberschuss einer Periode, der aus dem Überschuss der Umsätze über die laufenden Auszahlungen resultiert, also die im „Inneren" der Unternehmung verdienten Zahlungsmittel, als Innenfinanzierung.

Je nachdem, ob der Finanzmittelgeber

- einen verbrieften, jedoch nach oben begrenzten Anspruch auf Rückzahlung plus Verzinsung der herausgelegten Mittel sowie im Falle der Insolvenz eine Gläubigerstellung hat, spricht man von Fremdfinanzierung,

- während man von Eigenfinanzierung spricht, wenn der Financier keinen verbrieften Zahlungsanspruch und in der Insolvenz keine bevorzugte Position hat, gegebenenfalls sogar noch mit Privatvermögen haften muss; er trägt also unternehmerisches Risiko, hat aber dafür auch ein nach oben quasi unbeschränktes „upside"-Potential.

Unter der Fremdfinanzierung (buchhalterisch Teil des Fremdkapitals) kann man alle Kreditarten subsummieren, wie z.B. Darlehen, Kontokorrentkredite oder Anleihen. Die Konditionen für Anleihen (Schuldverschreibungen) werden nicht – wie sonst bei Krediten üblich – individuell ausgehandelt, sondern sind durch Emissionsbedingungen festgeschrieben.

Zu den wichtigsten Instrumenten der Eigenfinanzierung (buchhalterisch Teil des Eigenkapitals) für Kapitalgesellschaften gehört zum einen die Erhöhung des Stammkapitals (GmbH) bzw. des Grundkapitals (AG), wobei letztere technisch durch die Ausgabe neuer („junger") Aktien im Wege der „ordentlichen" Kapitalerhöhung erfolgt. Des Weiteren hat in den vergangenen Jahren – insbesondere im Wege der Anschubfinanzierung von „Start-up"-Unternehmen – die Finanzierung durch Venture Capital zunehmend an Bedeutung erlangt. Die Idee der Venture

Capital Finanzierung besteht darin, jungen, wachstumsträchtigen, jedoch kapital-
schwachen Unternehmen (dies sind in aller Regel Unternehmen aus den sog.
„Zukunftsbranchen" wie z.B. Biotechnologie, Informationstechnologie oder Telekommunikation) für einen bestimmten Zeitraum Eigenkapital zur Verfügung zu
stellen. Darüber hinaus nimmt der Venture-Capital-Geber üblicherweise über
betriebswirtschaftliche Beratung/Betreuung und einen Sitz im Aufsichtsrat einen
gewissen Einfluss auf das Unternehmensgeschehen. Am Ende der Kooperation
steht ein „Exit", in der Regel der Börsengang oder der Verkauf des Unternehmens, verbunden mit der Aussicht/Hoffnung auf hohe Eigenkapitalrenditen für
den Venture-Capital-Geber. Handelt es sich um Unternehmen, die bereits eine
gewisse Marktstellung erreicht haben, so spricht man von Private Equity. Die
Refinanzierung erfolgt üblicherweise über Venture-Capital-Fonds bzw. Private-
Equity-Fonds. Ende der 90er-Jahre sind Venture Capital-finanzierte Unternehmen
geradezu „wie Pilze aus dem Boden geschossen" und – nach Meinung des Ver-
fassers – häufig ohne ausreichenden Nachweis nachhaltiger Ertragskraft und damit übereilt an die Nasdaq (USA) oder an den Neuen Markt (Deutschland) „ge-
pusht" worden. Nach dem Platzen der „Börsenblase", verbunden mit Insolvenzen
bzw. Zahlungsschwierigkeiten einiger dieser hoffnungsträchtigen Companies seit
dem Jahr 2000, gehen die Venture-Capital-Geber nunmehr deutlich restriktiver
und selektiver bei der Vergabe von Wagniskapital vor. Eine Variante stellt das
Corporate Venture Capital dar. Hierbei wird „Risikokapital" von etablierten Unternehmen (Mutterunternehmen) an ihre rechtlich selbständigen Ventures (Töchter) bereitgestellt.

Die Steuerung der Zahlungsströme, insbesondere die Planung, Durchführung und
Überwachung aller Maßnahmen der Innen- wie der Außenfinanzierung sowie
Maßnahmen der Mittelverwendung (unter Mittelverwendung sind vor allem In-
vestitionen, Tilgungszahlungen und Ausschüttungen zu verstehen) sind die
Hauptaufgaben des Finanzmanagements eines Unternehmens. Dabei wird ein
solides Finanzmanagement stets die Wahrung des finanziellen Gleichgewichts als
oberste Maxime verfolgen. Darunter ist die Fähigkeit, jederzeit seinen Zahlungsverpflichtungen nachkommen zu können, zu verstehen. Die Bedeutung dieser
Voraussetzung wird dadurch verdeutlicht, dass neben der Überschuldung die
Zahlungsunfähigkeit Insolvenztatbestand ist (vgl. § 17 InsO. Gem. § 18 InsO ist
auch die drohende Zahlungsunfähigkeit Insolvenzgrund, jedoch ist diese Vorschrift nach bisherigen Erfahrungen ohne Bedeutung geblieben; vgl. Wimmer,
S. 56 ff.). Diese Ziele und Aufgaben sind generell für das Finanzmanagement
gültig, unabhängig vom Ausmaß des internationalen Engagements.

2. Begriff und Wesensmerkmale des internationalen Finanzmanagements

Gegenstand der folgenden Ausführungen sind die Besonderheiten des internationalen Finanzmanagements, d.h. des Finanzmanagements internationaler Geschäftsaktivitäten. Das internationale Finanzmanagement erfordert die Anwendung zusätzlicher Maßnahmen und Instrumente, die bei nationalen Finanztransaktionen nicht notwendig sind. Dazu gehören insbesondere die speziellen Instrumente zur Abwicklung des internationalen Zahlungsverkehrs, die Instrumente zur

Außenhandelsfinanzierung sowie das Devisen- und Zinsrisikomanagement als wesentliche Bestandteile des finanzwirtschaftlichen Risikomanagements.

International bedeutet übersetzt „zwischenstaatlich" oder auch „nicht national begrenzt". Häufig werden für Unternehmen, die international ausgerichtet sind, auch Begriffe wie „multinational" oder „supranational" verwendet. Kennzeichen eines international operierenden Unternehmens ist somit die Geschäftstätigkeit über die nationalen Grenzen hinaus. Folglich spricht man – um die steigende Tendenz internationaler Geschäftskontakte und -verflechtungen zu kennzeichnen – von Internationalisierung.

Ein verwandtes Schlagwort ist das der Globalisierung. Es soll gewissermaßen die Steigerung der Internationalisierung beschreiben. Globalisierung bedeutet: Der Markt ist nicht nur das Ausland, sondern der Globus, das entsprechend ausgerichtete Unternehmen wird zum „Global Player". Triebkräfte für die Globalisierung sind die gestiegene Informations- und Kommunikationsgeschwindigkeit, die Zunahme an Transportkapazitäten, neue Wachstumsmärkte (z.B. Südostasien) sowie Prozesse der Liberalisierung, Deregulierung und Privatisierung.

Die charakteristischen Erscheinungsformen der Globalisierung sind:

- Internationale Arbeitsteilung (Standorte für Verwaltung, Produktion, Forschung und Entwicklung etc. sind global verteilt und werden zunehmend nach komparativen Kostenvorteilen ausgerichtet);
- Internationalisierung der Arbeit (Unternehmenssprache Englisch, Personal international besetzt);
- Know-how-Transfer und Kapitaltransfer in Schwellenländer;
- Weltweite Kommunikation und Vernetzung (E-Mail, Internet, Fax, Videokonferenz etc.);
- Tendenz zu multinationalen Großunternehmen sowie Zunahme von Fusionen und strategischen Allianzen (Notwendigkeit einer „kritischen" Größe für einen Global Player); dadurch Tendenz zur Besetzung immer größerer Marktanteile durch immer weniger Unternehmen (Konzentrationsprozess).

Mit der internationalen Geschäftstätigkeit gehen der Wechsel des Hoheitsgebietes, ggf. der Wechsel der Währung und der Sprache, Wechsel der Gesellschaft und Kultur etc. einher. Dies wiederum hat Auswirkungen auf die Geschäftsbeziehungen und auf die Ausgestaltung der maßgeblichen Verträge.

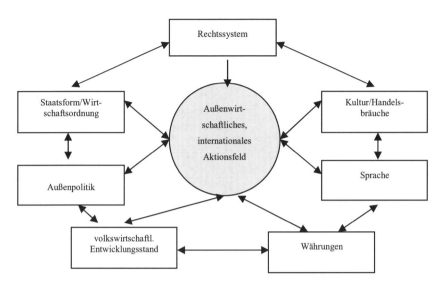

Abb. 2: Außenwirtschaftliches, internationales Aktionsfeld

Der Komplexitätsgrad der internationalen Finanzmanagementaufgaben hängt maßgeblich von der Art und vom Umfang der internationalen Geschäftstätigkeit ab. Um die unterschiedlichen Dimensionen des internationalen Finanzmanagements aufzuzeigen, werden im Folgenden vier verschiedene Evaluationsstufen internationaler Geschäftstätigkeit aufgezeigt.

Als Ausgangspunkt sei ein idealtypisches Unternehmen im Inland unterstellt, das sukzessive die internationalen Geschäftstätigkeiten ausbaut.

1. Stufe: Reiner Außenhandel

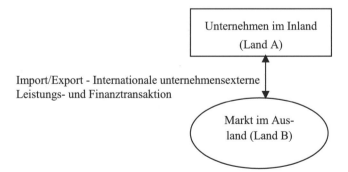

Es handelt sich bei der Unternehmung im Inland um ein Außenhandelsunternehmen, d.h. das Unternehmen unterhält ausschließlich Handelsbeziehungen zu ausländischen Geschäftspartnern. Der Aus- bzw. Einfuhr der Güter stehen Zahlungsein- bzw. -ausgänge gegenüber. Für den Finanzbereich stellen sich dabei die klassischen Aufgaben des internationalen Zahlungstransfers, der Zollbedingungen und die Frage nach der Art der Abwicklung (z.B. über Dokumenteninkasso oder Akkreditiv). Die Hausbank übernimmt in der Regel die Abwicklungs- sowie bedarfsweise auch die Finanzierungs- und Garantiefunktion (s. Abschn. III.2.2).

Importe 2003: Die zehn wichtigsten Ursprungsländer der Bundesrepublik Deutschland		Mrd €	Exporte 2003: Die zehn wichtigsten Bestimmungsländer der Bundesrepublik Deutschland		Mrd €
1.	Frankreich	49	1.	Frankreich	70
2.	Niederlande	44	2.	USA	62
3.	USA	39	3.	Großbritannien	55
4.	Italien	34	4.	Italien	49
5.	Großbritannien	32	5.	Niederlande	41
6.	Belgien	26	6.	Österreich	35
7.	China	25	7.	Belgien	33
8.	Österreich	21	8.	Spanien	32
9.	Japan	19	9.	Schweiz	26
10.	Schweiz	19	10.	China	18

Abb. 3: Im- und Export 2003

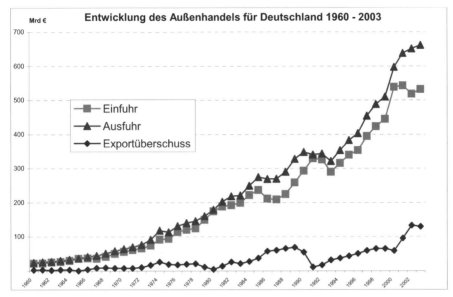

Abb. 4: Entwicklung des Außenhandels 1960 - 2003

2. Stufe: Gründung einer Tochtergesellschaft im Ausland

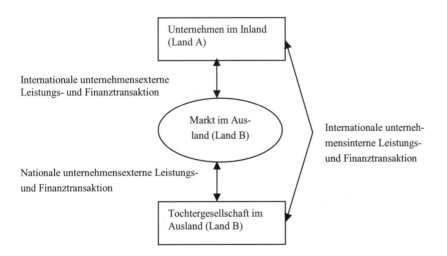

Als erste Erweiterung und zugleich als erster Schritt hin zu einer multinationalen Unternehmung ist es denkbar, dass das Inlandsunternehmen im Ausland investiert und zunächst eine Vertriebsgesellschaft aufbaut, um einen leichteren Zugang zum Auslandsmarkt zu bekommen. Über diese Gesellschaft wickelt sie den Verkauf der Produkte ihres Stammhauses ab und nutzt ihre lokale Präsenz für Marktanalysen etc. Bei einer Bank im Ausland wird die Vertriebsgesellschaft eine Kontobeziehung unterhalten und gegebenenfalls bereits über eine Kreditlinie verfügen.

Der weitaus bedeutendere Schritt würde aber darin bestehen, dass die Unternehmung im Ausland eine Produktionsstätte errichtet (Direktinvestition). Dies kann in Form einer 100%-Tochter oder als Minder- oder Mehrheitsbeteiligung erfolgen. Recht häufig ist die Gründung eines Joint Ventures anzutreffen. Hierbei handelt es sich um ein Gemeinschaftsunternehmen (in der Regel 50:50) zwischen dem Inlandsunternehmen und einem ausländischen Partner mit Sitz im Ausland. Häufig findet man beim Joint Venture in Entwicklungs- und Schwellenländern eine Aufgabenverteilung derart vor, dass das Auslandsunternehmen das Grundstück und das Gebäude in die Gesellschaft einbringt, während das Stammunternehmen die technische Ausstattung und das „Know-how" in Form von Fach- und Führungspersonal bereitstellt.

Finanzbeziehungen zwischen dem Tochterunternehmen/Joint Venture und dem Mutterunternehmen bestehen darin, dass die Mutter das Auslandsunternehmen mit Eigenkapital ausstattet und bei Bedarf gegenüber einer kreditgebenden Bank eine Patronatserklärung abgibt. Ferner sind die Gewinne an das Mutterunternehmen abzuführen.

3. Stufe: Auslandsgeschäfte der Tochtergesellschaft im Ausland

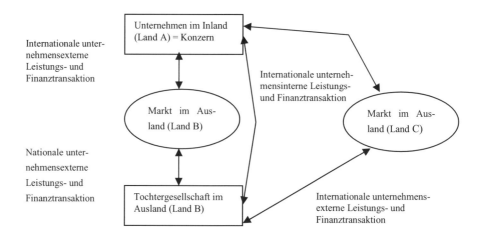

Nach Aufbau des Produktionsunternehmens im Ausland kann dieses selbst wiederum Auslandsmärkte erschließen und die produzierten Güter in weitere Länder exportieren, gegebenenfalls sogar selbst eine Tochtergesellschaft gründen, so dass sich nach und nach ein Netzwerk an Auslandsbeziehungen entwickelt. Die Muttergesellschaft bzw. die Konzernholding spielt hierbei für die Finanzierung eine Rolle als Eigenkapital- oder Kreditgeber und gegebenenfalls als Garant zu Gunsten eines Dritten (Patronatserklärung).

4. Stufe: Gründung einer Finanzierungsgesellschaft

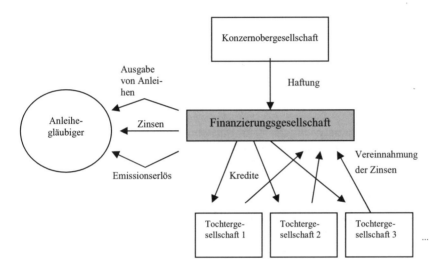

Ein bedeutendes Instrument bei der Finanzierung multinationaler Unternehmen ist die Errichtung einer Finanzierungsgesellschaft (Basisgesellschaft, Zwischengesellschaft). Hierbei handelt es sich um eine rechtlich selbständige Gesellschaft, die zumeist an einem sog. „Offshore"-Platz (z.B. Luxemburg, Niederländische Antillen) angesiedelt ist. Offshore-Plätze sind Standorte mit günstigen Rahmenbedingungen, niedrigen Gründungskosten, niedrigen Kosten der Geschäftstätigkeit, freien Kapitaltransferbestimmungen, guter Infrastruktur und günstigen steuerlichen Bedingungen. Finanzierungsgesellschaften entfalten im Basisstaat in der Regel keine oder nur eine untergeordnete Geschäftstätigkeit; vielmehr sind die von ihnen verfolgten finanziellen und wirtschaftlichen Interessen nahezu ausschließlich außerhalb des Basisstaates angesiedelt.

Die Unternehmensaktivitäten der Finanzierungsgesellschaften umfassen im Wesentlichen:

- Thesaurierung von Gewinnen,
- Verwaltung von Beteiligungen,
- Verwaltung sonstigen Vermögens,

- Emission internationaler Anleihen und Verteilung der erlösten Mittel über zinsgünstige, konzerninterne Kredite. Dabei tritt zwar die Finanzierungsgesellschaft als Emittent auf, die Konzernobergesellschaft haftet jedoch für die Rückzahlung der Anleihe (Back-to-back-Prinzip). Der standortbedingte Vorteil besteht darin, dass die Finanzierungsgesellschaft bei entsprechenden Steuerbedingungen („ruling" Vereinbarungen) Kreditzinsen quellensteuerfrei vereinnahmen und Anleihezinsen quellensteuerfrei auszahlen darf.

3. Finanzierungsquellen multinationaler Unternehmen

Multinationale Unternehmen sind in der Regel börsennotierte Kapitalgesellschaften, die sich – gegebenenfalls unter Einsatz einer Finanzierungsgesellschaft als Vehikel – Finanzmittel auf den internationalen Geld- und Kapitalmärkten beschaffen (s. Abschn. II. „Internationale Finanzmärkte"). Die Mittelbeschaffung der Konzernholding kann als Eigenfinanzierung im Wege einer Kapitalerhöhung oder als Fremdfinanzierung durch Ausgabe internationaler Anleihen erfolgen. Neben den „reinen" Obligationen werden auch Wandel- oder Optionsanleihen ausgegeben.

Die – in der Regel operativ tätigen – im Ausland angesiedelten Tochtergesellschaften einer Holding sind darauf ausgelegt, dass sie sich „aus eigener Kraft" tragen können, d.h. dass die Unternehmung die laufenden Auszahlungen durch entsprechend hohe Umsatzerlöse abdecken kann (Innenfinanzierung).

Bei zusätzlichem Finanzmittelbedarf hat das Finanzmanagement der Tochter zu entscheiden, aus welchen Quellen und in welcher Währung die Mittel aufgenommen werden sollen. Besteht ein günstiger Zugang zu den lokalen Märkten (kostengünstige Finanzierung), so bietet sich unter Umständen eine lokale Mittelaufnahme an. Ansonsten kann die Tochter bei der Muttergesellschaft Mittel aufnehmen, die über konzerninterne Transferpreise verrechnet werden.

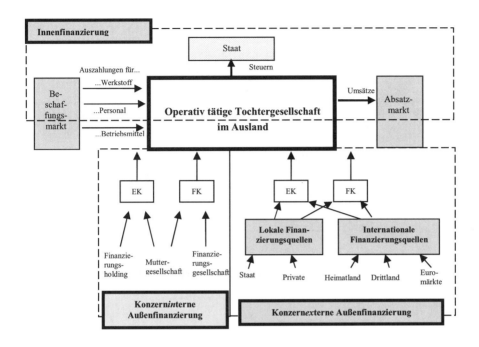

Abb. 5: Finanzierungsmöglichkeiten für Tochtergesellschaften multinationaler Unternehmen (vgl. auch Sperber/Sprink, S. 144)

4. Risiken im internationalen Finanzgeschäft

Jede Geschäftstätigkeit ist mit Risiken behaftet. Risiken resultieren im Allgemeinen aus der Unsicherheit über zukünftige Entwicklungen. Als Risiko wird dabei eine negative Abweichung von einem gewünschten oder erwarteten Ergebnis empfunden. Zwar stehen Risiken in der Regel auch Chancen – also positive Abweichungen – gegenüber, für das Finanzmanagement sollte jedoch die Beherrschung und Steuerung der Risiken (also des „downside-Potentials") und weniger die mögliche Realisierung von Chancen im Vordergrund stehen.

Die Risiken können wie in Abb. 6 klassifiziert werden.

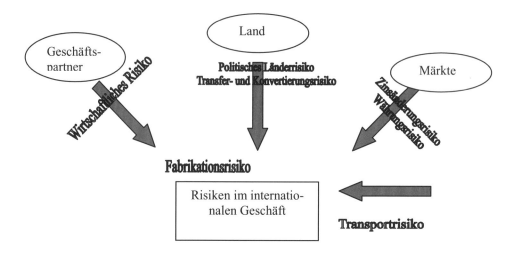

Abb. 6: Risiken und Risikoquellen im internationalen Geschäft

4.1 Wirtschaftliches Risiko

Das wirtschaftliche Risiko besteht im Zahlungsrisiko und im – weniger bedeutenden – Nichtabnahmerisiko.

Das Zahlungsrisiko liegt im Geschäft selbst begründet und tritt ein, wenn ein
ausländischer Geschäftspartner seinen Zahlungsverpflichtungen nicht nachkommen kann oder will. Es ist zunächst kein originäres Risiko für das Auslandsgeschäft, da es auch im Inlandsgeschäft zu Zahlungsausfällen kommt. Aufgrund der
häufig schwierigeren Rechtsverfolgung im Ausland und der unter Umständen
weniger strengen Handhabung des Wechselrechts hat das Zahlungsrisiko jedoch
oft eine größere Tragweite und erfordert strengere Absicherungsmaßnahmen als
im Inlandsgeschäft.

Die Gründe für den Eintritt des Zahlungsrisikos können sein:

- Konkurs, Liquiditätsengpass,
- kein Zugang zu Devisen (Importeur gehört möglicherweise nicht zu den „im-
  portlizenzierten" Unternehmen),
- Betrug,
- Geltendmachung eines Mangels und damit Hinauszögern oder Aussetzen einer
  Zwischen- oder Schlusszahlung.

Das Nichtabnahmerisiko kommt zum Tragen, wenn der Importeur – insbesondere
bei weniger sicheren Zahlungsbedingungen (wie z.B. Dokumenteninkasso) – eine
bestellte Ware nicht abnimmt, der Rücktransport hingegen zu teuer ist. Unter

Umständen wird dann die Ware im Ausland versteigert und könnte sogar über entsprechende „Kanäle" doch zum ursprünglichen Besteller gelangen.

Vor dem wirtschaftlichen Risiko – das gilt für das In- wie für das Ausland – ist der Geschäftspartner niemals völlig „sicher". Bestimmte Außenhandelsinstrumente (z.B. das Akkreditiv, das Exportfactoring oder die Forfaitierung) bieten jedoch dem Exporteur einen gewissen „Sicherheitskomfort". Diese Instrumente, die in Abschn. III.1 und III.2 behandelt werden, lassen sich somit als Maßnahmen zur Begrenzung von Geschäftsrisiken interpretieren. Darüber hinaus erfüllen diese Instrumente teilweise noch weitere Funktionen, insbesondere eine Finanzierungsfunktion wie etwa beim Factoring oder der Forfaitierung.

4.2 Länderrisiko

Das Länderrisiko liegt nicht originär beim Geschäftspartner begründet, sondern in dem Land, in dem der Geschäftspartner seinen Firmensitz hat. Es entsteht durch staatliche (hoheitliche) Einflussnahme des betreffenden Staates und kann vom Vertragspartner normalerweise nicht beeinflusst werden.

Innerhalb des Länderrisikos lassen sich folgende Risikokategorien unterscheiden:

- Politisches Länderrisiko (Dispositions- und Enteignungsrisiko): Mit diesem Risiko will man die Beeinträchtigung der Geschäftsaktivitäten durch staatliche Eingriffe und durch politische und/oder soziale Unruhen charakterisieren. Beeinträchtigungen der Geschäftsaktivitäten, die sich auch auf die Finanzsphäre auswirken, entstehen etwa durch erlassene Importverbote oder -beschränkungen, Zölle, Steuern, Einschränkung des Gewinntransfers, bestimmte Bilanzierungsvorschriften etc. Der Extremfall des Dispositionsrisikos ist die Enteignung.
- Transfer- und Konvertierungsrisiko: Die Ursache liegt in der Zahlungsunfähigkeit oder der Zahlungsschwäche eines Staates: Ein Land besitzt keine Devisen mehr oder darf – z.B. aufgrund von IWF-Auflagen – für bestimmte Zwecke keine Devisen herausgeben.
  Dabei ist es möglich, dass die Zentralbank zwar den Geldbetrag eines Schuldners in Inlandswährung akzeptiert, ihn aber mangels Devisen nicht oder zurzeit (Warteliste) nicht transferieren kann (Transferrisiko). Hier besteht das Risiko, dass die Währung während der Wartezeit abgewertet wird. Im Falle des Konvertierungsrisikos ist jegliche Konvertierung der Inlandswährung eingestellt.
  Grundsätzlich ist entscheidend für die Zahlungsfähigkeit eines Landes, dass es jederzeit in der Lage ist, eigene Währung gegen ausländische Zahlungsmittel (Devisen) zurückzukaufen. (Die Erhaltung des Gleichgewichts wird also nicht durch „uferloses" Drucken von Geldscheinen eigener Währung erzielt, denn entscheidend ist, ob die eigene Währung in eine andere Währung umgetauscht wird.) Was für das Unternehmen gilt, nämlich die Erhaltung des finanziellen Gleichgewichts, gilt somit auch für den Staat.

Zu den Möglichkeiten, sich vor den Länderrisiken zu schützen, gehört zunächst eine eingehende Evaluierung des Landes. Die volkswirtschaftlichen Abteilungen und Wirtschaftsforschungsinstitute erstellen in regelmäßigen Zeitabständen Länderberichte, in denen die wirtschaftliche und politische Lage des Landes aktuell beleuchtet wird. Zum anderen bieten sich Sicherungsinstrumente an, vor allem Exportkreditversicherungen (insbesondere HERMES).

4.3 Zinsänderungsrisiko

Das Zinsänderungsrisiko resultiert grundsätzlich daraus, dass Zinssätze Schwankungen ausgesetzt sind. Typisch ist die Situation bei Vorliegen längerfristiger Finanzierungen und kurzfristigen (z.B. viertel- oder halbjährlichen) Zinsbindungsfristen; diese Kredite unterliegen einem dauerhaften Zinsrisiko, da der Zinssatz periodisch neu festgelegt werden muss.

Das Zinsänderungsrisiko ist zwar kein Risiko, das exklusive Bedeutung für das internationale Finanzmanagement hat, es erhält jedoch vor allem für multinationale Unternehmen aufgrund der Vielzahl an internationalen Kredit- und Anlageengagements einen hohen Stellenwert.

4.4 Wechselkursrisiko

Das Wechselkursrisiko kann als typisches Außenhandelsrisiko bezeichnet werden, denn es tritt im Inlandsgeschäft überhaupt nicht auf. Es resultiert daraus, dass die international operierende Unternehmung Geschäfte in einer anderen als ihrer Heimatwährung tätigt.

Das Wechselkursrisiko besteht in der Gefahr von Schwankungen des Wechselkurses um seinen erwarteten oder prognostizierten Wert. Etwaige Schwankungen der Währungen innerhalb des Europäischen Währungssystems sind zwar durch die Einheitswährung Euro (€) beseitigt. Zum Zeitpunkt der endgültigen Euro-Einführung (1.1.2002) betraf dies die Währungen Deutsche Mark, Belgische und Luxemburgische Franken, Spanische Peseten, Französische Franken, Irische Pfund, Italienische Lire, Niederländische Gulden, Österreichische Schilling, Portugiesische Escudos, Finnmark, Griechische Drachmen. Es verbleiben aber Verträge, die in Nicht-EWU-Währungen – z.B. US$, £, SFR, Yen oder Singapore-$ – abgeschlossen werden.

Es ist Aufgabe des internationalen Finanzmanagements, das Zinsrisiko ebenso wie das Währungsrisiko zu begrenzen. Diese Maßnahmen werden in Abschn. III dargestellt.

4.5 Fabrikationsrisiko

Unter dem Fabrikationsrisiko ist die Gefahr zu verstehen, dass die Fertigstellung bzw. der Versand der Ware aufgrund politischer oder wirtschaftlicher Umstände unmöglich oder dem Exporteur nicht mehr zumutbar ist.

Neben der Vereinbarung einer möglichst hohen Anzahlung bietet sich zur Absicherung vor allem der Abschluss einer Fabrikationsrisikodeckung an.

4.6 Transportrisiko

Transportrisiken sind die Gefahren, die im Zusammenhang mit dem Transport stehen. Dies kann sich z.B. ausdrücken im Versand der Ware an den falschen Ort, in verspäteter Lieferung oder in Beschädigung, Verlust oder Schwund der Ware.

Zur Absicherung des Transportrisikos empfiehlt sich der Abschluss einer Transportversicherung.

Ohne auf die konkreten Instrumente einzugehen, lassen sich von der Methodik her folgende Maßnahmenkategorien zur Behandlung von Risiken unterscheiden:

- **Risiken tragen:** Die Übernahme von Risiken ist Bestandteil unternehmerischen Handelns. Es kann deshalb durchaus rationalem Handeln entsprechen, in Kenntnis der Risiken eine unternehmerische Entscheidung dahingehend zu treffen, diese bewusst zu akzeptieren. Erwartet das Finanzmanagement etwa in Zukunft fallende Zinsen, so liegt es nahe, auf eine Absicherung gegen steigende Zinsen zu verzichten. Problematisch ist hingegen die Risikoakzeptanz, die auf mangelnder Kenntnis der mit dem Geschäft verbundenen Unsicherheiten beruht. Voraussetzung für eine fundierte unternehmerische Entscheidung ist die Informationsbeschaffung über den Geschäftspartner, das Land und die Marktbedingungen. Die Informationsgewinnung verändert zwar nicht die Fakten, wohl aber die subjektive Entscheidungssituation des Finanzmanagements bzw. des Entscheidungsträgers. Geschäfte werden bei „gutem" Informationsstand möglicherweise nicht oder in modifizierter Form (z.B. Neuverhandlung der Zahlungsbedingungen) geschlossen, die man mangels Kenntnissen vielleicht abgeschlossen hätte, und umgekehrt. Ferner lassen sich Risiken durch bewusstes Streuen der Geschäfte nach Ländern, Regionen, Branchen verringern, so dass das Risiko eines Einzelgeschäfts an Bedeutung verliert (Diversifikationseffekt).

- **Risiken abwälzen:** Einen befriedigenden Risikostreuungseffekt erzielt man nur dann, wenn die Zahl der Geschäfte ausreichend groß und die Zahl der Exportbranchen, -regionen etc. ebenfalls hinlänglich hoch ist. Ist dies nicht der Fall (häufig insbesondere bei kleineren und mittelständischen exportorientierten Unternehmen) oder handelt es sich um besonders riskant erscheinende Einzelgeschäfte, so stehen Instrumente zur Verfügung, mit deren Hilfe Risiken reduziert oder eliminiert werden können. Die Risiken sind dann nicht „weg", sondern werden gegen Entgelt auf einen Dritten (z.B. Bank, Versicherung) übertragen (Akkreditiv, HERMES-Kreditversicherung, Forfaitierung, Termingeschäft, Option etc.). Diese Instrumente werden in Abschn. III behandelt.

- **Risiken vermeiden:** Risiken, die nach Art und Umfang als hoch eingestuft werden, im Falle ihres Eintretens sogar den Bestand des Unternehmens gefährden, und sich auch nicht auf „Dritte" übertragen lassen, sollten vermieden werden. Dies kann beispielsweise zum Verzicht eines möglichen Geschäfts oder Projekts führen.

II. Internationale Finanzmärkte und -produkte

1. Überblick über die Finanzmärkte und deren Marktteilnehmer

Bevor auf die Einzelgeschäfte des internationalen Finanzmanagements und deren Details (Abschn. III.) eingegangen wird, soll zunächst ein Überblick über die Finanzmärkte, die auf diesen Märkten gehandelten Produkte (Finanzmarktobjekte) sowie die Teilnehmer auf den Finanzmärkten (Finanzmarktsubjekte) gegeben werden.

Ein Finanzmarkt ist grundsätzlich ein Ort, an dem Gelder oder Rechte, die der finanziellen Sphäre zuzurechnen sind, überlassen oder gehandelt werden. Zunächst unterscheidet man die drei Finanzmärkte

* **Geldmarkt** als Markt für kurzfristige Finanzierungsmittel (< 1 Jahr),
* **Kapitalmarkt** als Markt für längerfristige Finanzierungsmittel (> 1 Jahr) und
* **Kreditmarkt** als Markt für die Mittelüberlassung zwischen Finanzintermediären (insbesondere Banken) und Finanzmittelnachfragern in Form von Krediten.

Gemeinsames Merkmal dieser drei Märkte ist, dass auf ihnen Gelder aufgenommen werden können, es handelt sich also um Finanzierungsmärkte.

Des Weiteren ist auch der Devisenmarkt als Markt für den Handel von Währungsbeträgen den Finanzmärkten zuzurechnen. Es werden dort aber nur Finanzkontrakte gehandelt; ein Marktteilnehmer kann sich nicht auf dem Devisenmarkt finanzieren.

Hinsichtlich des Erfüllungszeitpunktes von Finanzgeschäften wird auch unterschieden zwischen

* Kassageschäften, d.h. Verpflichtung und Erfüllungsgeschäft erfolgen (fast) zeitgleich, und
* Termingeschäften, d.h. das Verpflichtungsgeschäft liegt signifikant vor dem Erfüllungszeitpunkt („Verpflichtung heute, Lieferung später"). Termingeschäfte leiten sich aus einem zugrunde liegenden Basisinstrument (z.B. Aktien, Devisen) ab und werden deshalb als Derivate (engl.: to derive = herleiten, ableiten bzw. derivative = Ableitung) bezeichnet. Termingeschäfte sind u.a. ein bedeutendes Instrument des Risikomanagements zur Absicherung von Zins- und Wechselkursrisiken, sie werden aber auch zur Spekulation und zur Arbitrage eingesetzt. Die wichtigsten Derivate sind das „klassische" Termingeschäft, Futures, Optionen/Optionsscheine und Swaps. Als „klassisches" Termingeschäft kann man vor allem das Devisentermingeschäft bezeichnen. Dieses gehört ebenso wie Futures zu den unbedingten Termingeschäften, d.h. der Verkäufer muss in jedem Fall zum Fälligkeitstermin seine Leistungsverpflichtung gegenüber dem Käufer erfüllen. Demgegenüber sind Optionen bedingte Termingeschäfte, d.h. der Verkäufer hat seine Verpflichtung nur zu erfüllen, sofern der Käufer dies verlangt. Soweit sie für das Management von Zins- und Währungsrisiken von Bedeutung sind, werden diese Derivate im

Abschn. III.4 „Risikomanagement" eingehender beleuchtet. Derivate im Kapitalmarktbereich dagegen werden hier nicht weiter betrachtet. Finanzmärkte, auf denen regelmäßig Termingeschäfte abgewickelt werden, bezeichnet man als Terminmärkte. Termingeschäfte können als nicht standardisierte OTC-Geschäfte auftreten oder aber standardisiert sein (OTC = „Over The Counter", d.h. individuell mit dem Kontrahent – zumeist die Bank – vereinbart). Für standardisierte Termingeschäfte am Geld- und Kapitalmarkt haben sich eigene Terminbörsen entwickelt, von denen vor allem die EUREX und Liffe hervorzuheben sind. (Die EUREX ist 1996 aus einem Zusammenschluss der deutschen Terminbörse und der Schweizer Terminbörse SOFFEX hervorgegangen und nahm 1998 ihre Geschäftstätigkeit auf. Anteilseigner der EUREX sind zu je 50% die Deutsche Börse AG und Swiss Exchange. Vgl. www.eurexchange.com. Die Liffe ist die britische Konkurrenzbörse zur EUREX.)

Schließlich kann danach differenziert werden, inwieweit grenzüberschreitende Finanztransaktionen erfolgen, d.h. ob es sich um rein nationale oder um internationale Finanzmärkte handelt. Internationale Finanzmärkte, auch als Euromärkte oder Offshore-Märkte bezeichnet, sind also dadurch gekennzeichnet, dass die Transaktionen außerhalb des Geltungsbereichs der Währung abgewickelt werden. Dies ist z.B. auch dann gegeben, wenn zwei deutsche Banken ein Euro-Geschäft in London abwickeln, da sich der Ort (London) außerhalb des Währungsgebietes der Kontrahenten befindet.

Abb. 7: Merkmale eines nationalen und internationalen Finanzmarktes

Als Teilnehmer auf den internationalen Finanzmärkten sind vor allem die großen, internationalen Geschäftsbanken sowie die „Global Player" unter den Unternehmen sowie supranationale Finanzinstitutionen und Broker zu nennen (vgl. Abb. 8).

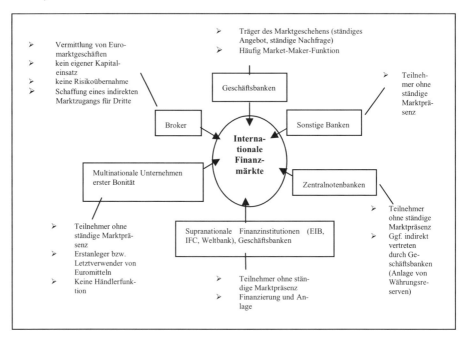

Abb. 8: Teilnehmer an den internationalen Finanzmärkten

2. Geld-, Kapital- und Kreditmarkt

2.1 Geldmarkt

Der Geldmarkt spielt vor allem für die Liquiditätsdispositionen der Banken – insbesondere im Verhältnis zwischen den Geschäftsbanken und der jeweiligen Notenbank des Landes (in Euroland die EZB) – eine besondere Rolle, doch auch für das Finanzmanagement sonstiger Unternehmen erlaubt der Geldmarkt die Möglichkeit der Kurzfristanlage von Zahlungsmittelüberschüssen bzw. der kurzfristigen Mittelaufnahme zum Ausgleich von Liquiditätsengpässen. (Ausführliche Darstellungen zum Geldmarkt und seinen Geschäften finden sich bei Büschgen 1997, S. 132-135 und S. 179-186.)

Entscheidend für die Preisgestaltung der Geldmarkttransaktionen zwischen der EZB und den Geschäftsbanken sind die Leitzinsen (Hauptrefinanzierungssatz, längerfristiger Refinanzierungssatz, Spitzenrefinanzierungssatz, Einlagensatz). Im Interbankenhandel und im Handel mit Großunternehmen ist der EURIBOR (EURIBOR = EURo InterBanking Offered Rate; Durchschnittssatz aus etwa 60

Euroland-Geschäftsbanken, arbeitstäglich um 11.00 Uhr veröffentlicht) maßgeblich.

Am Geldmarkt, sowohl am Euroland- als auch am Eurogeldmarkt, lassen sich folgende Erscheinungsformen unterscheiden:

- Geldmarktkredite
- Geldmarktpapiere
- Geldmarktfonds (Money Market Fonds)

Geldmarktkredite sind kurzfristige Kredite mit standardisierten Laufzeiten. Üblicherweise räumen sich die Marktteilnehmer (Notenbank, Geschäftsbanken, multinationale Unternehmen) gegenseitige Kreditlinien ein, um so das Risiko dieser in der Regel ungesicherten Kredite zu begrenzen. (Die Geldmarktgeschäfte werden häufig telefonisch über hohe Beträge ohne besondere Sicherheitenstellung abgewickelt. Dies erfordert einen „ausgewählten" Teilnehmerkreis höchster Bonität.) Man kann die Geldmarktkredite hinsichtlich der Fristen differenzieren. Tagesgeld wird für exakt einen Tag zur Verfügung gestellt; die Rückzahlung erfolgt im Abrechnungsverkehr mit der Zentralnotenbank. Tägliches Geld (Call Money) wird unbefristet, jedoch mit eintägiger Kündigungsfrist bereitgestellt. Termingelder (Festgelder) haben eine feste Laufzeit, die üblicherweise einen Monat, drei, sechs oder zwölf Monate beträgt (Monats-, Dreimonats-, Sechsmonats-, Zwölfmonatsgelder).

Geldmarktpapiere sind standardisierte, verbriefte und damit handelbare Finanztitel, die sehr kurze Liquidisierungsfristen und eine erstklassige Bonität des Emittenten erfordern. Beispiele für Geldmarktpapiere sind deutsche, unverzinsliche Schatzanweisungen (U-Schätze), US-amerikanische Treasury Bills, Bankakzepte erstklassiger Banken, Commercial Papers (Inhaberschuldverschreibungen mit Laufzeiten bis zu 1 Jahr) sowie die am Euro-Geldmarkt vertretenen Certificates of Deposit (CD, von Banken emittierte, handelbare Papiere) und Repurchase Agreements („Repos", Wertpapierpensionsgeschäfte mit festem Rückgabetermin).

Geldmarktfonds (Money Market Funds) sind keine eigenständigen Geldmarktpapiere, sondern spezielle Investmentfonds, die in Geldmarktpapiere investieren und damit dem Anleger einen indirekten Zugang zum Geldmarkt eröffnen. Sie erfüllen für den Anteilskäufer eine Liquiditätsreserve-Funktion.

2.2 Kapitalmarkt

Der Kapitalmarkt schafft den Ausgleich von Finanzmittelnachfrage und -angebot im längerfristigen Bereich (> 1 Jahr). Der Ausgleich von Kapitalangebot und -nachfrage erfolgt direkt zwischen den kapitalbildenden und kapitalverwendenden Wirtschaftssubjekten. Banken erfüllen hier allenfalls Beratungs- und Abwicklungsfunktionen.

Die wichtigsten Finanzierungsinstrumente des Kapitalmarkts sind Aktien (bzw. Shares) und Anleihen (Schuldverschreibungen, Obligationen, Bonds). Aktien sind das klassische Instrument der Eigenfinanzierung und verbriefen einen bestimmten Anteil am Grundkapital der Unternehmung, während Anleihen Instrumente der Fremdfinanzierung darstellen und dem Gläubiger typischerweise einen festen Anspruch auf Verzinsung und Rückzahlung verbriefen.

Zu beachten ist, dass der Finanzierungseffekt nur über den Primärmarkt erfolgt, d.h. ein Zufluss von Zahlungsmitteln findet nur durch die Erstausgabe von Aktien bzw. durch die Emission von Anleihen statt. Nach der Emission und Platzierung bei den Anlegern wird der Finanztitel dann in dem vorgesehenen Marktsegment (z.B. amtlicher Handel) und an bestimmten Börsen notiert und zum Handel freigegeben. In diesem Sekundärmarkt erfolgt sodann die weitere Preisbildung für die Finanztitel sowie der Handel, ein Finanzierungseffekt für das Unternehmen findet jedoch nicht mehr statt.

Unter den Anleihen existiert eine Vielzahl an Ausgestaltungsformen, von denen die wichtigsten ohne weitere Strukturierung nachfolgend aufgeführt werden:

- **Wandelanleihen (Convertible Bonds)** = Anleihe mit dem zusätzlichen Recht, diese innerhalb einer bestimmten Frist (Wandlungsfrist) und in einem bestimmten Verhältnis (Wandlungsverhältnis) in Aktien umzutauschen.

- **Optionsanleihen (Bonds with Warrants Attached)** = Anleihe mit dem zusätzlichen Recht, innerhalb einer bestimmten Frist (Optionsfrist) und in einem bestimmten Verhältnis (Optionsverhältnis) zusätzlich zur Anleihe Aktien zu erwerben.

- **Nullkuponanleihen (Zero Bonds)** = Anleihen ohne Nominalverzinsung; die „Verzinsung" erfolgt durch entsprechend niedrigeren (abgezinsten) Ausgabepreis.

- **Doppelwährungsanleihen (Dual Currency Issues)** = Anleihen, bei denen die Zins- und/oder Tilgungszahlungen in einer anderen als der Emissionswährung erfolgen.

- **Variabel verzinsliche Anleihen (Floating Rate Notes, FRN oder auch „Floater")** = Anleihen des Eurokapitalmarkts, deren Zinssatz in Anlehnung an einen bestimmten Referenzzinssatz (z. B. EURIBOR oder LIBOR) alle drei, sechs oder zwölf Monate neu ermittelt wird; die Verzinsung setzt sich aus dem Referenzzinssatz und einem festgelegten „Spread" zusammen.

- **Euronote Facilites** = kurzfristige, fungible, nicht börsennotierte und nicht besicherte Inhaberschuldverschreibungen am Eurokapitalmarkt in Stückelungen ab 500.000 US$; lassen sich die Notes nicht platzieren, verpflichten sich die Underwriter-Banken, die Papiere zu übernehmen bzw. Kredite mit entsprechendem Zinssatz zu gewähren.

- **Medium Term Notes** = Inhaberschuldverschreibungen, die im Rahmen eines zeitlich unbegrenzten Programms (Daueremission) revolvierend emittiert werden können; die Notes haben eine Laufzeit von 2 bis 10 Jahren und werden in kleinen Tranchen (Minimum ca. 40.000 €) an institutionelle Investoren vermittelt.

Die Zinssätze, zu denen die Unternehmen oder Länder ihre Anleihen platzieren können, sind bonitätsabhängig. Die Bonitäts- und damit Zinssatzeinstufung wird maßgeblich von internationalen Rating-Agenturen bestimmt, die für Länder und Unternehmen Kredit-Ratings vergeben. Die bedeutendsten Rating-Agenturen sind Moody´s, Standard & Poors (S & P) und Fitch IBCA.

2.3 Kreditmarkt

Am Kreditmarkt erfolgt der Ausgleich von Finanzmittelangebot und -nachfrage, wobei dieser Ausgleich durch Transformationsleistungen der Banken ausgeglichen wird: (Banken bzw. allgemeine Finanzintermediäre erbringen Transformationsleistungen durch Losgrößentransformation, Fristentransformation und durch Risikentransformation; vgl. etwa Bitz 1990.) Der Kreditmarkt umfasst die Gesamtheit der Kapitalüberlassungen, die in Form von Krediten vereinbart werden.

Als wichtigste kurzfristige Instrumente des Kreditmarktes sind zu nennen:

- **Kontokorrentkredit** = Kredit in laufender Rechnung; formal kurzfristiger, faktisch jedoch langfristiger Kredit aufgrund immer neuer Prolongation. Er dient zur Abwicklung der laufenden Ein- und Auszahlungen (Kreditlinie).

- **Diskontkredit** = kurzfristiger Festsatzkredit, den die Bank aufgrund des Ankaufs (Diskontierung) von Wechselforderungen gewährt.

- **Akzeptkredit** = Risikoübernahme durch Akzeptierung einer Tratte (s. unter Abschn. III.3.2).

- **Avalkredit** = Form der Kreditleihe, bei der die Bank gegen eine Avalprovision eine Bürgschaft oder eine Garantie und damit ein bedingtes Zahlungsversprechen gegenüber dem Begünstigten abgibt.

Die genannten Instrumente sind im nationalen wie im internationalen Geschäft vertreten. Im internationalen Bereich sind der Diskont- und der Akzeptkredit sowie teilweise der Avalkredit (z.B. in Form der Bietungs-, Erfüllungs- und Anzahlungsgarantie, vgl. Abschn. III.3.5) der kurzfristigen Außenhandelsfinanzierung zuzuordnen. Zusammen mit dem Kontokorrentkredit lassen sie sich als Instrumente zur Finanzierung des laufenden Umsatz- und Leistungsprozesses verstehen. Kreditgeber ist zumeist die **Hausbank**.

Zur Finanzierung von Investitionen in Produktionsanlagen, Grundstücken und Gebäuden ist der dinglich abgesicherte Kredit mit vorab vereinbartem Tilgungsplan vorherrschend. Neben dem „traditionellen" inländischen Investitionskredit sind insbesondere bei großvolumigen Finanzierungsvorhaben Eurokredite am Eurokreditmarkt von Bedeutung. Kredite am Eurokreditmarkt können dabei als Einzelkredite oder als Konsortialkredite vergeben werden. Typische Erscheinungsform des Eurokreditmarktes sind jedoch die Konsortialkredite (syndizierte Kredite, Syndicated Loans), bei der im Sinne der Risikoteilung ein hoher Kreditbetrag (z.B. mehrere hundert Mio US$) durch ein Bankenkonsortium dargestellt wird. Üblicherweise wird der syndizierte Kredit als Roll-over-Kredit vergeben, der als Roll-over-Eurodarlehen mit festem Tilgungsplan oder als revolvierender Roll-over-Eurokredit (ähnlich dem Kontokorrentkredit) auftreten kann.

Kennzeichen des Roll-over-Kredits ist der an den Refinanzierungssatz der Banken gekoppelte Zinssatz (z.B. LIBOR plus Marge), so dass der Kreditnehmer je nach Roll-over-Periode viertel-, halb- oder ganzjährlich den Zinssatz neu anpassen muss. Der Kreditnehmer trägt somit das Zinsänderungsrisiko. Konsortialkredite auf Roll-over-Basis treten oft im Zusammenhang mit Projektfinanzierungen auf.

3. Devisenmarkt

Unter **Devisen** (foreign exchange) versteht man auf ausländischen Plätzen zahlbare Zahlungsanweisungen in fremder Währung in Form von Sichtguthaben, Schecks und Wechseln. Nicht zu den Devisen zählen ausländische Banknoten und Münzen; diese werden als **Sorten** bezeichnet.

Der **Devisenhandel** entsteht aus verschiedenen Motiven heraus (siehe auch Büschgen, S. 93-96, und Stocker, S. 192-196.):

- **Devisenkursinterventionen** der Zentralnotenbanken, d.h. Absicherung bzw. Unterstützung des Handels, um bei starker Nachfrage oder bei starkem Angebot starke und spekulative Kursausschläge zu verhindern.

- **Devisenumtausch** aus Zahlungsaufträgen in fremder Währung.

- **Arbitragegeschäfte** (Eigengeschäfte von Banken und multinationalen Unternehmen), d.h. Ausnutzung unterschiedlicher Devisenkurse an verschiedenen Orten.

- **Spekulationsgeschäfte** (Eigengeschäfte von Banken und multinationalen Unternehmen), d.h. Begründung offener Devisenpositionen in der Erwartung von Kursveränderungen:

    - Erwartung steigender Kurse: Kauf von Kassadevisen (Plusposition bzw. „Long Position") und Verkauf als Kassageschäft nach Kursanstieg. Man spricht allgemein von „long position", wenn ein Überhang an Forderungen in einer bestimmten fremden Währung besteht (typisch für Exporteur). Entsprechend spricht man bei einem Mangel an fremder Währung von „short position" (typisch für Importeur).

    - Erwartung fallender Kurse: Leerverkauf von Kassadevisen (Minusposition bzw. „Short Position") und Anschaffung der zu liefernden Devisen zum gesunkenen Kassakurs.

- Geschäfte zur **Absicherung von Wechselkursrisiken**.

Der Euro hat neben dem US$ die größte Bedeutung als Handelswährung im internationalen Geschäft. Weitere wichtige Währungen in Europa sind das britische Pfund (GBP), der Schweizer Franken (CHF) sowie die skandinavischen Währungen (DKK, SEK, NOK). Internationale Bedeutung haben auch der japanische Yen (JPY) und der kanadische Dollar (CAD). (Die genannten acht Währungen sind gewissermaßen der „Rest" der 17 Währungen, für die bis 31.12.1998 zusammen mit den meisten der im Euro aufgegangenen Währungen das amtliche Fixing stattfand.) Von diesen geläufigen Handelswährungen unterscheidet man die sog.

Exotenwährungen. Bei den Exotenwährungen ist zu beachten, dass einige der Währungen nur eingeschränkt konvertibel (z.B. Türkische Lira, Ungarische Forint) oder zurzeit überhaupt nicht konvertibel sind (z.B. argentinischer und chilenischer Peso, russischer Rubel). Eine Währung ist frei konvertibel, wenn die Zentralbank des Landes bereit und in der Lage ist, die eigene Währung zu jedem Zeitpunkt und in beliebiger Höhe gegen eine gewünschte Währung (z.B. US$) einzutauschen. Notwendige Bedingungen sind unter anderem ausreichende Devisenreserven und eine ausreichende internationale Kreditfähigkeit. Für die Devisentransaktionen lassen sich im Hinblick auf den Erfüllungszeitpunkt zwei Teilmärkte unterscheiden: **Devisenkassamarkt (Spot Market)** und **Devisenterminmarkt**. Bei **Devisenkassageschäften** erfolgt der Austausch zweier Währungen Zug um Zug, während bei den **Devisentermingeschäften** die Leistungserfüllung in der Zukunft liegt. Wichtige Geschäfte des Devisenterminmarktes sind das „**traditionelle" Devisentermingeschäft (Forward-Geschäft)** sowie der Handel mit **Devisen-Futures**, **Devisenoptionen** und **Devisenswaps** (s. Abschn. III.4. 2.2.).

Der Devisenkurs (Wechselkurs) gibt das quantitative Austauschverhältnis zwischen zwei Währungen wieder. Seit dem 1.1.1999 wird im Euro-Devisenhandel der Kurs als Mengennotierung (früher: Preisnotierung) angegeben, d.h. es wird die Menge ausländischer Währung angegeben, die notwendig ist, um eine Einheit der inländischen Währung zu kaufen oder zu verkaufen (z.B. 1,2352 US$/€, bedeutet: 1 € kostet 1,2352 US$).

Man unterscheidet zwischen dem **Geldkurs** (= Ankaufskurs) und dem **Briefkurs** (= Verkaufskurs), wobei stets gilt: Briefkurs > Geldkurs. Zu beachten ist, dass durch die Umstellung auf Mengennotierung für Kunden, die € ankaufen, nun der Briefkurs und für Kunden, die € verkaufen, der Geldkurs maßgeblich sind.

1. Beispiel: Devisenkassageschäft (Exporteur)

Ein deutscher Exporteur möchte einen Zahlungseingang über 100.000 US$ in € umtauschen.

Es seien folgende Kurse gegeben: 1 Euro kostet 1,2292 US$ (Geld) und 1,2352 US$ (Brief).

Um die gewünschte €-Währung zu erhalten, verkauft der Exporteur Fremdwährung (US$) zum Briefkurs an seine Bank und kauft entsprechend €. Der Umtauscherlös ergibt sich dann aus dem Fremdwährungsbetrag dividiert durch den €-Briefkurs: 100.000 US$: 1,2352 US$/€ = 80.958,55 €.

2. Beispiel: Devisenkassageschäft (Importeur)

Es gelten die Kurse des 1. Beispiels.

Ein deutscher Importeur benötigt zur Begleichung einer US$-Rechnung 100.000 US$. Dazu kauft der Importeur Fremdwährung (US$) zum Geldkurs und verkauft €.

Umrechnung: Fremdwährungsbetrag dividiert durch €-Geldkurs, d.h. 100.000 US$: 1,2292 US$/€ = 81.353,73 €.

Zu beachten ist noch, dass als weitere Änderung seit 1.1.1999 das amtliche Fixing abgeschafft wurde. Dieses hätte mit dem Wegfall der im € aufgegangenen Währungen nur geringe Aussagekraft gehabt. Die Kursfeststellung erfolgt jetzt über **Markt- und Referenzkurssysteme** der Großbanken sowie der Banken des Sparkassen- und Genossenschaftssektors. Darüber hinaus veröffentlicht die EZB in einem **Konvertierungsverfahren** Devisenkurse, die wegen des zeitlichen Verzugs keine Basis für Transaktionen darstellen, jedoch für „amtliche" Zwecke (statistische Meldungen, volkswirtschaftliche Analysen, Jahresabschluss) herangezogen werden.

III. Instrumente des internationalen Finanzmanagements

1. Überblick

Die Gesamtheit der weltumspannenden Finanztransaktionen lässt sich – nach der Zweckbestimmung geordnet – gliedern nach (s. Stocker 1997, S. 10):

Geschäftszweck	Charakterisierung
• Geschäfte zur Bezahlung von Gütern und Dienstleistungen	Internationaler Zahlungsverkehr
• Finanzierungsgeschäfte	Bereitstellung von Zahlungsmitteln oder Bonität
	– Finanzierung von Im- und Exportgeschäften (Außenhandelsfinanzierung)
	– Finanzierung von Auslandsinvestitionen
• Sicherungsgeschäfte	Transaktionen zur Begrenzung oder Ausschaltung von Abnehmer-, Wechselkurs- oder Zinsänderungsrisiken
• Portfoliogeschäfte	Investitionen in Kapitalmarktpapiere (Aktien, Rentenpapiere etc) sowie die damit zusammenhängenden Geschäfte (Zinszahlungen, Dividenden)
• Spekulationsgeschäfte	*Risikobehaftete* Geschäftsabschlüsse in Erwartung einer Auf- oder Abwertung
• Arbitragegeschäfte	*Risikolose* Geschäftsabschlüsse zwecks gewinnbringender Ausnutzung lokaler Preisunterschiede
• Clearinggeschäfte	Geschäftsabschlüsse zwecks Saldenausgleich, zumeist zwischen Banken

Diese Auflistung gibt zugleich einen Überblick über die Aufgabenvielfalt des internationalen Finanzmanagements. Die vier erstgenannten Geschäftszwecke gehören zu den essentiellen Aufgaben des Finanzmanagements, wobei die ersten drei im Folgenden näher beleuchtet werden. Auf eine Darstellung des Portfoliomanagements muss aus Platzgründen an dieser Stelle verzichtet werden. (Zur weiteren Lektüre sei exemplarisch auf das Buch von Hielscher sowie auf die einschlägige Literatur zum Thema „Investmentanalyse" verwiesen.)

Zunächst werden die wichtigsten Formen des internationalen Zahlungsverkehrs betrachtet. Internationale Zahlungsverkehrstransaktionen sind im Außenhandel häufig mit Sicherungsgeschäften verknüpft, um sicherzustellen, dass der Zahlung an den Exporteur auch die vereinbarte Exporteurleistung an den Importeur gegenübersteht und dass der Exporteur auch die vereinbarte Zahlung erhält. Derartigen dokumentären Zahlungsformen (Dokumenten-Akkreditiv und Dokumenten-Inkasso) ist gemeinsam mit dem Zahlungsverkehr der folgende Abschnitt 2 gewidmet. Des Weiteren gibt es für den Exporteur die Möglichkeit einer regressfreien Finanzierung, der Forfaitierung. Diese Form weist ein Höchstmaß an Sicherheit für den Exporteur auf. Die Forfaitierung ist jedoch zugleich ein Finanzierungsinstrument, weshalb sie in Kap. III.2 beleuchtet wird. Abschn. III.3 befasst sich mit den wichtigsten Instrumenten der internationalen Finanzierung. Neben den „traditionellen" Instrumenten der Außenhandelsfinanzierung existieren einige Sonderformen und Innovationen, die kurz angesprochen werden. Ferner wird auf die Projektfinanzierung eingegangen. Kap. III.4 schließlich widmet sich den wichtigsten Instrumenten zur Absicherung von Währungs- und Zinsänderungsrisiken.

2. Instrumente zur Abwicklung und Absicherung des Zahlungs- und Leistungsverkehrs

2.1 Lieferbedingungen

Im internationalen Handel ist zu unterscheiden zwischen

- **zwingenden, vertraglich unabdingbaren Rechtsvorschriften** (z.B. Außenwirtschaftsgesetz, Produkthaftungsrecht u.v.a.) und

- **nicht zwingenden, vertraglich wählbaren Rechtsvorschriften** (Vertragsrecht, Richtlinien der Internationalen Handelskammer).

Die **Internationale Handelskammer** (ICC = International Chamber of Commerce) mit Sitz in Paris erlässt neben den Normen für den dokumentären Zahlungsverkehr (vgl. 2.2) auch die Regeln zur einheitlichen Auslegung der wichtigsten Lieferbedingungen, allgemein als **Incoterms** (Abkürzung für Internationale Commercial Terms) bezeichnet. Sie gelten zur Zeit in der Fassung von 2000 und werden kurz **Incoterms 2000** genannt.

Die Incoterms-Klauseln werden von den Parteien freiwillig in den Kaufvertrag aufgenommen und regeln ausschließlich Fragen des Liefergeschäfts, insbesondere wer (vgl. Putnoki , S. 11 und www.icc-deutschland.de)

- an welchen Punkt zu liefern hat,

- welche Formalia (Transportkosten, Verpackungskosten, Zollkosten usw.) trägt,

- ab welchem Punkt das Transportrisiko übernimmt,

- eine Transportversicherung mit welcher Mindestdeckung abzuschließen hat usw.

Gruppe	Bezeichnung	Erläuterung	Transportart
Gruppe E	Abholklausel EXW (ex works = „ab Werk")	Minimalklausel für den Verkäufer Der Verkäufer hat dem Käufer die Ware lediglich auf seinem Gelände zur Verfügung zu stellen.	jede Transportart
Gruppe F	Übergabeklausel (free = „Frei …")	Der Käufer übernimmt die Kosten für den Haupttransport. Der Verkäufer hat die Ware einem vom Käufer benannten Frachtführer zu übergeben. Man unterscheidet:	
		• FCA Frei Frachtführer (… benannter Ort)	jede Transportart
		• FAS Frei Längsseite Schiff (… benannter Verschiffungshafen)	ausschl. See- und Binnenschiffstransport
		• FOB (… benannter Verschiffungshafen)	ausschl. See- und Binnenschiffstransport
Gruppe C	Absendeklausel (cost = „Kosten…")	Der Verkäufer übernimmt die Kosten für den Haupttransport. Der Verkäufer hat den Beförderungsvertrag auf eigene Kosten abzuschließen ohne Haftungsübernahme für Verlust oder Beschädigung der Ware oder zusätzliche Kosten, die auf Grund von Ereignissen nach dem Abtransport entstehen, zu übernehmen. Man unterscheidet:	
		• CFR Kosten und Fracht (… benannter Bestimmungshafen)	ausschl. See- und Binnenschiffstransport
		• CIF Kosten, Versicherung, Fracht (… benannter Bestimmungshafen)	ausschl. See- und Binnenschiffstransport
		• CPT Frachtfrei (… benannter Bestimmungsort)	jede Transportart
		• CIP Frachtfrei versichert (… benannter Bestimmungsort)	jede Transportart

Gruppe D	Ankunftsklausel (delivered = „Geliefert...")	Maximalklausel für den Verkäufer Der Verkäufer trägt alle Kosten und Gefahren bis zur Ankunft der Ware am Bestimmungsort. Man unterscheidet:	
		• DAF Geliefert Grenze (... benannter Ort)	jede Transportart
		• DES Geliefert ab Schiff (... benannter Bestimmungshafen)	ausschl. See- und Binnenschiffstransport
		• DEQ Geliefert ab Kai (... benannter Bestimmungshafen)	ausschl. See- und Binnenschiffstransport
		• DDU Geliefert unverzollt (... benannter Bestimmungsort)	jede Transportart
		• DDP Geliefert unverzollt (... benannter Bestimmungsort)	jede Transportart

2.2 Abwicklung des internationalen Zahlungsverkehrs

Voraussetzung für die Abwicklung der internationalen Zahlungstransaktionen ist ein funktionierendes internationales Zahlungsverkehrsnetz. Zu diesem Zweck haben Banken ein weltweites **Korrespondenzbankensystem** aufgebaut, über das sie den Zahlungsverkehr abwickeln. Dies bedeutet, dass die Banken weltweit in gegenseitiger, direkter Kontoverbindung stehen; deutsche Banken unterhalten bei allen wichtigen Banken im Ausland Fremdwährungskonten. Hat eine Bank in dem betreffenden Land eine Niederlassung oder Tochtergesellschaft, so kann sie den internationalen Zahlungsverkehr innerhalb der eigenen Organisation abwickeln. Zahlungen im internationalen Zahlungsverkehr erfolgen in aller Regel entweder durch **Überweisung**, durch **Scheck** oder durch **Wechsel**.

Bei der Zahlung durch **Überweisung** führt eine Bank für ihren Kunden einen Zahlungsauftrag in € aus, indem sie ihren ausländischen Korrespondenzbanken entsprechende Aufträge erteilt und die Gegenwerte deren €-Konten gutschreibt. Zugleich belastet sie die Konten ihrer Auftraggeber. Zahlungsaufträge in Fremdwährung werden zu Lasten der bei den ausländischen Korrespondenzbanken unterhaltenen Währungskonten ausgeführt. Die Auftraggeber werden mit dem €-Gegenwert zum Kassakurs für die jeweilige Währung auf ihren Konten belastet.

Technisch erfolgt die Abwicklung mittlerweile in der Regel „online". Die **ISO** (International Organization for Standardization) und das **ECBS** (European Committee for Banking Standards), eine europäische Arbeitsgruppe der nationalen Bankenverbände, haben eine weltweit vereinheitlichte Kontonummernsystematik entwickelt, die für eine vollautomatische, maschinelle und damit kostengünstige Verarbeitung von Zahlungen geeignet ist. Diese **IBAN** (International Bank Account Number) besteht aus maximal 34 Zeichen (u.a. Länderkennung, Kontonummer und Bankleitzahl) und hat den bis dahin üblichen Überweisungsweg via Swift weitgehend abgelöst.

Überweisungen ab 12.500 € sind (nach § 59 Abs. 2 AWV) AWV-meldepflichtig. Die Meldepflicht dient vor allem statistischen Zwecken und ist notwendig für die Erstellung der Zahlungsbilanz durch die Deutsche Bundesbank.

Der **Scheck** ist in Deutschland weniger üblich, jedoch im angelsächsischen Sprachraum dominierend. Grundsätzlich ist der Scheck eine Anweisung an ein Kreditinstitut, zu Lasten des Kontos des Ausstellers einen bestimmten Betrag an den berechtigten Scheckeinreicher zu zahlen. Man unterscheidet zwischen Privatscheck und Bankscheck. Beim **Privatscheck** verzichtet der Aussteller auf die Mitwirkung seiner Bank und versendet diesen direkt an den Empfänger. Der Vorteil besteht darin, dass der Aussteller die Belastung seitens des Kreditinstituts des Empfängers hinauszögert. Allerdings birgt der Zeitverzug auch Wechselkursrisiken. Beim **Bankscheck** versendet die Bank des Ausstellers den Scheck an den Zahlungsempfänger oder seine Hausbank. Wie bei der Überweisung wird der Aussteller unmittelbar mit dem Gegenwert belastet.

Wechsel werden ebenfalls im Auslandszahlungsverkehr verwendet, jedoch sind sie zumeist im Zusammenhang mit einer dokumentären Zahlungsform anzutreffen. Ein Wechsel als einfaches Zahlungsmittel ist heute nicht mehr üblich. Dieser Umstand wird in Deutschland dadurch gefördert, dass seit 1.1.1999 die geldpolitischen Befugnisse von der Deutschen Bundesbank auf die EZB übergegangen sind und Wechsel bei der Bundesbank nicht mehr rediskontierungsfähig sind. Der Wechsel ist ein Wertpapier, das eine Wechselverbindlichkeit verbrieft, die unabhängig vom Rechtsbestand des zugrunde liegenden Handelsgeschäfts und zudem übertragbar ist. Weiteres besonderes Kennzeichen ist die vergleichsweise einfache Durchsetzbarkeit nach Wechselprotest. Rechtsgrundlage ist das als international geltende Wechselrecht (gemäß Genfer Abkommen über das einheitliche Wechselgesetz von 1930), doch kann es gewisse nationale Unterschiede aufweisen. Insbesondere für mittelständische Unternehmen hat sich der Wechsel als geeignetes Zahlungs- und Finanzierungsinstrument bewährt. Im internationalen Geschäft handelt es sich häufig um Fremdwährungswechsel, bei denen insbesondere auf bestimmte Kosten-, Zins- und Kurssicherungsklauseln zu achten ist. So kann z.B. ein fester Umrechnungskurs für den Verfalltag festgelegt sein, ebenfalls können Spesen, Auslagen oder Zinsen für die Wechsellaufzeit zu Lasten des Bezogenen gehen. (Auf die eingehende Darstellung der verschiedenen Wechselarten und -begriffe wird an dieser Stelle verzichtet und dafür auf die einschlägige Literatur sowie auf die Ausführungen zum Wechsel in Kap. III.3. verwiesen.)

Hinsichtlich der Zahlungsbedingungen können neben der Barzahlung folgende Varianten unterschieden werden:

- **Zahlung gegen Nachnahme:** Die Zahlung wird bei Auslieferung vom Spediteur eingezogen. Für den Außenhandel ist die Bedeutung dieser Zahlungsform gering.

- **Zahlung gegen offene Rechnung („open account"):** Der Verkäufer liefert aufgrund des Kaufvertrages und erwartet die Zahlung, ohne dass eine Sicherheit hierfür gestellt wurde. Gegebenenfalls wurde noch ein Zahlungsziel eingeräumt. Diese Zahlungsform setzt ein hohes Maß an Vertrauen zwischen den Vertragspartnern voraus.

- **Dokumentäre Zahlungsformen im Auslandsgeschäft:** Gezahlt wird Zug um Zug gegen Dokumente. Unter den Dokumenten fasst man alle für das Exportgeschäft benötigten Papiere – Transportdokumente, Versicherungsdokumente, Handels- und Zolldokumente, Lagerdokumente – zusammen. (Für eine vertiefende Lektüre siehe z.B. Jahrmann, Abschnitt E.) Man unterscheidet Dokumenten-Akkreditiv und Dokumenten-Inkasso. Da diesen Instrumenten eine überaus große Bedeutung im Außenhandel zukommt, werden sie im folgenden Kapitel ausführlich behandelt.

2.3 Dokumentäre Formen der Zahlungssicherung

2.3.1 Das Dokumenten-Akkreditiv

2.3.1.1 Begriff

Das Dokumenten-Akkreditiv ist das Versprechen einer Bank, dem Begünstigten (in der Regel der Exporteur) für Rechnung ihres Auftraggebers (in der Regel der Importeur) oder für eigene Rechnung einen bestimmten Betrag in der vereinbarten Währung zu zahlen, falls der Begünstigte innerhalb eines festgelegten Zeitraumes die vorgeschriebenen Dokumente einreicht.

Maßgebliche Rechtsgrundlage sind die Einheitlichen Richtlinien und Gebräuche für Dokumenten-Akkreditive (ERA), die im internationalen Akkreditivverkehr anerkannt und als allein gültig erachtet werden. (Die ERA-Normen werden durch die Internationale Handelskammer in Paris erlassen und von Zeit zu Zeit an neue Gegebenheiten angepasst, zuletzt 1994.) Bilateral vereinbarte Abweichungen von den ERA sind zulässig.

Zumeist ist die Bank Mittler zwischen Käufer (Importeur) und Verkäufer (Exporteur). Über sie läuft, in Form eines Zug-um-Zug-Geschäfts, die Zahlung ab: Gegen Einreichung der ordnungsgemäßen Dokumente erhält der Begünstigte von der Bank den im Akkreditv vorgesehenen Betrag, und zwar je nach Vereinbarung in Form einer Zahlung, eines akzeptierten Wechsels oder eines Zahlungsversprechens. Durch das Akkreditiv ist der Begünstigte nicht mehr von der Zahlungsfähigkeit und -willigkeit des Käufers abhängig und er kann bereits kurz nach dem Versand der Ware in den Besitz liquider Mittel gelangen.

Das Dokumenten-Akkreditiv ist als Instrument der Zahlungssicherung besonders geeignet, den Interessenkonflikt zwischen Käufer und Verkäufer zu mindern:

- Der *Verkäufer* (Exporteur) wünscht Gewissheit, dass der ihm aus der Lieferung der Ware geschuldete Betrag in der richtigen Währung bezahlt wird.

- Der *Käufer* (Importeur) will nicht für die bestellte Ware bezahlen müssen, bevor sich diese tatsächlich auf dem Weg zu ihm befindet.

2.3.1.2 Akkreditivarten

Es existieren diverse Ausgestaltungsformen von Akkreditiven. Hinsichtlich der Art der Verpflichtung lassen sich unterscheiden (vgl. Art. 6a ERA):

- **Widerrufliches Akkreditiv** (Revocable Credit): Das widerrufliche Akkreditiv kann von der Akkreditivbank – meist auf Weisung des Akkreditivstellers – jederzeit ohne vorherige Mitteilung an den Begünstigten abgeändert oder annulliert werden (Art. 8a ERA). Es begründet somit keine rechtlich bindende Zahlungsverpflichtung der Bank. Diese Akkreditivart bietet in der Regel keine ausreichende Sicherheit und wird in der Praxis nur selten angewandt. Beim Abschluss ist darauf zu achten, dass die Akkreditivform eindeutig angegeben ist; fehlt die Angabe, gilt das Akkreditiv als unwiderruflich (Art. 6b und c ERA).

- **Unwiderrufliches Akkreditiv** (Irrevocable Credit): Das unwiderrufliche Akkreditiv schafft eine eigene Zahlungsverpflichtung der Akkreditivbank und gibt dem Begünstigten ein hohes Maß an Gewissheit, dass er für seine Lieferung bzw. Leistung bezahlt wird, sofern er die Akkreditivbedingungen einhält (Art. 9a ERA). Die Eröffnung eines unwiderruflichen Akkreditivs wird fast ausnahmslos über eine Korrespondenzbank mitgeteilt. (Da der Begünstigte in der Regel wenig über die Kreditwürdigkeit der Akkreditivbank im Lande des Importeurs weiß, wird meistens eine Korrespondenzbank im Lande des Begünstigten eingeschaltet. Diese verfügt über einen „kurzen Draht" zur Akkreditivbank und kann im Zusammenhang mit der Akkreditivbank entweder als durchleitende Stelle fungieren oder als bestätigende Bank sogar eine selbständige Haftung übernehmen, womit sie auch Zahlstelle ist.)

Man unterscheidet hinsichtlich der Mitteilungsart zwischen **unbestätigtem** und **bestätigtem** unwiderruflichen Akkreditiv. Beim **unwiderruflichen unbestätigten** Akkreditiv wird die Korrespondenzbank dem Begünstigten die Akkreditiveröffnung lediglich avisieren, geht also keine Zahlungsverpflichtung ein. Da sich der Begünstigte somit ausschließlich auf die Akkreditivbank im Ausland stützen kann, ist das unwiderrufliche unbestätigte Akkreditiv nur dann zweckmäßig, wenn das politische Risiko gering ist. Beim **unwiderruflichen bestätigten** Akkreditiv (irrevocable confirmed credit) gibt die avisierende Bank (= Korrespondenzbank) dem Exporteur gegenüber zusätzlich zur Akkreditivbank ein abstraktes Zahlungsversprechen ab. Dies dient zur zusätzlichen Sicherstellung des Exporteurs vor Risiken, z.B. Zahlungsunfähigkeit der Akkreditivbank, politisches Risiko etc. Unwiderrufliche unbestätigte Akkreditive finden in der Praxis die größte Anwendung. Die Risikoübernahme erfordert gegenüber der Bank – über die üblichen Abwicklungsprovisionen hinaus – ein entsprechendes Entgelt. Je nach Länderrisiko werden von 1-2 % bis zu 7 % p.a. (in „Hochrisiko"-Ländern), bezogen auf den Dokumentenwert, fällig.

Hinsichtlich der Benutzungsart lassen sich weitere Akkreditivarten unterscheiden:

Akkreditivart	Art der Benutzung
Sichtakkreditiv	Zahlungsakkreditiv mit sofortigem Bezug des Dokumentengegenwertes bei Einreichung (bei „Sicht") der Dokumente; gebräuchlichste Akkreditivart. (Gem. Art. 13b ERA steht den Banken jedoch eine maximal siebentägige Prüfungszeit für die Dokumente zu.)
„Deferred-Payment"-Akkreditiv	Zahlungsakkreditiv mit Zahlung an den Begünstigten erst zu einem im Akkreditiv vorgesehenen späteren Zeitpunkt. Bevorschussung der aufgeschobenen Zahlungsforderung unter Zinsabzug häufig möglich.
Akzeptakkreditiv	Bezug des Dokumentengegenwertes bei Fälligkeit. Eine Zahlungsfrist (mit Wechsel) wurde vereinbart. Bezug des um den Wechseldiskont verminderten Betrages nach Einreichung der Dokumente möglich.
Negoziierungsakkreditiv	Der Begünstigte kann den Gegenwert der Dokumente bei einer benannten und zur Negoziierung ermächtigten Bank beziehen. Beim frei negoziierbaren Akkreditiv ist jede Bank eine benannte Bank. (Unter Negoziierung versteht man die Zahlung von Geld durch die zur Negoziierung ermächtigte Bank gegen Einreichung von Tratten (Wechseln) und/oder Dokumenten durch den Begünstigten.)
„Red-Clause"-Akkreditiv	Anspruch auf Bezug eines Vorschusses von der Korrespondenzbank in vereinbarter Höhe.
Revolvierendes Akkreditiv	Benutzung in vorgeschriebenen Tranchen, die sich erneuern. Versand in Teillieferungen. Ein revolvierendes Akkreditiv kann z.B. folgende Klausel enthalten: „Akkreditivbetrag 100.000 €, elfmal revolvierend bis zum Totalbetrag von 1.200.000 €.
„Standby"-Akkreditiv	Einsatz als garantieähnliches Instrument
Übertragbares Akkreditiv	Übertragung der Ansprüche aus dem Akkreditiv an einen Lieferanten (gem. Art. 48a ERA).

Sonstige Akkreditivkonstruktionen (Die aufgeführten „Akkreditivkonstruktionen"
erschließen sich – im Gegensatz zu den Akkreditivarten – nicht aus den ERA):

Akkreditiv „back to back"	Ein Zwischenhändler beauftragt seine Bank, einen Lieferanten durch ein Akkreditiv sicherzustellen. Dieses Akkreditiv stützt sich auf ein nicht übertragbares Akkreditiv („Rücken an Rücken"), das zugunsten des Zwischenhändlers eröffnet wurde.
Abtretung aus dem Akkreditiv (Zession)	Ganze oder teilweise Abtretung des Akkreditiverlöses durch den Zwischenhändler zugunsten seines Lieferanten.

2.3.1.3 Ablauf eines Akkreditivs

Um den Ablauf eines Akkreditivs zu verdeutlichen, sei beispielhaft unterstellt,
dass ein deutscher Exporteur eine Ware in den Libanon ausführt. Für dieses Geschäft bedient er sich eines unwiderruflichen, bestätigten Akkreditivs mit aufge-
schobener Zahlung.

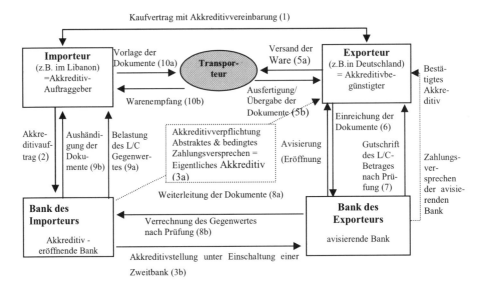

Abb. 9: Ablaufschema eines unwiderruflichen, bestätigten Dokumenten-Akkreditivs

1. Abschluss des Kaufvertrages zwischen Importeur im Libanon und deutschem
   Exporteur, der die Zahlungsbedingung "Eröffnung eines Dokumentenakkredi-
   tivs zu Gunsten des Exporteurs" enthält.

2. Der Importeur beauftragt seine Bank (= Importeurbank im Libanon), das Dokumenten-Akkreditiv zu Gunsten des Exporteurs zu eröffnen. Genaue Angaben über den Warenversand entnimmt der Importeur aus der pro forma-
   Rechnung des Exporteurs, die Bestandteil des Kaufvertrages ist.

3. (a) Die Bank im Libanon eröffnet das Dokumentenakkreditiv, in dem sie zu Gunsten des Exporteurs ein Zahlungsversprechen abgibt. Dieses bedingte, abstrakte Zahlungsversprechen der Bank ist das eigentliche Akkreditiv. (Bedingt bedeutet, dass der begünstigte Exporteur aus dem Letter of Credit Zahlung nur erlangen kann, wenn er die im Letter of Credit genannten Bedingungen genauestens erfüllt, insbesondere die rechtzeitige Einreichung der Dokumente. Abstrakt ist das Zahlungsversprechen der Arab Bank deswegen, weil es vom Kaufvertrag zwischen Importeur und Exporteur losgelöst ist. Zur Darstellung der Kostenkomponenten beim Akkreditiv siehe z.B. Häberle, S. 517-520.)

(b) Die Akkreditivbank schaltet eine Korrespondenzbank in Deutschland ein, die zugleich Hausbank des Exporteurs sein kann, aber nicht sein muss.

4. Die Korrespondenzbank prüft die augenscheinliche Echtheit des zu avisieren-den L/C (Letter of Credit) und avisiert dann dem deutschen Exporteur das L/C mit den detaillierten Bedingungen. Da es sich in diesem Fall um ein bestätigtes L/C handelt, erhält der Exporteur von der deutschen Bank die schriftliche Zusage, dass sie das L/C bestätigt. Dies bedeutet für den Exporteur, dass er nun die absolute Sicherheit hat, den L/C-Betrag zu erhalten und er kann mit der Produktion beginnen.

5. Der Exporteur erstellt die Rechnung, das Ursprungszeugnis und die Packliste zu den im L/C genannten Bedingungen. Von der Reederei/Spedition erhält er das Konnossement, sobald die Ware verschifft wurde.

6. Der Exporteur reicht die Dokumente fristgemäß bei der deutschen Korrespondenzbank ein.

7. Die deutsche Korrespondenzbank prüft in ihrer Eigenschaft die Dokumente (ob sie den Bedingungen im L/C entsprechen) und wird den Betrag 90 Tage nach Verschiffungsdatum (L/C: 90 days deferred payment) abzüglich von Gebühren und Spesen (die in Deutschland entstanden sind) an den Exporteur zahlen.

8. Die deutsche Bank übersendet die Dokumente an die Libanon-Bank und verrechnet mit dieser den L/C-Gegenwert.

9. Die Importeurbank wird bei Fälligkeit den Importeur mit dem L/C-Betrag zuzüglich Gebühren und Spesen, die im Land des Importeurs entstanden sind, belasten und ihm (im Gegenzug) die Dokumente aushändigen.

10. Auf Grundlage der Dokumente kann der Importeur nunmehr über die Waren verfügen. Gegen Vorlage des Konnossementes erhält der Exporteur die Ware von der Reederei und gegen Vorlage der Handelsrechnung, der Packliste und des Ursprungszeugnisses wird die Verzollung durchgeführt.

Das Dokumenten-Akkreditiv gilt gemeinhin als das vielseitigste und wirksamste Instrument der Zahlungssicherung. Im Geschäftsverkehr mit Staaten, die den

Außenhandel kontrollieren, ist die Stellung eines Akkreditivs vielfach Vorbedingung, damit überhaupt Import- und Exportgeschäfte getätigt werden können.

Trotz der relativen Sicherheit auf beiden Seiten ist der Exporteur gegenüber dem Importeur in der besseren Position. Insbesondere beim in der Geschäftspraxis hauptsächlich vorzufindenden bestätigten Akkreditiv hat der Exporteur die Sicherheit, dass er sein Geld bekommt, sofern er alle geforderten Dokumente fristgemäß vorlegt. Der Importeur dagegen hat zwar die Gewissheit, dass die Ware geliefert wird, aber nicht was für eine Ware, d.h. er behält das Qualitätsrisiko. Dieses Risiko kann er jedoch durch die Forderung von Qualitätszertifikaten reduzieren.

2.3.2 Das Dokumenten-Inkasso

Beim Dokumenten-Inkasso übernimmt eine Bank die Aufgabe, für den Verkäufer (Auftraggeber) gegen Übergabe der Dokumente den geschuldeten Betrag einzuziehen (Zug-um-Zug-Geschäft). Grundlage ist der Inkassoauftrag, den der Exporteur seiner Bank erteilt. Die Dokumente werden ausgehändigt gegen Zahlung des Gegenwertes (Dokument gegen Zahlung bzw. **document against payment** D/P) oder gegen Akzeptierung eines Wechsels (Dokumente gegen Akzept bzw. **document against acceptance** D/A).

Wie beim Akkreditiv hat die Bank die Rolle eines Mittlers zwischen Importeur und Exporteur. Die Bank übernimmt jedoch keine Zahlungsverpflichtung, geht also kein Risiko-Engagement ein. Das Dokumenten-Inkasso entlastet den Exporteur von einem Großteil der administrativen Arbeiten im Zusammenhang mit dem Inkasso.

Das Dokumenten-Inkasso nimmt hinsichtlich des Aspektes „Sicherheit" eine Art Mittelstellung zwischen der offenen Rechnung und dem Akkreditiv ein. Es bietet gegenüber der offenen Rechnung eine erhöhte Sicherheit, indem es verhindert, dass der Importeur in den Besitz der Ware gelangen kann, ohne sie entweder bezahlt oder einen Wechsel akzeptiert zu haben. (Mit dem Wechsel trägt der Verkäufer jedoch für die Laufzeit des Wechsels noch das Zahlungsrisiko. Dieses kann er verhindern, indem er im Kaufvertrag vereinbart, dass dem Wechsel ein Aval, eine Wechselbürgschaft einer erstklassigen Bank, hinzugefügt wird.) Allerdings erfolgt die Auszahlung an den Begünstigten frühestens nach Erhalt der Zahlung durch die Einreicherbank. Der Exporteur muss somit länger auf sein Geld warten als beim Akkreditiv. Außerdem wird sein Risiko nur unvollständig abgesichert, denn zum Zeitpunkt des Warenversands hat der Exporteur noch keine Gewissheit über die Zahlungsleistung des Käufers und dessen Bank. Er kann lediglich auf dessen Zahlungsfähigkeit vertrauen.

Das Dokumenten-Inkasso eignet sich besonders dann zur Zahlungsabwicklung, wenn zwischen Verkäufer und Käufer ein Vertrauensverhältnis besteht und wenn die politischen, wirtschaftlichen und rechtlichen Verhältnisse des Importlandes stabil sind. Die Kosten sind gegenüber dem Akkreditiv niedriger. Der Ablauf des Dokumenten-Inkassos ist in nachfolgender Abbildung dargestellt.

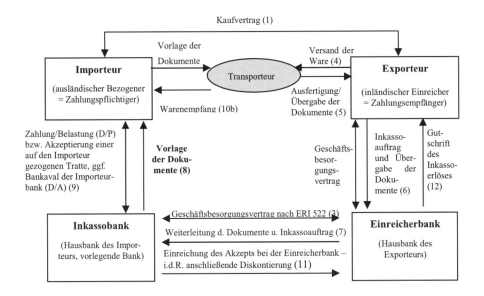

Abb. 10: Ablaufschema eines Dokumenten-Inkassos

3. Finanzierungsinstrumente

3.1 Überblick

Während im vorangegangenen Kapitel der Aspekt der Zahlungsabwicklung von Außenhandelsgeschäften unter Berücksichtigung des geschäftsindividuellen Sicherheitsbedürfnisses im Vordergrund stand, geht es im folgenden Abschnitt um die Finanzierung von internationalen Geschäften. Unter Inkaufnahme einiger Abgrenzungsunschärfen lassen sich im Wesentlichen drei Kategorien von Finanzierungsinstrumenten im internationalen Geschäft unterscheiden:

- **Instrumente der kurzfristigen Außenhandelsfinanzierung**
  Hierzu zählen diejenigen Finanzierungsinstrumente, die zur Abwicklung von Importen oder Exporten innerhalb eines Jahres dienen. Zunächst steht – wie auch im nationalen Geschäft – der Kontokorrentkredit oder ein kurzfristiger Euro-Kredit (z.B. Festgeld) als Finanzierungsinstrument zur Verfügung. Darüber hinaus gibt es jedoch typische Finanzierungsformen des Außenhandels, die zumeist eine unmittelbare Folge des zugrunde liegenden Außenhandelsgeschäfts oder/und der Zahlungsart (z.B. Dokumenten-Inkasso D/A) sind. Da sie aus dem laufenden Umsatz- und Leistungsprozess hervorgehen, sind sie der Innenfinanzierung zuzurechnen. Im Einzelnen gehören zu diesen – in Abschn. III.2.2 näher erläuterten – Instrumenten die Finanzierung einer Akkreditiveröffnung, Import- und Exportvorschüsse, Finanzierungen auf Wechselbasis und das Exportfactoring.

- **Instrumente der mittel- und langfristigen Außenhandelsfinanzierung**
  Hierunter werden standardisierte Finanzierungsformen mit einer Laufzeit von über einem Jahr gefasst. Hierbei kann es sich um Kredite zur Finanzierung der Produktionszeit und zur Gewährung von Zahlungszielen (Lieferantenkredite), um Kredite an ausländische Kunden heimischer (deutscher) Exporteure zur Finanzierung ihrer Importe (Bestellerkredite) oder um Kredite zur Finanzierung von ausländischen Investitionen (Investitionskredite) handeln. Finanzierungsquellen sind zunächst die Geschäftsbanken in Form von Darlehen oder aber der Euro-Kreditmarkt durch Aufnahme von Roll-over-Krediten. Von großer Bedeutung für die Finanzierung von Exporten oder Investitionen deutscher Unternehmer sind jedoch zwei Spezialkreditinstitute, die einer eingehenderen Erläuterung bedürfen, die AKA und die KfW (vgl. Abschn. 3.3.1 und 3.3.2). Eine weitere standardisierte Finanzierungsform besteht in der Veräußerung von längerfristigen Einzelforderungen auf dem Wege der Forfaitierung. Diese wird in Abschnitt 3.3.3 behandelt.
- **Projektfinanzierungen und strukturierte Finanzierungen**
  Große Banken bieten multinationalen Unternehmen Finanzierungsformen an, deren Wesensmerkmale die Komplexität und die Individualität sind, die also gerade nicht standardisiert sind, obgleich sich bestimmte typische Erscheinungsformen erkennen lassen. Typischerweise steht ein vergleichsweise hoher Finanzierungsbetrag zur Disposition und in der Regel wird für den betreffenden Geschäftszweck eine separate Gesellschaft – eine Einzweck-Gesellschaft (Special Purpose Company) – gegründet. Folgende derartig strukturierte Finanzierungsformen werden in Abschn. III.3.4 angesprochen: Projektfinanzierungen, Internationales Leasing (Cross-Border-Leasing) und Asset Backed Securities.

Schließlich wird im Anschluss an die Finanzierungsinstrumente auf die wichtigsten Absicherungsinstrumente eingegangen (Abschn. III.3.5). Sie bewirken zwar keinen Zahlungsmittelzufluss beim Kreditnehmer, gehören aber dennoch in die Sphäre der Finanzierungsinstrumente, da viele internationale Geschäfte ohne diese Instrumente (insbesondere Kreditversicherungen und Bankgarantien) nicht möglich wären.

3.2 Instrumente der kurzfristigen Außenhandelsfinanzierung

3.2.1 Bevorschussungskredite

3.2.1.1 Export- und Importvorschüsse

Zur Überbrückung von Postlaufzeiten beim Dokumenten-Inkasso oder bei gewährten Zahlungszielen kann sich der Exporteur alternativ zur Beanspruchung seiner Kontokorrentkreditlinie eine Exportforderung bevorschussen lassen. Üblicherweise wird die Bank die Abtretung der betreffenden Forderung als Sicherheit verlangen.

Der Importeur kann sich beim Dokumenten-Inkasso D/P einen Vorschuss gewähren lassen, wenn sich die Ware noch auf dem Transport befindet. Hier können anstelle der noch nicht vorhandenen Ware die Transportdokumente als Sicherheit dienen.

3.2.1.2 Finanzierung einer Akkreditiveröffnung

Häufig hat der Importeur zum Zeitpunkt der Eröffnung eines unwiderruflichen Akkreditivs die Akkreditivsumme noch nicht als Sicherheit hinterlegt. Der Importeur möchte diesen Betrag erst bereitstellen, wenn auch die Bank durch die Vorlage der entsprechenden Dokumente hierzu verpflichtet ist. Verzichtet die akkreditiveröffnende Bank auf die Bereitstellung der Akkreditivsumme, so geht sie vom Zeitpunkt der Akkreditiveröffnung bis zur Deckung des Betrages ein Kreditrisiko ein. Dem Importeur fließen somit zwar keine Zahlungsmittel zu, er erzielt jedoch einen indirekten Finanzierungseffekt durch Verhinderung eines vorzeitigen Mittelabflusses.

3.2.2 Finanzierungen auf Wechselbasis

3.2.2.1 Akzeptkredit und Wechseldiskontkredit

Bei Verwendung des Wechsels ergeben sich aufgrund der wechselspezifischen Eigenschaften – zum Teil in Kombination mit dokumentären Zahlungsformen – diverse Ausgestaltungsformen der Außenhandelsfinanzierung.

Haben Importeur und Exporteur Zahlung auf Wechselbasis vereinbart, so wird der Aussteller (Exporteur) an den Bezogenen (Importeur) den noch nicht akzeptierten Wechsel (Tratte) zum Akzept senden. Alternativ kann auch der Importeur einen eigenen Wechsel, der ihn zur Zahlung verpflichtet **(Solawechsel)**, ausstellen. Falls der Exporteur die Bonität des Importeurs nicht hinlänglich beurteilen kann oder diese ihm nicht ausreicht, wird er ein Bankakzept verlangen, d.h. eine bonitätsmäßig einwandfreie Bank wird anstelle des Importeurs den Wechsel akzeptieren. Zwischen Importeur und Akzeptbank ist in diesem Falle ein Kreditverhältnis (Kreditleihe, kein unmittelbarer Geldfluss) entstanden, weshalb man hier von **Akzeptkredit** spricht.

Mit Beginn der 3. Stufe der Wirtschafts- und Währungsunion sind die geldpolitischen Befugnisse von der Deutschen Bundesbank auf das Europäische System der Zentralbanken übergegangen, d.h. Diskont- und Lombardsatz der Deutschen Bundesbank werden seit dem 1.1.1999 nicht mehr festgesetzt. Der Gesetzgeber hat stattdessen folgende Ersatzregelung getroffen: Aus § 1 Diskontsatz-Überleitungs-Gesetz vom 9.6.1998 (DÜG, BGBl I S. 1242) i. V. mit der Basiszinssatz-Bezugsgrößen-Verordnung vom 10.2.1999 (BGBl I S. 139) ergibt sich, dass der Gesetzgeber den sog. Basiszinssatz als Nachfolger des Diskontsatzes bestimmt hat. Er verändert sich regelmäßig zum 1. Januar, 1. Mai und 1. September jeden Jahres um die Prozentpunkte, um welche der Zinssatz für längerfristige Refinanzierungsgeschäfte (LRG-Satz) der Europäischen Zentralbank seit der letzten Veränderung des Basiszinssatzes gestiegen oder gefallen ist. Grundlage für die Berechnung der Diskontzinsen ist somit der Basiszinssatz und nicht mehr der Diskontsatz. Als Folge dieser Regelung können Wechsel nicht mehr bei der Bundesbank rediskontiert werden.

Der Begünstigte aus dem Wechsel (Exporteur) hat nach Erhalt des Akzepts grundsätzlich drei Handlungsalternativen (diese sind nicht außenhandelsspezifisch und decken sich mit dem Wechselgeschäft im nationalen Bereich):

1. Weitergabe als Zahlungsmittel (z.B. an einen Lieferanten). Der Verkäufer (Exporteur) wünscht Gewissheit, dass der ihm aus der Lieferung der Ware geschuldete Betrag in der richtigen Währung bezahlt wird.

2. Aufbewahrung bis zum Verfalltag.

3. Diskontierung, d.h. Verkauf an eine Bank vor dem Verfalltag. Die Bank schreibt dem Exporteur den Wechselbetrag unter Abzug von Diskontzinsen (= Basiszinssatz + Marge) und Spesen/Gebühren gut. Die Abwicklungsprovision beträgt etwa $1,5^0/_{00}$ des €-Gegenwertes des Wechselbetrags. Die Bevorschussung des Wechselbetrags wird als **Wechseldiskontkredit** bezeichnet. In der Regel richtet die Exporteurbank dem Exporteur eine Kreditlinie mit einem Höchstbetrag ein, bis zu dem der Exporteur Wechsel einreichen kann. Lautet der eingereichte Wechsel auf Fremdwährung, so besteht für den Einreicher ein Kursrisiko, dem man üblicherweise mit der Vereinbarung „Ankauf unter Abschluss eines Devisentermingeschäfts" begegnet.

Beispiel:

Ein deutscher Exporteur reicht am 7.9.2004 einen auf seinen US-amerikanischen Geschäftspartner gezogenen Wechsel über 90.000 US$, fällig am 5.12.2004 in Seattle, zum Diskont bei seiner deutschen Bank ein. Der Exporteur ist mit einer Kurssicherung einverstanden. Die Gutschrift soll auf dem €-Konto des Exporteurs erfolgen. Die Bank berechnet einen Diskontzinssatz von 6,5% p.a. nach deutscher Zinsmethode ($^{360}/_{360}$). Nach dieser in Deutschland noch verbreiteten Methode hat der Kalendermonat stets 30 Tage und das Kalenderjahr 360 Tage. Bei der Euro-Zinsmethode ($^{365}/_{360}$) dagegen werden die Tage taggenau ausgezählt und dann auf 360 Tage bezogen. Außer den Zinsen werden 15 Respekttage berechnet. Die pauschal veranschlagten Respekttage kompensieren die Zeitspanne zwischen Überweisung des Wechselgegenwertes von der Importeurbank bis zur Gutschrift bei der Diskontbank (sog. „Reisetage"). Außerdem werden noch $1,5^0/_{00}$ Abwicklungsprovision, $0,25^0/_{00}$ für den Währungsverkauf und 5 € an Spesen fällig.

i) Die Bank rechnet den Wechselbetrag am Ankaufstag auf Basis des tagesgültigen Terminbriefkurses um, z.B. 1,20 US$/€. Damit ergibt sich ein Wechselbetrag von 90.000 : 1,2 = 75.000 €.

ii) Für den Diskontierungszeitraum – Monate September (23 Tage), Oktober (30), November (30) und Dezember (5) – ergeben sich einschließlich 15 Respekttagen insgesamt 93 Zinstage. Die berechneten Zinsen betragen folglich:

$$75.000 \cdot \frac{6,5}{100} \cdot \frac{103}{360} = 1.394,79 \ \text{€}$$

iii) Die Gutschrift auf dem €-Konto des Wechseleinreichers ergibt sich dann nach folgender Rechnung:

Wechselbetrag	75.000 €
./. Diskontzinsen	1.394,79 €
./. Abwicklungsprovision (1,5°/₀₀)	112,50 €
./. Courtage (0,25°/₀₀)	18,75 €
./. Spesen	5 €
€-Gutschrift Valuta 7.9.2004 (= Kreditauszahlungsbetrag)	**73.468,96 €**

Zur Berechnung der Kosten des Wechseldiskontkredits berechnet man den äquivalenten Jahreszinssatz ř. Der Kunde bezahlt insgesamt 1.531,04 € an „Zinsen" für einen effektiven Zeitraum von 88 Tagen. Auf das Gesamtjahr hochgerechnet entspricht dies:

$$\tilde{r} = \frac{360}{88} \cdot \frac{1.531,04}{73.468,96} = 0,08525 = 8,525\% \text{ p.a.}$$

Der Wechseldiskontkredit ist faktisch ein Festbetragskredit und damit unflexibler – da nicht rückgängig zu machen – als der Kontokorrentkredit. Der „Charme" des Wechsels – günstige Diskontierung aufgrund günstiger Rediskontierung bei der Bundesbank – ist mit dem Wegfall der Rediskontierungsfähigkeit weitestgehend verflogen. Die Kosten der Diskontierung sind mittlerweile recht nah am Kontokorrentzins, weshalb viele Wechselinhaber dazu übergegangen sind, den Wechsel bis zur Fälligkeit im Bestand zu halten statt ihn zu diskontieren.

3.2.2.2 Rembourskredit

Der Rembourskredit ist keine weitere „reine" Finanzierungsform, sondern ist dem Wesen nach ein Akzeptkredit auf Dokumentenbasis, also gewissermaßen eine Kombination aus Akkreditiv, Akzeptkredit und Wechseldiskontkredit. Der Rembourskredit hatte seine Blütezeit zu Beginn des 20. Jahrhunderts und stellte die erste Form der Außenhandelsfinanzierung dar, aus der sich weitere Formen entwickelt haben. Er diente damals vorrangig zur Finanzierung von Rohstoffimporten aus Übersee. Im Falle des Rembourskredit akzeptiert – in der Regel auf Grundlage eines Dokumenten-Akkreditivs – entweder die Importeurbank (**direkter Rembourskredit**) oder eine vermittelnde, dritte Bank (Remboursbank, **indirekter Rembourskredit**), jedoch unter dem Obligo der akkreditiveröffnenden Importeurbank, eine auf sich bzw. auf die Remboursbank gezogene Nachsicht-Tratte (Nach-Sicht-Wechsel sind – gegenüber dem Sicht-Wechsel, der kein Zahlungsziel hat – nach einer im Wechsel festgelegten Frist, zumeist zwischen 90 und 180 Tagen, fällig.) (Element Akzeptkredit) und übergibt dieses Akzept gegen vorgeschriebene Transportdokumente dem Exporteur bzw. der Exporteurbank mit der Bereitschaft, dem Exporteur unter Diskontierung dieses Wechsels den Gegenwert auszuzahlen (Element Wechseldiskontkredit). Die Konstruktion des Rembourskredits dient sowohl dem Importeur als auch dem Exporteur zur Finanzierung des Außenhandelsgeschäfts, ist jedoch nur noch selten anzutreffen.

3.2.2.3 Negoziierungskredit

Der Negoziierungskredit ist ein kurzfristiger Trattenankaufskredit. Der Exporteur versendet die Ware und legt seiner Bank die Versanddokumente sowie eine vom Exporteur auf den Importeur bzw. die Importeurbank gezogene Tratte vor. Die Bank prüft die Dokumente und kauft die Tratte auf Grundlage einer Ziehungsermächtigung (Drawing Authorisation) an, bevor die Importeurbank den Wechsel akzeptiert hat. Es entsteht damit ein Kreditverhältnis zwischen dem Exporteur und seiner Bank.

3.2.3 Exportfactoring

3.2.3.1 Begriff und Merkmale

Unter **Exportfactoring** versteht man den laufenden Verkauf von Exportforderungen an eine Factoring-Gesellschaft. Zu den großen Factoring-Gesellschaften gehören die International Factors Group S.C. (IFG), Brüssel und die Factors Chain International (FCI), Amsterdam. In diesen Gesellschaften vereinen sich verschiedene internationale Factoring-Anbieter. Zu den deutschen Mitgliedern zählen bei der FCI die Deutsche Factoring Bank, Bremen, GE Capital Finance GmbH, Düsseldorf und die Gefe (Gesellschaft für Absatzfinanzierung), Wuppertal. Zur IFG gehören die EUROFACTOR GmbH, München und IFN Finance, Köln.

Das Exportfactoring erfüllt – analog zum „nationalen" Factoring – üblicherweise drei Funktionen:

1. **Finanzierungsfunktion**, d.h. Bevorschussung (Sofortgutschrift) der Forderung des Exporteurs nach Auslieferung der Ware gegen Vorlage der Rechnungskopie,

2. Delkrederefunktion, d.h. 100% Übernahme des Forderungsausfallrisikos. Allerdings sind die Forderungen in der Regel über eine Kreditversicherung abgesichert. Ferner zeigen sich in der Praxis Tendenzen, wonach zwischen Factor und Kunde unter bestimmten Bedingungen Rückkaufsverpflichtungen festgeschrieben werden, was die Delkrederefunktion sukzessive aufweicht.

3. Dienstleistungsfunktion, d.h. Bonitätsprüfungen des Importeurs und Übernahme des Mahn- und Inkassowesens. In der Praxis prüft die Factoring-Gesellschaft die Bonität der Importeure und vereinbart für jeden ausländischen Importeur ein Kreditlimit, bis zu dessen Höhe die Forderungen garantiert werden. Über das Kreditlimit hinausgehende Forderungen werden von der Factoring-Gesellschaft zwar ebenfalls treuhänderisch für den Exporteur eingefordert, sie werden aber weder garantiert noch bevorschusst.

Weitere Kennzeichen des Exportfactoring:

- Maximale Forderungslaufzeiten bei den meisten Factoring-Gesellschaften bei 90 Tagen, in Ausnahmefällen bis zu 180 Tagen.

- Zahlungsformen in der Regel gegen offene Rechnung, also nicht dokumentär; deshalb typischerweise Beschränkung auf Industrieländer, in denen ein Korrespondenzfactor ansässig ist und mit denen eine dauerhafte Geschäftsbeziehung besteht.

- Keine Bilanzierung der Forderungen als Folge des Verkaufs.

- Größenordnungen: Gesamtexportforderungen im Jahr mindestens 1,5 Mio. €, Exportforderung im Jahr mindestens 250 T€, durchschnittliche Rechnungsbeträge mindestens 1.500 €.

3.2.3.2 Ablauf

Im Rahmen der Factoring-Vereinbarung übersendet der Exporteur der Factoring-Gesellschaft laufend Kopien der an seine Kunden gestellten Rechnungen. Die Factoring-Gesellschaft bezahlt die Rechnungen zu 100 %, davon 80 % sofort bei Erhalt der Rechnungskopie. Der 20 %-Sicherungseinbehalt dient im Wesentlichen zur Abdeckung von Zahlungsabzügen des Importeurs.

Abb. 11 zeigt die Ablaufstruktur beim Zwei-Factor-System bei unterstelltem reibungslosen Verlauf.

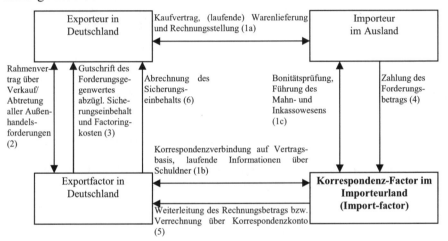

Abb. 11: Ablaufschema beim Exportfactoring

3.2.3.3 Kosten und Nutzen des Exportfactoring

Die **Kostenkomponenten** bestehen aus Zinsen, Delkrederegebühr und Factoring-Gebühr:

- Für die Bevorschussung der Debitorenforderungen zahlt der Exporteur für die Zeit, bis der Debitor bei der Factoring-Gesellschaft die Forderung begleicht, einen **Zinssatz**, der an der Höhe der Zinsen für Kontokorrentkredite gemessen wird.

- Die **Delkrederegebühr** als Entgelt für die Übernahme der Forderungsausfallrisiken beträgt ca. 0,4% des Umsatzes des Exporteurs mit der Factoring-Gesellschaft.

- Die **Factoring-Gebühr** als Entgelt für die erbrachten Dienstleistungen (Bonitätsprüfungen, Mahn- und Inkassowesen) beträgt ca. 0,5-2,5% des Umsatzes des Exporteurs mit der Factoring-Gesellschaft.

Im Gegensatz zu den Kostenelementen sind die Nutzenkomponenten überwiegend qualitativer Art, so dass keine allgemeingültige Aussage über die Vorteilhaftigkeit des Exportfactoring getroffen werden kann:

- Die zusätzliche Liquidität schafft zusätzlichen „finanziellen Spielraum".
- Durch die Delkredere-Garantie können mutmaßliche Debitorenverluste vermieden werden.
- Durch die Übernahme des Debitoren-Managements können Kosten eingespart werden.
- Erfahrungsgemäß zahlen Kunden bei Factoring schneller, woraus sich eine Reduktion des Forderungsbestands und somit eine Zinsersparnis ergibt.
- Durch den Forderungsverkauf wird die Bilanz „entlastet", d.h. der Betrag der Pauschalwertberichtigungen wird reduziert, was sich positiv auf die Kreditwürdigkeit auswirken könnte.

In der Praxis wird gerne das „stille" Factoring angewandt, so dass das Factoring gegenüber dem zahlenden Kunden nicht in Erscheinung tritt.

3.3 Instrumente der mittel- und langfristigen Außenhandelsfinanzierung

3.3.1 Finanzierungskredite der AKA-Ausfuhrkredit-Gesellschaft mbH

Die AKA Ausfuhrkredit-Gesellschaft mbH (siehe www.akabank.de) mit Sitz in Frankfurt am Main wurde 1952 gegründet. Sie ist ein Spezialinstitut, das der deutschen Exportwirtschaft Kredite zur Finanzierung ihrer Ausfuhren weltweit zur Verfügung stellt und andere mit der Exportfinanzierung verbundene Dienstleistungen anbietet. Sie hat derzeit 25 Gesellschafter, ausschließlich namhafte Banken, die alle Bereiche der deutschen Kreditwirtschaft vertreten.

Die von der AKA zur Finanzierung von Exporten eingesetzten Mittel sind in aller Regel Marktmittel. Sie werden der AKA von ihren Gesellschafterbanken zur Verfügung gestellt, soweit die AKA nicht eigene, einschließlich am Geld- und Kapitalmarkt aufgenommene Mittel einsetzt. Bei **CIRR-Krediten**, durch die der Investitionsgüterexport vor allem in Entwicklungsländer gefördert wird, kann die AKA auch auf Mittel aus dem ERP-Sondervermögen der Bundesregierung zurückgreifen. CIRR steht für **C**ommercial **I**nterest **R**eference **R**ate. Der CIRR ist ein Referenzzinssatz, den die OECD ihren Mitgliedsstaaten als Mindestzinssatz für staatlich geförderte Finanzierungen von Investitionsgüterexporten und damit verbundenen Leistungen in Entwicklungsländern vorgibt. Der CIRR entspricht je Währung den Kreditkosten für erste inländische Adressen zuzüglich einem Aufschlag von 1 %. In den Mitgliedsländern der Euro-Zone gilt ein einheitlicher CIRR-Satz. Demzufolge lassen sich CIRR-Kredite als mittel- und langfristige subventionierte und HERMES-gedeckte Festzinssatzkredite in ausgewählte Länder definieren.

Die AKA fördert den Export aus Deutschland insbesondere durch:

- mittel- und langfristige Bestellerkredite einschließlich CIRR-Kredite; auch Multi-sourcing (In allgemein üblicher zeitlicher Abgrenzung versteht man unter mittelfristigen Krediten Finanzierungen länger als 1 und weniger als 5 Jahre und unter langfristigen Krediten Finanzierungen über 5 Jahre.)
- mittel- und langfristige Lieferantenkredite
- Ankauf bundesgedeckter Forderungen
- Risikobeteiligungen an von Exporteuren zu stellenden Sicherheiten (z.B. Anzahlungs-, Performance-Garantien)
- Mitwirkung (beispielsweise als „Arranger" und/oder „Agent") an sonstigen Exportfinanzierungen (auch Projektfinanzierungen)
- Dienstleistungen bei der Kreditverwaltung und -abwicklung.

Kennzeichnend für jede AKA-Finanzierung ist dabei die enge Zusammenarbeit und finanzielle Mitwirkung einer oder mehrerer ihrer Gesellschafterbanken.

Zur Finanzierung deutscher Exportgeschäfte stehen der AKA vier **Plafonds** (A, C, D und E; Plafond B wurde 1996 eingestellt) zur Verfügung:

- Für Lieferantenkredite steht der Plafond A (Volumen 0,5 Mrd €) zur Refinanzierung der Aufwendungen des Exporteurs während der Produktionszeit und auch zur Refinanzierung des Zahlungszieles zur Verfügung. Die jeweilige Kredithöhe und die Laufzeit ergeben sich aus dem zeitlichen Anfall der Aufwendungen während der Produktionszeit und/oder den liefervertraglich vereinbarten Zahlungsbedingungen, wobei der Exporteur eine Selbstfinanzierungsquote in Höhe von 10%-15% übernehmen soll.

Beispiel eines Finanzierungsplans für einen Lieferantenkredit aus Plafonds A:

Gesamtauftragswert: 1.000.000 €

Zahlungsbedingungen: 5% Anzahlung bei Vertragsabschluss

10% gegen Verschiffungsdokumente

85% in 10 gleichen Halbjahresraten, erste fällig

6 Monate nach Lieferung.

Monate ab Genehmigung / Kreditvertragsabschluss	1	2	6	9	12	18	24	30	36	42	48	54	60	66	72
Aufwendungen	300	200	300	100	100										
./. Zahlungseingänge	50				100	85	85	85	85	85	85	85	85	85	85
Finanzierungsbedarf	250	200	300	100	0										
./. 10% Selbstfinanzierungsquote	25	20	30	10	0										
Kredit	225	180	270	90	0										
Tilgung mit 90 % der Exporterlöse						76	77	76	77	76	77	76	77	76	77
kumulativer Kreditbetrag	225	405	675	765	765	689	612	536	459	383	306	230	153	77	0

- Für die Gewährung von gebundenen Finanzkrediten an ausländische Besteller oder Banken stehen die **Plafonds C, D und E** zur Verfügung. Der Höchstbetrag des einzelnen Finanzkredites entspricht in der Regel dem um die An- und Zwischenzahlungen verminderten Auftragswert. Dabei soll der Kredit durch eine Finanzkredit-Gewährleistung des Bundes abgesichert werden. Als Grundlage zur beschleunigten und vereinfachten Abwicklung dienen Grund- und Rahmenverträge, die mit vielen Ländern abgeschlossen wurden.

- Als neues Absicherungsinstrument für die Finanzierung deutscher Exporte hat der Bund im Dezember 2000 die Einführung einer **Rahmenkreditdeckung** beschlossen. Die AKA ist eines von zwei Instituten, dem diese neue Fazilität zur Verfügung steht. Die Rahmenkreditdeckungen des Bundes beschleunigen und vereinfachen das Deckungsverfahren für Exportkredite und verbessern darüber hinaus insbesondere für mittelständische Exportwirtschaft den Zugang zu Finanzierungen. In der Vergangenheit waren mittel- und langfristige Finanzierungen mit Bundesdeckung vor allem von kleineren Exportaufträgen häufig nicht darstellbar, weil die Kosten und die administrative Abwicklung in keinem Verhältnis zum Ertrag standen. Bei der Rahmenkreditdeckung gewährt der Bund Deckung für einen einem ausländischen Kreditnehmer eingeräumten Höchstbetrag (Rahmenkredit), der durch Einzelkredite für konkrete Exportgeschäfte ausgenutzt wird. Die Indeckungnahme erfolgt durch Anzeige des abgeschlossenen Einzelkreditvertrages an den Bund. Als Kreditnehmer kommen sowohl staatliche als auch private ausländische Endabnehmer (ggf. auch Banken) in Betracht. Unter Rahmenkreditdeckungen einbeziehbar sind in der Regel die Investitionsgüter, die im jeweiligen Rahmenkreditvertrag gattungsmäßig bestimmt sind (maximaler Auftragswert je Einzelgeschäft: 2,5 Mio. €).

- Schließlich können auf Antrag der Hausbank von der AKA über die gebundenen Finanzkredite auch Projektfinanzierungen abgewickelt werden (zu den Merkmalen der Projektfinanzierung vgl. Kap. III.4).

3.3.2 Finanzierungskredite der Kreditanstalt für Wiederaufbau (KfW)

Die **Kreditanstalt für Wiederaufbau** (KfW) (s. www.kfw.de) wurde 1948 als Körperschaft des öffentlichen Rechts in Frankfurt am Main gegründet. Seit 1.1.2004 ist das Export- und Projektfinanzierungsgeschäft in einem eigenen Institut innerhalb der KfW-Bankengruppe untergebracht, und zwar in der KfW IPEX-Bank. Nach einer vierjährigen Übergangsphase soll die KfW IPEX-Bank zum 1.1.2008 die rechtliche Selbständigkeit als eigene Bank in Form einer 100%-Tochter der KfW Bankengruppe erhalten, so dass sie dann – wie alle anderen Banken auch – der vollen Steuerpflicht und dem Kreditwesengesetz (KWG) unterliegen wird.

Die KfW IPEX-Bank versteht sich mit ihren Kreditprogrammen und der Export- und Projektfinanzierung als Förderbank für die deutsche Wirtschaft, insbesondere für mittelständische Unternehmen. Darüber hinaus bietet die KfW IPEX-Bank Beratungsleistungen an.

Das Produktportfolio der KfW IPEX-Bank stellt sich folgendermaßen dar:

- Das „klassische" Geschäft besteht in der **liefergebundenen Exportfinanzierung**. Damit gewährt die KfW IPEX-Bank langfristige Kredite an ausländische Käufer deutscher Investitionsgüter und damit verbundener Leistungen. Insbesondere in Schwellen- und Entwicklungsländern sind die Abnehmer häufig auf eine Finanzierung aus Deutschland angewiesen. Durch die Exportfinanzierung will die KfW IPEX-Bank – quasi als „verlängerter Arm" des Bundes – Impulse zur Ankurbelung ihrer Wirtschaft geben. Zentraler Punkt dieser Finanzierungsform ist, dass die bereitgestellten Kredite in der Regel direkt an die Käufer-Unternehmen (Besteller) im Abnehmerland vergeben werden (Bestellerkredit). Diese Exportkredite werden häufig – abhängig von der Einschätzung des Kredit- und Länderrisikos – mit staatlicher Absicherung („HERMES-Deckung") herausgelegt. Im Falle einer HERMES-Deckung trägt das exportierende Unternehmen die Kosten. Bei der liefergebundenen Exportfinanzierung entsteht eine Dreiecksbeziehung Käufer – Exporteur – KfW I-PEX-Bank. Auf der einen Seite gewährt die KfW IPEX-Bank dem Käufer der Investitionsgüter einen Kredit, auf der anderen Seite zahlt sie üblicherweise die bereitgestellten Mittel nicht an den Kreditnehmer, sondern an das Exportunternehmen aus, und zwar in Tranchen pro erbrachter Lieferung bzw. Leistung. Hauptkreditwährungen sind € und US$. Bei Darlehen für Entwicklungsländer können die Zinssätze bereits bei Vertragsabschluss fixiert werden und richten sich nach der CIRR („CIR-Rate"). Die Kreditlaufzeit variiert in Abhängigkeit der Art des Objektes und nach der Höhe des Auftragswertes und richtet sich nach den HERMES-Vorgaben.

- Die KfW IPEX-Bank bietet den Abschluss von **Rahmenkreditvereinbarungen** (Grundverträge) mit Unternehmen oder lokalen Banken an, wenn das ausländische Unternehmen regelmäßige Geschäftsbeziehungen zu deutschen Exporteuren unterhält. Die Grundverträge beinhalten die wesentlichen Eckdaten der Finanzierung, so dass nicht alle Details einer Finanzierung immer wieder aufs Neue ausgehandelt werden müssen.

- Ein weiteres Geschäftsfeld der KfW IPEX-Bank ist die Vergabe **ungebundener Finanzkredite**, d.h. Darlehen, die für ein bestimmtes kommerzielles Vorhaben gegeben werden, das nicht im Zusammenhang mit deutschen Exporten steht. Dazu gehören vor allem Rohstoffprojekte und Verkehrsinfrastrukturprojekte.

- Die KfW IPEX-Bank bietet ferner Finanzierungsmöglichkeiten für Auslandsinvestitionen, Joint Venture-Gründungen o. Ä. deutscher Unternehmer als Direktkredite oder – speziell für Mittelständler – im Rahmen von Kreditprogrammen, die über Geschäftsbanken vergeben werden, an.

- Darüber hinaus ist die KfW IPEX-Bank im Projektfinanzierungsgeschäft sowie – in Kooperation mit anderen Ländern – im Multi-sourcing-Exportfinanzierungsgeschäft sowie im Leasing und im Bereich „Asset Backed Securities" tätig.

3.3.3 Forfaitierung

Unter **Forfaitierung** versteht man den regresslosen Verkauf („à forfait") von Exportforderungen aus grenzüberschreitenden Waren- und Dienstleistungsgeschäften an einen **Forfaiteur**. Forfaitierung weist auf den ersten Blick Ähnlichkeiten mit dem Exportfactoring auf. Die wesentlichen Unterschiede zum Factoring bestehen jedoch darin, dass bei der Forfaitierung

- ausschließlich Einzelforderungen verkauft werden,
- diese zumeist mittel- bis langfristig sind,
- es sich dabei zumeist um Investitionsgüter, häufig aus dem Anlagenbau, handelt,
- der Verkauf à forfait in jedem Fall eine Rückgriffsmöglichkeit ausschließt
- und zusätzliche Dienstleistungen über den Ankauf hinaus von der Forfaitierungsgesellschaft nicht übernommen werden.

Dem (deutschen) Lieferanten werden die Forderungen – überwiegend durch vom ausländischen Käufer ausgestellte Solawechsel verbrieft – so abgenommen, dass er nur noch für den rechtlichen Bestand haftet, jedoch nicht mehr das wirtschaftliche und politische Risiko trägt.

An der Forfaitierung sind typischerweise vier Parteien beteiligt: Exporteur, Importeur, Garantie-Bank und Forfaiteur. Der Ablauf lässt sich folgendermaßen skizzieren:

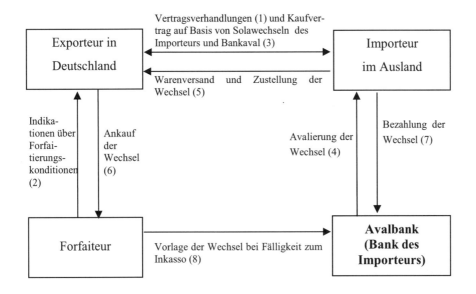

Abb. 12: Ablaufschema der Forfaitierung

Die Forfaitierung wird gelegentlich als der „Rolls Royce" der Risikoabwälzungsinstrumente (vgl. z.B. Stocker, S. 152) bezeichnet. Im Hinblick auf die Risikosituation (Deckung aller wirtschaftlichen und politischen Risiken) ist sie für den Exporteur die komfortabelste Variante, jedoch auch die teuerste.

Die Kostenermittlung der Forfaitierung erfolgt im Wesentlichen in zwei Schritten:

1. Schritt: Aufstellung des Zahlungsplans für den Importeur (z.B. auf Basis halbjährlicher Wechselbeträge) = Wechselrate + Abnehmerzinsen

2. Schritt: Berechnung des Forfaitierungserlöses für den Exporteur seitens des Forfaiteurs = Wechselbeträge abzüglich der Diskontbeträge. Die Diskontbeträge werden auf Basis des Forfaitierungssatzes berechnet. Dieser Satz ist ein Festzinssatz für die gesamte Forderungslaufzeit und hängt neben dem allgemeinen Euromarktzinsniveau auch von der Laufzeit und von der Risikosituation (Kreditwürdigkeit Importeur, Bonität Avalbank, Länderrisiko) ab.

Beispiel: Exportgeschäft mit einem libanesischen Importeur

Exportgeschäftsbedingungen:

Gesamtauftragswert:	500.000 €
Zahlungsbedingungen:	10% Anzahlung bei Vertragsabschluss
	20% gegen Verschiffungsdokumente (Dokumentenrate)

	70% in 5 gleichen Halbjahresraten, erste Rate fällig
	6 Monate nach Lieferung
Lieferzeitpunkt:	1.8.2004
Abnehmerzins:	8% p.a., Deutsche Zinsmethode, zahlbar auf die jeweilige Restschuld

Forfaitierungsbedingungen:

Diskontsatz (Forfaitierungssatz):	9% p.a., nach 365/360-Tage-Methode
Bearbeitungsgebühren:	⅛%, sofort fällig
Respekttage:	5
Abrechnungsvaluta:	1.10.2004

Der Importeur wird die Sola-Wechsel (Promissory Notes) an die eigene Order blanko-indossiert ausstellen und sie zusammen mit dem Aval seiner – dem Forfaiteur bekannten – Hausbank dem Exporteur zum Liefertermin gestückelt einreichen.

1. Schritt: Aufstellung des Zahlungsplans für den Importeur

Nach Abzug der 10 % Anzahlung und 20 % Dokumentenrate verbleibt ein Restbetrag von 350.000 €, der durch fünf Zahlungsraten à 70.000 € beglichen werden soll. Die Wechselbeträge ergeben sich nach folgender Rechnung:

	Fälligkeit	Restschuld (RS) bis Fälligkeit	Halbjahres-raten	Abnehmerzinsen (RS * 0,08 / 2)	Wechsel-betrag in €
Lieferzeitpunkt	1. 8 .2002	350.000	-	-	
1. Fälligkeit	1. 2 .2003	350.000	70.000	14.000	84.000
2. Fälligkeit	1. 8 .2003	280.000	70.000	11.200	81.200
3. Fälligkeit	1. 2 .2004	210.000	70.000	8.400	78.400
4. Fälligkeit	1. 8 .2004	140.000	70.000	5.600	75.600
5. Fälligkeit	1. 2 .2005	70.000	70.000	2.800	72.800
			350.000	42.000	392.000

Fakturierter Betrag
zum Liefertermin

2. Schritt: Berechnung des Forfaitierungserlöses

Der Forfaitierungserlös ergibt sich aus der errechneten Summe der Wechselbeträge (=Raten plus Abnehmerzinsen) abzüglich der noch zu berechnenden Diskontzinsen und Einmalgebühren/-provisionen.

Die Diskontzinsen errechnen sich z.B. für den ersten Wechsel aus:

$$84.000 \cdot \frac{9}{100} \cdot \frac{128}{360} = 2.688 \,\text{€}.$$

	Fälligkeit nach Tagen	Zinstage		Wechsel-betrag	Diskontbetrag (9% Diskont-satz)	Forfaitierungs-erlös (Barwert der Wechselbeträge)
		taggenau	+ 5			
Abr.valuta	1. 10 .2002				-	
1. Fälligkeit	1. 2 .2003	123	128	84.000	2.688	81.312
2. Fälligkeit	1. 8 .2003	304	309	81.200	6.273	74.927
3. Fälligkeit	1. 2 .2004	488	493	78.400	9.663	68.737
4. Fälligkeit	1. 8 .2004	670	675	75.600	12.758	62.843
5. Fälligkeit	1. 2 .2005	854	859	72.800	15.634	57.166
				392.000	47.015	344.985

Damit ergibt sich für den Forderungsverkäufer (Exporteur) folgende Rechnung:

Wechselbeträge insgesamt	392.000 €	
./. Diskont gesamt (9% p.a.)	47.015 €	
= Forfaitierungserlös Valuta 1.10.2004		**344.985 €**
./. Einmalgebühren (⅛% auf 350 T€)	438 €	
= Gesamtmittelzufluss aus Forfaitierung	**344.547 €**	

Im Ergebnis liegt also eine **Unterdeckung** (< 350.000 €) vor. Dies hat folgende Ursachen:

– Der Forfaitierungssatz ist höher als der Abnehmerzinssatz.

– Die Diskontbeträge werden nicht auf Basis der Nominalbeträge (z.B. 70.000 €), sondern auf – Basis der Wechselbeträge, also einschließlich Abnehmerzinsen (z.B. 84.000 €), errechnet.

– Die taggenaue Auszählung ist etwas ungünstiger als die 360/360-Tages-Methode.

Dass die Unterdeckung nur vergleichsweise gering ausfällt, liegt auf der anderen Seite daran, dass der Forfaiteur erst zwei Monate nach Lieferzeitpunkt die Forderung kauft, der Exporteur also für zwei Monate noch selbst „im Risiko" ist.

Das Finanzmanagement muss im Einzelfall beurteilen, ob sich für die betreffende Exportforderung die vergleichsweise teure Forfaitierung lohnt. Würde man die ökonomische Analyse auf einen reinen Vergleich des Forfaitierungserlöses mit dem Barwert der Zahlungsreihe eines Vergleichskredits (vgl. etwa Stocker, S. 154-158) reduzieren, so dürfte sich in aller Regel die Forfaitierung als die unvorteilhaftere Variante erweisen. Dem stehen jedoch Vorteile gegenüber, die fallweise zu beurteilen sind (vgl. Stocker, S. 158, oder Jahrmann, S. 484):

- „Bilanzentlastung", d.h. keine Bilanzierung als Forderung oder sogar Bildung einer Einzelwertberichtigung beim Exporteur und damit gegebenenfalls Verbesserung der Kreditwürdigkeit,
- keine Selbstbeteiligung (wie etwa bei „HERMES"),
- kein Wechselkursrisiko,
- relativ einfache administrative Abwicklung.

3.4 Projektfinanzierungen und strukturierte Finanzierungen

3.4.1 Projektfinanzierung

Die Projektfinanzierung (vgl. z.B. Reuter/Wecker oder Fahrholz, S. 253-299) ist eine spezielle Finanzierungsform für Großprojekte. Terminologisch zu beachten ist, dass sich hinter der Projektfinanzierung („project finance") ein ganz spezieller Finanzierungstyp verbirgt. Somit ist also nicht jede Finanzierung eines Investitionsprojekts schon eine Projektfinanzierung. Unter Projektfinanzierung ist die Finanzierung einer wirtschaftlich und juristisch selbständigen Einheit (Projektgesellschaft) zu verstehen, bei der die Haftung entweder ausschließlich auf das Vermögen der Projektgesellschaft **(Non Recourse-Finanzierung)** oder zusätzlich noch auf einen nach oben begrenzten Betrag der Eigenkapitalgeber **(Limited Recourse-Finanzierung)** begrenzt ist. Die Rückführung des Projektkredits erfolgt aus dem erwirtschafteten **Cash-flow**.

Die Projektfinanzierung hat ihren Ursprung in der Kraftwerksfinanzierung. Projektfinanzierungen finden sich heute u.a. für Vorhaben in der Energiewirtschaft (Kraftwerke, Pipelines), in der Telekommunikation (z.B. Aufbau und Betrieb von Mobilfunknetzen), der Verkehrsinfrastruktur (Flughäfen, Autobahnen, Tunnel, Häfen), in der Petrochemischen Industrie (Raffinierung, Gasverflüssigung) und im sonstigen Großanlagenbau. Die Projektfinanzierung erfuhr in den 90er-Jahren im Zuge der Liberalisierung, Privatisierung und Deregulierung in vielen Schwellenländern, die in der Regel einen beträchtlichen Infrastruktur-Nachholbedarf hatten, einen Boom. Dennoch werden (vgl. Reuter/Wecker, S. 7) nach grober Schätzung, je nach Branche, nur 10-30% der Investitionsvolumina durch Projektfinanzierungen dargestellt.

Projektfinanzierungen sind komplexe, nicht standardisierte Finanzierungskonstruktionen mit vielen beteiligten Parteien. Dennoch lässt sich ein typischer Ablauf erkennen und wie folgt beschreiben:

- Am Anfang steht das Projekt bzw. das Projektvorhaben. Die grundsätzliche Durchführbarkeit wird durch eine **Machbarkeitsstudie** (Feasibility Study) evaluiert und spezifiziert.
- Falls die Initiative für das Projekt vom Staat oder einer Kommune stammt, so ist es üblich, das Projekt weltweit öffentlich auszuschreiben und im Rahmen eines Bieterprozesses **(Bidding-Verfahren)** an ein Industrieunternehmen oder

– was die Regel ist – an ein **Investorenkonsortium** (bestehend typischerweise aus Baugesellschaft, zukünftigem Betreiber, Banken, ggf. Finanzinvestoren) zu vergeben. Möglich ist aber auch, dass die Initiative vom Investor selbst ausgeht (z.B. für den Bau eines Hotels in einer ausländischen Großstadt).

- Für das Projekt wird eine eigene **Projektgesellschaft** als Ein-Zweck-Gesellschaft gegründet. Die Gesellschafteranteile werden von den maßgeblich am Projekt beteiligten Parteien (insbesondere Bau- und Betriebsgesellschaft) gehalten, die auch **Sponsoren** genannt werden. Durch die „Auslagerung" des Projekts in eine separate Gesellschaft wird erreicht, dass die späteren projektfinanzierenden Banken keinen oder nur begrenzten Zugriff auf den „Corporate" des zukünftigen Erbauers oder Betreibers haben, sondern nur auf das Vermögen der Projektgesellschaft zugreifen können. Die Sponsoren begrenzen also ihr Risiko auf den eingesetzten Betrag zuzüglich etwaiger Nachschussverpflichtungen und schützen zugleich ihr Mutterunternehmen.

- Neben den technischen, juristischen, sozialen und ökologischen Problemen und Barrieren, die für das Projektvorhaben zu lösen sind, sind die Wirtschaftlichkeit und die Finanzierbarkeit die Haupt-„Knackpunkte". Gegenüber der „traditionellen" Unternehmensfinanzierung („corporate finance"), bei der die Banken ihre Kredite durch Besicherung von Teilen des Anlagevermögens „sicherstellen" können, müssen die Finanzierungsinstitute in der Projektfinanzierung auf die zukünftig zu erwartenden Cash-flows abstellen. Die „traditionellen" Instrumente der vergangenheitsorientierten Kreditwürdigkeitsprüfung versagen also hier weitgehend. Das Finanzmanagement der Investoren beauftragt deshalb in der Regel einen **Financial Advisor**, d.h. eine Bank oder ein banknahes Beratungsunternehmen, um die Finanzierbarkeit des Projekts sicherzustellen. Hierbei ist auf eine ausgewogene Risikenverteilung (**„Risk Sharing"**) zu achten. Der Financial Advisor erstellt gemeinsam mit den Investoren einen Business-Plan, begleitet das Finanzmanagement der Investoren bei allen wichtigen Vertragsabschlüssen und trägt Sorge dafür, dass die Verträge „bankable" – d.h. später von den Banken auch akzeptiert – werden.

- Nach ausreichender Entwicklung und Strukturierung des Projekts und Abschluss aller wichtigen Projektverträge (Bauverträge, Lieferverträge, Betreiberverträge, Konzessionen/Lizenzen etc.) wird eine internationale und im Projektfinanzierungsgeschäft erfahrene Bank damit beauftragt – häufig im Rahmen eines Bieter-Verfahrens – die Projektfinanzierung als sog. **„Lead Arranger"** zu arrangieren. Man kann hier keine allgemeingültige zeitliche Abgrenzung ziehen. Denkbar ist auch, dass der Lead Arranger auch schon vor Abschluss der wichtigsten Projektverträge „ins Boot" geholt wird. Dies wird immer dann der Fall sein, wenn die Investoren auf einen Financial Advisor verzichten, somit der Lead Arranger der maßgebliche Partner für alle Finanzierungsfragen ist.

- In der Regel wird die arrangierende Bank den Kredit nicht allein stellen, da das Kreditvolumen – nicht selten in dreistelliger US\$-Millionenhöhe oder sogar Milliardenhöhe – für eine einzelne Bank zu hoch ist. Sie bildet daher ein **Projektfinanzierungskonsortium**, an dem sich weitere im Projektfinanzierungsgeschäft tätige Banken mit einem Teilbetrag beteiligen können, sog. **Underwriter** und **Participants**. Über die „Participation" ist es kleineren Banken, die nicht als Global Player auftreten, möglich, am „Kuchen" der Projektfinanzierung mit einem gewissen Betrag teilzunehmen. Nachdem alle Banken der Finanzierung nach eingehender interner Prüfung zugestimmt haben, steht am Ende des oft langwierigen Verhandlungs- und Prüfungsprozesses die Unterzeichnung der Projektfinanzierungsverträge, dem sog. **„Financial Close"**. Mit dem Financial Close ist die Finanzierung des Projekts sichergestellt, so dass anschließend mit dem Bau des Projektvorhabens begonnen werden kann.

Aufgrund der Vielzahl der Verträge und der Projektbeteiligten sowie der zu lösenden Teilprobleme können vom Zeitpunkt der Projektentstehung bis zum Financial Close oft mehrere Jahre vergehen, in denen nicht zuletzt das Finanzmanagement der Sponsorenunternehmen und der Projektgesellschaft in hohem Maße beansprucht werden. Die Beteiligten einer Projektfinanzierung sind in unten stehender Abbildung noch einmal dargestellt.

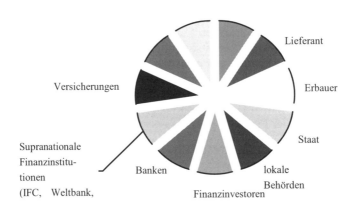

Abb. 13: Beteiligte an einer Projektfinanzierung

Bei der Entscheidung des Finanzmanagements, ob ein Investitionsvorhaben unternehmensfinanziert oder projektfinanziert werden soll, sind der aus Unternehmenssicht günstigeren Risikosituation die höheren Kosten gegenüberzustellen. Zum einen entstehen Gebühren für Financial Advisor und Lead Arranger (**Arrangement Fees**), zum anderen ist die Kreditmarge deutlich höher als bei einem entsprechenden „Corporate Loan". Die Kredite erfolgen fast ausschließlich als euromarktrefinanzierte Roll-over-Kredite, die Laufzeiten für Projektfinanzierungen sind – insbesondere falls keine langfristigen Abnahmeverträge vorliegen – kürzer als vergleichbare Corporate Loans.

3.4.2 Cross-Border-Leasing

Leasing ist im nationalen Bereich fest etabliert. Im internationalen Geschäft wird es als **Cross-Border-Leasing** (siehe etwa Büschgen, S. 52-61, oder Fahrholz, S. 139-169) oder grenzüberschreitendes Leasing bezeichnet. Charakteristisches Merkmal des Cross-Border-Leasing ist, dass sich Leasing-Gesellschaft (= Leasinggeber) und Leasingnehmer – und ggf. auch der Lieferant – in verschiedenen Ländern befinden, Leasingraten werden also grenzüberschreitend entrichtet. Im Folgenden ist der Ablauf eines einfachen Exportleasing-Geschäftes dargestellt (die Struktur ist entnommen aus Büschgen, S. 54):

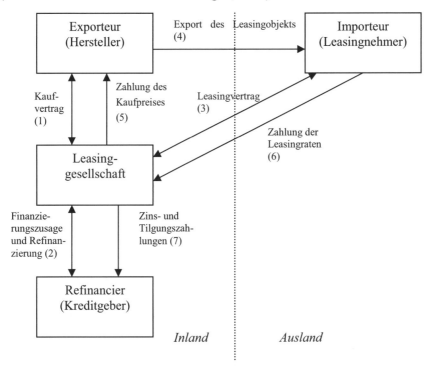

Abb. 14: Ablaufschema beim Cross-Border-Leasing

Die einfache **„Plain Vanilla"** Version wird in der Praxis in vielen Formen variiert. Neben dem Finanzierungseffekt und dem Bilanzierungseffekt („Off-Balance-Lösung") sind hierbei vor allem **steuerliche Gründe** maßgebend. Das besondere Kennzeichen des Cross-Border-Leasings ist gerade, dass Eigentum und Nutzung des Investitionsobjekts in verschiedene Rechts-, Steuer und Währungssysteme fallen. Dies ist der Ansatzpunkt für viele Leasing-Geschäfte, die darauf abzielen, Steuervorteile gleichzeitig in verschiedenen Ländern auszunutzen. Kann das Leasingobjekt sowohl vom Leasinggeber als auch Leasingnehmer abgeschrieben werden, so spricht man von **Double-Dip-Leasing**. Dies ist dann möglich, wenn das Leasingobjekt im Domizilland des Leasinggebers steuerlich dem Leasinggeber und im Domizilland des Leasingnehmers steuerlich dem Leasingnehmer zugerechnet wird. Insbesondere im Rahmen des sog. „Tax Driven Lease" strukturieren große Banken für die Unternehmen äußerst komplexe Leasingkonstruktionen. Aus Platzgründen kann hier auf die Vielfalt der Ausgestaltungsformen nicht weiter eingegangen werden.

Das Cross-Border-Leasing vollzieht sich häufig in der Form des **Big-Ticket-Leasing**. Darunter werden Leasing-Geschäfte mit einem Volumen von zumeist mehreren Millionen US$ verstanden. Typische Leasingobjekte sind Flugzeuge, Schiffe oder Infrastrukturprojekte (Kraftwerke, Müllverbrennungsanlagen u.a.). Das Leasingobjekt wird dann in eine eigens gegründete **Special Purpose Company (SPC)** eingebracht. Die Refinanzierung des Leasingobjekts seitens der Banken ist dann aus Sicht der Banken eine Projektfinanzierung.

3.4.3 Asset Backed Securities

Asset Backed Securities (ABS) sind ein seit den 70er-Jahren in den USA etabliertes Instrument der strukturierten Finanzierung, das jedoch im europäischen Raum an Bedeutung gewinnt. Unter dem Begriff Asset Backed Securities (vgl. etwa Fahrholz, S. 213-251) sind Wertpapiere oder Schuldscheine zu verstehen, die Zahlungsansprüche gegen eine ausschließlich dem Zweck der ABS-Transaktion dienende Ein-Zweck-Gesellschaft (Special Purpose Company, SPC) zum Gegenstand haben. Die Zahlungsansprüche werden durch einen Bestand unverbriefter Forderungen („assets") gedeckt („backed"), die auf die Zweckgesellschaft übertragen werden und im Wesentlichen den Inhabern der Asset Backed Securities (Investoren) als Haftungsgrundlage zur Verfügung stehen.

Die Ein-Zweck-Gesellschaft – häufig mit Sitz in einem Offshore-Gebiet – kauft dabei einen hinlänglich stark diversifizierten Pool aus Einzelforderungen (Größenordnung mindestens 20 Mio. €). Die Refinanzierung der Forderung erfolgt über die Begebung von Anleihen (zumeist Commercial Papers oder Medium Term Notes), somit handelt es sich um die **Verbriefung** (securitization) von Forderungen.

Die Bewertung des Forderungspools erfolgt nicht – wie beim Factoring – über eine (kostspielige) Bonitätsprüfung, sondern über eine statistisch-historische Gesamtbewertung. Daraus wird eine Prognose für zukünftige Forderungsausfälle abgeleitet, woraus wiederum die Forderungsreserven (Forderungsreserven bedeutet, dass das Unternehmen mehr Forderungen auf die SPC überträgt, als es erstattet bekommt) ermittelt werden, die das Unternehmen an die SPC verkauft. Mit dem Verkauf geht das Ausfallrisiko vom Unternehmen auf die SPC über.

Vorzugsweise werden in den Pool Finanzaktiva mit durchschnittlichem Bonitätsrisiko und einer Laufzeit von mehr als einem Jahr eingebracht und durch Diversifizierung und Übersicherung auf ein „gutes" Bonitätsrisiko hochgestuft. Vornehmlich handelt es sich dabei um Forderungen aus Krediten, hochverzinslichen Anleihen, Hypotheken, Kreditkartengeschäften, Lizenz- und Franchisegeschäften, Leasingverträgen sowie Lieferungen und Leistungen. Bei den forderungsverkaufenden Unternehmen werden Mindestanforderungen an Größe (mindestens 500 Mio. € Jahresumsatz) und Bonität gestellt. Das Instrument ist somit zurzeit weniger für mittelständische Unternehmen geeignet.

3.5 Sicherungsinstrumente

3.5.1 Allgemeines

In diesem Abschnitt sollen nicht die in der nationalen Finanzierung bekannten Kreditbesicherungsinstrumente wiederholt werden. Viele Instrumente davon (z.B. Lieferung unter Eigentumsvorbehalt) sind grenzüberschreitend ohnehin problematisch, unpraktikabel oder überhaupt nicht anwendbar. Hier geht es um die bedeutsamsten Maßnahmen zur Absicherung der Ansprüche der Vertragsparteien im *internationalen* Handel.

In Abschnitt 2.2 wurden mit dem Dokumenten-Inkasso und dem -Akkreditiv bereits zwei Instrumente behandelt, die zur Absicherung der Zahlungsansprüche des Exporteurs dienen. Eine weitere große Bedeutung spielen Bankgarantien und Exportkreditversicherungen, die im Folgenden näher beleuchtet werden.

Eine weitere wichtige Erscheinungsform im internationalen Geschäft sind **Patronatserklärungen**. Darunter sind Erklärungen des Konzernunternehmens (im Inland) gegenüber dem Kreditgeber eines anderen Unternehmens (im Ausland) desselben Konzerns zu verstehen. Man unterscheidet **harte Patronatserklärungen**, bei denen die Konzernmutter eine Garantie für die Verbindlichkeiten der Tochter übernimmt und **weiche Patronatserklärungen**, die zwar gegenüber dem Gläubiger den Goodwill signalisieren, jedoch in der Formulierung unverbindlich gehalten sind. Bei der harten Patronatserklärung geht also die garantierende Konzerngesellschaft dieselbe „harte" Verpflichtung ein wie eine Bank im Falle einer Bankgarantie.

Schließlich sind der Vollständigkeit halber die **Protective Covenants** zu erwähnen. Dies ist ein Sammelbegriff für alle Klauseln in Kreditverträgen, die den Kreditnehmer zum „Wohlverhalten" gegenüber seinen Gläubigern veranlassen sollen. Dazu gehören z.B. die **Conditions Precedent** (zu erfüllende Auszahlungsbedingungen, sowohl einmalig, als auch vor jeder Teilauszahlung) und die im Kreditvertrag formulierten Voraussetzungen bzw. Vertragsverletzungen, die zur vorzeitigen Fälligstellung des Kredits führen können **(Events of Default)**.

3.5.2 Bankgarantien als Instrumente der Leistungssicherung

Im internationalen Geschäft stellt sich oft für beide Geschäftspartner ein ähnliches Problem: Während es für den Verkäufer (Exporteur) schwierig ist, die Zahlungswilligkeit und -fähigkeit des Käufers einzuschätzen, ist es für den Käufer (Importeur) nicht einfach, die Leistungswilligkeit sowie die fachlichen und finanziellen Möglichkeiten des Lieferanten zu beurteilen. Der Importeur hat somit ein grundlegendes Bedürfnis nach Leistungssicherung (siehe Credit Suisse First Boston, S. 94).

Bankgarantien werden in der Bankensprache als **Avalkredite** oder einfach als Avale bezeichnet. Die Bank stellt keine Zahlungsmittel, sondern ein bedingtes *Zahlungsversprechen* zur Verfügung (aus Sicht der Bank ist die Unterscheidung aus Risikogesichtspunkten gleichwohl belanglos, denn die Bereitstellung von Zahlungsmitteln oder die Herauslegung einer Garantie werden risikomäßig gleich behandelt) und verlangt dafür ein Entgelt **(Avalprovision)**. Während im englischen Sprachgebrauch allgemein von „Guarantee" gesprochen wird, trifft man in Deutschland die rechtliche Unterscheidung zwischen **Bürgschaft** und **Garantie**. Die Bürgschaft ist an eine bestimmte Schuld geknüpft (akzessorisch) und verfällt, wenn die Schuld aus irgendeinem Grund (z.B. durch Zahlung) erlischt. Die Garantie schafft ein abstraktes, nichtakzessorisches Zahlungsversprechen gegenüber dem Begünstigten. Sie erlischt bei Nichtinanspruchnahme in der Regel durch Zeitablauf oder bei Eintritt eines definierten Ereignisses, z.B. Vertragsunterzeichnung. Im internationalen Geschäft wird fast ausschließlich die Garantie verwendet, weshalb im Folgenden nur noch – mit der Bank als Garantin – von Bankgarantie gesprochen wird.

Das wesentliche Merkmal der Bankgarantie ist die Sicherungsfunktion. Sie bietet jedoch indirekt auch *Liquiditätsvorteile*, da sie ermöglicht, auf die Stellung eines Bardepots zu verzichten.

Garantie und Akkreditiv weisen zwar Ähnlichkeiten auf, der Hauptunterschied liegt aber darin, dass beim Akkreditiv die *Zahlungsfunktion* ein Hauptmerkmal ist und das Akkreditiv bei Vorliegen akkreditivkonformer Dokumente zahlbar ist, während die Garantie auf erstes Anfordern ohne jede Einwendung zahlbar ist. Ferner kann ein Akkreditiv auch widerruflich sein, während eine Bankgarantie nur in unwiderruflicher Form vorkommt.

Die IHK in Paris hat mit Wirkung vom 1.1.1993 neue Richtlinien für Garantien veröffentlicht (Publikation 458 der IHK Paris unter dem Titel „ICC Einheitliche Richtlinien für auf Anfordern zahlbare Garantien"). Sofern in der Garantie auf diese Richtlinien Bezug genommen wird, sind diese für beide Parteien bindend.

Die drei Garantiearten mit der *größten Bedeutung* im internationalen Geschäft (s. Credit Suisse First Boston, S. 100-105) sind die Bietungsgarantie, die Erfüllungsgarantie und die Anzahlungsgarantie.

- Die **Bietungsgarantie** (Bid Bond, Tender Bond) soll ein Unternehmen davon abhalten, ein Angebot einzureichen, den ihm daraufhin erteilten Auftrag aber nicht anzunehmen, weil das Geschäft inzwischen uninteressant geworden ist. Damit will sich der Investor gegen die Einreichung unseriöser und unqualifizierter Angebote absichern und sich kostspielige Verzögerungen oder sogar Neuausschreibungen ersparen. Die Höhe beträgt üblicherweise 1-5% des Angebotspreises und gilt bis zur Vertragsunterzeichnung oder Stellung der Erfüllungsgarantie.

- Die **Erfüllungsgarantie** (Performance Bond) soll sicherstellen, dass eine Lieferung oder Leistung vertragsgemäß und rechtzeitig erfolgt. Sie stellt im Wesentlichen eine Verstärkung des Vertragsverhältnisses zwischen Käufer und Verkäufer dar. Die Garantiebank ist in keinem Fall verpflichtet, für die ordnungsgemäße Durchführung der Lieferung Sorge zu tragen. Die Höhe beträgt zumeist 10% der Vertragssumme. Sie ist in der Regel gültig bis zur ordnungsgemäßen Lieferung oder (bei Werks- oder Maschinenlieferungen) bis zur korrekten Inbetriebnahme des Vertragsgegenstandes. Der Performance Bond kann wegen Mängelrügen oder Verzögerungen beansprucht werden.

- Die **Anzahlungsgarantie** (Advance Payment Guarantee) soll den Lieferanten anhalten, die Anzahlung im Sinne des zwischen ihm und dem Käufer geschlossenen Vertrags zu verwenden. Sie sieht die Rückerstattung des Anzahlungsbetrages vor, falls der Verkäufer seine Verpflichtungen nicht erfüllt. Meistens wird der Garantiebetrag, abhängig vom Zeitablauf oder vom Fortschritt der Vertragserfüllung, sukzessive reduziert.

Garantieart	Charakterisierung
Konnossementgarantie	Einzelne Konnossemente können verloren gehen oder verspätet eingehen. Der Frachtführer kann jedoch schadenersatzpflichtig werden, wenn er eine Warensendung aushändigt, ohne dafür die Konnossemente erhalten zu haben. Gegen eine zu seinen Gunsten bestellte Bankgarantie über 100-200% des Warenwertes ist der Reeder gegen eine etwaige Schadenersatzforderung abgesichert.
Zollgarantie	Mit der Zollgarantie verpflichtet sich die Garantiebank gegenüber der Zollbehörde zur Zahlung anfallender Zölle und Gebühren, falls der Garantie-Auftraggeber nur vorübergehend in ein Land eingeführte Waren nicht später wieder ausführt.
Zahlungsgarantie	Absicherung des Anspruches auf Bezahlung des Kaufpreises seitens des Käufers.
Gerichtsgarantie	Absicherung von Prozess- und Parteikosten bei Gerichtsverfahren.
Vertragsgarantie	Absicherungen von Zahlungen aus Verträgen aller Art (z.B. Kreditkarten-Benutzungsvertrag, Vertrag betreffend einer Konventionalstrafe).
Kreditbesicherungsgarantie	Eine Kreditbesicherungsgarantie wird von der Hausbank eines inländischen Kunden gewährt, wenn dieser oder seine Tochterunternehmung bei einer ausländischen Bank einen Kredit aufnehmen will, aber nicht über ausreichend Bonität in diesem Land verfügt.

3.5.3 Exportkreditversicherungen

3.5.3.1 Staatliche Exportkreditversicherung in Deutschland

Zur Absicherung der mit Exportgeschäften verbundenen Käuferrisiken (Delkredere) und Länderrisiken (politische Ursachen) können deutsche Exporteure sowie Kreditinstitute die Ausfuhrgewährleistungen des Bundes zur Förderung der deutschen Ausfuhren in Anspruch nehmen. Diese Ausfuhrgewährleistungen werden von der Bundesrepublik Deutschland auf der Grundlage jährlich festgesetzter haushaltsrechtlicher Ermächtigungen übernommen. Exportkreditversicherungen spielen zur Förderung der nationalen Exportwirtschaft eine bedeutende Rolle.

Die Euler Hermes Kreditversicherungs-AG, Hamburg (zum Allianz Konzern gehörend) bearbeitet im Rahmen eines Manadatarkonsortiums zusammen mit der PWC Deutsche Revision AG Wirtschaftsprüfungsgesellschaft im Auftrag und für Rechnung der Bundesrepublik Deutschland die staatlichen Exportkreditgarantien. Die Euler Hermes Kreditversicherungs-AG ist in diesem Konsortium Federführer, woraus sich der geläufige Begriff Hermesdeckungen erklärt. Darüber betreibt die Euler Hermes Kreditversicherungs-AG auch vielfältige Garantie- und Deckungsgeschäfte auf eigene Rechnung.

Folgende *Formen von Ausfuhrgewährleistungen* stehen zur Verfügung (siehe auch unter **www.hermes-kredit.com**):

- **Ausfuhrgarantien**, wenn der ausländische Vertragspartner des deutschen Exporteurs eine **insolvenzfähige**, privatrechtlich organisierte Firma ist,
- **Ausfuhrbürgschaften**, wenn der ausländische Vertragspartner des deutschen Exporteurs oder ein für das Forderungsrisiko voll haftender Garant ein Staat, eine Gebietskörperschaft oder eine vergleichbare Institution ist.

Ausfuhrgewährleistungen können gewährt werden:

- deutschen *Exporteuren* für die Risiken *vor Versand* (**Fabrikationsrisikodeckungen**) und für die Risiken *nach Versand* (**Ausfuhrdeckungen**) sowie
- deutschen exportfinanzierenden *Kreditinstituten* (z.B. KfW) als **Finanzkreditgarantien/-bürgschaften**.

Die Unterscheidung in Fabrikationsrisiken und Ausfuhrrisiken richtet sich nach dem zeitlichen Ablauf eines Exportgeschäftes:

- Bei der Fabrikationsrisikodeckung bezieht sich die Absicherung auf die Selbstkosten, die dem Exporteur bis zum vorzeitigen Ende der Fertigung infolge des Eintritts gedeckter Risiken dadurch entstehen, dass die Fertigstellung bzw. der Versand der Ware aufgrund politischer oder wirtschaftlicher Umstände unmöglich oder dem Exporteur nicht mehr zumutbar ist.
- Die *Ausfuhrdeckung* schützt den Exporteur ab Versand der Ware oder Beginn der Leistung bis zur vollständigen Bezahlung gegen die Uneinbringlichkeit der Exportforderung aufgrund politischer oder wirtschaftlicher Risiken. Gegenstand der Deckung ist die mit dem ausländischen Schuldner im Exportvertrag

als Gegenleistung vereinbarte Geldforderung einschließlich der Kreditzinsen bis zur Fälligkeit.

Ausfuhrdeckungen stehen in verschiedenen Formen zur Verfügung:

- als **Einzeldeckung** für die Forderungen aus einem Ausfuhrvertrag mit einem ausländischen Besteller;

- wird wiederholt derselbe ausländische Besteller zu kurzfristigen Zahlungsbedingungen beliefert , kann anstelle der Einzeldeckung – bei der jedes Mal ein gesonderter Antrag gestellt werden muss – eine Sammeldeckung **als revolvierende Ausfuhrgarantie oder -bürgschaft** beantragt werden. Innerhalb eines bei einer revolvierenden Deckung zur Verfügung stehenden Höchstbetrages werden alle Forderungen gegen den betreffenden Auslandskunden abgesichert;

- wird laufend eine Mehrzahl von ausländischen Kunden in verschiedenen Ländern zu kurzfristigen Zahlungsbedingungen beliefert, steht ein vereinfachtes Verfahren mit günstigen Entgeltsätzen als **Ausfuhr-Pauschal-Gewährleistung (APG)** zur Verfügung;

- zur Absicherung des politischen Risikos in sog. marktfähigen Ländern steht eine **Länder-Pauschal-Gewährleistung (LPG)** zur Verfügung;

- ferner werden **Sonderdeckungen** angeboten, so z. B. Deckungen gegen Beschlagnahmerisiken für Verkaufsläger im Ausland, gegen die widerrechtliche Inanspruchnahme vom Exporteur zu stellender Gegengarantien, Deckungen für Bauleistungs- und Leasinggeschäfte.

Bei der Deckung von Exportrisiken und -krediten wird nach der Risikoursache zwischen politischen und wirtschaftlichen Risiken unterschieden.

Zu den **politischen Risiken** gehören:

- gesetzgeberische oder behördliche Maßnahmen, kriegerische Ereignisse, Aufruhr oder Revolution im Ausland, die die Erfüllung der gedeckten Forderung verhindern, sog. **allgemeiner politischer Schadensfall**,

- die Nichtkonvertierung und Nichttransferierung der vom Schuldner in Landeswährung eingezahlten Beträge infolge von Beschränkungen des zwischenstaatlichen Zahlungsverkehrs, sog. **KT-Fall**,

- der Verlust von Ansprüchen infolge auf politische Ursachen zurückzuführender Unmöglichkeit der Vertragserfüllung.

- Verlust der Ware vor Gefahrübergang infolge politischer Umstände.

Zu den **wirtschaftlichen Risiken** gehören:

- Uneinbringlichkeit infolge Zahlungsunfähigkeit (Insolvenz) des ausländischen Bestellers (z.B. bei Konkurs, amtlichem bzw. außeramtlichem Vergleich, fruchtloser Zwangsvollstreckung, Zahlungseinstellung),

- die Nichtzahlung innerhalb einer Frist von 6 Monaten nach Fälligkeit (Nichtzahlungsfall).

Der Deckungsnehmer ist in jedem Schadensfall mit einer bestimmten Quote am Ausfall selbst beteiligt. Die Selbstbeteiligung beträgt im Regelfall

- bei Ausfuhrgarantien und Ausfuhrbürgschaften 5% für die politischen Risiken, 15% für die Nichtzahlungsrisiken und 15% für die Insolvenzrisiken (nur Ausfuhrgarantie),
- bei Finanzkreditgarantien/-bürgschaften für alle Risiken 5%.

Entgelte werden erhoben für die Bearbeitung und für die übernommenen Risiken (Versicherungsprämien). Die Entgelte hängen von der Länderkategorie (diese reicht je nach Länderrisiko von Risikoklasse 1 bis 7), Käuferkategorie des Bestellers („öffentlich", „privat" sowie „privat mit akzeptierter Bank als Schuldner/Garant"), der Deckungsform (Forderungsdeckung, Fabrikationsrisikodeckung), der Höhe der gedeckten Forderung und den Zahlungsbedingungen (z.B. Kreditlaufzeit) ab.

Das Prinzip der staatlichen Exportkreditversicherung wird von den meisten Ländern als Instrument zur Exportförderung in ihrem Land angewandt. Weitere wichtige **Export Credit Agencies** (ECAs) sind beispielsweise EXIM (USA), ECGD (Großbritannien), COFACE (Frankreich), SACE (Italien), ÖKB (Österreich).

3.5.3.2 Sonstige Exportkreditversicherungen

Neben der staatlichen Exportkreditversicherung sind eine Reihe privater Anbieter auf dem Markt vertreten (z.B. Gerling, EulerHermes, Allgemeine Kreditversicherung Coface AG, Lloyds). Sie beschränken sich jedoch auf die Deckung von wirtschaftlichen Risiken und übernehmen keine politischen Risiken. Des Weiteren übernehmen sie nur eine geringe Absicherung für politisch unsichere Länder. Die Selbstbeteiligungsquoten sind ähnlich wie bei HERMES.

4. Finanzwirtschaftliches Risikomanagement

Der Begriff Risikomanagement ist grundsätzlich weit gefasst und nicht nur auf finanzielle Risiken beschränkt. Nicht zuletzt durch spektakuläre Verluste beim Einsatz derivativer Finanzinstrumente hat der Gesetzgeber mit dem Gesetz zur Kontrolle und Transparenz im Unternehmensbereich (KonTraG) unter anderem den § 91 Abs. 2 wie folgt ergänzt: „Der Vorstand hat geeignete Maßnahmen zu treffen, insbesondere ein Überwachungssystem einzurichten, damit den Fortbestand der Gesellschaft gefährdende Entwicklungen früh erkannt werden." Die Einrichtung eines Risikomanagementsystems soll somit die Risiken in allen Bereichen des Unternehmens möglichst umfänglich erfassen und steuern. Die folgenden Ausführungen beleuchten einen wichtigen Teilbereich, nämlich die finanzwirtschaftlichen Risiken und hier insbesondere das Management von Zinsänderungs- und Währungsrisiken (zur weiteren Vertiefung s. z.B. Bitz (2000)).

4.1 Management des Zinsänderungsrisikos

4.1.1 Wirkungen des Zinsänderungsrisikos

Sowohl die kurzfristigen Geldmarktsätze als auch die Kapitalmarktzinsen unterliegen im Zeitverlauf Schwankungen. Diese Volatilitäten bergen die Gefahr, dass sich die Zinsen ungünstiger entwickeln als erwartet (Zinsänderungsrisiko).

Abbildung 15 zeigt exemplarisch die 3 Monats-EURIBOR Geldmarktsätze ab Januar 1999, die eine Schwankungsbreite von über 3%-Punkten erkennen lassen.

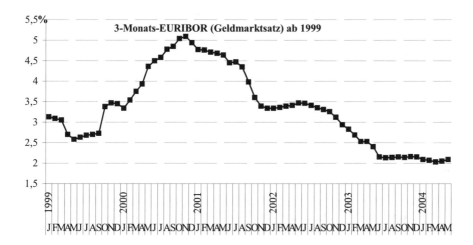

Abb. 15: 3-Monats-EURIBOR Geldmarktzinssätze 1999 bis Mai 2004
(Monatsdurchschnitte)

Welche Auswirkungen haben nun die Zinsänderungen auf die Zinspositionen im Unternehmen und welche Maßnahmen bieten sich dem Finanzmanagement an, um diese Risiken zu reduzieren?

Zunächst sei die Wirkung von Zinssatzänderungen auf das gesamte Unternehmen, resultierend aus einer zeitlichen Inkongruenz aktivischer und passivischer Bilanzpositionen, betrachtet. Dieser Aspekt wird noch von einem Währungsrisiko verstärkt, wenn man zusätzlich berücksichtigt, dass die Forderungen und Verbindlichkeiten eines Unternehmens in unterschiedlichen Währungen lauten.

Dazu sei in folgendem Beispiel (angelehnt an Büschgen, S. 362) unterstellt, dass das Unternehmen einen passivischen Festzinsüberhang von 50 Geldeinheiten (GE) habe:

Aktiva	Passiva
100 GE 6% (Festzins)	150 GE 8% (Festzins)
100 GE 4% (variabler Zins)	50 GE 6% (variabler Zins)

Der Zinsertrag nach 1 Jahr beträgt 10 GE, der Zinsaufwand 15 GE, was einem negativen Zinsergebnis von -5 GE entspricht. Annahmegemäß würde in der Mitte des Jahres der variable Zinssatz um 1% gesenkt. Zinsertrag und Zinsaufwand betragen dann 9,5 GE und 14,75 GE, das Zinsergebnis beläuft sich sodann auf 5,25 GE. Die Zinssenkung hat also das Zinsergebnis verschlechtert, das Zinsänderungsrisiko ist somit zum Tragen gekommen. Im Falle exakt gleicher Festzins- und Variabel-Positionen (Fristenkongruenz) wäre das Zinsergebnis unverändert geblieben.

4.1.2 Ausgewählte Instrumente zur Steuerung des Zinsänderungsrisikos

Die im Folgenden dargestellten klassischen **derivaten Zinssicherungsinstrumente** sind einzelgeschäftsbezogen und beleuchten, wie sich das Finanzmanagement des Unternehmens absichern kann, wenn es einen steigenden bzw. fallenden Verlauf der Zinsen erwartet bzw. wie es kurzfristige in langfristige Zinsen und umgekehrt tauschen kann (Swaps). Dabei werden ausschließlich Kontrakte betrachtet, bei denen die **Sicherung** im Vordergrund steht. Instrumente wie z.B. Zinsoptionen, bei denen auch die Spekulation eine Rolle spielt, bleiben hier unberücksichtigt.

4.1.2.1 Zinsswap (Interest Rate Swap)

Unter einem **Finanzswap** versteht man den Austausch von Zahlungsströmen zwischen zwei Parteien, bei dem beide Parteien einen finanziellen Vorteil erzielen. Der Swap ist ein Nullsummenspiel, denn was die eine Partei erhält, muss die andere zahlen. Es kommt durch den Swap somit zu einer Umverteilung von Zahlungen. Die wichtigsten Swaps sind die Zinsswaps und – mit erheblich geringerer Bedeutung – die Währungsswaps (eine ausführliche Darstellung zu Finanzswaps gibt Büschgen, S. 159-168).

Der **Zinsswap** ist ein Austausch von Zinszahlungen auf der Basis von festen oder variablen Zinsen. Dabei werden nur Zinszahlungen ausgetauscht, keine Kapitalbeträge. Das Kapital dient lediglich als Berechnungsbasis für den Zinsaustausch.

Je nachdem, ob man Zahlungsverpflichtungen oder Zahlungsforderungen tauscht, spricht man von **Liability Swaps** bzw. von **Asset Swaps**, wobei die Liability Swaps die weitaus größere empirische Bedeutung haben. Das **passivische Zinsänderungsrisiko** kann man dadurch steuern, dass man in Erwartung steigender Zinsen variable Zinsen in einen Festsatz tauscht und in Erwartung rückläufiger Zinsen Festzinsen in variable Verzinsung tauscht. Beim **aktivischen Zinsänderungsrisiko** verhält es sich genau umgekehrt: In Erwartung sinkender Zinsen ist man bestrebt, sich die „attraktiven" Kapitalmarktzinsen zu sichern, während man bei erwartetem Zinsrückgang tendenziell feste Zinsen in Kurzfristzinsen swappt.

In der Praxis am häufigsten anzutreffen sind Swaps, bei denen ein Unternehmen einen variablen Zinsstrom (in der Regel 3- oder 6-Monats-LIBOR oder EURIBOR) in längerfristige fixe Zinsströme von 1 bis maximal 30 Jahren Dauer umwandelt („Fix-Zahler"). Der Fix-Zahler („Payer") zahlt den **fixen Swapzinssatz** an den Empfänger („Receiver") und erhält im Gegenzug den variablen Zinssatz. Während die variablen Zinsen entsprechend dem Geldmarktsatz viertel- oder halbjährlich nachschüssig fällig sind, sind die Festsatzzinsen halbjährlich oder jährlich nachschüssig zu entrichten. Das Fixing (Festlegung des variablen Zinssatzes) erfolgt in der Regel zwei Arbeitstage vor Beginn der Zinsperiode.

Ein Swap-Geschäft kann losgelöst von einem Kreditgeschäft den Austausch der Zinsen basierend auf einem bestimmten Kapitalbetrag zum Gegenstand haben. Es kann jedoch auch bei bestehenden Zinspositionen angewandt werden, z.B. zur Umwandlung eines Rollover-Kredits in einen Festsatzkredit. Ob sich der Abschluss eines Zinsswaps ex post als vorteilhaft erweist, hängt von der zukünftigen Zinsentwicklung ab.

Eine Quotierung für einen Zinsswap könnte z.B. lauten: 5Y 6M-EURIBOR 374/377. Für eine Laufzeit von 5 Jahren ist der Anbieter eines Swaps bereit, gegen Erhalts des 6-Monats-EURIBOR einen Festzins von 3,74% p.a. zu zahlen (Swap-Geldseite). Umgekehrt ist er selbst bereit, den 6-Monats-EURIBOR zu zahlen, wenn er dafür eine Festzinszahlung über 5 Jahre in Höhe von 3,77% erhält (Swap-Briefseite).

Seit der Entstehung des Swap-Marktes Anfang der 80er-Jahre ergab sich vor allem in den 90er eine enorme Volumensteigerung, so dass der Markt für Zinsswaps mittlerweile eine beträchtliche Liquidität aufweist. Der Swap wird in der Regel mit der Bank abgeschlossen, die den Swap dann entweder am Markt durchhandelt oder als Eigenposition darstellt.

Als theoretischer Erklärungsansatz für die Existenz des Derivats „Zinsswap" wird häufig die Möglichkeit zur Erzielung komparativer Kostenvorteile herangezogen, die durch Bonitäts- bzw. Ratingunterschiede zwischen den Partnern und daraus resultierenden unterschiedlichen Finanzierungskosten ausgelöst werden. Entscheidend ist, dass Bonitätsvorteile bei der festen Verzinsung einer langfristigen Verbindlichkeit höher honoriert werden als bei variabel verzinslicher Mittelaufnahme und dass beide Parteien unterschiedliche Interessenlagen aufweisen. So nimmt der Partner mit höherer Bonität festverzinsliche Mittel auf, obwohl er variabel verzinsliche Beträge sucht, während der bonitätsmäßig schlechtere Partner sich zu variablen Zinssätzen finanziert. Der Zinsswap ist für beide Parteien sinnvoll, solange für die fixen und variablen Zinssätze zweier Unternehmen A und B gilt: $iB_{fix} - iA_{fix} > iB_{var} - iA_{var}$, wobei A eine höhere Bonität besitzt als B und folglich niedrigere Finanzierungszinsen erzielen kann. Im Ergebnis entsteht eine „Winner-Winner"-Situation, bei der Finanzierungskostenvorteile vertragsindividuell aufgeteilt werden.

Das Prinzip des Zinsswaps und der komparativen Kostenvorteile soll abschließend an einem Beispiel erläutert werden.

Beispiel: Einfacher Zinsswap („Plain Vanilla")

Ein Industrieunternehmen (Rating BBB) und eine Bank (Rating AAA) können jeweils einen fest- oder variabel verzinslichen Kredit (z.B. Floating Rate Note, FRN) zu folgenden Konditionen aufnehmen:

	Bank AAA	Industrieunternehmen BBB	Differenz
Festverz. Kredit	8,25%	9,75%	1,5%
Variabel verz. Kredit	EURIBOR + 0,5%	EURIBOR + 1,25%	0,75%

Es bestehen unterschiedliche Interessen: Das Industrieunternehmen wünscht einen festen Zins, während die Bank eine variable Verzinsung anstrebt.

Das Industrieunternehmen besitzt gegenüber der Bank beim zinsvariablen Kredit einen relativ kleineren Nachteil (0,75%) als beim zinsfixen (1,5%), somit lohnt sich ein Swap für beide Parteien, denn die 0,75% können zwischen den Parteien „aufgeteilt" werden:

Die Bank zahlt dem Industrieunternehmen den variablen Zins, der seiner Bonität entspricht, überlässt also indirekt ihre Bonität dem Industrieunternehmen. Als Ausgleich zahlt das Industrieunternehmen einen Zinssatz an die Bank, der unterhalb des Bank-Festzinssatzes liegt, subventioniert diesen also. Dies führt zu folgender Rechnung:

	Bank AAA	Industrieunternehmen BBB
Kreditkosten	- 8,25%	- (EURIBOR + 1,25%)
Swap Zufluss (inflow)	+ 8,50%	+ (EURIBOR + 0,50%)
Swap Abfluss (outflow)	- (EURIBOR + 0,5%)	- 8,50%
Nettokosten	EURIBOR + 0,25%	9,25%
Vergleich: Kosten ohne Swap	EURIBOR + 0,50%	9,75%

Zinsvorteil (Differenz)   0,25%   0,50%

gesamt 0,75%

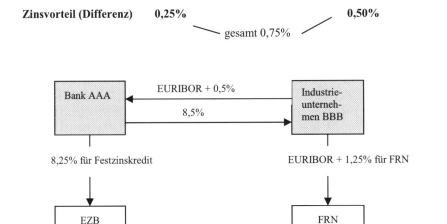

Abb. 16: Ablaufschema eines Zinsswaps

Eine Weiterentwicklung des einfachen Zinsswaps ist der **Zins-Währungs-Swap** (Cross Currency Interest Rate Swap). Im Unterschied zum reinen Zins werden beim Zins-Währungs-Swap die Zinsen aus zwei unterschiedlichen Währungen und zusätzlich am Anfang und Ende der Laufzeit die zugrunde liegenden Kapitalbeträge getauscht. Kombinationsmöglichkeiten sind fix gegen fix (fix gegen fix wäre z.B., wenn eine Partei acht Jahre lang fix US$-Zinsen zahlt und dafür fix die Zinsen in € erhält), variabel gegen variabel und fix gegen variabel. Häufig liegt ein Grundgeschäft zu Grunde, wenn etwa ein Tochterunternehmen im Ausland einen US$-Kredit gewähren möchte, den man später selbst in € an die Hausbank zurückzahlt (vgl. Stocker, S. 310 f.).

Man kann auch Swapgeschäfte „auf Termin" eingehen. Wenn etwa eine Finanzierung auf Rollover-Basis erst in einigen Monaten „ansteht", kann man sich mit einem **Forward Swap** die heutigen Marktsätze für den zukünftigen Swap reservieren. Dies ist ein verpflichtendes Geschäft. Will man sich die Marktsätze ohne Verpflichtung sichern, bietet sich eine Option auf eine Swaptransaktion an. Mit dieser **Swaption** (Swap-Option) erwirbt man das Recht, einen Swap an einem bestimmten zukünftigen Datum eingehen zu können, aber nicht zu müssen. Man unterscheidet **Receiver-Swaptions** (Recht, Festsatz zu empfangen) und **Payer-Swaptions** (Recht, Festzins zu zahlen).

4.1.2.2 Zinstermingeschäfte

Zinstermingeschäfte dienen dazu, den Zins für in der Zukunft zu tätigende Anlagen oder Kredite abzusichern. Als wichtige Erscheinungsformen gibt es Forward Rate Agreements und Financial Futures.

Beim **Forward Rate Agreement** (FRA) vereinbaren Käufer und Verkäufer ein hypothetisches, in der Zukunft liegendes Geldmarktgeschäft. Die genaue Laufzeit (maximal 24 Monate), der Betrag und der Zinssatz werden im Voraus bestimmt. Bei Verfall, d.h. zum festgelegten Starttermin des hypothetischen Geschäfts, wird der vereinbarte Zinssatz mit dem Marktsatz verglichen und die Differenz unter den Partnern verrechnet (Ausgleichszahlung; gezahlt wird die abdiskontierte Zinsdifferenz über den Anlagezeitraum, s. Beispiel). Es gibt dabei keinen Kapitalaustausch, es geht nur um die Absicherung von Zinszahlungen. Ein FRA kann aber auch rein spekulativ erworben werden. FRAs sind nichtstandardisierte OTC-Produkte.

Die Gesamtlaufzeit setzt sich aus der Vorlaufzeit und der Referenzperiode zusammen. Der Referenzzinssatz für die Referenzperiode ist zumeist der EURIBOR oder der LIBOR. Durch den Vergleich des FRAU-Satzes (Terminsatz) mit dem gefixten Referenzzinssatz wird unter Anwendung der Euro-Zinsmethode eine Ausgleichszahlung zu Beginn der Referenzperiode an eine der beiden Parteien fällig.

Beispiel: Forward Rate Agreement

Ein Unternehmen will sich gegen sinkende Zinsen absichern und verkauft einen „3 auf 12 Monate FRA", was bedeutet: Beginn des abzusichernden Festgeldes in drei Monaten (Vorlaufzeit), Ende in 12 Monaten, somit Referenzperiode (Laufzeit) neun Monate. Kontraktbetrag 5 Mio. €, Kontraktzinssatz Geld 4,5% EURIBOR. Falls nach drei Monaten der EURIBOR bei 4,2% liegt, erhält das Untenehmen von der Bank eine Ausgleichszahlung, und zwar die über neun Monate abdiskontierte Zinsdifferenz auf Basis des FRA-Satzes (4,5%) bezogen auf 5 Mio. €. Eingesetzt in die Berechnungsformel ergibt sich (unter der pauschalierten Annahme von 270 Tagen Laufzeit) eine Ausgleichszahlung in Höhe von 10.906,45 €. Läge der EURIBOR über 4,5 %, müsste das Unternehmen eine entsprechende Ausgleichszahlung leisten.

Ein alternatives Termingeschäft besteht im Handel mit Zins-Futures. Im Gegensatz zum FRA sind Zins-Futures standardisiert und werden an Terminbörsen gehandelt, u.a. auch an der EUREX. Mit dem Kauf (Verkauf) eines Zins-Futures verpflichtet man sich, ein standardisiertes Kapitalmarktpapier (z.B. Bund-Futures) zu einem festgelegten Erfüllungstermin zu erwerben (zu liefern). Zins-Futures lassen sich für Hedging-Strategien einsetzen, wie folgendes Beispiel verdeutlicht:

Beispiel: Hedging mit Zins-Futures

Ein Unternehmen tätigt einen Anlagenverkauf, der Erlös über 5 Mio. € fließt aber erst in drei Monaten zu. Danach sollen die Erlöse als Liquiditätsreserve in Bundesanleihen angelegt werden. Innerhalb der nächsten drei Monate erwartet das Unternehmen aber sinkendes Zinsniveau. Strategie: Kauf von Bund-Futures (=Terminkontrakt auf Bundesanleihen). Falls die Zinsen fallen, steigt zwar der Kurs der Anleihen, aber ebenso der Kurs der Bund-Futures. Ein Verkauf der Bund-Futures kompensiert halbwegs die Verteuerung der zu kaufenden Bundesanleihen.

4.1.2.3 Caps, Floors und Collars

Mit den Instrumenten Cap und Floor kann man sich gegen nachteilige Zinsbewegungen absichern und zugleich von vorteilhaften Marktbewegungen profitieren.

Ein **Cap** ist eine *Zinsobergrenze* für eine Reihe von Rollover-Perioden, der sich bei bestehenden Kreditverbindlichkeiten anbietet. Der Cap ist eine Art Versicherung, für die der Käufer bei Geschäftsabschluss eine (in % ausgedrückte) Prämie zu entrichten hat. Liegt zum Beginn einer neuen Rollover-Periode der neu festgelegte Zinssatz über dem Cap, tritt der „Versicherungsfall" ein, d.h. die Bank (Verkäufer des Cap) erstattet die Differenz. Bei niedrigem Zinssatz bleibt der Cap wirkungslos, jedoch profitiert das Schuldnerunternehmen von dem niedrigen Zins.

Ein **Floor** ist eine *Zinsuntergrenze* und bietet folglich Schutz vor fallenden Zinsen bei Geldanlagen im Geldmarktbereich. Der Floor garantiert gegen Zahlung einer Prämie eine Mindestrendite und bietet bei steigenden Zinsen ein nach oben offenes Chancenpotential. An jedem neuen Zinstermin wird – analog zum Cap – der aktuelle Referenzzins dem vereinbarten Zins gegenübergestellt. Bei Unterschreiten der vereinbarten Untergrenze tritt hier der Versicherungsfall ein und die Ausgleichszahlung wird fällig.

Der **Collar** („Band") besteht aus einer Kombination von Cap und Floor, man sichert sich dabei eine *Zinsbandbreite*. Das Unternehmen kauft dazu einen Cap und verkauft einen Floor oder umgekehrt, jeweils zu unterschiedlichen „Basis-preisen". Der Prämienaufwand für den Cap wird dabei mit dem Ertrag aus dem Floor verrechnet, was die Prämienkosten senkt. Im Idealfall erhält man die Absi-cherung vollkommen kostenneutral **(Zero-Cost-Strategie)** unter bewusstem Ver-zicht auf ein über die Bandbreite hinausgehendes Chancenpotential.

Beispiel: Collar

Ein Kreditnehmer kauft bei 7%igem Zinsniveau einen Cap zu 8% bei 0,5% Prämie. Zugleich verkauft er einen Floor zu 6% für 0,45%.

– Solange der Zinssatz innerhalb des „Bands" zwischen 6% und 8% liegt, wird keine Aus-gleichszahlung fällig. Der zu zahlenden Prämie für den Cap in Höhe von 0,5% steht eine Empfangsprämie von 0,45% für den Floor gegenüber.

– Steigen die Zinsen auf über 8%, bekommt er eine Ausgleichszahlung in Höhe der Über-schreitung des Caps.

– Fallen die Zinsen hingegen, z.B. auf 5%, muss er an den Käufer seines Floors 1% p.a. Zahlung leisten, erhält aber auch seinen Kredit um rund 1 % billiger, was seinen Verlust durch die Ausgleichszahlung in etwa kompensiert.

Im Ergebnis hat der Unternehmer die Kosten auf 0,05% reduziert, sich also nahezu zum „Nulltarif" versichert, partizipiert „unterm Strich" jedoch nicht an fallenden Zinsen.

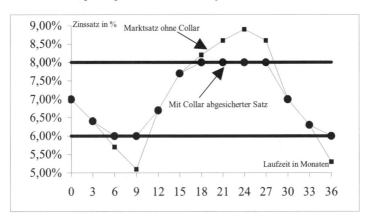

Abb. 17: Absicherung durch einen Zins-Collar

4.2 Management des Währungsrisikos

4.2.1 Allgemeines

Das Wechselkursrisiko ist das „klassische" Risiko des internationalen Geschäfts, denn es tritt erst durch den Übergang auf eine – von der Heimatwährung ver-schiedene – Währung auf. Während das Wechselkursrisiko bei Im- und Exporteu-ren in der Regel durch Einzelgeschäfte ausgelöst und entsprechend auch die Risi-koabsicherung auf das entsprechende Geschäft ausgerichtet ist, ist das Wechsel-kursrisiko für multinationale Unternehmen wesentlich komplexer zu behandeln.

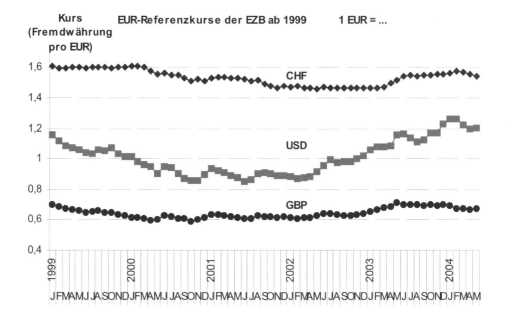

Abb. 18: EUR-Referenzkurse der Währungen Schweizer Franken, US$ und Britisches Pfund im Zeitverlauf 1999 bis Mai 2004

Multinationale Unternehmen tätigen eine Vielzahl konzerninterner und konzernexterner wechselkursrisikorelevanter Transaktionen – verfügen also über ein Transaktionsportfolio – was in ihrer Gesamtheit dazu führen kann, dass sich Währungspositionen kumulieren oder neutralisieren. Das Treasury fasst dazu arbeitstäglich die fälligen aktiven und passiven Währungspositionen zusammen und berechnet aus dem Saldo die Höhe der **offenen Währungsposition**.

Eine offene Position ist eine **notwendige Voraussetzung** für den Eintritt des Wechselkursrisikos. Generiert wird das Risiko und daraus folgende Währungsverluste oder -gewinne jedoch erst durch die Marktschwankungen, verbunden mit einem Abweichen des realen Devisenkurses vom erwarteten nach unten oder nach oben.

Beispiel: Offene und geschlossene Positionen (Beispiel angelehnt an Sperber/Sprink, S. 214 f.).

Konstellation 1: Das Unternehmen habe eine *geschlossene* US$-Währungsposition.

Kurs US$/€	1,0 (pari)	→	1,05	
US$-Aktiva (100.000 US$)	100.000 €	Aufwertung	95.238 €	
US$-Passiva (100.000 US$)	100.000 €	des €	95.238 €	
Saldo US$-Position	0	um 5%	0	**Keine** Veränderung

Konstellation 2: Das Unternehmen habe eine offene US$-Währungsposition.

Kurs US$/€	1,0 (pari)	→	1,05
US$-Aktiva (100.000 US$)	100.000 €	Aufwertung	95.238 €
US$-Passiva (60.000 US$)	60.000 €	des € um 5 %	57.143 €
Saldo US$-Position	40.000 €		38.095 € Veränderung −1.905 €

Während sich in Konstellation 1 (geschlossene Position) die Wechselkursveränderung auf den Saldo nicht ausgewirkt hat, ist in Konstellation 2 das Wechselkursrisiko virulent geworden: Durch die Abwertung des US$ gegenüber dem € hat sich aufgrund der Inkongruenz zwischen Aktiv- und Passivpositionen der Saldo negativ verändert, da die US$-Abwertung bei den Aktiva stärker durchschlägt als bei den Passiva. Bei einer Abwertung des € gegenüber dem US$ dagegen hätte das Unternehmen einen Währungsgewinn erzielt.

Die Wechselwirkung zwischen den gesamten Währungspositionen **(Exposures)** und der (erwarteten) Kursentwicklung ist in folgender Tabelle noch einmal zusammengefasst (Sperber/Sprink, S. 216).

Erw. Kursentwicklung	**Exposure** **Positiv** (Aktiva > Passiva)	**Negativ** (Aktiva < Passiva)	**Ausgeglichen**
Aufwertung der Auslandswährung	Kursgewinn (kein Handlungsbedarf)	Kursverlust (Kurssicherung für Importeure notwendig)	Keine Veränderung (kein Handlungsbedarf)
Abwertung der Auslandswährung	Kursverlust (Kurssicherung für Exporteure notwendig)	Kursgewinn (kein Handlungsbedarf)	Keine Veränderung (kein Handlungsbedarf)

Währungsexposures sind letztlich Ausdruck des operativen Geschäfts und damit aus Sicht des Finanzmanagements weitgehend als gegeben hinzunehmen. Dem Finanzmanagement obliegt jedoch die Aufgabe, die durch die Exposures entstandenen Risikopositionen in geeigneter Weise zu steuern bzw. abzusichern. Die wichtigsten Instrumente werden nachfolgend betrachtet.

4.2.2 Absicherung des Wechselkursrisikos (Überblick)

Es existieren vielfältige Instrumente im internationalen Geschäft, die zwar keine originären Währungsrisikosicherungsinstrumente sind, jedoch zusätzlich die Währungsposition beeinflussen. Die meisten dieser Instrumente wurden in den vorangegangenen Abschnitten bereits betrachtet. Dazu gehören z.B.:

- Fakturierung in der Heimatwährung.
- Vertragliche Vereinbarung von Währungsklauseln (Kurssicherungsklauseln).

- Proaktive Steuerung der Zahlungen im externen Zahlungsverkehr durch Vorziehen von Zahlungen (**Leading**) oder Verzögern von Zahlungen (**Lagging**).

- Saldierung der Forderungen und Verbindlichkeiten zwischen den Konzernteilen im konzerninternen Zahlungsverkehr (**Netting**). Leading, Lagging und vor allem das Netting sind Begriffe, die dem *Cash Management* des Unternehmens zuzuordnen sind. Cash Management-Systeme sind EDV-basierte, in der Regel von Banken angebotene Programme, mit denen die unternehmensex- und internen Finanzströme gesteuert werden. Sie werden heute in Großunternehmen und in den meisten mittelständischen Unternehmen standardmäßig eingesetzt.

- Factoring und Forfaitierung, denn aufgrund der sofortigen Bevorschussung der Forderung ist quasi „automatisch" auch das Währungsrisiko eliminiert.

Des Weiteren steht dem Finanzmanagement jedoch neben dem einfachen Kassageschäft eine Vielzahl an **Derivaten** zur Verfügung, die explizit Währungspositionen zum Vertragsgegenstand haben. Diese Transaktionen können sowohl ausschließlich zur **Absicherung** dienen als auch zusätzlich zur **Spekulation** eingesetzt werden. Unter der Vielzahl an existierenden Instrumenten zur Beeinflussung von Währungspositionen werden nachfolgend die wichtigsten dargestellt.

Allen Instrumenten unterliegt als gemeinsame Eingangsbedingung, dass die Bezahlung in Fremdwährung oder der Geldeingang in Fremdwährung erst zu einem in der Zukunft liegenden Zeitpunkt erfolgen sollen.

4.2.3 Derivative Instrumente zur Steuerung des Währungsrisikos

4.2.3.1 Devisentermingeschäfte

Die übliche Valutafrist im Devisenkassahandel („Zug um Zug") beträgt 2 Arbeitstage. Folgerichtig liegt bei einer Valutafrist von 3 Tagen aufwärts bereits ein Devisentermingeschäft vor.

Das Devisentermingeschäft ist das einfachste, zugleich auch das gebräuchlichste Devisensicherungsgeschäft. Unter einem Devisentermingeschäft versteht man den Tausch von zwei Währungen zu einem späteren Erfüllungszeitpunkt, wobei der zukünftige Kurs – der **Terminkurs** (forward rate) – bereits „heute" festgelegt wird. Beim „klassischen" OTC-Geschäft betragen die Standardlaufzeiten 1 Woche, 2 Wochen sowie 1, 2, 3, 6, 9 und 12 Monate, wobei auch individuelle Laufzeiten vereinbart werden. Seltener im Außenhandel anzutreffen sind die an Terminbörsen notierten Devisenfutures.

Grundlage für die Berechnung des Terminkurses ist der aktuelle **Kassakurs**. Die Differenz zwischen dem Terminkurs und dem Kassakurs heißt **Swapsatz**. Ist der Swapsatz positiv (= Aufschlag auf den Terminkurs), so spricht man von **Report**, im Falle eines negativen Swapsatzes (= Abschlag vom Terminkurs) spricht man von **Deport**.

Der Devisenterminkurs drückt keine Kurserwartung aus, sondern richtet sich ausschließlich nach den Zinssätzen in den betreffenden Währungsländern. Ein höherer Auslandszinssatz im Vergleich zum Inlandszinssatz (für den €) führt zu einem Aufschlag (Report), ein niedrigerer Auslandszinssatz entsprechend zu einem Abschlag (Deport). In der aktuellen Zinssituation (Stand: Juni 2004) wird wegen des höheren Zinssatzes auf Termingeschäfte € gegen britische Pfund ein Aufschlag erhoben. Geschäfte gegen USD, CHF oder Yen hingegen führen zu einem Abschlag führen, da das Zinsniveau in diesen Ländern niedriger ist als im €-Währungsraum. Der Swapsatz ist nichts anderes als die abdiskontierte Zinsdifferenz für die Zeitspanne des Termingeschäfts. Formal lässt sich die Ermittlung des Swapsatzes folgendermaßen darstellen:

$$\text{Swapsatz} = \text{TK} - \text{KK} = \text{KK} \cdot \frac{(i_A - i_H) \cdot \dfrac{t}{360}}{1 + i_H \cdot \dfrac{t}{360}}$$

$$\text{TK} = \text{KK} \cdot \left(1 + \frac{(i_A - i_H) \cdot \dfrac{t}{360}}{1 + i_H \cdot \dfrac{t}{360}} \right)$$

KK: Kassakurs
TK: Terminkurs
t: Tage (taggenau)
i_A: Auslandszinssatz
i_H: Inlandszinssatz

Ohne die Berücksichtigung der Zinsdifferenzen ließen sich sichere Zinsgewinne erzielen, wie folgendes Beispiel verdeutlicht:

Beispiel:

Zinssatz in Deutschland für 6 Monate:	2,1% p.a.
Zinssatz in Großbritannien für 6 Monate:	4,9% p.a.
aktueller Kassakurs:	1 € koste 0,6679 GBP (Geld) und 0,6719 GBP (Brief)

Annahme: Es gelte Kassakurs gleich Terminkurs.

Unter dieser Annahme wären folgende Transaktionen möglich (hier beispielhaft auf Grundlage von 100.000 € aktuellem Barvermögen):

100.000 € umgetauscht zum Geldkurs	66.790 GBP
66.790 GBP angelegt für 6 Mon. zu 4,9% p.a.	
(=182 Tage) zu 5,4 % p.a.	1.654,54 GBP Zinserlös
Geldvermögen in GBP nach 6 Monaten gesamt	68.444,54 GBP
68.444,54 GBP umgetauscht zum TK 0,6719	101.867,15 € Umtauscherlös
Alternativanlage: 100.000 € 6 Mon. zu 2,1% p.a.	101.061,67 € Geldvermögen inkl. Zinsen
Differenz	805,48 € sicherer Zinsgewinn

Der Anleger hätte in diesem Szenario also einen sicheren Arbitragegewinn von 805,48 € erzielt. Dies ist in der Praxis jedoch so nicht möglich, denn der Swapsatz sorgt dafür, dass derartige Arbitragegeschäfte nicht möglich sind. Im vorliegenden Fall wäre auf den aktuellen Kassakurs ein entsprechender Report (Aufschlag) zu entrichten.

Die beiden folgenden Beispiele geben die Absicherungsmöglichkeiten für einen Exporteur und einen Importeur an, die eine Zahlung in Fremdwährung zu einem zukünftigen Termin erwarten (Exporteur) bzw. zu begleichen haben (Importeur).

1. Beispiel: Devisentermingeschäft eines Exporteurs

Ein Exporteur erwartet in 6 Monaten einen Zahlungseingang über 100.000 US$. Er will sich gegen einen schwächer werdenden US$ bzw. gegen einen stärker werdenden € bereits „heute" absichern.

Absicherungsstrategie: Verkauf von 100.000 US$ auf Termin 6 Monate

Aktueller Kassakurs (Brief):	1,2352	US$ pro €
verbindlicher 6-Monats-Terminkurs (Brief):	1,2323	US$ pro €
Swapsatz (Deport):	-0,0029	US$ pro € (29 Pips)

Umtauscherlös in 6 Monaten: 100.000 US$:1,2323 = 81.149,07 €.

Vergleich mit Kassakurs: 100.000 US$:1,2352 = 80.958,55 € (Kurssicherungs"gewinn" in Höhe von 190,52 €).

2. Beispiel: Devisentermingeschäft eines Importeurs

Ein Importeur hat in 6 Monaten eine Zahlungsverpflichtung gegenüber einem britischen Exporteur über 100.000 GBP.

Er will sich gegen einen schwächer werdenden € bzw. gegen einen stärker werdendes GBP bereits „heute" absichern.

Absicherungsstrategie: Kauf von 100.000 GBP auf Termin 6 Monate

Aktueller Kassakurs (Geld):	0,6679	GBP pro €
verbindlicher 6-Monats-Terminkurs (Geld):	0,6770	GBP pro €
Swapsatz (Report):	+0,0091	GBP pro € (91 Pips)

Zu zahlender Betrag in 6 Monaten: 100.000 GBP : 0,6770 = 147.710,49 €.

Vergleich mit Kassakurs: 100.000 GBP : 0,6679 = 149.723,01 (Kurssicherungs"verlust" in Höhe von 2.012,52 €).

Eine Variante des Devisentermingeschäfts ist das Devisenswapgeschäft. Unter einem Swapgeschäft versteht man die Kombination eines Kassa- und eines Devisentermingeschäfts, die gleichzeitig abgeschlossen werden. Devisenswaps werden häufig zur Verkürzung oder Verlängerung eines fälligen Devisentermingeschäfts eingesetzt, wobei hier mehrere Gestaltungsformen denkbar sind.

Beispiel: Devisenswapgeschäft

Ein deutscher Exporteur hatte aufgrund eines erwarteten Zahlungseingangs über 100.000 US$ in 3 Monaten diesen Betrag auf 3-Monatstermin gegen € verkauft. Folglich wird sein US$-Konto mit diesem Betrag belastet (bei Gutschrift des entsprechenden umgetauschten €-Betrags auf dem €-Konto). Am Fälligkeitstag erfährt der Exporteur, dass sich der Zahlungseingang um 1 Monat verschiebt, was ohne weitere Transaktion ein einmonatiges Währungsrisiko nach sich ziehen würde.

Absicherungsstrategie: Abschluss eines Swapgeschäfts, d.h. Ankauf von 100.000 US$ zum Tageskurs und gleichzeitiger Verkauf auf 1-Monatstermin.

Währungsfutures sind standardisierte, an Terminbörsen gehandelte Termingeschäfte. Devisenfutures können ebenso wie die nicht börsengehandelten Devisentermingeschäfte zur Absicherung von Währungsrisiken dienen. Statt eines OTC-Geschäfts auf einen festen Terminkurs kauft man nun eine bestimmte Anzahl Futurekontrakte. Würde ein deutscher Exporteur, der einen US$-Zahlungseingang erwartet, einen schwächeren US$ befürchten, was für ihn ohne Absicherung einen Verlust bedeuten würde, so könnte der Exporteur Futures € gegen US$ erwerben. Fällt der US$ gegenüber dem € tatsächlich, so steigt der Kurs seiner Futures. Beim Verkauf der Futures kann er den durch den Umtausch erlittenen Verlust in etwa ausgleichen. Die Bedeutung der Devisenfutures für den Außenhandel ist im Vergleich zu den Devisentermingeschäften gering.

4.2.3.2 Devisenoptionen

Die Devisenoption hat sich am Markt seit den 80er Jahren herausgebildet und stellt eine Alternative zum Devisentermingeschäft dar. Die Devisenoption nimmt eine Art Mittelstellung zwischen den beiden Handlungsalternativen „keine Kurssicherung" (d.h. Chance auf Kursgewinn, Risiko des Kursverlusts) und Devisentermingeschäft (Elimination von Chance und Risiko) ein. Die Devisenoption bietet dem Exporteur oder Importeur einerseits Schutz, andererseits kann er aber auch an einer vorteilhaften Kursentwicklung partizipieren.

Mit dem Kauf einer Devisenoption erwirbt der Käufer das Recht (jedoch keine Verpflichtung), einen bestimmten Betrag Handelswährung zu einem vereinbarten Terminkurs (**Strike Price** oder **Basispreis**) gegen Preiswährung zu kaufen (Call) oder zu verkaufen (Put). Der Verkäufer (zumeist die Bank) ist zur Erfüllung dieses Geschäfts verpflichtet, sofern der Käufer dies verlangt. Als Entgelt für das Recht ist in jedem Fall eine **Optionsprämie** zu entrichten. Die am meisten gehandelten Optionen sind die **„europäischen" Optionen**, die nur am Verfalltag bis 10 Uhr New Yorker Zeit ausgeübt werden können. **„Amerikanische" Optionen** dagegen können während der gesamten Laufzeit ausgeübt werden. Optionsgeschäfte sind erst ab einer Größenordnung möglich (in der Regel mindestens 100.000 €).

Liegt der Basispreis unter (über) dem Devisenterminkurs eines Calls (Puts), so ist die Option „in the money", andernfalls spricht man von „out of the money" bzw. – falls Terminkurs = Basispreis – von „at the money". In the money („im Geld") bedeutet, dass die Option aktuell einen Wert, den inneren Wert, in Höhe der Differenz zwischen Termin- und Basiskurs besitzt. In der Regel hat man die Auswahl zwischen mehreren Basispreisen, die jedoch auch maßgeblich die Höhe der Optionsprämie determinieren.

Der Optionsinhaber wird – bei Unterstellung einer europäischen Option – die Option am Verfalltag ausüben, wenn der tatsächliche Kurs über (Call) bzw. unter (Put) dem Basispreis liegt, andernfalls lässt er sie verfallen. Im Ergebnis kann er nominal maximal die Optionsprämie verlieren, während er – im Gegensatz zum Termingeschäft – von Devisenkursveränderungen auch profitieren kann. Um die Risikoposition zu analysieren, bietet sich als Vergleich der Umtauschbetrag an, den man für das entsprechende Devisentermingeschäft erlösen könnte. Folgende Beispiele machen diesen Sachverhalt deutlich.

1. Beispiel: Absicherung eines deutschen Exporteurs mit Devisenoption

Ein deutscher Exporteur erwartet einen Betrag von 100.000 US$ in 6 Monaten.

Strategie: Kurssicherung gegen schwächeren US$ (bzw. stärkeren €), jedoch Partizipation an evtl. stärkerem US$ (bzw. schwächerem €)

Mögliche Instrumente: Kauf eines €-Calls (bzw. US$-Puts) oder Verkauf eines €-Puts (bzw. US$-Calls)

Der Exporteur entscheidet sich für den Kauf einer europäischen €-Calloption (bzw. US$-Putoption) zu folgenden Konditionen:

Aktueller Kassakurs (Brief):	1,2352 US$ pro €
Terminkurs 6 Monate (Brief):	1,2263 US$ pro €
Strike Price:	1,2459 US$ pro € (out of the money)
Optionsprämie:	2,85%
Referenzkurs	1,2322 (zur Umrechnung der fälligen Optionsprämie)

Berechnung der Optionsprämie: 100.000 US$ • 2,85% = 2.850 US$.

Umrechnung auf Basis des Referenzkurses: 2.850 : 1,2322 = 2.312,94 € fällig zur Kasse

Im „worst case" (Ausübung der Option) erzielt der Exporteur einen sicheren Netto-Umtauscherlös von (100.000 : 1,1,2459 - 2.312,94=) 77.950,32€. Dies entspricht einem Kurs von 1,2829 USD pro €. Der Exporteut wird die Option ausüben, falls der Kurs am Verfalltag höher ist als der strike price, andernfalls lässt er sie verfallen.

Hätte der Exporteur zum Vergleich ein Devisentermingeschäft abgeschlossen, so wäre ihm ein Umtauscherlös von (100.000/1,2263=) 81.546,11 € sicher gewesen. Damit der Exporteur gegenüber dem Devisentermingeschäft einen Vorteil erzielt, muß er mehr als (81.546,11 + 2.312,94 =) 83.859,05 € erlösen, was einem „kritischen" Umtauschkurs von 1,1925 US$ pro € entspricht. Je weiter der Kurs unter dieser kritischen Grenze liegt, desto höher ist der Gewinn des Exporteurs aus der Devisenoption gegenüber dem alternativen Devisentermingeschäft.

Abbildung 19 verdeutlicht die Position des Exporteurs für alle drei Handlungsalternativen (Absicherungsverzicht, Devisentermingeschäft, Devisenoption) in Abhängigkeit des zum Entscheidungszeitpunkt ungewissen Devisenkurses. Die Devisenoption ist für keinen nur denkbaren Kurs die Optimalalternative: Im Falle eines €-Kursverfalls wäre der Absicherungsverzicht optimal, im Falle eines starken € ist hingegen das Devisentermingeschäft optimal. Die Devisenoption ist für fast alle denkbaren Umrechnungskurse die zweitbeste Variante, unterstreicht somit die obige Aussage, dass die Devisenoption innerhalb der drei genannten Handlungsalternativen eine Art Mittelstellung einnimmt. Insbesondere für den Fall, dass der Exporteur mit einem schwächelnden Euro rechnet, bietet sich die Devisenoption als sinnvolle Alternative zum Devisentermingeschäft an.

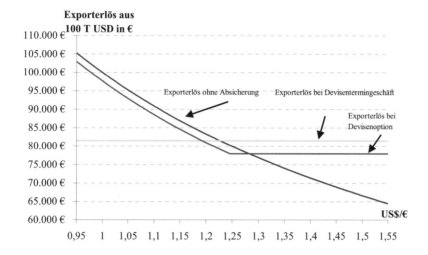

Abb. 19: Risiko-Chancen-Positionen eines Exporteurs: ohne Absicherung, mit Devisentermingeschäft, mit Devisen-Calloption

2. Beispiel: Absicherung eines deutschen Importeurs mit Devisenoption

Ein deutscher Importeur hat in sechs Monaten eine Zahlungsverpflichtung gegenüber einem britischen Exporteur über 100.000 GBP.

Strategie: Kurssicherung gegen schwächeren € (bzw. stärkeres GBP), jedoch Partizipation an evtl. stärkerem € (bzw. schwächerem GBP)

Mögliche Instrumente: Kauf eines €-Puts (bzw. GBP-Calls) oder Verkauf eines €-Calls (bzw. GBP-Puts)

Der Imorteur entscheidet sich für den Kauf einer europäischen €-Putoption (bzw. GBP-Call) zu folgenden Konditionen:

Aktueller Kassakurs (Geld):	0,6679	GBP pro €
Terminkurs 6 Monate (Geld):	0,6695	GBP pro €
Strike Price:	0,6850	GBP pro € (in the money)
Optionsprämie:	6,75%	
Referenzkurs:	0,6682	(zur Umrechnung der fälligen Optionsprämie)

Der Strike Price ist „in the money", d.h. auf Basis des aktuellen Kassakurses würde der Optionsinhaber die Option ausüben.

Berechnung der Optionsprämie: 100.000 GBP • 6,75% = 6.750 GBP.

Umrechnung auf Basis des Referenzkurses: 6.750 : 0,6682 = 10.101,77 € fällig zur Kasse

Bei Ausübung der Option hätte der Importeur einschließlich Optionsprämie einen Mittelabfluss in Höhe von (100.000/0,6850 + 10.101,77=) 156.087,17 €. Dies entspricht einem Kurs von 0,6407 GBP pro €. Der Importeur wird die Option ausüben, falls der Kurs am Verfalltag niedriger ist als der strike price, andernfalls lässt er sie verfallen.

Hätte der Importeur zum Vergleich ein Devisentermingeschäft abgeschlossen, so hätte er einen fixierten Zahlungsbetrag von (100.000 : 0,6695 =) 149.365,20 €. Damit der Importeur gegenüber dem Devisentermingeschäft keinen Nachteil erzielt, darf der Zahlungsbetrag insgesamt nicht mehr als (149.365,20 - 10.101,77 =) 139.263,43 € betragen, was einem „kritischen" Umtauschkurs von 0,7181 GBP pro € entspricht. Je weiter der €-Kurs über dieser kritischen Grenze liegt, desto höher ist der Vorteil der Devisenoption gegenüber dem alternativen Devisentermingeschäft.

Abbildung 20 verdeutlicht abschließend die Position des Importeurs für alle drei Handlungsalternativen (Absicherungsverzicht, Devisentermingeschäft, Devisenoption) in Abhängigkeit des zum Entscheidungszeitpunkt ungewissen Devisenkurses. Auch im Falle des €-Puts ist die Devisenoption für keinen nur denkbaren Kurs die Optimalalternative: Im Falle eines €-Kursanstiegs wäre der Absicherungsverzicht optimal, im Falle eines schwachen € ist hingegen das Devisentermingeschäft optimal. Die Devisenoption ist auch im Falle des €-Puts für fast alle denkbaren Umrechnungskurse die zweitbeste Variante und unterstreicht erneut die obige Aussage, dass die Devisenoption innerhalb der drei genannten Handlungsalternativen eine Art Mittelstellung einnimmt. Insbesondere für den Fall, dass der Exporteur mit einem starken Euro rechnet, bietet sich die Devisenoption als sinnvolle Alternative zum Devisentermingeschäft an.

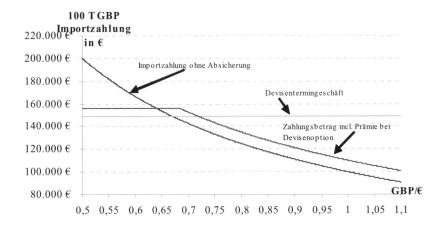

Abb. 20: Risiko-Chancen-Positionen eines Importeurs: ohne Absicherung, mit Devisentermingeschäft, mit Devisen-Calloption

Verschiedene Optionen können auch miteinander kombiniert werden, so dass sich unterschiedliche Absicherungskonstellationen bzw. Risikoprofile ergeben. Eine Auswahl der in der Praxis auftretenden Kombinationen sei hier ohne vertiefende Behandlung abschließend genannt:

- Kauf einer Fremdwährungs-Putoption und zusätzlich Verkauf einer €-Calloption zur Erzielung einer Zero-Cost-Absicherungsbandbreite (Exporteur-Strategie).

- Kauf einer Fremdwährungs-Calloption und zusätzlich Verkauf einer €-Putoption zur Erzielung einer Zero-Cost-Absicherungsbandbreite (Importeur-Strategie).

- Spekulation auf große Kursbewegungen **(Long Straddle)** oder auf geringe Kursbewegungen **(Short Straddle)** durch Kauf (Long S.) bzw. Verkauf (Short S.) eines Calls und eines Puts zum gleichen Basispreis.

- Werden zwei out-of-the-money-Call- und Putoptionen mit unterschiedlichen Basispreisen kombiniert, so spricht man von Long bzw. Short Strangle.

- **Knock In-Option:** Erst bei Überschreiten einer kritischen Kursobergrenze (Call) bzw. Kursuntergrenze (Put) beginnt die Option zu existieren, d.h. innerhalb einer bestimmten Bandbreite besteht keine Absicherung (geringerer Prämienaufwand gegenüber „klassischer" Option).

- **Knock Out-Option:** Der Optionsinhaber ist nur bis zu einem bestimmten Kurslevel abgesichert, nach Überschreiten der Grenze besteht keine Absicherung mehr (geringerer Prämienaufwand gegenüber „klassischer" Option).

Literaturhinweise

Ausfuhr-Kreditanstalt: Ausfuhrkreditanstalt (AKA), Informationen unter www.aka.de.

Bernstorff, C.: Risiko-Management im Auslandsgeschäft, 3. Aufl., Frankfurt/Main 2001.

Bitz, H.: Risikomanagement nach KonTraG, Stuttgart 2000.

Bitz, M.: Finanzdienstleistungen, 6. Aufl., München 2001.

Bitz, M.: Finanzintermediäre; in: Bank- und Versicherungslexikon, hrsg. v. H. Schierenbeck, München 1990, S. 254-258.

Büschgen, H. E.: Internationales Finanzmanagement, 3. Aufl., Frankfurt/M. 1997.

Credit Suisse First Boston: Akkreditive-Dokumentarinkassi-Bankgarantien; Mehr Sicherheit im internationalen Geschäft, 8. Aufl. 1998.

Eurex Communications (Hrsg.): Produkte und Strategien im Kapitalmarktbereich; Dezember 2000; zu beziehen über Eurex Frankfurt AG, 60485 Frankfurt/M., Bestell-Nr. E2D-004-0500.

Fahrholz, B.: Neue Formen der Unternehmensfinanzierung, München 1998.

Häberle, S. G.: Einführung in die Exportfinanzierung, 2. Aufl., München 2002.

Häberle, S. G.: Handbuch der Außenhandelsfinanzierung, 2. Aufl., München 2002.

Hermes-Kreditversicherungs AG, siehe unter www.hermes.de.

Hielscher, U.: Investmentanalyse, München 1999.

ICC: International Chamber of Commerce (Internationale Handelskammer), siehe unter www.icc-deutschland.de.

Jahrmann, F.-U.: Außenhandel, 10. Aufl., Ludwigshafen 2001.

Kreditanstalt für Wiederaufbau (KfW): Informationen unter www.kfw.de.

Kresse, W./Leutz, N.(Hrsg.): Internationale Rechnungslegung, internationales Steuerrecht, Stuttgart 2002.

Markowitz, H. M.: Portfolio Selection, in: Journal of Finance, Vol. 7, 1952, S. 77-91.

Müller, J.: Wirtschaft und Finanzmärkte, München 2000.

Putnoki, H.: Grundlagen der Außenhandelsfinanzierung, München 2000.

Prätsch, J./Schikorra, U./Ludwig, E.: Finanz-Management, München/Wien 2001

Reuter, A./Wecker, C.: Projektfinanzierung, Stuttgart 1999.

Sperber, H./Sprink, J.: Finanzmanagement internationaler Unternehmen, Grundlagen – Strategien – Instrumente, Stuttgart 1999.

Stocker, K.: Internationales Finanzrisikomanagement, Wiesbaden 1997.

Stocker, K.: Wechselkursmanagement auf Euro-Basis, Wiesbaden 2001.

Wimmer, K.: Erste Erfahrungen mit der Insolvenzordnung, in: ZInsO, 1999 S. 556.

Übungsaufgaben

Teil I

1. Erläutern Sie die Begriffe Innenfinanzierung, Eigenfinanzierung und Fremdfinanzierung!

2. Nennen Sie die wichtigsten Ziele des internationalen Finanzmanagements!

3. Nennen Sie die wichtigsten Finanzierungsquellen für einen internationalen Konzern!

4. Nennen Sie die wichtigsten Risiken im internationalen Geschäft!

5. Nennen Sie die wichtigsten Merkmale der internationalen Finanzmärkte im Vergleich zum „nationalen" Finanzmarkt!

6. Grenzen Sie Kassahandel und Terminhandel voneinander ab!

7. Gelegentlich werden Geld-, Kapital- und Kreditmarkt als Finanzmärkte im engeren Sinne und Devisen- und Terminmärkte als Finanzmärkte im weiteren Sinne angesehen. Warum?

8. Nennen Sie typische Ausgestaltungsformen von Anleihen!

9. Geben Sie einen Überblick über die Incoterms!

10. Nennen Sie kurzfristige Finanzierungsinstrumente für den Exporteur!

Lösungshinweise
Aufgabe 1

Unter der Innenfinanzierung versteht man den Zahlungsmittelüberschuss, der aus dem betrieblichen Umsatz- und Leistungsprozess heraus resultiert (Umsatzerlöse minus laufende Auszahlungen). Die Innenfinanzierung gibt an, inwieweit das Unternehmen in der Lage ist, sich selbst „von innen heraus" zu tragen.

Demgegenüber versteht man unter Außenfinanzierung alle Zahlungsmittel, die durch separate Finanztransaktionen über die Finanzmärkte dem Unternehmen zufließen. Man teilt die Außenfinanzierung üblicherweise auf in Eigen- und

Fremdfinanzierung. Bei der Eigenfinanzierung trägt der Financier das unternehmerische Risiko und hat keinen verbrieften Anspruch auf Rückzahlung seiner eingelegten Mittel, während der Fremdfinancier als Gläubiger einen verbrieften Anspruch auf Rückzahlung seiner „verliehenen" Mittel hat.

In der Finanzpraxis hat sich eine Vielzahl an Mischformen herausgebildet, die sowohl Elemente von Eigen- wie auch Fremdfinanzierung enthalten. Man spricht hier von Mezzanine-Finanzierungen.

Aufgabe 2

- Sicherung der Liquidität (Wahrung des finanziellen Gleichgewichts)
- Bedarfsgerechte Versorgung der Geschäftsbereiche und verbundenen Unternehmen mit Finanzierungsmitteln
- Minimierung der Finanzierungskosten
- Dienstleister für andere Geschäftsbereiche
- Risikobegrenzung und Risikosteuerung

Aufgabe 3

Neben der Innenfinanzierung (durch die operative Geschäftstätigkeit) ist zu trennen zwischen konzerninterner und konzernexterner Außenfinanzierung:

- Konzerninterne Außenfinanzierung: Eigen- oder Fremdkapital über die Muttergesellschaft, Fremdkapital ggf. gespeist aus einer eigenen Finanzierungsgesellschaft
- Konzernexterne Außenfinanzierung: Finanzierung durch „lokales" Kapital oder über die internationalen Finanzmärkte

Aufgabe 4

- Fabrikationsrisiko
- Wirtschaftliches Risiko (Insolvenz- und Nichtzahlungsrisiko)
- Länderrisiko (politisch und wirtschaftlich)
- Währungsrisiko
- Zinsänderungsrisiko
- Transportrisiko

Aufgabe 5

An nationalen Finanzmärkten wird ausschließlich von Inländern und allein in der Währung des betreffenden Landes gehandelt. Ebenfalls als traditionell anzusehen sind die Auslandsmärkte, bei denen z.B. eine deutsche Bank einem französischen Unternehmen einen Kredit in heimischer Währung (€) vergibt. Gemeinsames Kennzeichen sind der Landesbezug und die nationalstaatlichen Aufsichtsregelungen (z.B. Mindestreservepflichten).

Die internationalen Finanzmärkte werden in der Regel gleichgesetzt mit dem Euro-Markt (entstanden in der 50er Jahren während des „kalten Krieges, als der

Bedarf der Ostblockländer entstand, Gelder bei europäischen Kreditinstituten anzulegen). Gelder werden außerhalb des nationalen Geltungsbereichs angelegt und verzinst in den sog. Euromarktzentren: London, Frankfurt, Luxemburg, Paris, Amsterdam, Brüssel, aber auch an amerikanischen offshore-Plätzen New York, Kanada sowie Bahamas, Cayman-Inseln, Panama („Karibik-Dollar-Markt") und asiatischen Offshore-Plätzen („Asien-Dollar-Markt") wie Singapur, Tokio, Hongkong. Die Mindestreservefreiheit impliziert in der Regel günstigere Kreditkonditionen im Vergleich zum nationalen Markt. Gelegentlich werden auch die Devisenmärkte und die Terminmärkte noch den internationalen Finanzmärkten zugerechnet.

Aufgabe 6

Kassahandel: Geschäfte „Zug um Zug", d.h. Verpflichtung und Erfüllung erfolgen fast zeitgleich.

Terminhandel: Verpflichtungsgeschäft liegt zeitlich signifikant vor dem Erfüllungszeitpunkt („Verpflichtung jetzt, Lieferung später")

Aufgabe 7

Geld-, Kapital- und Kreditmärkte könnte man auch als Finanzierungsmärkte bezeichnen:

- Geldmarkt zur Aufnahme und Anlage kurzfristiger Finanzierungsmittel bis zu einem Jahr (Bank hat nur Vermittlungsfunktion)
- Kapitalmarkt zur Aufnahme und Anlage mittel- und langfristiger Finanzierungsmittel (z.B. Aktien, Anleihen) über einem Jahr (Bank hat ebenfalls nur Vermittlungsfunktion)
- Kreditmarkt zur Aufnahme von Krediten (Bank hat hier typischerweise die Finanzierungsfunktion)

Der Devisenmarkt ist ein reiner Handelsmarkt zum Ausgleich von Angebot und Nachfrage von bzw. nach Devisen.

Der Terminmarkt ist ebenfalls ein reiner Handelsmarkt zum Handel mit derivativen Finanzinstrumenten.

Aufgabe 8

Neben der „plain vanilla" Anleihe (straight bond, festverzinslich und planmäßig tilgbar) sind als besondere Ausgestaltungsformen vor allem zu nennen: Commercial Papers und Medium Term Notes (Kurz- und Mittelfristbereich), Floating Rate Notes (variable Verzinsung, z.B. auf EURIBOR-Basis), Zero Bonds (Anleihen ohne Nominalzins), Doppelwährungsanleihe (Kaufpreis und Zinszahlungen in anderer Währung als Rückzahlung), Wandelanleihe (Anleihe mit Umtauschrecht in Aktien innerhalb der Wandlungsfrist), Optionsanleihe (Anleihe mit dem Zusatzrecht auf Aktienerwerb).

Aufgabe 9

E-Abholklausel: Der Verkäufer hat dem Käufer die Ware lediglich auf seinem Gelände zur Verfügung zu stellen.

F-Übergabeklausel: Der Verkäufer hat die Ware einem vom Käufer benannten Frachtführer zu übergeben.

C-Absendeklausel: Der Verkäufer hat den Beförderungsvertrag auf eigene Kosten abzuschließen, ohne die Haftung für Verlust oder Beschädigung der Ware oder zusätzliche Kosten, die auf Grund von Ereignissen nach dem Abtransport entstehen, zu übernehmen.

D-Ankunftsklausel: Der Verkäufer trägt alle Kosten und Gefahren bis zur Ankunft der Ware am Bestimmungsort.

Aufgabe 10

- Instrumente der kurzfristigen Außenhandelsfinanzierung für den Exporteur:
- Aufnahme eines kurzfristigen Euro-Kredits
- Exportfactoring: Verkauf von Exportforderungen an ein Factoringunternehmen
- Bei Wechseln (z.B. aus Inkasso- oder Akkreditivgeschäften): Einreichung bei einem Kreditinstitut und Diskontierung; Finanzierungseffekt durch Bevorschussung des abgezinsten Wechselbetrags
- Bevorschussung (Global- oder Einzelvorschuss) oder Ankauf (Negoziierung) von Inkassodokumenten

Übungsaufgaben

Teil II

Aufgabe 1

Zwei sog. „plain vanilla" Anleihen (Emittent: Bundesrepublik Deutschland) haben jeweils einen Nominalzins von 4,75%, weisen jedoch unterschiedliche Restlaufzeiten und unterschiedliche Renditen auf:

Bundesanleihe 1: Restlaufzeit exakt 4 Jahre, jährliche Rendite 3,303%

Bundesanleihe 2: Restlaufzeit exakt 24 Jahre, jährliche Rendite 4,864%.

Die Rückzahlung der Anleihe erfolgt jeweils am Laufzeitende zu 100%, die Zinszahlungen erfolgen jährlich zum Jahresende.

a) Berechnen Sie die Kurse, mit denen die Anleihen gehandelt werden.

b) Angenommen, es läge eine „normale" Zinsstruktur vor (d.h. Zinssatz umso höher, je länger die Laufzeit). Welche Kurs- und Renditeentwicklungen würden Sie für die Anleihe 1 genau zwei Jahre später erwarten (also bei einer Restlaufzeit von zwei Jahren)?

Lösungshinweise

zu a) Der Gläubiger der Anleihe 1 hat einen Anspruch auf jährlich 4,75 € pro 100 € Anlage sowie Anspruch auf Rückzahlung von 100 € am Ende des vierten Jahres.

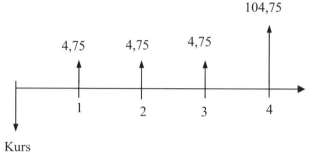

Der Kurs lässt sich durch Abzinsung (Abdiskontierung) auf Basis der Jahresrendite ermitteln. Die Zinszahlungsreihe lässt sich als rentenartige Zahlungsreihe auffassen (deshalb: „Rentenpapier") und mit Hilfe des Rentenbarwertfaktors RBF(t;i) = 1-(1+i)$^{-t}$/i (t: Restlaufzeit; i: Nominalzins als Dezimalzahl) ermitteln:

$$\text{Kurs}_{\text{Anleihe1}} = 4{,}75 \cdot \text{RBF}(4\,\text{Jahre}; 0{,}03303) + 100 \cdot (1 + 0{,}03303)^{-4} = 17{,}529 + 87{,}811 = \underline{\underline{105{,}34}}$$

Die Anleihe notiert somit über pari.

Entsprechende Rechnung für Anleihe 2:

$$\text{Kurs}_{\text{Anleihe2}} = 4{,}75 \cdot \text{RBF}(24\,\text{Jahre}; 0{,}04864) + 100 \cdot (1 + 0{,}04864)^{-24} = 66{,}419 + 31{,}986 = \underline{\underline{98{,}405}}$$

Die Anleihe notiert unter pari.

In der Regel ist die jährliche Rendite für eine Anleihe unter sonst gleichen Bedingungen umso höher, je länger die Restlaufzeit ist. Im vorliegenden Fall notiert die Anleihe 2 sogar unter pari.

zu b) Der Kurs einer Anleihe wird maßgeblich bestimmt von Nominalzins, Marktzins (Rendite einer vergleichbaren Alternativanlage), Risiko und Restlaufzeit. Der Nominalzins sowie das Risiko (bei der Bundesanleihe ohnehin vernachlässigbar) sind hier konstant. Somit verbleiben als Einflussgrößen die Marktrendite und die Restlaufzeit. Tendenziell führt eine Abnahme der Restlaufzeit zu einer Annäherung des Kurses an den pari-Wert, da der Einfluss der Zinsen sowie der Abzinsungseffekt immer geringer werden.

Die normale Zinsstruktur bedeutet, dass die Rendite geringer wird, je kürzer die Restlaufzeit ist (ansonsten spricht man von „inverser" Zinsstruktur). Tendenziell führt dies unter sonst gleichen Bedingungen zu einem Ansteigen des Kurses.

Im Ergebnis ist hier zu erwarten, dass der Kurs etwas näher an 100 liegt, also zwischen 100 und dem in a) errechneten Wert von 105,34.

In der Tabelle sind einige Kurse unter bestimmten Renditeannahmen für die Fälle vierjähriger und zweijähriger Restlaufzeit errechnet.

angenommene Renditen	4 Jahre Restlaufzeit	2 Jahre Restlaufzeit
6,0%	95,67	97,71
5,0%	99,11	99,54
4,0%	102,72	101,42
3,303%	105,34	102,76
3,00%	106,51	103,35
2,75%	107,48	103,84
2,50%	108,46	104,34
2,25%	109,46	104,84
2,00%	110,47	105,34

Aufgabe 2

Die X-GmbH liefert Walzbleche nach Südkorea und will die Zahlung über Dokumenteninkasso (d/p) abwickeln.

a) Was versteht man im dokumentären Zahlungsverkehr unter „Dokumenten"? Nennen Sie die Dokumente in möglichst strukturierter Form!

b) Schildern Sie die wesentlichen Abläufe des Dokumenteninkassos, insbesondere das Prinzip des „Zug um Zug"!

c) Analysieren Sie das Instrument „Dokumenteninkasso", indem Sie die Vor- und Nachteile, Chancen und Risiken für Exporteur und Importeur herausarbeiten!

d) In der Praxis ist es üblich, dass Kreditinstitute die unter einem Dokumenteninkasso eingereichten Dokumente dem Importeur „zu getreuen Händen" überlassen. Erläutern Sie den Vorteil für den Importeur sowie dessen Rechte und Pflichten bei der Abwicklung und erörtern Sie das Risiko, welches die Bank dabei übernimmt!

Lösungshinweise

zu a) In den Einheitlichen Richtlinien für Inkassi (ERI) findet man zunächst die Einteilung in Zahlungspapiere (Wechsel, Schecks, Quittungen) und Handelspapiere.

Die Handelspapiere lassen sich aufteilen in:

- Handelsrechnung
- Transportdokumente (Seekonnossement, Ladeschein, Lagerschein, Luftfracht-brief, Spediteur-Übernahmebescheinigung u.a.)
- Versicherungsdokumente (Versicherungspolice, Versicherungszertifikat)
- andere Dokumente (Konsulatsfaktura, Zollfaktura, Packliste, Ursprungszeug-nis, Qualitätszeugnis, Analysenzertifikat)

zu b) Folgende Schritte kennzeichnen typischerweise das Dokumenteninkasso „gegen Zahlung":

1. Kaufvertrag zwischen Exporteur und Importeur mit der Zahlungsbedingung „Dokumente gegen Zahlung (d/p)"

2. Warenversand durch den Exporteur und im Gegenzug Empfang der (Versand-) Dokumente

3. Inkassoauftrag des Exporteurs an seine Hausbank mit Übergabe der Doku-mente

4. Inkassoauftrag der Exporteurbank an die Auslandsbank mit Übergabe der Do-kumente

5. Vorlage (Präsentation) der Dokumente gegenüber dem Importeur

6. Zahlungsauftrag (Einlösungsauftrag) des Importeurs

7. Kontobelastung des Importeurs

8. Aushändigung der Dokumente an den Importeur

9. Dokumentenvorlage und Warenempfang

10. Bezahltmeldung seitens der Importeurbank (Inkassobank) und Verrechnung (Überweisung) des Inkassobetrags

11. Gutschrift des Inkassobetrags auf dem Konto des Exporteurs

zu c) Position des Exporteurs:

- Relative Sicherheit gegenüber „open account" durch „Zug-um-Zug"-Prinzip
- Häufig raschere Zahlung im Vergleich zur einfachen Rechnung
- Warenabnahmerisiko: Es besteht die Gefahr, dass der Importeur die Ware nicht abnimmt. Folge: Verlust der Ware, Verwertung der Ware im Ausland oder Rücktransport (Zusatzkosten)

Position des Importeurs:

- Sicherheit des Warenversands: Durch die Dokumente wird nachgewiesen, dass die Ware tatsächlich zum Versand gebracht wurde.

- Risiko der mängelbehafteten Ware = Hauptrisiko für den Importeur. Er erhält die Dokumente und damit die Ware in der Regel erst nach Zahlung. Risikominderung durch Qualitätszertifikate, jedoch kostspielig.

zu d) In diesem Fall bekommt der Importeur – entgegen der üblichen Inkassoabwicklung – vor Bezahlung die Originaldokumente ausgehändigt. Er kann somit prüfen, ob diese nach Art, Aufmachung und Inhalt dem Handelsgeschäft entsprechen und auf dieser Grundlage über die Aufnahme der Dokumente entscheiden. Der Importeur hat nur das Recht zur Einsichtnahme und Prüfung der Dokumente sowie ggf. deren Ablehnung. Er darf sie jedoch keinesfalls benutzen, um die Ware zu besichtigen oder darüber zu verfügen. Im Fall der Nichtaufnahme der Dokumente hat er diese unverzüglich an die Bank zurückzugeben.

Die Bank handelt durch die vorzeitige Aushändigung gegen das „Zug-um-Zug-Prinzip" und gegen die Weisungen der Einreicherbank. Folglich haftet die Inkassobank in diesem Fall für die Erfüllung der Inkassoforderung, falls der Importeur über die Dokumente verfügt und seinen Verpflichtungen nicht nachkommt und muss notfalls Zahlung leisten.

Aufgabe 3

Die A-GmbH liefert zwei Abfüllanlagen im Gesamtwert von 4 Mio. € nach Argentinien. Der Zahlungstransfer soll über einen „L/C 90 days deferred payment" abgesichert werden. Die A-GmbH möchte alle Risiken so weit wie möglich ausschließen.

Erläutern Sie die wesentlichen Handlungsschritte zur Abwicklung dieser Transaktion!

Lösungshinweise

Zum Ausschluss aller Risiken bietet sich für den Exporteur ein unwiderrufliches, bestätigtes Akkreditiv an.

Folgende Schritte kennzeichnen typischerweise das unwiderruflich, bestätigte Dokumentenakkreditiv „gegen Zahlung":

1. Kaufvertrag mit Akkreditivvereinbarung

2. Akkreditivauftrag seitens des Importeurs bei der Importeurbank

3. Unwiderrufliche Akkreditivverpflichtung der akkreditiv-eröffnenden Bank, in der Regel unter Einschaltung einer Zweitbank (häufig, aber nicht zwingend Hausbank des Exporteurs)

4. Avisierung/Eröffnung des Akkreditivs durch die Zweitbank und Bestätigung. Durch die Bestätigung (gegenüber der „bloßen" Avisierung) des Akkreditivs gibt die Zweitbank ein Zahlungsversprechen ab, so dass der Exporteur nun sicher sein kann, dass er den Exporterlös erhält, sofern er seinerseits alle Verpflichtungen aus dem Akkreditiv sach- und zeitgerecht erfüllt.

5. Warenversand und Empfang der (Versand-)Dokumente

6. Dokumenteneinreichung

7. Dokumentenaufnahme und Auszahlung des Akkreditivgegenwerts seitens der Zweitbank 90 Tage nach Versand

8. Dokumentenversand und Verrechnung des Akkreditivgegenwerts mit der Akkreditivbank

9. Belastung des Akkreditivgegenwerts und Aushändigung der Dokumente an den Importeur

10. Dokumentenvorlage und Warenempfang

Aufgabe 4

a) Nennen Sie drei Anlässe im Außenhandel, durch die ein Exporteur in den Besitz von Auslandswechseln gelangen kann!

b) Im Zusammenhang mit Auslandswechseln werden in der Regel bis zu 15 „Respekttage" mit berechnet. Außerdem werden die Diskontzinsen auf Basis der 365/360-Tage-Regel berechnet. Erläutern Sie den Begriff „Respekttage" sowie die 365/360-Tage-Regel!

c) Wie wird dem Wechselkursrisiko beim Auslandswechsel Rechnung getragen?

d) Ein deutscher Exporteur reicht am 17.7.x einen auf einen australischen Importeur gezogenen Wechsel über 100.000 A-\$, fällig am 30.9.x in Sydney, zum Diskont bei seiner deutschen Bank ein. Die Gutschrift des Diskonterlöses soll auf dem €-Konto des Exporteurs bei seiner Hausbank erfolgen. Zurzeit bestehen für den australischen Dollar die folgenden Kurse:

Devisenkassakurs: 1,7004/1,7164 A-\$ pro €

Devisenterminkurs :   1,7054/1,7214 A-\$ pro €

Die Bank berechnet einen Diskontsatz in Höhe von 6% p.a. nach der 365/360-Tage-Methode. Ferner werden 15 Respekttage sowie eine Abwicklungsprovision von 1,50/00 und Courtage in Höhe von 0,250/00 zu Grunde gelegt. Des Weiteren fallen Spesen in Höhe von 5,-€ an.

Wie hoch ist die Gutschrift auf dem €-Konto des Exporteurs?

e) Wie hoch ist in % die effektive Jahresverzinsung?

Lösungshinweise

zu a) Der Exporteur kann in den Besitz von Wechseln gelangen auf der Grundlage einer „reinen" Zahlungsbedingung („clean payment"), die ein Zahlungsziel für den Importeur umfasst (1), auf der Grundlage eines Dokumenteninkassos „Dokumente gegen Akzept" („documents against payment") (2) oder auf Grundlage eines Akzeptakkreditivs, das die Wechselziehung auf eine Bank vorsieht (3).

zu b) Respekttage: Sog. „Reisetage". Sie werden über den Verfalltag des Wechsels hinaus hinzugerechnet und sollen die Zeitspanne auffangen, die vergeht, bis die Diskontbank wirklich über das Geld verfügen kann, d.h. bis der Wechselgegenwert von der Domizilstelle an die Diskontbank überwiesen wurde. Üblich sind 10 Respekttage bei Wechseln, die in Europa zahlbar gestellt sind und 15 Respekttage bei Wechseln, die außerhalb Europas zahlbar gestellt sind.

365/360-Regel: Taggenaue Auszählung der Tage und Division durch 360 (im Gegensatz zur deutschen Zinsmethode, bei der der Zinsmonat 30 Tage und das Zinsjahr 360 Tage haben).

zu c) Das Wechselkursrisiko besteht dann, wenn der Wechsel auf fremde Währung lautet. Es ist üblich, dass zwischen Bank und Einreicher in diesem Fall ein „Wechselankauf unter Abschluss eines Devisentermingeschäfts" vereinbart wird, d.h. die Umrechnung erfolgt nicht zum Kassakurs, sondern zum Devisenterminkurs.

zu d) Verkauf von 100.000 A-$ zum Devisenterminkurs $\rightarrow$ 100.000 CAD : 1,7214 = 58.092,25 €.

Ermittlung der Diskontzinsen: Wegen 365/360-Regel erfolgt taggenaue Auszählung (14 + 31 + 30 + 15 Respekttage =) 75 + 15=90 Tage.

58.092,25 • 90/360 • 6/100 = 871,38 € Diskontzinsen

Sonstige Provisionen und Spesen:

Abwicklungsprovision	58.092,25 • 1,5/1000 = 87,14 €
Courtage	58.092,25 • 0,25/1000 = 14,52 €
Spesen	5 €

$\rightarrow$ 58.092,25 – 871,38 – 87,14 – 14,52 – 5 = 57.114,21 € Gutschrift Valuta 30.9.x

zu e) Der Exporteur zahlt insgesamt 978,04 € „Zinsen" für einen ausgezahlten Kreditbetrag über 57.114,21 € und einen effektiven Zeitraum von 75 Tagen, also 57.114,21 • i*/100 • 75/360 = 978,04 €, wobei i* der gesuchte Effektivzins ist. Die Umstellung der Formel führt auf: i* = 978,04 : 57.114,21 • 360 • 100/75 = 8,22% p. a.

Aufgabe 5

a) Erläutern Sie, welche Möglichkeiten des Forderungsverkaufs es grundsätzlich gibt und stellen Sie Gemeinsamkeiten und Unterschiede der Instrumente heraus!

b) Ein Unternehmen erwägt, einen über eine Ausfuhrgewährleistung des Bundes („HERMES-Deckung") abgesicherten Lieferantenkredit zu forfaitieren. Nennen Sie Argumente, die für eine Forfaitierung sprechen!

c) Im Rahmen eines Exportgeschäfts verhandelt ein Exporteur folgende Geschäftsbedingungen:

Vertragswert:	€ 3.460.000
Kreditanteil in %:	85% = 2.941.000 €
Anzahl Rückzahlungsraten:	6
Anzahl Raten pro Jahr:	2
Lieferung:	Mitte Oktober 2003 (15.10.2003)
Datum 1. Rückzahlung:	6 Monate nach Lieferung
Käuferzinssatz:	5% p. a.
Zinszahlung:	halbjährlich
Zinsmethode:	360/360

Nach Rückfrage beim Forfaiteur erhält der Exporteur folgende Indikation für eine Forfaitierung der Lieferantenkreditforderung auf Basis der oben genannten Daten:

Forfaitierungsbetrag:	2.941.000 € zuzüglich Käuferzinsen (5%)
Verfügbarkeit der Forderung:	31.10. Oktober 2003
Forfaitierungssatz:	5,75% p. a. (Diskontsatz)
Zinsmethode:	365/360
Bereitstellungsprovision:	1,2% p.a. ab 13.6.2003
Respekttage:	7

Erstellen Sie die Abrechnung, d.h. errechnen Sie zunächst die Käuferzinsen und sodann den Forfaitierungserlös sowie den Nettoerlös (nach Abzug der An- und Zwischenzahlungen sowie der Bereitstellungsprovision)!

Lösungshinweise

zu a)

Merkmal	Factoring	Forfaitierung	Asset Backed Securities
Zahlungsziele	nur kurzfristig (in der Regel 90 Tage, max. 180 Tage)	mittel- und langfristig (nur in Ausnahmefällen kurzfristig)	kurz-, mittel- oder langfristig
Anzahl der Forderungen	Forderungspaket, d.h. laufender Forderungsverkauf	individuell bestimmte Einzelforderungen	Forderungspaket, d.h. laufender Forderungsverkauf
Abwicklung	über Factoringinstitute	über Banken	über Banken; Einbringung der Forderungen in SPC
Beträge	kleinere Beträge (ab 2 Mio. € Jahresumsatz)	mindestens	
500.000 € pro Einzelgeschäft	kleinere Einzelbeträge (jedoch Forderungsvolumen mindestens 20 Mio. €)		
Dokumentation	in der Regel Buchforderungen ohne Banksicherheiten	in der Regel handelbare und bankbesicherte Wechsel- und Buchforderungen	besicherte oder unbesicherte Buchforderungen z.B. aus Handels- oder Kreditgeschäften
Übernahme Finanzierungsfunktion	ja, durch Bevorschussung	ja, durch Bevorschussung	ja, durch Bevorschussung
Übernahme von Risiken	keine politischen Risiken	alle politischen und wirtschaftlichen Risiken	Risikoabwälzung über den Kapitalmarkt
Kosten	Factoringentgelt und Zinsen für Bevorschussung	Diskont (Zinsabschlag)	Abschlag auf Forderungen; SPC hat Kosten durch Provisionen und Zinsen
in der Regel Auszahlung	10 – 20%iger Selbstbehalt (Sperrbetrag)	ohne Selbstbehalt	ohne Selbstbehalt

zu b)

- keine Belastung der eigenen Kreditlinien
- „Entlastung" der Bilanz
- Finanzierungs(Liquiditäts-)effekt, d.h. Verbesserung der Liquiditätssituation
- Wegfall der Selbstbeteiligung im Schadenfall
- durch Abtretung der Deckungsansprüche (mit Zustimmung des Bundes) Erlangung von vergleichsweise günstigen Konditionen durch Wegfall des erhöhten Risikozuschlags
- kein Wechselkursrisiko

zu c)

	Fälligkeit	Restschuld (RS) bei Fälligkeit	Halbjahresraten	5% Käuferzinsen (RS • 0,05/2)	Wechselbetrag in €
Lieferzeitpunkt	15.10.2003	2.941.000	-	-	
1. Fälligkeit	15.4.2004	2.941.000	490.167	73.525	563.692
2. Fälligkeit	15.10.2004	2.450.833	490.167	61.271	551.438
3. Fälligkeit	15.4.2005	1.960.667	490.167	49.017	539.183
4. Fälligkeit	15.10.2005	1.470.500	490.167	36.763	526.929
5. Fälligkeit	15.4.2006	980.333	490.167	24.508	514.675
6. Fälligkeit	15.10.2006	490.167	490.167	12.254	502.421
			2.941.000	257.338	3.198.338
					Fakturierter Betrag zum Liefertermin

	Fälligkeit nach Tagen	Zinstage tag-genau	+7	Wechsel-betrag	5,75% Diskont-betrag	Forfaitierungserlös (Barwert der Wechselbeträge
Abr. Valuta	30.10.2003			-		
1. Fälligkeit	15.4.2004	167	174	563.692	15.666	548.026
2. Fälligkeit	15.10.2004	350	357	551.438	31.443	519.994
3. Fälligkeit	15.4.2005	532	539	539.183	46.418	492.765
4. Fälligkeit	15.10.2005	715	722	526.929	60.765	466.164
5. Fälligkeit	15.4.2006	898	905	514.675	74.396	440.279
6. Fälligkeit	15.10.2006	1081	1088	502.421	87.310	415.111
				3.198.338	315.998	2.882.339

Vertragswert:	3.460.000,00 €
Anzahlung:	519.000,00 €
Kapitalforderung:	2.941.000,00 €
Käuferzinsen:	257.337,50 €
zu finanzierender Betrag:	3.198.337,50 €
Diskonterlös:	2.882.339,39 €
Gesamterlös an Exporteur:	3.401.339,39 €
Bereitstellungsprovision:	14.818,96 €
Nettoerlös:	3.386.520,43 €

Aufgabe 6

a) Welche Deckungen sind über HERMES erhältlich? Geben Sie eine kurze Erläuterung! Welcher Deckungsgrad (in %) ist erhältlich?

b) In welchen Fällen wird eine Ausfuhrgarantie und in welchen Fällen eine Ausfuhrbürgschaft gewährt?

c) Erläutern Sie die Funktionsweise eines Bestellerkredits!

d) Welche Zahlungsbedingungen gelten gemäß OECD Konsensus für Exporte von Investitionsgütern oder Anlagen im Zusammenhang mit Export- und Kreditverträgen (Bestellerkredit)?

Lösungshinweise

zu a) Fabrikationsrisikodeckung, Ausfuhrdeckung, Finanzkreditdeckung

Die Ausfuhrdeckung ist noch einmal zu unterteilen in:

- Einzeldeckungen (kurzfristige Einzeldeckungen sowie mittel-/langfristige Einzeldeckungen),
- revolvierende Einzeldeckungen (bei regelmäßiger Lieferung an einen ausländischen Kunden),
- Ausfuhr-Pauschalgewährleistungen, APG (bei Belieferung einer Mehrzahl von ausländischen Kunden überwiegend außerhalb der OECD),
- APG-light (wie APG, jedoch überwiegend für kleinere Unternehmen)
- sowie bestimmte Sonderdeckungen, wie z.B. Bauleistungsdeckung oder Deckung des Beschlagnahmerisikos für ein Verkaufslager im Ausland.

Deckungsgrade:

- Fabrikationsrisikodeckung: Alle Risiken bis 95%, d.h. 5% Selbstbehalt
- Ausfuhrdeckung für private Besteller: Politische Risiken 95%, Insolvenzrisiko 85%, Nichtzahlungsfall („Protacted default") 85%
- Ausfuhrdeckung für öffentliche Besteller: Politische Risiken 95%, Nichtzahlungsfall 85%
- Finanzkreditdeckungen für private und öffentliche Besteller: Alle Risiken einschl. Nichtzahlungsfall 95%
- Erläuterung der Risiken:

Politische Risiken (sog. „allg. pol. Schadensfall")	Gesetzgeberische oder behördliche Maßnahmen oder Krieg, Aufruhr, Revolution
Konvertierungs-/Transferrisiken	Nichtkonvertierung, Nichttransfer der vom Schuldner in Landeswährung eingezahlten Beträge, Kursverluste an eingezahlten Beträgen infolge einer Abwertung (KT/ZM)
Insolvenzrisiko (wirtschaftliches Risiko)	Uneinbringlichkeit der Forderung wegen Konkurs, amtlichem oder außeramtlichem Vergleich, erfolgloser Zwangsvollstreckung
Nichtzahlungstatbestand („protacted default")	Alles was nicht eindeutig politisches Risiko und nicht Insolvenzrisiko ist, wird dem Nichtzahlungsfall zugeordnet, einschließlich undeutlicher politischer Vorgänge (wie z.B. Konjunktureinbrüche, Auf- und Abwertungen, Maßnahmen der Zentralbanken mit Illiquiditäts- und Nichtzahlungsfolgen)

zu b) Ist der ausländische Kunde eine Privatperson oder eine nach zivil- oder handelsrechtlichen Vorschriften organisierte Gesellschaft, übernimmt die Bundesregierung die Deckung in Form einer Ausfuhrgarantie. Handelt es sich dagegen um den Staat oder um eine Körperschaft des öffentlichen Rechts als Besteller oder haftet eine derartige Institution aufgrund Gesetzes oder durch Garantieübernahme für einen privaten Käufer, übernimmt die Bundesregierung die Deckung in Form einer Ausfuhrbürgschaft. Diese beiden Begriffe dienen nur der systematischen Unterscheidung nach Bestellerkategorien. Garantien schließen das Insolvenzrisiko ein, so dass sich die beiden Deckungsformen in der Höhe des Entgelts voneinander unterscheiden.

zu c) Der Bestellerkredit ist ein Kredit einer inländischen Bank an einen ausländischen Besteller/Käufer.

Folgende Schritte kennzeichnen typischerweise den Bestellerkredit:

1. Exportvertrag mit Zahlungsbedingungen gem. OECD-Konsensus (u.a. An- und Zwischenzahlungen mindestens 15%)

2. Kreditantrag auf Gewährung eines Bestellerkredits, gestellt üblicherweise vom deutschen Exporteur

3. Antrag auf HERMES-Finanzkreditdeckung seitens der Exporteurbank

4. Abschluss des Kreditvertrags zwischen Exporteurbank und Importeur

5. Antrag /Übernahme der Zahlungsgarantie (Aval) seitens einer erstklassigen ausländischen Bank

6. Übernahme der Exporteurgarantie als Garantie des Exporteurs gegenüber der deutschen Geschäftsbank (insbesondere Verpflichtung zur Zahlung des HERMES-Entgelts, Informationspflichten)

7. Vollzug der Lieferungen/Leistungen des Exporteurs

8. Pro rata Auszahlungen des Bestellerkredits an den Exporteur

9. Zahlungen der Zahlungsraten seitens des Importeurs über seine Importeurbank

zu d)

- Förderungswürdige deutsche Exportgeschäfte
- Mindestens 15% An- und Zwischenzahlungen vom Gesamtauftragswert
- Maximaler Kreditbetrag in Höhe von 85% des Auftragswerts
- Kreditlaufzeit, abhängig von Art und Wert der zu liefernden Ware, in der Regel 5 Jahre für Investitionsgüter (max. 10 Jahre bei Ländern der Länderkategorie II)
- Tilgung des Kredits in gleich hohen aufeinander folgenden halbjährlichen Tilgungsraten zuzüglich degressiv – d.h. mit fallenden Beträgen – berechneter und fällig gestellter Zinsen
- Erste Rate muss fällig gestellt werden maximal 6 Monate nach Starting Point, d.h. entweder Lieferung oder letzter wesentlicher Lieferung (bei Lieferung von Ausrüstungen für ganze Anlagen oder Fabriken ohne Verantwortung des Exporteurs für Montage) oder Betriebsbereitschaft

Aufgabe 7

Die H-AG, ein führendes deutsches Unternehmen der Druckindustrie, verhandelt mit einem Abnehmer aus China über die Lieferung von insgesamt drei Druckstraßen mit einem Gesamtauftragswert von 10 Mio. €. Der Kaufpreis soll über einen Zeitraum von fünf Jahren in zehn gleich hohen Halbjahresraten gezahlt werden. Der Importeur bietet als Sicherheit eine Bankgarantie an.

Der Exporteur will die Finanzierung des Geschäfts so strukturieren, dass es sich aus seiner Sicht als Bargeschäft darstellt.

a) Erläutern Sie zwei in Frage kommende Finanzierungsalternativen mit ihren Voraussetzungen!

b) Erläutern Sie, unter welchen Bedingungen dieses Liefergeschäft bei HERMES in Deckung genommen wird.

c) Für eine Vielzahl von permanenten, kleineren Ersatzteillieferungen an verschiedene Abnehmer im Ausland mit kurz- und mittelfristigen Zahlungszielen sucht die H-AG ebenfalls nach einer Absicherung. Erläutern Sie ein geeignetes Absicherungsinstrument!

Lösungshinweise

zu a) In Frage kommen der Bestellerkredit (1) oder die Forfaitierung (2).

Der Bestellerkredit kann seitens der AKA (Plafonds C/D und E), der KfW IPEX-Bank oder einer „sonstigen" international operierenden Bank dargestellt werden.

Folgende Bedingungen sind in der Regel zu erfüllen:

- 15% An- und Zwischenzahlung müssen vor Auszahlung des Bestellerkredits eingegangen sein,
- 85% werden aus einem Bestellerkredit direkt an den Exporteur ausgezahlt,
- Finanzkreditdeckung der HERMES Exporteurgarantie,
- Bankgarantie oder andere von HERMES verlangte Sicherheiten,
- gegebenenfalls stehen auch Grundverträge (z.B. AKA Grundverträge) zur Verfügung, die zwischen der Bank und verschiedenen ausländischen Banken und Importeuren abgeschlossen wurden. Hier sind grundlegende Kreditvertragsbedingungen bereits weitgehend vereinbart.

In Frage kommt ferner die Forfaitierung. Ohne Möglichkeit des Rückgriffs wird die Forderung angekauft. Folgende Bedingungen sind in der Regel zu erfüllen:

- die Forderung muss zum Zeitpunkt der Forfaitierung einredefrei und existent sein,
- es muss sich für die Forfaitierung um Wechselforderungen (Solawechsel und Akzepte) oder Buchforderungen (z.B. verbrieft durch Nachsichtakkreditive) oder spezielle Zahlungsgarantien handeln
- Bankgarantie.

Schließlich kommt auch der Ankauf HERMES-gedeckter Exportforderungen in Betracht („Quasi-Forfaitierung"). Sie stellt eine Alternative zur klassischen Forfaitierung dar, wenn der Importeur nicht bereit ist, eine Banksicherheit zu stellen, seine Bonität aber für eine positive Deckungsentscheidung ausreicht.

zu b) HERMES-Deckungsvoraussetzungen:

- Förderungswürdigkeit des Liefergeschäfts: Die zu liefernden Waren oder zu erbringenden Dienstleistungen müssen ihren Ursprung im Wesentlichen im Geltungsbereich des deutschen Außenwirtschaftsgesetzes haben.

- Risikomäßige Vertretbarkeit: Der Bund übernimmt Ausfuhrgewährleistungen nur, wenn eine vernünftige Aussicht auf einen schadensfreien Verlauf des Exportgeschäfts besteht.

- OECD-Konsensus: Ausfuhrgewährleistungen sollen nur dann übernommen werden, wenn die Zahlungs- bzw. Rückzahlungsbedingungen den einschlägigen zwischenstaatlichen Vereinbarungen und den international abgestimmten Grundsätzen für Exportgeschäfte entsprechen. Geregelt sind u.a. An- und Zwischenzahlungen (mindestens 15%), Kreditlaufzeit, Mindestzinssätze und Kreditlaufzeiten.

zu c) In Frage kommen hier:

- Ausfuhr-Pauschal-Gewährleistungen (APG) des Bundes: Sie eignen sich, wenn eine Mehrzahl von ausländischen Kunden in verschiedenen Ländern mit kurzfristigen Zahlungszielen bis zu einem Jahr Kreditlaufzeit beliefert wird und eine ausgewogene Risikomischung gegeben ist. Es handelt sich um ein vereinfachtes Verfahren mit günstigen Entgeltsätzen. Versichert werden nur Exportgeschäfte an Abnehmer außerhalb der OECD (plus einigen Ausnahmen innerhalb der OECD: Korea, Mexiko, Polen, Ungarn, Türkei, Slowakische Republik, Tschechische Republik).

- Ausfuhr-Pauschal-Gewährleistungen-light: Pauschaldeckung vor allem für kleine und mittelständische Exporteure mit Jahresumsätzen bis zu einer Million Euro für Ausfuhrgeschäfte mit Kreditlaufzeiten bis zu vier Monaten; sie ist jedoch auch für größere Unternehmen mit nur geringem deckungsfähigen Exportumsatz geeignet. Bezüglich der Abnehmer gelten die gleichen Bestimmungen wie bei der APG.

Aufgabe 8

Die X GmbH hat in ihren Büchern eine Kreditfinanzierung mit folgenden Daten:

Finanzierungsbetrag:	1 Mio. €
Zinssatz:	3-Monats-EURIBOR + 1% Marge
Laufzeit:	4 Jahre
Aktueller 3-M-EURIBOR:	2,1115%

Die GmbH rechnet mit steigenden Zinsen für die kommenden 12 Monate, so dass das Finanzmanagement den Abschluss eines Zinsswaps erwägt. Die Hausbank übermittelt dem Unternehmen folgende Zinsswap-Quotierung für einen „plain vanilla" Liability-Swap : 4Y 342/345 gegen 3M-EURIBOR.

Erläutern Sie das Finanzprodukt „Zinsswap" und verdeutlichen Sie die Zahlungsströme anhand des vorliegenden Beispiels!

Lösungshinweise

Beim Zinsswap vereinbaren zwei Vertragsparteien den Austausch von Zinszahlungsströmen (nicht der Kapitalbeträge) auf der Basis eines zu Grunde liegenden

Nominalbetrags. Zur Absicherung des Zinsänderungsrisikos im vorliegenden Fall bietet es sich an, einen Zinsswap mit einem Nominalbetrag von 1 Mio. € abzuschließen. Die Bank bietet der X GmbH einen 4-Jahres-Zinsswap 342/345 an. Sie würde einen Swap zum Geldkurs 3,42% p.a. kaufen und verkauft ihn zum Briefkurs 3,45% p.a., d.h. die X GmbH würde im Falle des Abschlusses über einen Zeitraum von 4 Jahren jeweils jährlich zum Jahresende einen festen Zinssatz von 3,45% (= 34.500 € Zinsen) an die Bank zahlen. Im Gegenzug zahlt die Bank im Drei-Monats-Rhythmus den EURIBOR an das Unternehmen.

Der Ursprungskredit über 1 Mio. € bleibt bestehen und muss bedient werden, durch den Swap neutralisieren sich jedoch die zu zahlenden Kreditzinsen (3M-EURIBOR) und die empfangene Zahlung aus dem Swap (ebenfalls 3M-EURIBOR), so dass im Ergebnis die X GmbH den Festsatz von 3,45% plus die (vom Swap unberührte) Marge von 1% tragen muss.

Zum jetzigen Zeitpunkt erscheint die Zinsswap-Transaktion „teuer", da der EURIBOR mit 2,115% deutlich niedriger liegt. Allerdings ist die X GmbH für den Fall eines Ansteigens des EURIBOR abgesichert.

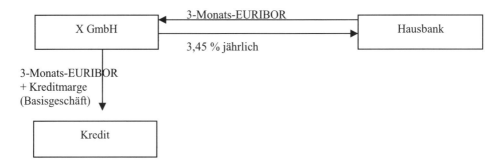

Aufgabe 9

Die möglichen Finanzierungskosten von Bank A und Handelsunternehmen B vor Abschluss eines Zinsswap seien wie folgt:

Finanzierungskosten A: Festsatz 9,0%   Variabler Satz EURIBOR

Finanzierungskosten B: Festsatz 10,50% Variabler Satz EURIBOR plus 0,50%

Die Bank strebt eine Finanzierung auf variabler Basis, das Handelsunternehmen eine Finanzierung in gleicher Höhe auf Festsatzbasis an.

Offensichtlich verfügt das Handelsunternehmen B in beiden Marktsegmenten, also sowohl im festverzinslichen als auch im variabel verzinslichen Bereich, über die schlechtere Bonität und damit auch über die ungünstigere Verhandlungsposition gegenüber Bank A. Diese ist beispielsweise nur dann zum Abschluss einer Zinsswap-Vereinbarung bereit, wenn sie an Handelsunternehmen B einen variablen Zins von EURIBOR mit einem höheren Zinsabschlag als 0,5%, also z.B. mit einem Zinsabschlag von 0,75% zu zahlen hat.

Zeigen Sie auf, welche Zahlungen bei Abschluss einer derartigen Zinsswap-Vereinbarung von den beiden Kontrahenten zu leisten sind!

Lösungshinweise

In einer, für Bank A im Vergleich zum Beispiel günstigeren Zinsswap-Vereinbarung wird geregelt, dass Bank A, die eigentlich eine Finanzierung auf variabler Zinsbasis anstrebt, eine

Festzinsanleihe zu 9,0% emittiert. Das Handelsunternehmen B, das eigentlich eine Finanzierung auf Festzinsbasis benötigt, nimmt z.B. eine Anleihe mit variablem Zins zu EURIBOR plus 0,5% in Anspruch. Diese Zinszahlungsverpflichtungen werden getauscht.

Bank A erhält von B Festzinsen in Höhe von 9,0%, während Handelsunternehmen B von A variable Zinsen von EURIBOR minus 0,75% erhält. Effektiv zahlt A nun variable und B feste Zinsen.

Insgesamt ergeben sich für beide Unternehmen die folgenden Zinszahlungsverpflichtungen:

- Bank A erhält von B Festzinszahlungen in Höhe von 9%. Sie zahlt für ihre Festzinsanleihe ebenfalls 9%. Schließlich leistet sie variable Zinszahlungen von EURIBOR – 0,75% an das Handelsunternehmen B. Insgesamt folgt aus diesen Zinszahlungen
  (9,0% - 9,0% - [EURIBOR - 0,75%]) = - [EURIBOR - 0,75%] = -EURIBOR + 0,75%, was somit für Bank A zu einem Vorteil von 0,75% im Vergleich zu der Situation ohne Vereinbarung eines Zinsswap führt.

- Handelsunternehmen B zahlt 9% Festzinsen an A und für die emittierte Anleihe einen Zins von EURIBOR + 0,5%. Es erhält jedoch von A variable Zinszahlungen in Höhe von EURIBOR - 0,75%. Hieraus resultiert eine Festzinsverpflichtung von (- 9% - [EURIBOR + 0,5%] + [EURIBOR - 0,75%]) = – 10,25%, was gegenüber der Vergleichssituation ohne Zinsswap eine um 0,25% günstigere Finanzierung darstellt.

Vor Abschluss des Swapgeschäftes hätten beide Partner gemäß ihren eigentlichen Absichten zusammen 10,5% plus EURIBOR zahlen müssen. Nach Abschluss haben sich die Finanzierungskosten zusammen auf (9,0% + EURIBOR + 0,5%) verringert. Der komparative Vorteil insgesamt beträgt 1%, der entsprechend der hier vorliegenden Vertragsgestaltung zwischen beiden Partnern zu Gunsten von Bank A wegen der insgesamt schlechteren Bonität von Handelsunternehmen B aufgeteilt wurde.

Aufgabe 10

Ein Unternehmen aus der Modebranche benötigt in 9 Monaten (Beginn der Zinswirksamkeit: 25.7.xx) einen Saisonkredit über 1 Mio. € mit einer Laufzeit von einem halben Jahr. Der Zinssatz wird dann voraussichtlich EURIBOR+1% Marge lauten. Um sich vor einem möglicherweise steigenden Zinssatz zu schützen, will das Unternehmen ein 9/15 FRA (Forward Rate Agreement) abschließen.

Die Hausbank gibt folgende Daten:

- 9 gegen 15 FRA-Satz: EURIBOR 2,45%
- aktueller 6-Monats-EURIBOR: 2,195%

In 9 Monaten hat der 6-Monats-EURIBOR folgende Werte: i) 2,25%

                                                          ii) 2,75%

Zu Grunde zu legen ist die Euro-Zinsmethode.

a) Erläutern Sie kurz die Funktionsweise des Derivats Forward Rate Agreement!

b) Berechnen Sie die fälligen Zahlungen, falls der EURIBOR in 9 Monaten mit 2,25% gefixt wird!

c) Berechnen Sie die fälligen Zahlungen, falls der EURIBOR in 9 Monaten mit 2,75% gefixt wird!

Lösungshinweise

zu a) Das Forward Rate Agreement (FRA) ist eine vertragliche Vereinbarung zwischen zwei Parteien mit dem Ziel, einen bestimmten Zinssatz für einen in der Zukunft liegenden Zeitraum zu fixieren. Als Basis wird ein rein rechnerischer Kapitalbetrag vereinbart, auf dessen Grundlage die Berechnung der Zinszahlungen erfolgt.

Käufer und Verkäufer fixieren für die betreffende Periode einen Festzinssatz (FRA-Satz) unter Zugrundelegung eines Referenzzinssatzes (z.B. 6-Monats-EURIBOR).

Liegt der Referenzzinssatz bei Fälligkeit über dem FRA-Satz, so erhält der Käufer vom Verkäufer eine Ausgleichszahlung in Höhe der (abgezinsten) Differenz zwischen dem gestiegenen Marktzinssatz und dem im FRA festgelegten Zinssatz. Andernfalls profitiert entsprechend der Verkäufer.

Ein Austausch der Kapitalbeträge findet nicht statt, der Kapitalbetrag dient nur als Rechengröße. Die maximale Gesamtlaufzeit beträgt 24 Monate. Die Gesamtlaufzeit setzt sich zusammen aus der Vorlaufzeit plus der Referenzperiode.

Berechnung der Ausgleichszahlung:

$$\text{Ausgleichszahlung} = \text{Kapitalbetrag} \cdot \frac{\frac{\text{Referenzzins} - \text{Forward Rate} \cdot \text{Referenzperiode in Tagen}}{100 \cdot 360}}{1 + \frac{\text{Referenzzins} \cdot \text{Referenzperiode in Tagen}}{100 \cdot 360}}$$

zu b) Die Tage werden bei der Euro-Zinsmethode taggenau ausgezählt. Vom 25.7. bis 24.1. des Folgejahres sind es 184 Tage.

Berechnung der fälligen Kreditzinsen aus dem Saisonkredit:

Kreditzinsen = 1.000.000 • 2,25/100 • 184/360 = 11.500 €

Berechnung der Ausgleichszahlung:

Ausgleichszahlung = 1.000.000 • (2,25 − 2,45• 184/100 • 360)/(1 + 2,25 • 184/100 • 360) = -1.022,22/1,0115 = -1.010,60 €, zahlbar vom Unternehmen an die Bank.

Nettobelastung der GmbH zum Ende der Kreditlaufzeit:

11.500 + 1.022,22 = 12.522,22 €.

zu c) Berechnung der fälligen Kreditzinsen aus dem Saisonkredit:

Kreditzinsen = 1.000.000 • (2,75 • 184/100 • 360) = 14.055,55 €

Berechnung der Ausgleichszahlung:

Ausgleichszahlung = 1.000.000 • (2,75 -2,45 • 184/100 • 360)/1 + 2,75 • 184/100 • 360) = 1.533,33/1,01406 = 1.512,07 €, zahlbar von der Bank an das Unternehmen.

Nettobelastung der GmbH zum Ende der Kreditlaufzeit:

14.055,56 - 1.533,33 = 12.522,22 €.

Die Unternehmung wird damit so gestellt, als ob sie einen Kredit zur Forward Rate 2,45% p.a. aufgenommen hätte. Im Aufgabenteil b) hätte sie – ex post betrachtet – besser auf das FRA verzichtet, während sie in c) von dem FRA profitiert.

Aufgabe 11

a) Erläutern Sie das Finanzprodukt „Option". Stellen Sie insbesondere die Käufer- und Verkäuferseite von Optionen dar.

b) Erläutern Sie die Begriffe „in the money", „at the money" und „out of the money"!

Lösungshinweise

a) Eine Option ist eine Vereinbarung, welche dem einen Vertragspartner das einseitige Recht einräumt, eine im Voraus bestimmte Menge einer Ware oder eines Wertes (Basiswert) zu einem festgelegten Preis (strike price) innerhalb eines definierten Zeitraumes zu kaufen (Kaufoption = Call) oder zu verkaufen (Verkaufsoption = Put). Der Wert dieser Vereinbarung drückt sich in der Zahlung einer Prämie, der sog. Optionsprämie, aus.

Europäische Option: Ausübung nur an einem bestimmten Zeitpunkt (in der Regel Verfalltag) möglich.

Amerikanische Option: Ausübung während der gesamten Laufzeit möglich.

		Rechte	Pflichten
Call	Käufer (Long Call)	Übernahme Basiswert	Prämie zahlen
	Verkäufer (Short Call = Stillhalter)	Prämie kassieren	Lieferung Basiswert auf Aufforderung
Put	Käufer (Long Put)	Lieferung Basiswert	Prämie zahlen
	Verkäufer (Short Put = Stillhalter)	Prämie kassieren	Abnahme Basiswert auf Aufforderung

zu b)

	Call	Put
strike price = Tagespreis	at-the-money (innerer Wert = 0)	at-the-money (innerer Wert =0)
strike price > Tagespreis	out-of-the-money (innerer Wert = 0)	in-the-money (innerer Wert > 0)
strike price < Tagespreis		

Aufgabe 12

Seit dem 1.1.1999 gilt für alle EWWU-Teilnehmerländer die Mengennotierung, zuvor galt die Preisnotierung. Nach der Preisnotierung hätte z.B. der USD-Kurs folgendes Aussehen gehabt: 1 US$ = 0,8104 € (Brief) und 1 US$ = 0,8065 € (Geld).

a) Erläutern Sie die angegebene Preisnotierung!

b) Geben Sie eine kurze Erläuterung der Mengennotierung! Wie lautet der angegebene Kurs in Mengennotierung (gerundet auf 4 Nachkommastellen)?

c) Am 6.8.2002 notierte das Umtauschverhältnis US$/€ wie folgt:

€-Geld-Kurs: 1,2145 US$ €-Brief-Kurs: 1,2205 US$

i) A ist deutscher Importeur und benötigt per heute 200.000 US$.

ii) B ist deutscher Exporteur und möchte einen Zahlungseingang von 50.000 US$ per heute in € umtauschen.

Erläutern Sie kurz die in i) und ii) durchzuführenden Kassa-Geschäfte und berechnen Sie den aufzubringenden (i) bzw. erlösten (ii) €-Betrag!

d) Erläutern Sie, warum Geldkurs und Briefkurs voneinander differieren und warum insbesondere stets gilt: Briefkurs > Geldkurs!

Lösungshinweise

zu a) Preisnotierung

Briefkurs: Kunde kauft 100 US$ (verkauft Heimatwährung) zu 81,04 €, Bank kauft €.

Geldkurs: Kunde verkauft 100 US$ zu 80,65 € (kauft Heimatwährung), Bank verkauft €.

zu b) Der Mengenkurs gibt an, wie viel man an Fremdwährung (hier US$) für 1 € bekommt. Geldkurs und Briefkurs kehren sich hier um.

Im Bsp.: 1 € = 1,2339 US$ (Geld), d.h. der Kunde kauft US$ (verkauft €), die Bank kauft € (verkauft US$).

1 € = 1,2399 US$ (Brief), d.h. der Kunde kauft € (verkauft US$), die Bank kauft US$ (verkauft €).

zu c) Der Importeur kauft Fremdwährung, d.h. maßgeblich ist der Geldkurs:

200.000 US$: 1,2145 US$/€ = 164.676,82 € sind aufzubringen per Kasse.

Der Exporteur verkauft Fremdwährung, d.h. maßgeblich ist der Briefkurs:

50.000 US$: 1,2205 US$/€ = 40.966,82 € Erlös per Kasse.

zu d) In der Differenz steckt der Gewinnanteil der Bank, d.h. die Bank verkauft Devisen zu einem höheren Preis als sie zu bezahlen bereit ist.

Aufgabe 13

a) Erläutern Sie im Zusammenhang mit Devisentermingeschäften die Begriffe Deport, Report und Swapsatz!

b) Woraus bilden sich die Devisenterminkurse?

c) In einem fiktiven Land (Heimatland mit Währung „Aro") betrage der Zinssatz für drei Monate (90 Tage) 5% p.a., im Land B (mit Fremdwährung „Bero") hingegen lediglich 3% p.a. Der aktuelle Devisenkassakurs sei 1,2 Bero/Aro, d.h. 1 Aro koste 1,2 Bero.

Unterstellen Sie einen Anleger, der 100 Aro zur verzinslichen Anlage zur Verfügung hat und errechnen Sie den Swapsatz bzw. den 3-Monats-Terminkurs, so dass keine Arbitragemöglichkeiten bestehen!

Lösungshinweise

zu a) Deport: Abschlag auf den Devisenkassakurs, d.h. der Devisenterminkurs ist niedriger als der Devisenkassakurs.

Report: Aufschlag auf den Devisenkassakurs, d.h. der Devisenterminkurs ist höher als der Devisenkassakurs.

Swapsatz = Devisenterminkurs ˜ Devisenkassakurs (größer, gleich oder kleiner 0) zu b) Die Devisenterminkurse leiten sich unmittelbar aus den jeweiligen Zinssätzen ab, die in den jeweiligen Ländern herrschen. Ist der Zinssatz im Fremdwährungsland niedriger als im Heimatwährungsland (z.B. US$ gegenüber €), dann ist der Terminkurs kleiner als der Kassakurs (Deport), andernfalls (z.B. britisches Pfund gegenüber €) ist der Terminkurs höher als der Kassakurs (Report).

Wäre etwa stets Devisenterminkurs gleich Devisenkassakurs, so gäbe es Arbitragemöglichkeiten.

Der Devisenterminkurs ist somit weder ein durch Angebot und Nachfrage bestimmter Börsenkurs noch ein Wert, der die Erwartung der Banken widerspiegelt, sondern eine unmittelbare Resultante aus den in den jeweiligen Ländern vorherrschenden Zinsniveaus.

zu c) Der Anleger hat zwei Handlungsalternativen.

1. Handlungsalternative: Anlage von 100 Aro für drei Monate zu 5% p.a.

Zinsertrag = $100 \cdot (1 + 5/100 \cdot 90/360) = 101{,}25$ Aro

2. Handlungsalternative: Umtausch von 100 Aro zur Kasse in Bero, Anlage von 100 Bero im Land B zu 3% und Rückumtausch in drei Monaten in Aro.

Umtausch von 100 Aro: 100 Aro $\cdot 1{,}2$ Bero/Aro $= 120$ Bero

Anlage von 120 Bero zu 3%: Zinsertrag = $120 \cdot (1 + 3/100 \cdot 90/360) = 120{,}90$ Bero

Der Umtauschkurs in drei Monaten muss in einem arbitragefreien Markt sicherstellen, dass der Anleger nach dem Umtausch ebenfalls über 101,25 Aro verfügt:

120,90 Bero : x Bero/Aro = 101,25 Aro, bzw. $x = 120{,}90 : 101{,}25 = 1{,}194$ Bero pro Aro.

Der Devisenterminkurs lautet also 1,194 Bero/Aro, der Swapsatz beträgt mithin -0,006 (Deport).

Aufgabe 14

a) Geben Sie vor dem Hintergrund der drei möglichen Handlungsalternativen bei Vorliegen eines Fremdwährungsexport- oder Importgeschäfts: keine Absicherung (1), Devisentermingeschäft (2), Devisenoption (3) grundsätzliche Handlungsempfehlungen an einen

i) Exporteur mit erwartetem zukünftigen Fremdwährungszahlungseingang,

ii) Importeur mit erwarteter zukünftiger Fremdwährungszahlungsverpflichtung,

wenn folgende Devisenkurserwartungen für die Zukunft vorliegen:

Szenario A: fallender € gegenüber Fremdwährung,

Szenario B: Seitwärtsbewegung des € (kaum Veränderung)

Szenario C: steigender € gegenüber Fremdwährung!

b) Ein Exporteur erwartet einen Zahlungseingang in 6 Monaten in Höhe von 50.000 US$. Die Hausbank übermittelt dem Exporteur folgende Daten:

Kassakurs € in US$ (Geld/Brief)	1,2339/1,2399
Devisenterminkurs 6 Monate € in US$	1,2317/1,2377
Devisenoption (€-Call) Angebot 1:	strike price 1,1702, Prämie 7,1%
Devisenoption (€-Call) Angebot 2:	strike price 1,2302, Prämie 3,5%
Devisenoption (€-Call) Angebot 3:	strike price 1,2702, Prämie 1,9%
Referenzkurs für Prämienberechnung:	1,2369

Analysieren Sie die Vermögenssituation durch Berechnung der Exporterlöse für drei Umweltszenarien (Ausfüllen der untenstehenden Tabelle) und ermitteln Sie ein Vorteilhaftigkeitsranking für die fünf Handlungsmöglichkeiten!

Umweltszenario A: €-Kurs in 6 Monaten = 1,10 US$ (€ gefallen)

Umweltszenario B: €-Kurs in 6 Monaten = 1,2369 US$ (Seitwärtsbewegung)

Umweltszenario C: €-Kurs in 6 Monaten = 1,35 US$ (€ gestiegen)

	A: 1,10 US$/€	B: 1,2369 US$/€	C: 1,35 US$/€
Keine Absicherung			
Devisentermingeschäft			
Devisenoption 1			
Devisenoption 2			
Devisenoption 3			

c) Angenommen, der Exporteur habe sich für das Devisentermingeschäft entschieden. Er erfährt jedoch, dass sich der Zahlungseingang um einen Monat verzögert. Geben Sie dem Exporteur eine Handlungsempfehlung!

Lösungshinweise

zu a)

	Erwarteter fallender €	Erwartete Seitwärtsbewegung	Erwarteter steigender €
i) Empfehlung an Exporteur	Keine Absicherung oder Devisenoption	Keine Absicherung oder Devisenterminge-schäft	Devisentermingeschäft
ii) Empfeh-lung an Im-porteur	Devisentermingeschäft	Keine Absicherung oder Devisentermingeschäft	Keine Absicherung oder Devisenoption

zu b) Berechnung der Optionsprämien (fällig jeweils zur Kasse):

Angebot 1: Optionsprämie $=$ (50.000/1,2369) • (7,1/100) = 2.870,08 €

Angebot 2: Optionsprämie $=$ (50.000/1,2369) • (3,5/100) = 1.414,83 €

Angebot 3: Optionsprämie $=$ (50.000/1,2369) • (1,9/100) = 768,05 €

Die Prämien sind von dem Exportumtauscherlös jeweils in Abzug zu bringen.

Die Optionen 1 und 2 sind jeweils „im Geld", während Option 2 „aus dem Geld" ist.

Unter den jeweiligen Szenarien erzielt der Exporteur folgende Umtauscherlöse („Platzziffern" in eckigen Klammern):

	A: 1,10 US\$/€	B: 1,2369 US\$/€	C: 1,35 US\$/€
keine Absicherung	45.454,54 € [1]	40.423,64 € [1]	37.037,04 € [5]
Devisentermingeschäft	40.397,51 € [5]	40.397,51 € [2]	40.397,51 € [1]
Devisenoption 1 (strike 1,1702)	42.584,47 € [4]	39.857,66 € [3]	39.857,66 € [3]
Devisenoption 2 (strike 1,2302)	44.039,72 € [3]	39.228,97 € [4]	39.228,97 € [2]
Devisenoption 3 (strike 1,2702)	44.686,50 € [2]	39.655,59 € [5]	38.595,83 € [4]

Wie die Analyse zeigt, nimmt die Devisenoption zwischen den beiden Extremal-ternativen „Nicht-Absicherung" und „Vollabsicherung durch Devisenterminge-schäft" eine Art Mittelstellung ein. Unter keiner möglichen Konstellation ist die Absicherung mit Devisenoption die Optimalalternative, jedoch zumeist auch nicht die schlechteste aller möglichen Varianten. Es zeigt sich jedoch auch, dass die verbreitete Entscheidung für den Abschluss des „beliebten" Devisentermingeschäfts ex post betrachtet durchaus eine Fehlentscheidung sein kann.

Die folgende Abbildung verdeutlicht die Vermögensposition des Exporteurs in Abhängigkeit des €-Kurses (in US$).

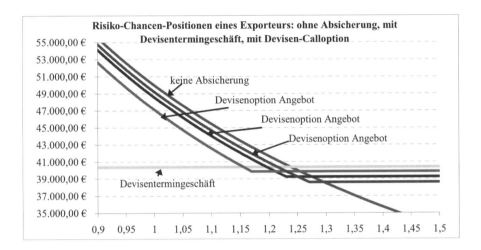

zu c) Nach Ablauf der 6 Monate wird das US$-Konto des Exporteurs mit 50.000 US$ belastet, ohne dass der erwartete Gegenwert zufließt. Entsprechend wird der €-Gegenwert über 40.397,51 dem €-Konto gutgeschrieben. Ohne eine weitere Maßnahme hätte der Exporteur aufgrund des Zahlungsverzugs ein einmonatiges Wechselkursrisiko zu tragen, da das US$-Konto nicht ausgeglichen wird.

Für den Exporteur würde sich nun ein Swapgeschäft zur Verlängerung des Devisentermingeschäfts anbieten: Er kauft 50.000 US$ zur Kasse und verkauft zugleich 50.000 US$ für einen Monat auf Termin. Je nach Kassakurs trägt der Exporteur zwar einen Verlust oder einen Gewinn davon, er ist zugleich aber für einen weiteren Monat abgesichert.

E. Außenwirtschaftstheorie und -politik

von Dr. Eva-Maria Illigen-Günther

I. Einleitung

II. Reale Außenwirtschaftstheorie

    1. Freihandel

    2. Protektionismus

III. Monetäre Außenwirtschaftstheorie

    1. Zahlungsbilanz

    2. Wechselkurs

IV. Außenwirtschaftspolitik

    1. Theorie zum optimalen Währungsraum

    2. Die Europäische Währungsunion

    3. Die Europäische Zentralbank

    4. Erwartungen an die Europäische Währungsunion

Literaturhinweise

Übungsaufgaben mit Lösungshinweisen

E. Außenwirtschaftstheorie und -politik

I. Einleitung

Die nachfolgenden Ausführungen zu den Themenbereichen Außenwirtschaftstheorie und Außenwirtschaftspolitik beziehen sich im Wesentlichen auf mögliche grundsätzliche Fragestellungen, die in der Arbeitspraxis von Bilanzbuchhaltern in auf den europäischen Markt ausgerichteten Unternehmen auftreten können und stellen somit nur einen allgemeinen Einstieg in die grundsätzlichen Themengebiete der Außenwirtschaft dar.

Die Außenhandelstheorie beschäftigt sich mit der Analyse der Ursachen und Auswirkungen internationaler Handelsbeziehungen. Nachfolgend werden die bekanntesten Ansätze vorgestellt, die den internationalen Handel beschreiben und Aussagen zu Produktionsstrukturen und Wohlfahrtswirkungen von Volkswirtschaften treffen. Ziel der Außenhandelstheorie ist die Gewinnung empirisch prüfbarer und erklärungskräftiger Hypothesen über die Zusammensetzung und das Volumen der Exporte und Importe einer Volkswirtschaft sowie über das reale Austauschverhältnis zwischen exportierten und importierten Waren (*terms of trade*).

Dabei untersucht die **reale Außenwirtschaftstheorie** die langfristigen güterwirtschaftlichen Zusammenhänge internationaler Handelsbeziehungen.

Die **monetäre Außenwirtschaftstheorie** hingegen betrachtet die im internationalen Handels- und Kapitalverkehr auftretenden Zahlungsvorgänge und ihre Auswirkungen auf die Zahlungsbilanz und den Wechselkurs.

Die Ausführungen zum Themengebiet **Außenhandelspolitik** beinhalten einführend eine kurze Zusammenfassung über die Theorie internationaler Politikkoordinierung mit ihren Gründen und Strategien. Anschließend wird die Theorie zum optimalen Währungsraum kurz skizziert und anhand der Währungsunion in Europa verdeutlicht. Die Ausführungen zur Europäischen Währungsunion (EWU) beinhalten einige Hinweise auf ihre Ziele sowie die mit ihr verbundenen Erwartungen und Befürchtungen.

II. Reale Außenwirtschaftstheorie

In den letzten 50 Jahren hat der Welthandel ständig so stark zugenommen, dass offenbar kein Land mehr in völliger Autarkie existieren kann, ohne Nachteile im Hinblick auf den Lebensstandard hinnehmen zu können. Die reale Außenhandelstheorie beschäftigt sich mit den möglichen Gründen für die Aufnahme von Handelsbeziehungen und stellt die sich daraus ergebenden möglichen Handelsstrukturen dar. Hierbei sind die Wohlfahrtswirkungen für die Welt insgesamt von Interesse, wobei die Annahmen und Wirkungen des Handels für die einzelnen Volkswirtschaften untersucht werden.

Die Theorien zur Begründung für den Handel beziehen sich zum einen auf den Handel zwischen den verschiedenen Wirtschaftszweigen (interindustrieller Handel) sowie den Handel mit gleichen Gütern einer Branche zwischen den Ländern (intraindustrieller Handel). Die Diskussionen werden zunächst unter den Rahmenbedingungen des freien Handels geführt, anschließend unter der Beschränkung des freien Handels in einer Darstellung über Formen und Gründe des Protektionismus.

1. Freihandel

Der Freihandel fordert den völligen Verzicht auf staatliche Beschränkungen grenzüberschreitender wirtschaftlicher Austauschbeziehungen. So steht der Freihandel für weltweit offene Märkte, dezentrale Planung, freien Wettbewerb und Marktpreise als geeignetes Organisationsprinzip der Weltwirtschaft. Der Freihandel ist der idealtypische Gegenpol z.B. zu einer Politik des Protektionismus. Schon die klassischen Nationalökonomen des 18. und 19. Jahrhunderts wie Adam Smith, David Ricardo und John Stuart Mill sahen im Freihandel ohne staatliche Eingriffe eine Möglichkeit zur Steigerung des Wohlstandes für alle beteiligten Länder.

Die Begründung wird in der generellen Vorteilhaftigkeit dezentraler Entscheidungen freier Wirtschaftssubjekte gesehen, die am ehesten in dieser marktmäßigen Koordination autonomer Handlungen zum Ausdruck kommt. Die Ausdehnung dieses Gedankens auf den Weltmarkt kann Wohlfahrtszuwächse bewirken, die auf Produktivitätssteigerungen aufgrund internationaler Arbeitsteilung basieren.

Mögliche Gründe für den internationalen Handel liegen in

a) der Verfügbarkeit von Produktionsfaktoren und

b) in der Nutzung von absoluten bzw. komparativen Kostenvorteilen (Produktivitätsunterschiede sowie Unterschiede in der Ausstattung mit Produktionsfaktoren) (vgl. auch Ethier, S. 36 ff.).

Die **Verfügbarkeit** ist ein grundlegendes Argument für die Aufnahme von Handelsbeziehungen; so müssen z.B. Rohstoffe wie Erdöl von Ländern importiert werden, die selbst über keine derartigen Vorkommen verfügen, diese jedoch für die Produktion von Zwischen- oder Fertigprodukten benötigen.

Die internationale Arbeitsteilung bringt für ein Land dann **Kostenvorteile**, wenn es Güter importiert, die andere Länder viel günstiger produzieren können, und dafür Produkte exportiert, bei denen es selber einen Kostenvorteil erzielen kann. Ein Beispiel für natürliche Produktionsvorteile ist z.B. wärmeres Klima für die Bananenernte. Kostenvorteile können neben diesen natürlichen Produktionsvorteilen auch in Produktivitätsunterschieden oder in einer unterschiedlichen Ausstattung mit Produktionsfaktoren begründet sein. Die Aufnahme von Handelsbeziehungen ergibt dann Gewinne für ein Land, wenn die sich einstellende gemeinsame internationale Preisrelation von dem relativen Preis bei Autarkie abweicht.

Nachdem nun bislang mögliche Gründe für den internationalen Handel unter der Annahme des vollkommenen Wettbewerbs beschrieben wurden, wird anschließend der internationale Handel bei unvollkommenem Wettbewerb dargestellt.

Grundsätzlich lassen sich zwei theoretische Erklärungsansätze für den internationalen Handel bei **unvollkommener Wettbewerbssituation** unterscheiden: die Existenz von **Produktdifferenzierungen** und die **Produktzyklustheorie.**

Das Handelsvolumen des intraindustriellen Handels hat zwischen den westlichen Industrieländern in den letzten Jahrzehnten stets zugenommen. Die in den 70er und 80er Jahren entwickelte sog. neue Außenhandelstheorie bietet hierfür Erklärungsansätze, die sich aber nicht mehr mit der Annahme der vollkommenen Konkurrenz, d.h. auch der Annahme polypolistischer Marktstrukturen, vereinbaren lassen.

Um dem Preiswettbewerb durch direkte Konkurrenz zu entgehen, streben Anbieter monopolistische Marktstrukturen an; dies lässt sich z.B. durch **Produktdifferenzierungen** erreichen. Darüber hinaus schätzen Konsumenten ein vielfältiges Angebot oder besitzen so unterschiedliche Präferenzen, dass sie unterschiedliche Varianten eines Gutes nachfragen. Bei Autarkie bietet in jedem Land bei monopolistischer Konkurrenz eine Vielzahl von Anbietern jeweils ein Produkt an.

Nach Aufnahme von Handelsbeziehungen können auch die im Ausland produzierten Güter importiert bzw. die im Inland hergestellten Produkte auf Auslandsmärkten abgesetzt werden. Somit steigt die Anzahl von Produktvarianten nochmals an. Der Wettbewerb wird aber gleichzeitig auch zum Ausschalten eines Teils der Anbieter führen. Die verbleibenden Anbieter erhalten steigende Skalenerträge, die sich aufgrund der größeren Produktionsmenge ergeben. Steigende Skalenerträge liegen dann vor, wenn die Grenzkosten und damit auch die Stückkosten eines Gutes bei steigender Produktion sinken. Ursache für diese sinkenden Durchschnittskosten ist der jeweils sinkende Fixkostenanteil. Fixkosten entstehen z.B. durch große, kurzfristig nicht änderbare Produktionskapazitäten oder durch einen hohen Forschungs- und Entwicklungsaufwand.

Das allgemeine Streben nach möglichst großen Marktanteilen zur Realisierung der Kostenvorteile, die mit steigenden Skalenerträgen verbunden sind, kann auch zu einem Verdrängungswettbewerb oder zu Unternehmenszusammenschlüssen und zu oligopolistischen Marktstrukturen führen. Es bestehen dann für potenzielle Anbieter sog. Marktzutrittsschranken:

Die Produktion wird erst bei hohen Ausbringungsmengen rentabel und von den Kosten her wettbewerbsfähig. Diese Mengen können aber von neuen Anbietern selten realisiert werden. Die bisherigen Produzenten, die diese Investitionen schon getätigt haben und am Markt bereits agieren, können potenziellen Neu-Konkurrenten drohen, den Preis zumindest für einige Zeit bis auf die variablen Stückkosten zu senken. So werden mögliche neue Anbieter davon abgehalten, in den Markt einzutreten. Die etablierten Unternehmen besitzen dann aufgrund der geringeren Konkurrenz die Möglichkeit, höhere Preise festzusetzen und entsprechende Gewinne zu realisieren. Der internationale Handel bietet den Oligopolisten weitere Gewinnmöglichkeiten durch die Vergrößerung der Märkte, er kann aber auch die Existenz ähnlicher kleiner Industrien in anderen Ländern bedrohen bzw. den Aufbau verhindern. Die historischen Anfangsbedingungen prägen somit die internationalen Marktstrukturen und Handelsbeziehungen. Langfristig sind aber Staaten unter Umständen nicht bereit, dies so hinzunehmen und versuchen, mittels strategischer Handelspolitik Einfluss zu nehmen.

Die **Produktzyklustheorie** basiert auf der Annahme, dass sich für gewisse Produkte die Handelsstrukturen im Laufe ihres Produktlebenszyklus ändern. Ein neues Produkt wird z.B. zunächst ausschließlich in den USA hergestellt, einige Jahre später jedoch von den USA aus Fernost importiert. Ausgangspunkt für diese Überlegungen ist die zwischen Industrie- und Entwicklungsländern existierende sog. technologische Lücke. Der Produktlebenszyklus lässt sich unter dem Gesichtspunkt der Entwicklung internationaler Handelsbeziehungen wie folgt beschreiben: Zunächst besitzen die Industrieländer nur die nötigen technologischen Voraussetzungen und die entsprechend qualifizierten Arbeitskräfte für die Entwicklung und Erstellung neuer Produkte. Sie verfügen damit über ein sog. temporär vorhandenes technologisches Verfügbarkeitsmonopol. Aufgrund der höheren Kaufkraft durch das höhere Einkommen pro Kopf existiert nur in dieser Innovationsphase in den Industrieländern die entsprechende Nachfrage für Innovationen.

Mit ihrem Bekanntheitsgrad steigt auch die Nachfrage in anderen Ländern, so dass diese Güter schon bald weltweit exportiert werden. Bei neu entwickelten Produkten bedienen wenige Produzenten den ganzen Markt mit den entsprechenden Preissetzungsmöglichkeiten. Aufgrund der Gewinnmöglichkeiten werden weitere Anbieter angelockt. In der Ausreifungsphase können auch international Imitatoren auftreten, so dass einige Länder in der Lage sind, ihren Bedarf zunehmend durch Eigenproduktionen zu decken und auf Importe zu verzichten. Die während des Produktionsprozesses erzielten (technischen) Fortschritte erlauben manchmal die Aufnahme von Massenproduktionen, so dass hierdurch entsprechende Skalenvorteile erzielt werden können. Die Nachfrage steigt mittel- bis langfristig auch außerhalb der Industrieländer. Es entwickelt sich somit ein ausreichend großer Markt für weitere Produktionsstandorte. Diese werden aufgrund der optimierten Produktionstechnik mit sinkenden Anforderungen an das Humankapital zum Teil auch in Länder mit niedrigeren Lohnniveaus verlagert. Die dann wachsende Konkurrenz wird zu Preisrückgängen führen. In der Standardisierungsphase etablieren sich auch kapitalintensive, standardisierte Herstellungsverfahren von Produkten, die eine Produktion mit Hilfe nur anzulernenden Kräften erlaubt. Es kommt somit unter Umständen zu einer weiteren Verlagerung der Produktion in die sog. Niedriglohnländer. Da der Wettbewerb auf dem Markt fast nur noch über den Preis stattfindet, stellen die Industrieländer ihre Produktion ein und importieren die Güter aufgrund der Kostenvorteile aus den Entwicklungsländern.

Die oben dargestellte Produktlebenszyklustheorie beschreibt, wie aus einem ehemaligen Exportprodukt ein Importprodukt wird. Ausschlaggebend hierfür sind die in den Ländern jeweils pro Produktlebenszyklusphase vorherrschenden Unterschiede in den Produktionsstrukturen, Faktorausstattungs- oder Nachfragebedingungen.

2. Protektionismus

Die bisherigen Ausführungen beschreiben die Vorteilhaftigkeit des freien internationalen Handels. Damit lässt sich aber das Bild kaum erklären, das derzeit von den Geschehnissen in der Weltwirtschaft vermittelt wird (Fallbeispiele hierzu finden sich bei Ethier, S. 252 ff.). Nur mühsam können in langwierigen Verhandlungen Handelshemmnisse abgebaut werden; manchmal kommt es hingegen auch zum Beschluss neuer handelshemmender Maßnahmen. Nachfolgend werden die wichtigsten Formen von derartigen Handelshemmnissen sowie die damit verbundenen Wirkungen und Ziele dargestellt. Mit Hilfe von Erkenntnissen aus der sog. Neuen Politischen Ökonomie lassen sich anschließend Erklärungen finden, weshalb sich auf politischer Ebene protektionistische Maßnahmen immer wieder durchsetzen und warum es so selten zur Rücknahme einmal eingeführter Maßnahmen kommt.

Unter Protektionismus versteht man einen Teilbereich der Außenhandelspolitik, der alle staatlichen Lenkungseingriffe in den Außenhandelsverkehr umfasst, um die inländische Wirtschaft vor ausländischer Konkurrenz zu schützen. Dies entspricht dem merkantilistischen Leitbild der Außenhandelspolitik, das die Vermehrung des Nationalreichtums durch möglichst große Handelsbilanzüberschüsse auf Kosten anderer Länder zum Ziel hat. In den meisten Fällen sollen die inländischen Produzenten zur Erhaltung nicht oder nicht mehr konkurrenzfähiger Wirtschaftszweige aus struktur- oder beschäftigungspolitischen Zielsetzungen heraus geschützt werden. Der Erhalt von Arbeitsplätzen stellt heute eines der zentralen Argumente für die Forderung nach protektionistischen Maßnahmen dar. Darüber hinaus können folgende Argumente eine Rolle bei der Einführung protektionistischer Maßnahmen spielen: der Aufbau neuer, noch nicht wettbewerbsfähiger Industrien (z.B. in Entwicklungsländern), die Abschottung politisch begründeter Autarkiebereiche (z.B. Rüstungsindustrie), der Schutz der Inlandsverwendung von Export- und Importprodukten vor – konkurrierender – Auslandsnachfrage bzw. -angeboten (z.B. in der Lebensmittelindustrie).

Protektionistische Maßnahmen können in Form **tarifärer und nicht-tarifärer Handelshemmnisse** auftreten. Tarifäre Handelshemmnisse beinhalten alle Formen der Zollpolitik, dies sind z.B. Import- und Exportzölle, spezifische Zölle wie Wert- oder Gleitzölle. Alle sonstigen Hemmnisse des freien internationalen Warenverkehrs bezeichnet man als nicht-tarifäre Handelshemmnisse, hierzu zählen z.B. Außenhandelssubventionen, Außenhandelsverbote, Außenhandelskontingente (vgl. auch Ethier, S. 240 ff.).

Zölle stellen staatliche Abgaben dar, die beim Überschreiten der Grenzen auf Waren erhoben werden (Grafers, S. 100). Der Mengenzoll sieht z.B. einen festen Betrag pro spezifischer Einheit eines Produktes zur Erhebung vor, der Wertzoll hingegen einen prozentualen Aufschlag auf den Importwert eines Gutes. Die von der Europäischen Union erhobenen variablen Abgaben auf Agrarprodukte sind z.B. Gleitzölle. Ihre Höhe wird anhand der jeweils bestehenden Differenz zwischen schwankenden Weltmarktpreisen und den höheren, festgelegten Agrarmarktpreisen innerhalb der EU bemessen.

Folgende Effekte der Zollerhebung sind nun denkbar: Aufgrund der Ausweitungsmöglichkeit des inländischen Angebotes lässt sich ein Schutzeffekt verzeichnen. Die höhere Nachfrage nach inländischen Gütern führt zu steigenden Einkommen der inländischen Produzenten und somit zu einem Einkommenseffekt. Die Weltnachfrage nach diesem Gut geht insgesamt zurück, so dass ein Verbrauchseffekt festzustellen ist. Das Sinken der Importe wird als Handelsbilanzeffekt bezeichnet. Die Zolleinnahmen für den Staat bezeichnet man als Einnahmeeffekt. Die Produzentenrente steigt, während die Konsumentenrente sinkt, somit findet eine Umverteilung der Einkommen von Konsumenten zu Produzenten und Staat statt, was den Umverteilungseffekt darstellt.

Auf das Wachstum und die Wohlfahrt eines Landes können sich neben diesen statischen Effekten auch dynamische Effekte der Zollerhebung nachteilig auswirken; z.B. kann durch die Verringerung der Wettbewerbsintensität im Inland der Anpassungsdruck sinken, so dass möglicherweise ineffiziente Produktionsstrukturen erhalten bleiben.

Die Erwirtschaftung staatlicher Einnahmen ist insbesondere in vielen Entwicklungsländern das Finanzierungsinstrument der staatlichen Haushalte. Die Besteuerung der Binnenwirtschaft gestaltet sich aufgrund ineffizienter Steuersysteme und häufig nicht optimal arbeitender Verwaltungen als zu schwierig. Die Zollerhebung im Grenzverkehr ist dagegen relativ einfach zu handhaben. So dient die Zollerhebung in diesem Fall nicht primär einem protektionistischen Zweck, sie hat aber letztlich dieselben Auswirkungen.

In den Industrieländern steht dagegen die Schutzwirkung der Zölle im Vordergrund, diese werden häufig mit der Versorgungsunabhängigkeit oder den nationalen Sicherheiten begründet. Dauerhafte Schutzmaßnahmen sollen der Erhaltung bestimmter Sektoren dienen, so z.B. der Landwirtschaft in der EU oder dem Bergbau. Damit wird angestrebt, die Umsetzung von Arbeitskräften sozialverträglich abzufedern, damit es nicht zu großen Einbrüchen auf dem Arbeitsmarkt kommt. Durch die Erhebung von Zöllen fördert der Staat auch den Aufbau neuer Industriezweige, die nicht sofort auf dem Weltmarkt konkurrieren können, bei denen aber ein zukünftiger komparativer Kostenvorteil vermutet wird. Grundsätzlich problematisch hierbei ist, dass die einmal gewährten Schutzmaßnahmen nur in den seltensten Fällen zurückgenommen werden, weil die Abschaffung auf zu hohen politischen Widerstand stößt. Somit wird der meist nötige Strukturwandel behindert und wertvolle Ressourcen werden weiterhin in ineffiziente Branchen statt in Wachstumsbranchen angelegt.

Die drastischste Behinderung neben einem prohibitiv erhobenen Zoll (dem tarifären Handelshemmnis) stellen im Bereich des nicht-tarifären Protektionismus Einfuhr- und Ausfuhrverbote dar. Der Außenhandel kommt somit in den betroffenen Sektoren gänzlich zum Erliegen.

Die vom Staat festgelegten Importkontingente lassen sich nach Mengen- oder Wertkontingenten differenzieren; beide Formen begrenzen die Einfuhren bestimmter Warengattungen auf das entsprechend gewünschte Maß. Die Wirkungen auf den Warenverkehr können bei entsprechender Festlegung des Kontingents mit denen der Zollerhebung übereinstimmen, Zolleinnahmen entstehen natürlich nicht.

Eine modernere Form von Handelshemmnissen stellen die scheinbar freiwilligen Export-Selbstbeschränkungsabkommen dar; freiwillig erfolgt dies in der Regel nicht. Dabei verpflichtet sich das Exportland gegenüber dem Handelspartner, bestimmte Exporte auf eine vertraglich abgesicherte Menge zu begrenzen. Diese Form bringt den Exporteuren in den meisten Fällen höhere Rentengewinne ein, als die Gewinne bei den ansonsten vermutlich verhängten protektionistischen Maßnahmen ausmachen. Da die administrative Überwachung bei dem exportierenden Land liegt, ist eine gewisse Zusammenarbeit der Anbieter, die das länderspezifische Kontingent unter sich aufteilen, gefordert. Der sich aufgrund der Differenz zwischen Inlands- und Weltmarktpreis ergebende Preiserhöhungsspielraum kann von den Anbietern im Zuge der Zusammenarbeit ausgenutzt werden. Der Wettbewerb zwischen den Anbietern wird teilweise ausgeschaltet, so dass es den Importeuren nicht mehr möglich ist, die Güter zum Weltmarktpreis zu beziehen und den Gewinn aus der Preisdifferenz für sich zu verbuchen.

Unterschiedliche technische Normen und Standards sowie Gesundheits- und Sicherheitsbestimmungen stellen weitere Formen nicht-tarifärer Handelsbeschränkungen dar. Nicht-tarifäre protektionistische Maßnahmen finden sich auch in Form administrativer Handelshemmnisse. So ergriff Mitte der 80er Jahre Frankreich folgende Maßnahme: Alle im Ausland – insbesondere in Japan – produzierten Videorecorder mussten vorab über eine Abfertigungsstelle in die Stadt Poitiers eingeführt werden, um die eigene französische Produktion zu schützen. Dies führte zu langen Bearbeitungszeiten und begrenzte so die Mengen der gleichzeitig auf den französischen Markt drängenden Videorecorder.

Grundsätzlich besteht die Gefahr, dass die Einschränkung des Außenhandelsvolumens durch derart protektionistische Maßnahmen noch durch mögliche Vergeltungsmaßnahmen der beeinträchtigten Außenhandelspartner verstärkt wird.

Die bislang behandelten protektionistischen Maßnahmen erfolgten mit der Zielsetzung, heimische Produzenten vor ausländischer Konkurrenz zu schützen. Die sog. strategische Handelspolitik hat noch einen anderen Ansatzpunkt: den Exportsektor. Durch Subventionen soll den inländischen Produzenten der Zutritt zu Auslandsmärkten bzw. der Gewinn größerer Marktanteile auf Kosten ausländischer Anbieter ermöglicht werden. Staatliche Subventionen an heimische Anbieter senken deren Produktionskosten und ermöglichen somit grundsätzlich ein Angebot zu niedrigeren Preisen. Im betrachteten Fall eines kleinen Landes wird der Weltmarktpreis nicht beeinflusst, doch verdrängt die inländische Produktion einen Teil des Auslandsangebotes. Exportsubventionen hingegen ermöglichen den Absatz von Produkten auf dem Weltmarkt, deren Herstellungskosten eigentlich über dem Weltmarktpreis liegen und die sonst nicht wettbewerbsfähig wären.

In den vorangegangenen Ausführungen war es das einzige Ziel einer Regierung, die Wohlfahrt des Landes zu optimieren. Stellt man nun eine ganz andere Annahme in den Vordergrund, nämlich rational handelnde und nutzenmaximierende Akteure, kann auch folgendes Ergebnis beobachtet werden: Mit dem Ziel, wiedergewählt zu werden, werden Politiker auf die Bedürfnisse von Interessengruppen eingehen, deren Unterstützung sie bei Wahlen benötigen. Im übertragenen Sinn existiert ein Markt für Protektionen, auf dem Politiker den Interessengruppen das Gut Protektionismus anbieten. Da die schutzsuchenden Gruppen in der Regel stärker oder besser organisierbar sind als die davon negativ betroffenen Gruppen, entsteht leicht ein Missverhältnis zugunsten von mehr Protektionismus. Die Interessen der Konsumenten insgesamt, zu deren Lasten die am Ende höheren Preise gehen, oder der Steuerzahler, die die Subvention finanzieren, sind weit gestreut. Die Höhe der Wohlfahrtseinbußen durch Protektionismus lässt sich grundsätzlich nur schwer bestimmen. So lohnt es sich für den Einzelnen normalerweise nicht, Informationskosten aufzuwenden und politisch aktiv zu werden. Produzenteninteressen einer Branche lassen sich dagegen relativ leicht organisieren. Darüber hinaus sind bei Erreichen der gewünschten Protektion die Gewinne hoch und gleich sichtbar.

Es ist politisch einfacher, neue protektionistische Maßnahmen zu ergreifen, als alte zurückzunehmen. Die geringen Vorteile, die durch den Abbau protektionistischer Maßnahmen hervorgerufen werden, werden im politischen Kalkül die Kosten der starken Proteste der von den negativen Auswirkungen des Abbaus der Maßnahmen betroffenen Branche nicht rechtfertigen.

III. Monetäre Außenwirtschaftstheorie

Die Nationen haben verschiedene Währungen (Dollar, Yen sowie bis zum 31.12.1998 auch DM, Franc usw.), deren Austauschverhältnisse untereinander als Wechsel- oder Devisenkurse bezeichnet werden. Die internationale Währungstheorie beschäftigt sich mit der Frage, wovon Höhe und Veränderungen der Wechselkurse abhängen, warum z.B. im Jahre 1991 pro Dollar DM 1,51 gezahlt werden mussten, für ein britisches Pfund hingegen DM 2,92. Was sind die Gründe für eine Entwicklung des Dollars von durchschnittlich DM 3,15 pro Dollar im Jahre 1984 zu DM 1,49 im Jahre 1990? Die Erklärungsansätze der internationalen Währungstheorie sind gleichzeitig auch von großem praktischen Interesse, da durch die Wechselkursentwicklungen die internationalen Handelsströme, die Kosten von Auslandsreisen und die Entscheidung, Vermögen im Ausland anzulegen, erheblich beeinflusst werden.

Die zahlreichen internationalen Transaktionen beinhalten den Handel von Gütern und Dienstleistungen. Darüber hinaus spielt der grenzüberschreitende Kapitalverkehr (darunter verstehen wir Geld- und Kredittransaktionen zwischen In- und Ausland) eine immer größer werdende Rolle. Die wirtschaftspolitischen Diskussionen der meisten Länder beschäftigen sich schwerpunktmäßig mit der Entwicklung von Exporten und den Gründen für internationale Kapitalströme.

Zudem beschäftigt sich die ökonomische Analyse auch mit der Untersuchung der Auswirkungen wirtschaftspolitischer Maßnahmen, also Maßnahmen der Fiskalpolitik, der Geldpolitik und der Lohnpolitik. Die Außenwirtschaftstheorie blickt nun auf die Wirkungsmechanismen und internationalen Zusammenhänge der einzelnen politischen Maßnahmen; z.B. gilt es zu prüfen, in welchen Situationen Geldpolitik im Vergleich zur geschlossenen Volkswirtschaft wirkungsvoller eingesetzt wird, inwieweit Wechselkurse und außenwirtschaftlichen Transaktionen durch fiskalpolitische Maßnahmen beeinflussbar sind und was Wechselkurspolitik überhaupt beinhaltet und bewirkt.

Wie sich Vorgänge im Ausland auf die Binnenwirtschaft auswirken, inwieweit die Binnenwirtschaft also von außenwirtschaftlichen Impulsen beeinflusst wird, ist die Frage nach den vielfältigen Einflüssen des Auslandes auf eine offene Volkswirtschaft. Die mögliche Übertragung von Preissteigerungen im Ausland auf das Inland, der Schutz des Inlandes vor einem Konjunktureinbruch im Ausland oder umgekehrt sowie die Wirkungsweise wirtschaftspolitischer Maßnahmen auf das In- und Ausland sind wesentliche Fragestellungen der Außenwirtschaftstheorie. Durch die zunehmende Globalisierung gewinnen diese Zusammenhänge an Bedeutung. Die internationalen Konferenzen großer Industrieländer bieten Raum für Diskussionen über die Auswirkungen der Politikmaßnahmen einzelner Länder auf andere und die Vorteilhaftigkeit möglicher Maßnahmen für alle Beteiligten.

Die Konstruktion des Währungssystems ist neben den Bestimmungsgründen des Wechselkurses, den Wirkungsmechanismen der Wirtschaftspolitik und der Übertragung von Impulsen hierbei maßgeblich. Währungspolitische Fragen betreffen stets mehrere Länder, denn außenwirtschaftliche Beziehungen setzen notwendigerweise die Teilnahme von mindestens zwei Ländern voraus. Somit besteht Regelungsbedarf über die währungspolitischen Beziehungen der Teilnehmer. Mit der Gestaltung des Währungssystems werden die Spielregeln für die Währungspolitik der Länder festgelegt. Der Grad der Flexibilität des Wechselkurses sowie die Regeln der Währungsbehörden bei Eingriffen an den Devisenmärkten gehören mit zu den Kernaufgaben der Währungstheorie und Währungspolitik.

Nachfolgend werden zunächst die Grundbegriffe Wechselkurs und Zahlungsbilanz erläutert, die in der Währungstheorie und der Währungspolitik eine große Bedeutung haben.

1. Zahlungsbilanz

Die Zahlungsbilanz eines Landes beinhaltet die systematische Aufzeichnung aller wirtschaftlichen Transaktionen zwischen Inländern und Ausländern für eine bestimmte Periode und liefert somit auch eine statistische Grundlage für die Einschätzung der externen Situation einer Volkswirtschaft (Ethier, S. 412 ff.).

Die Zahlungsbilanz besteht aus drei **Teilbilanzen: der Leistungsbilanz, der Kapitalverkehrsbilanz sowie der Devisenbilanz.** Hieraus ergibt sich, dass Leistungstransaktionen und Kapitaltransaktionen unterschieden werden. Die Ausfuhr und die Einfuhr von Waren und Dienstleistungen werden in der Leistungsbilanz erfasst. Kapitaltransaktionen beinhalten die Veränderung der Forderungen gegenüber dem Ausland sowie die Veränderung der Verschuldung gegenüber dem Ausland; diese sind in der Kapitalverkehrsbilanz und in der Devisenbilanz enthalten.

Somit lassen sich **Zahlungsbilanztransaktionen** wie folgt gruppieren: Waren- und Dienstleistungsverkehr, Übertragungen, Kapitalverkehr, Veränderungen der Auslandsposition der Währungsbehörde, Ausgleichsposten und ungeklärte Beträge.

Folgende **Zahlungsbilanzsalden** sind von Bedeutung: Außenbeitrag (Saldo der Handels- und Dienstleistungsbilanz), Leistungsbilanzsaldo (Außenbeitrag plus Saldo der Übertragungsbilanz), Grundbilanzsaldo (Leistungsbilanzsaldo plus Saldo des langfristigen Kapitalverkehrs), Liquiditätsbilanzsaldo (der den Saldo aus der Grundbilanz und der kurzfristigen Kapitalbilanz ausgleichende Saldo) sowie der Devisenbilanzsaldo (der den Saldo aus der Leistungsbilanz und der Kapitalbilanz ausgleichende Saldo) (vgl. auch Jarchow, Rühmann, Bd. I, S. 37 f.).

Die Inhalte der **Leistungsbilanz** sind von den Vorgängen der Kapitalbilanz klar abzugrenzen. So ist z.B. zu beachten, dass Kapitalerträge (Zinszahlungen) vom Ausland auch zum Dienstleistungsverkehr zählen. Dies lässt sich wie folgt erklären: Wenn ein Inländer Forderungstitel gegenüber dem Ausland besitzt und dafür Zinsen erhält, stellt diese Zinszahlung einen Gegenwert für eine Ausfuhr von Dienstleistungen (nämlich die Bereitstellung von Finanzierungsmitteln an das Ausland) dar. Von Inländern an Ausländer gezahlte Zinsen werden dementsprechend als Gegenwert für eine Einfuhr von Dienstleistungen behandelt. Darüber hinaus werden in der Dienstleistungsbilanz die sogenannten Übertragungen verbucht. Dies sind unentgeltliche Leistungen an das bzw. vom Ausland, also etwa Überweisungen von Gastarbeitern an ihre Heimatländer oder Leistungen der Bundesrepublik an internationale Organisationen. Beispielhaft kann die Leistungsbilanz also verbunden werden mit der Ausfuhr (Export) und der Einfuhr (Import) von Gütern. Dabei impliziert ein positiver (negativer) Leistungsbilanzsaldo eine Zunahme (Abnahme) des Nettoauslandsvermögens einer Volkswirtschaft. Die Summe aus dem Überschuss der privaten (bereinigten) Ersparnis über die private Investition und dem Budgetsaldo bestimmt den Leistungsbilanzsaldo. In Höhe der bereinigten gesamten Ersparnis entsteht zusätzliches Volksvermögen, das sich aus einem Zuwachs an Sachvermögen unter Veränderung des Nettoauslandsvermögens zusammensetzt.

Unter **Kapital** wird im gesamtwirtschaftlichen Modell der Makroökonomie oder der Wachstumstheorie der gesamte technische Produktionsapparat einer Volkswirtschaft, der durch Investitionen erhöht werden kann, verstanden. In der monetären Wirtschaftstheorie versteht man unter Kapital hingegen eine Gläubiger-Schuldnerbeziehung zwischen dem Inland und dem Ausland. Zum Kapitalverkehr gehören in diesem Sinne z.B. der Kauf oder Verkauf eines ausländischen Wertpapiers durch einen Inländer, die Kreditaufnahme (oder Kreditrückzahlung) eines Inländers im Ausland, aber auch Direktinvestitionen z.B. in Form eines durch einen Inländer erworbenen Anteils an einem ausländischen Unternehmen und umgekehrt.

Mit dem Begriff **Kapitalverkehr** ist im Allgemeinen der Wert oder die Veräußerung von Forderungen gegenüber dem Ausland durch Inländer gemeint, wobei der Forderungstitel beispielsweise ein Wertpapier sein kann.

Export und Import sind entweder positiv oder null: Güter können importiert oder exportiert werden oder es findet gar kein Außenhandel statt. Größen wie Kapitalimport, Kapitalexport, Veränderungen der Auslandsverbindlichkeiten oder Veränderungen der Auslandsforderungen können positiv oder negativ sein. Hierin schlagen sich Veränderungen der Auslandsforderungen und Auslandsverbindlichkeiten nieder; diese Veränderungen können in beide Richtungen gehen. Ein positiver Kapitalexport bedeutet einen Erwerb von Auslandsforderungen, ein negativer Kapitalexport bedeutet einen Verkauf von Auslandsforderungen. Steigen die Auslandsverbindlichkeiten eines Landes, so liegt ein positiver Kapitalimport vor. Zahlt ein Land seine Auslandsverbindlichkeiten zurück, ist der Kapitalimport negativ.

Private und öffentliche Transaktionen werden in der Leistungsbilanz und in der Kapitalbilanz erfasst.

Die Transaktionen der nationalen Währungsbehörde werden in der **Devisenbilanz** erfasst. Die Währungsbehörde gehört grundsätzlich auch zum öffentlichen Sektor, sie ist eine staatliche Einrichtung. In der Zahlungsbilanzstatistik werden die Transaktionen der Bundesbank jedoch getrennt von denen des übrigen öffentlichen Sektors erfasst. So werden die außenwirtschaftlichen Transaktionen der Währungsbehörde, die spezifisch währungspolitisch motiviert sind, getrennt vom privaten und übrigen öffentlichen Sektor dargestellt. Auf der Aktivseite sind alle Transaktionen enthalten, denen gedanklich ein Zufluss von Devisen zugeordnet werden kann. Das Inland erhält Devisen als Gegenwert für gelieferte Güter (Export), im Zuge von Kapitalimporten oder durch eine zunehmende Auslandsverschuldung der Währungsbehörde. Auf der Passivseite sind alle Vorgänge enthalten, denen gedanklich ein Abfluss von Devisen zugeordnet werden kann. Devisen fließen aus dem Inland ab, weil vom Ausland bezogene Güterlieferungen (Import) bezahlt werden oder weil ausländische Forderungstitel erworben werden (Kapitalexport) oder die nationale Währungsbehörde Auslandsforderungen erwirbt.

Der Saldo der Devisenbilanz hat eine besondere Bedeutung, da er die Veränderung der zentralen Währungsreserven eines Landes angibt. Die zentralen Währungsreserven sind definiert als die Netto-Auslandsforderung (Auslandsforderung abzüglich Auslandsverbindlichkeiten) der Währungsbehörde. Hierbei ist insbesondere zu beachten, dass zu den Auslandsforderungen der Zentralbank nicht nur die Dollarnoten oder andere Noten in den Tresor der Zentralbank gehören, sondern vor allem auch die Forderungen, die die Zentralbank an ausländischen Finanzmärkten hält.

Eine Betrachtung der Zahlungsbilanz beinhaltet vor allem eine Betrachtung der Zahlungsbilanzstruktur bzw. der jeweiligen Teilbilanzen. In jeder Teilbilanz können Salden auftreten, jedoch ist die Summe aller Teilbilanzen definitionsgemäß null, da die Transaktionen doppelt verbucht werden. Es gilt also: Summe Leistungsbilanz zuzüglich Summe Kapitalbilanz zuzüglich Summe Devisenbilanz gleich null. Der Begriff des Zahlungsbilanzungleichgewichtes wirkt somit nicht auf die ganze Zahlungsbilanz hin, sondern nur auf bestimmte Teilbilanzen.

Die jeweiligen Zahlungsbilanzen der einzelnen EU-Nationen werden seit dem 1.1.1999 in Euro geführt. Die Deutsche Bundesbank als Institution bleibt auch weiterhin wie die übrigen nationalen europäischen Notenbanken neben der Europäischen Zentralbank bestehen. Die rechtliche Grundlage hierfür bietet die bestehende und auch weiterhin gültige Außenwirtschaftsverordnung. Die europäische Zahlungsbilanz ist keine konsolidierte Bilanz der nationalen Zahlungsbilanzen, sie stellt eine separate Aufstellung dar. Die Europäische Zentralbank stellt eine separate Bilanz auf. Diese erfasst sowohl die Bewegungen innerhalb der EU als auch die Bewegungen außerhalb der EU. Der Begriff des Auslandes wird hier also anders definiert: Nicht-Mitgliedstaaten der EU werden als Ausland bezeichnet, EU-Mitgliedstaaten sind Inländer.

Für die **Zahlungsbilanz** der **Europäischen Zentralbank** liefern die einzelnen nationalen Notenbanken jeweils eigene, hierfür speziell erhobene Daten. Das Zahlungsbilanzgeschäft der Deutschen Bundesbank bzw. die deutsche Zahlungsbilanz sieht die Geschäfte mit Partnern außerhalb Deutschlands wie folgt vor: Jedes Geschäft – ob innerhalb oder außerhalb der EU–, welches Berührungspunkte außerhalb der nationalen Grenzen hat, ist ein Geschäft mit dem Ausland, d.h. ein Geschäft mit Frankreich bleibt ein Geschäft mit dem Ausland. Lediglich die Devisenbilanz wird seit dem 1.1.1999 einheitlich in allen EU-Staaten mit der gleichen Währung (Euro) erstellt.

Die Rechtsgrundlage für diese Vorgehensweise bildet eine Vereinbarung der nationalen Notenbanken mit den europäischen Zentralbanken, festgehalten in der sogenannten *European Statistics Resolution.*

2. Wechselkurs

In den Modellen der geschlossenen Wirtschaft kommen verschiedene Preisvariablen vor. Das Güterpreisniveau p, der Zins i, der nominale Lohn w. In der offenen Wirtschaft tritt nun eine wichtige Preisvariable hinzu: der **Wechselkurs** e. Das Symbol e soll an *exchange rate* erinnern.

Neben Waren, Dienstleistungen oder Wertpapieren können fremde, also ausländische Währungen (Devisen) gekauft werden. Wie bei jedem Kauf ist dabei ein Preis zu entrichten und dieser Preis ist eben der Wechselkurs. In der Praxis wird der Preis von Devisen häufig auch als Devisenkurs bezeichnet. Wechselkurs und Devisenkurs werden also synonym verwandt. Unter Wechselkurs oder Devisenkurs ist der Preis einer ausländischen Währung, gerechnet in Einheiten der inländischen Währung zu verstehen. Der Wechselkurs/Devisenkurs hat also die Dimension inländische Währungseinheiten je Einheit der ausländischen Währung, also beispielsweise Euro (€) zu Dollar ($). Die Begriffe Devisenkurs und Wechselkurs werden in der Praxis und auch in der ökonomischen Literatur leider nicht einheitlich benutzt. Manchmal wird der Wechselkurs auch definiert als die Menge an ausländischer Währungseinheit, die man für eine Einheit der inländischen Währung erhält. Dann ist die Dimension also Dollar zu Euro. Beide Definitionen sind inhaltlich gleichwertig.

Es kann also zwischen Preis- und Mengennotierung unterschieden werden. Unter Preisnotierung versteht man den Preis für eine ausländische Währungseinheit. Die Mengennotierung gibt die Menge der ausländischen Währung an, die einer Einheit der inländischen Währung entspricht. Da sich Mengen- und Preisnotierung notwendigerweise gegenläufig entwickeln (steigende Preisnotierungen entsprechen einer sinkenden Mengennotierung) ist sorgfältig zu prüfen, welche Notierungsart in einem Aufsatz, Buch oder in der Praxis benutzt wird. Nachfolgend wird ausschließlich der Wechselkurs im Sinne der Preisnotierung benutzt.

Die mit der Bestimmung des Wechselkurses zusammenhängenden Begriffe wie Aufwertung und Abwertung beinhalten Folgendes: Eine Aufwertung der inländischen Währung liegt vor, wenn der Wechselkurs sinkt (dann sind weniger Euro/DM notwendig, um einen Dollar zu erhalten). Eine Abwertung der inländischen Währung liegt vor, wenn der Wechselkurs steigt (für einen Dollar sind mehr Euro aufzubringen). Folglich ist eine Aufwertung der inländischen Währung identisch mit einer Abwertung der ausländischen Währung und umgekehrt (siehe hierzu auch Ethier, S. 426).

Wechselkurse bilden sich an den Devisenmärkten rund um die Welt. Grundsätzlich können sich natürlich an den verschiedenen Devisenmärkten unterschiedliche Kurse herausbilden. Dann treten aber unmittelbar Marktprozesse ein, die sehr schnell zum Ausgleich führen. Diese Marktprozesse werden als Arbitrage bezeichnet. Unter Arbitrage wird allgemein die Nutzung von Preisunterschieden, die zur gleichen Zeit an verschiedenen Orten für ein und dasselbe Gut oder für ein und denselben Forderungstitel bestehen, verstanden. Unterstellt, dass ein Gut in Land A einen höheren Preis erzielt als in Land B, würden Händler das Gut in B billig einkaufen und in A teuer verkaufen (dieser Vorgang wird als Güterpreisarbitrage bezeichnet). Die Händler profitieren also von der Preisdifferenz. Ebenso könnten Kapitalanleger bei niedrigeren Zinsen in Land A und hohen Zinsen in Land B in Land A Kredit aufnehmen und in Land B Forderungstitel erwerben. Ihr Vorteil wäre die Zinsdifferenz, der Vorgang wird als Zinsarbitrage bezeichnet.

Die dritte mögliche Form ist die Devisenkursarbitrage. Hierbei vergleichen die Arbitrageure die Wechselkurse in verschiedenen Ländern und versuchen Kursunterschiede gewinnbringend zu nutzen.

Angenommen der Wechselkurs für den Dollar in Frankfurt, dem wichtigsten deutschen Devisenmarkt, sei 1,50 € pro Dollar; dagegen sei der Wechselkurs des Euro in New York (dem Hauptdevisenmarkt der USA) 80 Cent pro Euro. Folgendermaßen kann ein Akteur profitieren: Man kauft in New York US-Dollar z.B. für

100 € und erhält bei einem Kurs von 80 Cent pro Euro den Betrag von 80 Dollar. Diese Dollar transferiert man nach Frankfurt, verkauft sie und erhält bei dem Kurs von 1,50 € pro Dollar einen Gegenwert von 120 €. Gegenüber dem eingesetzten Betrag 100 € ergibt sich also ein Gewinn von 20 €. Diese Gewinnmöglichkeit lockt viele Arbitrageure an. Dadurch steigt die Dollar-Nachfrage in New York an, worauf der Wechselkurs des Euro dort zurückgehen wird. Gleichzeitig steigt das Dollarangebot in Frankfurt am Main, so dass der Wechselkurs des Dollar hier steigt. Am Ende kommt es zu Kursrelationen, bei denen kein Vorteil aus dem Handel mehr zu ziehen ist.

Die Devisenkursarbitrage setzt nicht erst bei so gewaltigen Kursunterschieden ein, wie dies beim Zahlenbeispiel angenommen wurde, sondern schon bei kleinsten Kursunterschieden. Berücksichtigt man den Aspekt, dass große Finanzinstitutionen kurzfristig in der Lage sind, Milliardenbeträge zwischen New York und Frankfurt zu handeln, können dabei gute Gewinne erzielt werden. Freilich ist hierfür der Zugang zu diesen Beträgen erforderlich, wie er beispielsweise großen Banken oder Unternehmen möglich ist.

Das Arbitragegleichgewicht kann grundsätzlich bei diesen Geschäften allerdings insoweit verletzt werden, als dass bei der Transaktion auch Kosten – so genannte Transaktionskosten – entstehen. Bezieht man mehr als zwei Währungen in den Vorgang mit ein, so lassen sich die Devisenkurse an verschiedenen Orten miteinander verknüpfen. Aus dem Dollarkurs in Frankfurt und dem Kurs für den japanischen Yen in New York ergibt sich also auch der Kurs des Yen in Frankfurt.

Relationen zwischen fremden Währungen an einem Devisenmarkt – hier am Devisenmarkt Frankfurt für die fremden Währungen Dollar und Yen – werden als *cross-rates* bezeichnet. Die Devisenkursarbitrage hat für die Darstellung währungstheoretischer Zusammenhänge erhebliche Vorteile. Gäbe es diese nicht, würden für das Austauschverhältnis beispielsweise zwischen Euro und Dollar unendlich viele Kurse existieren: z.B. ein Kurs in Frankfurt für Dollar, ein Kurs am amerikanischen Devisenmarkt für Euro, ein weiterer Kurs ergibt sich am japanischen Devisenmarkt für Euro usw. Aufgrund der Arbitrage stimmen die Austauschverhältnisse für zwei Währungen aber an allen Orten der Welt im Wesentlichen überein.

Käufe und Verkäufe vollziehen sich an Märkten. Dies gilt auch für den Kauf und Verkauf von Devisen. Es können in Bezug auf den Abschluss und den Vollzug eines Devisenmarktgeschäftes zwei Varianten unterschieden werden:

Erstens, dass der Abschluss und der Vollzug des Devisenmarktgeschäftes zeitgleich stattfinden. Der Käufer der Devise nimmt die Devisen sofort ab und er wird sofort zur Kasse gebeten. In diesem Fall liegt ein Devisenkassageschäft vor. Der Markt, auf dem sich dies vollzieht, heißt Devisenkassamarkt (*spotmarket*). Der Kurs, zu dem das Geschäft abgewickelt wird, ist der Devisenkassakurs (*spotrate*). Häufig wird bei der Bezeichnung Kassamarkt auf die Präzisierung Kassa verzichtet. Wird also vom Devisenmarkt und vom Devisenkurs gesprochen, sind in der Regel Devisenkassamarkt und Devisenkassakurs gemeint.

Zweitens: Wenn das Devisengeschäft heute abgeschlossen wird, wird dabei vereinbart, dass der Vollzug erst zu einem späteren Termin stattfindet. Der Käufer nimmt die Devisen also erst zum vereinbarten, künftigen Termin ab und erst dann bezahlt er sie. Entsprechend liefert der Verkäufer die Devisen zum vereinbarten späteren Zeitpunkt. In diesem Fall liegt ein Devisentermingeschäft vor. Der Markt, auf dem sich das vollzieht, heißt Devisenterminmarkt (*forward-market*). Der Kurs, zu dem das Geschäft am vereinbarten Termin abgewickelt wird, wird bereits bei Geschäftsabschluss festgelegt. Er heißt Devisenterminkurs (*forward rate*) und wird mit e_f gekennzeichnet. Der Index *f* soll dabei an *forward rate* erinnern. Wie der Devisenkassakurs bezeichnet auch der Devisenterminkurs die Dimension inländische Währungseinheit je ausländische Währungseinheit. Theoretisch kann sich das Termingeschäft auf jeden beliebigen späteren Termin beziehen, üblich sind in der Praxis Termine von drei, sechs, neun und zwölf Monaten.

Das Streben nach Sicherheit ist der maßgebliche Grund für Devisentermingeschäfte. Erwartet ein deutscher Exporteur aufgrund einer Warenlieferung in die USA in drei Monaten einen Zahlungseingang von 1.000 Dollar, so weiß er heute noch nicht, was dieser Betrag in Euro wert sein wird, denn der in drei Monaten herrschende Devisenkassakurs ist unbekannt. Am Terminmarkt können bereits heute die in drei Monaten erwarteten Devisen mit der Vereinbarung gekauft werden, dass die Devisen erst in drei Monaten geliefert werden. Wird schon heute ein Kurs vereinbart, zu dem das Geschäft abgewickelt werden soll, ist dies der Devisenterminkurs. Mit diesem Termingeschäft hat sich der Exporteur Kurssicherheit verschafft. Wie immer in drei Monaten der Kassakurs auch sein mag, der Exporteur erhält für seine Devisen den heute vereinbarten Terminkurs.

Die Verknüpfung zwischen einem Devisenkassageschäft und einem Devisentermingeschäft heißt Swap-Geschäft (*to swap* = tauschen). Die Abweichung zwischen dem Terminkurs und dem Kassakurs wird als Swapsatz bezeichnet. Dieser wird als absoluter Betrag oder als Prozentsatz pro Jahr ausgedrückt. Je nachdem, ob der Terminkurs über oder unter dem Kassakurs liegt oder ihm gleich ist, sagt man, die Devise wird mit einem Aufschlag, Abschlag oder zu pari gehandelt.

Löst man sich von der Annahme, dass Wechselkurse, Kassakurse und Terminkurse allen Marktteilnehmern bekannt sind, spielen Erwartungen über den künftigen Wechselkurs eine wesentliche Rolle. Dies führt zu dem Thema Spekulation, denn hierbei geht es um Kurserwartungen.

Unter Spekulation versteht man das Ausnutzen von erwarteten Preisunterschieden, die an einem Ort zu verschiedenen Zeitpunkten bestehen. Analog der Arbitrage kann auch die Spekulation mit Gütern, Kapital oder Devisen erfolgen.

Kommt es am Devisenkassamarkt zu spekulativen Transaktionen, erwarten die Akteure, dass der Kassakurs in einem künftigen Zeitpunkt von dem heutigen Kassakurs abweicht. Wenn also der erwartete künftige Kurs größer ist als der jetzige bekannte Kurs, wird man Devisen kaufen, weil man mit einer Kurssteigerung der Devise rechnet. Es wird hingegen lohnenswert, einen Fremdwährungskredit aufzunehmen, wenn man mit Kursverlusten der Devise rechnet.

Anders als bei der Arbitrage, die relativ risikolos durchgeführt werden kann, besteht bei Spekulation ein Risiko, da die Spekulation auf Erwartungen über den künftigen Kassakurs beruht; ob der erwartete Devisenkassakurs am Ende wirklich eintritt, ist ungewiss.

Eine Vielzahl von Geschäften am Devisenmarkt dient gerade dem Gegenteil, nämlich der Absicherung unvorhersehbarer Kursschwankungen. Die wichtigsten Formen der Kurssicherung sind Termingeschäfte und das *Hedging* (ergänzend zum Thema Warentermingeschäfte siehe auch Grafers, S. 184 ff.). So kann, wer an einem bestimmten künftigen Zeitpunkt einen Dollarbetrag erhalten wird (oder an diesem Zeitpunkt einen Dollarbetrag zahlen muss), die Dollar bereits heute am Devisenterminmarkt verkaufen (kaufen) – und zwar zum heutigen Devisenterminkurs. Dies ist ein *Outright-Termin*-Geschäft (auch Solo-Termin-Geschäft genannt). Das Wechselkursrisiko wird somit ausgeschlossen, da der dem Geschäft zugrunde gelegte Wechselkurs (der heutige Devisenterminkurs) für Käufer und Verkäufer verbindlich ist.

Das angesprochene Swap-Geschäft ist auch ein Kurssicherungsgeschäft. Wer einen bestimmten Dollarbetrag am amerikanischen Kapitalmarkt für drei Monate anlegen will, kann sich die Dollar heute am Devisenkassamarkt beschaffen und sie per Termin drei Monate gleichzeitig am Terminmarkt wieder verkaufen. Wechselkursrisiken lassen sich gänzlich abwenden, wenn eine offene Devisenposition (Devisenforderung und Devisenverbindlichkeit weichen voneinander ab) vermieden wird.

In den währungstheoretischen Modellen wird häufig auch von realen Wechselkursen gesprochen. Der reale Wechselkurs bezeichnet das Verhältnis der Auslandspreise zu den Inlandspreisen, beide in inländischer Währung ausgedrückt. Wenn der reale Wechselkurs steigt, sind ausländische Güter im Vergleich zu inländischen Gütern teurer geworden. Ist der reale Wechselkurs gleich 1, bedeutet das, dass ausländische Güter und inländische Güter den gleichen Preis in inländischen Geldeinheiten haben. Der Kehrwert des realen Wechselkurses heißt *terms of trade* oder reales Austauschverhältnis. Für die Berechnung der *terms of trade* werden vielfach nicht die inländischen Güterpreise, sondern die Preise inländischer Exportgüter und nicht die ausländischen Preise, sondern die Preise der aus dem Ausland importierten Güter herangezogen (Ethier, S. 26). Es ist bei der Betrachtung des nominalen Wechselkurses also unterstellt worden, dass Inlandspreise und Exportpreise sowie Auslandspreise und Importpreise übereinstimmen. Sind hingegen z.B. die Inlandspreise doppelt so hoch wie die Auslandspreise in inländischer Währung, entspricht eine Einheit des inländischen Gutes gerade zwei Einheiten des ausländischen Gutes. Steigende *terms of trade* sind für ein Land grundsätzlich ganz angenehm. Für eine Einheit des inländischen Gutes können dann nämlich mehr Einheiten des ausländischen Gutes getauscht werden.

IV. Außenwirtschaftspolitik

Die Globalisierung der Wirtschaft zieht eine Zunahme des internationalen Handels und von Auslandsinvestitionen sowie neue Formen der Internationalisierung z. B. auf den Finanz- und Arbeitsmärkten nach sich. Die Ausdehnung dieser Verflechtungen ist nicht ganz ohne Risiko für die Wirtschaftsstabilität zu sehen: So lässt sich eine ganze Reihe von Anzeichen für die Instabilität der internationalen Ordnung erkennen. Bekannte Krisenerscheinungen betreffen hierbei die internationale Verschuldung der Entwicklungsländer, Kursschwankungen auf den Devisen- und Finanzmärkten sowie anhaltende außenwirtschaftliche Ungleichgewichte.

Angesichts dieses Destabilisierungspotentials besteht auch ein zunehmender Ordnungs- und Regelungsbedarf internationaler Wirtschaftsbeziehungen. Es gibt hier grundsätzlich zwei alternative Möglichkeiten: Zum einen ist dies das ausschließliche Vertrauen auf den **privatmarktwirtschaftlichen Regelungsmechanismus,** zum anderen kann eine Ergänzung des privatmarktwirtschaftlichen Mechanismus durch **politische Regelungsmechanismen** erfolgen.

Die Strategie der privaten Marktsteuerung beruht auf der Erkenntnis, dass ein marktwirtschaftliches System einen systemendogenen Stabilisierungsmechanismus besitzt, der Ungleichgewichte zwischen Angebot und Nachfrage ausgleicht. Dieser Stabilisierungsmechanismus wird auch Preismechanismus genannt, da er über Preisanpassungen auf dem Markt funktioniert. In offenen Volkswirtschaften umfasst dieser Mechanismus auch den sog. Wechselkursmechanismus zum Ausgleich von außenwirtschaftlichen Ungleichgewichten. Die Wirksamkeit dieses Mechanismus wird jedoch möglicherweise durch Preisinflexibilitäten gestört, so dass auch hier vorübergehende Ungleichgewichte nicht automatisch beseitigt werden können.

Zu den nicht rein privatmarktwirtschaftlichen Lösungen zählen die nationalstaatliche Lösung des Protektionismus und die internationale Politikkoordinierung.

Wenn die weltwirtschaftlichen Verflechtungen – wie in den letzten Jahren beobachtet – zunehmen, so beruht dies grundsätzlich zum einen auf einer zunehmenden Öffnung der Märkte und zum anderen auf einem Abbau von Handels- und Kapitalkontrollen, d.h. auf einen Verzicht herkömmlicher protektionistischer Maßnahmen.

Um den mit der weltwirtschaftlichen Verflechtung verbundenen Destabilisierungspotentialen wie z.B. Preisinflexibilitäten entgegenwirken zu können, führt kein Weg vorbei an einer die internationalen Wirtschaftsbeziehungen koordinierenden weltwirtschaftspolitischen Ausrichtung. Je weiter grenzüberschreitende und weltweite Beziehungen greifen, werden Nationalstaaten aufgrund der vernetzten Abhängigkeiten in ihren Handlungsfreiheiten reduziert. In den letzten 40 bis 50 Jahren sind große Fortschritte auf dem Weg der internationalen Politikkoordination gemacht worden. Eine ganze Reihe von überstaatlichen Institutionen sind seit den 40er Jahren eingerichtet und mit Kompetenzen ausgestattet worden.

Die wirtschaftlich wichtigsten dürften der Internationale Währungsfonds (IWF), die Weltbank, das GATT, die OECD, die EWG (vgl. Grafers, S. 29 ff.) sowie die jährlichen Weltwirtschaftsgipfel sein. Dass keine größeren Kriege seither stattgefunden haben, ist zweifellos auch dem immer intensiveren weltwirtschaftlichen Integrationsprozess zu verdanken, dessen stetige stabile Entwicklung aber selbst erst auf der Grundlage internationaler Koordinierungserfolge möglich gewesen ist. Häufig genug sind wirtschaftliche Konflikte in politische Konflikte umgeschlagen bzw. eskaliert, wenn keine überstaatlichen Ausgleichs- oder Vermittlungsstellen vorhanden waren. Die Koordinierungserfolge der letzten Jahrzehnte haben sich sowohl im System langfristig regelgebundener Institutionen als auch in eher kurzfristig ausgerichteten, diskretionären Politikabstimmungen niedergeschlagen.

Unter **internationaler Politikkoordinierung** versteht man in der modernen ökonomischen Theorie grundsätzlich Entscheidungsverfahren zur gemeinsamen Wohlfahrtsmaximierung und somit die Berücksichtigung internationaler Abhängigkeiten. Die internationale Koordinierung ist nicht auf makropolitische Instrumente beschränkt, sondern umschließt auch institutionelle oder ordnungspolitische Verfahren.

Hierbei entstehen aber auch Verhandlungskosten, d.h. Kosten, die durch Information, Organisation und Umsetzung von Koordination oder der Überprüfung der Einhaltung von Vereinbarungen der Abänderung der Vereinbarungen usw. verursacht werden.

Jedes Land, das unkoordiniert eine expansive Geldpolitik betreibt, ist von einer Abwertung seiner Währung und damit von importierter Inflation bedroht. Andererseits ist jedes Land, das unkoordiniert eine expansive Fiskalpolitik praktiziert, von Zinserhöhungen, Aufwertungen und *Crowding-Out*-Effekten bedroht. *Crowding-Out* bedeutet eine Verdrängung privater Nachfrage durch eine staatliche Nachfragesteigerung, die durch Schuldenfinanzierung das Zinsniveau erhöht. Beide Bedrohungen oder Handlungsschranken entfallen, wenn die expansiven Politiken im internationalen Gleichschritt durchgeführt werden.

Darüber hinaus treten möglicherweise bei einer internationalen Politikkoordinierung Kosten für außenstehende Dritte auf. Dies ist beispielsweise dann der Fall, wenn sich aufgrund der an der Koordination beteiligten Mitglieder begrenzte Koalitionen bilden. Den beteiligten Ländern nützen diese Politikvereinbarungen selbst, den anderen an der Koordination nicht beteiligten Ländern hingegen schaden diese Vereinbarungen.

Neben der Ungewissheit hinsichtlich der Vorteilhaftigkeit und der Kosten der Koordinierung tritt die Ungewissheit hinsichtlich der Durchsetzbarkeit von internationaler Politikkoordinierung hinzu. Dies ist insbesondere dann der Fall, wenn viele Länder beteiligt sind, so dass Informations- und Transaktionskosten ein Hindernis darstellen.

In der Realität ist es keineswegs sicher, dass die einzelnen Länder eine konkrete und darüber hinaus eine gleichgerichtete Vorstellung von den Gewinnen internationaler Politikkoordinierung haben. Je stärker die Ansichten über den Nutzen einer Koordinierung zwischen den einzelnen Ländern auseinandergehen, um so unwahrscheinlicher wird ihr Zustandekommen. Es kann zu Konflikten über die Verteilung von Gewinnen kommen, auch wenn bei allen Beteiligten Einigkeit darüber besteht, dass Politikkoordinierung selbst den gemeinsamen Nutzen steigert. Ein solcher Konflikt wird noch verstärkt, wenn ein Mangel an Vertrauen zwischen den beteiligten Ländern über die grundsätzliche Einhaltung von Abmachungen herrscht. Ein weiteres wichtiges Hindernis für das Zustandekommen und die Stabilität einer internationalen Politikkoordinierung besteht in dem Widerwillen vieler Nationen und Regierungen, bestehende oder vermeintliche Handlungs- oder Entscheidungsautonomie aufzugeben.

Aufgrund der geschilderten Probleme sind viele Sozialwissenschaftler der Meinung, dass statt einer permanenten internationalen Feinabstimmung Politiker besser einen permanenten Informationsaustausch pflegen sollten, um vor allem ihre Ziele aufeinander abzustimmen. Nicht nur Zielkonflikte würden dadurch vermieden, sondern gegenseitiges Vertrauen würde aufgebaut. Bei dieser Einschätzung geht es hauptsächlich um ein Plädoyer, auf eine zu ausgeprägte Feinsteuerung der einzelnen Politikinstrumente zu verzichten. So können sich z.B. die Staaten darauf einigen, eine Politik der Verstetigung ordnungspolitischer Rahmenbedingungen zu betreiben, aber nicht in den privaten Wirtschaftsablauf zu intervenieren.

Im Gegensatz zur hier beschriebenen diskretionären Politikkoordinierung setzt die **regelgebundene Koordinierung** im Voraus Spielregeln und Reaktionsmaßnahmen fest, die nicht durch Ermessensentscheidungen von Politikern willkürlich geändert werden können.

Für eine Regelpolitik spricht vor allem, dass so den privaten Wirtschaftssubjekten Erwartungssicherheit über die staatlichen Aktivitäten und somit auch eine erhöhte Planungssicherheit gegeben wird. Gleichzeitig wird es dem Staat erleichtert, Pressionen von Seiten privater Interessengruppen zu widerstehen sowie den privaten Wirtschaftssubjekten die Leistungen und Ergebnisse einer Politik bzw. ihrer Träger transparent zu machen. Darüber hinaus werden bei einer Regelpolitik der Gesellschaft die Destabilisierungskosten, die bei diskretionärer Politik anfallen, erspart.

In den letzten Jahren standen verschiedene Vorschläge einer regelgebundenen internationalen Koordination zur Diskussion. Zusammenfassend lassen sich die folgenden nennen:

Zielzonen-Vorschlag von John Williamson, Vorschlag eines gemeinsamen Währungsstandards von Ronald McKinnen, traditionelle Geldmengenregeln, Einführung einer Steuer auf Devisenmarkttransaktionen und der sog. BIP-Regelvorschlag.

Alle Instrumente zielen auf eine Wechselkursstabilisierung und Preisniveaustabilisierung ab, sie lassen sich im Einzelnen aber wie folgt voneinander unterscheiden:

John Williams Vorschlag, **Zielzonen für die Wechselkurse** festzulegen, kann als eine Art Kompromiss zwischen dem gescheiterten Festkurssystem der Nachkriegszeit und dem nachfolgenden, mit Enttäuschungen verbundenen Flexkurssystem betrachtet werden. Die Idee seines Konzeptes besteht im Wesentlichen darin, dass sich die währungspolitisch wichtigsten Industrieländer grundsätzlich auf ein einheitliches Verfahren einigen sollten. Sie kündigen weiter Bandbreiten oder Zonen an, innerhalb derer sich ihre realen Wechselkurse frei bewegen können. Gleichzeitig verpflichten sie sich aber, bei Erreichen der Bandgrenzen korrigierende Maßnahmen vorzunehmen, ohne im Voraus genau festzulegen, welche Maßnahmen dies letztlich sein sollten. Letzteres zwingt die Länder somit, währungspolitische Kooperationen durchzuführen. Im Mittelpunkt dieses Ansatzes steht die Idee eines fundamentalen Gleichgewichtswechselkurses. Unter einer Zielzone ist der vereinbarte Schwankungsbereich der Wechselkurse um einen solchen Fundamentalkurs zu verstehen. Nach Williamsons Vorstellung sollen die Länder, deren Wechselkurs sich auf die Obergrenze der Zielzone zubewegt, deren Währung also unter Abwertungsdruck gerät, eine restriktive Geldpolitik betreiben. Entsprechend sollen die Länder, deren Wechselkurs sich der Untergrenze der Zielzone nähert, eine expansive Geldpolitik einschlagen. Von einem solchen Zielzonenkonzept wird zum einen erwartet, dass es zur Stabilisierung spekulativer Wechselkursschwankungen beiträgt, zum anderen soll es die beteiligten Länder zu mehr geldpolitischer und fiskalpolitischer Disziplin bewegen, um inflationistische oder deflationistische Fehlentwicklungen auszuschließen.

Gegen dieses System spricht, dass es bislang kein allgemein anerkanntes Verfahren zur Ermittlung eines realen Gleichgewichtswechselkurses gibt. Darüber hinaus ist zu befürchten, dass die im Zielzonenkonzept beinhalteten Absprachen zwischen den Ländern wirkungslos werden, da diese sich bei fehlenden Sanktionsmöglichkeiten nicht an die Absprachen halten werden. Ein dritter Einwand beruht auf der Befürchtung, dass die Instabilität der realen Wechselkursentwicklung innerhalb der Bandbreite durch eine solche Zielzonenkonzeption zunehmen wird. Eine Bandbreite verringert das Risiko für Portfoliohalter und steigert deshalb die Portfolioumschichtung, wenn sich die wahrgenommenen Erträge im Mittel ändern. Bei Zufallsbewegung der Erwartungen über mittlere Erträge wird es daher mehr Wechselkursvariabilität innerhalb der Bandbreite geben als bei Abwesenheit solcher Bandgrenzen.

Darüber hinaus kann eingewandt werden, dass es keinen Sinn macht, Grenzen nur für Wechselkurse zu setzen, nicht aber für andere makroökonomische Schlüsselvariablen. Eine solche Regelsetzung müsste in direktem Zusammenhang zu einem entsprechenden geld- und fiskalpolitischen Begleitprogramm stehen. Dies schließt insbesondere die Gefahr von zunehmender Inflation mit ein, da ja die Geldmenge bei jeglicher reiner Wechselkursstabilisierung, ob punktbezogen oder in Zonen oder Bändern, endogenisiert ist. Eine Wechselkursstabilisierung um jeden Preis kann deshalb teuer zu stehen kommen.

Ronald McKinnen hat in einer ganzen Reihe von Veröffentlichungen vorgeschlagen, die **Geldpolitik** zunächst nur zwischen **USA und Japan** und der **Bundesrepublik Deutschland** so **zu koordinieren**, dass Wechselkursschwankungen zwischen diesen Ländern weitgehend ausgeschlossen bleiben. Außerdem tritt er dafür ein, die Wachstumsrate der Weltgeldmenge zu verstetigen (hier ist die Weltgeldmenge definiert als die Summe der nationalen Geldbestände dieser betrachteten drei Länder). Auf diese Weise soll das Weltpreisniveau stabilisiert und der Weltkonjunkturverlauf geglättet werden. Die Wachstumsraten der Geldmenge in den einzelnen Ländern können jedoch voneinander abweichen. Sie sollen an der erwarteten längerfristigen Wachstumsrate des realen Bruttosozialproduktes, der Trendentwicklung, der Umlaufgeschwindigkeit des Geldes und der Preissteigerungsrate im Bereich der nicht handelbaren Güter in den jeweiligen Ländern ausgerichtet werden. Wechselkursänderungen können als Folge von Veränderung internationaler Portfoliopräferenzen dann nur noch auftreten, wenn die Wechselkursänderung die inländische Geldnachfrage über die Wechselkurserwartungen beeinflusst. Der Einfluss solcher indirekter Währungssubventionen auf den Wechselkurs und darüber hinaus auf die Geldnachfrage soll nach McKinnen durch eine reaktive Geldangebotspolitik in den betroffenen Ländern aufgefangen werden. So sollte ein Land, dessen Währung einem Aufwärtsdruck ausgesetzt ist, eine expansive Geldpolitik betreibt und ein Land, dessen Währung unter Abwertungsdruck gerät, eine restriktive Geldpolitik verfolgen. Hierdurch würde der Wechselkurs stabilisiert und es könnten die Zinseffekte sowie die wechselkursbedingten Preisniveaueffekte ausgeschaltet werden.

Der Haupteinwand gegen diesen Vorschlag besteht darin, dass die Multiplikatoren einer solchen reaktiven Geldangebotspolitik ungewiss sind und damit der Erfolg der Konzeption selbst unsicher ist.

Eine Steuer auf alle Finanztransaktionen, d.h. auf Aktien, Obligationen und Devisengeschäfte, wird vor allem von James Tobin und Rüdiger Dornbusch als Lösung gesehen. Diese Steuer wird häufig auch als **Tobin-Steuer** bezeichnet. Tobin selbst spricht aber nur von einer Steuer auf Devisentransaktionen. Hierdurch kann der Zeithorizont des Marktes erweitert werden, d.h. die Marktteilnehmer werden sich tendenziell eher an einem Geschäft orientieren, das durch langfristig geprägte Faktoren beeinflusst wird, als an unmittelbaren Spekulationsgelegenheiten. Zudem soll durch die Schaffung eines größeren Zinsgefälles zwischen den verschiedenen Währungen mehr Freiheit für die nationale Geldpolitik erreicht werden. Mit Hilfe der Transaktionssteuer könnten zumindest teilweise Geschäfte auf produktivere Kanäle umgeleitet werden, Instabilitäten könnten so beseitigt werden.

Dabei wird vorausgesetzt, dass durch Spekulation verursachte nominale Wechselkursschwankungen auch zu Änderungen der realen Wechselkurse und darüber hinaus zu Änderungen anderer realer Faktoren führen. Die Einnahmen aus einer solchen Abgabe auf Devisentransaktionen könnten beispielsweise einer internationalen Organisation wie der Weltbank zugewiesen werden. Bei einem langfristig orientierten Portfolio oder bei grenzüberschreitenden Direktinvestitionen dagegen würde diese Abgabe kaum ins Gewicht fallen. Es ist nicht eine Dämpfung des Warenhandels beabsichtigt, sondern nur eine negative Beeinflussung der spekulativen Kapitalbewegung. Die Abgabe wäre auch zu gering, um protektionistisch zu wirken. Protektionistische Absichten werden gelegentlich als Kritikpunkt an diesem Steuervorschlag unterstellt. Der verzerrende Eingriff in den freien Marktverkehr selbst hätte auch wieder negative Auswirkungen.

Bei Einführung einer Steuer entfallen Kosten aufgrund der Steuererhebung, gleichzeitig würde es auch zu Umgehungsversuchen kommen. So würden Geschäfte einfach in sog. Steueroasen abgewickelt; hier tritt das gleiche Problem auf wie auch bei anderen Steuererhebungen. Die Effizienz einer solchen Transaktionssteuerlösung kann im Wesentlichen dadurch erhöht werden, dass man international koordiniert diese Steuer in möglichst vielen Staaten einführt.

Aber auch die Einführung einer Steuer auf Finanztransaktionen wird es nicht überflüssig machen, dass Regierungen der Gipfelstaaten ihre Politik weiter koordinieren. Selbst wenn man davon ausgeht, dass feste Wechselkurse heutzutage nicht wünschenswert oder nicht mehr realisierbar sind, so bedarf es aber doch eines nominellen Ankers. Dies muss durch eine bestimmte nominelle Regelung gewährleistet werden. Die Zielsetzung einer solchen Regel kann unterschiedlich sein. Zwei Vorschläge, die in den letzten beiden Jahrzehnten im Rampenlicht der akademischen Diskussionen gestanden haben, bestehen zum einen darin, die Wachstumsrate der Geldmenge zu verstetigen (sogenannte Friedman-Regel), zum anderen darin, die Wachstumsrate oder das Niveau des nominellen Bruttoinlandsproduktes zu stabilisieren. Beide Lösungsansätze beabsichtigen, dass Preisniveau zu stabilisieren und letztlich auch das Ausmaß der Wechselkursschwankung zu reduzieren.

1. Theorie zum optimalen Währungsraum

Die Theorie optimaler Währungsräume wurde in den 60er Jahren entwickelt, um zu ermitteln, wie groß ein Raum mit fixierten Wechselkursen sein soll (vgl. Wagner, 1998, S. 21 ff.). Wesentliche Theorieentwicklungen wurden 1961 von Mundell (Nobelpreisträger 1998), 1963 von McKinnen und 1969 von Keanen aufgestellt. Diese Diskussionsbeiträge sind im Kontext mit der damaligen Auseinandersetzung zwischen Verfechtern fester und flexibler Wechselkurse zu sehen.

Die Hauptargumente für flexible Wechselkurse wurden zum einen darin gesehen, dass Wechselkursänderungen eine weniger kostspielige Methode seien, um Leistungsbilanzungleichgewichte zu korrigieren und zum anderen, dass es durch Wechselkursänderungen den Ländern ermöglicht wird, eine unabhängige makroökonomische Politik zu betreiben, d.h. sich für unterschiedliche Inflationsraten zu entscheiden.

Der Theorieansatz der optimalen Währungsräume arbeitet hingegen mit einem impliziten Stabilisierungsrahmen. Eine Währungsunion wird in der Regel nur dann wohlfahrtssteigernd wirken, wenn die an ihr beteiligten Staaten bestimmte Voraussetzungen erfüllen.

Es wird davon ausgegangen, dass Länder mit einem stark diversifizierenden Exportprofil eher unempfindlich auf außenwirtschaftliche Störungen reagieren, da sich Nachfrage und Technologieschocks weniger auf die Gesamtexporte auswirken. Leistungsbilanzungleichgewichte können durch entgegengesetzte Kapitalverkehrsbilanzbewegungen kompensiert werden, was allerdings eine hinreichend starke Integration der Finanzmärkte der beteiligten Regionen voraussetzt. Andauernde Inflationsunterschiede vermindern die internationale Wettbewerbsfähigkeit in den stärker inflationären Volkswirtschaften. Hierdurch entstehende Leistungsbilanzdefizite können nur mit Hilfe einer Wechselkursänderung oder handelshemmender Maßnahmen beseitigt werden.

Eine **Währungsunion** impliziert eine vollständige Integration der Geldpolitiken und auch eine teilweise Angleichung der Fiskalpolitiken. Der Verzicht auf eine eigenständige Wirtschaftspolitik fällt dabei umso leichter, je homogener die Präferenzen der beteiligten Volkswirtschaften sind, insbesondere hinsichtlich ihrer Inflationsbekämpfung.

Eine **regionale Integration** kann in verschiedenen Ausprägungen des Abbaus von Beschränkungen und der Zusammenarbeit bei der Wirtschaftspolitik vorkommen. Hierzu zählen Freihandelszonen, Zollunionen oder gemeinsame Märkte, Wirtschaftsunionen und Währungsunionen.

In Freihandelszonen werden nur die Handelsbeschränkungen wie z.B. Zölle zwischen den Mitgliedsländern abgebaut. In einer Zollunion werden darüber hinaus gemeinsame Zollbestimmungen gegenüber Drittländern eingeführt. Auf gemeinsamen Märkten werden zusätzlich zum freien Fluss der Waren und Dienstleistungen auch die Beschränkungen im Verkehr der Produktionsfaktoren Arbeit und Kapital aufgehoben, was zwangsläufig eine gewisse Harmonisierung der Wirtschaftspolitik erzwingt. Nach der klassischen Außenhandelstheorie kommt es durch den Freihandel schon zu einem Ausgleich der Faktorpreise, in der Praxis ist dieser Effekt allerdings nur sehr beschränkt aufgetreten. Aus diesem Grund wird es vielfach als notwendig angesehen, die Integration über die Warenmärkte hinaus auszudehnen. In einer Wirtschaftsunion harmonisieren die Mitgliedsstaaten nicht nur ihre Außenhandels- und Zollpolitik, sondern auch ihre anderen Wirtschaftspolitiken, insbesondere ihre Ordnungspolitik. Im Rahmen einer Währungsunion werden die Wechselkurse zwischen den Teilnehmerländern unwiderruflich fixiert bzw. es wird eine gemeinsame Währung eingeführt.

2. Die Europäische Währungsunion

Der Euro kann wohl als folgenreichster Integrationsschritt seit der Gründung der Europäischen Wirtschaftsgemeinschaft im Jahre 1958 bezeichnet werden. Die Verwirklichung der europäischen Währung ist nur vordergründig ein wirtschaftlicher Vorgang. Im Kern ist der Euro ein politisches Projekt, das die unwiderrufliche Einbindung der teilnehmenden Länder in Europa bewirken und den Integrationsprozess durch die ökonomische Gemeinschaft unumkehrbar machen wird.

Eine Lösung zur Vermeidung von Wechselkursschwankungen ist es, sie auf administrativem Wege abzuschaffen; eine **Währungsunion** ist das Ergebnis einer solchen Maßnahme. Sie impliziert, dass in einem grenzüberschreitenden Wirtschaftsgebiet – im Extremfall in der ganzen Welt – nur eine Währung existiert. Eine Währungsunion ist also dadurch gekennzeichnet, dass die Währungen der Teilnehmerländer voll kompatibel sind, es keinerlei Beschränkung des Kapitalverkehrs gibt sowie die Wechselkurse unwiderruflich fixiert sind.

Eine **Wirtschafts- und Währungsunion** kann als Zusammenschluss selbständiger Staaten zu einem gemeinsamen Wirtschaftsgebiet beschrieben werden, in dem sämtliche Zölle und sonstige Handelshemmnisse im Binnenverkehr beseitigt sind und ein gemeinsamer Außentarif gegenüber Drittländern gebildet wird, so dass ein gemeinsamer Markt entsteht. Außerdem harmonisieren die Mitgliedsstaaten einer Wirtschaftsunion nicht nur ihre Außenhandels- und Zollpolitik, sondern zu einem gewissen Grade auch ihre Wirtschaftspolitik, insbesondere ihre Ordnungspolitik.

Mit Einführung des Euro zum 1.1.1999 leben die den Euro einführenden Länder in einer Währungsunion. Schon Ende der 60er Jahre setzten sich die Staats- und Regierungschefs der Mitgliedsstaaten der Europäischen Gemeinschaft das Ziel, die Gemeinschaft zu einer Wirtschafts- und Währungsunion auszubauen. Der im Oktober 1970 auf Antrag des Ministerrates von einer Sachverständigengruppe vorgelegte **Werner-Plan** ging zunächst von der Möglichkeit aus, eine solche Wirtschafts- und Währungsunion bis Anfang der 80er Jahre zu verwirklichen. Die widrigen Umstände in den 70er Jahren wie z.B. der Dollar-Verfall, die Ölkrise und die damit einhergehenden weltweiten Stagnationserscheinungen sowie die Zahlungsbilanzungleichgewichte machten jedoch eine Umsetzung des Ratsbeschlusses unmöglich. Die wesentlichen Änderungen der Rahmenbedingungen des **Bretton-Woods-Systems** führten mit der 1978 in Kraft getretenen zweiten Änderung des IWF-Abkommens dazu, den Mitgliedern weitestgehende Freiheit bei der Wahl des Wechselkurssystems zu geben. Somit wurde auch die Möglichkeit eingeräumt, flexible Wechselkurse einzuführen. Diese Entwicklungen sprachen tendenziell gegen eine Währungsunion. In einer Mitteilung vom 17.11.1977 sprach die EG-Kommission sogar von einem Stillstand der Wirtschafts- und Währungsunion. Erst Mitte der 80er Jahre kam die Diskussion um die Schaffung einer solchen Union wieder in Gang und intensivierte sich in den folgenden Jahren. Im Juni 1988 beschlossen dann die EG-Mitgliedsstaaten, die Mittel zur Herbeiführung der Wirtschafts- und Währungsunion erneut zu prüfen. Hieraus entstand der so genannte Delors-Bericht und letztlich die Einigung der Staats- und Regierungschefs auf der Tagung in **Maastricht** im Dezember 1991. Die Eurostaaten haben mit Beginn der Währungsunion ein Kernstück ihrer Souveränität, die Geld- und Währungspolitik, abgegeben und zentralisiert (zur Entwicklung der Wechselkurssysteme siehe auch Jarchow/Rühmann, Bd. II, S. 320).

Die Hoffnungen, die mit der Einführung einer Währungsunion verbunden sind, zielen vor allem darauf, ein stärkeres allgemeines Wachstum, politische Stabilität und eine Entwicklungsangleichung im Währungsgebiet zu erreichen.

Die erhofften positiven Wachstumseffekte einer Währungsunion werden in möglichen Kostensenkungspotenzialen und Nachfragesteigerungen gesehen. Die Kostensenkungen beziehen sich auf die Einsparung von Transaktionskosten, da die Währungsumtauschkosten und die Kurssicherungskosten zwischen den Mitgliedsländern entfallen. Gleichzeitig wird davon ausgegangen, dass die Kapitalbewegungen ausbleiben, die von erwarteten Wechselkursänderungen ausgelöst werden. Aufgrund des Wegfalls der Beschränkungen für grenzüberschreitende finanzielle Transaktionen kann das Kapital ungehindert in die Verwendung mit der höchsten Rentabilität fließen. Mit der Währungsunion gibt es keine Wechselkursunsicherheit mehr.

Die erwarteten Nachfragesteigerungen basieren auf einer Kaufkraftsteigerung des bestehenden Nominalvermögens. Diese Preissenkungen können aufgrund der eben erwähnten Kostensenkungen ausgelöst werden. Richtet man den Blick über den einheitlichen Währungsraum hinaus, können steigende Exporterlöse erwartet werden, deren Ursache in der verbesserten Wettbewerbsposition auf dem Weltmarkt liegt, die aufgrund der Preissenkungen entsteht.

Eine erwartete Nachfragesteigerung bei gleichzeitiger Kostensenkung bewirkt, dass die erwarteten Gewinne der Unternehmen steigen und die Produktion ausgedehnt werden kann. Mit Hilfe der sog. neuen oder endogenen Wachstumstheorie lässt sich zeigen, dass sich hieraus sogar andauernde Wachstumseffekte ergeben können. Das Hauptargument lautet wie folgt: Eine Währungsunion führt zu einem Abbau der Wechselkursunsicherheit und folglich zu einer Verringerung der Risikoprämie für den Zins, da die Risikoprämie für den Zinsausfall und das Wechselkursrisiko steht. Wenn folglich das Faktorkostenverhältnis zwischen Realzins und Reallohn sinkt, steigt das optimale Einsatzverhältnis von Kapital und Arbeit im Produktionsprozess (Kapitalintensität). Die hiermit einhergehende Kapitalakkumulation bewirkt nun, und das ist die zentrale neue These, einen Anstieg der Arbeitsproduktivität in der Zukunft. Letzteres wird über Lerneffekte durch zusätzliches Wissen im Produktionsprozess begründet. Diese Lerneffekte verbreiten sich und schlagen sich in unternehmensübergreifenden positiven Externalitäten (*Spillovers*) nieder. Auch die Hoffnungen auf eine Entwicklungsangleichung innerhalb eines einheitlichen Währungsgebietes gründen sich größtenteils auf die oben abgeleiteten Lerneffekte. Es wird angenommen, dass die *Spillovers* grenzüberschreitend sind und insbesondere von Direktinvestitionen transportiert werden, die in einer Währungsunion verstärkt auftreten können. Weitere Argumente für eine Entwicklungsangleichung in einer Währungsunion basieren darauf, dass in weniger entwickelten Mitgliedsländern eine größere politische Stabilität sowie eine disziplinierende Wirkung und ein Glaubwürdigkeitsgewinn durch eine einheitliche Zentralbank ausgelöst werden.

Die Kritikpunkte an der Einführung einer Währungsunion sind vielfältig. Zwei zentrale Einwände lassen sich jedoch wie folgt näher beschreiben:

Die beschriebenen **Hoffnungen sind nicht zwingend realisierbar**. Sie hängen insbesondere von wirtschaftspolitischen institutionellen Vorkehrungen ab, die bezogen auf ein angestrebtes größeres Währungsgebiet zwischen selbständigen Staaten noch nirgends verwirklicht sind. Zu diesen Vorkehrungen zählen eine bereits bestehende Wirtschaftsunion, die bisher nur in der Europäischen Union annähernd realisiert ist.

Der Zusammenschluss zu einer Währungsunion kann grundsätzlich auch zu gravierenden einseitigen **Kosten** führen, die die Stabilität einer Währungsunion in Frage stellen. Diese Kosten können durch Inflationseffekte, Polarisierungseffekte oder andauernde einseitige Finanztransfers hervorgerufen werden.

Einzelne Länder, die vor einer Währungsunion preisstabile Länder waren, müssen wahrscheinlich stärkere Inflationierungseffekte hinnehmen, je größer die strukturellen Unterschiede zwischen den Teilnehmerländern sind. Die entscheidenden Strukturunterschiede sind hierbei die Unterschiede in den Präferenzen über Inflation und Arbeitslosigkeit, also die Unterschiede in den Arbeitsmarktsituationen und im Finanzsystem. Diese Unterschiede bestimmen verschiedene optimale Inflationsraten in den einzelnen Ländern.

Es ist zweifelhaft, ob eine übergeordnete gemeinsame Zentralbank dem interessenpolitischen Druck aus den Ländern standhalten kann, die ihre erwünschten makroökonomischen Ziele nicht verwirklichen können, weil sie geldpolitische Instrumente und Befugnisse abgegeben haben. Gleichzeitig gibt es auch Vertreter, die eine Zunahme von Politikkoordination und einen Rückgang des geldpolitischen Wettbewerbs – beides ist ja nun mit der Währungsunion verbunden – befürchten, der die Anreizstruktur der Wirtschaftspolitik so verändert, dass eine expansivere Geldpolitik und damit eine höhere Inflationsrate zu erwarten ist.

Zu große Strukturunterschiede zwischen Teilnehmerländern können auch dazu führen, dass statt der erhofften Entwicklungsangleichung eine **Polarisierung** eintritt. So gibt es Vertreter der neuen Wachstumstheorie, die mit der Integration von Ländern, deren Entwicklungsstand zu sehr voneinander abweicht, eine Polarisierung erwarten, da sie Lerneffekte und eine Spezialisierung der ärmeren Länder verhindert und Investitionen in humankapitalintensivere Branchen der höher entwickelten Länder umlenkt. Weiterhin ist zu berücksichtigen, dass der Eintritt in eine Währungsunion für Länder, die vorher vergleichsweise höhere Inflationsraten aufgewiesen haben, im Zuge des notwendigen Inflationsabbaues mit eminenten Sparanstrengungen im öffentlichen Haushalt verbunden ist. Letzteres geht zu Lasten infrastruktureller Investitionen, die für eine Entwicklungsangleichung unbedingt notwendig sind. Ob diese Anfangskosten durch die Zugehörigkeit zur Währungsunion kurz- bis mittelfristig wieder ausgeglichen werden können, ist fraglich. Wenn nicht, ist eine politische Instabilität verbunden mit negativen Wachstums- und Entwicklungseffekten eine mögliche Folge.

Zu den allgemeinen zentralen **Zielen** der Europäischen Währungsunion zählen Wachstum (Wohlstand) und politische Stabilität (Frieden). Im Wesentlichen sind diese Globalziele gekennzeichnet durch partielle Ziele wie Inflationsabbau und Entwicklungsangleichung für die ärmeren, weniger entwickelten Länder.

Gleichzeitig ist die Umsetzung der Europäischen Währungsunion aber auch mit **Befürchtungen** verbunden, die sich wie folgt zusammenfassend nennen lassen:

Negative *trade-off*-Beziehungen können auftreten: Es wird befürchtet, dass die Inflation der bislang preisstabilen EU-Länder zunimmt und die Arbeitslosigkeit in bisher unterentwickelten Ländern im Anpassungsprozess steigt. Außerdem herrschte zu Beginn in einigen Ländern eine Angst vor einer Dominanz Deutschlands innerhalb eines wirtschaftspolitisch noch stärker integrierten Europas wie auch die Furcht vor einem Verlust nationaler politischer Souveränität an eine anonyme fremde Zentrale in Brüssel wie der Europäischen Zentralbank (EZB). Darüber hinaus werden Vergeltungsaktionen der sich international gegenüberstehenden Wirtschaftsblöcke aufgrund einer zunehmenden Tendenz zu Protektionismus gegenüber Drittländern oder zu strategischer Außenhandelspolitik erwartet sowie die Möglichkeit negativer Anreizeffekte aufgrund falscher Erwartungen einzelner Gruppen prognostiziert: Es deutet einiges darauf hin, dass ein wirtschaftlicher Zusammenschluss bei vielen Unternehmern die Erwartung weckt, dass sie künftig in einem von ausländischem Konkurrenzdruck abgeschirmten gemeinsamen Markt operieren und dort sicher Renten abschöpfen könnten. Von daher werden notwendige technologische und organisatorische Innovationen und Bereinigungen unterlassen. So können auch Rezessionen aus einer Strukturkrise erwachsen.

In einer Währungsunion steht der nominale Wechselkurs nicht mehr als Anpassungsinstrument zur Beseitigung länderspezifischer Schockreaktionen zur Verfügung. Andererseits ist zu bezweifeln, ob durch eine Währungsunion die Preisflexibilität oder die Arbeitsmobilität in den Teilnehmerländern so stark zunehmen wird, dass sie die Aufgabe der Schockabsorbtion übernehmen könnten. Folglich werden länderspezifische Schocks in einer Währungsunion weitgehend über interregionale und internationale Finanztransfers ausgeglichen. Die damit verbundenen Umverteilungseffekte können zu politischen Streitigkeiten und letztlich zu einer Instabilität der Währungsunion selbst führen, insbesondere wenn diese Finanztransfers nicht konstitutionell geregelt werden, sondern immer wieder diskretionär verhandelt werden müssen, so wie im EU-Vertrag vorgesehen. Eine Zentralisierung der Fiskalpolitik – ähnlich der Geldpolitik – ist nicht vorgesehen. Erst eine Ergänzung der Währungsunion durch eine politische Union dürfte diesen Instabilitätseffekt beseitigen können.

Insgesamt kann also grundsätzlich festgestellt werden, dass eine Währungsunion nur für eine kleine Gruppe strukturell homogener Länder mit entsprechender vorheriger Wirtschaftsintegration in Frage kommt. Ob eine Währungsunion letztlich erfolgreich im Sinne der o.g. Hoffnungen und der Vermeidung der o.g. Risiken ist, hängt in erster Linie von den wirtschaftspolitisch institutionellen Vorkehrungen ab. So lassen sich die Wachstumschancen vorrangig auf der Grundlage einer geeigneten Ordnungs- und Strukturpolitik (Wachstumspolitik) realisieren. Zur Vermeidung der Inflationsrisiken bedarf es dagegen einer stabilitätsorientierten Geld-, Fiskal- und Lohnpolitik (Stabilitätspolitik). Daneben gilt es auch immer zu fragen, welche dieser Politikmaßnahmen auf europäischer Ebene koordiniert werden und welche besser in nationaler Autonomie verbleiben sollten.

Ein weiteres wichtiges Problem für das Gelingen einer Währungsunion ist die Überwindung der Schwierigkeiten beim Übergang zur Währungsunion. Die wesentlichen Aufgaben sind hierbei: Festlegung der Anzahl der teilnehmenden Länder, die Ermittlung der strukturellen Voraussetzungen zur Teilnahme, die Formulierung von Konvergenzkriterien sowie die Festlegung des Umsetzungszeitraumes.

Die **Konvergenzkriterien** sind die wirtschaftlichen Voraussetzungen, die die einzelnen Länder für eine Teilnahme an der Währungsunion erfüllen müssen. Dazu gehören, vereinfacht ausgedrückt, eine niedrige Preissteigerungsrate, ein Haushaltsdefizit von höchstens 3% und eine Staatsverschuldung von maximal 60% des Bruttoinlandsproduktes. Vorausgesetzt werden auch eine Angleichung des Zinsniveaus in den teilnehmenden Ländern sowie stabile Wechselkurse. Ein Land, das diese Voraussetzungen erfüllt, kann an der EWWU teilnehmen. Ein Land, das die Kriterien noch nicht erreicht hat, kann zu einem späteren Zeitpunkt beitreten. Das Verfahren zur Entscheidung über die Teilnahme wird alle zwei Jahre auf Antrag wiederholt.

Ein Teilnehmerland kann später nicht ausgeschlossen werden, wenn es gegen die Kriterien verstößt. Zur Vermeidung einer unsoliden Haushaltspolitik der Länder (Budgetdefizit von mehr als 3% des Bruttoinlandsproduktes) wurde der Stabilitätspakt vereinbart. Demzufolge muss der die festgelegten Grenzen überschreitende Staat bis zu 0,5% seines Bruttoinlandsproduktes unverzinslich als Einlage bei der EZB hinterlegen. Tritt innerhalb der nächsten zwei Jahre keine Besserung ein, wird die Einlage in eine Geldbuße umgewandelt, d.h. das betreffende Land erhält sein Geld nicht mehr zurück.

Die **Wechselkurse** der EWWU-Teilnehmerländer werden untereinander **nicht mehr schwanken,** d.h. sie werden sich durch die unwiderrufliche Festlegung nicht mehr verändern. Schwankungen wird es jedoch weiterhin zwischen dem Euro und den übrigen Währungen, wie z.B. dem Dollar, dem Yen oder dem Schweizer Franken, geben.

Es handelt sich bei Einführung des Euro **nicht** um eine **Währungsreform.** Eine Währungsreform geht in aller Regel mit einem hohen Vermögensverlust für Sparer einher, die Einführung des Euro dagegen stellt lediglich eine Währungsumstellung dar, also den verlustfreien Übergang beispielsweise der DM auf den Euro. Es werden keine Ersparnisse abgewertet, wie dies z.B. 1948 der Fall war.

3. Die Europäische Zentralbank

Die EZB ist in funktioneller, institutioneller, finanzieller und personeller Hinsicht unabhängig. Sie ist verpflichtet, das Ziel der Geldwertstabilität zu wahren. Erst nachrangig sind die EZB und die nationalen Notenbanken aufgefordert, die allgemeinen Wirtschaftspolitiken der Gemeinschaft zu unterstützen, sofern dies nicht der Wahrung der Geldwertstabilität zuwiderläuft. Ihre Unabhängigkeit ist im Maastrichter Vertrag und in ihrer Satzung festgeschrieben. Sie darf keine Weisung von politischen Instanzen einholen oder entgegennehmen. Sie darf zusammen mit den elf nationalen Notenbanken, mit denen sie das Europäische System der Zentralbanken bildet, keine Überziehungs- oder andere Kredite an Organe oder Einrichtungen der Gemeinschaft, Zentralregierungen, regionale oder lokale Gebietskörperschaften oder andere öffentliche Stellen vergeben. Mitglieder an der Spitze der EZB dürfen nur unter besonderen Umständen ihres Amtes enthoben werden, nämlich dann, wenn sie die Voraussetzungen für die Ausübung des Amtes nicht mehr erfüllen oder eine schwere Verfehlung begangen haben (zur Organisation siehe auch Jarchow, 1998, S. 329).

Der EZB-Rat bildet sich aus den Mitgliedern des Direktoriums der EZB und der Gouverneure der nationalen Notenbanken. Der Rat, der bis auf weiteres jeden Dienstag im Monat in Frankfurt tagt, legt mit einfacher Mehrheit die gemeinsame Geldpolitik fest. Das Direktorium, das einschließlich des Präsidenten der EZB aus sechs Mitgliedern besteht, erteilt den nationalen Notenbanken, die mit dem 1.1.1999 ihre geldpolitische Autonomie verloren haben, auf Grundlage der Entscheidungen des EZB-Rates Weisungen zur Ausführung der Geldpolitik. Die Mitglieder des Direktoriums werden von den Staats- und Regierungschefs der Euro-Länder auf Empfehlung der Wirtschafts- und Finanzminister auf acht Jahre gewählt; die Möglichkeit der Wiederwahl gibt es nicht.

Der EZB-Rat hat sich auf eine geldpolitische Strategie festgelegt. Dabei spielt im geldpolitischen Konzept ein Referenzwert für die Geldmenge eine zentrale Rolle. Mit anderen Worten, die EZB betreibt, ähnlich wie die Bundesbank, Geldmengensteuerung. Darüber hinaus will sich die Notenbank aus einer Vielzahl von Indikatoren eine Einschätzung über die künftige Preisentwicklung bilden. Diese bildet dann die zweite Säule ihrer geldpolitischen Strategie. Detaillierte Inflationsprognosen werden jedoch nicht veröffentlicht. Ebenso wenig wie die Bundesbank wird die EZB auf mechanische Weise ihre Zinsen senken oder erhöhen, wenn sich die Geldmenge anders entwickelt als nach dem Referenzwert vorgesehen. Abweichungen der Geldmengenentwicklung vom vorgegebenen Wachstumspfad deuten nur auf mögliche Risiken für die Geldwertstabilität hin.

Ein Teil der Gold- und Devisenreserven wurde an die Europäische Zentralbank übertragen, die insgesamt über ein Kapital von 5 Mrd. Euro sowie über Währungsreserven in Höhe von 40 Mrd. Euro verfügt. Der deutsche Anteil liegt bei rund einem Viertel, so dass der überwiegende Teil der Reserven bei der Deutschen Bundesbank bleibt.

Mit dem Eintritt in die Endstufe der Europäischen Wirtschafts- und Währungsunion wurde die Deutsche Bundesbank integraler Bestandteil des ESZB. Das ESZB hat ausschließliches Recht, die Ausgabe von Banknoten und den Umfang von Münzprägungen zu genehmigen. Weitere Aufgaben des ESZB sind: Festlegung und Durchführung der einheitlichen Geldpolitik, Durchführung der Devisengeschäfte, Haltung und Verwaltung der offiziellen Währungsreserven sowie die Förderung des reibungslosen Funktionierens des Zahlungssystems.

Zwar obliegt dem ESZB die Durchführung der Devisengeschäfte und damit der Interventionen am Devisenmarkt; grundlegende Entscheidungen in der Wechselkurspolitik gegenüber Drittlandswährungen wie z.B. dem US-Dollar fallen aber in die Zuständigkeit des Ministerrates der EU. Bei grundsätzlich festen Wechselkursen gegenüber Drittlandswährungen kann der Ministerrat Leitkurse festlegen, ändern oder aufgeben, allerdings nur nach Anhörung des ESZB. Bei grundsätzlich flexiblen Wechselkursen gegenüber Drittwährungen kann der Ministerrat allgemeine Orientierungen für die Wechselkurspolitik gegenüber diesen Währungen geben, die allerdings das vorrangige Ziel des ESZB nicht beeinträchtigen dürfen.

Der Aufbau und die Zusammensetzung des ESZB ähneln der Organisationsstruktur der Deutschen Bundesbank. Das ESZB besteht aus der Europäischen Zentralbank und den nationalen Zentralbanken. Die Beschlussorgane des ESZB sind der ESZB-Rat und das Direktorium. Der ESZB-Rat besteht aus dem Direktorium mit dem Präsidenten, dem Vizepräsidenten und vier weiteren Mitgliedern sowie den Präsidenten der nationalen Notenbanken. Er legt die Geldpolitik in der EWWU fest. Das Direktorium als zentrales Exekutivorgan ist für die Umsetzung verantwortlich.

Entsprechend dem Subsidiaridätsprinzip obliegt die Ausführung der geldpolitischen Beschlüsse im Wesentlichen den nationalen Zentralbanken, die hierzu die erforderlichen Weisungen vom Direktorium erhalten.

Um die Ausstattung der europäischen Volkswirtschaften mit Geld entsprechend ihrer Zielvorgabe zu steuern, stehen der EZB folgende – beispielhaft aufgeführte – geldpolitische Instrumente zur Verfügung.

Offenmarktgeschäfte, mit denen die Zinssätze und die Liquidität am Geldmarkt gesteuert werden und mit denen die Notenbank Signale bezüglich ihres geldpolitischen Kurses geben kann. Hierbei ergreift die EZB die Initiative und gibt die Bedingungen für die einzelnen Geschäfte den Marktteilnehmern vor. Dabei handelt es sich um wöchentlich angebotene Wertpapierpensionsgeschäfte mit einer Laufzeit von zwei Wochen, über die den Finanzinstituten der größte Teil des Refinanzierungsvolumens zur Verfügung gestellt wird. Längerfristige Refinanzierungsgeschäfte, die monatlich angeboten werden und eine Laufzeit von drei Monaten haben, sind ebenfalls möglich. Über die Emission von Schuldverschreibungen kann zudem Liquidität absorbiert werden.

Eine weitere Möglichkeit für die Privatbanken, sich im Falle eines Liquiditätsengpasses über Nacht Geld auszuleihen, besteht im Rahmen der **Spitzenrefinanzierungsfazilität**. Der Zins, der dafür zu bezahlen ist, bildet die Obergrenze eines Korridors, innerhalb dessen die Geldmarktgeschäfte zwischen EZB und Banken vorgenommen werden. Auch können Banken überschüssiges Geld bei der Zentralbank über Nacht anlegen und erhalten darauf Zinsen (Einlagenfazilität). Dieser Zinssatz bildet die Untergrenze des Korridors für Geldmarktgeschäfte.

Lange umstritten war die Einführung einer **Mindestreservepflicht** für die Banken im Euro-Raum. So werden die Banken heute verpflichtet, bei der EZB für bestimmte Bankgeschäfte Reserveeinlagen zu unterhalten. Um mögliche Wettbewerbsnachteile gegenüber Banken außerhalb des Euro-Raumes zu mildern, sollen die Reserveeinlagen verzinst werden. Die Verzinsung dafür orientiert sich am Zinssatz für die wichtigste Refinanzierungsquelle, die Wertpapierpensionsgeschäfte.

Die Europäische Zentralbank kann zusätzlich zu den Finanzmarktgeschäften im Euro-Raum auch Währungspolitik betreiben und an den Devisenmärkten intervenieren. Das kann sie zentral von Frankfurt aus oder dezentral über die jeweiligen nationalen Notenbanken tun (vgl. Jarchow, 1998, S. 326 ff. sowie S. 340).

Die Fertigstellung der EU-Gesetzgebung für die Einführung des Euro erforderte eine intensive Beteiligung der EZB an den Vorbereitungsarbeiten des EU-Rates, z.B. hinsichtlich der Festlegung der Mindestreservepflicht, der Erfassung statistischer Daten und möglicher Sanktionen usw. Darüber hinaus wurde im EU-Vertrag vorgesehen, dass ein regelmäßiger Meinungsaustausch zwischen dem EU-Rat und der EZB stattfindet.

Die Zuständigkeit für die Währungspolitik muss die EZB allerdings mit den europäischen Wirtschafts- und Finanzministern teilen. Diese können einstimmig nach Anhörung oder auf Empfehlung der EZB oder der Kommission Währungsabkommen mit Drittstaaten abschließen. Die EZB wäre dann an solche Abkommen gebunden.

Heikel könnte es dann werden, wenn die Finanzminister von ihrem Recht Gebrauch machen, der Zentralbank allgemeine Orientierungen für den Außenwert des Euro fest vorzugeben. Das wichtigste Ziel ist dem ESZB durch den Artikel 105 Abs. 1 des EG-Vertrages vorgegeben. Dort heißt es, das vorrangige Ziel des ESZB ist es, die Preisstabilität zu gewährleisten. Das wichtigste Ziel ist also die Sicherung der Kaufkraftstabilität des Euro. Die ESZB unterstützt die allgemeine Wirtschaftspolitik der Gemeinschaft, soweit dies ohne Beeinträchtigung des Zieles der Preisstabilität möglich ist.

4. Erwartungen an die Europäische Währungsunion

Zusammenfassend dargestellt lässt die europäische Wirtschafts- und Währungsunion Folgendes erwarten (vgl. auch Wagner, 1998, S. 11 ff.):

- Wachstumsimpulse durch Einsparung von Kosten für den Währungsumtausch sowie Kosten für Währungsrisiken.
- Die Preise für Güter sind aufgrund der einheitlichen Währung vergleichbar, so dass Auslandsinvestitionen besser kalkuliert werden können und der Handel im neuen Währungsgebiet zunehmen wird.
- Die Beschaffung, der Vertrieb und die Investitionen werden europaweit geplant, da günstigere Bedingungen aufgrund der gestiegenen Marktgröße zu erwarten sind.

- Die Größe, Vielfalt und Liquidität werden auch weltweit Kapital nach Europa ziehen, so dass der Finanzbedarf der Unternehmen und der öffentlichen Hand sinken wird.

- Darüber hinaus wird die Erfüllung der Maastrichter Kriterien und die Erfordernis der Stabilitätspolitik zu einem Kurswechsel in der Fiskalpolitik führen, so dass die staatliche Verschuldung eingegrenzt wird.

- Aufgrund des geringeren Kapitalbedarfs der öffentlichen Hand wird somit auch das Zinsniveau langfristig niedriger bleiben können, die Steuern könnten sich so langfristig auf einem niedrigeren Niveau bewegen.

Das vielgestaltige Euroland mit seinen unterschiedlichen Volkswirtschaften, Sozialsystemen und Stabilitätsanforderungen – ohne zentralen Finanzausgleich und ausreichende Arbeitskraftmobilität wie in den Vereinigten Staaten – birgt möglicherweise aber auch Schwierigkeiten. Während hinter dem Dollar seit langem der politische Wille eines mehr als zweihundert Jahre alten Bundesstaates steht, ist dies beim Euro nicht der Fall. Die Gefahr von Spannungen zwischen der ökonomischen Ratio des europäischen Zentralbanksystems und den politischen Interessen von Regierungen, Parlamenten und der Kommission liegt daher auf der Hand. So soll die Europäische Zentralbank nunmehr, entgegen den Festlegungen von Maastricht, nicht nur auf die Geldwertstabilität des Euro achten, sondern gleichrangig Wachstums- und Beschäftigungsziele verfolgen. Dazu kommen nachlassende Konsolidierungsbemühungen in einzelnen Ländern und Versuche, den Stabilitätspakt zu lockern. Die Notwendigkeit einer Weiterentwicklung der Europäischen Währungsunion zu einer Wirtschafts- und Währungsunion wird aufgrund des über währungspolitische Fragestellungen hinausgehenden Koordinierungsbedarfs der Politiken im Hinblick auf die unterschiedlichen Rahmenbedingungen der einzelnen Teilnehmerländer umso deutlicher.

Literaturhinweise

Berg, H.: Außenwirtschaftspolitik, in: Bender, D. u. a., Vahlens Kompendium der Wirtschaftstheorie und Wirtschaftspolitik, Band 2, S. 451 ff., München 1985.

Deutsche Bundesbank (Hrsg.): Monatsbericht August 1999, Nr. 8 (51. Jg.), Frankfurt 1999.

Dichtl, E./Issing, O. (Hrsg.): Vahlens großes Wirtschaftslexikon Band 1 – 4, München 1987.

Diekhäuer, G.: Internationale Wirtschaftsbeziehungen, München/Wien 1995.

Emerson, M. u. a.: Ein Markt – eine Währung. Potenzielle Nutzen und Kosten der Errichtung einer Wirtschafts- und Währungsunion, Bonn 1991.

Ethier, W. J.: Moderne Außenwirtschaftstheorie, München 1997.

Europäische Zentralbank (Hrsg.): Jahresbericht 1998, Frankfurt 1999.

Europäische Zentralbank (Hrsg.): Monatsbericht Dezember 1999, Frankfurt 1999.

Grafers, H. W.: Einführung in die betriebliche Außenwirtschaft, Stuttgart 1999.

Jarchow, H.-J.: Theorie und Politik des Geldes, Göttingen 1998.

Jarchow, H.-J./Rühmann, P.: Monetäre Außenwirtschaft I. Monetäre Außenwirtschaftstheorie, Göttingen 1988.

Jarchow, H.-J./Rühmann, P.: Monetäre Außenwirtschaft II. Internationale Währungspolitik, Göttingen 1989.

Rose, K./Sauernheimer, K.: Theorie der Außenwirtschaft, München 1995.

Siebert, H.: Außenwirtschaft, Stuttgart 1994.

Wagner, H.: Stabilitätspolitik. Theoretische Grundlagen und institutionelle Alternativen, 3. Auflage, München/Wien 1996.

Wagner, H.: Europäische Wirtschaftspolitik, Perspektiven einer europäischen Wirtschafts- und Währungsunion (EWWU), Berlin u. a. 1998.

Übungsaufgaben

1. Schildern Sie die möglichen Hintergründe und die Wirkungskette eines „Abwertungswettlaufs".

2. Welche Probleme können auftreten, wenn die internationale Politikkoordinierung diskretionär gestaltet wird?

3. Welche Alternativen zu diskretionärer Politikkoordinierung gibt es, und wie ist der Erfolg dieser Alternativstrategien einzuschätzen?

4. Welche Probleme können dagegen auftreten, wenn ganz auf eine internationale Politikkooperation verzichtet wird?

5. Worauf beziehen sich die Hoffnungen und die Risiken, die mit der Einführung einer Währungsunion verbunden sind?

6. Beschreiben Sie den Aufbau der EZB und ihre Aufgaben!

7. Welche Instrumente der Geldpolitik kennen Sie?

Lösungshinweise
Aufgabe 1

Hintergrund für einen „Abwertungswettlauf" kann eine globale Rezession mit keynesianischer Arbeitslosigkeit (d.h. mit zu geringer gesamtwirtschaftlicher Güternachfrage) sein. In dieser Situation besteht ein Anreiz für alle (größeren) Länder, bei Vorliegen flexibler Wechselkurse und Kapitalmobilität eine expansive Geldpolitik zu betreiben, um so eine reale Abwertung ihrer Währung herbeizuführen.

Eine Abwertung kann grundsätzlich einen Nachfrage"import" (durch eine Verbilligung der Preise für Exportgüter, gemessen in ausländischer Währung) und damit einen Anstieg von Produktion und Beschäftigung im Inland bewirken. Damit verbunden ist aber eine Abnahme der Produktion und Beschäftigung in anderen Ländern; dieses Zusammenwirken bezeichnet man auch als beggar-thy-neighbour Politik.

Wenn alle Länder gleichzeitig und in gleichem Umfang diesem Anreiz erliegen und eine entsprechende expansive Geldpolitik betreiben, verändert sich das Produktions- und Beschäftigungsniveau in keinem Land. Die Kosten eines solchen Abwertungswettlaufs würden sich dann nur in einem allgemeinen Anstieg der Inflationsrate niederschlagen. Nur durch internationale Koordination können solche beggar-thy-neighbour Praktiken verhindert (oder ihre Auswirkungen vermindert) werden.

Aufgabe 2

Diskretionäre Politikkoordinierung kann ineffektiv sein und zudem zu „unnötigen" Kosten der Politikkoordinierung führen. Darüber hinaus kann sie aber auch kontraproduktive Effekte in Form einer Verstärkung des Problems, das man bekämpfen will, auslösen. Denkbare Konsequenzen beziehen sich auf:

- das Vorliegen variabler, ungewisser Wirkungsverzögerungen,
- unterschiedliche Zielsetzungen der Koordinierungsteilnehmer,
- die Unsicherheit der Teilnehmer hinsichtlich der Schockursachen und/oder der Struktur des Vorgehens sowie
- ungewisse Kosten (Verhandlungskosten, Zeitinkonsistenz- bzw. Inflationskosten, Kosten für außen stehende Dritte u.a.).
- die Ungewissheit hinsichtlich der Durchsetzbarkeit der Koordinierungsvereinbarungen, die sich zeigen kann in:
- einem allgemeinen Anreiz zum Trittbrettfahrerverhalten,
- unterschiedlichen Vorstellungen über die Verteilung der Koordinierungsgewinne,
- fehlendem Vertrauen der Koordinierungspartner untereinander sowie
- Angst der einzelnen Staaten vor einem Autonomieverlust in ihrer Wirtschaftspolitik.

Aufgabe 3

Neben der Möglichkeit, auf Politikkoordinierung gänzlich zu verzichten und so das Hinnehmen von Externalitäten mit der Gefahr von Handelskriegen u.ä. zu akzeptieren, besteht eine andere Alternative in der sog. regelgebundenen Politikkoordinierung.

Diese kann in Form einer Koordinierung der Ordnungspolitik (Deregulierung und Liberalisierung; GATT-Grundsätze, Marktlösung bei Freihandel) oder in Form einer Koordinierung der Prozesspolitik (Geld-, Fiskal- und Lohnpolitik) realisiert werden.

Die Koordinierung der Prozesspolitik könnte in Form der Umsetzung neuerer Vorschläge zur Wechselkursstabilisierung erfolgen. Diese Vorschläge könnten exemplarisch sein:

- eine Währungsunion,
- Zielzonen für die Wechselkurse (Williamson-Vorschlag),
- ein Währungsstandard für die Industrieländer (McKinnon-Vorschlag),
- eine Steuer auf Finanztransaktionen (Tobin-Vorschlag).

Aufgabe 4

Die Gefahr ist groß, dass es dann zu verstärktem Protektionismus (jeweilige nationale Regulierung des Welthandels). Handelskriege und möglicherweise sogar politische Auseinandersetzungen (Beispiel der 30er Jahre) können die Folge sein.

Aufgabe 5

Die mit der Einführung einer Währungsunion verbundenen globalen Hoffnungen beziehen sich sowohl auf die Friedenssicherung oder politische Stabilität, als auch auf ein stärkeres Wirtschaftswachstum und eine Entwicklungsangleichung im Währungsgebiet.

Die wirtschaftstheoretische Begründung von positiven Wachstumseffekten basiert auf traditionellen theoretischen Überlegungen, nach denen währungsunion-bedingte Kostensenkungen und Nachfragesteigerungen zu einem Anstieg der Gewinne der Unternehmen und damit der gesamtwirtschaftlichen Produktion führen. Dies begründet erstmal nur vorübergehende Wachstumseffekte. Andauernde positive Wachstumseffekte lassen sich wie folgt erklären: Eine Währungs-union kann zu einem Abbau der Wechselkursunsicherheit führen. Das damit ein-hergehende veränderte sinkende Faktorkostenverhältnis zwischen Realzins und Reallohn führt zu einem steigenden Einsatzverhältnis von Kapital und Arbeit im Produktionsprozess. Die hiermit einhergehende Kapitalakkumulation bewirkt nun einen Anstieg der Arbeitsproduktivität in den darauf folgenden Perioden, da im Produktionsprozess Lernprozesse wirksam werden, die zu einer Steigerung des Wissensniveaus führen. Dieses Wissen verbreitet sich, da es zum Teil den Cha-rakter eines öffentlichen Gutes besitzt. Dadurch kommt es zu unternehmensüber-greifenden Spillovers (positiven Externalitäten).

Die Hoffnungen auf eine Entwicklungsangleichung in Europa wird auch mit Hilfe der neuen Wachstumstheorie über die eben geschilderten Lerneffekte begründet: Es wird angenommen, dass die Spillovers nicht nur unternehmensübergreifend, sondern auch grenzübergreifend sind. Sie werden insbesondere von Direktinvesti-tionen transportiert, die in einer Währungsunion aufgrund u.a. des abgebauten Währungsrisikos zunehmen dürften. Weitere Argumente für eine Entwicklungs-angleichung basieren darauf, dass in weniger entwickelten Teilnehmerländern eine größere politische Stabilität sowie eine Disziplinierungswirkung und ein Glaubwürdigkeitsgewinn durch eine einheitliche Zentralbank – die auch Überwa-chungsfunktion besitzt – ausgelöst werden.

Zu den Risiken einer politisch durchgesetzten Währungsunion zählen steigende Inflationsraten in den bisher eher preisstabilen Ländern, Polarisierungseffekte sowie permanente Verteilungskonflikte und eine dauerhafte Instabilität der Wäh-rungsunion aufgrund andauernder einseitiger Finanztransfers. Die Inflationseffek-te beziehen sich darauf, dass die gemeinsame Zentralbank – zumindest für einige Jahre – eine geringere Reputation als die Notenbank der preisstabilsten Teilneh-merländer aufweist. Dies schlägt sich in höheren Inflationserwartungen nieder. Außerdem sind die so genannten „optimalen" oder erwünschten Inflationsraten in den einzelnen Ländern unterschiedlich (aufgrund unterschiedlicher Präferenzen sowie unterschiedlicher institutioneller Voraussetzung der Staatsfinanzierung). Auch dies treibt die Inflationserwartungen in den bisher preisstabilen Ländern in die Höhe.

Polarisierungseffekte lassen sich durch andauernde einseitige Finanztransfers erklären, wenn weiterhin länderspezifische Schocks auftreten. Grund ist, dass die Mechanismen der Wechselkursanpassung in einer Währungsunion entfallen und alternative Instrumente wie Preisflexibilität und Arbeitsmobilität in Europa nicht hinreichend vorzufinden sind.

Aufgabe 6

Die Europäische Zentralbank (EZB) hat die Verantwortung für die Geldpolitik des Euro-Raums. Die zentrale Aufgabe der EZB besteht in der Wahrung der Preisstabilität des Euro. Nur in dem Maße, in dem es mit dem vorrangigen Ziel der Preisstabilität zu vereinbaren ist, unterstützt die EZB die allgemeine Wirtschaftspolitik der EU. Um die EZB vor unerwünschten Einflussnahmen auf die Durchführung der Geldpolitik zur Erreichung ihres Stabilitätsziels zu schützen, ist sie von Weisungen der nationalen Regierungen oder Instanzen der Union vollkommen unabhängig. Um die festgelegte Geldpolitik (Wechselkursziel, Geldmengenziel, direktes Inflationsziel) zielgerichtet auf den Weg bringen zu können, stehen ihr diverse Instrumente zur Verfügung.

Die Zentralbanken der Mitgliedstaaten bilden gemeinsam mit der EZB das Europäische System der Zentralbanken (ESZB). Die Zentralbanken der an der EU teilnehmenden Länder sind den Weisungen der EZB unterworfen. Das Entscheidungsgremium der EZB sind das EZB-Direktorium sowie der EZB-Rat, den das EZB-Direktorium und die nationalen Zentralbankpräsidenten bilden. Die Durchführung der einheitlichen Geldpolitik durch die EZB wird vorbereitet durch das Europäische Währungsinstitut (EWI), das die Aufgabe hat, Konzepte für die geldpolitische Strategie der EZB sowie für die operative Durchführung der Geldpolitik zu entwickeln. Hierzu zählt auch das ausschließliche Recht, Banknoten auszugeben und den Umfang von Münzprägungen zu genehmigen. Weitere Aufgaben sind die Durchführung der Devisengeschäfte, die Haltung und Verwaltung der offiziellen Währungsreserven sowie die Förderung des reibungslosen Funktionierens des Zahlungssystems.

Aufgabe 7

Das geldpolitische Instrumentarium der EZB besteht aus Offenmarktgeschäften, ständigen Fazilitäten und dem Mindestreservesystem. Die Offenmarktgeschäfte unterscheiden sich nach Hauptrefinanzierungsinstrumenten (Mengen- und Zinstender) und längerfristigen Refinanzierungsgeschäften. Die ständigen Fazilitäten können in Form von Spitzenrefinanzierungsfazilitäten und in Form der Einlagefazilität erfolgen.

Zusatzaufgabe

Was verbinden Sie mit dem Begriff „Währungsunion"?

Eine Währungsunion entsteht durch den Zusammenschluss mehrerer Staaten mit unterschiedlichen nationalen Währungen zu einem einheitlichen Währungsraum. Dabei werden die Wechselkurse zwischen den einzelnen Teilnehmerländern unwiderruflich fixiert bzw. es wird eine gemeinsame Währung eingeführt. Im Gegensatz zu einer Währungsreform bleibt die Kaufkraft des Geldes unberührt; die beteiligten Währungen werden lediglich mittels genau fixierter und unveränderlicher Umrechnungskurse in Einheiten der neuen, gemeinsamen Währung ausgedruckt.

Die Schaffung einer Europäischen Währungsunion (EWU) ist das Kernstück des Vertrages über die Europäische Union (Maastricht-Vertrag). Die Teilnahme an der EWU ist an die Erfüllung von Aufnahmekriterien, den so genannten Konvergenzkriterien (Preisstabilität, Haushaltsdefizit, Verschuldungsgrad...), gebunden. Die Auswahl der Teilnehmerstaaten anhand der im Maastricht-Vertrag festgelegten Kriterien soll einen wichtigen Beitrag zur Stabilität der künftigen europäischen Währung Euro liefern. Die Konvergenzkriterien behalten auch für den Fall eines nachträglichen Eintritts in die EWU ihre Gültigkeit. Ein Land, das nicht zu den Startteilnehmern zählt, erwirbt das Recht zum Beitritt, falls es später die Kriterien erfüllt.

Die Verantwortung für die Geldpolitik innerhalb des Euro-Raums wird die Europäische Zentralbank (EZB) übernehmen, deren Statut der Wahrung der Stabilität des Euro äußersten Vorrang einräumt. Diesem Ziel dient auch der auf der Tagung des Europäischen Rats im Dezember 1996 verabschiedete Stabilitätspakt. In ihm wurde vereinbart, auch nach dem Start der EWU einen ausgeglichenen Haushalt anzustreben. Zur Durchsetzung dieses Ziels stellt der beschlossene Stabilitätspakt einen differenzierten Sanktionskatalog zur Verfügung.

Die Realisierung der Währungsunion erfolgt in drei Stufen. Die erste Stufe der EWU begann am 1.7.1990 und diente primär der Liberalisierung des Kapitalverkehrs sowie einer verstärkten Koordination der Wirtschafts- und Währungspolitik der EU-Mitgliedstaaten. Die Regelungen der seit dem 1.1.1994 andauernden zweiten Stufe sehen insbesondere vor, ein hohes Maß an realer und nominaler Konvergenz zwischen den EU-Mitgliedstaaten als Voraussetzung für einen Eintritt in die Währungsunion zu schaffen. Zudem laufen die technischen Vorarbeiten zur Einführung des Euro. Das Europäische Währungsinstitut (EWI) bereitet die Geldpolitik der EZB vor. Mit dem Eintritt in die dritte und letzte Stufe der EWU am 1.1.1999 wurden die Wechselkurse der Währungen der teilnehmenden EU-Staaten untereinander und zum Euro endgültig festgesetzt. Im Verlauf der dritten Stufe, am 1.1.2002, wurde mit der Ausgabe von Euro-Banknoten und Münzen an alle Bürger begonnen, wodurch der Übergang in die Europäische Währungsunion endgültig vollendet ist.

F. Die Europäische Union

von Angelika Hecker

I. Mitgliedstaaten

II. Die Entwicklung der Europäischen Union – ein Kurzüberblick

III. Die Struktur der Europäischen Union

    1. Inhalte der ersten Säule: EG-Vertrag

    2. Zweite Säule: Gemeinsame Außen- und Sicherheitspolitik

    3. Dritte Säule: Zusammenarbeit in der Innen- und Justizpolitik

IV. Die Institutionen der Europäischen Union

    1. Europäischer Gipfel: Der Europäische Rat

    2. Der Rat der Europäischen Union

    3. Die Europäische Kommission

    4. Das Europäische Parlament

    5. Wirtschafts- und Sozialausschuss (WSA)

    6. Ausschuss der Regionen

    7. Der Europäische Rechnungshof

    8. Europäischer Gerichtshof

V. Die Wirtschafts- und Währungsunion

    1. Stufen zur Einführung der Wirtschafts- und Währungsunion

    2. Die Konvergenzkriterien

    3. Die Teilnehmerländer

    4. Der Stabilitätspakt

    5. Organe, Institutionen und Instrumente der Wirtschafts- und Währungsunion

VI. Auf dem Weg zur Europäischen Verfassung

    1. Vom Vorschlag des Europäischen Konvents zur Einigung im Europäischen Rat

    2. Welche wesentlichen Änderungen bringt die Europäische Verfassung?

    3. Der Europäische Rat: Was ändert die Europäische Verfassung?

    4. Die Europäische Kommission – Änderungen durch die Europäische Verfassung

5. Der Rat der Europäischen Union – Änderungen durch die Europäische Verfassung

6. Der Außenminister der Europäischen Union

7. Das Europäische Parlament – Änderungen durch die Europäische Verfassung

8. Neues im Gesetzgebungsprozess der Europäischen Union

Literaturhinweise

Selbstkontrollfragen

F. Die Europäische Union

I. Mitgliedstaaten

Der Integrationsprozess zur heutigen Europäischen Union begann im Jahre 1951 mit sechs Staaten. Innerhalb der folgenden Jahrzehnte erweiterte sich die Europäische Union um 19 Mitgliedsländer.

Die Mitgliedstaaten der EU in der Reihenfolge ihres Eintritts:

1951	Belgien, Deutschland, Frankreich, Italien, Luxemburg und Niederlande
1973	Dänemark, Irland, Vereinigtes Königreich
1981	Griechenland
1986	Spanien und Portugal
1995	Österreich, Finnland und Schweden
2004	Estland, Lettland, Litauen, Tschechien, Slowakei, Slowenien, Ungarn, Polen, Zypern und Malta

Zur Zeit werden Beitrittsverhandlungen geführt mit Rumänien und Bulgarien, deren Beitritt für 2007 erwartet wird. Im Dezember 2004 wird entschieden, ob mit der Türkei konkrete Beitrittsverhandlungen begonnen werden. Einen Aufnahmeantrag gestellt haben Kroatien im Februar 2003 und Mazedonien im März 2004.

II. Die Entwicklung der Europäischen Union – ein Kurzüberblick

Nach den Erfahrungen des Zweiten Weltkriegs und vor dem Hintergrund der Ost-West-Konfrontation gründeten die westeuropäischen Länder Belgien, Niederlande, Luxemburg, Frankreich, Italien und Deutschland infolge der Initiative des französischen Außenministers Robert Schuman 1951 die **Europäische Gemeinschaft für Kohle und Stahl, EGKS**, auch Montanunion genannt. Ziel der Montanunion war der Gemeinsame Markt für Kohle, Eisenerz, Schrott und Stahl; Hoheitsrechte der Einzelstaaten über die Kohle- und Stahlindustrie wurden auf die Montanunion übertragen. So konnte sie z.B. Investitionshilfen gewähren, Ausgleichszahlungen bewilligen, Erzeugungsbeschränkungen festsetzen sowie Wettbewerbsbeschränkungen abbauen. Dieser Zusammenschluss der kriegswirtschaftlich wichtigen Grundstoffindustrien sollte zum einen helfen, den Frieden zu sichern, und zum anderen die Erzeugung von Kohle und Stahl als wichtige Grundstoffe des wirtschaftlichen Wiederaufschwungs ausweiten.

Die Laufzeit des Vertrags über die Europäische Gemeinschaft für Kohle und Stahl wurde festgelegt bis zum Jahre 2002 und endete im Juli dieses Jahres. Durch den industriellen Strukturwandel in Europa büßte die Montanunion ihre führende Rolle im Laufe der Zeit immer mehr ein.

Im Jahre 1957 gründeten die Mitgliedstaaten der EGKS die **Europäische Atomgemeinschaft (Euratom)** und die **Europäische Wirtschaftsgemeinschaft (EWG)**. Die Europäische Atomgemeinschaft sollte die Voraussetzung schaffen, eine gemeinsame Atomindustrie zu bilden und zu fördern, hat aber wegen der Akzeptanzprobleme in der Bevölkerung und den Richtungswechseln in der Atompolitik in vielen europäischen Ländern stark an Bedeutung verloren.

Der in der Praxis wichtigste Vertrag ist der Vertrag über die Europäische Wirtschaftsgemeinschaft. Dieser führte die Mitgliedsländer über die Zollunion zur Gemeinsamen Agrarpolitik und zum Gemeinsamen Markt (Europäischer Binnenmarkt – eröffnet am 1.1.1993), mit dem für die Mitgliedsländer Freizügigkeit für Personen, Waren, Dienstleistungen und Kapital geschaffen wurde.

Die drei Gemeinschaften – Montanunion, Euratom und EWG – sind seit dem 1.7.1967 durch die Verschmelzung ihrer Organe verbunden und hießen zunächst **Europäische Gemeinschaften (EG)** oder im Volksmund Europäische Gemeinschaft. Mit der Ergänzung und Änderung der EG-Verträge durch den **Vertrag von Maastricht** (unterzeichnet 1991, in Kraft getreten 1.11.1993) dokumentierten die Mitgliedstaaten ihren Willen zur **Europäischen Union (EU)**. Der EU-Vertrag ist ein Mantelvertrag, der die einzelnen Elemente zusammenführt und sie auf die neue Phase des Integrationsprozesses, die Europäische Union, ausrichtet. Dieser Mantel beinhaltet gemeinsame Bestimmungen, die für alle seine Teile gelten. Im Maastrichter Vertrag wurde auch das Ziel der Wirtschafts- und Währungsunion verankert. Der Maastrichter Vertrag wurde weiterentwickelt durch den **Amsterdamer Vertrag** (unterzeichnet 1997, in Kraft getreten am 1.5.1999) und den **Vertrag von Nizza**, der im Februar 2001 von den Staats- und Regierungschefs unterzeichnet wurde und nach der Ratifizierung in den Mitgliedstaaten am 1.2.2003 in Kraft trat. Der Vertrag von Nizza beinhaltet die erste Phase notwendiger Reformen der Europäischen Institutionen, um sie in ihrer Struktur und den Entscheidungsverfahren auf die anstehende Erweiterung der Europäischen Union vorzubereiten.

III. Die Struktur der Europäischen Union

Die mit dem Vertrag von Maastricht konzipierte Europäische Union, kurz EU, gleicht in ihrer Struktur einem auf drei Säulen stehenden Gebäude. Gleichsam das Dach über diesen drei Säulen sind die richtungsgebenden Bestimmungen des EU-Vertrags, die den gleichfalls überarbeiteten EG-Verträgen vorangestellt sind: die Unionsbürgerschaft (Titel I Art. 2 EU-Vertrag), das Subsidiaritätsprinzip (Titel I Art. 2 EU-Vertrag, Art. 5 EG-Vertrag) sowie die explizite Berufung auf die Menschenrechte und Grundfreiheiten (Titel I Art. 6 EU-Vertrag). Die **Unionsbürgerschaft** ergänzt die nationale Staatsbürgerschaft. Sie gibt dem Unionsbürger, der Unionsbürgerin Reise- und Aufenthaltsrecht, aktives und passives Wahlrecht bei Kommunal- und Europaparlamentswahlen im Wohnsitzstaat, diplomatischen Schutz durch die Botschaften anderer EU-Länder im Ausland, das Petitionsrecht beim Europäischen Parlament sowie das Recht auf Beschwerde beim Bürgerbeauftragten des Europäischen Parlaments. Das **Subsidiaritätsprinzip** definiert und begrenzt die Entwicklung des Regelwerks auf europäischer Ebene: So wird die Gemeinschaft in den Bereichen, die nicht in ihre ausschließliche Zuständigkeit fallen, nach dem Subsidiaritätsprinzip nur tätig, sofern und soweit die Ziele der in

Betracht gezogenen Maßnahmen auf Ebene der Mitgliedstaaten nicht ausreichend erreicht werden können.

1. Inhalte der ersten Säule: EG-Vertrag

Die erste Säule umfasst den **EG-Vertrag**. Die hier beschriebenen Inhalte sind Gemeinschaftspolitik, d.h. sie werden in den jeweils im EG-Vertrag festgelegten Entscheidungsverfahren von den Institutionen der Europäischen Gemeinschaften entschieden. Die Inhalte fallen entweder in die volle Zuständigkeit der europäischen Ebene oder werden nach bestandener Prüfung im Sinne des Subsidiaritätsprinzips hier behandelt. In die erste Säule gehören die Inhalte Zollunion und Binnenmarkt, Wettbewerbspolitik, Agrarpolitik, Handelspolitik, Wirtschafts- und Währungsunion, Umweltpolitik, Verbraucherschutz, Transeuropäische Netze, Sozial- und Beschäftigungspolitik, Regionalpolitik und wirtschaftlicher und sozialer Zusammenhalt, Forschung und technologische Entwicklung, Gesundheitswesen, Bildung und Kultur sowie seit dem Amsterdamer Vertrag auch die Aufgabenbereiche Asyl und Einwanderung.

Diese Politiken sollen ausgeführt werden im Sinne der Ziele, die sich die Europäische Gemeinschaft in Art. 2 EG-Vertrag gegeben hat. Besonders hervorzuheben sind die Ziele einer harmonischen, ausgewogenen und nachhaltigen Entwicklung des Wirtschaftslebens, eines hohen Beschäftigungsniveaus und eines hohen Maßes an sozialem Schutz und der Gleichstellung von Männern und Frauen.

2. Zweite Säule: Gemeinsame Außen- und Sicherheitspolitik

Nachdem die Europäischen Gemeinschaften mit dem Gemeinsamen Binnenmarkt zu einem „wirtschaftlichen Riesen" geworden waren, wurde der Ruf nach einer größeren Übernahme von Verantwortung in der Außen- und Sicherheitspolitik immer stärker. Der Einstieg in die Koordinierung dieser Verantwortung wurde im Maastrichter Vertrag in der Zweiten Säule (Titel V EU-Vertrag) festgeschrieben und im Vertrag von Amsterdam und Nizza fortgeschrieben. Ziele sind u.a.:

- die Stärkung der Sicherheit der Union und ihrer Mitgliedstaaten in allen ihren Formen
- die Wahrung des Friedens und die Stärkung der internationalen Sicherheit
- die Förderung der internationalen Zusammenarbeit

Zur Erreichung dieser Ziele beschreibt die Europäische Union in Titel V Art. 12 EU-Vertrag als Handlungsformen: Bestimmung der Grundsätze und der allgemeinen Leitlinien für die Gemeinsame Außen- und Sicherheitspolitik, Beschlüsse über gemeinsame Strategien, Annahme gemeinsamer Aktionen und gemeinsamer Standpunkte sowie Ausbau der regelmäßigen Zusammenarbeit der Mitgliedstaaten. Mögliches Ziel ist auch die schrittweise Festlegung einer gemeinsamen Verteidigungspolitik unter Einbeziehung der Westeuropäischen Union, falls der Europäische Rat dies beschließt (Titel V, Art. 17 EU-Vertrag).

Die Westeuropäische Union ist eine 1954 in Paris gegründete Vertragsorganisation, die über eine automatische Beistandspflicht der Mitgliedstaaten im Falle einer militärischen Aggression den Frieden in Europa sichern will. Mitgliedsländer sind zurzeit Belgien, Deutschland, Frankreich, Griechenland, Großbritannien, Italien, Luxemburg, die Niederlande, Portugal und Spanien.

Die Kontinuität und Sichtbarkeit der Gemeinsamen Außen- und Sicherheitspolitik nach außen soll gestärkt werden durch das mit dem Amsterdamer Vertrag neu geschaffene Amt des **Generalsekretärs des Rates und Hohen Vertreters für die Gemeinsame Außen- und Sicherheitspolitik**, auf das Javier Solana berufen wurde.

Die Entwicklung und Festlegung der Politiken innerhalb der zweiten Säule beruht auf **Regierungszusammenarbeit**, nicht auf Entscheidungsprozessen durch die Institutionen der Europäischen Gemeinschaft.

3. Dritte Säule: Zusammenarbeit in der Innen- und Justizpolitik

Der angestrebte und mehr und mehr verwirklichte Wegfall der Personenkontrollen zwischen den EU-Mitgliedstaaten sowie die zunehmende Integration machten den Einstieg in eine gemeinsame Innen- und Justizpolitik notwendig, die in der Dritten Säule des Amsterdamer Vertrags (Titel VI EUV) beschrieben ist. Als Aufgabenbereiche weiterzuentwickelnder Zusammenarbeit sind darin vor allem festgeschrieben

- der Ausbau der polizeilichen Zusammenarbeit und der Zusammenarbeit der Zollbehörden,
- die Förderung von Europol zur Bekämpfung des organisierten Verbrechens
- sowie der Aufbau der justiziellen Zusammenarbeit in Strafsachen.

Wie auch in der Zweiten Säule beruhen die Aufgabenbereiche der Dritten Säule auf einer Zusammenarbeit der Regierungen.

IV. Die Institutionen der Europäischen Union

1. Europäischer Gipfel: Der Europäische Rat

Europäischen Rat nennt man das i.d.R. viermal pro Jahr stattfindende **Treffen der Regierungschefs der EU-Mitgliedstaaten** sowie des Präsidenten der Europäischen Kommission. Sie werden von den Ministern für auswärtige Angelegenheiten der Mitgliedstaaten unterstützt. Den Vorsitz führen die Mitgliedstaaten abwechselnd je sechs Monate in einer von ihnen festgelegten Reihenfolge – entsprechend im (Minister-)Rat. Der Europäische Rat gibt die **Leitlinien der Gemeinschaftspolitik** vor. Er entscheidet in der Regel einstimmig.

Der Europäische Rat erstattet dem Europäischen Parlament nach jeder Tagung Bericht und legt ihm alljährlich einen schriftlichen Bericht über die Fortschritte der Union vor.

2. Der Rat der Europäischen Union

Wenn vom Rat der Europäischen Union die Rede ist, ist der Ministerrat gemeint und damit die **Runde der Fachminister**, d.h. z.B. in Agrarfragen die Agrarminister und in Umweltfragen die Umweltminister, die als die gesetzgebende Instanz der Europäischen Union zusammenkommen. Durch die Reformen der Gründungsverträge der Europäischen Gemeinschaften kann der Rat in vielen Bereichen der Gemeinschaftspolitik mit qualifizierter Mehrheit entscheiden (z.B. Binnenmarkt, Umweltpolitik, weite Bereiche der Verbraucherschutz- und Verkehrspolitik). Der Rat arbeitet dabei eng mit dem Europäischen Parlament zusammen (siehe Europäisches Parlament: Kooperationsverfahren und Mitentscheidungsverfahren). Im Vertrag von Nizza sind die Anwendungsbereiche, die mit qualifizierter Mehrheit entschieden werden, ausgeweitet worden, wenn auch nicht in dem Maße wie vom Europäischen Parlament erhofft.

Noch immer gibt es einige Politikbereiche, in denen sich die Mitgliedstaaten schwer tun, nationale Interessen in die europäische Verantwortung zu übergeben und in denen sie daher in den Entscheidungen des jeweiligen Fachministerrats am Einstimmigkeitsgebot festhalten. Zu diesen Politikbereichen gehören vor allem die Steuerpolitik und die Bereiche der sozialen Sicherheit und des sozialen Schutzes der Arbeitnehmer/innen, die über Regelungen zum Arbeits- und Gesundheitsschutz, Unterrichtung und Anhörung sowie Chancengleichheit von Mann und Frau hinausgehen.

Im Vertrag von Nizza ist die qualifizierte Mehrheit im Hinblick auf die erweiterte Union neu austariert worden: Für die Zeit vom 1.5.2004 (als zehn neue Länder der EU beigetreten sind) bis zum 31.10.2004 bestehen Übergangsregelungen für die Änderung der Gewichtung der Stimmen. Ab 1.11. verfügen die 25 EU-Mitgliedstaaten über die folgende Anzahl von Stimmen:

Deutschland	29		
Großbritannien	29	Österreich	10
Frankreich	29	Slowakei	7
Italien	29	Dänemark	7
Spanien	27	Finnland	7
Polen	27	Irland	7
		Litauen	7
Niederlande	13	Lettland	4
Griechenland	12	Slowenien	4
Tschechische Republik	12	Estland	4
Belgien	12	Zypern	4
Ungarn	12	Luxemburg	4
Portugal	12	Malta	3
Schweden	10	**Insgesamt:**	**321**

In den Fällen, in denen die Beschlüsse auf Vorschlag der Kommission zu fassen sind, kommen sie mit einer Mindestzahl von 232 Stimmen zustande, wenn gleichzeitig die Mehrheit der Mitgliedsländer zustimmt.

In den anderen Fällen kommen die Beschlüsse mit einer Mindeststimmenzahl von 232 Stimmen zustande, wenn gleichzeitig mindestens zwei Drittel der Mitgliedsländer zustimmen.

Darüber hinaus kann ein Mitglied des Rates beantragen, dass bei einer Beschlussfassung des Rates mit qualifizierter Mehrheit überprüft wird, ob diese qualifizierte Mehrheit mindestens 62% der Gesamtbevölkerung der Union umfasst. Falls sich erweist, dass diese Bedingung nicht erfüllt ist, kommt der betreffende Beschluss nicht zustande.

Mit diesem neuen Verfahren wurde ein ausgewogenes Ergebnis angestrebt: Es soll sichergestellt werden, dass die Mehrheit der Stimmen im Rat auch einer angemessenen Mehrheit der Bevölkerung entspricht; andererseits wurden auch die Interessen bevölkerungsarmer Staaten gewahrt.

3. Die Europäische Kommission

Die Europäische Kommission nimmt eine zentrale Rolle in der Politikgestaltung der Europäischen Union ein.

Politisch geführt wird die Europäische Kommission von den **Kommissionsmitgliedern (Kommissaren)**. Im Vertrag von Nizza wurde festgelegt, dass ab dem 1.1.2005 jedes Mitgliedsland jeweils ein Kommissionsmitglied stellt. Die laufende Arbeit der Kommission wird von ihren ca. 24.000 Bediensteten in den jeweiligen Generaldirektionen, Außenstellen und Forschungseinrichtungen ausgeführt. Der **Kommissionspräsident** wird vom Europäischen Rat mit qualifizierter Mehrheit vorgeschlagen; der designierte Präsident wählt dann in Absprache mit den Mitgliedstaaten die anderen Kommissionsmitglieder aus. Der Kommissionspräsident und die Kommissionsmitglieder müssen vom Europäischen Parlament akzeptiert werden.

Der Vertrag von Nizza stärkt die Rechte des Kommissionspräsidenten. Mit Billigung des Kollegiums kann er den Rücktritt einzelner Kommissare herbeiführen, und er ernennt mit Billigung des Kollegiums die Vizepräsidenten.

Die Kommission hat **drei wesentliche Aufgaben**:

- Sie erarbeitet die Vorschläge für EU-Rechtsvorschriften. Dieses Initiativrecht liegt allein bei der Kommission.

- Sie wacht über die Einhaltung des Gemeinschaftsrechts und kann Klage vor dem Europäischen Gerichtshof erheben.

- Sie ist das Exekutivorgan der Europäischen Union. So arbeitet sie die Durchführungsbestimmungen zu einer Reihe von Vorschriften aus und verwaltet die für die Maßnahmen der Union bestimmten Haushaltsmittel.

Die Mitglieder der Kommission üben ihr Amt „in voller Unabhängigkeit zum allgemeinen Wohl der Gemeinschaft aus" (Art. 213 EG-Vertrag.) Sie dürfen Anweisungen einer Regierung oder einer anderen Stelle nicht entgegennehmen, sondern sind allein „Europa" verpflichtet.

4. Das Europäische Parlament

4.1 Struktur und Arbeitsweise

Seit 1979 wird das Europäische Parlament von den Bürgern und Bürgerinnen der Europäischen Union alle fünf Jahre direkt gewählt. Es gibt noch kein einheitliches Wahlverfahren zum Europäischen Parlament; vielmehr entspricht das Wahlverfahren den nationalen Gepflogenheiten, allerdings auf der Grundlage von Verhältniswahlrecht. Das Europäische Parlament ist das größte multinationale Parlament der Welt; es besteht aus **732 Abgeordneten** aus fast 100 politischen Parteien von ganz links bis ganz rechts. Für jedes Mitgliedsland kann eine festgelegte Zahl von Abgeordneten ins Europäische Parlament einziehen (s. Tabelle auf der nächsten Seite).

Geleitet wird das Europäische Parlament von einem Präsidium bestehend aus einem/r Präsident/in und 14 Vizepräsidenten. Die Präsidiumsmitglieder werden alle zweieinhalb Jahre gewählt.

Die Abgeordneten schließen sich gemäß ihrer ideologischen Nähe zu **internationalen Fraktionen** zusammen. Sie spezialisieren sich, indem sie Mitglieder von **interfraktionellen Fachausschüssen** werden und dort die Arbeit der Plenarsitzungen vorbereiten. Jeweils für eine Woche im Monat kommt das Parlament zu Plenarsitzungen in Straßburg zusammen. Für den Rest des Monats sind in Brüssel je zwei Wochen für die Tagungen der Ausschüsse sowie eine Woche für Sitzungen der Fraktionen vorgesehen.

Zahl der Abgeordneten im Europäischen Parlament:

Mitgliedsland	
Belgien	**24**
Zypern	**6**
Tschechische Republik	**24**
Dänemark	**14**
Deutschland	**99**
Griechenland	**24**
Spanien	**54**
Estland	**6**
Frankreich	**78**
Ungarn	**24**
Irland	**13**
Italien	**78**
Lettland	**9**
Litauen	**13**
Luxemburg	**6**
Malta	**5**
Niederlande	**27**
Österreich	**18**
Polen	**54**
Portugal	**24**
Slowakei	**14**
Slowenien	**7**
Finnland	**14**
Schweden	**19**
Vereinigtes Königreich	**78**
Insgesamt:	**732**

(Tabelle in alphabetischer Reihenfolge nach der Bezeichnung der
Staaten in der jeweiligen Landessprache)

4.2 Kompetenzen des Europäischen Parlaments

Das Europäische Parlament verfügt über Mitgestaltungsrechte bei der **Gesetzgebung, Haushaltsrechte, Kontrollrechte** und **Rechte in den Außenbeziehungen.**

Im Laufe der Europäischen Integration hat das Europäische Parlament immer mehr Mitgestaltungsrechte an EU-Rechtsvorschriften erhalten.

Die umfangreichste Mitgestaltungsmöglichkeit hat es im so genannten **Mitentscheidungsverfahren.** Hier ist die Entscheidungsbefugnis auf Parlament und (Minister-)Rat gleich verteilt. Können sie sich nicht einigen, wird ein Vermittlungsausschuss einberufen. Dank der Mitentscheidung wird eine große Anzahl parlamentarischer Änderungsanträge in die gemeinschaftlichen Rechtsvorschriften aufgenommen. Der Anwendungsbereich dieses Verfahrens ist durch den Vertrag von Amsterdam auf eine Vielzahl von Politikbereichen erweitert worden. So gilt es z.B. in den Regelungen zum Europäischen Binnenmarkt, aber auch im Verbraucherschutz und im Umweltschutz. Im Vertrag von Nizza wurde der Geltungsbereich des Mitentscheidungsverfahrens wiederum erweitert, wenn auch keineswegs in der vom Parlament eingeforderten Stärke. So wurde das Mitentscheidungsverfahren eingeführt bei Fördermaßnahmen gegen Diskriminierung.

Ein weiteres Verfahren ist das Verfahren der Zusammenarbeit oder **Kooperationsverfahren** zwischen Rat und Europäischem Parlament. Hier kann das Europäische Parlament gegenüber dem Gemeinsamen Standpunkt des Rates und dem Vorschlag der Kommission bezüglich einer EG-Rechtsvorschrift Änderungsvorschläge einreichen. Die Europäische Kommission ist dann gehalten, diese Änderungsvorschläge zu überprüfen und ihren Vorschlag zu überarbeiten. Der Rat kann sich nur mit Einstimmigkeit über den überarbeiteten Vorschlag hinwegsetzen.

In nur noch sehr wenigen Fällen ist das Parlament allein durch sein **Anhörungsrecht** bzw. die Abgabe einer Stellungnahme beteiligt, so z.B. im Bereich der Steuerharmonisierung.

Die Haushaltsrechte des Europäischen Parlaments: Das Europäische Parlament berät und verabschiedet gemeinsam mit dem Rat den Haushaltsentwurf der Europäischen Kommission. Im Rahmen des Haushaltsverfahrens kann es Änderungen am Vorentwurf der Kommission und am Entwurf des Rates vorschlagen. Bei den obligatorischen Ausgaben (Ausgaben, die sich direkt oder indirekt aus Verpflichtungen durch die EU-Verträge ergeben) kann das Parlament Änderungen vorschlagen, die wirksam werden, wenn der Rat ihnen zustimmt. Bei den nicht-obligatorischen Ausgaben (etwa die Hälfte der Gesamtausgaben wie Sozial- und Regionalpolitik, Forschung und Umwelt) hat das Europäische Parlament das letzte Wort.

Die Ausführung des Haushaltsplans durch die Europäische Kommission wird vom EP-Ausschuss für Haushaltskontrolle geprüft; der Ausschuss stützt sich dabei auch auf den Jahresbericht des Rechnungshofs. Das Parlament stimmt jedes

Jahr darüber ab, ob die Ausführung des Haushaltsplans im abgelaufenen Haushaltsjahr gebilligt werden soll. Dieser Prozess wird auch als Entlastung der Kommission bezeichnet.

Kontrollrechte des Europäischen Parlaments: Das Parlament muss bei der Ernennung der Europäischen Kommission den Kommissionsmitgliedern und dem Präsidenten der Europäischen Kommission zustimmen. Es richtet schriftliche und mündliche Anfragen an die Kommission und prüft die regelmäßigen Berichte der Kommission. Die Mitglieder der Kommission nehmen an Plenartagungen des Parlaments und Sitzungen der parlamentarischen Ausschüsse teil, was einen ständigen Dialog beider Organe ermöglicht. Durch ein Misstrauensvotum kann das Europäische Parlament die Kommission zum Rücktritt zwingen.

Der amtierende Präsident des Europäischen Rats legt dem Parlament zu Beginn seiner Amtszeit sein Programm vor und zieht am Ende der Amtszeit Bilanz über die Durchführung. Darüber hinaus berichtet er dem Europäischen Parlament über die Ergebnisse jeder Tagung des Europäischen Rats. Seit einigen Jahren wird der Präsident des Parlaments zur Eröffnung der Treffen des Europäischen Rats eingeladen, um die Standpunkte und Anliegen des Parlaments vorzubringen.

Das Europäische Parlament kann sich auch mit schriftlichen Anfragen an die Mitglieder der (Minister-)Räte wenden.

Durch den Vertrag von Nizza wird das Europäische Parlament dem Rat und der Kommission gleichgestellt bezüglich seines Klagerechts vor dem Europäischen Gerichtshof und des Rechts, ein Gutachten des Gerichtshofs über die Vertragskonformität eines geplanten Abkommens einzuholen.

Rechte in den Außenbeziehungen: Das Europäische Parlament muss internationalen Verträgen der Gemeinschaft wie Beitrittsbeschlüssen und Assoziierungsabkommen zustimmen.

5. Wirtschafts- und Sozialausschuss (WSA)

Der Wirtschafts- und Sozialausschuss ist ein beratendes Gremium. Innerhalb des Entscheidungsprozesses von EG-Richtlinien oder -Verordnungen muss er in bestimmten Bereichen um Stellungnahmen ersucht werden, in anderen kann er gehört werden. Aus eigener Initiative kann er sich zu allen Bereichen von gemeinschaftlichem Interesse äußern.

Die aktuelle Mitgliederzahl pro Land im Wirtschafts- und Sozialausschuss beträgt:

Deutschland	24	Österreich	12
Großbritannien	24	Slowakei	9
Frankreich	24	Dänemark	9
Italien	24	Finnland	9
Spanien	21	Irland	9
Polen	21	Litauen	9
Niederlande	12	Lettland	7
Griechenland	12	Slowenien	7
Tschechische Republik	12	Estland	7
Belgien	12	Zypern	6
Ungarn	12	Luxemburg	6
Portugal	12	Malta	5
Schweden	12	**Gesamtzahl:**	**317**

Die Mitglieder des Ausschusses werden von den Regierungen der Mitgliedstaaten berufen; sie verteilen sich auf drei annähernd gleich große Gruppen: Arbeitgebervertreter (Gruppe 1), Arbeitnehmervertreter (Gruppe 2) und die Gruppe „Verschiedene Interessen" (Gruppe 3), die sich von Vertretern und Vertreterinnen aus dem Bereich Landwirtschaft über Verkehr, kleine und mittlere Unternehmen bis hin zu Umweltschutzverbänden erstreckt. Die WSA-Mitglieder üben diese Funktion neben ihrer beruflichen Tätigkeit aus.

Die Stellungnahmen des Wirtschafts- und Sozialausschusses werden auf den monatlichen Plenartagungen mit einfacher Mehrheit verabschiedet.

6. Ausschuss der Regionen

Der Ausschuss der Regionen wurde durch den Vertrag von Maastricht geschaffen. In ihm sitzen Vertreter und Vertreterinnen der lokalen und regionalen Gebietskörperschaften, die vom Rat auf Vorschlag der jeweiligen Mitgliedstaaten durch einstimmigen Beschluss auf vier Jahre ernannt werden. Die Mitgliederzahl pro Land ist die gleiche wie im Wirtschafts- und Sozialausschuss. Die Ausschussmitglieder üben ihre Tätigkeit neben ihrer eigentlichen Tätigkeit aus. Der Ausschuss der Regionen muss von der Kommission und vom (Minister-)Rat angehört werden in Fragen des wirtschaftlichen und sozialen Zusammenhalts, der transeuropäischen Netze, des Gesundheitswesens, der Bildung, Jugend und Kultur. Der Ausschuss kann aber auch von sich aus zu anderen Themen Stellung nehmen, die die lokalen und regionalen Gebietskörperschaften betreffen.

7. Der Europäische Rechnungshof

Der Europäische Rechnungshof wacht darüber, dass die Europäische Union ihre Gelder nach den Regeln der Haushaltsführung und für die vorgesehenen Zwecke verwendet. Neben den Organen der Europäischen Union kontrolliert der Rechnungshof nationale, regionale und lokale Stellen, die Gelder der Union verwalten, sowie Empfänger von EU-Beihilfen in und außerhalb der Union.

Der Europäische Rechnungshof besteht aus einem Mitglied je EU-Mitgliedstaat. Diesen stehen rund 500 Mitarbeiter zur Seite. Die Beschäftigten des Europäischen Rechnungshofs üben ihre Kontrolltätigkeit in völliger Unabhängigkeit aus.

Stellen die Kontrolleure des Rechnungshofs Schwachstellen in Verfahrensweisen oder Unregelmäßigkeiten in der Verwendung von EU-Geldern fest, so teilen sie das den verantwortlichen Behörden oder Organen mit; diese sind dann gehalten, geeignete Gegenmaßnahmen zu treffen. Die Untersuchungsergebnisse des Rechnungshofs sowie die Antworten der betroffenen Stellen werden jährlich in einem Jahresbericht zusammengefasst. Dieser Jahresbericht wird auf der Grundlage einer Empfehlung des Rates vom Europäischen Parlament geprüft. Infolge dieser Prüfung entscheidet das Europäische Parlament, ob es der Kommission Entlastung für die in ihre Verantwortung fallende Haushaltsführung erteilt. Neben der Veröffentlichung des Jahresberichts steht es dem Europäischen Rechnungshof frei, jederzeit in Sonderberichten zu bestimmten Bereichen der Haushaltsführung Stellung zu nehmen.

8. Europäischer Gerichtshof

Der Europäische Gerichtshof ist das oberste Gericht der Gemeinschaft; er sichert die Wahrung des Rechts bei der Auslegung und Anwendung. Am 1.9.1989 ordnete der Rat dem Europäischen Gerichtshof das **Gericht erster Instanz** bei. Es ist für alle Klagen zuständig, die von natürlichen und juristischen Personen gegen Entscheidungen der Gemeinschaftsorgane und -einrichtungen erhoben werden. Gegen seine Urteile kann beim Gerichtshof ein auf Rechtsfragen beschränktes Rechtsmittel eingelegt werden.

Der Gerichtshof besteht aus einem Richter aus jedem EU-Staat und 8 Generalanwälten, die von den Mitgliedstaaten im gegenseitigen Einvernehmen für eine Amtszeit von sechs Jahren ernannt werden; Wiederernennung ist zulässig.

Das Gericht erster Instanz hat einen Richter aus jedem EU-Staat, die von den Mitgliedstaaten für die gleiche, ebenfalls verlängerbare Amtszeit ernannt werden.

Beim Gerichtshof können zwei Arten von Rechtssachen anhängig gemacht werden:

- Direkte Klagen, die von der Kommission, einem anderen Gemeinschaftsorgan oder einem Mitgliedstaat direkt beim Gerichtshof erhoben werden. Klagen von natürlichen oder juristischen Personen, mit denen ein Gemeinschaftsrecht angefochten wird, sind direkt beim Gerichtshof erster Instanz zu erheben.

- Vorabentscheidungsersuchen von Gerichten der Mitgliedstaten, die eine Entscheidung über ein gemeinschaftsrechtliches Problem zum Erlass ihres Urteils für erforderlich halten. Der Gerichtshof ist kein Rechtsmittelgericht für Entscheidungen nationaler Gerichte und kann nur über gemeinschaftsrechtliche Fragen entscheiden. Hat er eine Entscheidung erlassen, so muss das vorlegende nationale Gericht den Fall in Übereinstimmung mit den Grundsätzen des Gemeinschaftsrechts entscheiden, wie diese vom Gerichtshof aufgestellt worden sind.

Seit 1954 sind fast 10.000 Rechtssachen beim Gerichtshof anhängig gemacht worden und dieser hat ca. 4.500 Urteile erlassen.

V. Die Wirtschafts- und Währungsunion

Im grenzüberschreitenden Handel stellt sich die Frage nach der Verlässlichkeit der Währungen. Schon in der Zollunion zeigte sich für die beteiligten Länder der Europäischen Gemeinschaften, dass die schwankenden Wechselkurse beim EG-weiten Handel zu unberechenbaren Risiken führen können. So wurden schon in den siebziger Jahren – nach dem Wegfall der festen Wechselkurse im Bretton-Woods-System – zunächst die Europäische Währungsschlange und dann das Europäische Währungssystem aufgebaut mit dem Ziel, das Schwanken der Wechselkurse der beteiligten Währungen zu begrenzen. Auf die Etablierung des Europäischen Binnenmarkts folgte dann – festgelegt im Vertrag von Maastricht – der Aufbau der Währungsunion.

1. Stufen zur Einführung der Wirtschafts- und Währungsunion

1. Stufe: seit 1.7.1990	• Liberalisierung des Kapitalverkehrs innerhalb der EU. • Engere wirtschaftspolitische Abstimmung.
2. Stufe: seit 1.1.1994	Einrichtung des Europäischen Währungsinstituts (bis 1.1.1997).
3. Stufe: 1.1.1999	Beginn der Währungsunion: • Einführung des Euro neben der nationalen Währung (zunächst nur für bargeldlose Zahlungen). • Die Europäische Zentralbank nimmt ihre Arbeit auf. • Festsetzung der Wechselkurse der Währungen, die sich für die Währungsunion qualifiziert haben. • Die europäischen Börsen stellen auf den Euro um.
1.1.2002	Ausgabe des Euro-Bargelds

Wichtig ist: Die Einführung des Euros war keine Währungsreform, sondern eine technische Währungsumstellung. Am 1.1.1999 wurden die Wechselkurse zu den existierenden Umtauschverhältnissen festgeschrieben, wobei ein Euro einem ECU, also dem Wert der Verrechnungseinheit des Europäischen Währungssystems zu den nationalen Währungen, entsprach.

2. Die Konvergenzkriterien

An der Wirtschafts- und Währungsunion können nur die Mitgliedstaaten der Europäischen Union teilnehmen, die besonders stabile Wirtschaftsverhältnisse und Währungen haben, damit diese Stabilität auch für „Euroland" prognostiziert werden kann. Diese Eintrittsbedingung gilt dann als erfüllt, wenn die im Maastrichter Vertrag von den Regierungschefs festgelegten Konvergenzkriterien eingehalten werden. Was beinhalten diese Kriterien?

- Die Währung muss mindestens zwei Jahre vor Eintritt in die Währungsunion bereits dem Europäischen Währungssystem (EWS) angehören und darf in den letzten beiden Jahren nicht abgewertet worden sein.
- Der Anstieg der Verbraucherpreise darf das Mittel der drei preisstabilsten Länder um nicht mehr als 1,5 Prozentpunkte übersteigen.
- Die langfristigen Zinsen dürfen nicht mehr als höchstens zwei Prozentpunkte über dem Durchschnitt der Zinsen der drei preisstabilsten EU-Mitgliedstaaten liegen.
- Die Neuverschuldung in den öffentlichen Haushalten darf höchstens 3% und die gesamte Staatsverschuldung höchstens 60% des Bruttoinlandsproduktes betragen.

3. Die Teilnehmerländer

Die Europäische Währungsunion begann am 1.1.1999 mit elf Staaten: Belgien, Deutschland, Finnland, Frankreich, Irland, Italien, Luxemburg, Niederlande, Österreich, Portugal und Spanien.

Mittlerweile hat sich auch Griechenland qualifiziert: Es wurde am 1.1.2001 in die Eurozone aufgenommen.

In den Volksentscheiden in Dänemark und Schweden wurde die Einführung des Euro abgelehnt. In Dänemark entschied das Volk am 28.9.2000 bei einer Wahlbeteiligung von 87,9% mit 53,1% der Stimmen gegen die Einführung des Euro. Schwedens Bevölkerung hat am 14.9.2003 mit 56,2 zu 41,8 Prozent gegen die Euroeinführung gestimmt.

Großbritannien erfüllt die Konvergenzkriterien, hat aber noch keine Schritte in Hinblick auf die für die Euro-Einführung vorgesehene Durchführung der Volksbefragung eingeleitet.

4. Der Stabilitätspakt

Innerhalb der Wirtschafts- und Währungsunion ist es wichtig, die Haushaltsdisziplin in den Teilnehmerstaaten dauerhaft zu sichern. Daher haben sich die Staats- und Regierungschefs auf einen Stabilitäts- und Wachstumspakt geeinigt: Alle Teilnehmerstaaten der Wirtschafts- und Währungsunion sind verpflichtet, einen mittelfristig ausgeglichenen oder überschüssigen Staatshaushalt aufzuweisen. Die Obergrenze für die Neuverschuldung bleibt auch nach Eintritt in die Währungsunion bei drei Prozent des BIP. Nur in festgelegten Ausnahmefällen darf die

Neuverschuldung eines Teilnehmerlandes diesen Wert überschreiten. Ausnahmefälle sind außergewöhnliche oder unvorhersehbare Ereignisse (z.B. Naturkatastrophen) oder eine ernste Rezession, also ein starker Rückgang – von mehr als 2% – des Bruttoinlandsprodukts eines Staates. Übersteigt ein Mitgliedstaat die zugelassene Grenze der Neuverschuldung, ohne dass ein Ausnahmefall vorliegt, wird über Sanktionen abgestimmt: Als höchste Sanktion muss der betreffende Staat eine unverzinsliche Einlage entrichten, die in eine Geldstrafe umgewandelt wird, falls die Überschreitung der Drei-Prozent-Marke nicht fristgerecht beseitigt ist.

Durch den Stabilitäts- und Wachstumspakt müssen die nationalen Wirtschaftspolitiken die Gemeinschaftsinteressen stärker berücksichtigen. Die Bedeutung gegenseitiger Information, der Abstimmung gemeinsamer Grundlinien sowie der Zusammenarbeit der Regierungen auf verschiedenen Gebieten der Wirtschaftspolitik wächst. Zentrales Koordinierungsorgan auf EU-Ebene ist der Rat der Wirtschafts- und Finanzminister (ECOFIN-Rat). Diese Treffen werden ergänzt durch informelle Zusammenkünfte der Minister aus den Ländern der Wirtschafts- und Währungsunion (Eurogruppe). Jeder Mitgliedstaat der EU muss der Kommission jährlich ein Programm seiner künftigen Haushalts- und Wirtschaftspolitik vorlegen (Teilnehmerländer der Währungsunion ein „Stabilitätsprogramm", alle anderen Staaten ein „Konvergenzprogramm"). Diese Programme beziehen sich jeweils auf das Vorjahr, das laufende Jahr und mindestens drei folgende Jahre. Darüber hinaus übermitteln die Staaten regelmäßig statistische Daten über ihre wirtschaftliche Entwicklung und die Haushaltslage, die von der Kommission bewertet werden. Stellt der ECOFIN-Rat fest, dass die Haushaltslage erheblich von dem im Programm genannten Ziel abweicht, empfiehlt er dem Staat Korrekturmaßnahmen. Wenn sich die Haushaltslage des Staates dann nicht verbessert, vielmehr noch verschlechtert hat, dann fordert der Rat die Regierung auf, umgehend notwendige Maßnahmen zu ergreifen. Um den Druck auf den Staat zu verstärken, kann diese Aufforderung veröffentlicht werden. Wird schließlich dennoch die zulässige Obergrenze für das Haushaltsdefizit überschritten, tritt der eingangs erwähnte Strafmechanismus in Kraft. Mittlerweile haben viele Euroländer Schwierigkeiten, die Stabilitätskriterien zu erfüllen und Diskussionen um Reformbedarf wurden laut. Der Europäische Rat hat die EU-Kommission beauftragt, Vorschläge für eine Reform des Stabilitätspakts auszuarbeiten.

5. Organe, Institutionen und Instrumente der Wirtschafts- und Währungsunion

5.1 Das Eurosystem

Die zwölf nationalen Zentralbanken des Eurowährungsgebiets und die Europäische Zentralbank EZB bilden zusammen das **Eurosystem** (im Unterschied zum Europäischen System der Zentralbanken – vgl. 5.4). Die grundlegenden Aufgaben des Eurosystems sind:

- die Geldpolitik des Euro-Währungsgebiets festzulegen und auszuführen,
- Devisengeschäfte durchzuführen und die offiziellen Währungsreserven der Mitgliedstaaten des Euro-Währungsgebiets zu halten und zu verwalten,
- Banknoten im Euro-Währungsgebiet auszugeben sowie
- das reibungslose Funktionieren der Zahlungssysteme zu fördern.

Das höchste Beschlussorgan im Eurosystem ist der **EZB-Rat**. Er beschließt über die Geldpolitik im Euroraum, über die Geschäftsordnung sowie die Organisation der Europäischen Zentralbank und ihrer Beschlussorgane und legt die Beschäftigungsbedingungen für das Personal der EZB fest. Der EZB-Rat setzt sich zusammen aus den sechs Mitgliedern des Direktoriums der EZB und den zwölf Präsidenten der Nationalen Zentralbanken des Eurowährungsgebiets. Die nationalen Notenbankpräsidenten haben somit ein eindeutiges Übergewicht.

Der EZB-Rat kommt in der Regel alle vierzehn Tage zusammen. Ein Mitglied der Europäischen Kommission und der Präsident des ECOFIN-Rats (Ministerrat für Wirtschaft und Finanzen) können an den Sitzungen teilnehmen. Sie können Anträge stellen, aber nicht abstimmen. Jedes Mitglied des EZB-Rats hat – mit der Ausnahme anderer Regelungen bei einigen finanziellen Fragen – gleiches Stimmrecht. Der EZB-Rat beschließt in Hinblick auf die Geldpolitik mit einfacher Mehrheit, bei Stimmengleichheit gibt die Stimme des Präsidenten den Ausschlag. Diese Regelung nivelliert somit die Größe des Landes, das ein Notenbankpräsident vertritt. Dies entspricht dem Grundverständnis, das die Notenbankpräsidenten nicht ihr Land vertreten, sondern gemeinsam eine europäische Geldpolitik gestalten sollen. Sie sollen sich nicht an der Lage in einzelnen Ländern orientieren, sondern die stabilitätspolitischen Erfordernisse des gesamten Euro-Gebiets im Blick haben.

5.2 Die Europäische Zentralbank

Die **Europäische Zentralbank** hat ihren Sitz in Frankfurt am Main. Das **Direktorium** der EZB besteht aus dem Präsidenten, dem Vizepräsidenten und vier weiteren Mitgliedern, die im gegenseitigen Einvernehmen von den Staats- und Regierungschefs der zwölf am Eurowährungsgebiet teilnehmenden Ländern ernannt werden. Das Direktorium führt die laufenden Geschäfte der Europäischen Zentralbank und bereitet die Sitzungen des EZB-Rats vor. Es führt die Geldpolitik im Eurosystem gemäß den Leitlinien des EZB-Rats durch, wobei es die nationalen Notenbanken in Anspruch nimmt.

Auf internationaler Ebene bestehen Vereinbarungen über eine Vertretung der Europäischen Zentralbank beim Internationalen Währungsfonds (IWF) und bei der Organisation für wirtschaftliche Zusammenarbeit und Entwicklung (OECD). Die Teilnahme der Europäischen Zentralbank an Sitzungen dieser internationalen Organisationen dient allein dem Informationsaustausch.

5.3 Grundlagen und Ziele der Geldpolitik im Euroraum

In Erfüllung seiner Aufgaben dient das Eurosystem vor allem dem Ziel, die **Preisstabilität** im Euro-Währungsgebiet zu gewährleisten (Verpflichtung lt. Art. 105 EG-Vertrag). Die Europäische Zentralbank beruft sich dabei auf folgende Definition von Preisstabilität: Preisstabilität ist gegeben bei einer Inflation von höchstens „nahe zwei Prozent", womit Inflationserwartungen zwischen 1,7 und 1,9 Prozent gemeint sind.

Der EZB-Rat hat sich für eine **geldpolitische Strategie** entschieden, die auf zwei Säulen beruht: Die Strategie der ersten Säule bezieht sich auf eine breit fundierte Bewertung der Aussichten für die künftige Preisentwicklung und der Risiken im Hinblick auf das Ziel der Preisstabilität. Zu den bewerteten Frühindikatoren gehören beispielsweise die Löhne, die Wechselkurse, die Wertpapierpreise und die Zinsstrukturkurve.

Die zweite Säule der geldpolitischen Strategie bezieht sich auf die Geldmenge, und zwar auf die Geldmenge M3 (das in Umlauf befindliche Bargeld, kurzfristige Einlagen bei Kreditinstituten und sonstigen Finanzinstitutionen sowie von diesen Instituten ausgegebene verzinsliche Wertpapiere mit kurzer Laufzeit. Der EZB-Rat legt einen Referenzwert für das Geldmengenwachstum fest, der dann Zielorientierung seiner Geldpolitik ist. Hierbei wird mittlerweile die Langfristigkeit des Zusammenhangs zwischen Geldmengenentwicklung und Inflation stärker betont.

Auf der Grundlage dieser sorgfältigen Analyse in Hinblick auf das Ziel der Preisstabilität nutzt der EZB-Rat seine geldpolitischen Instrumente. Insbesondere steht dem Rat das Recht zu, die Zinssätze festzulegen, zu denen sich Geschäftsbanken Liquidität (also Geld) von der Zentralbank beschaffen können. Dies wiederum beeinflusst die Zinsen im gesamten Euro-Währungsgebiet.

Gemäß den Bestimmungen des EG-Vertrags ist das Eurosystem bei der Erfüllung seiner Aufgaben völlig unabhängig. Die Organe und Einrichtungen der Europäischen Gemeinschaften sowie die Regierungen der Mitgliedstaaten sind verpflichtet, diese Grundsätze zu beachten. Das Eurosystem darf keine Kredite an Einrichtungen der Gemeinschaft oder nationale Regierungsinstitutionen vergeben. Die Europäische Zentralbank hat einen eigenen vom Haushalt der Europäischen Gemeinschaft unabhängigen Haushalt. Das Kapital der EZB wird von den nationalen Zentralbanken gezeichnet und eingezahlt. Dabei richtet sich die Höhe des Zeichnungsbetrags nach dem Anteil des betreffenden Mitgliedstaats am Bruttoinlandsprodukt und an der Gesamtbevölkerung der Europäischen Union.

5.4 Das Europäische System der Zentralbanken

Das **Europäische System der Zentralbanken (ESZB)** besteht aus den nationalen Zentralbanken aller Mitgliedstaaten der Europäischen Union sowie der Europäischen Zentralbank. Dem ESZB gehören somit auch Zentralbanken von Mitgliedstaaten an, die den Euro noch nicht eingeführt haben. Das Beschlussorgan ist der **Erweiterte Rat** bestehend aus Präsident und Vizepräsident der EZB sowie den Präsidenten aller fünfzehn nationalen Zentralbanken der Mitgliedstaaten der Europäischen Union. Der Erweiterte Rat beteiligt sich an den Beratungs- und Koordinierungsaufgaben der Europäischen Zentralbank und an den Vorbereitungen für eine mögliche Erweiterung des Euro-Währungsgebiets.

VI. Auf dem Weg zur Europäischen Verfassung

1. Vom Vorschlag des Europäischen Konvents zur Einigung im Europäischen Rat

Um auch nach der Erweiterung funktionsfähig zu sein, muss die Europäische Union ihre Vertragsgrundlagen noch über den Vertragsentwurf von Nizza hinaus reformieren. Die Vorarbeiten für die Vertragsveränderungen leistete ein Konvent, der vom 28.2.2002 bis 10.7.2003 unter Leitung des ehemaligen französischen Staatspräsidenten Valéry Giscard d'Estaing tagte.

Während bisher Vertragsänderungen ausschließlich von den Regierungen der Mitgliedstaaten ausgearbeitet wurden, waren im Konvent 16 Mitglieder des Europäischen Parlaments und 30 Mitglieder der 15 nationalen Parlamente, zwei Vertreter der Europäischen Kommission sowie jeweils ein Beauftragter der 15 EU-Mitgliedstaaten beteiligt. Auch aus den Beitrittsländern – inklusive des Beitrittskandidaten Türkei – nahmen Vertreter beratend teil: 13 Regierungsvertreter der Beitrittskandidaten und 26 Mitglieder der nationalen Parlamente. Darüber hinaus nahmen an den Konventsverhandlungen 13 Beobachter teil: aus dem Wirtschafts- und Sozialausschuss (3), von den europäischen Sozialpartnern (3), aus dem Ausschuss der Regionen (6) sowie der Europäische Bürgerbeauftragte.

Am 10.7.2003 legte der Europäische Konvent sein Abschlussdokument mit dem Vorschlag für die zukünftigen Vertragsgrundlagen der Europäischen Union vor, der so genannten „Europäischen Verfassung". Diese wurde ab Anfang Oktober 2003 in den so genannten Regierungskonferenzen vom Europäischen Rat (Treffen der Regierungschefs der EU-Mitgliedsländer) weiterverhandelt. Die Diskussionen über die zukünftige Europäische Verfassung zogen sich länger hin als geplant – vor allem in Bezug auf die zukünftige Stimmengewichtung im Rat und die Zusammensetzung der Europäischen Kommission bestanden unterschiedliche Forderungen.

Nach einem langen und schwierigen Verhandlungsprozess gelang es dem Europäischen Rat unter der irischen Ratspräsidentschaft am 17. und 18.6.2004, sich auf die Europäische Verfassung zu einigen. Nach der Annahme im Europäischen Rat muss die Verfassung nun in den Mitgliedsländern gebilligt werden. Dies mag eine noch größere Herausforderung werden als die Einigung der Regierungschefs. Rund zehn der EU-Mitgliedsländer haben sich bereits (Stand Mitte Juli 2004) entschieden, eine Volksbefragung über die Europäische Verfassung durchzuführen. Sollte die europäische Verfassung von nur einem Land nicht angenommen werden, kann sie nicht in Kraft treten. Allerdings haben die Erfahrungen der Vergangenheit gezeigt, dass im Falle der Nichtannahme der Verfassung die betreffende Regierung eine Reihe von Ausnahmeklauseln verhandelt, so dass dann infolge die Ratifizierung gelingt. Geplant ist, dass die Verfassung am 1.11.2006 in Kraft treten soll.

2. Welche wesentlichen Änderungen bringt die Europäische Verfassung?

Im Folgenden werden die Änderungen betrachtet, die in Hinblick auf die Struktur und die Institutionen der Europäischen Union wesentlich sind.

Eine grundlegende Veränderung ist die Abschaffung der Säulenstruktur des Vertragswerks. Die bisherigen drei Säulen werden in einem Vertragswerk zusammengefasst, und die Europäische Union erhält Rechtspersönlichkeit, d.h. sie kann als EU internationale Verträge und Vereinbarungen eingehen. Zu beachten ist hierbei, dass der Euratom-Vertrag eine von diesem einheitlichen EU-Vertragswerk getrennte eigene Rechtseinheit darstellt.

Der zweite Teil der Europäischen Verfassung beinhaltet die Grundrechtecharta. Die Europäische Grundrechtecharta wurde im Jahr 2000 von einem Konvent verabschiedet, hat aber bisher noch keinen rechtsverbindlichen Status. Durch die Einbeziehung in die Verfassung wird sie für alle Mitgliedstaaten bindend. Die Charta listet in 54 Artikeln die Grundrechte der Bürgerinnen und Bürger der EU auf – in den Bereichen Menschenwürde, Freiheit, Gleichheit, Solidarität, Bürgerrechte und justizielle Rechte.

In der Europäischen Verfassung wird erstmalig auch ein Verfahren für den möglichen Austritt eines Mitgliedstaats geregelt. Wenn ein Mitgliedstaat entscheidet, die Europäische Union zu verlassen, muss er den Europäischen Rat davon in Kenntnis setzen. Die Europäische Union handelt dann mit dem Land eine Austrittsvereinbarung aus, der der Europäische Rat mit einer qualifizierten Mehrheit von 72% der Mitgliedstaaten und 65% der repräsentierten Bevölkerung zustimmen muss. Sollte das Aushandeln einer Austrittsvereinbarung scheitern, tritt der Austritt zwei Jahre nach der förmlichen Bekanntgabe der Entscheidung in Kraft.

Weitere wesentliche Änderungen bringt die Europäische Verfassung für die Struktur und die Entscheidungswege der Institutionen der Europäischen Union. Dies soll im Folgenden näher ausgeführt werden.

3. Der Europäische Rat: Was ändert die Europäische Verfassung?

Nach dem bisherigen System wechselte die Präsidentschaft im Europäischen Rat halbjährlich. In der Europäischen Verfassung wird diese Rotation ersetzt durch einen Präsidenten des Europäischen Rats, der von den Regierungschefs der Mitgliedstaaten mit qualifizierter Mehrheit für zweieinhalb Jahre gewählt wird. Er darf nicht zeitgleich Mitglied einer nationalen Regierung sein, kann aber eine Funktion in der Europäischen Union innehaben. Seine Funktionen sind, die Treffen des Europäischen Rats vorzubereiten und zu leiten und die Europäische Union international zu vertreten.

Bei den Treffen des Europäischen Rats sind die Außenminister nicht mehr selbstverständlich beteiligt. Ein Mitgliedstaat kann einen anderen vertreten, und auch bei Stimmenthaltung eines Mitglieds ist der Europäische Rat beschlussfähig.

4. Die Europäische Kommission – Änderungen durch die Europäische Verfassung

Nach der Europäischen Verfassung schlägt der Europäische Rat mit qualifizierter Mehrheit einen Kandidaten für das Amt des Kommissionspräsidenten vor. Dieser muss mit absoluter Mehrheit vom Europäischen Parlament akzeptiert werden. Wird der Kandidat vom Europäischen Parlament abgelehnt, hat der Europäische Rat einen Monat Zeit, einen weiteren Kandidaten vorzuschlagen.

Die Zusammensetzung der Kommission wird sich entsprechend der Verfassung erst frühestens ab 2014 ändern. In der dann voraussichtlich zweiten Kommission unter den Bedingungen der Verfassung soll die Zahl der Kommissare zwei Drittel der Zahl der Mitgliedstaaten entsprechen. Dies wird organisiert durch ein System gleichberechtigter Rotation, das einstimmig vom Europäischen Rat entschieden werden wird.

5. Der Rat der Europäischen Union – Änderungen durch die Europäische Verfassung

In Bezug auf die Treffen der Ministerräte wurde in der Europäischen Verfassung eine wesentliche Änderung festgelegt: Immer wenn der Ministerrat sich in gesetzgeberischer Funktion zusammensetzt, wird er öffentlich tagen. Hierdurch wird der Gesetzgebungsprozess der Europäischen Union sehr viel transparenter.

Das System der halbjährlich rotierenden Präsidentschaften wird beibehalten. Allerdings werden „Team-Präsidentschaften" von 18 Monaten gebildet, innerhalb dessen jedes der beteiligten Länder jeweils für 6 Monate den Ministerratstreffen vorsitzt.

6. Der Außenminister der Europäischen Union

Eine bedeutende Neuerung durch die Europäische Verfassung ist die Einführung des Amts des „EU-Außenministers", der sowohl dem (Außenminister-)Rat wie auch der Kommission angehört. Dieses Amt tritt an die Stelle der bisherigen Position des Hohen Repräsentanten der Gemeinsamen Außen- und Sicherheitspolitik (GASP) und verbindet diese Aufgabe mit der Position des Kommissars für auswärtige Beziehungen. Der EU-Außenminister ist Vorsitzender des Außenministerrats und Vizepräsident der Europäischen Kommission. Der EU-Außenminister wird vom Europäischen Rat mit qualifizierter Mehrheit bei Zustimmung des Kommissionspräsidenten ernannt.

Im Juli 2004 wurde bereits entschieden, dass nach In-Kraft-Treten der Europäischen Verfassung der zukünftige EU-Außenminister Javier Solana, der bisherige Hohe Repräsentant der GASP, sein wird.

Der EU-Außenminister hat ein Vorschlagsrecht für legislative Initiativen in der Gemeinsamen Außen- und Sicherheitspolitik und ist für die sinnvolle Abstimmung aller externen Politikfelder der EU, auch im Bereich von Entwicklung und Handel, verantwortlich.

Mit der Einführung des Amts des EU-Außenministers wird angestrebt, die Sichtbarkeit und auch Anerkennung der EU in außenpolitischen Handlungsfeldern zu vergrößern.

7. Das Europäische Parlament – Änderungen durch die Europäische Verfassung

Die Europäische Verfassung legt die Höchstzahl der Mitglieder im Europäischen Parlament auf 750 Abgeordnete fest. Kein Mitgliedsland wird mehr als 96 Abgeordnete haben; die Mindestzahl von Abgeordneten pro Land beträgt 6. Das genaue Verhältnis von Sitzen pro Land wird vom Europäischen Rat rechtzeitig für die Europawahlen im Jahr 2009 festgelegt.

Die legislativen Mitwirkungsrechte des Europäischen Parlaments sind entscheidend gestärkt worden, wie im folgenden Abschnitt ausgeführt wird.

8. Neues im Gesetzgebungsprozess der Europäischen Union

Die Europäische Verfassung vereinfacht die bisherige Vielzahl von Gesetzgebungsverfahren erheblich, indem sie das Mitentscheidungsverfahren, in dem Rat und Europäisches Parlament gleichberechtigt als Gesetzgeber fungieren, zum Standardverfahren erhebt.

Das Europäische Parlament braucht für seine Entscheidungen weiterhin eine absolute Mehrheit. Die qualifizierte Mehrheitsfindung im Rat ist verändert zu einem System der doppelten Mehrheit, mit der das komplizierte System der früheren Stimmpunkte im Rat abgeschafft wird.

Stimmt der Rat über einen Kommissionsvorschlag ab, so wird die doppelte Mehrheit gebildet aus 55% der Mitgliedstaaten und 65% der EU-Bevölkerung, repräsentiert durch die zustimmenden Staaten. Allerdings gilt auch, dass eine Mindestzahl von 15 Ländern zustimmen muss. Damit wird die 55%-Klausel erst relevant ab einer EU-Mitgliedszahl von 28 Ländern.

Entscheidet der Rat infolge einer eigenen Initiative (z.B. in den Bereichen der Innen- und Justizpolitik, der Gemeinsamen Außen- und Sicherheitspolitik oder Wirtschafts- und Währungsunion), so besteht die qualifizierte Mehrheit in 72 % der Mitgliedstaaten und 65% der repräsentierten EU-Bevölkerung.

Als Zugeständnis an die Sorge kleiner Mitgliedstaaten, von den bevölkerungsreichen überstimmt zu werden, muss eine Sperrminorität (in Hinblick auf die repräsentierte Bevölkerung) von mindestens vier Ländern gebildet werden.

Bis 2014 gilt für diese neue, vereinfachte und transparentere Mehrheitsfindung noch eine Zusatzklausel: Sollte eine Gruppe, die 75% der Sperrminorität ausmacht – sei es in Bezug auf die Zahl der Mitgliedstaaten oder in Bezug auf die Bevölkerungszahl, ihren Widerstand gegen eine Ratsentscheidung erklären, so muss diese überarbeitet werden. Im Jahr 2014 kann der Europäische Rat mit qualifizierter Mehrheit entscheiden, diese Zusatzklausel aufzuheben.

Dieses vereinfachte Entscheidungsverfahren gilt nach der Europäischen Verfassung für rund 95% der EU-Politikfelder. Es gilt nicht – d.h. Einstimmigkeit ist weiter notwendig – in den Bereichen der Gemeinsamen Außen- und Sicherheitspolitik, der Steuerpolitik, einigen Bereichen der Sozialpolitik und für die Festlegung der mehrjährigen finanziellen Vorausschau.

Literaturhinweise

Gruner, Wolf/Woyke, Wichard: Europa-Lexikon, München 2004.

Schley, Nicole/Busse, Sabine/Brökelmann, Sebastian: Knaurs Handbuch Europa, München 2004.

Taschenatlas Europäische Union, Gotha 2004.

Internet-Adressen

www.europa.eu.int – Webportal zur Europäischen Union.

www.europarl.eu.int – Webserver des Europäischen Parlaments.

www.ecb.de – Webserver der Europäischen Zentralbank.

Selbstkontrollfragen

1. Was sind die drei Säulen der Europäischen Union? Definieren Sie die Inhalte und benennen Sie, wer jeweils für die Entscheidungsverfahren zuständig ist.

2. Was ist der Rat der Europäischen Union, und welche Aufgaben hat er?

3. Warum nennt man die Europäische Kommission auch „Hüterin der Verträge"?

4. Welche Kompetenzen hat das Europäische Parlament gegenüber der Europäischen Kommission?

5. Was ist das höchste Beschlussorgan im Eurosystem, und wie setzt es sich zusammen?

Achtung!

Diese Selbstkontrollfragen sind einige Beispiele aus einer großen Zahl möglicher Fragen und sollen verdeutlichen, dass Sie die Inhalte des Kapitels „Europäische Union" verinnerlichen, indem Sie sich vor allem die Strukturen und Kompetenzen der EU und ihrer Institutionen bewusst einprägen. Wir empfehlen Ihnen, sich entsprechende Lernkarten anzulegen.

Lösungshinweise

Aufgabe 1

Die erste Säule umfasst den EG-Vertrag. Die im EG-Vertrag festgelegten Inhalte sind Gemeinschaftspolitik, d.h. sie werden in den jeweils im EG-Vertrag festgelegten Entscheidungsverfahren von den Institutionen der Europäischen Gemeinschaften entschieden. In die erste Säule gehören neben anderen die Inhalte: Zollunion und Binnenmarkt, Wettbewerbspolitik, Agrarpolitik, Handelspolitik, Wirtschafts- und Währungsunion, Umweltpolitik, Verbraucherschutz.

Inhalt der zweiten Säule ist die Gemeinsame Außen- und Sicherheitspolitik.

Inhalt der dritten Säule ist die Zusammenarbeit in der Innen- und Justizpolitik.

Die Entwicklung und Festlegung der Politiken innerhalb der zweiten und dritten Säule beruht auf Regierungszusammenarbeit, nicht auf Entscheidungsprozessen durch die Institutionen der Europäischen Gemeinschaft.

Aufgabe 2

Der Rat der Europäischen Union ist der Ministerrat, d.h. die Runde der Fachminister aus den EU-Mitgliedsländern, die als gesetzgebende Instanz zusammenkommen.

Aufgabe 3

Neben ihren anderen Aufgaben wacht die Europäische Kommission über die Einhaltung des Gemeinschaftsrechts und kann Klage vor dem Europäischen Gerichtshof erheben. In diesem Sinn ist sie „Hüterin der Verträge".

Aufgabe 4

Das Europäische Parlament hat gegenüber der Europäischen Kommission folgende Kompetenzen:

- Das Parlament muss bei der Ernennung der Europäischen Kommission den Kommissionsmitgliedern und dem Präsidenten der Europäischen Kommission zustimmen.
- Durch ein Misstrauensvotum kann das Europäische Parlament die Kommission zum Rücktritt zwingen.
- Das Parlament richtet schriftliche und mündliche Anfragen an die Kommission.

Aufgabe 5

Das höchste Beschlussorgan im Eurosystem ist der EZB-Rat. Dieser setzt sich zusammen aus den sechs Mitgliedern des Direktoriums der EZB und den zwölf Präsidenten der Nationalen Zentralbanken des Eurowährungsgebiets.

G. Internationale Organisationen im Bereich von Währung und Wirtschaft

von Angelika Hecker

I. Einleitung

II. Der Internationale Währungsfonds

    1. Entstehung und Entwicklung, Aufgaben und Ziele

    2. Zusammensetzung und Organisationsstruktur des IWF

    3. Tätigkeitsbereiche des IWF

    4. Finanzierung des IWF und Entscheidungsstruktur

    5. Die Kreditvergabe des IWF

III. Die Weltbankgruppe

    1. Entstehung, Entwicklung, Aufgaben und Ziele

    2. Finanzierung

    3. Entscheidungsstruktur in der Weltbankgruppe

IV. Der neue Politikansatz für Länder in der „Armuts- und Schuldenfalle"

    1. Wie kam es zur Überschuldung vieler Entwicklungsländer?

    2. Die Entschuldungsinitiativen HIPC I und HIPC II

    3. Die Ausarbeitung der Armutsminderungsstrategie

    4. Die Finanzierung der Poverty Reduction and Growth Facility des IWF

    5. Erste Einschätzung der Entwicklung von Armutsminderungsstrategien

V. Die Welthandelsorganisation WTO

    1. Entstehung und Entwicklung

    2. Aufgaben und Ziele

    3. Organisation der WTO

    4. Beschlussfassung in der WTO

    5. Handelspolitische Länderüberprüfungen

    6. Der Streitbeilegungsmechanismus

    7. Die WTO und der Umweltschutz

    8. Die WTO und die Länder mit nachholender wirtschaftlicher Entwicklung

VI. Die Organisation für Wirtschaftliche Zusammenarbeit und Entwicklung
(OECD)

1. Entstehung und Entwicklung

2. Aufgaben, Ziele und Arbeitsweise der OECD

3. Organisation und Finanzierung

VII. Informelle internationale Zusammenarbeit

1. Charakter informeller internationaler Zusammenarbeit

2. Zehnergruppe G 10

3. Weltwirtschaftsgipfel G 7/8

4. G 20

5. Gruppe der 77 und Gruppe der 24

Literaturhinweise

Selbstkontrollfragen

G. Internationale Organisationen im Bereich von Währung und Wirtschaft

I. Einleitung

Das Kapitel „Internationale Organisationen im Bereich von Währung und Wirtschaft" will die Institutionen darstellen, die für die Gewährleistung einer sich mehr und mehr öffnenden Weltwirtschaft seit dem Zweiten Weltkrieg am bedeutendsten gewesen sind. Dies sind der Internationale Währungsfonds (IWF), die Weltbankgruppe, das Allgemeine Zoll- und Handelsabkommen (GATT), aus dem die Welthandelsorganisation WTO hervorging, die Organisation für Wirtschaftliche Zusammenarbeit und Entwicklung (OECD) sowie auch der „Weltwirtschaftsgipfel". Diese Internationalen Organisationen sind gegründet worden als Folge bitterer Erfahrung, die die westlichen Industriestaaten durchlitten hatten: Zwischen dem Beginn des ersten Weltkriegs und dem Ende des zweiten Weltkriegs war das (wirtschafts-)politische Handeln der Staaten geprägt durch rücksichtloses nationales Handeln. Aus den daraus resultierenden Folgen der Weltwirtschaftskrise von 1929 und schließlich aus dem Zweiten Weltkrieg gingen die westlichen Industriestaaten mit der Bereitschaft hervor, institutionelle Schutzvorkehrungen gegen eine Wiederholung dieser Fehler zu schaffen. Die so entstandenen weltweit agierenden Organisationen ergänzen sich in ihren Zuständigkeitsbereichen, wobei sich teilweise auch Überschneidungen ergeben.

II. Der Internationale Währungsfonds

1. Entstehung und Entwicklung, Aufgaben und Ziele

Die Initiative zu einer Neugestaltung des internationalen Wirtschaftssystems wurde von den Alliierten bereits während des Zweiten Weltkriegs ergriffen. Sie führte im Juli 1944 zur Konferenz von Bretton Woods, einem kleinen Ort im US-Bundesstaat New Hampshire, an der 45 Nationen teilnahmen. Auf dieser Konferenz wurde der „Internationale Währungsfonds IWF" – im Englischen IMF für „International Monetary Fund" – zusammen mit der „Weltbank" gegründet. Die in Bretton Woods ausgehandelte Währungsordnung, die am 27.12.1945 mit 29 Gründerstaaten in Kraft trat, wird meist als „Bretton-Wood-System" oder als „Paritätensystem" bezeichnet. Die Bundesrepublik Deutschland wurde 1952 zeitgleich mit Japan Mitglied des Bretton-Wood-Systems. Das Übereinkommen von Bretton Woods folgte den Vorstellungen und Zielen der USA, die deren Gläubigerstellung in der Welt entsprachen.

Die Währungsordnung der Nachkriegszeit beruhte somit auf zwei Pfeilern, dem Gold-Dollar-Standard und dem IWF. Gold-Dollar-Standard umfasst die Verpflichtung der USA, Dollar von ausländischen Notenbanken oder anderen Währungsbehörden zu einem festen Preis von 35 Dollar je Unze (= 31,1 g) in Gold einzutauschen. Die übrigen Währungen hatten einen auf den Dollar bezogenen festen Umrechnungskurs. Der IWF verpflichtete seine Mitglieder darauf,

- vereinbarte Regeln für die Wechselkursstabilität einzuhalten,
- Beschränkungen des laufenden zwischenstaatlichen Zahlungsverkehrs zu vermeiden und
- sich bei der Finanzierung von Zahlungsbilanzdefiziten gegenseitig zu helfen.

Für zwei Jahrzehnte sollte dieses System gut funktionieren.

Mit zunehmender weltwirtschaftlicher Verflechtung begann das System in den sechziger Jahren Mängel zu zeigen. So wurde die Versorgung mit internationaler Liquidität problematisch, das Vertrauen in die Leitwährung Dollar brüchig und die Stabilisierung der Wechselkurse zunehmend schwierig. Der expandierende Welthandel und Kapitalverkehr beschleunigte die Zahlungsbilanzschwankungen; die dadurch zusätzlich notwendig werdenden Währungsreserven konnten im bestehenden System nur über Zahlungsbilanzdefizite der USA geschaffen werden (Liquiditätsproblem). Dies wiederum führte zur Vertrauenskrise gegenüber dem Dollar. Die Dollarbestände der Notenbanken außerhalb der USA wuchsen mehr und mehr über die Goldbestände der Vereinigten Staaten hinaus und damit war die Konvertibilität des Dollars in Gold, wie beschrieben ein Eckpfeiler des Paritätensystems, nicht mehr gewährleistet. Das Stabilisierungsproblem bestand darin, dass die Industrieländer immer weniger bereit waren, bei deutlichen Zahlungsbilanzungleichgewichten Paritätsänderungen vorzunehmen.

Als Reaktion auf das Liquiditätsproblem wurde 1969 mit der ersten Reform des IWF-Systems eine neue künstliche Form internationaler Liquidität geschaffen: Den Mitgliedsländern wurden sogenannte **Sonderziehungsrechte (SZR)** zugeteilt. Sonderziehungsrechte sind Ansprüche der IWF-Mitglieder an die Gesamtheit der übrigen Mitgliedsländer auf konvertible Währungen. Der rechnerische Wert der SZR – für die Haushaltsführung des IWF – orientiert sich an einem Währungskorb, der seit dem 1.1.1981 feste Beträge der fünf wichtigsten Weltwährungen enthält (US-Dollar, Japanischer Yen, Pfund Sterling sowie D-Mark und Französischer Franc – wobei seit dem 1.1.1999 DM und Franc in Euro gerechnet werden).

Die Krise des Währungssystems von Bretton Woods verschärfte sich Anfang der 70er Jahre dramatisch und im Frühjahr 1973 brach es endgültig zusammen. Eine wesentliche Ursache war, dass die USA ihre Konvertibilitätsverpflichtung von Dollarbeständen in Gold aufhoben. In diesem Zusammenhang übernahmen die USA vor dem Hintergrund ihrer extremen Haushaltsbelastung durch die Finanzierung des Vietnam-Kriegs – im Unterschied zu den übrigen Ländern – nicht die Verpflichtung, den Wechselkurs ihrer Währung durch Interventionen am Devisenmarkt innerhalb der vorgeschriebenen Grenzen zu halten. Unter diesem Druck konnte das System der festen Wechselkurse nicht gehalten werden.

Geblieben war den Mitgliedsländern allerdings die feste Überzeugung, dass länderübergreifende Regelungen für die Weltwirtschaft gelten müssen. Deshalb war schon im Herbst 1972 mit umfassenden Reformüberlegungen für das Internationale Währungssystem begonnen worden. Diese führten zu der **zweiten Reform**

des IWF-Abkommens, das am 1.4.1978 in Kraft trat. Folgende Neuerungen kennzeichnen dieses Abkommen:

- Jedes Mitgliedsland kann nun die ihm geeignet erscheinende Wechselkurspolitik frei wählen, wobei ausdrücklich an Stabilitätsorientierung appelliert wurde.
- Gleichzeitig wurde der IWF beauftragt, die Wechselkurspolitik seiner Mitglieder zu überwachen.
- Die Rolle des Goldes als gemeinsamer Bezugspunkt der Währungsparitäten und als Liquiditätsreserve des IWF wurde aufgehoben. Die Rolle der Sonderziehungsrechte wurde stärker.
- Zahlreiche Bestimmungen des IWF-Vertrags wurden flexibler gefasst; dies sollte die Weiterentwicklung der internationalen Zusammenarbeit erleichtern.

Am 11.11.1992 trat die dritte Änderung des IWF-Übereinkommens in Kraft. Sie ermöglicht es, die Stimmrechte und andere Mitgliedschaftsrechte von Ländern mit gravierenden und andauernden Zahlungsrückständen gegenüber dem IWF zu suspendieren, wenn diese kooperationsunwillig sind.

2. Zusammensetzung und Organisationsstruktur des IWF

Der Internationale Währungsfonds hat zurzeit **184 Mitgliedsländer**. Somit ist er eine Organisation, in der fast alle Staaten der Welt vertreten sind. Der Verwaltungssitz des IWF befindet sich in Washington D.C. Oberstes Entscheidungsgremium ist die **Gouverneursversammlung** oder **Gouverneursrat**, in dem jedes Mitgliedsland vertreten ist, in der Regel durch seinen Finanzminister oder den Notenbankpräsidenten. Der Gouverneursrat ist für die wichtigsten Fragen zuständig, u.a. für die Aufnahme neuer Mitglieder und für die Festsetzung oder Änderung von Mitgliedsquoten (vgl. Kap. 4.). Die Gouverneurstagungen finden gemeinsam mit der Tagung der Weltbank zweimal jährlich im Frühjahr und im Herbst statt. Die Treffen werden in Washington durchgeführt, aber für jedes dritte Jahr wird für das Herbsttreffen eines der Mitgliedsländer als Tagungsland ausgewählt. Dies soll den internationalen Charakter der Institutionen widerspiegeln. Anlässlich dieser Jahrestagungen organisieren Weltbank und IWF ein umfangreiches Angebot an Foren, auf denen ihre VertreterInnen mit VertreterInnen von Nichtregierungsorganisationen, der Privatwirtschaft sowie Journalisten und Journalistinnen zusammenkommen.

Die laufende Geschäftsführung hat der Gouverneursrat an das **Exekutivdirektorium** übertragen, den „Board". Dieser besteht zurzeit aus 24 Direktoren; zwölf Direktoren kommen aus den Industrieländern, zwölf aus den Ländern mit nachholender wirtschaftlicher Entwicklung. Einen Exekutivdirektor ernennen dürfen die fünf Mitgliedsländer, die die höchste Quote in den IWF eingezahlt haben – das sind USA, Japan, Deutschland, Frankreich und Großbritannien. Die anderen Mitglieder bilden Gruppen mit annähernd gleichem Stimmanteil, die alle zehn Jahre jeweils einen Exekutivdirektor wählen. Sie können nur geschlossen als Gruppe abstimmen.

Das Exekutivdirektorium wählt den **geschäftsführenden Direktor** für eine Amtszeit von fünf Jahren. Der geschäftsführende Direktor ist traditionell ein Europäer, zurzeit Rodrigo Rato, sein Stellvertreter ein US-Amerikaner, zurzeit die Amerikanerin Anne Krueger. Neben ihrer Aufgabe als Vorsitzende des Exekutivdirektoriums stehen sie dem internationalen Mitarbeiterstab des IWF vor – das sind zurzeit rund 2.700 MitarbeiterInnen aus 123 Ländern. Bei der Mitarbeiterauswahl wird neben ihrer Qualifikation auch die Repräsentation der Mitgliedsländer beachtet. Der geschäftsführende Direktor und sein Stab sind in ihrer Aufgabenerfüllung allein dem IWF verantwortlich. Der Gouverneursrat wird beraten vom **Internationalen Währungs- und Finanzausschuss**. Der Internationale Währungs- und Finanzausschuss ist ein ständiger Ausschuss, für den jedes Land und jede Gruppe, die auch einen Exekutivdirektor ernennen dürfen, ein Mitglied – auf der Ebene eines Ministers oder auf vergleichbarem Rang – benennen dürfen.

Das IWF-Übereinkommen sieht vor, dass nur souveräne Staaten Mitglied im IWF sein können, d.h. auch keine supranationalen Zusammenschlüsse oder Institutionen wie die Europäische Union oder das Eurogebiet. Andererseits ist in den Euro-Ländern die Zuständigkeit für die Währungspolitik auf die Gemeinschaftsebene übertragen worden. Als Ausweg aus diesem Zuständigkeitskonflikt ist zwischen den Euro-Ländern, dem Rat der Europäischen Zentralbanken und dem IWF-Exekutivdirektorium beschlossen worden, dass die Europäische Zentralbank im IWF-Exekutivdirektorium durch einen Beobachter vertreten ist; dieser hat allerdings kein Stimmrecht.

In seinen Außenbeziehungen ist der IWF formell eine Sonderorganisation der UN, der aber vertraglich nur geringe Rechte eingeräumt wurden.

3. Tätigkeitsbereiche des IWF

3.1 Überwachung

In der heutigen globalisierten Wirtschaft können die wirtschaftlichen Entwicklungen und die wirtschaftspolitischen Entscheidungen eines Landes Auswirkungen auf viele andere Länder haben, und deshalb ist es äußerst wichtig, einen Mechanismus für die Überwachung der wirtschaftspolitischen Maßnahmen von Ländern zu besitzen. Laut den Bestimmungen des Übereinkommens über den Internationalen Währungsfonds obliegt diese Aufgabe dem IWF: Der IWF überwacht die Wechselkurspolitik seiner Mitglieder, um dadurch das internationale Währungssystem zu beaufsichtigen und seine effiziente Funktion zu garantieren. Zu diesem Zwecke unternimmt der IWF eine Einschätzung, wie weit die wirtschaftliche Entwicklung eines Landes und seine Politiken mit den Zielen nachhaltigen Wachstums sowie interner und externer Stabilität vereinbar sind. So versucht der IWF, Gefahrenzeichen sowie die von ihnen abzuleitenden notwendigen wirtschaftspolitischen Maßnahmen frühzeitig zu erkennen.

Der IWF erfüllt sein Überwachungsmandat mit folgenden Vorgehensweisen:

Artikel IV-Konsultationen: Gemäß den in Artikel IV des Übereinkommens über den Internationalen Währungsfonds enthaltenen Bestimmungen hält der IWF normalerweise einmal pro Jahr mit jedem seiner Mitglieder Konsultationsgespräche ab. Diese Konsultationen konzentrieren sich auf den Wechselkurs sowie die Finanz- und Geldpolitik des Mitglieds, die Zahlungsbilanz und die Entwicklungen der Auslandsverschuldung, den Einfluss seiner Politiken auf die Zahlungsbilanz, die internationalen und regionalen Auswirkungen dieser Strukturen sowie die Identifizierung potentieller Schwächen. In seine Analyse kann der IWF auch den Arbeitsmarkt, die Lage der Umwelt und die Regierungsführung einbeziehen. Angesichts der steigenden globalen Integration der Finanzmärkte berücksichtigt der IWF auch den Finanz- und Bankensektor ausdrücklicher.

Multilaterale und regionale Überwachung: Halbjährlich gibt der IWF die Publikationen World Economic Outlook (Bericht über die weltwirtschaftlichen Aussichten) sowie International Capital Markets Report (Bericht über die Kapitalmärkte) heraus. Für die Erstellung dieser Berichte werden die globalen Auswirkungen der Politiken der Mitglieder eingeschätzt und die wichtigsten Entwicklungen und Aussichten im internationalen Währungssystem geprüft.

Darüber hinaus finden regelmäßige Besprechung mit regionalen Wirtschaftsorganisationen statt, wozu auch die Wirtschafts- und Währungsunion in Europa gehört.

3.2 Finanzhilfen

Dies sind Kredite und Darlehen, die der IWF Mitgliedsländern in Zahlungsbilanzschwierigkeiten zur Unterstützung ihrer wirtschaftspolitischen Anpassungs- und Reformmaßnahmen gewährt. (vgl. Kapitel 5.)

3.3 Technische Hilfe

Technische Hilfe besteht in Fachkenntnissen und Unterstützung, die der IWF seinen Mitgliedsländern in mehreren breitgefassten Bereichen zur Verfügung stellt: Gestaltung und Umsetzung der Geld- und Fiskalpolitik; Institutionenaufbau (wie die Errichtung von Zentralbanken); Durchführung von Transaktionen mit dem IWF und deren Rechnungslegung; Erfassen und Aufbereitung statistischer Daten; Ausbildung von Beamten aus Mitgliedsländern im IWF-Institut.

4. Finanzierung des IWF und Entscheidungsstruktur

Jedes Mitgliedsland zahlt in den IWF einen Mitgliedsbeitrag – **„Quote"** –, deren Höhe sich an bestimmten volkswirtschaftlichen Schlüsselzahlen wie dem Bruttoinlandsprodukt und den Währungsreserven bemisst. Die Quoten werden alle fünf Jahre überprüft und können entsprechend dem Bedarf des Fonds und dem wirtschaftlichen Wohlstand des jeweiligen Landes erhöht oder gesenkt werden. Die Summe der Quoten aller Mitglieder entspricht derzeit ca. 210 Milliarden Sonderziehungsrechten bzw. rund 330 Milliarden US-Dollar. Falls der IWF mehr Mittel zur Erfüllung seiner Aufgaben benötigt als seine Mitglieder an Beiträgen aufgebracht haben, stehen ihm weitere Wege der Geldbeschaffung offen: Jedes Mitglied ist verpflichtet, dem IWF seine Währung gegen „Sonderziehungsrechte" innerhalb bestimmter Grenzen zu verkaufen. Weiterhin kann der Fonds bei seinen Mitgliedern Kredite aufnehmen, wobei die Mitglieder nicht zur Kreditvergabe gezwungen werden können. Das IWF-Übereinkommen ermöglicht dem Fonds schließlich auch, Kredite aus anderen Quellen, z.B. auf den internationalen Finanzmärkten, aufzunehmen, das Einverständnis des Landes, dessen Währung verwendet wird, vorausgesetzt. Hiervon hat der Fonds bisher allerdings noch keinen Gebrauch gemacht.

Die Höhe der Quote, die ein Land in den IWF einzahlt, bestimmt zum einen über die Höhe, in der das Land bei finanziellen Schwierigkeiten beim Fonds Kredite aufnehmen kann, sowie über die Macht seines **Stimmrechts**. Auf der Grundlage von 250 Sockelstimmen pro Mitgliedsland wächst der Stimmenanteil der Mitgliedsländer entsprechend der Höhe der eingezahlten Quote (eine Stimme pro 100.000 Sonderziehungsrechte SZR). Die fünf quotenstärksten Mitglieder sind die USA (ca. 18%), Deutschland und Japan (jeweils ca. 6%) sowie Frankreich und Großbritannien mit jeweils ca. 5%. Die Stimmenanteile garantieren den westlichen Ländern in vielen Bereichen eine sichere Mehrheit – das heißt, alle wichtigen IWF-Entscheidungen können von der so genannten Zehnergruppe (USA, Deutschland, Großbritannien, Frankreich, Italien, Japan, Kanada, Niederlande, Belgien und Schweden – Anteil an der Quotensumme ca. 53%) herbeigeführt werden. Dies bringt dem IWF von seiten vieler in der Nord-Süd-Zusammenarbeit organisierter Verbände den Vorwurf mangelnder Demokratie ein.

5. Die Kreditvergabe des IWF

5.1 Worin besteht die Finanzrolle des IWF?

Der IWF ist zu vergleichen mit einer genossenschaftlichen Institution – (Genossenschaft: Erwerbs- und Wirtschaftsvereinigung zur solidarischen Eigenhilfe mit einer nicht geschlossenen Mitgliederzahl und gemeinschaftlichem Geschäftsbetrieb) –, in der die Mitgliedsregierungen Mitgliedsländern, die Schwierigkeiten haben, die Einfuhr von Gütern und Dienstleistungen zu bezahlen bzw. ihre Auslandsschulden zu bedienen, vorübergehende Finanzhilfe gewähren. Als Gegenleistung erklärt sich das betreffende Land dazu bereit, Reformen durchzuführen, um die Probleme, die den Zahlungsbilanzschwierigkeiten zu Grunde liegen, zu beheben. Diese Reformen sind vor allem makroökonomischer Art und zielen darauf ab, die Inflation abzubauen, das Zahlungsbilanzgleichgewicht wiederherzustellen sowie das Wachstum der Exporte anzukurbeln. Vereinbarungen mit dem IWF kommen einem Gütesiegel gleich, ohne das vor allem die ärmsten Länder weder Umschuldungen, Schuldenerleichterungen noch neue Kredite erhalten.

Der IWF leistet Finanzhilfe an kreditnehmende Mitgliedsländer, in dem er ihnen Reserveguthaben zur Verfügung stellt, die er von anderen Mitgliedern erhält. Anspruch darauf hat das Mitgliedsland durch seine Quotensubskription.

Der IWF verfügt über folgende Kreditarten:

- **Bereitschaftskreditvereinbarungen (Standby-Kredite – SBA):**
  Dies ist der bedeutendste Anteil der IWF-Finanzhilfe: Ziel ist, kurzfristige, vorübergehende oder konjunkturell bedingte Zahlungsbilanzschwierigkeiten zu beheben. Ziehungen erfolgen vierteljährlich in Teilbeträgen, und die Vergabe ist an die Einhaltung zuvor vereinbarter Erfüllungskriterien sowie die Vollendung regelmäßiger allgemeiner Programmüberprüfungen gebunden. Diese Kredite müssen innerhalb von 3 ¼ bis 5 Jahren zurückgezahlt werden.

- **Erweiterte Fondsfazilität – EFF:**
  Diese Kreditmöglichkeit wurde 1974 eingeführt für Länder mit Zahlungsbilanzschwierigkeiten, die in erster Linie auf strukturelle Probleme zurückzuführen sind. Weil diese nur über einen längeren Zeitraum zu lösen sind, hat diese Kreditart längere Rückzahlfristen von 4 ½ bis 10 Jahren.

- **Fazilität zur Stärkung von Währungsreserven – SRF:**
  Diese Kreditform wurde 1997 eingeführt, um die Mittel der SBA und der EFF zu ergänzen und Finanzhilfe für außergewöhnliche Zahlungsbilanzschwierigkeiten zu gewähren, die auf einen großen kurzfristigen Finanzierungsbedarf zurückzuführen sind, der sich aus einem plötzlichen und störenden Vertrauensverlust auf dem Markt ergibt. Beispiele sind die Finanzkrise in Mexiko 1995 und in Asien 1997. Die Rückzahlungen sind normalerweise innerhalb von 1 bis 1,5 Jahren durchzuführen, können jedoch auf 2 bis 2,5 Jahre verlängert werden.

- **Vorsorgliche Kreditlinie (CCL)**
  Diese Kreditlinie wurde 1999 eingeführt, um die Ausweitung einer internationalen Finanzkrise zu verhindern. Während die SRF für die Mitglieder vorgesehen ist, die sich bereits in einer Krise befinden, ermöglicht es die CCL Ländern, deren Wirtschaftslage und Politik im Wesentlichen solide ist, eine vorbeugende Finanzhilfe einzurichten für den Fall, das eine Krise eintritt. Falls erforderlich wird eine kurzfristige Finanzhilfe bereitgestellt, um den Mitgliedern dabei zu helfen, einen Finanzierungsbedarf für die Zahlungsbilanz zu decken, der sich aus einem plötzlichen und störenden Vertrauensverlust auf dem Markt ergibt, der auf Ansteckungseffekte zurückzuführen ist und zum großen Teil durch Umstände außerhalb der Kontrolle des Mitglieds entstanden ist. Die Rückkaufbedingungen und der Aufschlag entsprechen denjenigen der SRF.

- **Der Zinssatz des IWF**
  Der Zinssatz für die Finanzhilfe des IWF spiegelt den Zinssatz wider, der an die Gläubiger gezahlt wird und enthält eine Marge für Aufstockungen der IWF-Reserven und zur Zahlung der Verwaltungskosten des IWF. Der den Gläubiger-Mitgliedern gezahlte Zinssatz entspricht dem Durchschnitt der Marktzinssätze kurzfristiger Instrumente auf den Kapitalmärkten von Frankreich, Deutschland, Japan, dem Vereinigten Königreich und den Vereinigten Staaten.

III. Die Weltbankgruppe

1. Entstehung, Entwicklung, Aufgaben und Ziele

Die Gründung der „**Internationalen Bank für Wiederaufbau und Entwicklung IBRD**" (International Bank of Reconstruction and Development), kurz die **Weltbank**, wurde 1944 in Bretton Woods zusammen mit der Errichtung des IWF beschlossen. Im Laufe der Jahre kamen vier Schwestergesellschaften dazu:

- die Internationale Entwicklungsorganisation IDA (International Development Association),
- die Internationale Finanzkorporation IFC (International Finance Corporation),
- die Multilaterale Investitions-Garantie-Agentur MIGA (Multilateral Investment Guarentee Agency)
- und das Internationale Zentrum zur Beilegung von Investitionsstreitigkeiten ICSID (International Center for Settlement of Investment Disputes).

Zusammen bilden diese Institutionen die „**Weltbankgruppe**"; sie sind eigene Rechtspersönlichkeiten, aber verwaltungsmäßig verflochten und haben einen gemeinsamen Präsidenten. Im Gegengewicht zum IWF ist allerdings der Weltbankpräsident traditionell ein US-Amerikaner, zurzeit James D. Wolfensohn.

Die **Internationale Bank für Wiederaufbau und Entwicklung (Weltbank)** wurde gegründet, um den großen Kapitalbedarf zum Wiederaufbau und zur wirtschaftlichen Entwicklung ihrer Mitgliedsländer in der Nachkriegszeit sicherzustellen. In den ersten Jahren widmete sich die Weltbank überwiegend dem Wiederaufbau Europas. Nachdem diese Aufgabe 1948 vom amerikanischen „European Recovery Program – ERP" („Marshallplanhilfe") übernommen worden war, konzentrierte sich die Weltbank ab etwa 1950 weitgehend auf die wirtschaftliche Förderung ihrer weniger entwickelten Mitgliedsländer. Ihr Hauptaufgabenfeld besteht in der Vergabe von Darlehen und Krediten an Nehmerländer, die in der Lage sein müssen, die Darlehen einschließlich der Zinsen zurückzuzahlen. Die Zinssätze entsprechen dem Durchschnitt der Aufnahmekosten zuzüglich einer geringfügigen Prämie.

Unverzinsliche Kredite mit wesentlich längeren Laufzeiten vergibt die 1960 gegründete **Internationale Entwicklungsorganisation IDA**. Sie hat die Aufgabe, den ärmsten Mitgliedsländern Kredite für die Durchführung von Vorhaben zur Verfügung zu stellen, die für die wirtschaftliche und soziale Entwicklung dieser Länder unerlässlich sind. Die IDA verlangt für die Bereitstellung der Kredite lediglich eine jährliche Bearbeitungsgebühr von 0,75% auf den ausgezahlten Teil des Kredits zur Deckung der Verwaltungskosten.

Während Weltbank und IDA Kredite an die Regierungen der Länder vergeben, wendet sich die 1956 gegründete **Internationale Finanzkorporation IFC** direkt an die privatwirtschaftliche Initiative in den Entwicklungsländern – in Kooperation mit privaten Kapitalgebern. Die IFC unterstützt die Errichtung, Modernisierung und Erweiterung produktiver privater Unternehmen.

Seit 1988 gehört zur Weltbankgruppe die **Multilaterale Investitions-Garantie-Agentur MIGA**. Die MIGA will ausländische Direktinvestitionen in den Ländern mit nachholender Entwicklung fördern, indem sie Garantien gegen die nicht-kommerziellen Risiken solcher Investitionen – wie Gesetzesänderungen, Devisenbeschränkungen, Enteignung, Krieg und politische Unruhen – anbietet.

Das 1966 gegründete **Internationale Zentrum zur Beilegung von Investitions-streitigkeiten (ICSID)** schlichtet Investitionsstreitigkeiten zwischen ausländischen Investoren und ihren Gastländern.

Der Maßnahmenkatalog der Weltbankgruppe besteht neben den finanziellen Hilfen auch in **Beratung und technischer Hilfe**. Darüber hinaus fungiert sie als Katalysator für die Unterstützung durch Dritte. Die Politiken der Weltbankgruppe sind dabei als sektorielle bzw. länderspezifische Unterstützung der strukturpolitischen Ziele des Internationalen Währungsfonds zu verstehen. Anfang der 90er Jahre schuf die Weltbankgruppe eine größere organisatorische Nähe zu den Empfängerländern durch die Errichtung von mittlerweile fast 100 Länderbüros.

Umweltbezogene Überlegungen sowie die „Rolle der Frauen in der Entwicklung" sind heute zentrale Themen für die Weltbank geworden. Für beide Bereiche sind Abteilungen eingerichtet worden.

2. Finanzierung

Voraussetzung für die Mitgliedschaft bei der **Weltbank/IBRD** ist die Mitgliedschaft beim IWF. Analog zu diesem ist sie auch in ihrer internen Organisationsstruktur aufgebaut. Die Weltbank finanziert die von ihr zu gewährenden Kredite zum größten Teil durch Kreditaufnahme an den internationalen Kapitalmärkten. Im Verhältnis dazu zurückgegangen ist die Bedeutung der Höhe der Kapitaleinzahlungen der Mitgliedsländer – die zum größten Teil in Form von Garantieverpflichtungen geleistet werden. Aus ihrem alljährlichen Gewinn bildet die IBRD Rücklagen, vor allem als Sicherheit im Falle von Rückzahlungsausfällen; Mitte der neunziger Jahre betrugen die Rücklagen rund 10% der anstehenden Forderungen.

Da die **IDA** im Unterschied zur IBRD ihre Mittel zinslos verleiht, ist sie auf Kapitalzeichnungen und zinslose Beiträge ihrer stärker industrialisierten Mitglieder angewiesen. Dazu erhält sie seit 1964 Zuschüsse aus den Weltbankgewinnen.

Die **IFC** finanziert ihre Aufgaben durch Einzahlungen der Mitgliedsregierungen, durch Kreditaufnahme bei der IBRD und aus ihren laufenden Gewinnen – zunehmend wurde die Restfinanzierung auf den internationalen Kapitalmärkten immer bedeutender.

Förderungsquelle der **MIGA** ist das von den Mitgliedsländern gezeichnete Kapital.

3. Entscheidungsstruktur in der Weltbankgruppe

Im Abstimmungsmodus für IBRD und IFC ist die souveräne Staatengleichheit mit der jeweiligen Kapitalzeichnung gekoppelt. Jedes Mitglied hat satzungsgemäß 250 Stimmen, zuzüglich einer weiteren Stimme für jeden Anteil des Grundkapitals der Bank, den es gezeichnet hat. Jeder Anteil hat einen Wert von 100.000 US-Dollar.

Im Abstimmungsmodus der IDA erhält jedes Gründungsmitglied für seine Erstzeichnung 500 Basisstimmen und eine Stimme pro weiterer gezeichneter 5000 US-Dollar. In der Praxis der wöchentlichen Entscheidungen im Rat der 24 Exekutivdirektoren ist das Konsensprinzip üblich, so dass formal die fünf ernannten Direktoren der fünf stärksten Industriestaaten die 19 Direktoren der anderen Mitgliedsländer nicht überstimmen. Allerdings sind in der Praxis heikle Entscheidungen über die Gewährung von Krediten nur mit Zustimmung der Mehrheit der Industriestaaten möglich.

IV. Der neue Politikansatz für Länder in der „Armuts- und Schuldenfalle"

1. Wie kam es zur Überschuldung vieler Entwicklungsländer?

Anfang der achtziger Jahre gerieten die so genannten Entwicklungsländer in Afrika, Lateinamerika und Asien in die Schuldenkrise. Viele Länder mit nachholender Entwicklung hatten in den siebziger Jahren die Strategien zur Wachstumsankurbelung durch Kreditaufnahme finanziert – meist bei Geldgebern des privaten Sektors – und waren damit von den globalen monetären Faktoren Zinssatz und Wechselkurs abhängig geworden. Ende der 70er Jahre stiegen die Kreditzinsen deutlich, und Anfang der 80er Jahre geriet die Weltwirtschaft in eine Rezession. Dies bedeutete für die Entwicklungsländer, dass sie bei gestiegenen Zinsen, verschlechterten Exportpreisen und teureren Importen ihren Schuldendienst nicht mehr erfüllen konnten und ihnen – in der Aussicht, keine Folgekredite mehr bewilligt zu bekommen – die Zahlungsunfähigkeit drohte. Diese Gefahr für die Weltwirtschaft bannte der Internationale Währungsfonds, indem er ein neues Aufgabenfeld übernahm: Er stellt die Kredite bereit, die die Schuldnerländer brauchen, um die Gläubiger zu bezahlen. Dazu schuf er die Strukturanpassungsfazilität (SAF) und ein Jahr später – 1987 – die Erweiterte Strukturanpassungsfazilität (ESAF). Mit SAF und ESAF stellte der Fonds Mitgliedsländern mit extrem niedrigem Pro-Kopf-Einkommen und anhaltenden Zahlungsbilanzproblemen Finanzmittel zu Vorzugsbedingungen zur Verfügung.

Es wurde jedoch immer deutlicher, dass noch mehr geleistet werden muss, um in diesen Ländern das Ziel schnelleren Wachstums wirkungsvoll mit breit gefasster Armutsreduzierung zu verbinden. Die makroökonomischen Reformen, die der IWF an seine Kreditfazilitäten koppelte, waren für die hoch verschuldeten Entwicklungsländer wenig wirkungsvoll. Diese Reformen bedeuteten konkret oft Privatisierung der Staatsunternehmen, Aufhebung der Preiskontrollen, Abwertung der heimischen Währung, Öffnung der Märkte für Investoren sowie Zollabbau und Kürzung von Regierungsausgaben. Die Nord-Süd-Organisationen werfen dem IWF vor, mit dieser „Standardmedizin" gerade notwendige Investitionen, die langfristig Wachstum stimulieren könnten, verhindert zu haben und oftmals die Situation der armen Bevölkerungsschichten noch verschlimmert zu haben. (vgl. Kevin Watkins, Oxfam International: Der Internationale Währungsfonds. Falsche Diagnose – Falsche Medizin. Dt. Ausgabe März 2000).

2. Die Entschuldungsinitiativen HIPC I und HIPC II

Mitte der 90er Jahre war die Verschuldung vieler Entwicklungsländer auf ein Niveau angestiegen, das nicht mehr über reguläre Um- und Entschuldungen der Geberländer geregelt werden konnte. Die Entwicklungsländer konnten nur durch gemeinsame Anstrengung der bi- und multilateralen Geber befreit werden. 1996 machten die Geberländer und -organisationen einen ersten Anlauf mit der Entschuldungsinitiative für hoch verschuldete arme Länder (highly indebted poor countries) HIPC-I-Initiative, die aber nicht ausreichte. Auf dem Gipfel der sieben wirtschaftsstärksten Industrieländer (G7/G8 –vgl. Kap. VII) im Juni 1999 in Köln und auf den Jahrestreffen von Weltbank und IWF im September 1999 wurde die HIPC-II-Initiative beschlossen. Für die HIPC-II-Entschuldung können sich Länder qualifizieren, die Anspruch auf die zinslosen Kredite der Internationalen Entwicklungsorganisation IDA (aus der Weltbankgruppe) haben und deren Schuldenstand mehr als 150% der Exporte oder mehr als 250% der Staatseinnahmen ausmacht. Von den 38 HIPC-Ländern wurde bis Ende 2003 27 Ländern weitgehende Entschuldung gewährt.

Voraussetzung für eine Beteiligung an der HIPC-II-Entschuldung ist, dass die Länder sich bereit erklären, unter breiter Beteiligung der Bevölkerung eine **Armutsminderungsstrategie (Poverty Reduction Strategy)** zu entwickeln und umzusetzen. Dazu sind Politiken erforderlich, die ausdrücklich und direkt auf die Armen abzielen und es ihnen ermöglichen, vom Wachstum zu profitieren und ihre wirtschaftlichen Möglichkeiten zu erweitern. Außerdem können Investitionen in Gesundheit, Bildung, die Infrastruktur im ländlichen Raum und in die Entwicklung des Privatsektors besonders effektiv bei der Ankurbelung des Wachstums sein.

Auch die Kredite des Weltbankgruppenmitglieds IDA wurden an diese zu entwickelnde Armutsminderungsstrategie gekoppelt und entsprechend wurde auch beim IWF für hochverschuldete Länder eine neue Kreditfazilität geschaffen: die Fazilität ESAF wurde durch die **Armutsminderungs- und Wachstumsfazilität (Poverty Reduction and Growth Facility)** ersetzt.

3. Die Ausarbeitung der Armutsminderungsstrategie

Die von den Ländern mitgetragenen Armutsminderungsstrategien bilden den Kern des neuen Ansatzes. Dazu entwickeln die Länder selbst umfassende Strategiedokumente zur Armutsbekämpfung. Dies geschieht in Zusammenarbeit der Regierungen mit den Akteuren der Zivilgesellschaft, der Nichtregierungsorganisationen, der Geber und den internationalen Organisationen. Dabei sollen insbesondere die Stimmen der Armen Gehör finden.

Dieser Übergang von „donorship" (Vergabe) zu „ownership" (Teilhabe) muss als ein langwieriger Prozess gesehen werden. Seit der Einführung des PRS-Ansatzes hat die gesellschaftliche Beteiligung an der Formulierung der Strategien zur Armutsbekämpfung beträchtlich zugenommen. Allerdings verzeichnen alle bisher vorliegenden Studien trotz einer positiven Gesamtbilanz noch eine Reihe von Schwachstellen: So fanden die Diskussionsprozesse weitgehend nur in den Hauptstädten statt, und eine Beteiligung der Parlamente gab es in der Regel nicht.

Nach der partizipativen Erarbeitung der Strategiepapiere entscheiden letztlich die Direktorien von IWF und Weltbank in ihren jeweiligen Verantwortungsbereichen, ob die Kriterien für Schuldenerlass und die neuen Kreditlinien erfüllt sind.

4. Die Finanzierung der Poverty Reduction and Growth Facility des IWF

Die Kredite im Rahmen der PRGF (Poverty Reduction and Growth Facility – Armutsminderungs- und Wachstumsfazilität) werden durch den PRGF-Treuhandfonds abgewickelt. Der Treuhandfonds nimmt Kredite zu marktbezogenen Zinssätzen von Kreditgebern auf – Zentralbanken, Regierungen und Regierungsinstitutionen. Der Treuhandfonds erhält Beiträge, die verwendet werden, um den Zinssatz der PRGF-Kredite zu subventionieren. Der Treuhandfonds führt außerdem ein Reservekonto als Gläubigersicherheit für den Fall des Zahlungsausfalls von PRGF-Krediten.

Bedingungen für PRGF-Kredite:

- Insgesamt sind 77 einkommensschwache Mitgliedsländer berechtigt für PRGF-Unterstützung.
- Die Teilnahmeberechtigung stützt sich hauptsächlich auf das Pro-Kopf-Einkommen im Land und den Anspruch auf Unterstützung durch die Internationale Entwicklungsorganisation (IDA). Das derzeitige Schwelleneinkommen liegt bei einem Pro-Kopf-BIP von 885 Dollar im Jahre 1999.
- Kredite im Rahmen der PRGF haben einen Jahreszinssatz von 0,5%, wobei die Rückzahlungen halbjährlich erfolgen, fünfeinhalb Jahre nach der Auszahlung beginnen und zehn Jahre nach der Auszahlung enden.

5. Erste Einschätzung der Entwicklung von Armutsminderungsstrategien

Mit dem verpflichtenden Charakter der Entwicklung von Armutsminderungsstrategien auch für IDA-Kredite hat sich der Kreis der beteiligten Länder über die im engen Sinne höchst verschuldeten Länder stark ausgeweitet. Bis Oktober 2003 hatten rund 70 Länder ihre Bereitschaft signalisiert, eine Armutsminderungsstrategie (PRS) vorzubereiten. 32 Länder hatten ein volles Armutsminderungsstrategiepapier (PRS-Paper) erstellt und den Direktorien von IWF und der Weltbankgruppe vorgelegt; neun von ihnen hatten bis Oktober 2003 bereits ihren jährlichen Fortschrittsbericht zu den Armutsminderungsstrategiepapieren vorgelegt. (vgl.

Ronald Meyer: Entschuldung und Armutsbekämpfung, in: Entwicklung und Zusammenarbeit, November 2003).

Ein endgültiges Urteil über die Wirkung des neuen Ansatzes ist zurzeit noch nicht möglich.

V. Die Welthandelsorganisation WTO

1. Entstehung und Entwicklung

Nach dem zweiten Weltkrieg waren die Versuche, Klärungs- und Koordinierungsprozesse und -gremien in die gestörten wirtschaftspolitischen Beziehungen zu bringen, recht ambitioniert. Auf Initiative der USA hin wurde in der so genannten „Havanna-Charta" angeregt, als handelspolitische Ergänzung zum Internationalen Währungsfonds die Internationale Handelsorganisation (ITO – International Trade Organisation) zu gründen. Die angestrebte Havanna-Charta trat jedoch nie in Kraft, und anstelle der Gründung der ITO einigten sich 1947 23 Staaten auf das **„Allgemeine Zoll- und Handelsabkommen (GATT – General Agreement on Tariffs and Trade)"**. Erst 1994 wurde in der achten Welthandelsrunde des GATT, der sogenannten Uruguay-Runde, die **„Welthandelsorganisation WTO (World Trade Organization)"** gegründet. Die WTO nahm am 1.1.1995 ihre Arbeit auf. Im Unterschied zum GATT hat sie den offiziellen Status einer internationalen Organisation; als eine Sonderorganisation der Vereinten Nationen (UN) ist sie für die Gestaltung der zwischenstaatlichen Handelsbeziehungen zuständig. Ihr gehören 147 Länder an. Die Regeln der WTO bestimmen 90% des Welthandels.

2. Aufgaben und Ziele

Hauptziel des GATT wie auch der WTO ist, über eine Verstärkung und Intensivierung des weltweiten Handels den Wohlstand zu fördern. Das Liberalisierungsziel für den Welthandel hat die WTO im Bereich des Vertragspfeilers **GATT (Handel mit Gütern)** auf den Bereich **Agrarwirtschaft** ausgeweitet und darüber hinaus zwei weitere Vertragspfeiler eingerichtet: **Liberalisierung im Bereich der Dienstleistungen (GATS – General Agreement on Trade in Services)** sowie **Schutz des geistigen Eigentums (TRIPS – Trade Related Aspects of Intellectual Property Rights)**.

Die der WTO unterstellten multilateralen Liberalisierungsabkommen GATT und GATS werden nach folgenden **Prinzipien** angestrebt:

- Grundsatz der **Liberalisierung**
- Gleichstellung ausländischer Wettbewerber mit inländischen Anbietern von Gütern und Dienstleistungen **(Inländerbehandlung)**
- **Reziprozität**
- Grundsatz der **Nicht-Diskriminierung oder der Meistbegünstigung**

Der Grundsatz der Liberalisierung besagt, dass tarifäre (direkte Handelsbeschränkungen, vor allem Zölle) und nichttarifäre (indirekte) Handelsbeschränkungen abgebaut werden sollen. Dies wird verhandelt in multilateralen Zollverhandlungen, so genannten „Zollrunden" oder „Welthandelsrunden", die jeweils mehrere Jahre dauern.

Das Prinzip der Inländerbehandlung soll Wettbewerbsbenachteiligungen von ausländischen Anbietern gegenüber inländischen Anbietern verhindern.

Das Prinzip der Reziprozität besagt: Zugeständnisse (z.B. Senkung eines Einfuhrzolls) müssen von den begünstigten Handelspartnern mit gleichwertigen Zugeständnissen beantwortet werden.

Der Grundsatz der Nicht-Diskriminierung oder Meistbegünstigung bedeutet, dass Handelsvergünstigungen, die ein Mitgliedsland einem anderen zubilligt, auch den anderen Mitgliedsländern zugestanden werden müssen. Von Anfang an waren die Verhandlungsergebnisse des GATT gekennzeichnet durch zahlreiche Ausnahmeregelungen. So ist – entgegen dem Grundsatz der Meistbegünstigung – die Bildung besonderer Zollunionen und Freihandelszonen möglich geblieben. Auch können die Entwicklungsländer vom Grundsatz der Gegenseitigkeit befreit werden und einseitig Handelsvergünstigungen in Anspruch nehmen. Diese vielen Ausnahmeregelungen begründen sich darin, dass das GATT als internationales Abkommen, das im Wesentlichen auf Einstimmigkeit beruht, letztlich Vereinbarungen vor allem mit Diplomatie und Überzeugungsarbeit erreichen musste. Nach der Umwandlung des GATT in die Welthandelsorganisation WTO mit eigener Rechtspersönlichkeit sollen die Mitglieder stärker zur Einhaltung der Regeln und Prinzipien angehalten werden.

3. Organisation der WTO

Die oberste Autorität der WTO ist die Ministerkonferenz aller Vertragsparteien; diese tritt mindestens alle zwei Jahre zusammen. Hier werden die „WTO-Verhandlungsrunden" auf der Grundlage einstimmig beschlossener Liberalisierungsziele eröffnet und, wenn es gelingt, zum Abschluss gebracht; hier werden WTO-Abkommen ausgelegt, kann ein Abkommen geändert werden oder die Verpflichtung eines Mitglieds befristet ausgesetzt werden. Die laufende Arbeit zwischen den Tagungen der Ministerkonferenz – also auch ein Großteil der konkreten Verhandlungen im Hinblick auf die vereinbarten Liberalisierungsziele – wird ausgeführt vom Allgemeinen Rat, der regelmäßig zusammentritt und sich aus den Leitern der Ständigen Vertretungen bei der WTO zusammensetzt.

Den drei Vertragspfeilern der WTO (GATT, GATS und TRIPS) entsprechen drei Räte, die dem Allgemeinen Rat untergeordnet sind. Weitere Organe der WTO sind diverse Ausschüsse wie der Ausschuss für Handel und Entwicklung und der Ausschuss für Handel und Umwelt. Die Mitglieder der Räte und Ausschüsse sind Entsandte der Ständigen Vertretungen oder auch Experten aus dem Beamtenstab der Mitgliedsländer.

Wer verhandelt für die Mitgliedstaaten der EU?

Artikel 133 EG-Vertrag überträgt die Rolle des einheitlichen Verhandlungsführers bei der WTO der Europäischen Kommission im Rahmen spezifischer Mandate, die ihr der (Minister-)Rat überträgt. In der Praxis ist es jedoch möglich, die Mitgliedstaaten im Wege einer Ad-Hoc-Koordinierung an jeder einzelnen Phase der von der Kommission geführten Verhandlungen zu beteiligen.

Der in Artikel 133 festgelegte Anwendungsbereich der gemeinsamen Handelspolitik wurde vom Europäischen Gerichtshof sehr weit ausgelegt. Die internationalen Verhandlungen und Abkommen über Dienstleistungen und über geistiges Eigentum fallen jedoch nicht darunter. Hier hat die EU eine gemischte Kompetenz, die sie sich mit den EU-Mitgliedstaaten teilt: Die Mitgliedstaaten sind im Rahmen von GATS direkt an den Verhandlungen mitbeteiligt und müssen nach Abschluss der Verhandlungen dem Ergebnis einstimmig zustimmen.

Das WTO-Sekretariat in Genf

Die Zusammenarbeit der Mitgliedsländer der WTO wird unterstützt von dem WTO-Sekretariat in Genf, in dem ca. 500 Mitarbeiter arbeiten und das von dem WTO-Generaldirektor geleitet wird.

Aufgaben des Sekretariats sind:

*   Unterstützung für die WTO-Gremien, ihre Verhandlungen und Umsetzung von Beschlüssen durch Übernahme der Verwaltungsarbeiten und technische Unterstützung
*   Technische Unterstützung für Entwicklungsländer und besonders die am wenigsten entwickelten Länder
*   Analysen von Handel und Handelspolitik durch die Ökonomen/innen und Statistikexperten/innen im WTO-Sekretariat
*   Unterstützung und Beratung durch die Juristen und Juristinnen im WTO-Sekretariat durch die Interpretation von WTO-Regeln bei Handelskonflikten
*   Unterstützung bei Beitrittsverhandlungen für neue Mitglieder und Beratung für Regierungen von Ländern, die an einem Beitritt interessiert sind

Das Budget besteht aus Beiträgen der Mitgliedsländer, die sich berechnen im Verhältnis zu ihrem Anteil am Welthandel.

4. Beschlussfassung in der WTO

Beschlüsse müssen von allen Mitgliedern **einstimmig** getroffen werden.

Allerdings kann gesagt werden, dass Durchbrüche für Verhandlungsergebnisse eher selten in den formalen Gremien gemacht werden. Gerade da bahnbrechende Entscheidungen auf Konsens beruhen müssen, spielen informelle Konsultationen zwischen den Mitgliedern eine vitale Rolle.

Ausnahmen, die Abstimmung statt Konsens erlauben auf der Basis von einer Stimme pro Land:

- Die Auslegung eines multilateralen Handelsabkommens kann mit einer ¾-Mehrheit der WTO-Mitglieder abgestimmt werden.

- Die Ministerkonferenz kann die Verpflichtung eines Mitglieds aussetzen mit ¾-Mehrheit der WTO-Mitglieder.

- In bestimmten Fällen können Ergänzungen einer multilateralen Vereinbarung durch $^2/_3$-Mehrheit beschlossen werden. Diese Ergänzungen binden dann aber auch nur die WTO-Mitglieder, die sie beschlossen haben.

- Die **Aufnahme eines neuen Mitglieds** wird mit $^2/_3$-Mehrheit in der Minister-konferenz oder dem Allgemeinen Rat beschlossen.

5. Handelspolitische Länderüberprüfungen

Als ein Zwischenergebnis der Uruguay-Runde wurde bereits im GATT seit 1989 eine periodische Überprüfung der Handelspolitik der einzelnen WTO-Mitgliedstaaten von einem eigens geschaffenen Sonderorgan vorgenommen. Dieses Verfahren, das der Konfliktprävention dienen soll, wurde im WTO-Vertrag verankert. Festgestellte Mängel werden veröffentlicht, um so das betreffende Mitglied zu Änderungsschritten zu bewegen. Im regelmäßigen Abstand von zwei Jahren werden die vier größten Handelspartner (USA, EU, Japan, Kanada) über-prüft. Die Überprüfung der in ihrer handelspolitischen Bedeutung folgenden 15 Länder findet alle vier Jahre statt; für die übrigen Länder gilt ein sechsjähriger Rhythmus, wobei für die wirtschaftlich am schwächsten entwickelten Länder noch größere Abstände festgelegt werden können.

6. Der Streitbeilegungsmechanismus

Mit dem WTO-Abkommen wurden die früheren im GATT geschaffenen Regeln und Verfahren zur Beilegung von Streitigkeiten zusammengefasst und verbessert im so genannten Streitbeilegungsmechanismus (Dispute Settlement Procedure), für den ein Streitschlichtungsorgan (Dispute Settlement Body) geschaffen wurde, dem alle WTO-Mitglieder angehören. Konnte ein Streitfall bilateral nicht gelöst werden, hat jede Partei das Recht, beim Streitschlichtungsorgan die Bildung eines Schiedsgerichts zu beantragen. Ins Schiedsgericht beruft das Streitschlichtungsor-gan drei (maximal fünf) hochqualifizierte Sachverständige. Das Schiedsgericht muss in der Regel innerhalb von sechs Monaten einen Schlichtungsvorschlag vorlegen; dieser ist dann akzeptiert, wenn das Streitschlichtungsorgan ihn nicht ablehnt (nur bei Einstimmigkeit möglich) und keine der Parteien Widerspruch einlegt. Bei einem Widerspruch muss das ständige Berufungsgremiun (Standing Appelate Body – bestehend aus sieben Richtern) innerhalb von 60 Tagen eine Entscheidung fällen. Die Parteien müssen die Entscheidung akzeptieren, solange sich das Streitschlichtungsorgan nicht einstimmig dagegen ausspricht.

Dieses Streitschlichtungsverfahren ist auch deshalb sehr viel wirksamer als die früheren GATT-Regelungen, weil die Sanktionsmöglichkeiten für den Fall fort-gesetzter Vertragsverletzungen verschärft worden sind. Falls die unterlegene Par-tei den Empfehlungen des Berufungsgremiums nicht nachkommt und Kompensationsverhandlungen scheitern, **kann die obsiegende Partei vom Streitbeilegungsgremium zu Handelssanktionen autorisiert werden**.

7. Die WTO und der Umweltschutz

Zukunftsfähige Entwicklung und Umweltschutz sind als Ziele in der Präambel des WTO-Vertrags manifestiert. Die WTO verfügt nicht über ein eigenes Abkommen zum Umweltschutz; allerdings sind Umweltschutzansprüche mittlerweile in einigen WTO-Abkommen enthalten. Behandelt wird die Umweltschutzpolitik auf WTO-Ebene im Ausschuss für Handel und Umwelt. Wesentliches Prinzip der Arbeit des Ausschusses für Handel und Umwelt ist die ausschließliche Verantwortlichkeit für den Zusammenhang zwischen Umwelt und Handel.

Einige Beispiele für Umweltschutzansprüche in den WTO-Abkommen:

- Unter bestimmten Bedingungen kann der Handel mit Gütern, die dem Schutz und der Gesundheit des menschlichen Lebens, von Tieren und Pflanzen dienen von den GATT-Bedingungen ausgenommen werden.

- Ebenso können unter bestimmten Bedingungen der Handel mit Dienstleistungen, die dem Schutz und der Gesundheit des menschlichen Lebens, der Tiere und Pflanzen dienen, von den GATS-Bedingungen ausgenommen werden.

- Beim Liberalisierungsziel für die Landwirtschaft sind Umweltprogramme von den Subventionskürzungen ausgenommen.

In internationalen Handelskonflikten, die durch Umweltschutzpolitiken provoziert sind (z.B. Handelsbarrieren durch Umweltsteuern oder Importverbot), stellt sich die Frage, wer für die Lösung zuständig ist. Die WTO steht auf dem Standpunkt: Wird der Konflikt infolge der Umsetzung eines internationalen Vertrags ausgelöst, den die Konfliktpartner unterschrieben haben, dann soll der Konflikt innerhalb dieses internationalen Umweltschutzabkommens geklärt werden. Die WTO ist dann zuständig, wenn einer der Konfliktpartner das dem Konflikt zugrunde liegende Umweltschutzabkommen nicht unterzeichnet hat.

Kritische BeobachterInnen der WTO sehen in der Orientierung der WTO-Umweltschiedssprüche an der Nichtdiskriminierung die Gefahr, dass die internationalen Umweltstandards auf den kleinsten gemeinsamen Nenner zurückgeführt werden könnten.

8. Die WTO und die Länder mit nachholender wirtschaftlicher Entwicklung

Mehr als drei Viertel der WTO-Mitglieder sind Länder mit nachholender wirtschaftlicher Entwicklung und Länder im Übergang auf die Marktwirtschaft.

Die Bedeutung offener Märkte für Wirtschaftswachstum – auch in diesen Ländern – wird von vielen Ökonomen anerkannt und in Untersuchungen belegt. Ebenso anerkannt – und im WTO-Vertrag vorgesehen – ist aber auch, dass den Ländern mit nachholender Entwicklung und unter ihnen besonders den am schwächsten entwickelten (LDC's – Least developed countries) in bestimmten Bereichen flexible Übergangszeiten und -regeln eingeräumt werden müssen, um sich dem WTO-Standard anzupassen.

Beauftragt, diesen Fragen nachzugehen, ist auf WTO-Ebene der Ausschuss für Handel und Entwicklung und sein Unterausschuss für die am schwächsten entwickelten Länder. Ein wichtiges Arbeitsergebnis des Ausschusses für Handel und Entwicklung sind die einseitigen Zollpräferenzen für den Export von Industrieerzeugnissen, die die Industriestaaten den Ländern mit nachholender Entwicklung seit 1971 gewähren. Neben den Beschlüssen zu flexibler Anwendung bestimmter WTO-Regeln bieten die WTO den sich entwickelnden Ländern und insbesondere den schwächsten auch technische Zusammenarbeit an.

Die WTO-Politik für die armen und ärmsten Länder ist allerdings heftiger Kritik ausgesetzt. So werfen die Nord-Süd-Nichtregierungsorganisationen der WTO vor, dass sich in der Formulierung „freier Marktzugang für im wesentlichen alle Produkte" verberge, wie die Europäische Union und die USA ihre Märkte genau in den Bereichen weiter schützen, in denen viele arme und ärmste Länder eine Chance haben. Und auch die Regierungen vieler Länder mit nachholender Entwicklung zeigen sich zunehmend frustriert. So war auf der WTO-Konferenz 1998 in Genf Haupttenor der Erklärungen der Delegationschefs der afrikanischen und lateinamerikanischen Länder – unter ihnen Nelson Mandela – Kritik an dem von EU und USA verkörpertem „Klub der Reichen" und dessen Tendenz, rücksichtslos eigenen merkantilistischen Interessen nachzugehen. Auch für das Scheitern der Welthandelskonferenz in Seattle im Dezember 1999 waren die Konflikte zwischen den Industrieländern und den Ländern mit nachholender Entwicklung – neben den Interessenskonflikten zwischen den Industrieländern selbst – einer der wesentlichen Gründe. In einer Rede vor dem National Press Club in Washington im August 2000 mahnte auch der damalige geschäftsführende Direktor des IWF, Horst Köhler, den Abbau handelsprotektionistischer Maßnahmen gegenüber dem Süden an. Er sagte, Schuldenerleichterung sei nur sinnvoll in Verbindung mit guter Wirtschafts- und Sozialpolitik in den betroffenen Ländern einerseits und einem nachhaltigen Abbau der Handelsbarrieren in den Industrieländern andererseits. Ein Abbau dieser Schutzwälle um 50% würde in den Entwicklungsländern Wohlfahrtsgewinne von 110 bis 140 Milliarden Dollar erbringen.

VI. Die Organisation für Wirtschaftliche Zusammenarbeit und Entwicklung (OECD)

1. Entstehung und Entwicklung

Die OECD – „Organization for Economic Cooperation and Development" – ist im Jahr 1961 aus der OEEC – „Organisation for European Economic Cooperation" – hervorgegangen. Die OEEC war 1948 auf amerikanische Initiative hin gegründet worden, um die amerikanische Wirtschafts- und Finanzhilfe zum Wiederaufbau Europas (Marshall-Plan) koordiniert zu nutzen. Ziele der OEEC waren: Wirtschaftswachstum, Modernisierung der Wirtschaft, Liberalisierung des Handels zwischen den Mitgliedern und gegenüber dem Dollarraum, Konvertierbarkeit der Währungen, Währungsstabilität und hoher Beschäftigungsgrad. Die 18 Mitglieder der OEEC waren: Belgien, Deutschland (seit 1949), Dänemark, Frankreich, Griechenland, Großbritannien, Irland, Island, Italien, Luxemburg, Niederlande, Norwegen, Österreich, Portugal, Schweden, Schweiz, Spanien (seit 1959), Türkei.

Ende der 50er, Anfang der 60er Jahre fielen wesentliche Aufgaben der OEEC den neu gegründeten Organisationen EWG (Europäische Wirtschaftsgemeinschaft) und EFTA (Europäische Freihandelszone/European Free Trade Association) zu; andererseits drängten die USA auf eine stärkere Beteiligung Europas an der Entwicklungshilfe für die mittlerweile unabhängigen Kolonien. Dies führte zu der Umwandlung der OEEC in die OECD –„Organization for Economic Cooperation and Development", der dann auch Kanada und die USA beitraten. Heute hat die OECD 30 marktwirtschaftlich orientierte und demokratische Mitgliedsländer: Neben den ehemaligen Mitgliedstaaten der OEEC sind in der OECD Nordamerika, Kanada, Japan, Finnland, Australien, Neuseeland, Mexiko, die Tschechische Republik, Ungarn, Polen, Südkorea und die Slowakei organisiert. Zur Mitgliedschaft qualifizieren die Länder sich nicht automatisch, sondern werden eingeladen.

2. Aufgaben, Ziele und Arbeitsweise der OECD

Die Hauptaufgaben der OECD liegen in drei Bereichen:

*   Förderung der wirtschaftlichen Entwicklung der Mitglieder
*   Hilfe bei der wirtschaftlichen Entwicklung der Entwicklungsländer, insbesondere durch Kapitalexport in Mitglieds- und Nichtmitgliedsländer
*   Unterstützung der Ausweitung des Welthandels

In Hinblick auf die Erreichung dieser Ziele versteht sich die OECD als eine Art **internationale Konferenz mit dem Ziel, gemeinsame Empfehlungen** auszuarbeiten. Die Mitgliedsländer treffen zusammen infolge der gemeinsamen Überzeugung, dass ihre gegenseitige wirtschaftliche Abhängigkeit Abstimmungsprozesse braucht. In den letzten zwei Jahrzehnten ist die OECD zu einer herausragenden Koordinierungsinstitution für die Weltwirtschaftspolitik geworden. Die Wende und der Transformationsprozess in Mittel- und Osteuropa haben das Aufgabenfeld der OECD erweitert.

3. Organisation und Finanzierung

Sitz der OECD ist Paris. Oberstes Organ der OECD ist der Rat. Der Rat trifft in der Regel einmal jährlich auf Ebene der Minister der OECD-Länder zusammen.

Die Sitzungen des Rates werden durch einen Exekutivausschuss vorbereitet, der sich in der Regel aus den Leitern der ständigen Vertretungen der Mitgliedsländer bei der OECD zusammensetzt. Seit 1972 trifft sich darüber hinaus halbjährlich ein Sonderexekutivausschuss auf der Ebene hoher Beamter aus den Hauptstädten. Der Sonderexekutivausschuss gibt dem OECD-Sekretariat politische Orientierungen in fachlichen und institutionellen Fragen.

Ein Großteil der praktischen Arbeit der OECD wird von Fachausschüssen geleistet – prominente Ausschüsse sind der Wirtschaftspolitische Ausschuss, der Prüfungsausschuss für Wirtschafts- und Entwicklungsfragen sowie der Ausschuss für Entwicklungshilfe. In den Fachausschüssen sitzen Mitglieder der Ständigen Vertretungen, Vertreter der zuständigen nationalen Behörden der OECD-Länder sowie Angehörige des Sekretariats der OECD.

Das Sekretariat umfasst rund 1.900 Mitarbeiter. Das Sekretariat wird geleitet von einem Generalsekretär, der vom Rat für fünf Jahre ernannt wird. Der Generalsekretär führt auch den Vorsitz im Rat der Ständigen Vertreter und überwacht die Vorbereitung und Durchführung von Entscheidungen. Eine bedeutende Aufgabe des Sekretariats besteht darin, internationale vergleichbare Statistiken, Sektor- und Länderanalysen bereitzustellen sowie Probleme möglichst früh aufzuzeigen und Lösungen anzuregen.

Die Beiträge der Mitgliedsländer in die OECD berechnen sich nach dem Volkseinkommen. Dabei gilt allerdings als Beschränkung eine Höchstgrenze von 25 v.H. und eine Mindestgrenze von 0,1 v.H. des Budgets der OECD.

VII. Informelle internationale Zusammenarbeit

1. Charakter informeller internationaler Zusammenarbeit

Neben den Zusammenschlüssen in internationalen Organisationen findet die internationale wirtschafts- und währungspolitische Zusammenarbeit auch in verschiedenen informellen Zusammenschlüssen statt. Der informelle Charakter zeigt sich darin, dass die einzelnen Gruppierungen nicht über einen eigenen Mitarbeiterstab verfügen. Die informellen regelmäßigen Treffen auf hochrangiger Ebene geben häufig Impulse für die Umsetzung von Politiken in den internationalen Organisationen.

Im Folgenden sollen bedeutende informelle Zusammenschlüsse kurz dargestellt werden.

2. Zehnergruppe G 10

Die Zehnergruppe ist entstanden als informeller Zusammenschluss der zehn wichtigsten Industrieländer. In dieser Gruppe treffen sich die Länder, die 1962 mit dem IWF die Allgemeinen Kreditvereinbarungen (AKV) zur Bereitstellung einer ständigen multilateralen Kreditlinie vereinbart hatten: USA, Deutschland, Japan, Frankreich, Großbritannien, Italien, Kanada, die Niederlande, Belgien und Schweden. 1964 wurde die Schweiz assoziiertes Mitglied der Zehnergruppe – sie war nicht IWF-Mitglied, hatte aber mit dem IWF eine dem AKV vergleichbare Vereinbarung getroffen. 1984 vereinbarte sie eine Beteiligung am AKV und wurde vollgültiges Mitglied der Zehnergruppe (Der IWF-Beitritt der Schweiz erfolgte allerdings erst 1992).

Von den Mitgliedsländern werden zu den G 10-Treffen Vertreter der Regierungen (in der Regel die Finanzminister) und der Zentralbank entsandt. Diskutiert und beraten werden Fragen des Internationalen Währungssystems. Die Zentralbank-präsidenten der Zehnergruppe haben einen weiteren Ausschuss gegründet, in dem die Kooperation der Notenbanken gefördert werden soll.

1964 errichtete die Zehnergruppe ein Berichtssystem zur multilateralen Überwachung der Währungsreserven ihrer Länder, das bei der BIZ – Bank für internationalen Zahlungsausgleich – angesiedelt wurde und das sich durch die Gewährleistung umfangreicher und aktueller Daten auszeichnet.

3. Weltwirtschaftsgipfel G 7/8

Der Weltwirtschaftsgipfel der sieben führenden Industrienationen G7 ist das weichenstellende Gremium für die Entwicklung der Weltwirtschaftspolitik und die Arbeitsweise und Fortentwicklung der weltweit agierenden Wirtschaftsorganisationen. Diese Treffen auf höchster Ebene wurden 1975 initiiert vom französischen Staatspräsidenten Valéry Giscard d'Estaing und dem deutschen Bundeskanzler Helmut Schmidt; das erste Treffen, damals noch als Sechser-Gruppe, fand in Rambouillet statt.

Die G 7-Staaten sind Deutschland, Frankreich, Großbritannien, Italien, Japan, Kanada und die Vereinigten Staaten. Da die EU-Länder in wichtigen Bereichen Kompetenzen auf die Unionsebene übertragen haben, nimmt auch der Präsident der Europäischen Kommission an diesem Treffen teil.

Infolge des Transformationsprozesses wurde Russland ein Beobachterstatus auf dem Weltwirtschaftsgipfel eingeräumt. Seit dem Gipfeltreffen in Köln 1999 wird die Integration von Russland in den Weltwirtschaftsgipfel aktiv betrieben. Auf dem Gipfeltreffen in Okinawa im Jahr 2000 regte der deutsche Bundeskanzler Gerhard Schröder an, Russland bei künftigen Gipfeltreffen an allen Gesprächen teilnehmen zu lassen. Bislang war Moskau traditionell von allen Verhandlungen ausgeschlossen, in denen es ausschließlich um Finanzfragen geht. Die G7 werden somit zunehmend zur G 8.

Die Gipfeltreffen finden einmal jährlich statt; die G8-Länder wechseln sich in einer festgelegten Reihenfolge als Gastgeber ab. Die Regierungschefs beraten über die Fortentwicklung der Politik der beteiligten Länder und beschließen auch Aufforderungen an internationale Organisationen, bestimmte Probleme anzugehen.

Innerhalb der G 7/G 8-Zusammenarbeit treffen sich auch die Finanzminister und Zentralbankpräsidenten zur Beratung über Wirtschafts- und Währungsfragen. Unterhalb der Ministerebene ist als ständiges Gremium die Gruppe der Stellvertreter installiert, die auf Staatssekretärsebene tagt und bei Behandlung von Währungsfragen auch Notenbankvertreter auf Direktoriumsebene einschließt.

4. G 20

Mitte Dezember 1999 wurde die Ländergruppe „G 20" ins Leben gerufen. Mitglieder der G 20 sind neben den G 8 Argentinien, Australien, Brasilien, China,

Indien, Indonesien, Mexiko, Saudi-Arabien, Südafrika, Südkorea und die Türkei. Neben diesen 19 Ländern ist die Europäische Union ein weiteres Mitglied, repräsentiert durch den Ratspräsidenten und den Präsidenten der Europäischen Zentralbank. Einen wichtigen Impuls für die Gründung gab die Finanzkrise 1997/98: die aufstrebenden Ökonomien der so genannten Dritten Welt sollen an der Diskussion über die Zukunft des globalen Finanzsystems mehr beteiligt werden. Die G 20-Länder repräsentieren fast 87% des Weltsozialprodukts und rund 65% der Weltbevölkerung.

5. Gruppe der 77 und Gruppe der 24

Auch die Länder mit nachholender Entwicklung treffen sich in regelmäßig stattfindenden informellen Treffen: in der Gruppe 77 und der Gruppe 24. Die Konstituierung der G 77 wurde 1964 von der ersten Konferenz der Vereinten Nationen für Handel und Entwicklung (UNCTAD I) ausgelöst, in deren Folge 1967 77 Staaten des Südens mit der „Erklärung von Algier" eine ständige Zusammenarbeit in weltwirtschaftlichen Fragen vereinbarten. Die Gruppe der G 77 umfasst heute fast alle Entwicklungsländer der Welt. Ein wesentliches Ziel ihrer Zusammenkünfte ist, in Hinblick auf die Diskussionen mit den Industrieländern im Rahmen der UNCTAD gemeinsame Positionen abzustimmen.

1972 gründete die G 77 die Gruppe der 24 als ein währungspolitisches Sondergremium und als eine Art Gegenstück der Zehnergruppe der Industrieländer. Aufgabe der G 24 ist, die internationalen Währungs- und Finanzprobleme zu untersuchen und gemeinsame Aktionen vorzuschlagen.

Die G 24 besteht aus jeweils acht Teilnehmerländern Afrikas, Asiens und Lateinamerikas. IWF und Weltbank sind an den Beratungen der Gruppe ständig beteiligt.

Literaturhinweise

Bartz, Dietmar: Die Wirtschaft verstehen. Das Wirtschaftslexikon der Gegenwart. Frankfurt/M. 1998.

Deutsche Bundesbank, Weltweite Organisationen und Gremien im Bereich von Währung und Wirtschaft, Frankfurt/M. 1997.

Wagner, Helmut: Einführung in die Weltwirtschaftspolitik: Internationale Wirtschaftsbeziehungen – Internationale Organisationen – Internationale Politikkoordinierung, München/Wien 1999.

Internet-Adressen:

www.imf.org

www.worldbank.org

www.wto.org

www.oecd.org

Selbstkontrollfragen

1. Wer ist im Internationalen Währungsfonds IWF für die laufende Geschäftsführung zuständig? Beschreiben Sie die Zusammensetzung!

2. Beschreiben Sie die Eckpfeiler des neuen Politikansatzes für die höchstverschuldeten armen Länder dieser Erde!

3. Auf welche Wirtschaftsbereiche beziehen sich die Liberalisierungsziele der Welthandelsorganisation WTO?

4. Wer ist das oberste Entscheidungsgremium in der WTO für Handelsabkommen? Mit welchem Mehrheitsverhältnis müssen WTO-Handelsabkommen beschlossen werden?

Achtung:

Diese Selbstkontrollfragen sind einige Beispiele aus einer großen Zahl möglicher Fragen und sollen verdeutlichen, dass Sie die Inhalte des Kapitels „Internationale Organisationen" verinnerlichen, indem Sie sich vor allem die Strukturen und Kompetenzen der Institutionen bewusst einprägen. Wir empfehlen Ihnen, sich zu den einzelnen Institutionen Lernkarten anzulegen.

Lösungshinweise

Aufgabe 1

Die laufende Geschäftsführung des IWF wird vom Exekutivdirektorium durchgeführt. Dieses besteht aus 24 Direktoren: zwölf kommen aus den Industrieländern, zwölf aus den Ländern mit nachholender wirtschaftlicher Entwicklung. Einen eigenen Exekutivdirektor ernennen dürfen die fünf quotenstärksten Mitglieder des IWF (USA, Japan, Deutschland, Frankreich und Großbritannien). Die anderen Mitglieder bilden Gruppen mit annähernd gleichem Stimmenanteil, die alle zehn Jahre jeweils einen Exekutivdirektor wählen. Sie können nur geschlossen als Gruppe abstimmen. Das Exekutivdirektorium wählt den geschäftsführenden Direktor für eine Amtszeit von fünf Jahren, zur Zeit Rodrigo Rato.

Aufgabe 2

1999 wurde auf dem Gipfeltreffen der sieben wirtschaftsstärksten Industrieländer G7/8 in Köln die zweite Entschuldungsinitiative für die hoch verschuldeten ärmsten Länder beschlossen. Voraussetzung zum Schuldenerlass ist, dass die Länder sich bereit erklären, unter breiter Beteiligung der Bevölkerung eine Armutsminderungsstrategie zu entwickeln und umzusetzen. Auch die Kredite des Weltbankgruppenmitglieds IDA wurden an diese zu entwickelnde Armutsminderungsstrategie gekoppelt und auch eine dafür eingerichtete Kreditfazilität des IWF: die Armutsminderungs- und Wachstumsfazilität. Nach der partizipativen Erarbeitung der Strategiepapiere entscheiden letztlich die Direktorien von IWF und Weltbank, ob die Kriterien für Schuldenerlass bei IWF und Weltbank und den Zugang zu den neuen Kreditlinien erfüllt sind.

Aufgabe 3

Die Liberalisierungsziele der WTO beziehen sich zum einen auf die Liberalisierung des Welthandels (Abbau von Zöllen und indirekten Beschränkungen) im Handel mit Gütern. Dieser Bereich wurde in der Welthandelsorganisation auf das Liberalisierungsziel für die Agrarwirtschaft ausgeweitet. (Vertragspfeiler GATT)

Darüber hinaus strebt die WTO die Liberalisierung im Bereich der Dienstleistungen an. (Vertragspfeiler GATS)

Aufgabe 4

Das oberste Entscheidungsgremium in der WTO ist die Ministerkonferenz aller Vertragsparteien. Handelsabkommen müssen von allen Mitgliedern einstimmig beschlossen werden.

Stichwortverzeichnis

Abzugsmethode, DBA   238

Aktiva, Bilanzierung   32

Amtshilfe, DBA   260

Anhangangaben, IFRS   29

- US-GAAP   29

Anrechnungsmethode, DBA   239

Anschaffungskosten, Sachanlagevermögen
   39

- Vorräte   57

Anteile, andere Gesellschafter   83

- eigene   86

Anteilseigner, Zinszahlungen   285

Asset Backed Securities   384

Asset-Impairment-Only-Approach   158

Auskunftsaustausch, DBA   260

Auslandsdividenden   280

Auslandseinkünfte, unbeschränkt
   Steuerpflichtige, steuerliche
   Regelungen   277

Auslandsverluste, Abzugsfähigkeit   277

Außenhandelsfinanzierung, Instrumente
   372

- kurzfristige, Instrumente   366

Außensteuergesetz   296

Außenwirtschaftspolitik   455

- Europäische Währungsunion   461

- Europäische Zentralbank   466

- Optimaler Währungsraum   460

Außenwirtschaftstheorie, Freihandel   440

- monetäre   446

- Protektionismus   443

- reale   439

- Wechselkurs   450

- Zahlungsbilanz   447

Außerplanmäßige Abschreibungen   43

Banken, EZB   494

Bankgarantien   385

Beschränkt Steuerpflichtige, Inlandseinkünfte, Besteuerung   292

Bestimmungslandprinzip   217

Bevorschussungskredite   366

Bewertung, außerplanmäßige Abschreibungen   43

- Neubewertungsmethode nach IFRS   37

- planmäßige Folgebewertung   38

- Zugangsbewertung   37

Bilanz, IFRS   22

- US-GAAP   23

Bilanzänderung   102

Bilanzierungsmethode, Änderung   102

DBA, Auskunftsaustausch   260

- Begriffsbestimmungen   248

- Diskriminierungsverbot   258

- Gestaltungsmöglichkeiten der Steuerpflichtigen   261

- grundsätzlicher Inhalt   247

- Regelungen zur Vermeidung der
   Doppelbesteuerung   256

- Schiedsverfahren   259

- Verständigungsverfahren   259

- Zusammenwirken, nationales Steuerrecht
   246

- Zuteilungsnormen   251

Derivate, Bilanzierung   75

Devisenmarkt   352

Diskriminierungsverbot, DBA   258

Dividenden, Auslandsdividenden   280

Dokumenten-Akkreditiv   359

Dokumenten-Inkasso   364

Doppelbesteuerung, Abzugsmethode
    238

- Anrechnungsmethode   239

- DBA, Bedeutung des OECD-
    Musterabkommens   245

-- grundsätzlicher Inhalt   247

- Ertragsteuerrecht   236

- Freistellungsmethode   242

- Kernproblem   213

- Pauschalierung   244

- Umsatzsteuer   217

- Ursachen   236

- wirtschaftliche Bedeutung   237

Doppelbesteuerungsabkommen, s.u. DBA

Drohverlustrückstellungen   91

Eigenkapital, Anteile anderer
    Gesellschafter   83

- Bestandteile   82

- eigene Anteile   86

Eigenkapitalspiegel, IFRS   28

- US-GAAP   28

Einkommensteuer, internationale
    Sachverhalte   272

Ertragsteuerrecht, EG   263

EU, s.u. Europäische Union

Europäische Kommission   484

Europäische Union, Entwicklung,
    Kurzüberblick   479

- Institutionen   482

-- Europäische Kommission   484

-- Europäischer Gerichtshof   490

-- Europäischer Gipfel   482

-- Europäischer Rechnungshof   490

-- Europäisches Parlament   485

-- Rat der Europäischen Union   483

- Mitgliedstaaten   479

- Struktur   480

- Wirtschafts- und Währungsunion   491

Europäische Verfassung   496

Europäische Währungsunion, Außenwirt-
    schaftspolitik   461

Europäische Währungsunion, s. auch u.
    Wirtschafts- und Währungsunion

Europäische Zentralbank   494

- Außenwirtschaftspolitik   466

Europäischer Gerichtshof   490

Europäischer Gipfel   482

Europäischer Rechnungshof   490

Europäisches Parlament   485

Europäisches System der Zentralbanken
    495

Eurosystem, Wirtschafts- und
    Währungsunion   493

Eventualforderungen   101

Eventualverbindlichkeiten   101

Exporte, Drittlandsgebiet, USt   224

Exportfactoring   370

Exportkreditversicherungen   388

EZB   494

FASB, Financial Accounting Standards
    Board   5

Finanzierungen auf Wechselbasis   367

Finanzierungsinstrumente, Außenhandels-
    finanzierung   366

- Projektfinanzierung   380

- Sicherungsinstrumente   385

Finanzierungskredite   372

Firmenwert, Internationale Rechnungsle-
    gung   32

Flüssige Mittel, Bilanzierung   71

Forderungen, abrechnungsfähige,
    Abgrenzung   64

- Bilanzierung   63

- Eventualforderungen   101

- nicht abrechnungsfähige   66

- Wertberichtigungen   66

Forfaitierung   376

Forschungs- und Entwicklungskosten,
   Internationale Rechnungslegung   33

Freihandel   440

Freistellungsmethode, DBA   242

Fremdkapital, Abgrenzung, Eigenkapital
   82

Geldmarkt   348

Geschäfts- oder Firmenwert, Internationale Rechnungslegung   32

Geschäftsbereiche, eingestellte   30

Gesellschafter-Fremdfinanzierung   286

- Abwehrgesetzgebung   287

- toleriertes Gesellschafter-Fremdkapital
   289

Gewinn- und Verlustrechnung, IFRS   24

- US-GAAP   24

Gewinnermittlung, Auslandseinkünfte
   278

Harmonisierung der Rechnungslegung
   108

Herstellungskosten, Sachanlagevermögen
   39

- Vorräte   57

House of GAAP   6

IAS, s.u. IFRS

IFRS, befreiender Konzernabschluss   13

- Bilanzänderung   102

- bilanzrechtlicher Rahmen   6

- Eigenkapital   82

- Flüssige Mittel   71

- Forderungen   63

- paralleler Konzernabschluss   12

- Passiva   82

- Rückstellungen   86

- Sachanlagevermögen   39

- Überleitungsrechnung   9

- Umstellung   8, 15

- Umstellungstechnik   17

- Verbindlichkeiten   100

- Vorräte   56

- Wertpapiere   72

Immaterielle Vermögenswerte, andere,
   Internationale Rechnungslegung   36

Impairment-Test   43

Importe, Drittlandsgebiet, USt   224

Incoterms   355

Indirekte Steuern, Bestimmungslandprinzip   217

Informelle internationale Zusammenarbeit
   524

Internationale Geschäftstätigkeit, Evaluationsstufen   335

Internationale Organisationen, informelle
   internationale Zusammenarbeit,
   Gruppen   524

- IWF   505

- OECD, Aufgaben   523

- Verträge von Bretton Woods   505

- Währungsfonds, internationaler   505

- Weltbankgruppe   512

- WTO, Aufgaben   517

Internationale Rechnungslegung, Anwendung in Deutschland   5

Internationaler Währungsfonds   505

- Kreditvergabe   510

- Tätigkeitsbereiche   508

- Zusammensetzung und Organisation
   507

Internationaler Zahlungsverkehr   355

- Abwicklung 357

Internationales Finanzgeschäft, Risiken
341

Internationales Finanzmanagement, Außenhandelsfinanzierung, kurzfristige
366

- Begriff 331

- Finanzierungsinstrumente 365

- Finanzierungsquellen, multinationale
Unternehmen 340

- Forfaitierung 376

- Instrumente 354

- Internationale Finanzmärkte 346

- Internationale Finanzprodukte 346

- Projektfinanzierung 380

- Risiken im internationalen Finanzgeschäft 341

- Risikomanagement 390

- Währungsrisiko, Management 397

- Zahlungssicherung, Formen 359

- Zinsänderungsrisiko, Management 391

Internationales Steuerrecht 211

- Doppelbesteuerungsabkommen 245

- Doppelbesteuerungsproblematik
213, 236

- Entwicklungstendenzen 217

- Ertragsteuerrecht, EG 263

- Liefergeschäfte mit anderen EU-Staaten
226

- Liefergeschäfte, Drittlandsgebiet 224

- nationale Steuervorschriften für internationale Sachverhalte 272

- Primärrecht, maßgebliches 266

- Quellensteuern 294

- Sekundärrecht 267

- sonstige Leistungen, Behandlung 232

- Steuerpflicht, persönliche 273

- Umsatzsteuer 217

- Umsatzsteuersätze 221

- unbeschränkt Steuerpflichtige mit
Auslandseinkünften 277

- Völkervertragsrecht 268

Investment Properties 51

Jahresabschluss, Bestandteile nach IFRS
und US-GAAP 21

Kapitalflussrechnung, IFRS 26

- US-GAAP 26

Kapitalkonsolidierung 145

Kapitalmarkt 349

Komitologieverfahren 108

Konsolidierung 135

- Aufwands- und Ertragskonsolidierung
187

- Equity-Konsolidierung 178

- Kapitalkonsolidierung von Gemein-
schafts- und assoziierten
Unternehmen 177

- Kapitalkonsolidierung von Tochterunternehmen 145

- Konsolidierungskreis 135

- Konsolidierungspflicht 135

- Quotenkonsolidierung 177

- Schuldenkonsolidierung 182

- sukzessive 159

- Vollkonsolidierung, Erwerbsmethode,
mit Minderheitsanteilen 153

- Vollkonsolidierung, Erwerbsmethode,
ohne Minderheitsanteile 145

- Zwischenergebniskonsolidierung 184

Konzernabschluss, befreiender Konzernabschluss nach § 292a HGB 4

- Fallstudie, IAS/IFRS 188

- paralleler 12

Konzerneröffnungsbilanz, IFRS 165

Konzernrechnungslegung, IFRS 135

Körperschaftsteuer, internationale
Sachverhalte 272

Kreditmarkt 351

Länderrisiko 343
- internationale Finanzgeschäfte 343

Langfristfertigung, Forderungen 66

Latente Steuern, Bilanzierung 79

Leasing 52
- Cross-Border-Leasing 383

Lieferbedingungen 355

Liefergeschäfte, andere EU-Staaten, USt
226
- in das oder aus dem Drittlandsgebiet,
USt 224

Minderbesteuerung 214

Mitgliedstaaten, EU 479

Multinationale Unternehmen,
Finanzierungsquellen 340

Nachweispflichten, internationale
Sachverhalte 272

Niederstwerttest, Vorräte 61

OECD, Aufgaben 523

Optimaler Währungsraum, Theorie 460

Organisation für wirtschaftliche
Zusammenarbeit und Entwicklung,
Aufgaben 523

Other Comprehensive Income 84

Passiva, Eigenkapital 82
- Rückstellungen 86
- Verbindlichkeiten 100

Pauschalierung, DBA 244

Pensionsrückstellungen 87

Percentage of Completion-Methode 67

Projektfinanzierung, internationales
Finanzmanagement 380

Protektionismus 443

Quellensteuern, Überblick 294

Rat der Europäischen Union 483

Risiken im internationalen Finanzgeschäft
342
- Fabrikationsrisiko 344
- Länderrisiko 343
- Transportrisiko 345
- Wechselkursrisiko 344
- wirtschaftliches Risiko 342
- Zinsänderungsrisiko 344

Risikomanagement, Wechselkursrisiko
399
- Zinsänderungsrisiko 391

Rückstellungen, Bilanzierung 86
- Drohverlustrückstellungen 91
- Pensionen 87
- Restrukturierungsmaßnahmen 94
- Rückbaumaßnahmen 92
- übrige 97

Sachanlagevermögen, außerplanmäßige
Abschreibungen 43
- Bestandteile 39
- Bewertung 39
- Leasing 52
- Nettoveräußerungswert 45
- Neubewertungsmethode 40
- Nutzungswert 46
- planmäßige Folgebewertung 42
- Zugangsbewertung 39
- Zuschreibungen 43

Schätzung, Bilanzänderung   102

Schiedsverfahren, DBA   259

SEC, Securities and Exchange
    Commission   5

Sicherungsinstrumente, internationales
    Finanzmanagement   385

Sonstige Leistungen, USt   232

Stabilitätspakt, EU, Wirtschafts- und
    Währungsunion   492

Teilnehmerländer, EU, Wirtschafts- und
    Währungsunion   492

Transportrisiko   345

Überschuldung, Entwicklungsländer   514

Umsatzsteuer   217

- Umsatzsteuersätze   221

Umweltschutz, WTO   521

Ursprungslandprinzip   218

US-GAAP, befreiender Konzernabschluss
    5

- bilanzrechtlicher Rahmen   5

- Eigenkapital   82

- Flüssige Mittel   71

- Forderungen   63

- paralleler Konzernabschluss   12

- Rückstellungen   86

- Sachanlagevermögen   39

- Überleitungsrechnung   9

- Umstellung   8, 15

- Umstellungstechnik   17

- Verbindlichkeiten   100

- Vorräte   56

- Wertpapiere   72

Verbindlichkeiten   100

- Eventualverbindlichkeiten   101

Verlustabzug, Auslandseinkünfte   277

Verständigungsverfahren, DBA   259

Völkervertragsrecht   268

Vorräte, Bestandteile   56

- Bewertung   57

- Niederstwerttest   61

- Verbrauchsfolgeverfahren   62

- Zugangsbewertung   57

Währung, Berichtswährung   142

- funktionale   138

Währungsfonds, internationaler   505

Währungsrisiko, Management   397

Währungsumrechnung, Differenzen   139

- Hochinflationsländer   144

- Systematik   137

Wechselkurs   450

Wechselkursrisiko   344

- Absicherung   399

Weltbankgruppe   512

Welthandelsorganisation, Aufgaben   517

Weltwirtschaftsgipfel   525

Wertpapiere, Bilanzierung   72

Wirtschafts- und Sozialausschuss, EU
    488

Wirtschafts- und Währungsunion,
    Europäische Zentralbank   494

- Europäisches System der Zentralbanken
    495

- Eurosystem   493

- EZB-Rat   494

- Konvergenzkriterien   492

- Stabilitätspakt   492

- Stufen   491

- Teilnehmerländer   492

- Zentralbankensystem   495

WTO, s. Welthandelsorganisation

Zahlungs- und Leistungsverkehr, Abwicklung und Absicherung, Instrumente
357

Zahlungsbilanz 447

Zahlungssicherung, Formen 359

Zinsänderungsrisiko 344

- internationale Finanzgeschäfte 344

- Management 391

Zinszahlungen, Anteilseigner 285

Zollgrenzen 219

Zuschreibungen 43

Herausgeber und Autorenteam – Garantie für Qualität!

Bilanzbuchhalter-Handbuch

Die umfassende Arbeitsgrundlage für jeden Bilanzbuchhalter!

Mit allen Qualitäten eines Standardwerks!

Herausgegeben von Wirtschaftsprüfer Steuerberater Prof. Dr. Horst Walter Endriss unter Mitarbeit eines qualifizierten Autorenteams

4. Auflage. 2003. XXVIII, 1.654 Seiten. € 104,- / ISBN 3 482 47744 2

Basierend auf der Rechtsverordnung über die Prüfung zum Bilanzbuchhalter konzentriert sich dieses unentbehrliche Handbuch auf:

Machen Sie dieses Handbuch zu Ihrem ständigen Berater!

▲ den Jahresabschluss einschließlich Buchführung, Handels- und Steuerbilanz, Sonderbilanzen, Konzernabschluss und Jahresabschlussanalyse

▲ das Steuerrecht und die betriebliche Steuerlehre (Einkommensteuer, Fördergesetze, Umsatzsteuer, Abgabenordnung, Lohnsteuer, Körperschaftsteuer und Gewerbesteuer)

▲ die laufende Besteuerung und die Steuerauswirkungen bei einzelfallbezogenen Problemen – beispielsweise der Rechtsformwahl oder bei Umwandlungen

▲ die effiziente Unternehmensführung und -steuerung

▲ das kostenorientierte Controlling.

---

10 Kapitel stellen den Stoff systematisch dar:

❶ Buchführung ❷ Jahresabschluss ❸ Konzernabschluss und Grundlagen internationaler Rechnungslegung ❹ Jahresabschlussanalyse ❺ Steuerrecht und betriebliche Steuerlehre ❻ Aufbau-Entscheidungen und ihre bilanzielle Erfassung ❼ Praxis der Unternehmensführung und -steuerung ❽ Rahmenbedingungen ❾ Berufsrecht ❿ Glossar Deutsch – Englisch – Französisch zum Rechnungswesen

---

VERLAG NEUE
WIRTSCHAFTS-BRIEFE
44621 HERNE
www.nwb.de

Bestellen Sie bitte bei Ihrer Buchhandlung oder im Internet unter: www.nwb.de

Unsere Preise verstehen sich inkl. MwSt. Bei Bestellungen über den Verlag zzgl. Euro 3,50 Versandkostenpauschale je Sendung. Internetbestellungen ab Euro 20,- sind versandkostenfrei.